프랑스 공화국 식민사 입문

- 인권을 유린한 식민침탈

지은이 질 망스롱 Gilles Manceron

프랑스 '인권연맹'의 부의장으로 있으면서, 그 단체가 발행하는 잡지 「인간과 자유」를 이끌고 있다. 『지중해 이편에서 저편으로』, 『흑인들의 파리』, 『아랍인들의 파리』, 『식민화 사업, 법, 역사』, 『식민화 사업과 그 후유증에서의 아르키』, 『아르키, 역사, 기억 그리고 전달』, 『1885년 : 공화국의 식민지배 정책의 전환점 — 식민지 정복과 관련한 쥘 페리와 죠르쥬 클레망소의 공방을 비롯한 국회에서의 논전』 등 프랑스 식민사를 다룬 여러 책을 발표했다.

옮긴이 우무상

경북대학교 인문대학 불어불문학과에 재직하면서, 프랑스 문화에 대해 공부하고 있다.
E-mail : moswoo@knu.ac.kr

프랑스 공화국 식민사 입문
- 인권을 유린한 식민침탈

찍은 날 2013년 6월 7일 | **펴낸 날** 2013년 6월 14일
지은이 질 망스롱 | **옮긴이** 우무상
펴낸이 함인석 | **펴낸 곳** 경북대학교출판부 | **출판등록** 1973년 10월 10일 ㉱97호
주소 대구광역시 북구 대학로 80 | **전화** 053-950-6741~3 | **팩스** 053-953-4692
이메일 press@knu.ac.kr
ISBN 978-89-7180-375-2 93920
※파본은 바꾸어 드립니다.

프랑스 공화국 식민사 입문

- 인권을 유린한 식민침탈

질 망스롱 지음
우무상 옮김

경북대학교출판부

일러두기

- 『 』은 단행본, 극작품, 노래 제목을, 「 」은 신문, 잡지, 방송을 나타낸다.
- **방점**이 있는 곳은 원문에서 이탤릭체로 표기된 부분이며, 《 》 등의 부호는 원문의 표기를 따랐다.
- **역주**는 피에르 몽타뇽 *Pierre Montagnon*이 편찬한 『프랑스 식민화 사업 사전 *Dictionnaire de la colonisation française*』(Pygmalion 출판사, 2010년), 클로드 뤼오쥐 *Claude Liauzu*의 지도로 편찬된 『프랑스 식민화 사업 사전 *Dictionnaire de la colonisation française*』(Larousse 출판사, 2007년), 미셸 비녹 *Michel Winock*과 쟈크 쥘리아르 *Jacques Julliard*의 공동지도로 편찬된 『프랑스 지식인 사전 *Dictionnaire des intellectuels français*』(Seuil 출판사, 1996년), 프랑스 〈wikipédia〉 그리고 기타 자료들을 참고하여 작성했다. 역주 표시가 없는 주석은 원주이다.
- **고유명사**의 우리말 표기는 레옹 바르낭 *Léon Warnant*이 편찬한 『프랑스어 발음 사전 *Dictionnaire de la prononciation française*』(Duculot 출판사, 1987년)을 따랐으며, 이 사전에 등재되어 있지 않은 것들은 국내에서 통용되는 것을 따랐다. 지명이나 부족명은 국내에서 통용되는 표기를 따르려고 노력했다.
- **신문과 잡지**의 이름은 가능한 한 그 뜻을 옮겨 표기했으나, 번역이 불가능하거나 우리에게 익히 알려져 있는 것들(「르 몽드 *Le Monde*」, 「르 몽드 디플로마티크 *Le Monde diplomatique*」, 「르 피가로 *Le Figaro*」 등)은 소리 나는 대로 표기했다.
- **단체, 사건**은 독자들이 쉽게 분간할 수 있도록 따옴표로 처리했다.
- **연표**는 이 책의 지은이인 질 망스롱이 정리하고 서문을 붙여 펴낸 자료 『1885년 : 공화국의 식민지배 정책의 전환점 — 식민지 정복과 관련한 쥘 페리와 죠르쥬 클레망소의 공방을 비롯한 국회에서의 논전 *1885 : le tournant colonial de la République — Jules Ferry contre Georges Clemenceau, et autres affrontements parlementaires sur la conquête coloniale*』(La Découverte 출판사, 파리, 2006년)의 권말에 실린 연표를 바탕으로 작성했다.
- **그림과 사진**은 옮긴이가 수집한 것이며, 설명도 옮긴이가 붙였다.

한국어판에 붙이는 지은이의 서문

이 책은 2003년에 초판이 발행되었는데, 당시는 프랑스에서 식민지배 과거사를 두고 큰 논쟁이 벌어지기 시작한 때였다. 그로부터 얼마 뒤에《학교 교과과정은 프랑스가 해외, 특히 북아프리카에 진출하여 수행한 긍정적인 역할을 특별히 인정하도록》강제하려는 법(2005년 2월 23일자 법)이 제정되면서, 역사학자들, 교사들, 프랑스 사회의 일각으로부터, 그리고 알제리처럼 한때 프랑스 식민지였던 나라들과 서인도와 인도양에 있는 프랑스의 해외 도(道)로부터 항의가 쏟아지기에 이르렀다. 너무나 격렬한 항의에 직면한 프랑스 대통령 쟈크 시락은 문제의 구절을 삭제하도록 해야만 했다. 그러나 논쟁은 그치지 않고 계속되었다.

이 책을 비판하는 것으로『식민지배와 관련한 참회를 끝장내기 위하여 *Pour en finir avec la repentance coloniale*』*라는 제목의 책이 발행된 적이 있는데, 이러한《참회 거부》주장은 니콜라 사르코지가 2007년의 대통령 선거운동 때에, 그리고 2012년 5월까지 이어진 재임기에 행한 정치적 발언 속에서도 찾아볼 수 있다. 반면, 사르코지의 후임자 프랑스와 올랑드는 대통령에 취

* 플라마리옹(Flammarion) 출판사가 2006년에 발행한 다니엘 르페브르 *Daniel Lefeuvre*의 저서를 말한다. 옮긴이에게 보낸 편지에서 지은이 질 망스롱은 다음과 같은 입장을 밝혔다. 즉, 이 책에 개진된 몇 가지 사항에 대해 르페브르가 가한 비판이 근거 없는 것이기 때문에 지은이 자신은 그 비판에 대해 아무런 반응도 하지 않는 편을 택했으며, 같은 이유로 이 서문에서 다니엘 르페브르의 이름을 언급하지 않았다고 했다. — 역주

임하면서, 19세기 말에 프랑스 공화국이 택한 식민정책을 옹호했던 쥘 페리에 대해 다음과 같이 말했다. 《그가 식민화 사업 *colonisation*을 옹호한 것은 도덕적, 정치적 과오입니다. 그렇기 때문에 그것은 단죄되어야 합니다.》

그러나 프랑스의 여론과 정치세력들을 계속해서 갈라놓으면서 계속되고 있는 논란은 자체의 과거사와 관련하여 프랑스가 직면한 난관을 보여주는 것이다. 이러한 사정은 1896년과 1916년에 아르메니아인들을 대상으로 자행한 학살과 관련하여 터키가 처한 사정, 그리고 자체의 팽창주의적이며, 식민주의적이며, 제국주의적이었던 과거사와 관련하여 일본이 처한 사정과 비슷하다. 프랑스의 경우에 있어서, 논쟁을 가장 많이 불러일으킨 문제는 알제리를 식민지로 삼아 지배한 과거에 대한 것이다. 알제리는 가장 오랫동안(1830년부터 1962년까지 132년 동안) 그리고 가장 고통스럽게 프랑스의 식민통치를 경험했으며, 그 기간에 프랑스의 행정체제에 완전히 병합되었으며, 입식(入植) 식민화를 겪었을 뿐만 아니라, 다수 알제리인들이 식민본국 프랑스로 이주하여 종종 차별을 받아왔으며, 그 차별은 지금도 계속되고 있기 때문이다. 이러한 역사의 페이지는 여러 점에서 한국이 일본으로부터 받은 침략 · 지배의 역사와 비교해 볼 수 있다. 이 때문에 이 책의 한국어 번역본은 더욱 적절하다.

질 망스롱

옮긴이의 말

《식민정책은 야만(野蠻)의 최근 형태이다. 또는 문명의 종말이라고 할 수도 있겠다.》

— 아나톨 프랑스, 『하얀 돌 위에』

인류의 오랜 역사에서 세계 질서가 오늘날의 모습으로 고착되는 데에 결정적인 계기로 작용한 것은 몇몇 열강이 행한 식민지배의 역사라고 할 수 있을 것입니다. 그 여러 나라는 각기 자국의 우세한 힘을 동원하여 다른 민족들의 의견을 무시하고 그들의 땅을 정복하여 식민지로 삼아 오랫동안 지배했습니다. 유럽 국가들이 세계의 이곳저곳을 유린한 역사는 멀리는 16세기 초까지 소급되며, 일본을 포함한 열강이 대대적인 기세로 식민지를 정복하기 시작한 것은 지금으로부터 약 한 세기 반 이전부터입니다. 1938년경에 유럽의 몇몇 나라는 지구 전체 면적의 41%와 세계 인구의 32%를 지배했으며, 현재의 세계 인구 중에서 70%가 식민 지배인 또는 식민 피지배인으로서의 과거를 경험했다는 통계가 있습니다. 놀라운 것은 당시의 열강 대부분이 지금도 여전히 세계 질서를 주도하고 있다는 사실입니다.

프랑스는 멀리는 16세기부터 세계로 진출하기 시작했으며, 가깝게는 루이-필립 통치하의 7월 왕정 시대(1830~1848년)와 나폴레옹 3세 통치하의 제2제정 시대(1852~1870년)에 다른 민족들의 땅을 정복하는 데에 본격적으로 뛰어들었으며, 제3공화국(1870~1940년) 때인 20세기 초까지 식민지를 확보하는 데에 전력을 기울였습니다. 그렇게 해서 프랑스는 영국 다음으로 4대륙의 드넓은 땅에 자국의 깃발을 나부꼈습니다. 프랑스 식민제국의 전성기는 1차대전과 2차대전 사이라고 할 수 있는데, 당시에 프랑스는 1200만 km^2에 이르는 땅과 1억 명에 달하는 주민들을 강압적인 힘으로 지배했습니다. 그리하여 제4공화국을 거쳐 제5공화국 때까지 프랑스 식민지의 주민들은 자주권을 잃고 프랑스에 예속되어 지내야 했으며, 그 여러 식민지 중에서 알제리가 마지막으로 독립한(1962년) 이후로 그 땅들 중의 일부는 여전히 프랑스의 해외 도(道)와 해외 영토의 형태로 남아 있습니다. 바로 이런 과정을 통해 프랑스의 언어와 문화가 세계 여러 곳으로 확산되고 프랑스의 위상이 정립되었기에 지금의 프랑스를 바르게 이해하기 위해서는 식민지배 과거사의 어두운 페이지를 찬찬히 들여다보아야 할 것입니다. 이런 생각으로 저는 프랑스 식민사에 입문하는 데에 적절한 길잡이가 될 자료를 찾다가 이 책을 만나서 번역을 시작하게 되었습니다. 그러므로 이 책은 무엇보다 이 분야에 무지한 저 스스로를 위한 것이라고 할 수 있습니다.

프랑스를 비롯한 열강이 식민침탈을 자행하게 된 배경과 동기로는 다음과 같은 여러 가지가 거론되고 있습니다. 그들 나라의 과학과 기술의 발전, 증기선과 경무기 등의 근대적 도구의 개발, 산업혁명에 필요한 원자재를 확보해야 할 필요성, 상품을 판매할 새로운 시장과 자본을 투자할 곳을 개척하려는 욕구, 다른 식민 국가들과의 경쟁에서 낙오하지 않고 자국의 위대성을 유지하거나 되찾으려는 전략, 그리고 소위《문명화의 사명》이라는 미명이 그것입니다.《문명화의 사명》이라는 것은 다른 식민 국가들과 마찬가지로 프랑스가 자체의 식민지 정복을 정당화하기 위해 상투적으로 동원했던 기이한 논리입니다. 프랑스인들은《우등 민족》이기 때문에 흑인종이나 황인종 같은《미개하고》《야만적인》《열등 민족들》의 땅을 식민지로 삼아 그들에게 프랑스의 문명을 전해주어야 할 권리와 나아가 의무가 있다는 것이 바로 그것입니다. 이에 따라 제2공화국에서 제5공화국에 이르기까지 프랑스 정부는

1789년 8월에 '인권선언문'을 통해 천명되고 제1공화국(1792~1799)이 수립한 만인 평등의 원리를 무시하고 프랑스인들(그리고 백인들)만이 인권을 누릴 수 있다고 하면서, 제1공화국이 폐지한 노예제도를 복원하였을 뿐만 아니라, 식민지를 정복하고 지배하는 과정과 여러 식민지가 강탈당한 자주권을 되찾으려는 것을 저지하는 과정에서 '반인륜범죄'에 해당하는 짓들을 자행했습니다. 이것이 바로 이 책에서 지은이가 말하려는 것입니다.

이 책은 질 망스롱 *Gilles Manceron*(1946년~)이 쓴 『Marianne et les colonies — une introduction à l'histoire coloniale de la France』(Éditions La Découverte, 파리, 2003년)를 완역한 것입니다. 지은이의 동의를 얻어 원제목을 약간 비틀고 주제목과 부제목의 순서를 뒤바꾸어 놓았습니다. 지은이는 프랑스 '인권연맹'의 부의장으로 있으면서, 그 단체가 발행하는 잡지 「인간과 자유 *Hommes et Libertés*」를 이끌고 있으며, 프랑스 식민사를 다룬 여러 책을 단독 저서 또는 공저와 편저의 형태로 발표했습니다. 그 저서 중에서 몇 가지만 언급하면 다음과 같습니다. 『지중해 이편에서 저편으로 *D'une rive à l'autre*』(단독 저서), 『흑인들의 파리 *Le Paris noir*』(공저), 『아랍인들의 파리 *Paris arabe*』(공저), 『식민화 사업, 법, 역사 *Colonisation, la Loi et l'Histoire*』(공저), 『식민화 사업과 그 후유증에서의 아르키 *Les Harkis dans la colonisation et ses suites*』(공저), 『아르키, 역사, 기억 그리고 전달 *Les Harkis, Histoire, mémoire et transmission*』, 『1885년 : 공화국의 식민지배 정책의 전환점 — 식민지 정복과 관련한 쥘 페리와 죠르쥬 클레망소의 공방을 비롯한 국회에서의 논전 *1885 : le tournant colonial de la République — Jules Ferry contre Georges Clemenceau, et autres affrontements parlementaires sur la conquête coloniale*』(편저) 등이 그것입니다.

1830년부터 프랑스가 강점하여 지배하기 시작한 알제리가 독립한 이후로 반세기가 흘렀습니다. 하지만 아직까지도 프랑스의 정부와 공식 기관들은 자국의 식민지배 과거사와 관련하여 일관된 시각을 가지지 못하고 있으며, 몇몇 프랑스인들은 식민지 정복을 정당화하는 데에 사용되었던 터무니없는 주장들을 답습하고 있습니다. 식민지배 이념이 지금도 완전히 사라지지는 않았으며 그 이념에 대한 향수(鄕愁)가 되살아나는 기미를 보이고 있다는 것을 증명해주는 많은 예들 중에서 대표적인 몇 가지를 언급해보겠습니다.

먼저, 이 책의 한국어판에 붙이는 서문에서 지은이가 언급한 2005년 2월 23일자 법의 제4조에는 다음과 같은 내용이 포함되어 있었습니다.《대학 연구 프로그램은 프랑스가 해외에 진출한 역사에 그것이 받아 마땅한 자리를 부여한다. 학교 교과 과정은 프랑스가 해외, 특히 북아프리카에 진출하여 수행한 긍정적인 역할을 특별히 인정해야 하며, 이 영토 출신으로 프랑스 군대에서 싸운 사람들의 희생과 역사에 그들이 누려 마땅한 빛나는 자리를 마련해주어야 한다.》 역사학자들의 주도로 이 법에 반대하는 운동이 전개되면서 문제의 조항은 다행스럽게도 2006년 2월 15일에 폐기되었습니다. 2003년 3월 5일에 프랑스 국민의회에 제출된 이 법안의 발의 동기 설명문을 살펴보면, 이 법을 입안한 사람들의 머릿속에 담겨 있던 생각을 더욱 분명하게 알 수 있습니다. 그 내용은 다음과 같습니다. 1830년부터 1962년까지 132년 동안 프랑스가 알제리를 식민지로 지배한 기간에 프랑스 공화국은《알제리 땅에 공화국의 과학적, 기술적, 행정적 노하우, 공화국의 문화, 공화국의 언어를 가져다주었으며, (…) 부분적으로는 많은 남성들과 여성들의 용기와 개척정신 덕분에 알제리는 발전했다.》

또 다른 예는 17세기 중반부터 프랑스 노예무역 상인들의 주요 활동무대였으며 1960년까지 프랑스 식민지였던 세네갈을 방문한 프랑스 대통령 니콜라 사르코지가 2007년 7월 26일에 다카르에 있는 셰이크-안타-디오프 *Cheikh-Anta-Diop* 대학교의 계단강의실에서 아프리카 젊은이들을 대상으로 한 연설에서 표명한 견해입니다. 그 연설에서 그는 노예제도와 노예무역을《반인륜 범죄》로 규정하면서도 다음과 같이 말했습니다.《그 어느 누구도 과거의 세대들이 자행한 그 범죄에 대해 속죄하라고 지금의 세대들에게 요구할 수 없습니다. 그 어느 누구도 아버지의 과오에 대해 참회하라고 자식에게 요구할 수 없습니다.》 이어지는 연설에서 그는 유럽의 식민지 개척자 *colonisateur*가 아프리카를 점령하고 그곳의 자원과 부(富)를 수탈했으며 식민지인의 인격을 박탈하고 자유, 땅, 노동의 결실을 빼앗았다고 인정하면서도, 그 식민지 개척자가 그곳에 《다리, 도로, 병원, 진료소를 건설했으며》 《그곳 땅을 비옥하게 만들었다.》라고 했습니다. 위에서 언급한 2005년 2월 23일자 법과 그 법안의 발의 동기 설명문에서와 마찬가지로 이 발언에서도 프랑스의 식민지배 과거사를 옹호하는 것 아닌 다른 어떤 것을 보기는 어렵습니다. 이어지는 다음과 같은 발언도 마찬가지입니다. 《모든 식민지 이주민들 *colons*이 도둑이었던 것은 아니며, 모든 식민지 이주민들이 착취자였던 것은 아니었습니다. 그들 중에는 나쁜 사람들도 있었지만, 선의(善意)의 사람들, 자신이 문명화의 사명을 완수하고 있다고 생각한 사람들, 선(善)을 행하고 있다고 생각한 사람들도 있었습니다. 그들은 착각했지만, 어떤 사람들은 진실했습니다. (…) 그들은 자신들이 [식민지인들의] 무지몽매, 미신, 예속의 사슬을 부순다고 믿었습니다.》 아프리카의 현재에 대해 언급하면서 사르코지는 다음과 같은 경악스러운 말을 내뱉었습니다. 《아프리카인이 역사 속에 충분히 진입하지 않은 것이 바로 아프리카의 비극입니다. (…) 아프리카인은 절대로 미래를 향해 돌진하지 않습니다. (…) 이 세계[아프리카]에는 (…) 인간의 모험과 진보의 이념이 설 자리가 없습니다.》 이런 충격적인 발언은 이 책의 여러 곳에서 볼 수 있는 과거의 식민주의자들의 견해와 별로 다르지 않습니다.

이 책의 결론에서 지은이는 다음과 같이 쓰고 있습니다. 《프랑스는 자체의 식민지배 과거사를 외면하고, 망각하고, 모순에 빠져 허우적거리고 있다. (…) 그런데 프랑스 공화국이 오랫동안 최고위 당국자들의 입을 통해 천명하고 학교에서 가르친 신조, 즉 프랑스 공화국은 '야만 민족들'과 '열등 인종들'을 정복하고 그들을 프랑스의 힘에 굴복시켜야 할 권리가 있다는 신조에 대해서는 어찌 생각해야 하는가? (…) 공화국의 각종 기관이 항상 문명화 사업이자 진보를 이루기 위한 사업이라고 떠벌렸던 식민화 사업 — 그런데, 우리의 동시대인들 중에서 제법 많은 사람들은 여전히 식민화 사업이 문명화 사업이자 진보를 이루기 위한 사업이었다고 확신하고 있다. —에 대해서는 어떻게 생각해야 하는가?》 이 질문에 대해 프랑스인들이 어떤 답변을 할지는 두고 보아야 할 것 같습니다.

몇 가지 변명을 덧붙입니다. 이 책의 주제와 관련한 저의 지식이 너무나 부족하여 이를 조금이라도 보충하느라 적지 않은 양의 주석을 붙였습니다. 이 작업을 수행하면서 여러 자료를 참고하여 정확성을 기하려고 애썼지만, 참고한 자료마다 내용 면에서 편차가 적지 않았습니다. 신뢰할 만하다고 판단되는 쪽을 따르려고 노력했으나, 저의 판단이 그릇되지 않았을까 염려됩니다. 또한 원문에 인용된 글들과 본문에서 몇 가지 오류를 발견하고 지은이의 동의를 얻어 바로잡았지만, 아쉽게도 원전을 충분히 확보하지 못한 까닭에 인용문 모두를 원전과 낱낱이 대조하지는 못했습니다. 한편, 저의 무지와 소홀 탓에 많은 오류가 이 번역본에 남게 되었을 것입니다. 특히 지명과 인명을 비롯한 고유명사의 우리말 표기에 오류가 적지 않을 것입니다. 독자 여러분께서 따뜻한 가르침으로 바로잡아 주시기를 간청합니다.

옮긴이의 까다롭고 잦은 질문에 빠르고 친절하게 답해주신 지은이께, 고유명사를 우리말로 표기하는 데에 도움을 주신 나탈리 코예 *Nathalie Coyez* 선생님께 감사의 말씀을 올립니다. 부실한 원고를 다듬어주고 여러 오류를 바로잡아준 탁월한 교정자이자 다정한 벗인 박우동 님께, 그리고 편집에 정성을 기울여주신 경북대학교 출판부의 관계자들께도 감사드립니다.

옮긴이 올림

목차

제3부

정의를 바로 세우고 진실을 밝혀달라는 요구

결론

아! 루이 16세 치세 말에 노예해방을 준비했던 용맹스러운 '흑인들의 친구들'**이 되살아나서 우리들 곁으로 다시 올 수 있다면, 그들은 얼마나 놀라고 얼마나 분개하겠는가! 내가 인도차이나에서 자행된 끔찍한 범죄들을, (…) 가련한 아프리카의 몇몇 도정(道程)에서 짐 운반에 끔찍하게 동반되었던 범죄들을 생각해보고 있는 지금.

폴 비올레, 1905년.

지금, 다른 프랑스인들이 알제리인들과 마다가스카르인들에게 이따금 사용하는 방법을 프랑스인들이 알고도 아무런 저항도 하지 않는다면, 그것은 그들이 무의식적으로 다음과 같은 확신의 바탕 위에서 살아가고 있기 때문이다. 우리들은 어떤 점에 있어서 그 민족들보다 우월하다는 확신, 그리고 그런 우월성을 보여주는 데에 적절한 방법을 택하는 것은 그다지 문제되지 않는다는 확신 말이다.

알베르 카뮈, 《전염》, 「투쟁」, 1947년.

그렇습니다. 주여, 입버릇처럼 바른 대로(大路)가 어쩌고 하면서도 빗나간 샛길로 나아가는 프랑스를 용서해주십시오.

레오폴드 세다르 생고르, 『검은 성체(聖體)』, 1948년.

** '흑인들의 친구들' : '흑인들의 친구들 협회'의 회원들을 가리킨다. 이 협회는 1787년에 런던에서 설립된 '노예무역폐지협회'를 본받아, 노예무역을 즉각적으로 폐지하기 위해 쟈크-피에르 브리소가 1788년에 결성했다. 콩도르세, 미라보, 네케르, 시예스, 라 파예트, 라브와지에, 페티옹, 라 로슈푸코, 그레그와르 신부, 올랭프 드 구쥬 등이 회원으로 활동했다. — 역주

프랑스 공화국과 식민지배 과거사

인권이라는 것은 믿을 만한 것일까? 프랑스 제1공화국은 노예제도를 폐지하고 일반법의 적용범위를 식민지에까지 확대하려고 했으나, 제2공화국은 알제리를 프랑스 식민지로 만드는 방안을 장려했으며, 특히 제3공화국은 프랑스 민족이《우등 민족》에 속하기 때문에 다른 민족의 땅을《식민지로 삼을 수 있는 권리》가 있다고 스스로 평가하면서 그 권리를 정당화하기 위해 인권의 적용범위를 명시적으로 축소했다.《적도 아프리카의 흑인들》같은《열등 민족들》— 1885년 7월에 하원에서 한 발언에서 쥘 페리[1]는 이들에게는 인권을 누릴 권리가 있다는 것을 인정하지 않았다. —에게 인권을 부여하기를 거부하면서 말이다.

이로 말미암아, 프랑스가 통킹을 정복한 때부터 '알제리 전쟁'이 끝날 때까지 프랑스 공화국 역사의 일부분이었으며 우리의 현재를 계속 짓누르고 있

1 쥘 페리(1832~1893년) : 프랑스 정치인. 두 차례(1880년 9월부터 1881년 11월까지, 그리고 1883년 2월부터 1885년 4월까지) 총리대신을 지내면서 한편으로는 가톨릭교회나 그 성직자들이 정치, 교육 등의 공공부문에 개입하거나 영향을 끼치는 것을 차단하는 탈교권(脫教權)주의적이며 탈종교적인 정책을 펴서 제3공화국의 기틀을 확립하고 프랑스 전국의 작은 마을에까지 공립 초등학교를 설립했으며, 다른 한편으로는 식민지를 확장하여 프랑스의 위대성을 강화하고 경제발전을 이루려고 했다. 그의 재임기에 프랑스는 튀니지를 보호령으로 삼았으며, 콩고 일부에 대한 권리를 얻었으며, 마다가스카르를 정복했으며, 인도차이나를 보다 확고하게 장악하기에 이르렀다. — 역주

는 매우 비극적인 결과가 생겨났다. 인권이라는 이념이 그렇게 적용되어왔다는 것을 핑계로 삼아, 그 이념의 가치가 손상되도록 내버려두어야 하는 것일까? 아니면, 그 이념이 그렇게 그릇되게 적용되어온 것을 비판적인 시각으로 바라보면서, 그 이념이 그렇게 적용되어온 것과 인권의 원리 자체를 별개로 보아야 하는 것일까? 그 원리의 적용범위가 만인이라는 것을 인식하는 것이 어느 때보다 중요한 지금 말이다. 프랑스 공화국이 표방하는 근본이념과 프랑스 공화국 역사의 몇몇 페이지 사이에는 너무나도 큰 간극이 있어서, 위의 물음들 중에서 어느 한 쪽을 선택하는 일을 피할 수 없다.

문제의 보편주의

근 5세기 동안 전개된 기묘하고도 오랜 역사 변천의 종착점에 이른 지금, 유럽 밖의 다른 대륙들에서는 프랑스 대혁명 시대에 생겨난 가치들을 외면하기 위해 유럽 국가들의 식민지배 과거사가 구실로 사용되고 있기 때문에, 더욱 더 위의 물음들 중에서 어느 한 쪽을 선택해야만 한다. 프랑스 대혁명 시대에 생겨난 그 가치들은 자주 왜곡되거나 외면되기도 했지만, 모든 인류에게 있어서 으뜸가는 진보이자 유산의 가치를 지닌다. '알제리 전쟁'이 끝나갈 무렵, 프란츠 파농은《서양의 가치들이 문제가 될 때마다, 식민지인에게는 일종의 근육 경직, 강직 경련증이 일어난다.》[2]라고 말했다. 그런데, 파농이 이 사실에서 이끌어내어 우리에게 제시하는 권고 — 파농은《사람을 마주치는 도처에서, 유럽 자체의 거리 곳곳에서, 세계 곳곳에서 사람을 학살하면서도, 끝없이 사람에 대해 말하는 이 유럽을 단념합시다. (…) 유럽의 영향을 받은 국가, 제도, 사회를 만듦으로써 유럽에 이익이 되게 하지 맙시다.》[3]라고 권

2 프란츠 파농, 『대지의 저주받은 사람들』, François Maspero 출판사, 파리, 1961년(2002년에 파리의 La Découverte 출판사에서 문고판으로 재간행).

3 위의 책.

고했다. —는 많은 추종자들을 만들어내기도 했지만, 또한 도처에서 매우 암울한 결과에 이르게 되었다는 것을 우리는 알고 있다.

따라서 남반부의 여러 나라에서는 식민주의에 대한 거부가 너무나 빈번히 민주주의에 대한 거부로 이어졌으며, 또 전체적으로 볼 때에 그 여러 나라에서는 반식민주의 투쟁의 결과로 독재체제가 성립되었다는 것은 중요한 문제이다. 제3세계를 옹호하는 이데올로기에서 주장되었듯이, 보편주의 *universalisme*라는 것은 《백인이 양심에 거리낄 것이 없도록 해주기 위한 속임수 같은 것》[4]일 뿐인가? 물론, 이런 주장이 제기되는 이유들 중의 하나는 다음과 같다. 즉, 식민지배 시대 내내 인권이 명백하게 왜곡되었는데, 이 때문에 프랑스 대혁명 시대에 생겨난 그 가치들을 표방했던 사람들은 신뢰를 잃고 또 거짓말쟁이였다는 의심을 받는 일이 오랫동안 계속되었기 때문이다. 이것은 식민 지배를 벗어나서 독립을 이루게 된 민족들에게는 참으로 유감스러운 일이었다.

게다가 21세기 초 우리의 프랑스 사회와 우리의 각종 기구가 지금으로부터 두 세기 전에 있었던 공화국의 역사에서 볼 수 있는 이런 양상들에 대해 일관성 있는 시각을 가지고 있지 않기 때문에, 식민지배 과거사의 역겨운 악취가 우리의 현재 속에도 여전히 가시지 않고 있다. 이런 사실의 일차적인 영향으로 인종주의라는 부패균 *gangrène raciste*이 대중여론 속에 여전히 살아남아 있는데, 2002년 3~4월에 치러진 프랑스 대통령 선거의 결과[5]는 이 부패균이 살아 있다는 것을 확인시켜주었다. 이 부패균의 두드러진 면들 중의 하나는 그것이 식민지배 이데올로기를 은밀하게 계승하고 있는 것 같다는 점이

4 옥타브 마노니, 《나 자신의 탈식민화》(런던에서 간행된 잡지 「인종」, 1966년 4월호 중에서). 이 글은 『프로스페로와 캘리번 — 식민화의 심리』(Éditions universitaires, 파리, 1984년)에 재수록되었다.

5 2002년 3~4월에 치러진 프랑스 대통령 선거의 결과 : 1차 투표에서 프랑스의 대표적인 극우파 정당 '국민전선'의 후보 장-마리 르 펜이 예상을 깨고 17%를 득표하면서 자크 시락과 겨루는 결선 투표에 진출한 것을 가리킨다. 당선자는 자크 시락이었다. 2013년 3월 현재, '국민전선'의 대표는 장-마리 르 펜의 딸인 마린 르 펜이다. — 역주

다. 식민지배 이데올로기는 프랑스의 각종 기관이 오랫동안 내뱉어온 것으로서, 공식적으로 철회된 적은 결코 없다.

사실, 프랑스의 식민지배 사업을 찬양하는 말이 여러 세대에 걸친 프랑스인들에게 되풀이되었으며, 식민지배 사업은《양식적(良識的)인 *de bon sens*》 이념에 근거했다는 설명이 뒤따랐다. 백인들과 식민지 원주민들은 명백한 차이가 있다는 것이 바로 그 이념이다. 즉, 백인들은 인권을 누릴 자격이 있지만, 미개인이자 유색인(有色人)인 식민지 원주민들은 인권의 측면에서 백인과 동등한 자격이 없다는 것이다.

인종주의와 식민지배 이데올로기의 뿌리

이런 이념을 보여주는 예를 보기로 하자. 한 세기 이상에 걸쳐 프랑스 초등학교에 널리 배포되었던 두 종류의 책이 그것이다. 하나는 G. 브뤼노가 쓴 『두 어린이의 프랑스 일주』[6]이고, 다른 하나는 샤를 쟈넬이 쓴 『프티-쟝』이다. 앞의 책은 제2제정 말기부터 2차대전 이후의 베이비붐 세대에 이르기까지 850만 부가 보급되었다. 뒤의 책은 1846년에 처음 출판되어 비시 정부[7] 때까지 보급되었으며, 특히 제3공화국 때에 기독교 단체가 운영하는 학교에서 사용되었다. 훌륭한 교육도서였던 앞의 책은 탈종교적이며 그다지 호전적이지 않은 내용을 담고 있고 또 당대의 경제발전을 소개하고 진보를 찬양하는 것으로서, 식민화 사업을 열렬히 선전하는 책과는 거리가 멀다. 그러나 이 책

6 『두 어린이의 프랑스 일주』는 오귀스틴 기요가 G. 브뤼노라는 가명으로 Librairie Belin 출판사에서 출판했다. 기요는 알프레드 푸이예의 아내였다.(두 사람은 1885년에 결혼했다.) 알프레드 푸이예의 저서 중에는 특히 『개인별, 성별, 인종별 기질과 성격』(Alcan 출판사, 파리, 1893년)이 있다.(286쪽을 보라.) 『두 어린이의 프랑스 일주』 초판본은 Librairie Belin 출판사가 출판사 설립 100주년을 기념하기 위해 1977년에 재간행했다. 쟈크 오쥬프와 모나 오쥬프가 공동으로 쓴 글《『두 어린이의 프랑스 일주』 — 공화국 국민들의 필독서》(피에르 노라, 『기억의 장(場)들』의 제1권 『공화국』, 파리, 1984년에 수록)를 보라.

7 비시 정부 : 독일군의 공격을 받은 프랑스군이 패배하면서 1940년 7월 10일에 프랑스 중부 오베르뉴 지방의 도시 비시 *Vichy*로 옮겨가서 필립 페탱이 이끌던 정부. '노동 · 가족 · 조국'을 기치로 프랑스의 부흥을 도모하려 했던 보수적이며 퇴행적이었던 정부로 평가된다. — 역주

에는 제3공화국 때에 프랑스의 학교에서 가르치던 탈종교적인 담론에 인종들에 대한 상투적인 시각이 어떻게 끼어들게 되었는지를 잘 보여주는 구절이 하나 들어 있다.

『두 어린이의 프랑스 일주』[8]에서 저자 G. 브뤼노는 주인공인 두 소년이 배를 타고 마르세유로 가는 과정을 묘사하는 도중에, 그 책에 실린 삽화를 통해 여러 인종에 대해 짤막한 설명을 하고 있다. 삽화에는 유럽인 한 명, 홍인종 한 명, 중국인 한 명, 흑인 한 명이 그려져 있으며, 다음과 같은 의미심장한 설명이 붙어 있다.《네 인종. 1.백인종 : 인종들 중에서 가장 완벽하다. 유럽, 아시아 서쪽, 아프리카 북쪽, 아메리카에 살고 있다. 타원형의 머리, 그다지 크지 않은 입, 그다지 두툼하지 않은 입술로 식별된다. 한편, 피부 빛깔은 다양할 수 있다. 2.황인종 : 주로 동아시아, 중국, 일본에 살고 있다. 펑퍼짐한 얼굴, 튀어나온 광대뼈, 납작한 코, 가로로 찢어진 눈꺼풀, 아몬드 모양의 눈, 많지 않은 머리숱, 많지 않은 수염을 가지고 있다. 3.홍인종 : 옛날에 아메리카에 살았으며, 불그스레한 피부, 움푹 들어간 눈, 긴 매부리코, 많이 벗겨진 이마를 가지고 있다. 4.흑인종 : 주로 아프리카와 오세아니아 남쪽에 살고 있으며, 새까만 피부, 곱슬머리, 납작코, 두툼한 입술, 몹시 긴 팔을 가지고 있다.》이 설명에 사용된 각 낱말은 인종들 사이에는 암묵적인 우열이 있다는 생각을 넌지시 불러일으킨다.

인종들 사이에는 우열이 있다는 것을 자체의 정당성의 토대로 삼는 식민지 정복사업을 찬양하는 내용을 담고 있는 가장 좋은 예는 『프티-장』이다.

---

8 『두 어린이의 프랑스 일주』: 이 책은 앙드레 발당 *André Valden*(14살)과 쥘리앵 발당 *Julien Valden*(7살)이라는 두 소년이 고향(1870~1871년의 '프로이센-프랑스 전쟁'에서 프랑스가 패배하면서 독일 땅에 병합된 로렌 *Lorraine*에 있는 팔스부르그 *Phalsbourg*라는 마을)을 떠나, 삼촌 프란츠 *Frantz*를 만나기 위해 걷거나 또는 마차, 기차, 배를 타고 프랑스의 이곳저곳을 돌아다니는 과정을 그리고 있다. 마침내 두 소년은 마르세유에서 삼촌을 만나서 라 그랑랑드 *La Grand'Lande* 지방에 정착하여, 삼촌 및 그들과 함께 온 배의 선장 가족과 함께 평화롭게 살게 된다. 지도와 삽화 등이 곁들여진 두 소년의 프랑스 일주 이야기를 통해 학생들은 자연스럽게 프랑스의 지리, 산업, 산물, 역사, 위인들, 각 지방의 문화와 언어(사투리) 등에 대해 배웠다. 나아가 이 책은 두 어린이의 모험을 통해 학생들에게 용기와 인내심, 강인한 정신, 의무감에 대해 가르치고, 공화국 국민으로서 가져야 할 시민정신과 조국애를 함양하는 것을 목표로 삼았다. — 역주

이 책에서는 프랑스가 알제리를 정복한 것은《강도 떼 소굴》을 없애버린 것으로 묘사되어 있다. 그 내용은 다음과 같다.《예전에 외부인들에게 불친절하고 야만적이었던 알제 지역 *pays d'Alger*은 이제는 프랑스를 연장(延長)해 놓은 것같이 되었다. 여러분은 아마도 곧 그곳에 가게 될 것이다. 이제는 여러분이 잔인하고 신앙심이 없는 사람들에게 맞서, 종교, 법, 인류애라는 대의를 지키기 위해 싸우려고 말이다.》그리고 이 책의 마지막 장(章)에는 프티-쟝의 활약이 다음과 같이 묘사되어 있다. 알제리에서 군인이 된 그는《짙은 수풀 뒤에 매복해 있던》잔혹한 아랍인들의 공격을 받는다. 그가 먼저 적을 죽인다. 그는《그들 중에서 한 명의 한쪽 눈을 찌르고, 또 다른 쪽 눈을 마구 찌르고》, 마침내《다시 총을 쏘아》그를 쓰러뜨린다.

프랑스의 옛 식민지들이 독립한 뒤로 이 두 책은 사용이 중단되었지만, 이 두 책이 독자들의 머릿속에 심어놓은 표상들은 순식간에 없어지지는 않았다. 그리고 이제 이 두 책에 담겨 있는 주장은 프랑스 공화국 정부 내에서도, 학교에서도 주장되지 않고 있지만, 공식적으로 철회된 적은 없다. 이런 상황은 극우파의 우두머리들에게는 얼마나 큰 뜻밖의 횡재인가. 그들은 그《명백한 진실들》과 그 전통적이며 공식적인 표상들이 대대적으로 유포되다가 석연치 않은 이유로 잠잠하게 된 사실에서 얼마든지 덕을 볼 수 있었다. 그렇게 하기 위해서는, 자신들만이 유일하게 그《명백한 진실들》과 그 표상들에 지금도 여전히 집착하고 있다고 말하기만 하면 되었다.

이를테면 쟝-마리 르 펜은 다음과 같이 말했다.《그렇습니다. 나는 인종들이 동등하지 않다고 믿습니다. 그렇습니다. 물론입니다. 그것은 명백한 사실입니다. 역사 전체가 이 사실을 증명해주고 있습니다.》[9] 이어서 그는 다음과 같이 덧붙였다.《나는 모든 사람이 생각하는 것을 말했을 뿐입니다. (…) 흑인종과 백인종은 명백히 동등하지 않습니다. 이것은 사실입니다. 나는 인종

9 쟝-마리 르 펜이 1996년 8월 30일에 한 말(「르 몽드」 1996년 9월 1일자).

들이 서로 동등하지 않다고 확신합니다. 이것은 너무나 널리 알려져 있는 사실입니다.》[10]

인종들이 동등하지 않다는 주장에서 필연적으로 파생되는 주장, 즉 식민화 사업 *colonisation*이 문명화 사업 *œuvre civilisatrice*이었다는 주장과 관련해서도 장-마리 르 펜은 다음과 같이 말했다. 프랑스는《식민지배 활동에 대해 뽐내고 자랑할》수 있으며, 프랑스는《인간을 위대하게 드높이는 일을 완수했으며》,《여러 부족 사이에 질서를 세우고, 평화를 이룩하고, 되찾은 정의의 집행자였던 군인은 교사, 병원에서 일한 수녀, 선교사와 함께 문명화 사업에 참여했다.》[11]라고 했던 것이다. 이것은 극우파의 대표자들이 자주 되풀이할 필요조차 없었던 주장이며, 또한 한술 더 떠서 지지운동을 벌일 필요조차 없었던 주장이기도 하다. 그들은 수십 년 동안 프랑스 정부가 천명해오고 또 공화체제하의 학교에서 가르쳐온 것에서 얻는 바가 있을 것이기 때문이다. 자신들의 생각이 바로 그렇다고 말하기만 하면 말이다. 그들은 제3공화국의 초석을 놓았던 사람들이 가졌던 생각 자체를 자신들이 되풀이할 뿐이라고 프랑스인들에게 당당히 말할 수 있었다. 그들에게는 아직도 순탄한 미래가 보장되어 있다. 프랑스 공화국의 식민지배 과거사와 그 과거사를 정당화하는 데에 사용되었던 암묵적인 인종주의적 이데올로기를 공식적으로, 그리고 일관성 있게 다시 꺼내지 않는다 하더라도 말이다.

식민지에서 자행된 범죄를 처벌할 수 없어서 생겨난 역효과

이론의 여지없으며 널리 알려져 있는 범죄이지만 그것이 아무런 공식적

10 장-마리 르 펜이 1996년 9월 9일에 「유럽 1」 방송에 출연해서 한 말(「르 피가로」 1996년 9월 12일자).

11 《사회주의가 아니라 프랑스 군대에 영광 있으라.》, 「현재」 1991년 2월 25일자와 27일자. 마리즈 수샤르, 스테판 바닉, 이자벨 퀴미날, 비르진 바티에 공저, 『르 펜 — 말 : 어느 극우파의 담론 분석』, Le Monde Éditions, 파리, 1997년에서 재인용. 이 책은 1999년에 파리의 La Découverte 출판사에서 문고판으로 재간행되었다.

인 시인의 대상이 되지 않고 있다는 사실 또한 정의와 진실이 부정되고 있다는 것을 의미하는 것이 아닐까? '알제리 전쟁' 중에 프랑스 군인들이 자행한 범죄를 회상하는 글들이 특히 2000년 여름부터 갑자기 쏟아져 나오면서 우리는 멍한 상태에 빠질 수도 있는데, 이것은 충격적인 상황이 아닐까? 루이제트 이길라리즈[12]에 대해 「르 몽드」의 기자 플로랑스 보제가 쓴 기사[13]에 촉발되어 갖가지 증언들이 다시 쏟아져 나왔으며, 마쉬 장군[14]은 자신이 이전에 말했던 것과는 뚜렷이 차이나는 새로운 진술을 했으며, 《12인의 호소문》[15]이 신문 「인류애」에 발표되었으며, 역사학자들의 중요한 새 저작들[16]이 발표되었지만,

12 루이제트 이길라리즈(1936년~) : 알제리 독립투사. 모로코 태생으로 1948년에 가족과 함께 알제리에 정착했다. 스무 살에 '릴라 *Lila*'라는 가명으로 알제리 '민족해방전선'에 가담하여 독립운동을 벌였다. 1957년에 알제리 '민족해방전선'의 조직원들을 소탕하기 위해 벌어진 '알제 전투' 때에 그 전사들을 돕는 프랑스인들의 비밀조직인 '트렁크 운반자들 *Porteurs de valise*'(258쪽에 붙인 프랑시스 장송 관련 역주를 보라.)에서 활동하다가 체포되었다. 이후로 자크 마쉬 장군이 이끄는 제10공수여단 사령부에 3개월 여 동안 억류되어 고문과 강간을 당했으며, 4년 형을 선고받았다. 프랑스 감옥에 갇혀 지내다가 '알제리 전쟁'이 끝나기 두 달 전에 공산주의자들의 도움으로 탈옥하여 니스에서 지냈다. 곧 귀국하여 다양한 정치투쟁을 벌였으며, 알제리 정부로부터 알제리 독립에 기여한 공로로 여러 차례 훈장을 받았다. — 역주.

13 플로랑스 보제, 《알제리에서 프랑스 군인들에게 고문을 당한 '릴라'라는 여성이 자신을 구해준 사람을 찾고 있다.》, 「르 몽드」, 2002년 6월 20일자.

14 자크 마쉬(1908~2002년) : 프랑스 군인. 군인가문에서 태어나서 생-시르 *Saint-Cyr* 군사학교를 졸업하고 아프리카에 주둔한 프랑스 식민 보병부대에서 장교로 근무했다. 2차대전이 발발하면서 드골 장군이 결성한 해외 레지스탕스의 군사행동 조직인 '자유 프랑스군'에 가담하여 싸웠으며, 1944년 8월에 벌어진 파리 탈환 전투에서 싸웠다. '인도차이나 전쟁' 때인 1945년 9월에 사이공에 상륙하여 코친차이나를 탈환했으며, 1946년 3월에 하노이에 입성했다. 1955년에 준장으로 진급하여 알제리에서 제10공수여단을 지휘했으며, '알제 전투'를 이끌었다. 이 과정에서 그의 휘하 병력 중에서 폴 오사레스 같은 군인들이 고문과 약식처형을 자행했다. 1958년에 소장으로 진급했으며, 알제리 '공안위원회' 공동위원장, 알제 도지사, 알제 주둔군 사령관이 되었다. 드골의 정책을 비판함으로써 메스 *Metz* 군관구 사령관 직에서 해임되었으며, 1966년에 독일에 주둔한 프랑스 군대의 사령관이 되었다. 알제리 '민족해방전선'의 옛 전사들, 특히 루이제트 이길라리즈로부터 '알제리 전쟁' 기간에 고문을 지시하거나 마쉬 자신이 고문을 자행했다는 비난을 받았다. 1971년에 발표한 『진짜 알제 전투』에서는 '알제 전투'에서 고문이 자행되고 있다는 것을 자신이 알고 있었으며, 그 행위는 자신의 책임이라고 했다. — 역주

15 2000년 10월 31일자 「인류애」에 발표된 이 호소문에 앙리 알렉, 죠제트 오댕, 시몬 드 볼라르디에르, 니콜 드레퓌스, 노엘 파브르리에르, 지젤 알리미, 알방 리슈티, 마들렌 르베리우, 로랑 슈바르츠, 제르맨 틸리옹, 장-피에르 베르낭, 피에르 비달-나케가 서명했다. 호소문에서 특기할 만한 내용은 다음과 같다. 《두 국민[프랑스 국민과 알제리 국민]이 함께 한 운명과 정의의 보편적인 의미를 소중히 여기는 프랑스 시민인 우리들, 고문에 맞서 싸웠으며 다른 행위들에 대해서도 눈을 감지 않고 있는 우리들이 보기에, '알제리 전쟁' 중에 프랑스의 이름으로 자행된 고문을 규탄하는 것은 프랑스의 책임을 고려해 볼 때, 프랑스인이 마땅히 해야 할 일이다.》

16 특히 다음과 같은 저작들이 있다. 라파엘 브랑슈의 저서 『알제리 전쟁 중의 고문과 군대 — 1954~1962년』(Gallimard 출판사, 파리, 2001년)과 실비 테노의 저서 『기이한 정의 — 알제리 전쟁 때의 사법관들』

아직도 '알제리 전쟁'에 대한 종합적인 평가는 제대로 이루어지지 않고 있다.

오사레스 장군[17]은 프랑스 식민지에서 벌어진 마지막 전쟁이었던 '알제리 전쟁' 때에 자신이 자행했거나 또는 자신의 휘하 병사들이 자행한 고문과 전쟁범죄에 대해 언급한 책[18]을 출판한 이후, 프랑스 대통령에 의해 레지옹도뇌르 훈장을 박탈당했다. 그리고 그는《전쟁범죄를 옹호한》것에 대해 그의 책을 출판한 두 출판사와 함께 유죄판결을 받았으며, 또 두 출판사와 마찬가지로 벌금형을 선고받았다.[19] 고소조항만을 살펴보더라도 판결결과는 예측할 수 있었던 것이지만, 판결문에 들어 있는 다음과 같이 매우 중요한 내용을 보면 판결의 수위가 상당히 낮다는 것을 알 수 있다.《책 속에 묘사된 그대로의 고문과 약식처형은》전쟁범죄라는 개념이《분명하게 적용되는》행위이며,《법의 테두리를 넘어서는》그 행위는《프랑스 정부의 고위 군 · 정치 당국자들이 자행하고 묵인한 것으로 보인다.》라는 등의 내용이 바로 그것이다.

위의 판결이 내려질 당시에는 '알제리 전쟁'이 끝나고 제정된 사면법[20] 때

(La Découverte 출판사, 파리, 2001년). 뒤의 책에 붙이는 서문은 장-자크 베케르가 썼으며, 발문은 피에르 비달-나케가 썼다.

17 폴 오사레스(1918년~) : 프랑스 군인. 생-시르 군사학교를 졸업하고 2차대전과 '인도차이나 전쟁'에 공수부대 장교로 참전했다. '알제리 전쟁' 때에 자크 마쉬 장군 휘하에서 정보 책임자로 활동했다. '알제리 전쟁'이 끝나면서, 미국과 브라질에서 폭동진압 기술 및 심리전 교육을 담당했다. 2001년에 발표한 회고록『특수 임무, 알제리, 1955~1957년』에서 자신이 알제리에서 자행한 고문에 대해 언급하면서 다음과 같이 썼다. "내가 알제리에서 한 행위는 나의 조국을 위한 것이었다. (…) 비록 나는 그 행위를 하는 것을 좋아하지 않기는 했지만 말이다. 자신의 의무를 다한다고 생각하면서 한 행위를 후회하지 않아야 한다. (…) 만일 다시 해야만 하는 것이라면, 나는 그 행위를 다시 할 것이다." — 역주

18 폴 오사레스,『특수 임무, 알제리, 1955~1957년』, Plon-Perrin 출판사, 파리, 2001년.

19 '인권연맹'이 보상청구인단('반인종주의 · 제(諸)국민친선운동'과 '고문폐지기독교인행동대'도 청구인단에 동참했다.)이 되어 제기한 고소에 따라, 2001년 11월 26일부터 29일까지 파리 경범죄 재판소에서 재판을 받은 오사레스 장군과 그의 책을 출판한 두 출판사는 2002년 1월 25일에 전쟁범죄를 옹호한 죄로 유죄판결을 받았다. 오사레스 장군은 7500유로를, 두 출판사는 각각 1만 5000유로를 벌금으로 내야 했다. 세 피고소인은 항소를 포기했다.

20 '알제리 전쟁' 관련 사면법 : 알제리와 프랑스 양측이 '알제리 전쟁'을 종결짓기 위해 체결한 1962년 3월 18일자 '에비앙 협약'에는 다음과 같이 명시되어 있다.《종전이 선언되기 이전에 알제리에서 일어난 정치적 사건들과 함께 저질러진 행위들 때문에 어느 누구도 괴롭힘을 당하거나, 조사를 받거나, 소추를 당하거나, 형을 선고받거나, 어떤 종류의 징계 또는 차별도 받을 수 없다.》뒤이어 일련의 법과 법령이 제정되어, 알제리를 독립시키는 데에 반대한 알제리 내의 프랑스인들이 결성한 지하운동 조직이었던 '비밀군사조직'이 1962년 3월 18일 이후에 저지른 행위도 처벌할 수 없게 되었다. 1964년 12월 17일자 법, 1964년에 대통령이 내린 사면조처, '비밀군사조직'의 요원들이었던 사람들 모두를 대상으로 한 1968

문에, '알제리 전쟁' 중에 자행된 행위들을 대상으로 한 모든 고소는 어떤 종류의 사법적인 절차로도 이어질 수 없었다. 그것이 오사레스가 자행한 행위를 대상으로 한 고소[21]든, 아니면 1957년에 루이제트 이길라리즈를 고문하거나 당시에 프랑스 군인들에게 체포된 알제리 독립운동의 지도자 라르비 벤 음히디[22]를 살해한 사건 등과 같은 다른 범죄행위를 대상으로 한 고소든 간에 말이다. 모리스 오댕[23] — 그의 사망경위는 여전히 밝혀지지 않고 있다. —의 미망인이 남편이 납치된 것과 관련하여 제기한 고소에 대해서도, 또는 1955년 8월 20일에 엘-할리아 *El-Halia* 광산에서 유럽인 노동자들과 그들의 가족들이 학살되자 알제리인들을 마구잡이로 끌고 가서 《본보기로》 사형에 처한 파렴치한 사건[24]을 재심해달라는 요구에 대해서도 같은 판결이 내려지리라 예상된다.

년 6월 7일자 사면조처 등이 대표적인 예이다. 이후로도 1968년 7월 24일자 법, 1974년 7월 16일자 법, 1982년 11월 24일자 법으로 사면은 확대되었다. 1982년 11월 24일자 법은 징계를 받거나 형을 선고받은 '비밀군사조직'의 모든 장교들을 복권하기 위한 것으로서, 당시의 대통령 프랑스와 미테랑이 '프랑스령 알제리'에 집착하는 사람들과 전략상으로 맺은 합의를 이행하기 위해 마련한 것이었다. 2005년 2월 23일자 법에 따라, '비밀군사조직'의 옛 조직원들 중에서 민간부문에서 일하다가 수감되거나 다른 나라로 망명함으로써 일을 중단했던 사람들도 연금을 받을 수 있게 되었다. — 역주

21 2001년 5월 9일, '반인종주의 · 제(諸)국민친선운동'은 오사레스를 반인륜범죄 혐의로 고소했다. 그러나 예심판사 장-폴 발라트는 이에 대해 조사해보지 않았다. 2001년 12월 14일, 파리 상고 법원의 예심부는 '반인종주의 · 제(諸)국민친선운동'이 제기한 고소를 기각했다. 2001년 12월 18일, '반인종주의 · 제(諸)국민친선운동'은 파기원에 상고했다.

22 라르비 벤 음히디(1923~1957년) : 알제리 독립투사. 일찍부터 메살리 하지(232쪽에 붙인 메살리 하지 관련 역주를 보라.) 측에 가담하여 독립운동을 벌였다. 1945년 이후로 비밀활동에 돌입하여 '민족해방전선'을 조직한 《역사적 인물들 *Historiques*》로 불리는 9인의 투사들 중의 한 사람이 되었다. 1956년에 '민족해방전선'의 지도부인 '조정 · 집행위원회'를 이끄는 5인 중의 한 명으로 선출되어 테러 활동을 주도하다가, 이듬해 2월 23일에 제10공수여단 대원들에게 체포되어 비밀리에 처형되었다. 알제의 옛 이슬리 로(路) *rue d'Isly*에 그의 이름이 붙여졌다. — 역주

23 모리스 오댕(1932~1957년) : 알제리 공산당 당원이자 알제 대학교에서 조교로 근무하면서 독립운동 조직에 가담했다. 1957년 6월 11일에 자택에서 공수대원들에게 체포되어 끌려간 이후로 종적이 묘연했다. 프랑스 군 당국은 그가 이송 도중에 도망쳤다고 발표했으나, 쟈크 마쉬 장군 휘하의 정보장교인 앙드레 샤르보니에 중위가 6월 21일에 고문 도중에 살해한 것으로 추정된다. 그러나 그의 시신은 끝내 발견되지 않았다. 1957년 7월에 미망인 죠제트 오댕이 불특정 인물 X를 상대로 고소했으나 1962년 4월에 면소 판결이 내려졌으며, 파기원에 상고했으나 항소 불가 판결이 내려졌다. 2001년 5월에 또다시 죠제트 오댕이 고소를 제기했으나, 이듬해 7월에 역시 면소 판결이 내려졌다. 2007년 7월에 죠제트 오댕이 니콜라 사르코지 대통령에게 남편의 실종과 관련한 의문을 해소해줄 것을 요구했으나, 대통령은 아무런 답변도 하지 않았다. — 역주

24 엘-할리아 사건 : 1954년 11월 1일에 시작된 알제리 독립운동이 약화되자, 알제리 '민족해방전선'의 무장투쟁 조직인 '민족해방군'의 지도자 지구트 유세프는 독립운동의 불길을 되살리기 위해 알제리인들을 동원하여 유럽인들을 공격하고자 했다. 1955년 8월 20일, 필립빌 *Philippeville*에서 '민족해방군'에 소

그러므로 점차로 세상에 더욱 분명하게 알려지고 밝혀진 범죄들조차도 어떤 종류의 판결로도 처벌하지 못하는 경우가 있을 수도 있다. 우리가 본 것이라고는 기껏해야 법원 — 연금 관련 소송을 담당하는 파리의 지방 항소법원 —이 다음과 같은 판결을 내린 것이 고작이다. 즉, 모하메드 갸른이라는 남성의 어머니가 프랑스 군인들에게 여러 차례 강간당하고 나서 그가 태어났다는 사실을 인정하고 그에게 연금을 지불하라는 판결이 그것이다.[25] 그러나 역사가들이 정도를 가늠할 수 있게 된《전쟁 중의 강간》이라는 광범위하게 자행된 현상을 비롯하여 세상에 알려진 여러 가지 사실의 심각성에 비추어볼 때, 갸른이 관계된 사건의 경우에도 법원 판결의 수위는 낮다. 그리고 다른 모든 소송사건들에서도 원칙, 즉 모든 피해자 — 또는 그 후손들 —는 자신의 피해에 대해 도덕적으로 재평가를 받을 수 있는 시효 비소멸의 권리를 가진다는 원칙이 존중되지 않았다.

바로 이곳 프랑스에서 우리는 우리의 과거사의 몇몇 페이지를 외면하면서도 인권윤리의 수호자로 자처할 수 있을까? 프랑스 공화국이 식민지에서 자행된 범죄의 피해자들에 대한 공화국 자체의 도덕적 책임을 인정하기 위한 적절한 방법을 찾지 못하고 있는 마당에 다음과 같은 요구를 할 수 있을까? 예컨대 소련 당국이 스탈린 재판의 피해자들과 관련하여 거짓말을 한 지 4분의 3세기가 지난 지금에 와서, 그 피해자들을 복권시켜줄 것을 러시아에 요구할 수 있을까? 난징 대학살을 저질렀을 뿐만 아니라 점령국가의 수많은 여성들을 끌고 가서《위안부》로 만들어 매춘을 강요하는 등으로 일본인들이 2

속된 수백 명의 대원들이 헌병대, 경찰서, 마을들을 공격했으며, 그곳에서 그리 멀지 않은 엘-할리아 광산으로 유럽인들과 프랑스 측에 동조하는 알제리인들을 끌고 가서 도끼와 곡괭이로 살해했다. 71명의 유럽 출신 민간인들과 100여 명의 알제리인들이 살해되었다. 이에 대한 보복으로 필립빌에 거주하는 유럽인들이 조직한 민병대와 프랑스 공수부대 및 외인부대가 알제리인들을 마구잡이로 살해했다. 프랑스 정부 측에 따르면 2000명이 살해되었다고 하며, 알제리 '민족해방전선'에 따르면 1만 2000명이 살해되었다고 한다. 이 사건은 '알제리 전쟁' 중에 일어난 비극인 동시에 알제리인들의 저항이 프랑스와 전 세계에 알려지게 된 계기였다. — 역주

25 2001년 11월 22일자 판결. 판사들은《태아가 겪은 고통》에 대해 최소 30%의 연금을 지불하라는 판결을 내렸다.

차대전 중에 자행한 범죄를 인정할 것을 일본에 요구할 수 있을까? 또는 자기 땅에 살고 있던 토착민들의 피해에 대해 수십 년이 지난 지금에 와서 법률 행위를 통해 그 토착민들에게 사실을 인정할 것을 오스트레일리아나 미국에 요구할 수 있을까? 그것도 당당히 말이다.

2001년 1월 18일, 프랑스 국회는 1915~1916년에 터키 당국이 아르메니아인들에게 자행한 짓[26]을 민족말살 *génocide*로 인정하는 법을 가결했다. 그것은 매우 잘한 일이다. 그러나 프랑스 국회는 프랑스 공화국 — 프랑스 국회는 프랑스 공화국의 연속성을 대표한다. —의 식민지배 과거사에 대해서도, 그리고 이 책의 아래에서 우리가 보게 되듯이, 1870년대부터 1960년대까지 발생한 여러 문제를 두고 국회에서 벌어진 수많은 논쟁 때에 국회 자체가 취한 태도에 대해서도 역시 관심을 기울여야 하지 않을까? 그렇게 하기 위해서는, 먼저 피해자들이 당한 범죄를 지금도 살아 있는 피해자들이나 그들의 가족에게 인정하고 그 정황을 밝혀야 할 뿐만 아니라, 보다 총체적으로는 그 범죄가 자행되는 토양으로 작용한 식민지배 정책이 인권의 원리에 어긋나는 것이었다는 사실을 공식적으로 인정해야 한다.

프랑스의 식민지배 과거사를 주목해야 할 필요성이 지금 긴요한 사안들 중의 하나가 되고 있는데, 이것은 다음과 같은 다른 한 여건 때문이다. 프랑스의 인구가 점차로 다양화되고 있다는 것이 바로 그것이다. 이것은 프랑스의 옛 식민지(마그레브, 흑아프리카, 인도차이나 그리고 프랑스의 해외 도) 출신 사람들이 많이 이주하면서 생긴 결과이다. 이런 현상은 과거의 인종주의적 편견들이 새롭게 표출되는 계기가 되었다. 그러나 이제 인종주의적 편

26 아르메니아인 학살 사건 : 터키의 술탄 압둘 하미드 2세는 범이슬람주의 정책을 펴면서, 1894~1896년에 터키에 거주하는 15만 명가량의 아르메니아인들을 비롯한 소수 종족들을 학살했다. 1915~1916년에도 수십만 명에서 150만 명에 이르는 아르메니아인들이 러시아군에 협력했다는 죄목으로 터키의 집권당인 '통일 · 진보위원회'('청년 투르크'로 더 잘 알려져 있다.)에 의해 처형되었다. 프랑스 국회는 2001년 1월 29일자 법을 제정하여 1915~1916년에 일어난 사건을 반인륜범죄로 규정했으며, 2012년 1월 23일에는 이 사건을 공개적으로 부정하는 것을 금지하는 새로운 법을 제정했다. 후자의 법을 위반하면, 최고 1년의 징역형과 4만 5000유로의 벌금형을 받게 된다. — 역주

견의 대상은 프랑스에서 멀리 떨어진 곳에 살고 있는 사람들이 아니라, 프랑스 내에 살고 있는 일부 사람들이다.

비록 식민지 시대의 상황과 오늘날의 프랑스에서 볼 수 있는 인종주의적 차별 · 배척 현상 사이에 등가관계가 매우 정확하게 성립되지는 않겠지만, 식민지배 과거사가 다른 형태로 프랑스 내에서 다시 펼쳐지도록 만드는《기억의 전이 *transfert de mémoire*》[27] 경향이 존재하고 있다. 이렇게 과거로 되돌아감으로써 다양한 폭력이 생겨나게 된다. 그 폭력은 식민지배 과거사로부터 물려받은 잠재적 인종주의에서 연유하는 것으로 항상 여겨지지는 않지만, 특히 다음과 같은 사람들이 그 폭력의 대상이 된다. 즉, 지금 폭력을 휘두르는 자들이, 식민지배 기간에 우리의 선조들이 식민지의《미개인들》과《원주민들》을 바라보던 방식과 똑같은 방식으로 바라보는 사람들이 그러하다. 다시 말해서, 출신상으로 다른 프랑스 시민들의 목숨과 똑같은 가치가 있는 목숨을 가진 것도 아니고, 또 프랑스 시민들과 같은 권리를 가지고 있지도 않은 것으로 여겨지는 사람들이 그러하다.

우리는 그 폭력 중에서 프랑스 특유의 것으로 보이는 공격 유형을 주목하고 있다. 그 공격 유형은 이탈리아 언론인 파우스토 지우디체가《아랍인 살해 *arabicides*》[28]라고 규정한 것이다. 과거의 식민화 사업을 명철한 시각으로 바라보지 않는다면, 오늘날의 사회에서 볼 수 있는 이런 차별과 폭력을 해결할 수 있는 방법을 찾을 수 없을 것이다.

학교에서 어떤 식민사를 가르칠 것인가?

그런데 오늘날 학교에서 식민지 시대에 대해 가르치기란 몹시 힘들다. 한

27 뱅쟈맹 스토라, 『기억의 전이 —《프랑스령 알제리》에서 반(反)아랍 인종주의로』, La Découverte 출판사, 파리, 1999년.

28 파우스토 지우디체, 『아랍인 살해 — 프랑스 연대기, 1970~1991년』, La Découverte 출판사, 파리, 1992년.

때는 《프랑스의 식민지배 활동》을 찬양하는 목소리들이 도처에 울려퍼지다가 식민지들이 독립하면서 거대한 침묵이 이어졌으며, 이제 여론에서는 식민화 사업과 그 사업을 종식시킨 각종 분쟁을 바라보는 상반되는 두 관점 사이에 대립이 지속되고 있다.

알제리의 경우에 국한해본다면, 어떤 사람들이 보기에는 광신적인 알제리인들이 야만적인 폭력 — 그 어떤 사람들이 보기에, 그 폭력은 비교적 평온하게 흘러가던 일상사에서 어이없이 되풀이되었던 것으로 여겨진다. —을 행사하지 않았더라면, 프랑스의 평화로운 식민지배는 여전히 오랫동안 계속될 수도 있었을 것이다. 그리고 다른 사람들이 보기에는 식민지배 상황에서 비롯된 불의, 압제, 폭력으로 말미암아 해방을 쟁취하기 위한 알제리인들의 투쟁은 불가피했으며 — 그들의 투쟁이 옹호할 수 없는 행위들로 점철되기는 했지만. —, 그 기간에 프랑스는 알제리인들의 투쟁을 억누르기 위해, 프랑스 스스로가 천명한 가치에 어긋나는 행동을 함으로써 신뢰를 잃었던 것이다. 프랑스의 각종 기관이 이 두 종류의 관점 중에서 어느 쪽도 선택하지 않고 있는 지금, 교육이 어찌 일관성 있게 이루어질 수 있겠는가?

2001년 12월에 『알제리 주둔 프랑스 군대 백서』[29]가 간행되었는데, 이 백서에는 프랑스 군대가 '알제리 전쟁' 중에 사용한 방법을 둘러싸고 논쟁이 재개되던 당시에 《알제리 '민족해방전선'의 옛 지지자들이 「인류애」를 매개로 삼아 전개하는 운동》을 규탄하는 내용이 들어 있다. 이 백서의 앞머리에는 알제리에서 근무한 적이 있는 521명의 장성급 장교들이 서명한 선언문이 붙어 있는데, 그 선언문에는 알제리 주민들이 알제리는 독립해야 한다는 주장을 지지한 것은 오로지 알제리 '민족해방전선' — 이 조직은 알제리 주민들을 괴롭힌 것으로 묘사되어 있다. —의 강압 때문이었던 것으로 기술되어 있으며, 또 다음과 같은 주장도 담겨 있다. 《알제리에서 [프랑스] 군대가 한 행동

29 여러 사람 공저, 『알제리 주둔 프랑스 군대 백서』, Contretemps 출판사, 파리, 2001년.

의 두드러진 특징은, 그 행동이 무엇보다 갖가지 형태의 고문과 살인을 저지하기 위해 싸우는 것이었다는 점이다.》 그리고 또 프랑스 군대의 역할은《인권을 보장하고》《시민권과 기본적인 자유를 행사하는 것을》 보장하기 위한 목적으로 이루어진《평화유지 활동》이었다고 기술되어 있다. 이 서문은 프랑스 군대가 자행한 고문과 약식처형 — 이 두 가지는 이미《알려져 있는》것으로 기술되어 있다. —을 시인하면서도, 이 두 가지 행위를 해야만 했던 필요성을 정당화하는 내용을 담고 있다. 다음과 같은 나머지 내용도 같은 식이다.《[프랑스] 군대가 알제리 '민족해방전선'을 물리치고 승리를 거둠으로써 새로운 해결책이 마련될 수도 있었는데, 드골 장군이 치욕적인 조건으로 포기를 강요했다.》 이 백서와는 반대로, 라파엘 브랑슈의 저서『알제리 전쟁 중의 고문과 군대 — 1954~1962년』[30]은 다음과 같은 사실을 보여준다. 고문은 식민지배 행위의 일환이었을 뿐만 아니라, 알제리는 독립해야 한다는 주장을 지지하는 주민들의 수가 날이 갈수록 늘어나면서 이에 대응하여 프랑스 군대 내부에서 다반사로 자행되었다는 사실이 그것이다. 전쟁범죄를 정당화하는 행위 —『알제리 주둔 프랑스 군대 백서』는 전쟁범죄를 정당화하려고 애쓰는 내용을 담고 있다. —에 대해 어떤 종류의 공식적인 반응도 찾아볼 수 없는 상황에서, 위의 두 책에서 볼 수 있는 완전히 상반되는 두 관점 앞에서 교사들은 스스로 방법을 강구하든지, 아니면 문제점을 진지하게 분석하지는 않고 단지 몇몇 사건을 다루는 것으로 그쳐야 할 것이다.

하지만, 학교에서 이루어지는 역사교육은 언제나 가치전달로 귀결된다. 물론, 각 교사는 교육방법에 있어서 자율권을 가지며 자기 생각대로 수업내용을 정할 수 있지만, 현재의 상황이 만족스러운 것일까? 학생들에게 프랑스 대혁명에 대해 가르칠 때 — 물론, 교과서와 교사의 관점에 따라 교육내용은 다양할 수 있는데, 이것은 대단히 좋은 점이다. —, 각 학생은 구체제가 지녔

30 라파엘 브랑슈,『알제리 전쟁 중의 고문과 군대 — 1954~1962년』, Gallimard 출판사, 파리, 2001년.

던 부당한 면에 대해, 그리고 또 공화체제 헌법의 원리가 프랑스에 기여한 점에 대해 배운다. 학교교육에서 2차대전을 다룰 때에는 나치스 세력이 저지른 범죄와 그 범죄의 이데올로기적인 토대가 설명된다. 그러나 식민사와 관련하여 오늘날 학교교육은 7월 왕정시대의 교사들이 대혁명에 대해 설명할 때 — 당시에 어떤 교사들은 대혁명이 결정적인 진보였다고 설명했으며, 다른 교사들은 그것이 야만적인 우발사건이었다고 설명했다. —에 직면했던 것과 같은 난처한 상황에 처해 있다. 또는 20세기 상당 기간에 걸쳐 군사학교와 많은 가톨릭계 학교에서 드레퓌스 사건에 대해 설명할 때에 교사들이 직면했던 것과 같은 난처한 상황 — 당시에는 군사학교와 가톨릭계 학교에 근무하던 교사들만이 난처한 상황에 처해 있었다. —에 처해 있다. 이런 상황에서 교사들은 위의 상반되는 두 관점 중에서 어느 한쪽 관점을 소개하거나, 또는 두 관점을 종합해서 설명하려고 애쓴다. 그러나 두 관점을 종합해서 설명하기란 불가능하다. 그렇게 하면, 학생들은 아무것도 이해하지 못하고 또 설명에 일관성이 없다고 여기게 된다. 가장 간편한 방법은 여전히 이 주제를 최대한 피하는 것인데, 이 방법은 오늘날의 공식 교육과 교과과정에서 볼 수 있는 일반적인 경향이며, 또 그럴 수밖에 없는 것이기도 하다.

따라서 인권의 가치를 실추시킴으로써 모든 반동주의자들과 체제유지주의자들이 이득을 얻도록 하고 싶지 않다면, 그리고 공화국의 식민주의 이념이 제공하는 엄청난 이념적 자산을 극우파가 마음대로 사용하도록 내버려두지 않으려면, 그리고 또한 프랑스가 자체의 식민지배 과거사와 관련해서는 정의를 운운할 수 없으면서도 세계의 여러 곳에서 고문을 자행하는 자들 모두를 처벌하기 위해 정의를 바로 세우자고 바로 이곳 프랑스에서 요구함으로써 사람들을 웃고 울게 하지 않으려면, 나아가 우리나라가 식민지배 과거사의 직접적인 반향으로 생겨난 폭력과 차별 때문에 멍드는 것을 보지 않으려면, 그리고 우리나라 학교가 이 문제에 대해 언급하는 것을 난처해하거나 침묵을 지키는 것을 보지 않으려면, 프랑스 공화국의 역사에 깊은 상처를 남긴 생생한 역설을 인식하고 설명하려고 애쓰는 것 말고 다른 방법은 없다. 프랑스 공화국이 한편으로는 인권개념을 만들어냈지만, 다른 한편으로는 식민지와의 관계에 있어서 그 인권을 부정했다는 사실이 바로 그 생생한 역설이다.

《공화국의 역설》

《공화국의 역설》 자체는 보다 큰 단위의 역설, 즉 유럽과 서양의 역설[31]에 포함된다. 이 역설은 보다 큰 흐름의 한 부분이다. 즉, 근 5세기 동안 노예제도와 식민화 사업으로 점철된 비유럽 세계와 유럽 전체의 관계가 유럽 자체가 만들어낸 휴머니즘의 원리에 자주 위배되었던 흐름의 한 부분 말이다.[32]

그러나 프랑스 공화국의 역설은 특이한 역설이다. 왜냐하면, 프랑스는 특히 제3공화국 초기부터 식민화 사업을 정당화하기 위해 인권이라는 개념을 끌어들인 특유의 담론을 표명했는데, 이 담론은 사실은 식민화 사업 과정에서 인권을 위반할 수 있도록 해주기 위해 인권의 메시지를 왜곡한 것이었기 때문이다. 이를 위해, 프랑스 공화국은 문명화된 백인들과 미개한 원주민들을 구분하는 어떤 날조된 보편주의, 어떤 세계관 — 사르트르의 말을 인용하자면, 그 세계관에 따르면 《지구 전체에는 20억 명의 인구, 즉 5억 명의 사람과 15억 명의 원주민이 있다.》[33] —을 만들어냈다.

이 노선은 특히 1885년에 하원에서 있었던 토론[34]에서 볼 수 있듯이, 처음에는 많은 공화주의자들로부터 반박을 받았다. 그러나 반박은 점차로 줄어

31 나아가 기독교의 역설이기도 하다. 그러나 기독교의 역설은 이 책의 주제가 아니다.

32 특히 소피 베시의 저서 『서양과 타자들』(La Découverte 출판사, 파리, 2000년)을 보라. 이 책은 2002년에 파리의 La Découverte 출판사에서 문고판으로 재간행되었다.

33 프란츠 파농의 저서 『대지의 저주받은 사람들』(1961년 9월)에 붙인 장-폴 사르트르의 서문. 이 서문은 장-폴 사르트르의 저서 『상황 5 — 식민주의와 신식민주의』(Gallimard 출판사, 파리, 1964)에 재수록되어 있다.

34 146쪽을 보라.

들었으며, 프랑스의 식민화 사업이 절정기 — 절정기는 1931년에 개최된 '식민박람회'로 표현되었다. —에 이른 무렵에 이 노선은《공식적 확신》이 되었다. 단지 몇몇 체제비판가들만이 그 확신에 대해 이의를 제기했다. 그들은 수가 적지 않았으나, 반체제인사들이자 주변적인 세력이었다. 그런《엉터리 주장》이 통했기 때문에, 1945년 이후로 프랑스 당국은 제한적이나마 탈식민화를 막을 수 있었으며, 식민지 전쟁 과정에서 자행된 폭력이 정당화될 수 있었다. 이것은 역시 사르트르가 정확히 간파한 것이기도 하다.(그는 당시의 다른 정치문제들에 대해서는 오류를 범하기도 했지만, 이런 식민화 사업의 양상에 대해서는 대단한 통찰력을 보여주었다.) 그는 다음과 같이 썼다.《해외에서 우리의 병사들은 프랑스 본국의 보편주의를 배격하고, 인간류(類) *genre humain*에게 차별적인 제한 *numerus clausus*을 가하고 있다. 자신과 같은 부류의 인간인 사람이 가진 것을 빼앗고 그 사람을 노예로 만들거나 살해하는 행위는 누구에게나 범죄가 되기 때문에, 우리의 병사들은 식민지인이 인간부류 *semblable de l'homme*가 아니라는 것을 신조로 삼고 있다.》[35]

식민사를 검토해보기 위해서는, 먼저 식민화 사업을 프랑스 공화국의 과거사에 통합하여 그것을 하나의 총체로 간주해야 한다.[36] 즉, 제3공화국이 그렇게 하려고 했듯이 — 당시에는 1차 산업혁명으로 몇몇 부문에서 국가들 사이에 격차가 크게 벌어짐으로써, 인종들이 동등하지 않다는 것은 명백하며 식민화 사업은 필연적이라고 주장하는 것이 허용될 수 있을 것 같았다. —, 식민화 사업의 이전 단계들은 잊어버리면서 마지막 단계만을 다루지 않아야

35 프란츠 파농의 저서『대지의 저주받은 사람들』(1961년 9월)에 붙인 장-폴 사르트르의 서문(위의 인용문과 동일).

36 이런 관점에서 1993년부터 특히 파스칼 블랑샤르를 위시한 사람들이 이끄는 '아프리카 현대사연구회'는 식민화 사업의 역사를 되돌아보는 중요한 작업을 수행했다. 1993년 1월에 파리의 국립도서관에서《이미지와 식민지》를 주제로 개최한 토론회, 그리고 2001년에 마르세유의 국립과학연구소에서《인간 동물원? 식민 기억》을 주제로 개최한 토론회가 그것이다. 그 사이에 다음과 같은 여러 책들이 출판되기도 했다.『이미지와 식민지』(Syros 출판사, 파리, 1993년),『타자와 우리들 —《풍경과 인간 유형》』(Syros 출판사, 파리, 1995년),『원주민에서 이민자로』(Gallimard 출판사,《발견 *Découverte*》총서, 파리, 1998년),『인간 동물원과 식민 전시회』(La Découverte 출판사, 파리, 2002년).

한다. 예를 들면, 제3공화국은 19세기 말에 프랑스가 벌이는 정복사업은 전적으로 새로운 것이라고 주장했다. 식민화 사업의 첫 번째 단계와 프랑스가 식민지 전쟁(생-도맹그에서 벌어진 전쟁) — 이미 이 전쟁은 20세기에 벌어질 식민지 전쟁의 온갖 특징을 내포하고 있었다. —에서 처음으로 당한 패배에 대해서는 침묵하면서, 또는 수십 년에 걸쳐 알제리 땅 같은 곳에서 벌인 무력정복과 《한 민족을 대상으로 한 전쟁》의 오랜 과정은 지워버리면서 말이다.

사실, 18세기 초부터 20세기 중반까지 프랑스에서 인권과 민주주의를 표방하는 사람들이 식민화 사업의 정당성을 두고 벌인 논쟁은 놀라운 연속성을 보여준다. 그리고 논쟁에서 제기된 정치적, 법률적 문제들은 그 시기 내내 대체로 동일했다. 이 역사를 하나의 총체로 간주한다는 것은, 프랑스 공화국이 식민지배 과거사를 정당화하기 위해 동원한 몇 가지 사실왜곡과 신화에 영향을 받지 않으려고 조심한다는 것을 의미하는 것만은 아니다. 이 역사를 하나의 총체로 간주하면, 이 역사 기간 전체를 통틀어 노예제도 같은 문제가 식민화 문제에 어느 정도 관련되는지, 또 그 문제에 어느 정도 포함되는지도 알 수 있을 것이다.

정의를 바로 세우고 진실을 밝혀달라는 요구

우리는 식민지배 과거사를 다루면서 여러 가지 복잡한 의문에 봉착하게 된다. 특히 제1공화국 때에, 그리고 심지어 그 이전인 18세기에 인권개념이 생겨났을 때에 식민지에 인권을 적용하는 문제와 관련하여 어떤 생각들이 표명되었는가에 대해 자문해보는 것도 그 의문에 포함된다. 왜냐하면, 그 원리들이 왜곡된 것을 비판적인 시각으로 바라보는 것과 그 원리들을 불신하는 것이 너무나 자주, 그리고 즉각적으로 혼동되었기 때문이다. 또한 19세기 전반에 벌어진 노예제도 폐지운동의 애매한 성격에 대해 자문해보는 것도 그

의문에 포함된다. 라마르틴,[37] 쉘셰르[38] 또는 토크빌[39] 같은 인물들이 중심이 되어 벌인 노예제도 폐지운동을 통해 결국에는 노예제도가 종식되었지만, 그 운동을 통해 군주제 정부의 유산, 즉 알제리 정복에 공화주의적 정당성이 부여되기도 했던 것이다. 제3공화국이 계몽주의 시대와 제1공화국 때의 원리를 어기면서, 인권의 혜택을 누리는 범주에서 식민지 원주민들을 제외할 수 있게 된 과정에 대해, 그리고 그런 선택의 결과에 대해 자문해보는 것도 역시 그 의문에 포함된다. 식민지에 문명을 가져다준다고 우기던 체제의 대단한 주장은 또 어찌된 셈인가? 문명이라는 개념과 야만이라는 개념 자체에 대해 자문해보아야 한다. 그리고 19세기에서 20세기로 넘어가는 전환기에 식민화 사업에 반대하는 운동이 약화된 것을 어떻게 설명할 것인가? 때로는 미미하기도 했지만 변함없이 인권을 소중히 여겨온 전통의 연속성이 은폐되지 않도록 하기 위해, 이 운동을 망각에서 끌어내는 일은 반드시 필요하다.

식민화 사업은 1930년대에 절정에 이르렀으나, 곧이어 자체의 함정에 빠진 식민주의 담론의 모순이 생생히 드러났다.(특히 이탈리아 파시스트 정부가 에티오피아를 침공한 사태를 맞아 그렇게 되었다.) 그리고 과거의 확신에 대해 재검토해보게 만든 전쟁의 비극, 즉 인도차이나와 알제리가 독립을 쟁

37 알퐁스 드 라마르틴(1790~1869년) : 프랑스 시인, 소설가, 극작가, 정치인. 프랑스 낭만주의를 대표하는 작가로서 자연, 죽음, 사랑, 추억 등을 주제로 서정성이 풍부한 작품들을 많이 썼다. 정치인으로서는 1833년부터 1851년까지 하원의원을, 그리고 1848년 2월부터 5월까지 외무부 장관을 지냈다. 노예제도를 폐지하기 위해 애썼으며, 1848년 4월 27일자 '노예제도폐지법'에 서명했다. — 역주

38 빅토르 쉘셰르(1804~1893년) : 프랑스 정치인. 아버지의 공장에서 만든 고급 자기(磁器)를 판매할 새 시장을 개척하기 위해 아메리카로 갔다가 그곳에서 노예제도의 끔찍한 현실을 목격하고는 그것을 폐지하기 위해 투쟁하기로 결심했다. 이후로 노예제도를 폐지할 것을 주장하는 글들을 발표했으며, 식민지 담당 부차관으로 있으면서 노예제도를 즉각 폐지하도록 정부를 설득했다. 마침내 1848년 4월 27일자 법령을 통해 노예제도 폐지가 선언되었다. 나폴레옹 3세가 일으킨 쿠데타에 반대했으며, 이 때문에 제2제정기에는 벨기에와 영국으로 망명했다. 1870년에 귀국하여 공화국을 수립하기 위해 애썼으며, 하원의원과 상원의원을 지내면서 식민지 확장정책을 지지했다. 초등학교 의무교육, 기아(棄兒) 보호, 여성의 시민권을 위해 애쓰기도 했다. 1949년에 팡테옹에 안장되었다. — 역주

39 알렉시스 드 토크빌(1805~1859년) : 프랑스 사상가, 정치인. 노예제도 폐지를 위해 애쓰고 미국 민주주의를 찬양한 사람으로 알려져 있다. 하지만 알제리와 관련해서는 한편으로는 그곳을 정복하여 프랑스 식민지로 삼기 위해 초토화 작전을 펼 것을 주장했으며, 다른 한편으로는 뷔죠가 펴는 정복작전을 비판하면서 원주민 사회, 원주민들의 재산, 교육체계, 종교조직 등이 파괴되지 않기를 바랐다. — 역주

취하기 위해 벌인 전쟁의 비극으로 말미암아 — 당시까지만 하더라도 부분적이며 피상적인 수준에서 과거의 확신에 대한 검토가 행해졌다. —, 4분의 3세기 동안 이어진 식민지배에 대한 대대적인 선전전술의 시기가 지난 뒤에 사람들의 기억에 커다란 구멍이 생겼다.

현재, 반인륜범죄는 세계의 양심세력이 점점 더 큰 목소리로 외치는 규탄의 대상이 되고 있다. 세계의 양심세력은 현재 자행되는 범죄인 경우에는 《보편적 권한 *compétence universelle*》이라는 이름으로 이루어지는 기소를 통해, 국제사법재판소를 통해, 그리고 구(舊) 유고슬라비아와 르완다에서 벌어진 사건을 다루기 위한 법정을 통해 단죄하려 하고 있으며, 과거에 저질러진 범죄인 경우에는 그 범죄를 시인하고 진실을 밝히는 결과를 얻어내려 하고 있다. 이런 상황에서, 공화체제의 프랑스가 자체 역사에 깊은 흔적을 남긴 식민화 사업에 대해 아무런 정치적, 역사적 판단도 내리지 않을 수는 없다.

프랑스 공화국은 2001년 5월 10일자 법[40]을 통해 노예제도에 대해 태도를 밝히고 그 제도를 《반인륜범죄》로 규정했다. 하지만 노예제도를 폐지한 것은 제1공화국과 제2공화국이었으며, 그 제도를 수치스럽게 합법화한 것은 여러 군주체제 정부였지 공화체제 정부가 아니었다. 반면, 제2공화국, 제3공화국, 제4공화국, 제5공화국이 실행에 옮기고, 정당화하고, 이론화한 식민화 사업은 공화체제와 훨씬 더 큰 관련이 있다. 또한 식민화 사업은 비시 정부의 정책 — 하지만 비시 체제의 정책에 대해 프랑스 공화국의 최고위 당국자들은 국가 연속성의 이름으로 의견을 표명하는 것이 필요하다는 판단을 내린 바 있는데, 이는 당연한 일이다. —보다 더 직접적으로 프랑스 공화국의 각종 기관에 관련되는 문제이다.

40 2001년 5월 10일자 법 : 일명 '토비라 법'(기얀 *Guyane* 지역구 소속의 국민의회 의원 크리스티안 토비라가 발의했기 때문에 붙여진 이름). 이 법 제1조의 내용은 다음과 같다.《프랑스 공화국은 15세기부터 아메리카, 카리브 해, 인도양 그리고 유럽에서 아프리카인들, 아메리카 인디언들, 마다가스카르인들, 인도인들을 대상으로 자행된 것으로서, 한편으로는 대서양을 넘나드는 흑인노예무역과 인도양에서의 노예무역이, 그리고 다른 한편으로는 노예제도가 반인륜범죄에 해당한다는 사실을 인정한다.》그리고 제2조의 내용은 다음과 같다.《학교의 교육 프로그램과 역사 및 인문학의 연구 프로그램에서는 그것에 합당한 적절한 자리를 흑인노예무역과 노예제도에 부여해야 한다. (…)》— 역주

《학살》이나 《민족말살》이라는 용어는 적절한가? 식민지 정복과정에서 빚어진 사건들, 그리고 식민지인들이 벌이는 독립운동을 진압하기 위한 전쟁 과정에서 벌어진 사건들 중에서 정확히 어떤 사건에 이 두 용어를 적용할 수 있는가? 《반인륜범죄》라는 개념이 비롯된 뿌리에 해당하는 것으로서, 오토만 제국과 나치스 치하의 독일에서 자행된 학살과 민족말살 행위에 이 사건들을 비교하는 것은 타당한가? 노예제도에 적용된 이른바 《반인륜범죄》라는 규정은 식민화 사업에도 확대 적용되어야 하는가? 식민지배 행위에는 다른 규정이 더 잘 어울리지 않는가? 그런 규정들에 어떤 의미를 부여해야 하며, 그런 규정들은 어떤 절차로 이어져야 하는가? 사법적인 소추 절차를 밟아야 하는가? 피해보상 절차를 밟아야 하는가?

하지만 이제 식민화 사업을 주도했던 사람들은 거의 모두 사라지고 없으며, '알제리 전쟁'의 경우에는 전후에 내려진 사면조처 때문에 그 전쟁 중에 자행된 행위들을 심판할 수 없게 되었다. 정의의 여신이 그 행위들을 심판하는 것이 법[41] 때문에 불가능하게 된 지금, 정의를 바로 세우는 데에 기본적으로 필요한 것을 어떻게 충족시킬 것인가? 유럽 국가들이 대서양을 넘나들면서 행한 노예무역이나 아프리카를 식민지로 만듦으로써 초래한 피해에 대한 보상 요구 — 예를 들면, 2001년 8월에 열린 '더반 국제회담'[42]에서 그런 요구가 제기되었다. —도 똑같이 헛되어 보이기는 하지만, 프랑스는 자체의 식민지배 과거사에 대해 계속 침묵을 지킬 수 있는가? 이런 의문들에 대해 적절한 답변을 제시하는 것을 어렵게 만드는 요인들은 수없이 많다. 그러나 그 요인들은 이런 의문들이 제기되어야 할 필요성을 강화해준다.

이 책에서 필자는 프랑스 식민사의 중요 단계들을 추적하면서, 이런 의문 제기를 공론화하는 데에 기여하려는 것 말고 다른 야심은 없다.

---

41 법 : 여기에서 법은 앞에서 언급한 '알제리 전쟁' 관련 사면법을 가리킨다. — 역주

42 '더반 국제회담' : 인종차별 철폐 문제를 다루기 위해 남아프리카공화국 더반에서 2001년 8월 31일부터 9월 7일까지 열린 회담. — 역주

제1부

인권에서 무가치한 목숨으로

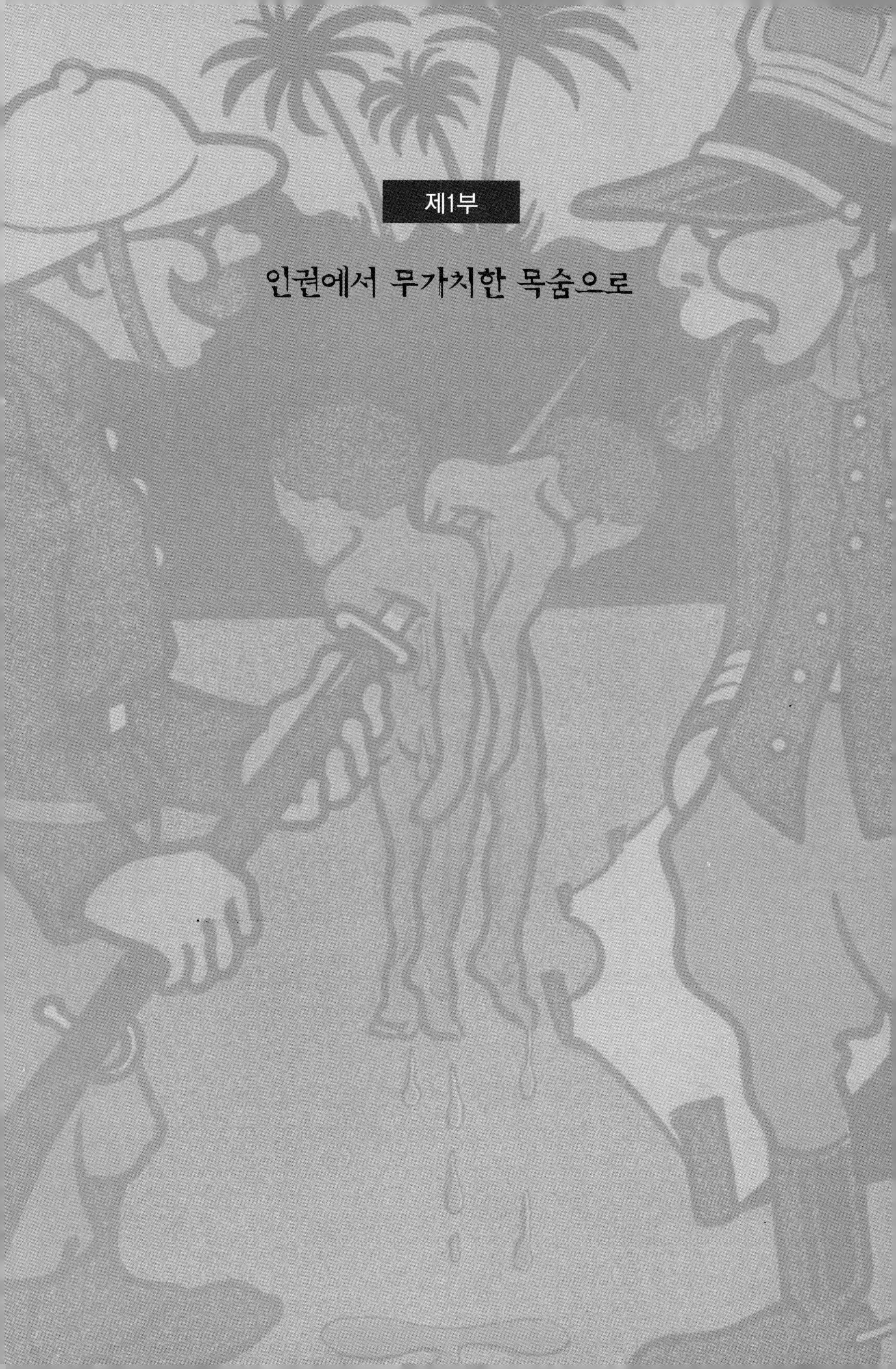

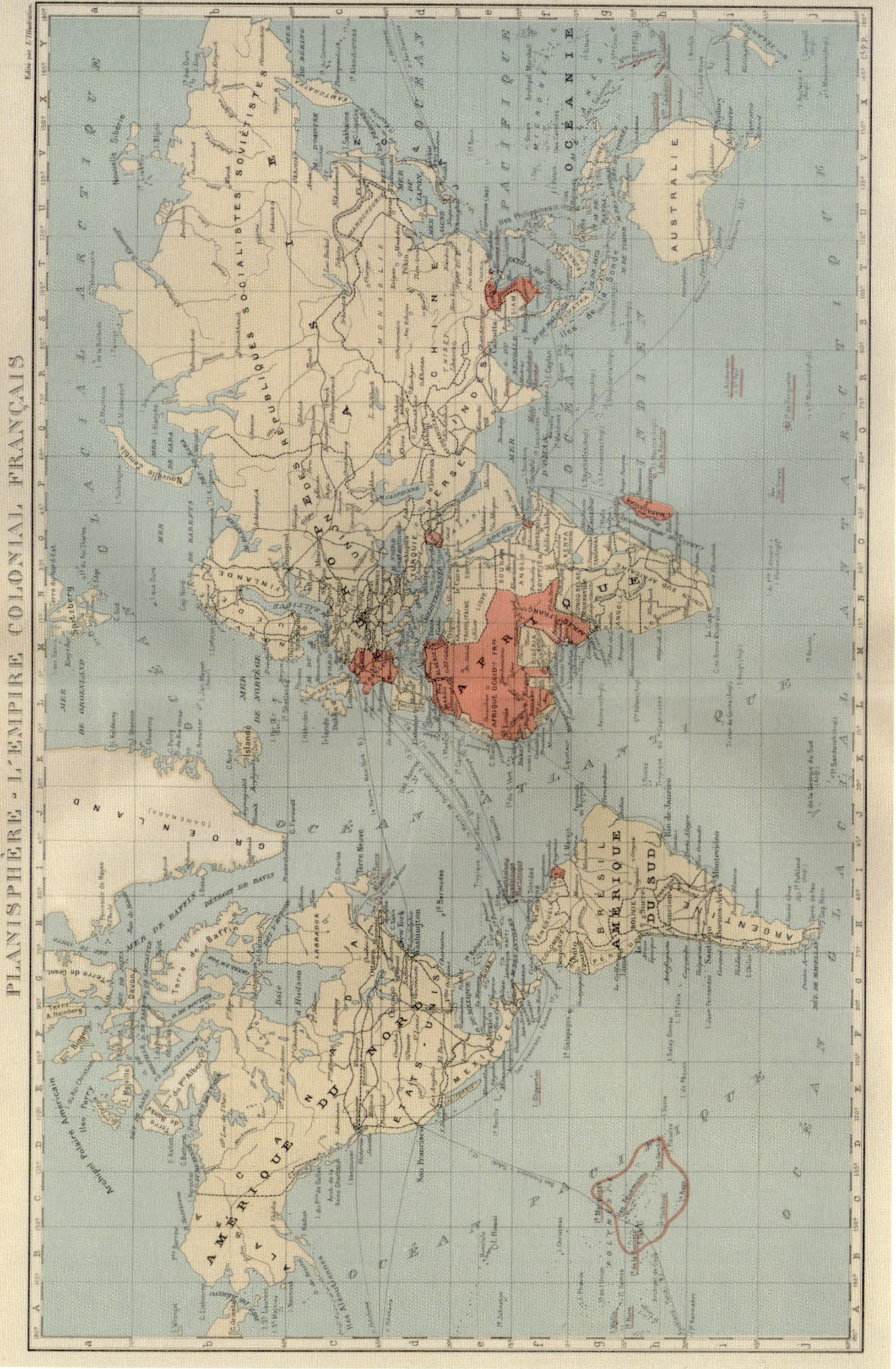

1

1_전성기(1931년)의 프랑스 본토와 식민제국 영토를 붉은 색으로 표시한 세계지도.(「삽화 신문」이 발행한 『프랑스 식민지 지도첩 *Atlas colonial français*』, 1938년)

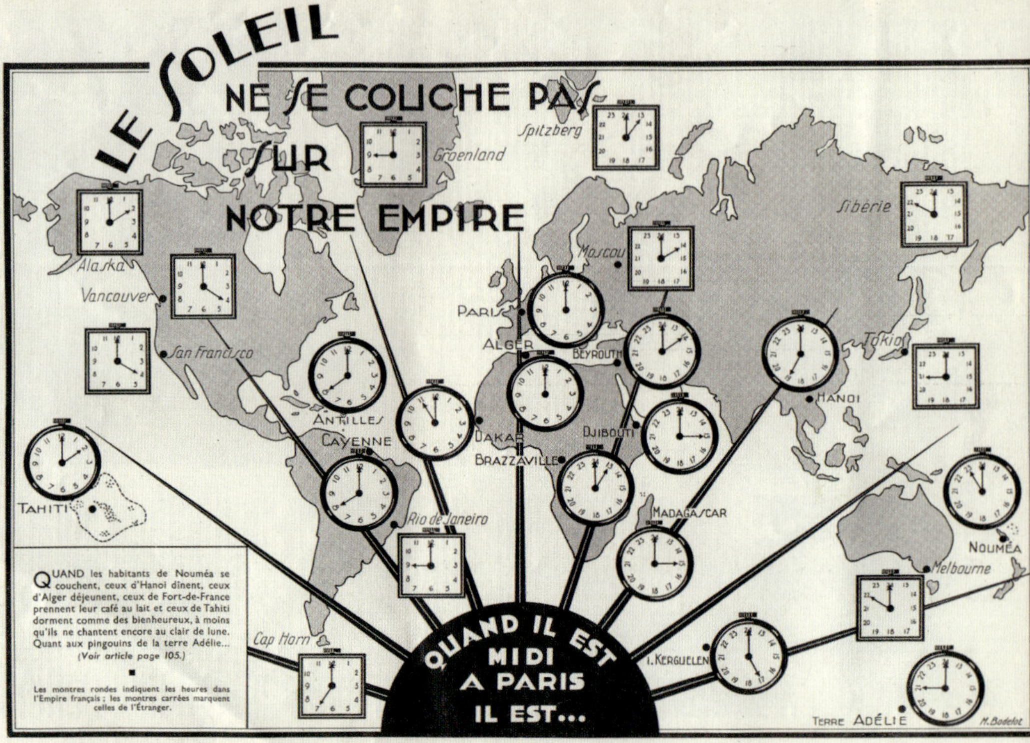

2

3

LE MONDE ILLUSTRÉ

JOURNAL HEBDOMADAIRE

ABONNEMENT POUR PARIS ET LES DÉPARTEMENTS — 37e Année — No 1875 — 4 Mars 1893 — DIRECTION ET ADMINISTRATION, 13, QUAI VOLTAIRE

Directeur : M. ÉDOUARD DESFOSSÉS

M. JULES FERRY, président du Sénat. — Gravure de M. Dochy. — (Photographie Benque.)

4

LES QUATRE RACES D'HOMMES. — La race blanche, la plus parfaite des races humaines, habite surtout l'Europe, l'ouest de l'Asie, le nord de l'Afrique et l'Amérique. Elle se reconnait à sa tête ovale, à une bouche peu fendue, à des lèvres peu épaisses. D'ailleurs son teint peut varier. — La race jaune occupe principalement l'Asie orientale, la Chine et le Japon : visage plat, pommettes saillantes, nez aplati, paupières bridées, yeux en amandes, peu de cheveux et peu de barbe. — La race rouge, qui habitait autrefois toute l'Amérique, a une peau rougeâtre, les yeux enfoncés, le nez long et arqué, le front très-fuyant. — La race noire, qui occupe surtout l'Afrique et le sud de l'Océanie, a la peau très-noire, les cheveux crépus, le nez écrasé, les lèvres épaisses, les bras très-longs.

5

2_파리가 정오일 때, 프랑스 각 식민지의 시각(둥근 시계)과 다른 나라의 시각(사각 시계)을 나타낸 그림. 위쪽에 《우리의 제국에서 태양은 지지 않는다.》라고 적혀 있다.(「삽화를 곁들인 식민 세계 *Le Monde colonial illustré*」, 1938년 6월호)

3_1925년의 프랑스 식민제국의 인구를 나타낸 그림. 《보다 위대한 프랑스》－《프랑스를 지키려고 피를 흘린 다음에 프랑스의 평화로운 번영을 위해 일하는 합계 9200만 명의 사람들(프랑스 본국 4000만 명, 아프리카 3400만 명, 아시아 1700만 명, 아메리카 42만 명, 오세아니아 6만 명)》이라는 설명문이 붙어 있다.

4_제3공화국 때의 대표적인 식민주의자였던 쥘 페리의 초상.(「삽화를 곁들인 세계 *Le Monde illustré*」, 1893년 3월 4일자)

5_G. 브뤼노가 쓴 『두 어린이의 프랑스 일주』에 실린, 네 인종을 묘사한 그림과 그 설명문.

Les Colonies Françaises
PROGRÈS
CIVILISATION
DASCHER del
L. GEISLE

7

6_《문명화의 사명》을 묘사한 그림. 프랑스 공화국의 상징인 마리안 *Marianne*이《진보, 문명, 교역》을 식민지인들에게 가져다주기 위해 식민지에 도착하는 장면. 뒤쪽에는 구체제 때의 군인들(좌측)과 공화정 때의 군인(우측)이 호위하고 있으며, 앞쪽에는 흑아프리카, 북아프리카, 근동, 인도, 인도차이나 등의 주민들이 있다. 이 그림은 학생들의 공책 표지에 사용되기도 했다.(1900년)

7_《문명화의 사명》을 묘사한 그림. 프랑스 공화국의 상징 마리안이 모로코에 도착하여 금화를 쏟아 붓고 있다. 뒤쪽에는 낙타를 탄 원주민들, 흰 제복 차림에 흰 모자를 쓴 프랑스인 장교, 원주민 병사가 있고, 앞쪽에는 원주민들이 경탄하는 표정으로 마리안을 바라보고 있다. 아래쪽에《프랑스는 모로코에 문명, 부(富), 평화를 넉넉하게 가져다줄 수 있다.》라는 설명문이 붙어 있다.(「작은 신문」, 1911년 11월 19일자의 1면)

Chocolat d'Aiguebelle
à Madagascar. Missionnaires enseignant l'Agriculture aux indigènes.

8

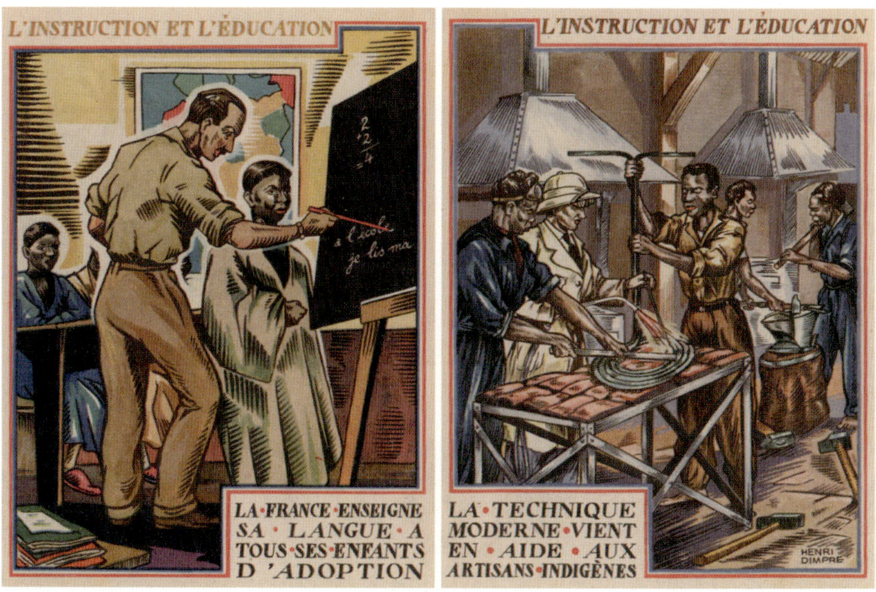
L'INSTRUCTION ET L'ÉDUCATION
LA·FRANCE·ENSEIGNE SA · LANGUE · A TOUS·SES·ENFANTS D'ADOPTION
L'INSTRUCTION ET L'ÉDUCATION
LA·TECHNIQUE MODERNE·VIENT EN · AIDE · AUX ARTISANS·INDIGÈNES
HENRI DIMPRE

9

10

8_문명화의 사명을 선전하는 그림. 아래쪽에는《마다가스카르에서 원주민들에게 농업을 가르치는 선교사들》이라는 설명문이, 뒷면에는 마다가스카르에서 선교사들은 현대 농법을 가르치는 농업 기관을 설립함으로써 그곳에서의 프랑스의 영향력을 확대하는 데에 많이 기여했다는 설명문이 붙어 있다.(초콜릿 에그벨 *Aiguebelle*의 상표)

9_문명화의 사명을 선전하는 그림. 왼쪽에는《프랑스는 모든 입양아들[프랑스 제국에 편입된 식민지의 아이들]에게 프랑스어를 가르친다.》라는 설명문이, 오른쪽에는《원주민들에게 현대적 기술이 지원된다.》라는 설명문이 붙어 있다.(1943년에 발행된 소책자『프랑스 제국의 문명화 사업 *L'Œuvre civilisatrice de la France impériale*』이라는 제목이 붙은 소책자의 그림들 중 일부)

10_문명화의 사명을 선전하는 엽서.《[프랑스령] 서아프리카 원주민 출신 보병대원들의 자녀들을 가르치는 학교》라는 설명문이 붙어 있다. 왼쪽에 서 있는 사람은 프랑스 장교로 짐작되며, 오른쪽에 서 있는 두 사람은 원주민 출신 보병대원이다. 칠판 맨 아래쪽 구석에 '1906(년)'이라고 적혀 있다. 왼쪽 상단의 '219'라는 숫자로 보아, 이런 종류의 엽서가 다양하게 만들어진 것 같다.

VU
COLONISATION
NUMÉRO SPÉCIAL
HORS SÉRIE
3 MARS 1934
PRIX : 6 FRANCS
DIRECTEUR : LUCIEN VOGEL
PHOTO VU - MONTAGE D'ALEXANDRE

12

LES ACHANTIS AU JARDIN D'ACCLIMATATION

13

11_식민화 사업의 성과를 나타낸 그림. 흑인이 식민화 사업의 성과를 가리키는 공장 굴뚝, 빌딩, 도시, 사일로를 머리에 이고 있다.(잡지 「VU」의 〈식민화 사업〉 특집호, 1934년 3월 3일자의 표지)

12_《1906년에 파리에서 열린 식민박람회장에서 싱할라족 추장이 추는 종교의식 춤》.(사진엽서)

13_《불로뉴 숲 동물원에서의 아샨티족》.(「작은 신문」, 1903년 5월 31일자의 맨 뒷면)

14

15

EXPOSITION
COLONIALE
INTERNATIONALE
LE TOUR DU MONDE EN UN JOUR
LE TOUR DU MONDE EN UN JOUR
PARIS 1931
ROBERT LANG, Éditeur - PARIS

16

17

14_『베리 공작부인의 살롱에서의 호텐토트 비너스 *La Vénus hottentote dans les salons de la duchesse de Berry*』.(세바스티앵 쾨르 *Sébastien Coeure*의 수채화, 1830년)

15_1922년에 마르세유에서 열린 식민박람회에서 여성 관광객을 태운 인력거를 끄는 안남인(安南人)을 묘사한 그림.(우편엽서)

16_1931년에 열린 《국제 식민박람회》의 포스터. 프랑스 국기가 나부끼는 회교 사원의 첨탑과 앙코르와트 사원을 배경으로 프랑스 식민제국의 주민들을 대표하는 아랍인, 황인, 흑인, 인도차이나인이 배치되어 있다. 좌 · 우 테두리에 《하루만의 세계 일주》라는 설명문이 붙어 있다.

17_1931년에 열린 《국제 식민박람회》 전시장을 방문하는 네덜란드 여왕과 그녀를 안내하는 리요테 원수(여왕 오른쪽에 보이는 제복 차림을 한 사람)를 촬영한 사진. 배경 왼쪽에는 앙코르와트 사원과 캄보디아 사원을 재현한 건축물이, 전면에는 캄보디아 무용수들이 보인다.

18

18_1931년 5월 6일부터 11월 15일까지 파리 동쪽 뱅센 숲에 있는 도메닐 호수 주변의 110헥타르에 이르는 면적에 설치된《국제 식민박람회》의 배치도.(「삽화 신문」, 1931년 6월 27일자)

제1장

초기 식민화 사업과 인권개념의 출현

19세기와 20세기에 시행된 식민화 사업은 이전 3세기 동안 진행되었던 유럽 확장 사업의 연장선상에 위치한다. 유럽 확장 사업으로 특히 남북 아메리카의 인구 대부분이 없어졌으며, 아프리카인들은 노예무역과 노예제도에 희생되었다. 인권을 표방하는 계몽주의 철학자들 거의 모두가 노예무역과 노예제도를 규탄했는데, 그들의 규탄은 인권개념이 형성되는 데에 도움이 되었다. 그들이 노예무역과 노예제도를 규탄한 것과 인권개념이 형성된 과정을 따로 떼어 생각할 수 없다.

세계를 처음으로 탐사한 유럽인들은 자국 군대의 우월성을 동원하여 얻을 수 있는 이익을 재빨리 알아챘다. 그들은 먼저 남북 아메리카를 정복했다. 그 정복과정에서 인디언 문명이 거의 완전하다시피 파괴되었으며, 민족말살적인 학살 *massacres génocidaires*로 점철된 행위가 자행되었다. 그 행위는 반드시 《문화말살 *ethnocide*》로 간주되어야 한다.[1] 추산에 따르면, 1500년에 4000

1 장-미셸 쇼몽의 견해(장-미셸 쇼몽, 『피해자들의 경쟁 — 민족말살, 정체성, 재평가』, La Découverte 출판사, 파리, 1997년. 2002년에 파리의 La Découverte 출판사에서 문고판으로 재간행)에 따라, 우리는 민족말살 *génocide*과 문화말살 *ethnocide*을 구분하는 것이 유익하다는 판단을 할 수 있을 뿐이다.(국제협약에서는 이 두 행위가 구분되지 않고 있다.) 민족말살의 경우에는 어떤 집단에 속한 개인들이 살해의 일차적인 표적이 된다. 반면에 문화말살은 어떤 집단을 의도적으로 파멸시키는 것이지만, 반드시 그 구

만~1억 명에 이르렀던 인디언들의 수는 1650년에는 최소한 75%가 감소하여 약 1000만 명이 되었다.[2] 이것은 정복의 충격으로 야기된 인생혐오, 사회해체, 기아, 강제노동, 학살, 전염병의 결과였다.

군주제 정부와 노예제도

유럽인들이 처음으로 식민지를 정복하기 시작할 무렵에 대서양을 넘나드는 흑인노예무역이 자리를 잡았다. 구체제 때의 프랑스는 영국, 포르투갈과 함께 노예무역의 주된 수익 국가였다. 1500년부터 1800년까지 근 500만 명에 이르는 아프리카인들이 카리브 해 지역으로 이송됨으로써 노예들로 이루어진 주민이 형성되었다. 새로운 노예들이 그곳으로 계속 이송되었지만, 1800년 무렵에 그곳의 노예 주민들은 악랄한 착취와 높은 사망률 때문에 약 200만 명밖에 남지 않았다.[3] 19세기 전체를 통틀어(노예제도는 미국에서는 1865년에, 브라질에서는 1888년에 비로소 폐지되었다.) 아프리카에서 아메리카로 이송된 사람들의 총수는 최소한 1100만 명에 이르는데,[4] 그들은 유럽인들이 주도한 노예무역의 피해자였다.

유럽에 농노제도의 잔재가 존속하긴 했지만 이베리아 반도를 제외한 유럽

성원들의 생명이나 신체의 완전성을 해치는 것은 아니다. 인디언들이 파멸의 위협을 받게 된 것은 대부분의 경우 그들이 가톨릭을 믿지 않았거나 스페인인들에게 항복하지 않았기 때문이며, 마구잡이로 그렇게 된 것은 아니다. 따라서 그들이 겪은 운명은 문화말살에 속한다. 그러나 인디언들 중에서 카리브 해 지역에 살던 부족으로 최후의 1인까지 살해당한 아라와크 인디언들은 분명히 민족말살적인 학살 *massacres génocidaires*로 간주되는 행위의 피해자였던 것 같다.

2 마르크 페로에 따르면, 이 기간에 스페인 제국 내의 원주민 수는 1100만 명에서 100만 명 이하로 줄었다.(마르크 페로, 『식민화 사업의 역사 — 정복에서 독립에 이르기까지, 13~20세기』, Seuil 출판사, 파리, 1994년. 1996년에 파리의 Seuil 출판사에서 《역사 논점 *Points Histoire*》 총서로 재간행).

3 부다 에트마드, 『세계 점령 — 식민화 사업의 무게와 규모』, Complexe 출판사, 브뤼셀, 2000년.

4 위의 책. 카트린 코크리-비드로비치는 1600년부터 1900년까지 아프리카에서 아메리카로 이송된 노예들의 수는 1120만 명에 이른다고 주장했다. 17세기에 180만 명, 18세기에 610만 명, 19세기에 330만 명이 이송되었다는 것이다(카트린 코크리-비드로비치, 『흑아프리카 — 지속과 단절』, Payot 출판사, 파리, 1985년. 1993년에 파리의 L'Harmattan 출판사에서 재간행).

의 다른 곳에서는 노예 포획과 거래가 더 이상 이루어지지 않았던 때에 아프리카의 몇몇 지역에서는 노예제도가 이루어지고 있었으며, 유럽인들은 노예무역을 하기 위해 아프리카 대륙의 해안에 닿으면서 그 제도를 만났다. 그러나 대서양을 넘나드는 노예무역을 만들어내고 실시한 것은 분명히 유럽인들이며, 그들은 노예무역을 주도한 사람들이자 그것의 으뜸가는 책임자들이다. 그리고 그들은 당시까지만 하더라도 그 야만적인 행위가 존재하지 않았던 아프리카의 여러 지역으로 그 행위를 확대했는데, 그렇게 될 수 있었던 것은 아프리카인들 — 이들의 행위에 대해 책임을 묻지 않을 수 없다. —이 곳곳에서 남성들과 여성들을 포획해서 유럽 상인들에게 팔아넘겼기 때문이다.

따라서 유럽인들이 노예무역을 시작하기 전에 이미 아프리카 대륙의 몇몇 지역에서 이루어지고 있던 아프리카 고유의 노예제도와 유럽인들이 실시한 노예제도가 공존하고 있었다는 사실을 고려하지 않은 채, 유럽인들이 실시한 노예제도만을 생각할 수는 없다. 노예무역은 유럽이 세계 여러 곳을 식민지로 만드는 기간 내내 계속되었으며 — 식민지배 행위를 선전하는 활동을 벌이는 사람들이 주장하는 것과는 반대로, 이 기간에 유럽은 노예제도를 없애려고 애쓰지 않았다. —, 식민지들이 독립한 이후에도 계속되었다. 아프리카 북부 사하라 사막 지대에서는 400만 명이 노예무역에 희생되었던 것으로 추산된다. 1600년 이전에 90만 명, 17세기에 70만 명, 18세기에 70만 명, 19세기에 180만 명이 팔려나갔던 것이다.[5] 아프리카의 노예제도는 수단과 에티오피아 같은 여러 나라에서는 그 나라들이 독립한 이후에도 계속되었다. 노예제도는 사우디아라비아에서는 1962년에 비로소 법률에 의해 폐지되었으나 (법제화된 것은 1936년이다.), 모리타니에서는 1980년에 가서야 폐지되며, 지금도 여러 나라에서 다양한 형태로 계속되고 있다.

17세기와 18세기에 스페인, 포르투갈, 영국이 이전보다 더 대대적으로 벌

5 부다 에트마드, 『세계 점령 — 식민화 사업의 무게와 규모』, 위의 책.

인 식민화 사업을 뒤따라 프랑스가 노예제도와 연계하여 벌인 첫 식민화 사업은 아프리카에서는 몇몇 해안 도시들에서 시작되었으나, 곧 인도양의 여러 섬들로, 나아가 특히 아메리카와 카리브 해 지역으로 확대되었다. 카리브 해 지역에 건설된 프랑스의 가장 중요한 식민지는 생-도맹그였다. 프랑스 식민지는 1669년부터 1683년까지 해양부 대신을 지낸 장-바티스트 콜베르 이후로 해양부 대신의 직속 관할이었으며, 해양부 대신은 식민지에 배타적인 절대권을 적용했다. 예를 들면, 유태인들과 개신교인들이 식민지에 발을 들여놓지 못하도록 하는 것이 배타적 절대권에 해당한다. 당시에 유럽에서는 인신(人身) 보호법 *habeas corpus*, 고문 금지, 공공의 자유라는 이상이 천명되고 — 순탄하지만은 않았지만 — 또한 사회가 자체 기능에 있어서 그런 유형의 행위들을 점차로 멀리하고 있었지만, 바로 그 유럽의 절대군주제 정부는 식민지에서는 노예제도를 운용하고 아프리카인들을 사고팔아 엄청난 돈을 벌어들이는 노예무역을 실시했다.

노예제도는 서인도제도의 프랑스 식민지에 사탕수수 재배가 도입된 1642년에 루이 13세가 인가했으며, 군주제 정부가 적극적으로 장려했다. 군주제 정부는 노예제도를 사탕수수 생산과 다른 플랜테이션 작물 재배를 크게 늘릴 수 있는 방법으로 여겼다. 장-바티스트 콜베르는《본국으로 보내지는 설탕의 양이 증가하고 있으며, 제당공장이 늘어나고 있으며, 얼마 전까지만 하더라도 설탕 부문에서 외국에 의존했던 프랑스 왕국은 외국에 설탕을 팔기 시작하고 있다.》라고 하면서 기뻐했다. 그의 장려로 노예무역이 지속적으로 이루어졌으며, 이와 함께 한편으로는 여러 종류의 국영회사가 설립되었으며(1664년에 '서인도회사'와 '동인도회사'가 설립되고[6] 1673년에는 '세네갈 회사'가 설립되었다.), 다른 한편으로는 1672년에 국왕의 칙령을 통해 민영 노예무역이 장려되었다. 이 칙령에는 식민지에 수입되는《흑인 1인당》13리브

6 두 차례(1664년 5월과 8월)의 어전회의에서 내려진 결정으로 설립됨.

르 *livres*의 장려금을 노예상인에게 지불한다는 규정이 들어 있다. 선주(船主)들은 항해 도중에 죽는 노예들이 그다지 많지 않고 또 노예를 카리브 해 지역에 잘 팔아넘기는 경우에는 삼각항해를 통해 300%에서 2000%에 이르는 엄청난 이윤을 남길 수 있었다.[7]

흑인노예무역의 야만성

노예제도는 루이 14세 치세인 1685년에 『흑인 법전』[8]으로 법제화되었다. 이 법전은 쟝-바티스트 콜베르가 준비했으며, 그의 아들이자 그의 뒤를 이어 해양부 대신이 된 콜베르 드 세녈레의 서명을 거쳐 1685년 3월에 베르사유에서 반포되었다. 이 법전은 루이 15세 치세인 1724년에 루이지애나를 프랑스 식민지로 삼으면서 새 해양부 대신 펠리포 드 퐁샤르트랭의 서명을 거쳐 반포된 또 다른 법전으로 보완되었다.[9] 노예무역은 18세기 내내 계속 확대되었다. 1713년부터 1793년까지 보르도, 낭트, 르 아브르에서 3300척 이상의

7 로베르 코른뱅, 마리안 코른뱅 공저, 『프랑스와 해외 프랑스인들 — 1차 십자군원정 때부터 제2제정기 말까지』, Tallandier 출판사, 파리, 1990년.

8 『흑인 법전』: 노예제도의 폐해를 줄이기 위해 쟝-바티스트 콜베르가 편찬한 것으로, 그가 죽고 2년 뒤에 반포되었다. 노예는 동산(動産)으로 간주되어 매매될 수 있으며, 노예는 시민권을 지니지는 못하며, 그러나 노예를 매매할 때에 남편, 아내, 아이들을 서로 떼어서 팔 수는 없으며, 노예 주인은 노예의 의식주를 책임져야 하며, 노예를 살해하면 처벌을 받는다는 등의 규정을 담고 있다. 또한 노예들에게 매우 가혹한 규정을 담고 있기도 하다. 예를 들면, 노예는 어떤 위협적인 무기도 소유할 수 없으며, 주인과 그 가족들에게 위해를 가하거나 말을 훔치면 엄벌에 처해지며, 도둑질을 하면 채찍질과 낙인을 찍는 벌을 받는다는 규정이 그러하다. 한편, 식민지에서 가톨릭을 강화하려는 의도도 담고 있다. 노예들은 가톨릭 세례를 받아야 하며, 식민지에서는 가톨릭 이외의 모든 종교 예식을 금지하며, 식민지의 모든 신민은 가톨릭 주일과 축일을 준수해야 한다는 내용 등이 그러하다. — 역주

9 이 두 법전은 『흑인 법전』(L'Esprit frappeur 출판사, 파리, 1998년)에 재수록되어 있다. 이 두 법전은 루이 살라-몰랭이 설명문을 붙여 책으로 펴낸 적이 있다(루이 살라-몰랭, 『흑인 법전 또는 가나안의 수난』, Presses universitaires de France, 파리, 1987년). 살라-몰랭은 이 비열한 법체계가 존재한 적이 있다는 사실을 상기시킨 공로가 있다. 그러나 이 책에 붙인 설명문에서 그는 노예제도 시스템의 정확한 역사적 차원을 제대로 설명하지 못했다. 설명문에서 살라-몰랭은 《계몽주의 시대》가 야만적인 노예제도 시스템에 책임이 있다고 비난했다. 그러나 그 시스템은 실제로는 절대군주제 정부가 시행했으며, 계몽주의 시대 사람들과 제1공화국을 수립한 사람들은 그 시스템을 타파했다. 살라-몰랭은 심지어 1794년에 역사상 처음으로 노예제도가 폐지된 것이 《참담한 실패》였으며 《저열할 정도로 정략적인 정치적 폭거》였다고 했다.

노예선이 출항했으며, 사실상 프랑스의 다른 모든 항구에서도 노예선이 출항했다.[10] 당시에 정부는 노예무역을 왕국의 주요 수입원으로 여겼다. 1701년에 정부는 스페인 식민지에 노예를 공급하는 독점권을 얻는 기쁨을 맛볼 수 있었기 때문에 더욱 그렇게 여겼다. 이와 관련하여 해양부 대신 슈와젤은 1762년에 낭트 상업회의소에서 다음과 같이 말했다. 《본인은 이 무역이 다른 모든 것을 움직이는 원동력이라고 생각합니다. 그리고 본인은 이 무역이 조금이라도 다른 나라에 넘어간다면 아쉬워하게 될 것입니다.》

노예상인들이 아프리카 해안에서 사들인 노예들은 목을 조이는, 특별히 제작된 굴레로 두 명씩 묶여 노예무역선으로 운반되었다. 그들은 벌거벗겨지고, 때로는 삭발당하고, 화물처럼 포개져 배에 실렸다. 그들은 3등 선실(중갑판) 속에 쇠사슬로 동여매어졌다. 3등 선실은 대체로 높이가 3피에 *pieds*(90센티미터)밖에 되지 않았으며, 날씨가 궂을 때에는 쇠창살이 쳐진 승강구의 덮개가 덮여 있어서 공기가 아주 조금밖에 들어오지 않았다. 18세기에 배에 태우거나 항해하는 도중에 죽은 노예들의 평균 사망률은 10~15%였던 것으로 추산되는데, 이 수치는 바람이 불지 않아서 항해 속도가 느려지고 그렇게 해서 비축해둔 물이 바닥나면 때로는 《화물》(노예들)을 고스란히 내버려야 했던 것을 감안해서 산출한 것이다.

노예들의 몸에는 《스탬프》라고 불리는 도구를 사용하여 문자 R(왕실이 주도한 노예무역, 즉 왕립회사들이 주도한 노예무역의 경우)이나 또는 상인들 이름의 머리글자(민영 노예무역의 경우)가 새겨졌다. 그런 용도로 제작된 《스탬프》는 은(銀)으로 된 얇은 판이 덮여 있었으며, 나무 자루가 달려 있었다. 은판 부분을 하얗게 달군 다음, 비계 기름을 칠해서 노예들의 몸에 글자를 새겼다. 이 사실에 충격을 받은 것 같지 않은 라바 신부는 다음과 같이 묘

10 장 메타스, 『18세기의 프랑스 노예무역선 출항 일람』, 해외영토사학회(Société d'histoire d'outre-mer) 출판사, 파리, 1978~1984년.

사했다.《살이 부풀어 올랐으며, 글자들은 돋을새김이 되어 절대로 지워지지 않았다.》[11] 많은 아프리카인들이 그런 고문을 당하느니 차라리 굶어죽는 편을 택하자, 상인들은 이따금 스페큘룸 오리스 *speculum oris*(입 벌리개)라는 것을 사용하여 강제로 노예들에게 음식물을 먹였다. 스페큘룸 오리스는 일종의 컴퍼스로, 양쪽 끝에 톱니가 달려 있었다. 그 양쪽 끝을 입안에 밀어 넣고 나비 모양의 손잡이가 달린 나사를 돌리면 위턱과 아래턱을 벌릴 수 있었으며, 그런 상태에서 깔때기를 이용하여 죽 비슷한 것을 입안으로 들이부었다.

노예 출신이었던 오토바 쿠고아노[12]의 이야기 — 그의 이야기는 영국에서 책으로 간행되었으며, 프랑스어 번역본은 대혁명 직전에 파리에서 출판되었다. —에 서술되어 있듯이, 식민지에 도착한 노예들은 새 주인이 될 사람들에게 팔렸다. 새 주인이 될 사람들은《그들의 옷을 벗기고 몸을 살펴보았다. 노예들은 창피스러워하고 슬퍼하는 기색을 보였다. (…) 불쌍한 그들 모두는 곧 가족들과 헤어질 것이었다. 어머니는 딸들을 부둥켜안았으며, 딸들은 어머니를 부둥켜안았다. 아버지들, 어머니들, 자식들은 흐느껴 울면서 절대로 헤어지지 않으려고 했다. 남편은 아내를 위해, 어머니는 자식들을 위해 기도했다. 그들의 비명을 듣는다면, 괴물이라도 마음을 누그러뜨릴 듯했다. 그러나 식민지 이주민들 *colons*[13]은 냉담했다. 아내들은 남편들의 팔에서 난폭하게 떼어

11 쟝-바티스트 라바 신부,『아메리카의 섬들로의 새로운 여행』, J.-B. Delespine 출판사, 파리, 1732년.

12 오토바 쿠고아노(1757~1801년경) : 현재의 가나에 해당하는 곳에서 출생했으며, 13살에 노예가 되어 스페인의 그라나다로, 이어서 영국으로 끌려다니다가 영국에서 노예신분에서 해방되었다. 1773년에 죤 스튜어트 *John Stuart*라는 이름으로 세례를 받고, 이어서 영국 왕세자의 수석화가 아래에서 하인으로 일하면서 아프리카 노예들의 입장을 옹호하는 글을 썼다. — 역주

13 식민지 이주민 *colon* : '농업인 *agriculteur*'을 의미하는 라틴어 'colonus'에서 온 말. 본국에서 식민지로 이주해서 살면서 경작 등에 종사하는 사람을 가리킨다. 넓게는 장기간 또는 여러 세대에 걸쳐 식민지에서 살아가는 사람을 가리키기도 한다. 농업경영인, 플랜테이션 농장주, 상인, 장인(匠人), 기업가, 사업가, 관리인 등도 포함된다. 반면, 식민지 거주민 *colonial*이라는 용어는 식민지 이주민 *colon*과 동의어로 사용되기도 하지만, 보다 포괄적인 의미를 지닌다. 이것은 식민지에서 일하며 살아가는 사람, 즉 식민지에서 살아가는 관리, 군인, 의사, 장인(匠人), 농업 경영인을 가리키거나, 넓게는 본국에 살면서 식민지에 관심을 가진 사업가, 정치인 등을 가리키기도 한다. 이 책에서 'colon'은 '식민지 이주민'으로, 'colonial'은 '식민지 거주민'으로 제한하여 옮겼다. — 역주

졌다. (…) 그들은 모든 것을 잃어버렸다. 다시 만나리라는 희망마저도.》[14]

노예들을 구입한 주인들은 즉각 온갖 잔혹한 방법을 동원하여 그들에게 노동을 강요했다. 『흑인 법전』에는 노예들이 《밤이든 낮이든 서로 모이는》 등의 행위를 하면 매질을 하거나 백합 문장(紋章)이 새겨진 낙인(쇠로 만든 것으로, 주로 얼굴에 또다시 찍는 낙인)을 찍도록 공식적으로 규정되어 있다. 그리고 그들이 도망치려고 하면 두 귀를 자르며, 또다시 도망치려고 하면 오금을 자르며, 세 번째로 도망치려고 하면 사형에 처하도록 규정되어 있다.[15] 다른 노예들이 도망칠 마음을 먹지 못하도록 하기 위해 가하는 처벌은 종종 믿을 수 없을 정도로 야만적이었다.

《서인도제도의 진주》 생-도맹그

프랑스의 모든 식민지 중에서 생-도맹그[16]는 가장 소중한 식민지였다. 그 큰 섬의 서쪽 절반에 해당하는 프랑스 식민지의 주민 수는 50만 명 이상이었으며, 그 중에서 90%는 노예들이었다. 1788년의 경우에 노예들의 강제노동에 전적으로 의존하는 재배를 통해 약 10만 톤의 사탕수수가 생산되었는데, 이 수치는 프랑스령 서인도제도에서 생산되는 양의 5분의 4에 해당했으며, 영국령 서인도제도에서 생산되는 양보다 많았다. 커피, 인디고, 면화 같은 다른 수출용 작물 재배에 있어서도 생-도맹그의 생산량은 프랑스의 여러 식민지뿐만 아니라 영국과 스페인의 여러 식민지 중에서도 가장 많았다.

---

14 『한때는 그라나다의 노예였으며, 지금은 영국에서 자유의 몸으로 살고 있는 아프리카인 오토바 쿠고아노의 노예무역과 흑인노예제도에 대한 고찰』(앙트완 디아니예르가 영어를 프랑스어로 번역), 런던과 파리, 1788년.

15 루이 14세가 1685년에 반포한 『흑인 법전』 제16조와 제38조.

16 생-도맹그 : 15세기부터 스페인 식민지였으며, 당시에 히스파니올라 섬으로 불렸다. 1697에 체결된 '라이스바이크 조약'에 의해 두 부분으로 나뉘어졌다. 서쪽은 프랑스 식민지가 되었으며, 동쪽은 스페인 식민지로 계속 유지되었다. 프랑스 식민지는 1804년에 독립하여 아이티 공화국이 되었으며, 스페인 식민지는 1844년에 독립하여 도미니카 공화국이 되었다. — 역주

1788년의 경우에 생-도맹그의 수출량은 2억 리브르에 달했는데, 이것은 당시에 프랑스가 거래하던 대외무역량의 약 20%에 해당했다. 18세기 후반에 프랑스 식민지 생-도맹그가 크게 번성하면서, 그곳에 거주하는 백인들의 수가 늘어났다. 1764년에는 1만 2000명이었으나, 1774년에 약 2만 명이 되었던 것이다. 반면, 1784년부터 1791년까지 23만 명의 아프리카인들이 또다시 그곳으로 이송되었는데, 이 사실은 그 기간에 매년 약 3만 명의 노예들이 그곳으로 이송되었다는 것을 의미한다.[17] 이것은 프랑스의 노예무역 역사에서 최고 기록에 해당한다. 그러나 이 기록은 왕정복고기에 경신된다. 약간의 여성들, 《흑인 여자아이들 *nègrites*》을 포함한 인구는 성비(性比)에 있어서 큰 불균형을 이루었는데, 그것은 의도적이었다. 그리고 출생자에 비해 사망자가 훨씬 많았다. 역시 1784년부터 1791년까지 사망자 수는 출생자 수보다 7만 5000명이 많았다. 이것은 노예 인구가 자연적으로 늘어나도록 하기보다는 노동할 수 있는 나이가 된 노예들을 노예무역을 통해 꾸준히 공급하는 편을 프랑스 해양부가 택했기 때문이다.

사망률이 엄청나게 높았던 것은, 제당공장에서 일하는 《작업 담당 흑인들》— 이들은 8개월이나 계속되는 《사탕수수 수확》 기간에는 밤낮 없이 일했다. —과 꼭 마찬가지로 《재배 담당 흑인들》도 끔찍이 착취당했기 때문이다. 한편, 임신한 《흑인 여성노예들》도 강제노동에 동원되었는데, 이들은 유산(流産)을 많이 했다. 1787년에 해양부의 결정에 따라, 민간 노예상인들에게 지급하는 정부 장려금이 《흑인 1명당》 60리브르로 인상되었다. 그래서 생-도맹그의 경제는 계속되는 성인 남성 노예들의 이송에 의존했다. 분명히 그곳은 여러 역사가들이 언급한 《흑인들을 으깨는 제분소》였다.

『흑인 법전』에 따라 《유색 자유인들》로 불리는 사람들, 즉 《해방노예들》

17 장 타라드에 따르면, 1770년대에 매년 1만 5000명에서 2만 명에 이르는 노예들이 프랑스 식민지 생-도맹그에 수입되었다(장 메예르, 장 타라드, 안니 레-골드자이게르, 쟈크 토비 공저, 『프랑스 식민사 — 기원부터 1914년까지』, Armand Colin 출판사, 파리, 1991년).

또는《흑백혼혈인들 *mulâtres*》[18]과 백인들이 엄격히 구분되기도 했다. 하지만 생-도맹그에서《유색 자유인들》의 수는 백인들의 수와 거의 같았다. 1789년의 경우에 백인들은 3만 명이었으며, 유색 자유인들은 2만 5000명이었다. 유색 자유인들 중에서 몇몇 사람들은 장인(匠人) 또는 유복한 농민이었으며, 이따금 노예를 소유하기도 했다. 이들은《옛 주인을 깍듯이 모셔야》했다. 예를 들면, 도망친 노예들에게 피신처를 마련해주는 경우에 이들은《노예신분으로 되돌아가거나 다른 사람에게 팔릴》수도 있었다. 그리고 또 시민으로서의 모든 권리를 완전히 박탈당할 수도 있었다. 예를 들면, 삼부회 의원을 선출하는 선거에서 배제될 수도 있었다.

가톨릭교회는 그런 노예제도 시스템을 지지했다. 예컨대『프랑스인들이 살고 있는 서인도제도 통사(通史)』의 저자인 뒤 테르트르 신부는 노예들에 대해 다음과 같이 썼다.《그들이 예속상태에 있는 것은 그들이 행복을 얻을 수 있는 바탕이 되며, 그들이 하느님의 은총을 잃은 상태에 있는 것은 그들이 구원 받을 수 있는 동기가 된다. 그 여러 섬에서 그들이 받아들이는 신앙은 하느님을 알고, 하느님을 사랑하고, 하느님을 섬기는 상태에 그들을 처하게 하기 때문이다.》[19] 절대왕정을 적극적으로 지지한 보쉬에는 노예제도에 찬성했다. 그는 다음과 같이 썼다.《법에 따르면, 노예는 국가 내의 인격체가 아니다.》그는 복음을 들먹이며 노예제도를 지지했다. 그는 계속해서 다음과 같이 썼다. 노예제도를 규탄한다는 것은《만민법 *droit des gens*을 규탄하는 것일 뿐만 아니라, 성령을 규탄하는 것이기도 하다. 온갖 종류의 법으로 표현되듯이, 만민법에서는 [다른 사람을] 예속하는 것이 허용된다. 성령께서는 성 바오로의 입을 통해 노예들에게는 그들의 본래 상태 그대로 있으라고 명령하시며, 주인들에게는 그 노예들을 해방시키라고 강요하지 않으신다.》[20] 1690

18 이런 표현들은 18세기에, 그리고 노예제도가 폐지될 때까지 무차별적으로 사용되었다.

19 뒤 테르트르 신부,『프랑스인들이 살고 있는 서인도제도 통사(通史)』, 전 3권, 파리, 1667~1671년.

20 보쉬에,《개신교도들에게 보내는 다섯 번째 경고》,『전집』, 제15권, Éd. F. Lachat, Vivès, 1863년.

년에 쓴 것으로, 개신교도 쥐리외의 주장을 반박하는 동일한 글에서 보쉬에는 자신의 의견에 반대하는 쥐리외의 주장을《괴상한 말》과《떠벌리는 말》로 규정하면서, 다른 민족의 땅을 정복할 수 있는 권리도 또한 옹호했다. 그런데 쥐리외는《모든 민족은 자연적으로나 태생적으로 노예가 아니며》,《만민법과 여러 나라의 법을 위반하는 모든 사람에게 맞서 자신을 방어하는 것은 정당하다.》[21]라고 썼다.

노예제도에 대한 첫 규탄

그러나 17세기 말부터 식민지를 정복하려는 방침 자체와 노예제도는 군주제 정부와 가톨릭교회가 휘두르는 전횡에 반대하는 인본주의자들 대부분으로부터 공격을 받았다. 인본주의자들이 가한 공격은 스페인이 아메리카를 식민화할 때인 16세기 중반에 바르톨로메오 데 라스 카사스[22]와 신학자 프란치스코 데 비토리아가 개진한 사상의 연장선상에 있다. 라스 카사스[23]는 인디언들이 학살당하는 것을 목격하고 그것을 고발한 사람이며, 비토리아[24]는 파리

21 피에르 쥐리외,『바빌론 유수 상태에서 신음하고 있는 프랑스 신앙인들에게 보내는 사목 서한』, Abraham Areher 출판사, 로테르담. 프랑스의 캉 *Caen* 대학에서 1991년에 재간행.

22 노예제도에 지속적으로 반대한 그레그와르 신부는 1800년에 프랑스 학사원에서 라스 카사스를 찬양하는 말을 하게 된다.(그의 연설은『라스 카사스에 대한 해제』라는 제목으로 1802년에 출판되었다.) 그 찬사에서 그레그와르 신부는 라스 카사스에게 가해진 비난, 즉 라스 카사스가 아프리카인들을 노예로 삼는 것을 두둔했는데 그것은 인디언들을 보다 많이 보호하기 위해서였다는 비난을 반박했다.

23 바르톨로메오 데 라스 카사스(1474~1566년) : 스페인 도미니코 수도회 성직자. 1502년에 히스파니올라를 여행했으며, 이듬해부터 1505년까지 엥코미엔다 *encomienda*(식민지의 토지 및 노예 소유자)로 살았다. 1507년에 로마에서 사제 서품을 받고 히스파니올라로 돌아갔다. 1514년에 영적 개심(改心)을 하면서 엥코미엔다 제도에 참여하기를 그만두고 이후로 스페인과 신대륙을 여러 차례 오가면서, 그 제도에 따라 식민지 이주민들이 자행하는 불법행위를 규탄하고 인디언들의 자유를 옹호하는 것을 일생의 과업으로 삼았다. 1547년에 귀국하여 바야돌리드 *Valladolid* 논쟁에서 식민지 정복전쟁의 정당성을 주장하는 후안 히네스 데 세풀베다에 맞서, 신세계 정복전쟁은 의롭지 못하며 노예들을 해방해야 한다고 주장했다. — 역주

24 프란치스코 데 비토리아(1483~1486년경~1546년) : 스페인 신학자. 1505년에 도미니코 수도회에 들어갔으며, 1508년에 파리로 가서 신학을 공부했다. 1516년부터 소르본 대학교에서 가르쳤으며, 1522년에 신학박사 학위를 받았다. 이듬해에 귀국하여 바야돌리드에서, 이어서 살라망카 대학에서 가르쳤다. 스페인 정복자들이 신대륙에서 자행한 만행을 규탄하면서, 인디언들은 열등한 존재가 아니라 다른 모든

와 이어서 스페인의 살라망카에서 가르치면서 국제법의 초석을 놓은 사람이다. 그런 움직임은 같은 시기에 영국에서 분출한 요구, 즉 자유와 시민의 권리에 대한 요구와 분리해서 생각할 수 없다. 루이 14세 치세와 루이 15세 치세 초에 페늘롱이나 마리보 같은 사람들은 대체로 신중하게, 또는 위장전술을 구사해서 자신들의 의견을 표명했다. 페늘롱은 『텔레마크』(1699년)에서, 마리보는 『노예 섬』(1725년)에서 각기 고대 그리스의 노예제도를 비판하는 우회적인 방법을 사용하여, 당시에 식민지에서 시행되고 있던 노예제도를 암묵적으로 비판했던 것이다.[25]

그로부터 반세기가 흐른 뒤, 루소는 마리보나 페늘롱보다는 덜 신중한 태도를 취했다. 『사회계약론』(1762년)에서 그는 다음과 같이 분명하게 노예제도를 규탄했다. 《노예제도를 시행할 수 있는 권리라는 것은 실재하지 않는다. 그것이 불법적이기 때문만이 아니라, 부당하고 아무것도 의미하지 않기 때문이기도 하다. 노예제도라는 낱말과 권리라는 낱말은 상반된다.》[26] 『인간 불평등 기원론』(1754년)에서 그는 다른 민족의 땅을 정복하려는 방침에 대해서도 다음과 같이 규탄했다. 《정복의 권리는 권리가 전혀 아니기 때문에 다른 어떤 권리의 토대도 될 수 없었다.》 그는 모든 식민화 사업의 바탕에 깔려 있는 이념, 즉 유럽인들은 우월하다는 편견과 다른 민족들을 멸시하는 태도를 겨냥하여 다음과 같이 썼다. 《우리가 아프리카 대륙에 들어갈 수 없었다는 사실과 또 우리가 그곳에서 무슨 일이 일어나고 있는지 모르고 있다는 사실에서 어떤 사람은 우리로 하여금 그곳 사람들이 악덕을 지니고 있다는 결론을 내리도록 한다. 우리가 그곳에 우리의 악덕을 퍼트릴 수 있는 방법을 갖

인간존재와 동일한 권리를 가진다고 했다. — 역주

25 『노예 섬』에는 다음과 같은 내용이 있다. 노예와 그의 주인이 타고 가던 배가 난파하여, 그들은 어느 섬에 이르게 된다. 처지가 뒤바뀌어, 노예가 주인을 노예로 삼겠다고 위협하며 다음과 같이 말한다. 《그렇게 되면, 사람들은 그건 옳은 일이라고 네게 말할 것이다. 그리고 우리는 네가 그 옳은 일을 어떻게 생각하는지 알게 될 것이다.》

26 장-자크 루소, 『사회계약론』, 제1권, 제4장.

게 되었더라면, 그런 결론을 끌어내야만 할지도 모를 일이다. (…) 우리는 화약, 배신자, 반역을 이용하여 멕시코를 굴복시키게 되는 추악한 코르테스, 그리고 그가 가진 보물을 빼앗기 위해 잘난 유럽인들이 뜨거운 숯불 위에 누인 불운한 과티모진,[27] 두 사람 중에서 누가 더 용감하다는 판단을 내릴 것인가?》 그리고 그는 다음과 같이 말함으로써 식민화 사업에 저항할 수 있는 권리의 바탕을 마련했다. 《만일 내가 니그리티 *Nigritie*[28]의 여러 민족 중에서 어느 한 민족의 지도자라면, 나는 다음과 같이 천명하는 바이다. 그 나라의 국경에 교수대를 하나 설치하게 해서, 감히 그곳에 침입하는 첫 번째 유럽인을 가차 없이 교수형에 처하게 할 것이라고 말이다.》[29]

『법의 정신』(1748년)에서 몽테스키외 역시 유럽 문명이 아메리카 문명과 아프리카 문명보다 우월하다는 의식에 근거한 노예제도를 다음과 같이 규탄했다. 《노예제도를 시행할 수 있는 권리라는 것은 풍습의 차이에 근거하여 어느 나라가 다른 나라에 대해 가지는 멸시에서 비롯된다.》[30] 그리고 그는 다음과 같이 썼다. 《여기서 말하는 사람들은 머리에서부터 발끝까지 검다. 그리고 그들의 코는 너무나 납작해서 그들을 거의 동정할 수 없다. 우리는 대단히 사려 깊은 분이신 하느님께서 새까만 몸속에 영혼을, 특히 착한 영혼을 불어넣으셨을 것이라는 생각을 가질 수 없다.》[31] 물론 이 구절은 몽테스키외 자신의 생각을 표현한 것이 아니다. 이 구절은 《완전히 불한당이자 기독교도이

27 과티모진(1502~1525년) : 아스텍 제국의 마지막 황제. 1521년 5월 30일부터 8월 13일까지 아스텍의 수도인 테노치티틀란으로 진군한 에르난 코르테스에 맞서 수도를 방어했으나 끝내 스페인군에 붙잡히고 말았다. 그해 8월 13일, 스페인군은 그를 숯불 위에 뉘어 고문하면서, 아스텍의 보물을 던져둔 호수가 어디 있는지 대라고 했다. 함께 고문을 당하는 제사장이 비명을 지르자, 그에게 《나는 장미꽃 위에 누워 있는가?》라고 하면서 당당히 고문을 감내했다. — 역주

28 니그리티 : '검은 색'을 의미하는 라틴어 'niger'에서 온 말로, '흑인들이 사는 곳'을 뜻한다. 현재의 니제르와 말리에서 수단에 이르는 지역이 이에 해당한다. — 역주

29 장-자크 루소, 『학문 · 예술론에 대하여 보르드 씨에게 보내는 답변』, La Pléiade éditions, 제네바, 1752년, 제3권, 71~96쪽.

30 몽테스키외, 『법의 정신』, 제15책, 제3장, Gallimard 출판사, 파리, 《플레이아드 *La Pléiade*》 총서, 제2권, 493쪽.

31 몽테스키외, 『법의 정신』, 위의 책, 494쪽.

려고 했으며》《대단히 신앙심이 깊었던》《저 불한당들》, 즉《아메리카를 파괴한 자들》에게서 그가 비아냥조로 따온 것이다. 몽테스키외는 그들이 자행한《범죄》를 보다 큰 목소리로 규탄했다. 그의 규탄은 모든 땅들로 확대되었다. 그는 다음과 같이 썼다.《자유인들을 노동에 예속시킬 수 없는 기후대는 지구상에 아마도 없을 것이다.》

몽테스키외의 글들은 많은 오해를 사기는 했지만 — 그 오해는 사람들이 그의 작품들이 쓰인 시대를 고려하지 않으면서, 너무 성급히 읽었다는 것을 보여주는 증거이다.[32] —, 그 글들이 담고 있는 메시지는 분명하다. 이전에 쓴 그의 다른 글, 즉 1735년에 쓴『나의 생각』에서 이미 그 메시지를 찾아볼 수 있다. 이 작품에서 몽테스키외는 노예의 도망치거나 저항할 수 있는 권리를 옹호했다. 그 내용은 다음과 같다.《노예제도는 자연적 권리에 위배된다. 그 자연적 권리에 따라, 모든 사람은 자유롭게 그리고 자주적으로 태어난다. (…) 따라서 노예는 스스로를 자유롭게 할 수 있다. 그에게는 도망치는 것이 허용된다. (…) 스파르타쿠스가 벌인 전쟁은 일찍이 시도된 것 중에서 가장 정당했다.》

대혁명 때에 활동한 장-폴 마라 같은 사람들은 몽테스키외가『법의 정신』에서《머리에서부터 발끝까지 검은》사람들에 대해 언급한 위의 구절을 잘못 이해하지 않았다. 마라는 노예제도에 격렬히 반대했던 사람으로, 1774년에 런던에서『노예제도의 사슬』을 출판했다. 그는 1735년에 보르도에서 몽테스키외를 찬양할 때에 위의 구절을 인용하면서 그것을《숭고한 구절》로 규정하고,《몽테스키외는 어떤 종류의 노예제도든 그 제도가 자유를 침해하

32 이를테면 올리비에 르 쿠르 그랑매종이『대혁명 때의 시민권(1789~1794년)』(Presses universitaires de France, 파리, 1992년)에서 그런 오류를 범했다. 그는 몽테스키외가 쓴《우리에게 있어서의 노예제도의 무익성에 대하여》같은 표현을 잘못 읽고는, 몽테스키외가《그 자신이 살고 있던 유럽이라는 공간》에 국한하여 노예제도에 반대했다는 결론을 이끌어낸다. 그리고 그는 몽테스키외를 식민지에서의 노예제도를 옹호한 사람으로 둔갑시킨다. 또한 그는 대혁명 초기에 노예제도를 폐지하려는 움직임이 없었다는 분석을 하고 있는데, 이것은 대혁명 기간 내내 노예제도를 폐지하는 문제를 두고 벌어진 투쟁의 주역들에 대한 엄밀한 역사인식을 무시하는 행위이다.

는 것임을 알게 해준다.》라고 했다. 그리고 그는 몽테스키외의 빈정거리는 투의 문체는 비장한 말보다 훨씬 더 큰 충격을 준다고 생각했다.[33] 당대의 다른 작가들도 몽테스키외의 글을 읽고 마라와 같은 견해를 피력했다[34]. 다른 사람들과 마찬가지로 몽테스키외 역시 『흑인 법전』에 규정된 노예제도를 공식 정책으로 삼는 전제정부가 휘두르는 전횡을 피하기 위해 잔꾀를 부려 글을 써야만 했다는 사실을 우리는 간과하지 말아야 한다. 『법의 정신』이 제네바에서 발행된 지 얼마 되지 않은 1751년에 가톨릭교회의 공격을 받았으며 교황청의 금서목록에 포함되었다는 사실을 상기하자. 우리가 기껏 지적할 수 있는 것이라고는 다음과 같은 사실뿐이다. 그의 책에 단순히 가설로 제시되어 있는 《기후이론》이라는 것이 나중에 다른 사람들이 인종을 분류하는 데에 — 몽테스키외는 인종분류를 한 적이 없다. — 핑계거리나 구실로 사용된다는 사실이 그것이다.

인종을 분류하는 문제와 관련하여 『풍속론』(1756년)에서 볼테르는 자신의 의견을 항상 분명히 밝힌 것은 아니다. 그 책에서 볼테르는 한편으로는 흑인의 열등성과 식민화 사업의 이점에 대해 언급했으며, 다른 한편으로는 흑인들이 당하는 불의를 다음과 같이 비판했다. 《우리는 그들에게 다음과 같이

33 그는 다음과 같이 말했다. 《그[몽테스키외]는 옳지 못한 제국의 추악함을 느끼게 해주는 가장 확실한 방법은 그 제국을 지지하는 이유의 우스꽝스러움을 드러내는 것임을 알고 있었다. (…) 이 숭고한 구절과 나란히 비장한 말을 놓아보라. 그 비장한 말이 데모스테네스가 한 것이라 하더라도, 그 말은 이 숭고한 구절에 비하면 몹시 초라할 것이다.》(장-폴 마라, 『몽테스키외 찬양』, Maleville 출판사, Libourne, 1883년. 이 책은 『프랑스 대혁명에서의 몽테스키외』, 마르셀 도리니의 해설, EDHIS-Slatkine 출판사, 파리-제네바, 1990년에 재수록되었다.)

34 『백과사전』의 《노예제도》 항목에서 죠쿠르는 『법의 정신』 제15책이 노예제도를 분명하게 거부하는 내용을 담고 있다고 설명했다. 그리고 대혁명기에 입헌의회 의원으로 활동했으며 1791년 5월에는 노예제도의 문제점을 제기하고 또 헌법을 식민지에도 적용하도록 압력을 가하려고 애쓰게 되는 트라시는 다음과 같이 썼다. 《그[몽테스키외]는 다음과 같이 매우 힘차게 썼다. 즉, 노예를 부리는 것은 가증스럽고, 불공정하고, 잔인하며, 피압제자들보다는 압제자들을 훨씬 더 타락시키는 것이며, 그리고 그것에 대해 아무런 합당한 법도 만들 수 없다고. 그리고 이어서 그런 타락의 극치를 절대적으로 필요로 하는 기후대는 전혀 없다는 것을 그 자신이 인정했다.》(트라시, 『몽테스키외의 법의 정신에 대한 해설』, 필라델피아, 1811년. 프랑스어판은 1819년 파리에서 발행) 또한 콩도르세, 바레르 그리고 그레그와르 신부 모두 노예제도에 반대하는 몽테스키외에 대해 언급했다.

말하는 바이다. 그들은 우리와 같은 인간이며, 그들은 그들을 위해 죽으신 하느님의 피로 죄 사함을 받았으며, 사람들은 그들을 짐바리 짐승처럼 부려먹었으며, 사람들은 그들에게 먹을거리를 제대로 제공하지 않았으며, 그들이 도망치려 하면 그들의 다리를 잘랐으며, 그들의 몸에 나무로 만든 다리를 끼워 넣어 설탕공장에서 사탕수수를 빻는 기계의 굴대를 손으로 돌리게 했다고 말이다. 이어서 우리는 감히 만민법에 대해 말하는 바이다!》[35] 이 비판에 상응하는 내용을 『캉디드』(1759년)에서 볼 수 있다. 수리남에서 주인에 의해 팔다리가 절단된 한 흑인(《이 불쌍한 사람은 왼쪽 다리와 오른손이 없었다.》)이 등장인물 캉디드와 팡글로스에게 다음과 같이 말한다. 《우리가 이런 대가를 치르기 때문에 당신들은 유럽에서 설탕을 먹을 수 있습니다.》 그러나 그 흑인노예 주인의 《맹목적 숭배의 대상인 사람 *fétiches*》[36]은 일요일마다 그 주인의 행위가 나무랄 데 없다고 여긴다. 위에 인용한 구절들은 노예제도를 규탄하는 것이 아닌, 그리고 또 그 제도를 지지하는 가톨릭인들의 위선을 규탄하는 것이 아닌 다른 어떤 것으로 간주되기 어렵다.[37]

백과사전파와 노예제도

한편, 디드로는 노예제도와 식민지 정복에 반대했으며, 그것에 저항할 수 있는 권리를 루소나 몽테스키외보다 더 열정적으로 지지했다. 『백과사전』에서 그는 다음과 같이 썼다. 《우리는 그들을 노예의 조건이 아니라 짐바리 짐

35 볼테르, 『풍속론』, 제152장.

36 맹목적인 숭배의 대상인 사람 : 'fétiches'는 본래는 미신에서 짐승의 모습을 조각한 '우상(偶像)'이나 '주물(呪物)'을 의미하나, 여기에서는 수리남(당시에는 네덜란드령 기얀)에서 캉디드가 만난 네덜란드 '사제(司祭)'를 가리킨다. 볼테르는 그 사제가 말로는 백인, 흑인을 비롯한 만인이 형제라고 떠들어대지만, 실제행동에 있어서는 노예제도를 묵인하기 때문에 '올바른 존경을 받을 수 없는 자'라는 의미에서 이런 말을 사용했다. — 역주

37 볼테르, 『캉디드』, 제19장. 그러나 볼테르는 전제주의와 종교적 무관용에 반대했지만, 민주주의를 옹호하지도 않았으며 인종에 대한 편견에 반대하지도 않았다. 이런 사실 때문에 그는 다른 사람들보다 더 많이 인권을 옹호한 사람들의 계보에 들기 어렵다. 게다가 그는 노예무역에 투자하기를 주저하지 않았다.

승의 조건에 처하게 했다. 그러고도 우리는 합리적이다! 그러고도 우리는 기독교인이다!》[38] 『백과사전』에 실려 있는 10여 개의 항목, 특히 1765년에 발행된 판본에 실려 있는 항목들에서 노예제도를 규탄하는 내용을 볼 수 있다. 이를테면 디드로와 함께 『백과사전』의 주편찬자들 중의 한 사람으로 활동한 루이 드 죠쿠르가 작성한 《흑인노예무역》 항목에는 다음과 같은 내용이 있다. 《노예로 삼기 위해 흑인들을 구매하는 것은 종교, 도덕, 자연법 그리고 인간 본연의 모든 권리를 위반하는 상행위이다. (…) 노예상인들이 흑인들의 자유를 자신들 마음대로 할 수 있는 권리를 가지고 있다고 주장하는 군주들에게서 그 흑인들을 구매한다는 것을, 그리고 무역업자들이 그 흑인들을 다른 상품과 동일한 방법으로 운송한다는 것을 모르는 사람은 아무도 없다. (…) 어떤 사람은 아마도 이렇게 말할 것이다. 만일 식민지에서 흑인노예제도를 폐지한다면, 그 식민지는 곧 붕괴될 것이라고. 그러나 그런 일이 일어날 수 있다 하더라도, 그 사실에서 다음과 같은 결론을 끌어내야 하는가? 우리를 부유하게 하기 위해서나 또는 우리가 필요로 하는 사치품을 공급하기 위해 인간류(類) *genre humain*가 끔찍하게 권리를 침해당해야 한다는 결론을 말이다. 단지 자신의 탐욕, 허영심 또는 기묘한 격정을 충족시키려고 인간종(種) *espèce humaine*에게서 가장 신성한 권리를 빼앗는 것이 정당할 수 있는가? 정당할 수 없다. 따라서 무수한 불행을 초래하느니, 차라리 유럽의 식민지가 붕괴되어야 한다.》 죠쿠르는 노예가 《자유를 잃어버린 것이 결코 아니기 때문에》 주인에게서 도망칠 수 있는 권리가 있다는 것을 인정했으며, 노예를 즉각 해방할 것을 분명하게 요구했다.[39]

『백과사전』의 첫 세 권(1751년과 1753년)에서는 당국이 노예제도를 정당화하기 위해 펴는 주장을 답습한 것으로 상당히 중립적인 내용을 담은 여러

38 디드로, 『백과사전』, 《인간(인간종) *Humain(humaine espèce)*》 항목, 제8권, 1765년.

39 죠쿠르, 《흑인노예무역》 항목, 『백과사전』 제16권, 1765년.

구절을 볼 수 있으나, 그 다음의 여러 권에서는 노예제도를 규탄하는 구절을 많이 볼 수 있다.[40] 이를테면 다밀라빌이 쓴《인구》항목에서 다음과 같은 내용을 볼 수 있다.《타인을 구매하여 개인적으로 소유할 수 있는 권리는 어느 누구에게도 없다.》그는《일반적으로 위대한 군주제 정부의 정신인 정복정신》을 거부했으며, 또 사람이 살고 있는 땅을 식민지로 삼는 모든 행위를 다음과 같이 거부했다.《만일 누군가가 강탈하려는 나라에 사람이 살고 있다면, 그 땅은 그것을 점유하고 있는 사람들의 것이다. 왜 그 사람들에게서 그 땅을 빼앗으려고 하는가? 스페인 사람들에게는 지구상의 그토록 큰 부분의 주민들을 말살할 수 있는 어떤 권리가 있었던가? 여러 나라 사람들과 우리가 공동으로 향유하는 이 지구상의 그 여러 나라 사람들이 점유하고 있는 공간에서 그들을 쫓아내러 갈 수 있는 우리의 권리라는 것이 대체 무엇이라는 말인가?》[41]

디드로가 레날 신부의 저서『두 인도의 철학사』의 재판본(1781년)에 삽입한 글들은 디드로 자신이 식민화 사업에 분명하게 반대한다는 것을 보여준다. 그는 심지어 식민지배인들에게 맞서 투쟁할 것을 식민지인들에게 호소할 정도였다. 그 내용은 다음과 같다.《야만적인 유럽인들! 당신들이 벌인 일의 찬란함은 나에게 경외심을 전혀 불러일으키지 않았다. 그 일의 성과는 나

40 다음과 같은 항목들에서 특히 노예제도를 규탄하는 내용을 볼 수 있다. 디드로가 쓴《인간(인간종)》항목, 다밀라빌이 쓴《인구》항목, 죠쿠르가 쓴《자연적 자유》항목,《탈주 노예》항목,《자연적 평등》항목,《노예제도(자연적 권리)》항목,《흑인(흑인거래)》항목,《리오 네그로 *Rio Negro*》항목,《스탬프》항목,《흑인노예무역》항목,《36개월》(마르티니크 등의 플랜테이션 농장에서《고용인들 *engagés*》이 농장주와 맺은 3년이라는 계약기간을 의미한다. — 역주) 항목. 반면 다른 20여 개 항목은 노예제도에 대해 언급하면서 군주체제의 공식 노선을 답습하는 데에 그치거나, 또는 중립적으로 노예제도에 대해 언급하고 있다. 마르셀 도리니의 지도로 편찬된『레제-펠리시테 송토낙스에서 빅토르 쉘셰르에 이르기까지의 노예제도 폐지』(Presses universitaires de Vincennes-Éditions Unesco, 파리, 1995년)에 실린 장 에라르의 글《프랑스 계몽주의 시대의 도덕적 양심에 비친 노예제도 — 무관심, 난처함, 저항》을 보라.『백과사전』에서는 영국에서 전개된 노예제도 폐지운동의 영향도 찾아볼 수 있다. 노예제도를 가장 격렬히 고발하는 내용을 담고 있는《흑인노예무역》항목은 영국 목사 로버트 월래스가 1760년에 발표한 글을 답습하고 있다. 이에 대해서는『프랑스 대혁명기의 흑인 해방(1789~1795년)』(Karthala 출판사, 파리, 2002년)에서 장-다니엘 피케가 인용한 이브 베노의 글을 보라.

41『백과사전』, 제13권, 1765년.

에게 그 일의 부당성을 조금도 감추지 못했다. 나는 당신들을 그 먼 고장으로 데려가는 배를 타는 상상을 자주 해보았다. 그러나 나는 당신들과 함께 배에서 내려, 당신들이 저지르는 엄청난 범죄를 보고는 당신들과 헤어져, 당신들의 적들에게로 뛰어갔다. 나는 당신들에게 맞서 무기를 들었으며, 내 두 손을 당신들의 피로 적셨다.》[42]

이렇게 해서 디드로는 노예제도에 저항하는 운동을 이끌게 될 미래의 《흑인 스파르타쿠스》의 출현을 예고하게 되었다. 노예제도를 지지하는 식민지 거주민들 *coloniaux*에게 맞서 벌이는 무장저항을 찬양한 사람은 디드로만이 아니었다. 프레보 신부나 루이-세바스티앵 메르시에도 마찬가지로 그렇게 했다. 프레보 신부는 『찬성과 반대』(1733~1740년)에서 탈주 노예 *marron*[43]의 우두머리 모즈 봄 삼 *Moses Bom Saam*이라는 인물이 사실상의 해방을 선언하는 연설장면을 묘사했다. 또 메르시에(입헌의회 시대에 그는 노예제도를 폐지하는 방안에 찬성하는 표를 던지는 사람들 편에 속하게 된다.)는 흑인 스파르타쿠스를 자신의 미래소설 『2440년 — 언젠가 있었던 것 같은 꿈』[44] — 이 작품은 1771년에 처음 출판되었으며, 대혁명 때까지 계속 재판되었다. — 의 소재로 삼았다.

인권개념의 초석을 놓은 이념운동 진영 내에서 전개된 노예제도와 식민화 사업에 대한 비판은 루이 15세 치세 말부터 활기를 띠었다. 1773년에 익명으로 발표한 첫 작품 『일 드 프랑스 여행』에서 베르나르댕 드 생-피에르[45](1787

42 레날 신부의 저서 『유럽인들의 두 인도 진출과 무역의 철학적, 정치적 역사』. 이 저서는 1772년에 초판본이 배포되었으며, 이후로 1781년까지 여러 차례 증보 · 재판된다. 이 저서에는 디드로가 덧붙인 많은 구절이 포함되어 있다. 이브 베노가 1981년에 Maspero 출판사에서 출판하고, La Découverte 출판사가 2001년에 재발행한 판본을 보라.

43 주인들에게서 탈출하여 자유를 찾아 산으로 들어간 노예들을 가리킨다.

44 루이-세바스티앵 메르시에, 『2440년 — 언젠가 있었던 것 같은 꿈』, 파리, 1771년(크리스틴 마르캉디에-콜라르와 크리스토프 카브가 텍스트를 정리하고 해설을 붙여 1990년에 파리의 La Découverte 출판사에서 문고판으로 재간행).

45 베르나르댕 드 생-피에르(1737~1814년) : 프랑스 낭만주의 소설가. 몽상적이고 모험적인 기질을 지녔으며, 자연의 조화를 예찬하는 작품을 썼다. 젊은 시절부터 모험심에 사로잡혀 세계 여러 곳을 돌아다닌

년에 출판된 프랑스의 첫 베스트셀러 작품들 중의 하나인 『폴과 비르지니』의 저자)는 식민지 거주민들에 대해 준엄한 평가를 내렸다. 식민지 거주민들은 《큰돈을 벌려고 곧 어딘가로 떠나고 싶어 하는 파산자들, 재산을 탕진한 방탕가들, 사기꾼들, 흉악범들》[46]이었다는 평가가 그것이다. 그는 심지어 다른 작가들이 노예제도를 보다 호되게 규탄하지 않는다고 비난했다. 그 내용은 다음과 같다. 《무척 용기 있게 악습과 싸우고 있는 철학자들이 노예제도에 대해서는 거의 농담조로만 언급했다는 사실에 나는 화가 난다. 그들은 멀리 에두르고 있다. 그들은 생-바르텔레미 *Saint-Barthélémy*[47]에 대해, 스페인인들이 맥시코인들을 학살한 것[48]에 대해, 마치 그 범죄가 우리 시대의 범죄가 아닌 듯이 말한다. 유럽의 반이 그 범죄에 가담하고 있는데도 말이다.》[49]

삼부회가 제출한 진정서와 전제주의

여론이 보여준 그 모든 경향은 영국에서 전개된 노예제도 폐지운동과 인도를 영국 식민지로 삼는 행위에 대한 비판을 통해 힘을 얻었다. 인도를 영국 식민지로 삼는 행위를 비판한 대표적인 예는 영국 하원에서 에드먼드 버크가 한 발언이다. 그는 '인도 회사'가 '대헌장'과 '권리장전'에 천명된 원리를 외

다음, 여행하면서 관찰한 것과 추억을 작품 속에 형상화했다. 장-자크 루소를 만나 그의 숭배자가 되었으며, 파리 식물원 원장과 '아카데미 프랑세즈'의 회원을 지냈다. 대표작 『폴과 비르지니』는 모리스 섬의 아름다운 자연 속에서 자란 폴이라는 소년과 비르지니라는 소녀의 순박하고 고결한 사랑을 노래한 작품이다. — 역주

46 베르나르댕 드 생-피에르, 『일 드 프랑스 여행』, 11번째 편지 《백인 주민들의 풍습》, 1769년 2월 10일자.

47 생-바르텔레미 : 1572년 8월 24일(바르텔레미 성인의 축일) 일요일 새벽에 파리에서 프랑스 국왕 샤를 9세의 모후 카트린 드 메디치의 명령을 받은 가톨릭 진영이 신교도들을 학살한 사건을 가리킨다. 이후로 여러 주에 걸쳐 프랑스의 여러 지방에서도 학살이 이어졌다. 종교전쟁의 대표적인 사건이었다. — 역주

48 멕시코인 학살 사건 : 1521년에 에르난 코르테스가 멕시코인들을 학살한 것을 가리킨다. — 역주

49 위의 책, 12번째 편지의 추신, 1769년 4월 23일자. 1784년에 출판되고 널리 배포된 『자연 연구』에서 베르나르댕 드 생-피에르는 노예제도에 반대하는 태도를 계속 유지했다. 그는 노예제도를 프랑스의 가난한 사람들의 자발적인 노동으로 대체할 것을 권고했다. 1789년에 출판된 『어느 고독한 사람의 소망』에서도 그는 노예제도에 반대한다는 견해를 피력했다. 그리고 그의 사후인 1818년에 발행되는 소설 『엠프사엘과 조라이드』에서 그는 백인 여성과 흑인 남성의 결혼을 긍정적으로 묘사했다.

면하고 있다고 비난했다. 1788년, 인도 총독 워렌 해스팅스를 겨냥하여 버크는 그가 아시아를 식민지로 삼을 때에는 유럽에서 허용되고 있는 식민화 사업과 같은 모럴을 따르지 않아야 한다고 주장하고 있다고 비난했다.(그로부터 한 세기 뒤에 프랑스 사람 죠르쥬 클레망소[50]는 하원에서 쥘 페리가 펴는 식민지배 정책을 격렬하게 비판하면서, 버크의 비판에 대해 언급하게 된다.)

그리고 철학자들의 세대와 대혁명 및 인권운동에 참여한 사람들의 세대를 이어주는 연결고리였던 콩도르세는 식민지에서 시행되는 노예제도 문제에 특별히 관심을 기울였다. 1789년 5월에 개최된 삼부회 회합이 열리기 전날 공개된 라 파예트에게 보내는 편지[51]에서 그는 인권은《피부 색깔이나 국적이 어떠하든 만인에게 동일하다.》라고 천명했으며, 이어서 다음과 같이 썼다.《유럽 국가들에서는 법에 의해 흑인노예제도가 허용되고 있지만, 바로 그 유럽 국가들은 백인노예제도를 범죄로 간주할 것이다. 이런 모순은 노예제도가 절대로 정당할 수 없다는 것을, 그리고 절대로 어느 사람이 다른 어느 사람의 소유물이 될 수 없다는 것을 증명해야 할 필요성을 면해준다.》 그는 플랜테이션 농장주들이 지명한 여러 섬의 의원들을 만나보기도 전에 불신했다. 그는 다음과 같이 썼다.《식민지 이주민들이 선출한 3명의 식민지 이주민들은 식민지 이주민들의 노예들에게는 공명정대한 보호자가 결코 아니다.》

50 죠르쥬 클레망소(1841~1929년): 프랑스 정치인. 극좌 계열의 하원의원으로 정치생활을 시작했다. 레옹 강베타 내각과 쥘 페리 내각의 붕괴를 촉진하는 데에 기여함으로써《내각 붕괴자 *tombeur de ministères*》라는 별명을 얻었으며, 나중에는《호랑이》라는 별명으로 불리기도 했다. 파나마 사건 때에 영국의 첩자라는 비난을 받고 1893년의 선거에서 낙선했다. 드레퓌스에게 호의적인 입장에 섰으며, 정계에 복귀하여 총리대신과 내무부 장관을 지냈다. 광부들의 파업을 진압함으로써 사회주의자들의 반감을 사기도 했으나, 1917년에 레이몽 프웽카레로부터 내각수반에 임명되어 1차대전을 승리로 이끌었다. 1920년의 대통령 선거에서 패하고 정계에서 은퇴했다.-역주

51《거룩한 복음을 전하는 목사 죠아생 슈바르츠》라는 가명으로 쓴 공개편지. 가명 죠아생 슈바르츠는 콩도르세가 노예무역을 규탄하기 위해 사용한 것이며, 그리고 특히 1781년에 제네바에서 출판된『흑인노예제도에 대한 고찰』의 저자명으로 사용한 것이다(레옹 카앵,《흑인들의 친구들 협회와 콩도르세》,「프랑스 대혁명」, 1906년 1~6월호). 이 공개편지에서 콩도르세는 자신의 작품『흑인노예제도에 대한 고찰』에 대해 식민지 이주민들의 주요 대변인들 중의 한 사람이었던 말루에가 가명으로 발표한 작품『흑인노예들을 해방시켜야 할 이유에 대해 검토해보는, 흑인노예제도에 대한 의견서』(이 책은 1788년에 뇌샤텔 *Neuchâtel*에서 간행되었으며, 저자명은《M…》으로 되어 있다.)에서 가한 비판에 반발했다.

콩도르세는 이전에 『흑인노예제도에 대한 고찰』을 쓴 적이 있는데, 이 책은 1781년에 가명으로 출판되었으며 1788년에 재발행되었다. 이 책에서 콩도르세는 노예들에게 직접 다음과 같이 말했다. 《저는 비록 여러분과 피부색이 같지는 않지만, 여러분을 항상 저의 형제로 생각했습니다. 자연 *nature*은 백인들과 동일한 정신, 동일한 이성, 동일한 덕성을 가지도록 여러분을 만들었습니다. 여기서 제가 말하는 백인들은 유럽의 백인들만을 가리킵니다. 왜냐하면 식민지의 백인들로 말하자면, 저는 그들을 여러분과 비교함으로써 여러분을 모독하지 않기 위해서입니다. (…) 만일 우리가 아메리카의 여러 섬으로 어느 사람을 찾으러 간다면, 살결이 흰 사람들 사이에서 그 사람을 찾아낼 수 있는 것은 결코 아닙니다. (…) 여러분은 변호사를 고용할만한 처지가 아닙니다. 따라서 여러분이 여러분의 입장을 옹호함으로써 명예가 드높아지는 사람을 만나기보다는, 여러분의 주인들이 그들의 입장을 옹호함으로써 명예를 잃게 되는 사람들을 더 많이 만나는 것은 놀라운 일이 아닙니다.》 그가 보기에, 《흑인노예제도를 폐지해야 하며, 그리고 (…) 주인들은 어떤 종류의 손해보상도 요구할 수 없다.》라는 것은 분명했다. 《자신이 훔친 물건의 소유권을 빼앗긴 도둑에게》 손해보상을 해줄 필요가 없는 것과 마찬가지라는 것이었다.[52]

대혁명 초기에 철학자들의 저서를 읽었으며 인권을 수호하는 데에 심혈을 기울였던 사람들은 노예제도와 식민화 사업이 구체제와 연관이 있으며, 가톨릭교회가 권장하고 용인하는 것이며, 《자연적 권리》에 위배되는 것이라고 보았다. 삼부회의 세 신분에 속하는 의원들이 제출한 많지 않은 진정서를 통해 노예무역과 노예제도를 폐지하라는 요청이 표명되었다.[53]

---

52 『흑인노예제도에 대한 고찰』, 1781년. 이 책은 죠아생 슈바르츠라는 저자명으로 《뇌샤텔의 Leblanc 인쇄소에서》 출판된 것으로 되어 있다(2001년에 파리의 Éditions des Mille et une nuits에서 재간행).

53 주요 대법관 재판소에 제출된 482건의 진정서 중에서 제3신분에 속하는 의원들이 제출한 12건의 진정서, 귀족계급에 속하는 의원들이 제출한 2건의 진정서, 성직자계급에 속하는 의원들이 제출한 8건의 진정서에는 노예무역을 폐지하라는 요청이 표명되어 있다. 그리고 제3신분에 속하는 의원들이 제출한 4건

이를테면 프랑스 중동부의 쥐라 *Jura* 지방에 있는 어느 작은 코뮌의 제3 신분에 속하는 의원들이 제출한 진정서 — 이 진정서를 작성한 사람은 '흑인들의 친구들 협회'에 관여했던, 국왕 근위대의 장교였다는 사실이 밝혀졌다. —에는 다음과 같은 내용이 담겨 있다.[54]《샹파네 *Champagney*의 주민들과 공동체는 식민지에서 흑인들이 겪고 있는 고통을 생각할 때마다 그지없이 생생한 아픔이 엄습하는 마음을 가지게 됩니다. 우리들은 그들의 동포 *leurs semblables*이며, 종교의 따뜻한 끈으로 그들과 연결되어 있으며, 짐바리 짐승이 당하는 것보다 더 가혹하게 취급당하고 있다고 느끼면서 말입니다. 앞에서 말한 식민지의 상품이라고 하는 것들이 우리들의 동포인 그들의 피로 적셔져 있다는 생각을 하면서도 그 상품을 사용할 수 있다는 것을 우리 주민들과 공동체는 납득하지 못하고 있습니다. 우리 주민들과 공동체는 미래의 보다 양식 있고 보다 철학적인 세대들이 이 세기의 프랑스인들이 식인종 *anthropophages*이었다고 비난하지 않을까 염려하고 있는데, 이런 염려는 당연합니다.》

1786년, 올랭프 드 구쥬[55]는 노예제도를 폐지할 것을 주장하는 내용을 담은 자신의 극작품 『흑인노예제도에 대하여』에 등장하는 한 인물의 입을 통해 다음과 같이 말했다.《모든 프랑스인들이 두려움에 떨며 노예제도를 바라보고 있습니다.》 이 구절은 사실을 묘사한 것이라기보다는 분명히 희망사항

의 진정서, 귀족계급에 속하는 의원들이 제출한 2건의 진정서, 성직자계급에 속하는 의원들이 제출한 4건의 진정서에는 노예제도를 폐지하라는 요청이 표명되어 있다(쟈크 티보, 『생-도맹그 시대 — 노예제도와 프랑스 대혁명』, J.-C. Lattès 출판사, 파리, 1989년).

54 이것은 샹파네의 제3신분 의원들이 제출한 진정서 제29항의 내용이다. 이 조항은 브줄 *Vesoul* 코뮌의 문서보관소에 보관되어 있다. 프랑스 대혁명 200주년을 즈음하여 이 조항과 관련한 책을 출판한 르네 시모냉은 이 조항의 작성자가 장-바티스트 프리클리에르라는 사람이었다는 사실을 밝혀냈다(르네 시모냉, 『흑인성(黑人性)의 집과 인권』, 샹파네, 1988년).

55 올랭프 드 구쥬(1748~1793년) : 프랑스 여성 극작가, 정치인. 시민과 여성의 권리를 옹호하고 노예제도를 폐지할 것을 주장하는 글을 많이 썼다. 1789년 8월에 발표된 '인권선언문(인간과 시민의 제반 권리에 대한 선언문)'에 대응되는 '여성과 여성 시민의 제반 권리에 대한 선언문'을 작성하여, 여성들에게 남성들과 동일한 권리를 보장해줄 것을 요구했다(1791년). 산악파의 독재를 비난하다가 단두대에서 처형되었다. — 역주

에 속하는 것이라고 할 수 있다. 하지만 우리는 다음과 같이 생각해볼 수 있다. 당시에 《애국자들》은 식민지 — 장차 이곳에서는 프랑스 본국에서 사람들이 요구하는 것과 동일한 권리가 적용되지 않기에 이른다. —를 지배하려는 방침 자체와 노예제도를 자신들의 이상에 위배되는 것으로 점차 간주하게 되었다고 말이다.

제2장

《원리보다는 우리의 식민지가 없어지는 편이 낫다….》 그렇지 않으면 식민지에도 인권을 적용해야 한다.

대혁명 초, 삼부회에 소속된 여러 의원들은 노예제도와 노예무역을 폐지할 것을 적극적으로 주장했다. 특히 소규모 단체인 '흑인들의 친구들 협회'(1788년에 브리소[1]가 설립)에 속한 의원들이 그러했다. 미라보, 라 파예트, 콩도르세, 라브와지에, 페티옹, 시예스, 라 로슈푸코, 그레그와르 신부를 비롯한 쟁쟁한 인물들이 그 단체에 속해 있었다. 그 단체에 속하지 않은 다른 사람들도 그 단체가 벌이는 투쟁에 동참했다. 일-드-프랑스 지방에 있는 느무르 *Nemours* 도(道) 지역구 소속의 뒤퐁을 비롯한 의원들, 또는 『노예제도의 사슬』의 저자인 마라처럼 언론계에 종사하는 영향력 있는 풍자문 작가들과 언론인들이 그들이었다.

1 쟈크-피에르 브리소(1754~1793년) : 프랑스 정치인. 볼테르, 디드로, 루소의 사상에 영향을 받으며 성장했다. 변호사로 활동하다가 1784년에 마리 앙트와네트를 비난하는 소책자를 썼다는 잘못된 혐의로 바스티유 감옥에 수감되었으며, 1789년 7월 14일에 바스티유 감옥이 함락되면서 출옥하는 등의 시련을 겪었다. 런던에서 '노예무역폐지협회'를 알게 되었으며, 귀국해서 흑인노예무역을 폐지하기 위해 '흑인들의 친구들 협회'를 결성했다. 대혁명 때에 국민의회 의원, 입법원 의원, 국민공회 의원을 지내면서 지롱드파의 우두머리로 활동했으며, 산악파의 과격성을 비판했다. 산악파에 의해 참수되었다. — 역주

'식민당'[2]의 압력

1789년 8월에 발표된 '인권선언문' 제1조에는 순전히 논리상으로 볼 때에는 노예제도를 금지하는 내용이 담겨 있다고 할 수 있지만, 그 내용이 명시적으로 밝혀져 있지는 않다. 이 선언문의 여러 초안 중에서 단 하나의 초안에만 노예제도 폐지에 대해 언급한 내용이 담겨있다.[3] 식민지 이주민들에게 할당해야 할 의원 수를 둘러싸고 벌어진 논쟁에서 소수 사람들('흑인들의 친구들 협회'에 속한 사람들과 장차 국민공회 의원이 될 사람들)만이 브리소와 함께 다음과 같이 촉구했다. 《그대 플랜테이션 농장주들은 모든 사람은 자유롭고 권리에 있어서 평등하게 태어나며, 흑인들은 백인들의 형제이며, 그들은 동일한 권리를 가지며, '지상'의 어떤 권력도 그들에게서 그 권리를 빼앗을 수 없으며, 어떤 계약에 의해서도 어느 사람의 자유가 다른 어느 사람에게 양도되거나 이전될 수 없다는 것을 공개적으로 인정하고, 또 노예무역의 부당성, 노예제도의 부당성, 노예무역과 노예제도를 모두 폐지해야 할 필요성을 인정하라.》[4]

그러나 그들의 노력에도 불구하고, 프랑스 공화국 수립이 공포될 때까지 1789년의 '인권선언문'에 천명된 원리들은 식민지에 확대 적용되지 않았다. 파리 시내의 해양부가 있던 자리(빅트와르 광장 부근)에 본부를 둔 '마시악관(館) 클럽'은 생-도맹그에 거주하는 플랜테이션 농장주들의 제안에 따라 식민지 이주민들의 이익을 옹호하려고 애썼으며, 당시에 입헌의회에서 영향력이 막강했던 사람들, 즉 모리 신부 — 그는 성직자계급 중에서 가장 반동적

2 '식민당 *parti colonial*' : 여기에서는 식민지 이주민들의 이익을 옹호하는 사람들의 집단을 의미한다. 1890년에 출현하게 되는 집단, 즉 프랑스의 식민지 확장정책을 옹호하는 사람들의 집단을 가리키기도 한다.(137쪽에 붙인 역주를 보라.) — 역주

3 제3신분에 동조한 성직자계급에 속한 의원이었던 쟈크 쟐레 신부가 작성한 초안. 이것은 쟝-다니엘 피케의 저서 『프랑스 대혁명기의 흑인 해방(1789~1795년)』(앞의 책)에 인용된 마르셀 도리니의 견해에 따른 것이다.

4 쟈크-피에르 브리소, 『플랜테이션 농장주들을 받아들이는 문제에 대한 짧은 글』, 파리, 1789년.

인 집단을 이끈 지도자들 중의 한 사람이었다. —와 바르나브 같은 사람들의 아낌없는 지지를 받았다. 그 클럽에서 가장 적극적으로 활동한 사람은 피에르-빅토르 말루에였는데, 그는 루이 15세 치세에 기얀 *Guyane* 총독을 지낸 적이 있었으며, 이후로 생-도맹그에 정착하여 결혼을 하고 플랜테이션의 농장주가 되었다. 당시에 프랑스 중남부에 있는 리용 *Riom*을 대표한 제3신분 의원이었던 그는 1789년 8월에 공표된 '인권선언문'에 반대했다. 그는 다음과 같이 썼다. 《권리선언 *déclaration des droits*은 필요하지 않으며, (…) 그 형이상학적 규범 *maximes métaphysiques*은 위험스러울 수 있다.》[5] 그 직전에 말루에는 흑인을 옹호하는 콩도르세의 주장을 반박함으로써 콩도르세로부터 호된 반격을 받기도 했다.[6]

당시에 식민지 이주민들의 이익을 적극적으로 지지한 사람은 루이 16세 치세에 해양부 대신을 지낸 라 뤼제른이었다. 입헌의회에 제출한 1789년 10월 27일자 의견서에서 그는 《프랑스인들의 행복을 확고하게 하려는》 법들이 《식민지에 위험이 되지 않는 것은 아닐 것이다.》라고 했다. 이런 상황에서 입헌의회는 노예무역에 대해서도, 그리고 노예제도에 대해서도 아무런 의견을 표명하지 않았다. 여러 종류의 시도가 있었지만 말이다. 라 로슈푸코가 행한 시도가 한 예이다. 1789년 8월 4일 밤, 그는 입헌의회가 노예무역과 노예제도에 대해 논의할 것을 요구했으나 뜻을 이루지 못했다. 노예무역과 노예제도는 변함없이 이전처럼 계속되었다. 쟝-바티스트 콜베르가 설립한 여러 종류의 국영회사를 계승하여 1719년에 설립된 '새 인도 회사'는 왕실 금고를 채우

5 1789년 8월 3일의 회의에서 한 발언, 「세계 통신」. 그 이틀 전에 장시간에 걸쳐 한 발언에서 말루에는 《권리선언은 (…) 위험스러울 수 있다.》라고 했다. 권리선언과 관련하여 그는 《형이상학적 토론》, 《형이상학적 진술》, 《우리가 채택하려는 추상적 정의(定義)와 형이상학적 진술》이라는 표현을 사용했다.

6 콩도르세는 말루에에게 응수하기를 거부하면서 다음과 같이 말했다. 《따라서 정직한 사람들은 도덕의 원리에 대해서는 절대로 협상하지 않으며, 범죄를 범죄라고 부른다는 것을 M... 씨에게 증명해야 할 것이다. (…) 흑인들의 입장은 삼부회에서 옹호되어야 한다.》 말루에는 자기 이름의 머리글자를 저자명으로 사용해서 콩도르세에게 반박하려고 했으며, 또한 디드로와 마찬가지로(그러나 디드로와는 반대되는 목표로) 레날 신부의 이름을 저자명으로 삼아 노예제도를 옹호하는 『생-도맹그의 행정 시론』을 쓰기도 했다. 이 책은 1785년에 출판되었다.

기 위해 범죄를 계속 저질렀다. 한편, 왕실 금고의 돈은 흔들림 없이 민간 노예상인들에게 장려금으로 계속 지불되었으며, 그리하여 민간 노예상인들의 무역은 계속 번창했다.

'마시악 관(館) 클럽'의 회원들은 다른 여러 클럽에도 가입하여, 여러 파당 내부의 사소한 갈등을 이용하려고 애쓰기도 했다. 또한 그들은 예를 들면《내각의 전횡》— 이 표현은 식민지 이주민들의 이익을 옹호하기 위해 애국자들의 말에서 빌려온 것이다. —을 공격하면서 당시에 유행하던 이념들을 활용하기도 했으며, '흑인들의 친구들 협회'를 중상모략하는 운동을 개시했다. 이 협회는 특히 영국의 앞잡이로 간주되었다. 그들이 바라는 대로, 바르나브가 입법취지를 설명하고 루이 16세가 서명한 1790년 3월 8일자 및 10월 12일자 법령은 다음과 같은 규정을 담고 있다. 백인들이 장악한《식민지 의회》가 인신(人身)의 권리 *droit des personnes*를 결정할 수 있도록 하는 규정, 그리고 국민의회 *Assemblée nationale*가 가결한 법령을《식민지 의회 *assemblées coloniales*》에 단지 통보만 하도록 하는 규정, 또한《전술(前述)한 법령 중에서 지역 실정에 부합할 수 있는 일부 법령을 집행하는 권한도 함께》《식민지 의회》에 부여하는 규정 등이 그것이다. 간단히 말해서,《식민지 의회》는 국민의회가 가결한 법령을 무시할 수 있었던 것이다.

1791년 5월, 인권의 원리를 식민지에도 적용하는 방안을 지지하는 사람들은 마침내 입헌의회가 이 문제에 대해 논의하기로 한다는 결정을 얻어냈다. 이것은 유색인들, 흑백혼혈인들 또는 해방노예들의 대표자들이 이미 여러 차례 요구한 적이 있었다. 그들은 프랑스 시민의 자격을 누릴 수 있기를 바랐으며, '흑인들의 친구들 협회'로부터 지지를 받았다. 격렬한 논쟁이 시작되어 닷새 이상 계속되었다. 바르나브, 말루에 그리고 식민 위원회 *comité colonial*는 식민지가《인신(人身)의 지위와 관련한 법에서 주도권》을 잃게 되는 것에 반대했으며, 식민지의 기존질서가 조금이라도 바뀌는 것에 반대했다. 노예제도 문제는 랑 비에프빌 데 제사르트 의원이 제출한 노예제도 폐지 법령안에 명시적으로 제시되어 있다. 그 의원은 노예제도를《모든 사회와 인간의 법률을 위반한 것》으로 규정하면서 다음과 같이 말했다.《여러분, 따라서 제가 보기에는 가장 위대하고 가장 숭고하며 또한 아마도 후세에 가장 알맞은 것일 수도 있는 법안을, 이 엄숙한 의회를 불멸의 것으로 만들어줄 수 있는 유일한 법안을 여러분께 제시해야 할 때가 온 것 같습니다. 노예제도 폐지 법안이 그것입니다.》[7] 그의 발언에 대해 '식민당'과 보수주의자들 측은 항의의 외침을 쏟아냈다. 그들은 그 기회를 이용하여, 야유를 보내고 의사진행을 방해하는 기술을 동시에 사용하기 시작했다.

입헌의회 의사당 앞에서는 해방노예들을 지지하는 시위가 벌어지고 있었으며, 반면 식민지 이주민들을 대표한 의원들은 장시간에 걸친 발언에서 식민지배 체제의 존속을 옹호했다. 그들 중의 한 사람은 다음과 같이 말했다.《식민지배 체제는 전적으로 노예제도 시스템에 의존하고 있습니다. 노예제도 시스템은 노예무역의 지속을 토대로 삼고 있으며, 또한 유색인들을 흑인들과 백인들 사이에 반드시 있어야 할 칸막이 같은 것으로 여기는 오랜 관례를 토대로 삼고 있습니다. 우리의 번영을 보장해주던 이 두 장치는 박애주의자들로부터 위협을 받고 있습니다.》[8] 말루에는 '인권선언문'에 천명된 원리는 식민지의 존속과 양립될 수 없기 때문에《'인권선언문'을 식민지에 예외없이 적용할 수 없다.》라고 주장했다.[9]

이들의 주장에 응수하여, 느무르 도(道) 지역구 소속의 뒤퐁 의원은 다음과 같이 외쳤다.《여러분은 여러분의 이익, 유럽의 이익, 세계의 이익을 도모하기 위해서라면 원리보다는 식민지를 포기하기를 주저하지 않아야 할 것입니다.》[10] 그리고 또 로베스피에르도 의원들에게 다음과 같이 말했다.《누군가

7 1791년 5월 11일의 회의에서 비에프빌 데 제사르트가 한 발언, 『국회기록』.
8 1791년 5월 11일의 회의에서 생-도맹그를 대표한 의원 구이 다르시가 한 발언, 『국회기록』.
9 1791년 5월 11일의 회의에서 말루에가 한 발언, 『국회기록』.
10 1791년 5월 12일의 회의에서 한 발언, 『국회기록』.

는 우리에게 이렇게 말합니다. "여러분이 유색인 자유 시민들에게서 그들의 권리를 빼앗는다면, 여러분은 여러분의 식민지를 잃게 될 것입니다."라고 말입니다. (…) 그런데 여러분은 왜 여러분의 식민지를 잃게 될까요? 시민들의 일부, 즉 백인이라 불리는 사람들이 배타적으로 시민권을 가지려 하기 때문에 그런 일이 벌어지는 것입니다. 저는 질문을 드리는 바입니다. 인권, 정의, 인류애를 변질시키기 위해 어느 한 도당이 가하는 위협에 휘둘려서 자신의 태도를 결정하는 것이 분명히 정치적인 행위인가라는 질문을 말입니다.》[11] 한편, 페티옹은《피부색에 집착하는 (…) 몰상식한 (…) 편견》을 공격했으며, 송토낙스는「파리의 혁명」에 기고한 글에서 바르나브를《피부 면에서의 특권신분을 옹호하는 자》로 간주했다.[12] 송토낙스는 그로부터 2년 뒤에 프랑스의 주요 식민지 생-도맹그에서 노예제도의 첫 폐지 조처를 공포하게 된다.

결국 입헌의회는 1791년 5월 15일자 법령을 제정하여 유색인들 중에서 몇몇 사람들, 즉 자유인 신분의 부모에게서 태어난 사람들에게만 시민권을 부여함으로써, 어중간한 조처를 내렸다.[13] 이 조처는 예를 들면 훨씬 뒤인 1936~1937년에 마련될 알제리와 관련한 '블룸-비올레트 안(案)'[14]만큼이나 개혁성의 수위가 낮았다. 이 조처에 대해 식민지 이주민들을 대표한 의원들은 고래고래 고함을 지르고는 의석을 박차고 나갔다. 그들은 노예제도를 전면적으로 폐지하는 데에 반대할 수 있는 권한을 자신들에게 묵시적으로 부여

11 위와 동일.

12 「파리의 혁명」, 제97호, 1791년 5월 21일자.

13 1791년 5월 15일자 법령에는 특히 다음과 같은 규정이 포함되어 있다.《입헌의회는 식민지의 자유롭고 자발적인 사전 의사표명이 없는 한, 자유인 신분의 아버지와 어머니에게서 태어나지 않은 유색인들의 정치적 신분에 대해 입법부가 절대로 토의하지 않을 것이며, 현재 존재하고 있는 식민지 의회는 그대로 존속될 것임을 공포하는 바이다.》

14 '블룸-비올레트 안(案)' : '인민전선' 정부의 총리대신 레옹 블룸과 부총리대신 모리스 비올레트가 입안해서 1936년 12월에 발표한 안. 알제리인들 중에서 군인들, 고학력자들, 지방의회 의원들, 노동 훈장을 받은 사람들, 노동조합장들을 비롯한 일부 사람들(2만~2만 5000명)에게 프랑스 시민권과 선거권을 부여하는 규정을 담고 있었다. 그러나 알제리의 유럽 출신 하원의원들과 극우파 등의 반대로 철회되었다. — 역주

하는 법령[15]이 가결되고, 또 국왕이 채택된 법령의 시행을 정지시키는 거부권[16]을 행사하자, 비로소 의회로 되돌아갔다. 장차 공화파가 될 사람들로 이루어진 소수파는 입헌의회 의원들 대다수가 보여준 그런 일관성 없는 태도에 대해 항의했다. 로베스피에르가 그들의 선두에 섰다. 그는 입헌의회 의원들에게 다음과 같은 비난을 퍼부었다. 《여러분은 우리에게 끊임없이 인권을 내세우고 있습니다. 그런데 여러분 자신들은 그 인권을 별로 신뢰하지 않기 때문에 노예제도를 합헌적으로 *constitutionnellement* 공포했습니다.》[17]

폭력과 저항

로베스피에르의 비난은 정당했다. 1791년 9월 3일에 채택된 입헌군주제 헌법에 다음과 같은 규정이 포함되어 있었기 때문이다. 《아시아, 아프리카, 아메리카에 건설된 프랑스 식민지와 소유지는 프랑스 제국에 속하지만, 본 헌법에는 포함되지 않는다.》 이것이 의미하는 바는 특히 다음과 같다. 그곳은 프랑스 영토로 선언되었지만, 1789년에 공표된 '인권선언문'과 그 전문(前文)은 그곳에 적용되지 않는다는 것이다. 식민지배 상황의 바탕을 이루는 그런 법률상의 예외는 입헌의회가 폐막 전날(9월 28일)에 제정한 법령 — 이 법령에는 프랑스에 입국하는 모든 사람은 《피부색이 어떠하든》 자유로우며, 헌법에 규정된 모든 권리를 누린다는 선언이 포함되어 있다. —에도 불구하고 문젯거리가 전혀 되지 않은 채 계속 유지되었다. 이것은 구체제 때에 확립

15 1791년 5월 18일자 법령은 다음과 같은 내용을 담고 있다. 《입헌의회는 식민지 의회의 분명하고 자발적인 요청에 의하지 않고서는, 비자유인들의 신분에 대한 것으로 식민지에 적용할 어떠한 법도 입법부에 의해 제정될 수 없음을 헌법 조항으로 공포하는 바이다.》

16 6월 1일, 국왕은 소수 해방노예의 시민권에 대한 규정을 담은 5월 15일자 법령에 대해 거부권을 행사했다. 이렇게 해서 5월 16일에 의회를 박차고 나갔던 식민지 이주민들을 대표한 의원들은 6월 21일에 의회로 되돌아갔다. 같은 시기에 생-도맹그에서는 5월 15일자 법령이 가결되었다는 소식을 들은 식민지 이주민들이 그 법령에 반대하는 시위를 벌였다. 왕당파 총독 블랑슈랑드는 그 법령은 시행할 수 없는 것이라고 했다.

17 1791년 5월 18일의 회의, 「세계 통신」.

된 원리, 즉 식민지에 적용되는 법은 프랑스 내에는 적용되지 않는다는 원리를 적용한 것이었을 뿐이다.

그런데 그 며칠 전에 바르나브의 주장으로 해방노예와 관련한 법령, 즉 루이 16세가 서명을 거부하고 식민지 이주민들이 반대한 5월 15일자 법령이 폐기되었다.[18] 프랑스에서 효력이 발생하는 법과 식민지에서 효력이 발생하는 법은 프랑스 공화국 수립이 선언될 때까지 계속 구분되는데, 이런 구분 때문에 식민지에서는 노예제도가 유지될 수 있었다. 이듬해 봄에 파리의 여론이 들끓고 식민지에서 저항이 거세어지자, 1792년 4월 4일에 루이 16세가 공포한 법[19] — 이 법에 따라 모든 해방노예들의 정치적 평등이 인정되기에 이르렀지만, 일반 노예들은 여전히 이 법의 적용범위에서 제외되었다. —을 통해 입법의회가 다시 양보를 하게 되지만 말이다.

하지만 서인도제도에서는 식민지 이주민들이 파리에 혁명이 일어났으며 '인권선언문'이 공표되었다는 사실을 흑인들에게 감추려고 애썼지만, 1789년 9월부터 전해진 그 소식을 들은 해방노예들과 일반 노예들의 요구가 다시 쏟아지기 시작했다. 생-도맹그에서 식민지 이주민들은 해방노예들에게 한 치의 양보도 하지 않으려고 했다. 백인 사법관이었던 페랑 드 보디에르는 해방노예들의 탄원서를 작성하는 데에 가담했다는 이유로 1789년 11월에 집단 폭행을 당하기도 했으며, 이듬해 10월에 파리로 돌아가서 생-도맹그의 해방노예들에게도 인권을 적용해줄 것을 요구한 흑백혼혈인 뱅상 오제 — 그가 프랑스를 떠나자마자, 파리에 거주하는 식민지 이주민들이 그 소식을 알려주었다. —는 1791년 10월에 생-도맹그의 카프 *Cap*에 거주하는 백인들에게 붙잡혀 고문을 당했다.

생-도맹그의 동부로 도망쳤다가 스페인인들에게 붙잡혀 프랑스인들에게

18 1791년 9월 28일, 입헌의회는 그해 5월 15일자 법령을 폐기했다.
19 1792년 3월 28일자 법령.

넘겨진 뱅상 오제와 그의 동지 샤반에게는 구체제 때의 처벌 방식에 따라 다음과 같은 판결이 내려졌다. 《이 도시의 백인들을 처형하는 장소의 반대편에 있는 부대 집결지로 끌고 가서, 이들을 처형하기 위해 마련한 공개처형대 위에 눕혀 산 채로 두 팔, 두 다리, 넓적다리, 허리를 자르고, 상급재판소의 사형집행인이 수레바퀴 위에 올려놓고, 하느님께서 그들의 목숨을 보존해주실 때까지 그대로 놔두며, 그렇게 한 다음에는 그들의 머리를 잘라서 기둥 위에 걸어두라. 젊은 뱅상 오제라는 자의 머리는 동동 *Dondon*[20]으로 통하는 길에 세워둔 기둥에, 일명 샤반으로 불리는 장-바티스트의 머리는 프와송 *Poisson* 취락지구 맞은편에 있는 그랑드-리비에르 *Grande-Rivière*[21]로 통하는 길에 세워둔 기둥에 걸어두라.》[22] 선고 내용이 집행되는 동안, 오제와 샤반을 지지하는 사람들도 교수형에 처해졌으며, 식민지 이주민들이 선출한 의원들이 공개처형대를 둘러싸고 있었다.

1791년 말, 또 다른 흑백혼혈인이자 해방노예였던 도도-라플렌은 노예들에게 '인권선언문'을 읽어주었다는 이유로 식민지 이주민들에게 붙잡혀 매질을 당했으며, 달군 쇠로 낙인이 찍혔다. 과들루프 *Guadeloupe*에서도 비슷한 사건들이 일어났으며, 6월 3일에 마르티니크 *Martinique*의 생-피에르 *Saint-Pierre*에서는 실제로 당국의 묵인하에 흑인들이 집단학살을 당했다. 그러나 파리에서 일어난 소식이 전해지는 데에 시간이 더 많이 걸렸던 일 드 프랑스 *Île de France* 섬(현재의 모리스 *Maurice*)과 일 부르봉 *Île Bourbon* 섬(현재의 레위니옹 *La Réunion*)에서는 아무런 변화도 일어나지 않았다. 이미 앞에서 보았듯이, 식민지배 과정에서의 폭력이 가장 야만적으로 자행되었고 인구구

---

20 동동 : 생-도맹그의 북쪽 산악지대에 있는 마을. — 역주

21 그랑드-리비에르 : 동동의 약간 북동쪽에 있는 곳으로, 1790년에 뱅상 오제가 민중봉기를 이끌던 지역이다. — 역주

22 빅토르 쉘셰르, 『투생 루베르튀르의 생애』, Ollendorf 출판사, 파리, 1889년(1982년에 파리의 Karthala 출판사에서 재간행). 에메 세제르, 『투생 루베르튀르, 프랑스 대혁명 그리고 식민지 문제』, Présence africaine 출판사, 파리, 1981년.

성 비율이 식민지 이주민들에게 대단히 불리했던 생-도맹그에서는 1791년 8월 말부터 수만 명의 일반 노예들과 노예신분에서 해방된 흑인들이 무장폭동을 일으켜, 그곳의 북쪽 지역을 장악하는 데에 성공했다. 이런 상황에서 1792년 봄에 입법의회는 마침내 해방노예들에게 시민권을 부여하기에 이르렀다. 몇몇 입법의회 의원들은 그 조처가 노예제도를 고수하려면 어쩔 수 없이 해야 하는 최종적인 양보라고 생각했다.

그 법을 적용하기 위해 입법의회는 두 명의 대표, 즉 송토낙스와 폴브렐을 생-도맹그로 파견했다. 두 사람 모두 노예제도에 공개적으로 반대하는 인물이었다. 그들은 1792년 8월에 생-도맹그에 도착했다. 당시는 발미 *Valmy* 전투[23]가 벌어지기 직전이었으며, 또한 프랑스 공화국 수립이 선포되기(1792년 9월 22일) 직전이었다. 프랑스 공화국 수립이 선포됨으로써 두 사람의 권한은 확고해졌다. 그들은 반란자들과 접촉했으며, 노예제도를 폐지했다. 송토낙스는 1793년 8월 29일에 생-도맹그의 북부 지역에서, 폴브렐은 9월 21일에 서부와 남부 지역에서 각기 노예제도를 폐지했다. 파리에서는 생-도맹그에서 일어난 폭동을 지지하는 선언이 「파리의 혁명」과 「인민의 벗」 같은 공화주의 계열의 신문들 및 많은 잡지와 소책자를 통해 쏟아졌다. 그 지지선언을 한 사람들은 생-도맹그 출신이면서 폭동자들에게서 소식을 들은 다음과 같은 사람들을 통해 생-도맹그의 상황에 대해 알게 되었던 것이다. 즉, 아내가 혼혈인이었던 백인으로《애국 크레올인[24] *Créole patriote*》으로 불렸던 클로드 밀상이나 흑백혼혈인이었던 쥘리앵 레몽을 비롯한 사람들이 그러하다. 그런데 공화체제에 찬성한 클로드 밀상과 쥘리앵 레몽 같은 사람들은 자신들을 악질적인 적으로 간주하는 식민지 이주민들이 꾸민 여러 음모의 희생물이 되었다.[25]

23 발미 전투 : 1792년 9월에 프랑스군이 프랑스 북동부의 발미에서 프로이센-오스트리아 연합군을 격퇴한 전투. — 역주

24 크레올인 : 식민지에서 태어난 백인을 가리키는 말. — 역주

25 쥘리앵 레몽은 1793년에 식민지 이주민들의 고발을 받고 투옥되며, 클로드 밀상은 1794년에 식민지 이주민들이 꾸민 음모로 단두대에서 처형된다.

1794년 2월, 노예제도가 처음으로 폐지되다

1789년에 공표된 '인권선언문'과는 반대로, 프랑스 공화국의 첫 헌법 전문(前文)으로 사용된 1793년 6월의 '인권선언문'에는 노예제도를 금지하는 다음과 같은 내용이 포함되어 있다. 《모든 사람은 자신의 노력과 시간을 투입할 수 있다. 그러나 모든 사람은 자신을 팔 수 없으며, 매매될 수도 없다. 모든 사람의 인신(人身)은 양도할 수 없는 소유물이다.》(제18조) 그러나 이어지는 헌법 조항에는 식민지에 대한 어떤 언급도 담겨 있지 않다.

그해 6월, 예전에 노예였던 흑인들의 대표단이 국민공회 회의에 참석했다. 쇼메트와 그레그와르 신부가 그들을 지지했다. 그러나 그 회의에서 분명한 형태로 진행된 유일한 투표는 당시까지 존속한 제도, 즉 노예무역에 장려금을 지원하는 제도를 폐지할 것인가를 결정하기 위한 것이었다. 그리고 프랑스 제1공화국 수립이 선포된 지 16개월 — 그 여러 달 동안, 국민공회 의원들은 전쟁과 여러 차례의 정치적 위기를 둘러싼 논쟁에 온 힘을 쏟았다. —이 지난 1794년 2월 4일, 국민공회는 만장일치로 가결한 법을 통해 송토낙스와 폴브렐의 결정을 공식적으로 인가하고 노예제도를 명시적으로 폐지했다.

그 법은 생-도맹그를 대표한 3명의 새로운 의원이 국민공회에 참석한 것에 자극을 받아 가결될 수 있었다. 그 3명의 의원은 송토낙스와 폴브렐의 주도로 노예제도 폐지가 선언된 뒤에 선출된 사람들이었다. 아프리카에서 태어난 노예 출신으로 두 살 때에 생-도맹그로 이송된 장-바티스트 벨레, 그리고 생-도맹그에서 태어난 흑백혼혈인으로 그 섬의 북부 지역을 대표하는 장-바티스트 밀스를 비롯한 그 3명의 의원[26]은 당시까지 노예제도를 폐지하는 방향으로 나아가는 모든 결정을 차단하는 데에 전력을 기울여오던 식민지 이주

26 3명의 의원 중에서 다른 한 명은 백인인 뒤파이 드 라 투르였다. — 역주

민들을 대표한 의원들의 후임자들이었다. 당통에 따르면, 국민공회에 도착한 그 3명의 의원은 의장으로부터 《형제애가 담긴 입맞춤》을 받았다. 그러나 국민공회 의원들은 그처럼 중요한 문제를 투표에 부치기에는 회의에 참석한 의원들의 수가 너무 적다고 판단하고는, 노예제도를 공식적으로 폐지할 것인가를 결정하기 위한 투표는 이튿날로 연기했다.

2월 4일, 참석 의원들의 수는 전날보다 더 많았다.[27] 의장을 새로 선출하기 위해 그날 저녁에 진행된 투표에 참여한 의원들의 수만 기록되어 있는 보고서에 따르면, 참석 의원들의 수는 148명이었다. 참석자 수는 1794년 첫 3개월 동안 집계된 것 중에서 가장 많았다. 프랑스 중북부에 있는 외르-에-르와르 *Eure-et-Loir* 도(道) 지역구 소속의 라크롸 의원은 다음과 같이 탄성을 내뱉었다. 《우리는 프랑스 인민의 헌법을 만들면서 가련한 유색인들에게는 관심을 기울이지 않았습니다. 이 점에 대해 후세 사람들은 우리를 크게 책망할 것입니다. 그러나 우리는 이 오류를 바로잡아야 합니다.》 그리고 그는 법령을 제안했다. 그 법령은 결국 다음과 같은 형식으로 채택되었다. 《국민공회는 모든 식민지에서[28] 흑인노예제도가 폐지되었음을 공포하는 바이다. 따라서 국민공회는 식민지에 살고 있는 모든 사람은 피부색의 구분 없이 프랑스 시민이며, 헌법이 보장하는 모든 권리를 누리게 될 것임을 공포하는 바이다.》 노예들의 옛 주인들에게는 어떤 종류의 보상도 할 필요가 없었다. 그리하여 당통은 다음과 같이 말했다. 《지금까지 우리는 단지 이기주의자들로서, 그리고 우리 자신들만을 위해 자유를 공포해왔습니다. 오늘 우리는 전 세계 앞에서 선언하는 바이며, 미래 세대들은 이 법령에서 자신들의 영광을 발견

27 그날 회의에 참석한 사람들이 《소수》였다는 루이 살라-몰랭의 주장(「르 몽드」, 1994년 2월 20~21일자)은 전혀 근거가 없다. 그의 주장이 노린 목표는 국민공회의 결정이 띠는 중요성을 최소화하는 것이었다. 그의 주장에 촉발되어 파리 1대학교의 '유럽 식민화 사업(1750~1850년) 연구회'가 회의에 참석한 의원들의 수를 바로잡는 작업을 했다(「프랑스 대혁명사 논집」, 제207호, 1994년 7~9월호).

28 그 법령의 첫 안(案)에는 《공화국의 모든 영토에서》로 되어 있었다. 국민공회는 이 표현을 《모든 식민지에서》로 바꾸었으며, 《식민지에 살고 있는》이라는 표현과 《모든 사람은 피부색의 구분 없이》라는 표현을 추가했다(1794년 2월 4일의 회의, 『국회기록』, 제84권, 284쪽).

하게 될 것입니다. 우리는 만인의 자유를 선언하는 바입니다!》[29] 노예제도를 시행하던 나라가 그런 조처를 내리기는 그것이 처음이었으며,[30] 사실상 그 조처는 노예제도를 폐지하면서 식민지 이주민들에게 보상금을 지불하는 방침을 거부한 역사상으로 유일한 예였다.[31]

과들루프와 기얀에서는 여전히 일반 노예들과 해방노예들이 일으킨 반란이 압박으로 작용하여 그해 6월에 노예제도가 폐지된다. 「파리의 혁명」에는 노예제도 폐지가 많이 지체된 것을 아쉬워하면서도 박수갈채를 보내는 기사가 실렸다. 그 내용은 다음과 같다. 《우리의 '혁명'에는 이 법이 결여되어 있었다. 흑인들에게 자연적이며 기본적인 시민권을 회복시켜주기 위해서라면, 우리의 형제들 가운데 특수계층에 속하는 흑인들 중에서 선출된, 인민을 대표하는 두 사람의 참석을 기다리지 않아야 했었다. 그러나 좋은 일이 절대로 행해지지 않는 것보다는 늦게라도 행해지는 편이 훨씬 더 낫다.》[32] 그런데 여기서 우리는 한 가지 사실을 지적할 수 있는데, 그것은 국민공회가 내린 그 결정이 이전의 조처를 확정짓는 성격을 띠었다는 점이다. 투표가 진행되기 전에 벌어진 토론에서 의원들 중의 한 사람이 지적했듯이, 노예제도는 그 명칭이 명시된 것은 아니었지만 1793년 6월 24일에 제정된 헌법에 의해 이미 금지되었을 뿐만 아니라,[33] 그 헌법이 채택되고 3개월이 지나서 프랑스의 주

29 1794년 2월 4일의 회의에서 한 발언, 『국회기록』.

30 노예제도는 퀘이커 교도들의 발의로 이미 1777~1784년에 노예들이 그다지 많지 않았던 미국의 버몬트 주, 펜실베이니아 주, 매사추세츠 주, 로드아일랜드 주, 코네티컷 주에서 폐지되었다. 그러나 미국 전체, 즉 노예들 대부분이 있던 곳에서는 1865년에 헌법이 열세 번째로 개정되면서 비로소 폐지되었다. 1792년에 덴마크는 자국 선박이 노예무역을 하는 것을 금지했으나, 효력은 그로부터 10년 뒤에 나타났다.

31 단지 매사추세츠 주(1783년에 폐지)와 칠레(1823년에 폐지)만이 노예제도를 폐지하면서 식민지 이주민들에게 보상금을 지불하지 않는다는 규정을 적용했다. 그러나 그 두 곳에서 시행된 노예제도 폐지 조처는 제한된 수의 노예들만을 대상으로 한 것이었다.

32 「파리의 혁명」, 제224호, 1794년 2월 13일자. 그리고 쟈크 르네 에베르가 발행하는 「뒤셴 영감」에는 다음과 같은 물음을 제기하는 글이 실렸다. 《자유로운 나라에 노예들이 존재하는지를 알아보기 위해 그토록 오랫동안 우회해야 할 필요가 있었을까?》(제347호)

33 노예제도는 그 명칭이 명시된 것은 아니지만 1793년 6월 24일에 제정된 헌법에 의해 이미 금지된 것이 아니냐는 지적에 대해 그레그와르 신부는 다음과 같이 응수했다. 《노예제도라는 낱말이 포함되어야 합니다. 그렇게 되지 않으면, 어떤 사람은 여러분이 다른 것을 말하고 싶어 한다고 주장할 것입니다. 그리

요 식민지인 생-도맹그에서 프랑스 공화국의 대표자들에 의해 노예제도 폐지 조처가 이미 시행되었기 때문이다.

공화주의적인 성향을 띤 여론은 국민공회가 내린 그 결정에 환호했다. 프랑스 전역에서 그 결정을 축하하는 356통이나 되는 편지와 대표단들이 국민공회에 답지했다.[34] 「애국 크레올인」에 기고한 글에서 클로드 밀상은 프랑스인들이 보여준 그 열광에 대해 다음과 같이 놀란 듯한 반응을 보였다. 《여러 민중 조직과 협회는 흑인들을 해방하고 마침내 아프리카에 평화를 가져다준 비의 달[雨月] 16일자 법령에 대해 국민공회에 축하를 보냈다. 사실 이 법에서 인류애와 정의의 참된 원리를 알아보지 못하는 참된 프랑스인은 아무도 없다.》[35] 프랑스 북부 피카르디 *Picardie* 지방에 있는 와즈 *Oise* 도(道) 지역구 소속의 부르동 의원은 얼마 뒤에 국민공회에서 다음과 같이 말했다. 《그 선언이 백인들의 권리만을 규정한 것이라고 주장할 생각은 자유와 공화국을 수립한 그 어떤 사람의 머릿속에도, 그리고 그 위대한 선언을 한 사람들의 정신 속에도 들어갈 수 없었습니다.》[36] 그리고 파리에서는 프랑스 국가 '라마르세예즈'의 가사를 다른 내용으로 바꾼 《유색 시민들의 찬가》가 발표되었다. 그 찬가는 파리에 정착한 흑인 펜싱 교사와 백인 여성 사이에서 태어난 《크레올인이며 공화주의자인 여성 시민 코르뱅》이 쓴 것이었다. 그 찬가의 마지막 절 내용은 다음과 같다.

《그들은 노예제도의 수치스러운 족쇄에서
조국을 해방시켰네.

고 여러분은 모든 노예제도가 없어지기를 바라지 않습니까.》(『국회기록』).

34 편지와 대표단을 통한 노예제도 폐지에 대한 동의(그 중에서 몇 개는 다른 문제에 관한 것이기도 했다.)는 5개의 도(道)를 제외한 프랑스 전역에서 답지했다(『국회기록』, 혁명력 2년 비의 달[雨月] 19일과 열의 달[熱月] 5일).

35 「애국 크레올인」, 혁명력 2년 바람의 달[風月] 3일(1794년 2월 21일).

36 1794년 11월 29일의 회의에서 한 발언, 「세계 통신」.

광기 어린 전제주의가

자체의 잔해 위에 그들을 제물로 바쳤었네(후렴).

그러나 목숨을 희생하면서,

고통 중에도 침착하게

그들은 그 순간에

조국이 겪는 불행만을 아파했네.

가혹한 진실이여.

'이성'과 '자유'여.

원수를 갚았네, 원수를 갚았네.

인권과 평등권의 원수를 갚았네.》[37]

그렇게 노예제도를 폐지하는 데에 가장 완강하게 목소리를 높인 사람들 중에서 다음과 같은 사람들의 이름을 언급해야 한다. 흑인들의 권리를 일관되게 옹호한 그레그와르 신부, 콩도르세와 브리소의 친구로 1789년 7월부터 입헌의회에서 다른 민족의 땅을 식민지로 삼으려는 방침 자체를 공격한[38] 가라, 또는 프랑스 북서부에 있는 브르타뉴 *Bretagne* 지방의 모르비앙 *Morbihan* 도(道) 지역구 소속의 입법의회 의원을 지냈으며 이어서 국민공회 의원을 지낸 죠제프 르키니오가 그들이다. 르키니오가 국민공회에 제출한 저서 『파기된 편견들』[39]의 한 장(章) 전체는 이 문제를 다룬 것이다. 이 책에서 르키니오는 반란자들의 야만성과 폭력성을 부각시키는 식민지 이주민들의 선전활동에 맞서, 다음과 같이 저항의 권리를 옹호했다. 《다음과 같은 사실

---

37 《파리, Cloître Saint-Germain-l'Auxerrois, Section du Museum, Louvre로 통하는 길, Coulubrier graveur 출판사》에서 발행. 샹탈 죠르젤과 로베르 델바르가 수집해서 편찬한 『라마르세예즈, 라마르세예즈들 — 1792년 이후의 여러 편곡 선집』(마들렌 르베리우의 서문, Le Cherche Midi 출판사, 파리, 1992년) 중에서.

38 1789년 7월 3일의 회의에서 한 공격. 그의 연설은 의원들 사이에서 화제가 되고 찬사를 받았으나 「동틀 무렵」에 실리지 않았으며, 「세계 통신」과 『국회기록』에서도 언급되지 않았다.

39 『파기된 편견들』, Éditions du Palais-Royal, 파리, 1792년 11월.

을 매우 대담하게 말해야 한다. 모든 진실은 말해져야 하기 때문이다. 그 어느 곳에서든 자신을 얽매고 있는 사슬을 끊어버리는 노예는 압제에 저항하는 사람이며, 강탈당한 자신의 권리를 되찾는 사람이며, 오직 교활한 자만이 그를 비난할 수 있다는 사실이 그것이다. 그가 자유의 몸이 되려는 것을 저지하는 힘이 너무나 강하기 때문에 그 자신이 자유의 몸이 되려면 압제자를 살해할 수밖에 없는 처지라 하더라도, 그는 여전히 자신의 권리를 행사하는 것이다. 그리고 누군가가 악의를 가지고 나에게 이 사실에 대해 이의를 제기한다면, 나는 그에게 이렇게 물어보겠다. 그 자신이 이와 유사한 처지에 있었다면 어떻게 했을 것이며, 자유를 얻기 위해서라면 자신의 주인을 죽이지 않을 것인가라고 말이다.》 그는 다음과 같이 논리정연하게 질문을 던졌다. 《만일 수천 명의 프랑스인들이 기니에 억류되어 있다면, 여러분께서는 그들이 예속상태에서 벗어나려고 애쓰는 것에 반대할 것인가요?》 앞서 쓴 글에서 프랑스의 여러 식민지가 프랑스에서 이주한 사람들에게 장악되어 있다는 사실 때문에 《프랑스의 일부로 간주되어야》 하는 것은 아니라고 설명했던[40] 르키니오는 『파기된 편견들』에서는 다음과 같이 단호한 의견을 표명했다. 《우리나라의 여러 식민지의 경작이 흑인들의 손으로 밖에 이루어질 수 없다는 것이 (…) 사실이라면, 나는 프랑스인들에게 이렇게 말할 것이다. '당신들의 식민지를 포기하시오.'라고…….》[41]

독립을 허용할 것인가 말 것인가 — 식민지에서의 인권

그러나 식민지도 《동일한 헌법률들 *lois constitutionnelles*에 종속된다.》(제

40 「국내외 르 메르퀴르」, 1791년 5월 13일자. 장-다니엘 피케의 저서 『프랑스 대혁명기의 흑인 해방(1789~1795년)』(앞의 책)에서 재인용.

41 『파기된 편견들』, 앞의 책. 1792년 11월 7일의 회의에서 르키니오가 발언을 끝내자, 국민공회는 표결을 통해 《훌륭하다는 평가》를 내리면서 그에게 경의를 표했다.

1절 제6조)라는 조항이 헌법에 분명히 명시되기 위해서는 '산악파'가 몰락하고 1795년 8월 22일의 헌법, 즉 총재정부의 헌법이 제정되기를 기다려야 했다. 이 조항에서 모든 식민지에 프랑스 도(道)의 위상을 부여하려는 생각(제7조)이 비롯되었다. 한편, 이 헌법 전문(前文)의 한 조항은 1793년에 반포된 '인권선언문'에 등장하는 노예제도 금지와 관련한 조항(제15조)에 들어 있는 어휘들을 거의 그대로 되풀이한 것이다. 쟝-바티스트 벨레와 쟝-바티스트 밀스를 비롯하여 과거에 생-도맹그에서 노예로 살았던 사람들과 해방노예들을 대표한 사람들은 1797년 5월(혁명력 5년 초원의 달[牧月] 1일)까지 계속해서 총재정부 시대의 의원으로 활동했다. 1798년 1월 1일에 가결된 법에는 과거에 노예였던 사람들의 시민 자격이 다음과 같은 용어로 규정되어 있다. 《아프리카나 해외 식민지에서 태어나서 프랑스령 섬으로 이송된 모든 흑인은 공화국 영토에 발을 디딜 때부터 자유로울 것이며》(제18조), 《자기 조국에서 납치된》 그들은 《작물 재배에 계속 종사한다면, 군복무를 한다면, 전문직 일 *profession*이나 단순직 일 *métier*을 한다면, 프랑스 영토에서 태어난 사람과 동일한 권리를 누린다.》

공화국을 수립하고 공화국의 초기 의회에서 활동한 사람들은 노예제도를 거부했다. 그들 중에서 몇몇 사람들은 흑인들에 대해 편견을 가지고 있었으며, 이런저런 글에서 모순을 범했으며,[42] 명시적인 결정을 내리는 데에 별로 열의를 보이지 않았지만 말이다. 그들은 식민지에도 인권의 원리가 적용되어야 한다고 생각했으며, 심지어 주민들이 원한다면 식민지를 독립시켜야 한다

42 그레그와르 신부, 아나하르시스 클루츠, 또는 로베스피에르가 쓴 글들은 자세히 분석된 적이 있다. 그 분석은 그들이 노예제도를 점진적으로 폐지하는 방안과 관련한 몇몇 제안에 대해 소심한 태도를 취했다거나, 또는 반란을 일으킨 노예들의 야만성을 규탄하는 식민지 이주민들의 주장을 고스란히 되풀이했다고 비난하기 위한 것이었다. 여하튼 '지롱드파' 브리소에 대한 증오심에 사로잡혀 있던 로베스피에르가 노예들의 폭동을 사주했다는 비난을 브리소에게 퍼부었다는 것은 이론의 여지없는 사실이다. 로베스피에르가 브리소에게 퍼부은 비난은 다음과 같다. 《프랑스에서 모든 가난한 사람들을 부자들의 귀족정치에 종속시키려고 했던 바로 그 일당은 한때는 모든 흑인들을 해방시키고 무장시켜서 우리의 식민지를 파괴하려 했습니다.》(『국회기록』, 1793년 11월 17일) 그러나 제1공화국이 노예제도와 관련하여 이룩한 본질적인 단절의 의미가 이런 발언 때문에 퇴색되는 것은 아니다.

는 생각을 공개적으로나 암묵적으로 받아들이기도 했다. 제1공화국 체제가 지속되는 동안, 다음과 같은 규정이 분명하게 지켜졌다. 프랑스 공화국에 속하는 영토가 있다면, 그 영토에는 헌법과 그 원리들이 적용되어야 한다는 규정이 그것이다.

물론, 그 규정은 다분히 독자적인 세력에 속하는 여러 의원들이 1792년[43]과 1793년에 국민공회에 제안한 것처럼 식민지의 독립을 선언하는 것은 아니었지만, 실제에 있어서는 프랑스 본국으로부터 분리될 수 있는 권리를 식민지에 인정해주는 것이었다. 1796년부터 1802년 사이에 프랑스 공화국은 생-도맹그에 자주적인 사실상의 *de facto* 정부가 존재한다는 것을 인정했다. 그 정부는 단지 형식상으로만 프랑스에 속해 있었을 뿐이다. 사실, 과거에 해방노예였던 투생 루베르튀르는 당시에 생-도맹그 전체를 장악하고 있었으며, 영국 및 미국과 직접 협정을 맺어 그 두 나라에 생-도맹그의 항구를 개방했다. 그것은 구체제 때에는 《배타적 의무 *exclusif*》라고 불렸으며 나중에는 《식민협정 *pacte colonial*》으로 불리게 되는 것, 즉 오직 식민지 본국과만 무역거래를 해야 한다는 의무를 위반한 것이었다. 따라서 그것은 사실상의 독립을 의미했다.

그런데 이에 대해 초기 공화주의자들은 불안감을 가지지 않았다. 그들이 볼 때, 식민지의 독립 문제는 최종적으로는 식민지 주민들이 선택할 문제였기 때문이다. 몇몇 사람들, 특히 총재정부 때에 활동한 몇몇 사람들은 헌법을 통해 생겨난 변화와 전제군주제가 전복된 것을 감안하여, 여러 식민지가 동일한 헌법을 가지는 하나의 거대 통합체 *un ensemble* 속에서 프랑스에 연결된 채로 남아 있는 방안을 선호했다. 그러나 당시에는 식민지를 《하나이자 분리될 수 없는》 프랑스 공화국 영토의 일부로 더 이상 여기지 않는, 그리고 식민지를 지배하려는 방침의 미래에 대해 회의적인 사람들이 이미 많이 있었

43 1792년 11월 7일, 그들의 제안에 대해 한바탕 항의가 쏟아졌다.

다. 특히 국민공회 체제 때에 활동한 사람들이 그러했다. 이를테면 콩도르세는 다음과 같이 썼다. 《이런 종류의 것에서 얻은 경험과 멀리 아메리카에서 일어나려 하고 있는 혁명은 식민지를 소유하려는 야심에 대해 여러 민족이 혐오감을 가지도록 하기에 딱 알맞을 것이다. 언제나 적극적이며 기이한 재주를 지닌 무역업자들이 공익과 국익이라는 허울 좋은 명분으로 자신들의 사익을 부단히 은폐하는 기술을 발휘하지 않는다면 말이다.》[44]

몇몇 사람들은 식민지를 프랑스 본국으로부터 분리시키는 방안이 가능한 해결책이라고 생각했다. 그들은 그 해결책을 택할 것을 권고했다. 프랑스 중북부에 있는 르와레 *Loiret* 도(道) 지역구 소속의 의원 가랑-쿨롱 같은 사람들이 그러했다. 1792년 2월, 그는 입법의회가 식민지의 독립을 선언하기로 결정하는 방안을 제시했다. 그는 다음과 같이 썼다. 《그 주민들 대다수가 독립을 염원하는지 사실 여부를 확인해보아야 합니다. 갖가지 피부색을 지닌 시민들이 그 염원을 자유롭게 표명할 수 있도록 해준 다음에 말입니다. 그 독립이 오직 백인들만을 위한 것이 됨으로써, 백인들이 노예제도를 영구화하여 유색인들을 예속시키는 수단이 되지 않게 해야 합니다.》[45] 이것은 마라의 견해이기도 했다. 「인민의 벗」에 기고한 글에서 그는 다음과 같이 썼다. 《우리나라 식민지의 주민들에게는 (…) 식민본국으로부터 해방될 수 있는 권리, 다른 군주를 선택하거나 공화국을 수립할 수 있는 권리가 있습니다. 왜 그런 권리가 없겠습니까?》 그리고 그는 다음과 같이 분명하게 말했다. 《우리나라 식민지가 식민본국으로부터 해방될 수 있는 전적인 권리를 가지고 있다는 사실에서 다음과 같은 결론으로 나아가지 마십시오. 내가 백인 식민지 이주민들이 바라는 것을 옹호하려는 생각을 하고 있다는 결론 말입니다.》[46] 한편, 그레그와르 신부는 1793년 6월에 다음과 같은 내용을 담은 선언문 제안서를 국

44 「파리 시사평론」, 1792년 11월 26일자.
45 1792년 2월 29일의 회의에서 가데가 대신 읽은 연설문, 「세계 통신」과 『국회기록』.
46 「인민의 벗」, 1791년 12월 12일자.

민공회에 제출했다. 《제(諸) 민족은 그 민족을 이루는 개인들의 수가 얼마든 각기 자주적이며 주권적이다.》(제2조) 《어느 한 민족은 다른 민족들이 자신을 대해주기를 바라는 것과 마찬가지로 그 다른 민족들을 대해야 한다.》(제3조) 《각 민족은 자기 영토의 주인이다.》(제10조) 같은 시기에 또 다른 의원 앙토냉-이노상 블라벨은 다른 민족들의 권리를 존중해야 할 프랑스의 의무를 명시한 《제(諸) 민족의 권리선언문》을 제출했다. 그 내용은 다음과 같다. 《제(諸) 민족의 자유와 주권은 양도될 수 없으며 시효가 소멸되지 않는다. 그리고 어느 민족이 폭력에 의해 자유와 주권을 빼앗기게 될 때, 그 민족이 자유와 주권을 되찾기 위해 사용하는 모든 수단은 정당하다.》(제2조) 블라벨은 《전제(專制)에 맞서는》 제(諸) 민족의 투쟁에 프랑스가 기여할 수 있는 최선의 방법은 프랑스 자체가 민주적으로 작동하고 있다는 것을 본보기로 보여주는 것이라고 생각했다. 왜냐하면 어느 누구도 《어떤 민족에게도 법률을 강요할 권리가 없으며, 그 민족 자체 또는 그 민족의 대표자들이 표명한 의지의 결과가 아닌 모든 법률은 전제적이며 무효이기》 때문이라고 했다.[47]

한편, 생-쥐스트처럼 《공화국은 어떤 조약을 통해서도 (…) 자체 식민지를 양도할 수 없다.》[48]라고 한 사람들 — 이런 점에서 생-쥐스트의 관점은 그의 적수였던 브와시 당글라(그는 식민지가 《우리의 나누어질 수 없는 공화국의 일부이기》를 원했다.)의 관점과 일치했다. —은 헌법에 명시된 평등의 원리가 식민지에 적용될 수 없다고 생각하지는 않았다. 예를 들면, 브와시 당글라는 《식민지는 동일한 법으로 감독되고 규제되어야 한다.》라는 조건을 즉각 제시했으며, 《모든 입법권》은 국민의회에 있다는 것을 분명히 했다. 브와시 당글라의 그런 생각은 1795년의 헌법에 반영되었다. 총재정부가 이어서 보

47 앙토냉-이노상 블라벨, 《프랑스 헌법의 토대로 사용하기 위한 제(諸) 민족의 권리선언문 초안》, 『국회기록』, 『인권선언문들 — 1789년, 1793년, 1848년, 1946년』(뤼시앵 좀이 해설을 붙인 문건들, GF-Flammarion, 파리, 1989년) 중에서.

48 생-쥐스트, 『공화국의 각종 기관에 대한 단편적인 글들』, 1793년.

여준 행위는 생-도맹그가 사실상 프랑스 본국으로부터 분리되는 것을 인정하는 편이었음에도 불구하고,[49] 1795년의 헌법에는 식민지를 프랑스 본국에 정치적으로 흡수하는 내용이 포함되어 있다. 그것은 식민화 사업에 종지부를 찍는 또 다른 방식이었다. 왜냐하면 오늘날 프랑스의 여러 해외 도(道)에서 식민주의를 벗어던지는 작업에 최종적으로 이런 방식이 사용되고 있기 때문이다. 그 과정에 어려움이 없지 않지만 말이다.

로베스피에르가 한 말이라고 하면서《원리보다는 우리의 식민지가 없어지는 편이 낫다…….》라는 표현이 자주 언급되었는데, 이 표현을 언급한 사람들은 아마도 일체의 반식민주의를《교조주의적이고》《폭력적》이었던 '산악파 *Montagnards*'만이 가졌던 관점에 결부시키려는 생각으로 그렇게 했으리라. 그러나 이 인용문의 정확한 표현은 실제로는 로베스피에르가 아니라 카미유 데물랭이 사용한 것이다. 나아가 이 표현에서 드러나는 관점은 노예제도 폐지 조처를 가결한 국민공회 의원 대부분이 공유한 것이라고 할 수 있다. 이 표현은『백과사전』의《흑인노예무역》항목에 들어 있던 생각, 즉《그토록 수많은 불행을 초래하기보다는 차라리 식민지가 붕괴되는 것이 낫다.》라는 주장을 되풀이한 것이다. 그런 생각은 대혁명 때에 일체의 개혁에 반대하는 식민지 이주민들의 주장, 예를 들면 1790년에 마르티니크의 생-피에르에서 프랑스로 파견된 밀사가 한 주장, 즉《만일 여러분이 해방노예와 자유인, 그리고 노예와 해방노예를 갈라놓을 구분선을 유지하지 않으면 식민지를 잃게 될 것입니다.》[50]라는 주장에 대응하여 무수히 되풀이되었다.

이를테면 느무르 도(道) 지역구 소속의 뒤퐁 의원 — 하지만 그는 로베스피에르와 사이가 매우 좋지 않았다. —도 1791년 5월 초에 입헌의회에서 벌어진 논쟁 때에 같은 생각을 밝혔다. 그는《여러분, 우리의 식민지가 [프랑스

49 1795년 7월 23일자 법령을 통해 투생 루베르튀르는 소장(少將)에, 그리고 바이양, 보배, 리고는 소령 계급에 임명되었다.

50 1790년 11월 30일의 회의에서 한 발언,『국회기록』.

로부터] 떨어져나갈까 염려하지 마십시오. 만일 그런 일이 일어날 수밖에 없다면, 여러분이 정의 또는 인류애를 포기해야만 할 절박한 상황에 처해 있다면》이라고 한 다음, 식민지가 없어지는 편이 낫다는 생각을 밝혔던 것이다. 로베스피에르도 같은 생각을 밝혔다. 같은 문제를 두고 벌어진 논쟁에서 그는《시민들 중에서 일부 계층의 사리사욕, 오만, 탐욕》에 압박을 받아《인권을 기괴한 것으로 만드는 것》이《입법자들의 위엄에 속하는 것이 분명한지》자문했으며, 이어서 다음과 같이 정확하게 말했다.《만일 여러분이 그런 대가를 치르면서 식민지를 보존하고 있다면, 식민지가 없어지는 편이 낫습니다. 그렇습니다. 당신들의 식민지를 잃을 수밖에 없거나, 아니면 당신들의 행복, 당신들의 영광, 당신들의 자유를 잃을 수밖에 없다면, 저는 우리의 식민지가 없어지는 편이 낫다고 거듭 말하겠습니다. 만일 식민지 이주민들이 우리에게 위협을 가하면서 자신들의 사리사욕에 가장 잘 부합하는 것을 법령으로 공포하도록 강요하려고 한다면, 식민지가 없어지는 편이 낫습니다.》[51] 같은 문제를 두고 벌어진 논쟁에서 노예제도와 노예무역을 폐지할 것을 제안한 비에프빌 데 제사르트도 같은 생각을 밝혔다. 그가 한 말은 다음과 같다.《어떤 사람은 흑인노예제도와 노예무역을 폐지하면, 식민지를 포기해야 한다고 합니다. (…) 그것을 포기하는 것을 두려워하지 말아야 합니다.》[52] 같은 시기에 카미유 데물랭도 자신이 발행하는 신문「프랑스 혁명」에 기고한 글에서 같은 생각을 밝혔다. 비록 그 자신은 이 문제에 가장 적게 개입한 쟈코뱅파의 한 사람이었지만 말이다.[53] 그는 다음과 같이 썼다.《어찌 됐든, 로베스피에르와 페티옹이 제시하는 방안, 즉 원리보다는 우리의 식민지가 없어지는 편이 낫다는 방안을 항상 되새겨야 합니다. 오늘 뒤퐁[느무르 도 지역구 소속의 의

51 1791년 5월 13일의 회의에서 한 발언,『국회기록』.

52 1791년 5월 11일의 회의에서 한 발언,『국회기록』.

53 지롱드파에 대한 증오심에 불타던 그는 브리소가 노예제도에 반대하는 태도를 취함으로써 생-도맹그에 사는 흑인들의 저항을 부추겼다고 비난하기에 이르렀다. 로베스피에르가 브리소를 비난했듯이 말이다.

원]이 그렇게 하고 있듯이 말입니다.》[54] 앞에서 보았듯이, 르키니오도 1792년 11월에 비슷한 표현을 사용했다. 그리고 여러 정당에 소속된 다른 많은 국민공회 의원들도 같은 생각을 밝혔다.

테르미도르[55] 이후로 그레그와르 신부 같은 사람들은 이런 관점을 고수하게 된다. 그레그와르 신부는 루이-필립이 등극할 때까지 이런 관점을 변함없이 견지하게 된다. 요컨대 식민지에 인권을 적용함으로써, 다시 말해서 모든 사람을 프랑스 시민으로 인정함으로써 식민지를 사실상으로 없애야 한다는 것이었다. 그렇게 하는 것이 식민지 영토를 프랑스 공화국의 일부로 만드는 결과로 이어지든, 아니면 식민지의 독립을 인정하는 결과로 이어지든 말이다. 프랑스 제1공화국이 한 선택이 바로 그러했다.

54 「프랑스 혁명」, 제77호, 1791년 5월호.

55 테르미도르 : 일반적으로 혁명력에서 열(熱)의 달을 의미하나, 여기에서는 혁명력 2년 열(熱)의 달 9일(1794년 7월 27일)에 일어난 쟈코뱅파의 반란을 가리킨다. 이 반란으로 로베스피에르파가 몰락하고 공포정치 시대가 끝났다. — 역주

제3장

노예제도 복원과 첫 식민지 전쟁

나폴레옹 보나파르트가 등장하면서, 프랑스와 식민지 사이의 관계에 전면적인 변화가 일어났다. 안개의 달[霧月] 18일(1799년 11월 9일)에 일으킨 쿠데타 직후에 나폴레옹 보나파르트는 단계적으로 공화체제를 청산하려고 애썼으며, 또한 자신이 그때까지 취해오던 식민정책도 재검토해보려고 했다. 구체제가 물려준 프랑스의 점령지 대부분은 유색인들과 식민지 이주민들의 대립으로 말미암아 크게 요동쳤다. 결국, 영국이 식민지 이주민들의 동의를 얻어 마르티니크를 포함한 여러 땅을 차지하면서, 대서양에는 생-도맹그, 과들루프, 기얀, 생-루이-뒤-세네갈 *Saint-Louis-du-Sénégal*[1]이, 그리고 인도양에는 일 드 프랑스와 레위니옹만이 프랑스 식민지로 남았다. 아프리카의 해외 상관(商館)과 그곳의 동쪽에 있는 여러 곳에서는 노예제도와 노예무역을 폐지하는 조처가 적용되지 않았으며, 식민지 이주민들은 자신들이 바라는 바에 부응하는 사실상의 정치적 자율권을 공고히 하면서 권력을 고스란히 유지했다. 이와는 반대로, 일반 노예들과 해방노예들의 수가 가장 많았던 프랑스

1 생-루이-뒤-세네갈 : 현재 세네갈의 생-루이. '생-루이'는 1659년에 젊은 국왕 루이 14세를 기리기 위해 붙여진 것이다. — 역주

의 주요 식민지 생-도맹그에서는 프랑스에서 일어난 여러 사건에 고무된 일반 노예들과 해방노예들이 일으킨 반란으로 말미암아 대부분 유색인들로 이루어진 새로운 정권이 탄생했다. 그 정권의 우두머리는 1740년 무렵에 생-도맹그에서 노예로 태어나서 서른다섯 살 무렵에 노예신분에서 해방된 투생 루베르튀르였다. 그는 독립을 쟁취하는 것이 목표라고 공언하면서, 흑백혼혈인들과 노예들의 대표자들을 규합하여 막강한 병력을 편성하는 데에 성공했다.

나폴레옹 보나파르트가 노예제도를 복원하려고 하다

제정(帝政) 수립이 선포되기도 전에, 그리고 공화체제가 공식적으로 끝나기 전에, 나폴레옹 보나파르트는 프랑스의 여러 식민지를 1789년 이전의 상태로 고스란히 되돌리려고 했다. 혁명력 3년에 제정된 헌법이 폐기되고, 1799년 12월에 새로운 헌법(혁명력 8년의 헌법)이 공포되었다. 새로운 헌법은 유권자가 선출한 의회가 아니라 나폴레옹이 지명한 위원회가 처음으로 채택한 것이다. 1795년에 제정된 헌법에서와는 반대로, 새 헌법에서 식민지는 헌법의 적용범주에서 제외되었다. 이제 식민지의 체제는 《특별법으로 규제되기》(제91조)에 이르렀기 때문이다. 그것은 군주제하에서 — 구체제하에서뿐만 아니라 대혁명 초기의 입헌군주제하에서 — 위력을 떨치던 상황으로 되돌아가는 것이었다. 또한 1795년에 제정된 헌법과는 반대로, 새롭게 제정된 헌법에는 노예제도를 금지하는 어떤 조항도 들어 있지 않다.

한편, 투생 루베르튀르는 생-도맹그의 자체 헌법을 제정하는 일에 착수했다. 그 헌법은 생-도맹그가 형식상으로는 여전히 《프랑스 제국의 일부》였기 때문에 독립을 선언하는 것은 아니었으나, 권력의 정점에 통령 *gouverneur*과 자체적으로 법률을 발의하고 제정하는 의회를 두는 내용을 담고 있다. 생-도맹그의 헌법은 프랑스 정부의 의견을 기다리지 않고 1801년 7월에 공포되었다. 그것은 사실상의 독립을 의미했다. 그 소식을 들은 제1

집정관 나폴레옹 보나파르트는 격분했다. 투생 루베르튀르에게는《영국인들과 미국인들에게 매수》되었다는 비난이 가해졌다. 그런 종류의 비난은 나중에 프랑스의 여러 식민지가 벌이는 해방운동에 수없이 반복적으로 가해지게 된다…….

나폴레옹 보나파르트와 마찬가지로 프랑스의 여러 식민지로 확산된《혁명에 대한 열광》을 곱지 않게 보고 있던 해양부 대신 포르페[2]의 머릿속에는 단 한 가지 생각, 즉 생-도맹그가 프랑스로부터 이탈하는 것을 막고 노예제도를 복원하려는 생각만이 있었다. 그는 심지어《식민지 이주민들의 신뢰를 얻을 수 있고》《박애주의 진영》[3]에 속하지 않은 사람들을 밀사로 보내려고 애쓰기도 했다. 밀사들에게 그는《흑인들에게는 신분을 숨기고[이것은 원문 그대로이다.] 조심스럽고 신중하게 행동하라.》[4]라는 지시를 내렸다. 그러나 1801년 10월, 나폴레옹 보나파르트의 결심이 무력을 사용하려는 쪽으로 기울어졌다는 것을 알게 된 그는 즉각 그 결심에 열렬히 환호했다. 1801년 11월 22일, 제1집정관 나폴레옹 보나파르트는 입법원 *Corps législatif*[5]에 친서를 보냈는데, 그 친서에서 나폴레옹은 자신의 진짜 의도는 드러내지 않았다. 친서의 내용은 다음과 같다.《이제 생-도맹그와 과들루프에는 노예가 없으며, 모든 사람은 자유로우며, 모든 사람은 그곳에서 계속 자유로울 것이다.》그는 입법원에 어떤 종류의 의사결정도 요청하지 않았다. 불안스러워하는 입법원을 대표하여 그레그와르 신부가 제(諸) 민족의 화해와 자유의 이념을 찬양하는 연설을 했기 때문에 — 그의 연설은 마치 경계경보처럼 울려 퍼졌다. —, 나폴레옹 보나파르트는 입법원이 자신의 진짜 의도를 지지하도록 할 수 있으리라는

2 포르페는《혁명에 대한 열광은 완전히 진압되었다.》라고 썼다. 국립문서보관소 수장 문서 C7A 55(이브 베노, 『나폴레옹 집권기의 식민침탈 광기』, La Découverte 출판사, 파리, 1992년에서 재인용).

3 포르페가 집정관들에게 보낸 1800년 1월 18일자 보고서. 국립문서보관소 수장 문서 AF IV 1204(이브 베노, 위의 책에서 재인용).

4 혁명력 9년 비의 달[雨月] 25일. 국립문서보관소 수장 문서 AF IV 1188(이브 베노, 위의 책에서 재인용).

5 입법원 : 통령정부 시절의 세 의회 중 하나. 법안을 토의하는 호민원 *Tribunat*, 헌법 수호를 담당하는 원로원 *Sénat conservateur*과는 달리, 법안 의결을 담당했다. — 역주

확신을 가지지 못했던 것이다.

그리하여 나폴레옹 보나파르트는 일단 일을 저지른 다음에 국민들에게 그것에 대해 알리려는 선택을 했다. 몇몇 식민지 이주민들, 특히 귀국해서 죠제핀 주위에 포진하고 있던 크레올인 집단의 부추김을 받은 그는 그들 중의 소수가 제시하는 권고, 즉 신중을 기하라는 권고를 듣지 않으려고 했다. 그 소수의 사람들은 퇴행적인 행보를 보이려는 자들을 다음과 같이 평가했다. 그 자들은《사람들을 아주 조금 밖에 모른다. 그 사람들이 어떤 피부색을 가졌든 말이다. 특히 그 사람들이 자신들을 얽매고 있던 사슬을 끊어버렸을 때에 그러하다.》[6] 그리고 다시 쿠데타를 일으켜서, 식민지를 지배하려는 방침에 반대하는 뱅자맹 콩스탕, 갱그네, 가라를 비롯한 20여 명의 반대파 공화주의자들을 호민원에서 밀어내고 권력을 마음대로 휘두를 수 있게 된 나폴레옹 보나파르트는 1802년 5월 20일자 법을 제정하여《1789년 이전의 법과 규정에 따라》, 다시 말해서『흑인 법전』에 따라 노예제도를 복원했다. 그러나 노예제도는 마르티니크와 그 부속영토(그곳에서 식민지 이주민들은 영국이 개입한 덕분에 입지를 계속 유지할 수 있었다.) 그리고《희망봉 너머에 있는 프랑스의 다른 식민지들》, 다시 말해서 노예제도 폐지 조처가 실제적으로 적용된 적이 없는 인도양의 여러 영토에서만 복원되었다.

그 결정은 나폴레옹 보나파르트에게는 한 단계에 불과했다. 왜냐하면 당시에 그는 과들루프와 생-도맹그에서는 노예제도를 복원하려고 하지 않았지만, 할 수 있는 때가 되면 곧바로 모든 곳에서 노예제도를 복원하려고 결심했기 때문이다. 그는 두 개의 함대를 무장시켰다. 하나는 과들루프에 보내기 위한 것이었으며, 규모가 더 큰 다른 하나는 생-도맹그에 파견하기 위한 것이었다. 1801년 10월, 그는 자신의 매제 르클레르 장군에게 생-도맹그로 향하는 함대의 지휘를 맡겼다. 르클레르 장군에게는《그 섬에서 계급이 대위 이

6 국립문서보관소 수장 문서(이브 베노, 위의 책에서 재인용).

상이었던 어떤 흑인도 용서하지 말고》, 그들을 모두 사살하거나 또는 체포해서 프랑스로 압송하라는 임무가 부여되었다. 그리고 상황을 확실히 장악하는 즉시, 노예제도를 복원하고 백인들과 유색인 자유인들을 인종적으로 엄격히 구분하라는 임무도 함께 부여되었다.

과들루프와 생-도맹그에서 벌어진 학살과 공포

생-도맹그에서는 투생 루베르튀르의 권력이 더없이 튼튼해 보였기 때문에, 나폴레옹 보나파르트는 우선 과들루프에 거주하는 식민지 이주민들의 권리를 복원하려고 했다. 1802년 5월, 리슈팡스는 병력 3600명을 이끌고 프웽-타-피트르 *Pointe-à-Pitre*에 도착했다. 어려움이 없진 않았으나, 그는 그 도시를 탈환하는 데에 성공했다. 그는 자신들을 기다리는 무자비한 보복보다는 죽음을 택하여 뱅브리쥬 *Baimbridge*의 각면보루(角面堡壘)와 마투바 *Matouba* 고지에 참호를 구축하고 저항하는 사람들을 단 한 명도 살려두지 않았다. 산발적인 저항이 계속되자 프랑스 병력은 경작지를 파괴했으며, 저항자들을 철저히 진압했다. 그랑드-테르 *Grande-Terre*의 생트-안느 *Sainte-Anne*에서는 두 명의 백인을 포함하여 100여 명이 구체제 때의 방식으로 처형되었다. 그들은 산 채로 찢겨지거나 불태워졌다. 그 진압작전으로 몇 달 만에 약 1만 명이 희생되었던 것으로 추산된다. 1802년 7월 16일, 리슈팡스는 이전에 한 약속을 어기고 노예제도를 복원했다. 그것은 그가 공포한 법의 제1조에 따라 이루어졌다. 그 내용은 다음과 같다.《프랑스 시민의 자격은 달리 지시가 내려질 때까지는 이 식민지와 부속영토 전역에서 백인들만이 가진다. 다른 어떤 개인도 이 자격을 가질 수 없으며, 이 자격과 관련한 공직이나 기타 직업에 종사할 수 없다.》[7]

7 장-피에르 비옹디, 프랑스와 쥐카렐리, 『혁명력 2년 비의 달[雨月] 16일 — 대혁명기의 식민지들』,

그 사이에 르클레르는 1802년 2월에 2만 3000명의 병력을 이끌고 생-도맹그에 상륙했다. 그곳에서 그는 투생 루베르튀르가 이끄는 병력의 완강한 저항에 직면했다. 그리하여 그는 우선 그해 5월 7일에 투생 루베르튀르와 협정을 맺기에 이르렀다. 이어서 그는 그해 11월에 투생 루베르튀르의 휘하 장군들 사이에서 빚어진 알력을 이용하여 투생 루베르튀르에게서 항복을 받아냈으며, 이어서 반역행위를 했다는 죄목으로 그를 체포하여 프랑스로 압송했다. 투생 루베르튀르는 프랑스 북동부 프랑슈-콩테 *Franche-Comté* 지방의 두브 *Doubs* 도(道)에 있는 쥬 요새 *Fort de Joux*에 갇혀 있다가 얼마 뒤에 추위로 사망하게 된다. 그러나 투생 루베르튀르의 후계자 장-쟈크 데살린이 전쟁을 재개했다. 그해 11월 2일에 르클레르가 사망하자,[8] 프랑스 병력은 몇몇 도시로 후퇴했다. 1803년 1월, 르클레르 장군의 아내 폴린 — 결혼 전의 이름은 폴린 보나파르트 —이 그의 유해를 파리로 가져왔다. 그녀는 식민지 이주민들을 대상으로 자행된 잔혹행위 및 원정과 관련한 소식을 제멋대로 제1집정관 나폴레옹 보나파르트에게 전했다. 여러 정황으로 보건대, 그 소식은 나폴레옹 보나파르트가 무력을 사용하여 사태를 해결하려는 선택을 굳히는 계기가 되었음이 분명하다.

나폴레옹 보나파르트는 르클레르의 후임자로 로샹보를 임명했다. 하지만 식민지 진압작전과 관련하여 감상적인 사람이 아니었던 르클레르는 나폴레옹 보나파르트가 르클레르 자신의 후임으로 로샹보를 임명하려는 것을 만류한 적이 있었다.[9] 르클레르의 말에 따르면, 로샹보는《흑인들을 좋아하지 않기》 때문이었다. 로샹보는 자신의 속생각을 다음과 같이 드러냈다.《이 일대에 흑인노예제도가 다시 선포되어야 하며, 『흑인 법전』은 훨씬 더 엄격히 정

Denoël 출판사, 파리, 1989년.

8 황열병으로 사망. — 역주

9 나폴레옹 보나파르트에게 보내는 1802년 6월 6일자 편지. 폴 루시에가 간행한 『1802년에 생-도맹그의 총사령관이었던 르클레르 장군의 편지』, 프랑스 식민사학회(Société d'histoire des colonies françaises)와 Librairie Ernest Leroux 출판사, 파리, 1937년 중에서.

비되어야 한다. 심지어 주인은 잠정적으로 자기 노예의 생사를 결정할 수 있는 권한을 가져야 한다고 나는 생각한다. 투생, 리고, 퍵시나, 마르시알 베스, 파스칼, 벨르갸르드[10] 등을 재판에 회부하면, 이곳에서 아주 좋은 효과를 낼 수 있을 것이다. 나는 그자들을 가장 큰 도구를 사용하여 교수형에 처하게 할 것이다.》[11]

로샹보는 장차 프랑스의 모든 식민지에서 벌어질 전쟁에서 다시 보게 될 폭력의 서막에 해당하는 학살 정책과 공포 정책을 실시했다. 그 폭력은 유럽 내의 전쟁에서 행해지던 폭력과는 다른 규칙을 따른 다른 규모의 것이었으며, 적을 지지하는 것으로 추정되는 주민들 — 실제상의 주민들 —을 겨냥한 것이었다. 끔찍하기 그지없었던 사건들 중에는 다음과 같은 일도 있었다. 카프 시(市)가 쟝-쟈크 데살린이 이끄는 군대의 위협을 받고 있을 때에 그곳에 살고 있던 흑인들을 바다에 빠트려 살해한 사건이 그것이다. 나폴레옹 보나파르트로부터 추방되어 망명길에 오르기 직전에 우연히 프랑스 장군들 중의 한 사람에게서 이야기를 들을 기회가 있었던 제르멘 드 스탈이 전하는 사건 내용은 다음과 같다. 《생-도맹그에서 일어난 일은 끔찍합니다. (…) 흑인들이 카프를 공격하자, 프랑스 군대는 아마도 그 도시 내의 흑인들이 그곳을 포위해서 공격하는 자들을 도울 수 있으리라고 생각하고는, 재판절차를 밟지도 않은 채 흑인 1800명을 바다에 던져버렸습니다.》[12]

뿐만 아니라 프랑스 군대는 수감자들을 고문하고 처형했으며, 극도의 야만성을 드러내는 계획을 세우기도 했다. 로샹보는 자신의 부하인 보아이유에게 다음과 같은 임무를 부여했다. 특별히 흑인을 사냥하는 개를 키우는 쿠바

10 여기에서 로샹보는 1790년대부터 여러 섬에서 일반 노예들과 해방노예들이 벌인 운동을 이끈 몇몇 우두머리의 이름을 언급하고 있다. 그들 대부분은 흑백혼혈인이었다. 파스칼은 대혁명 때에 파리에서 활동한 쥘리앵 레몽의 처남으로 백인이었다.

11 1803년 4월 14일. 국립문서보관소 수장 문서 AF IV 1213(이브 베노, 『나폴레옹 집권기의 식민침탈 광기』, 위의 책에서 재인용).

12 1803년 9월 27일자 편지. 제르멘 드 스탈, 『서간 전집』 제5권, 제1책, Hachette 출판사, 파리, 1982년.

의 스페인 출신 식민지 이주민들에게서 개 1500마리를 사오라는 임무가 그것이었다. 그는 흑인들을 더 잘 사냥할 수 있도록 개들을 굶길 작정이었다. 1803년 4월 5일, 또 다른 장교 라멜에게 보내는 편지에서 그는 다음과 같이 썼다. 《친애하는 소령에게, 본인은 바리 씨가 지휘하는 카프의 국민병 중에서 150명으로 이루어진 분견대를 귀하에게 보내는 바이며, 불도그 개 28마리도 함께 보내는 바이다. 이 증원군은 귀하가 작전을 완수할 수 있도록 해줄 것이다. 나는 그 개들의 먹이로 쓰기 위한 어떠한 사료도, 어떠한 비용도 귀하에게 책정해주지 않을 것임을 귀하에게 알리지 않을 수 없다. 귀하는 그 개들에게 흑인들을 먹이로 주어야 한다.》[13]

그런 방법은 프랑스 내의 자유주의자 계층에 속하는 사람들의 분노를 자아냈다. 이를테면 포리엘 — 당시에 그는 니콜라 드 콩도르세가 1794년에 비극적인 죽음을 맞은 뒤에 그의 아내 소피 콩도르세와 함께 살고 있었다. —은 로샹보의 계획에 대해 다음과 같은 이야기를 전하고 있다. 《그는 사람들을 아바나[쿠바의 도시]로 보내, 기운 세고 사나운 품종의 개들을 많이 구입하게 했다. 생-도맹그를 정복하는 데에 그 개들을 보조수단으로 삼기 위해서였다. 그리고 그는 군 규정을 만들어, 일종의 새로운 전사(戰士)가 된 그 개들에게 어떤 종류의 일상적인 먹이도 배급하지 못하게 했다. 그 개들이 오로지 흑인들의 살만으로 허기를 채우도록 하기 위해서였다. 그 개들은 흑인들을 사냥하도록 길들여져 있었다.》[14]

1802년 11월부터 1803년 11월까지 로샹보가 이끄는 병력은 약 2만 명의 흑인들과 흑백혼혈인들을 학살한 것으로 추산된다. 그러나 장-자크 데살린이 이끄는, 결사항전의 각오가 된 많은 병력을 제압하기에는 그들에게 겁을 주는 것만으로는 충분치 않았다. 그리하여 로샹보는 자신이 그토록 거칠고

13 빅트로 쉘셰르, 『투생 루베르튀르의 생애』, 앞의 책.

14 클로드 포리엘, 『집정정부 시기의 마지막 몇 달』(뤼도빅 랄란이 설명을 붙여 간행), 파리, 1888년(이브 베노, 『나폴레옹 집권기의 식민침탈 광기』, 위의 책에서 재인용).

야만적인 전쟁을 벌여 맞서 싸웠던 사람들에게 잡히기보다는 남은 병력과 함께 자진해서 영국군의 포로가 되는 편을 택했다. 그는 1803년 11월 19일에 항복했다. 그렇게 해서 프랑스가 벌인 첫 식민지 재정복전쟁은 우울하게 종결되었으며, 그와 동시에 프랑스 식민지였던 흑인 국가가 처음으로 독립했다. 1804년 1월 1일, 고나이브 *Gonaïves*에서 장-쟈크 데살린 장군이 아이티 공화국 수립을 선포했다.

제1제정 수립이 선포되었을 때, 헌법을 대신하는 기능을 하는 것으로 1804년에 포고된 원로원 결의 *senatus consulte*에서 식민지 문제는 언급되지 않았다. 그러나 나폴레옹이 프랑스 식민지에 '민법전'을 공포한 1805년 11월 7일자 법령에 의해 식민지의 시민들은 인종을 기준으로 두 범주로 뚜렷이 구분되었으며, 두 범주의 시민들은 서로 민법상의 행위를 맺을 수 없었다. '민법전' 제3조의 내용은 다음과 같다. 《예로부터 언제나 식민지에서는 피부색에 따른 구분이 있었으며, 그 차별은 노예들의 나라에서는 꼭 필요하며, 그곳에서는 백인들 계층과 그 백인들의 해방노예들 또는 자손들 계층 사이에 항상 있어온 구분선을 유지하는 것이 필요하다.》[15] 따라서 《결혼, 입양, 사생아의 인지, 부모의 재산을 상속함에 있어서 자녀의 권리, 유언이나 증여를 통한 무상공여(無償供與), 비공식적인 후견이나 또는 선정절차를 따른 후견과 관련한》 법들은 《식민지에서 백인들에게서는 그들 사이에서만, 해방노예들 또는 해방노예들의 후손들에게서는 그들 사이에서만 시행되며, 어떤 종류의 직·간접적인 방법을 통해서도 상기의 조처들 중에서 어떤 것도 서로 다른 계층 사이에서는 이루어질 수 없다.》

제1집정관 나폴레옹 보나파르트는 근대적 식민주의 담론 *discours colonialiste moderne*을 만들어낸 사람으로 간주될 수 있는데, 구체제 때의 식

15 빅토르 쉘셰르, 『프랑스 식민지들 — 노예제도의 즉각적인 폐지』, 파리, 1842년(1998년에 파리의 CTHS 출판사에서 재간행)에서 재인용.

민주의 담론과는 반대로 근대적 식민주의 담론은 다른 민족의 땅을 정복할 수 있는 권리를 표방하지도 않으며, 민주주의의 원리에 대한 부정을 표방하지도 않는다. 사실, 나폴레옹 보나파르트는 식민지배 시대 내내 사용될 두 요소를 만들어냈다. 침략자를 피침략자로 뒤바꾸고 피침략자를 침략자로 뒤바꾼 것이 그 하나이며, 극도의 불평등을 은폐하기 위해 평등의 원리를 거짓으로 내세운 것이 다른 하나이다. 예를 들면, 르클레르가 이끄는 병력을 파견할 당시에 투생 루베르튀르와 생-도맹그 주민들에게 보내는 편지에서 나폴레옹 보나파르트는 생-도맹그의 통제권을 되찾으려는 자신의 의도는《프랑스 국민의 위엄》이 침해당한 것에 대해 반격해야 할 필요성 때문이라고 했다. 그리고 그는《여러분은 하느님과 공화국 앞에서 모두 평등합니다.》[16]라고 했는데, 이때에 그는 평등의 이념을 표방하는 척했다. 그런데 바로 그때에 그가 택한 정책의 목표는 노예제도와 인종분리 등을 의무화하는 것이었다. 황제에 즉위한 나폴레옹 보나파르트는 새로운 식민지를 정복하려는 생각을 포기하지 않았다. 루이지애나의 소유권을 되찾고, 인도에 원정대를 보내고, 이집트로 다시 가서 이번에는 그곳을 점령하려는 생각을 했으며, 심지어 오토만 제국의 섭정령 알제 *Alger*[17]를 정복하려는 계획을 두 번이나 세웠던 것이다. 당시에 알제는 공식적으로는 오토만 제국의 속령(屬領)이었지만, 사실상으로는 독립국가와 다름없었다. 알제를 정복하려는 계획을 실행에 옮기게 되는 자는 샤를 10세이다.

한동안 중단되었던 노예무역은 집정정부 시대에 다시 시작되었다. 1800년에서 1805년 사이에 50척 이상의 선박이 프랑스의 여러 항구, 즉 보르도

---

16 1801년 11월 8일자로 제1집정관 나폴레옹 보나파르트가 투생 루베르튀르에게 보낸 편지와 생-도맹그 주민들에게 보낸 편지.

17 섭정령 알제 : 1515년부터 프랑스의 점령이 시작된 1830년까지 알제 지방을 포함한 현재의 알제리 대부분 지역은 오토만 제국의 섭정령이었으며, 총독 *bey*과 태수 *dey* 등이 다스리는 여러 지방으로 이루어져 있었다. 1587년에 공식적으로 등장한 오토만 제국의 섭정령이라는 이름은 1839년에 알제리라는 이름으로 바뀌었다. 따라서 프랑스가 알제리를 점령하기 전까지 알제리에는 현대적 의미에서의 국가적 실체가 존재했다고 보기 어렵다. — 역주

Bordeaux(노예무역선의 절반이 출항), 낭트 *Nantes*, 르 아브르 *Le Havre*, 로리앙 *Lorient*, 마르세유 *Marseille*, 바이욘 *Bayonne*, 뎅케르크 *Dunkerque*, 셰르부르 *Cherbourg*, 옹플뢰르 *Honfleur*, 디에프 *Dieppe*, 생-말로 *Saint-Malo*, 모를레 *Morlaix*, 마랑스 *Marans*에서 출항하여 노예무역을 했다. 노예상인들의 유일한 장애물은 영국 선박들과 해전을 벌여야 하는 상황이었는데, 그런 상황은 노예상인들의 항해를 어렵게 했다. 아프리카 해안에서 사로잡힌 노예들은 일 드 프랑스, 과들루프, 마르티니크, 카옌 *Cayenne*[18]으로 이송되거나, 몬테비데오, 아바나와 카리브 해의 다른 섬들을 경유하여 뉴올리언스와 스페인의 식민지로 이송되었다. 프랑스인들이 벌이는 노예무역은 영국과의 경쟁으로 곧 주춤해졌지만, 집정정부 시대와 제정(帝政) 시대에 《기니 해안》에서 프랑스의 여러 식민지로 새롭게 이송된 노예들의 수는 2만 명으로 추산된다.[19] 공식 조사에 따르면, 과들루프와 마르티니크에서 노예들의 수는 제정(帝政) 시대에 가장 많았다. 1810년에 과들루프에는 10만 2989명의 노예가 있었으며, 1811년에 마르티니크에는 8만 6500명의 노예가 있었다.

첫 인종주의 이론들

마치 식민지에서 횡행하던 그런 인종주의의 반향인 듯이 프랑스 내에서는 흑인들에게 불리한 여러 종류의 조처가 처음으로 시행되기도 했으며,[20] 첫 인종주의 이론들이 발표되기도 했다. 이를테면 1802년에 파리에서 출판된 『흑인을 좋아하는 자의 미망』에서 데클로지에르는 다음과 같이 인종주의적 증오

18 카옌 : 프랑스령 기얀의 중심 도시. — 역주

19 에릭 소쥬라, 《집정정부 시대와 제정 시대의 프랑스의 노예무역 역사를 위하여》, 장 타라드의 지도로 편찬된 『프랑스 대혁명과 식민지』, 해외영토사학회(Société d'histoire d'outre-mer) 출판사, 파리, 1989년 중에서.

20 1802년 7월 3일자 법에 따라, 흑인들과 유색인들은 프랑스 본국에 입국하는 것이 금지되었으며, 1803년 1월에 프랑스 도지사들에게는 백인들과 유색인들의 결혼식을 집전하지 못하도록 코뮌 장(長)들에게 요청해야 할 책임이 부여되었다.

심을 마구 쏟아냈다. 《네가 비열하게 목을 베어 죽인 너의 주인들의 무덤 위에서 잠시 의기양양해 있는 너, 잔인한 아프리카인이여, 자연 자체가 너에게 미리 정해둔 정치적 무(無) *néant politique*로 되돌아가라. 너의 끔찍스러운 오만은 굴종이 너의 몫이라는 것을 너무나 잘 알려줄 뿐이다. 의무를 다시 받아들이고, 너의 주인들의 너그러움을 기대하라. 너의 주인들은 백인이자 프랑스인이다.》[21]

시대에 역행하는 그런 작태는 당연히 그때까지 잔존하던 공화주의자들과 자유주의자들의 반감을 샀다. 장-바티스트 세이는 다른 민족의 땅을 식민지로 삼으려는 방침이 한물갔다고 생각한 사람들 중의 한 명인데, 『경제학 개론』(1803년)에서 그는 다음과 같이 썼다. 《교역에 종사하는 민족의 참된 식민지는 독립을 누리고 있는 세계 곳곳의 민족들이다. 교역에 종사하는 모든 민족은 세계 곳곳의 그 민족들이 독립을 누림으로써 보다 솜씨가 좋아지고, 보다 부유하게 되기를 바라야 한다. 왜냐하면 그 민족들의 인구가 늘어나고 그들의 생산력이 높아질수록, 그들은 교역에 더 많은 기회와 편의를 제공할 것이기 때문이다. 그렇게 해서 그 민족들은 우리에게 유익한 벗이 된다. 우리로 하여금 그들에게 비싼 독점권을 줄 필요도 없게 하고, 또 비용을 들여가면서까지 먼 이국에 행정기구, 해군, 군사시설을 유지할 필요도 없게 하는 벗 말이다. 사람들이 이토록 많은 어리석은 짓에 대해 부끄러워하는 때가 올 것이다. 그때가 되면, 여러 민족들에게 피해를 끼쳐가면서까지 식민지를 모든 것을 사고파는 돈벌이 장소로 여기는 자들 아닌 다른 사람들은 그 식민지를 옹호하지 않을 것이다.》[22]

그때까지 잔존하던, '성직자 기본법 *constitution civile du clergé*'[23]에 선서한

21 데클로지에르, 『흑인을 좋아하는 자의 미망』, 파리, 1802년.

22 장-바티스트 세이, 『경제학 개론』, Déterville 출판사, 파리, 1803년.

23 성직자 기본법 : 1790년 7월 12일에 입헌의회가 제정하고 같은 해 8월 24일에 루이 16세가 공포한 법. 한편으로는 프랑스 가톨릭 교회의 교구 수를 줄이고 각 교구나 조직, 그 임직원의 선출 방법, 임기, 봉급 등을 규정함으로써 교회 조직을 통치기구의 하나로 삼기 위한 것이었으며, 다른 한편으로는 성직자들이 교황청과 고위 성직자의 뜻이 아니라 프랑스 국가의 뜻에 따를 것을 선서하도록 요구함으로써 성직자에 대한 국가의 통제를 강화하기 위한 것이었다. 교황 비오 6세는 이 법에 선서하지 말 것을 성직자들에게

가톨릭 성직자들의 기관지 「종교 논집」 — 그레그와르 신부의 이름을 이 기관지에서 다시 볼 수 있다. —은 적어도 그 잡지가 계속 발행될 수 있었던 때까지, 다시 말해서 1803년까지 흑인들의 자유를 옹호하기 위한 투쟁을 이어갔다. 노예제도와 노예무역을 복원하는 데에 반대하는 「철학 · 문학 · 정치 순간(旬刊)」의 편집자들도 반대 성명서를 발표했다. 이 잡지는 1807년에 제정 정부의 검열에 걸려 마침내 폐간되었다. 계몽주의 이념을 계승한 이 잡지는 백인들에 비해 흑인들이 열등하다는 주장을 공격했으며,[24] 제정 시대에 이따금 정부정책에 대해 다른 관점을 드러내는 기사들을 실음으로써 다른 잡지들과 구별되었으며, 시류와는 더욱 뚜렷이 구별되었다.

그러나 구체제 때와 마찬가지로 집권자의 명령에 따라 정치적 검열과 공안이 다시 활개를 치는 때가 오자, 작가들은 또다시 신중하게 비판하는 방법을 사용하거나 야유라는 무기를 사용하지 않을 수 없었다. 이를테면 노예제도를 유지하는 데에 찬성한 '마시악 관(館) 클럽'의 회원으로 활동한 적이 있는 사람의 저서를 평가하는 어느 신문기사는 그 저자의 관점을 다음과 같은 말로 요약했다. 《흑인노예들이 없으면 식민지도 없고, 식민지가 없으면 해군도 없고 프랑스 국민도 없다.》[25] 그로부터 한 세기 반이 흐른 제5공화국 때에 '알제리 전쟁'이 시작될 무렵에 우리는 이 표현과 같은 유형의 삼단논리를 듣게 된다.

1813년에 파리에서 간행된 『남아메리카의 트리니다드 섬, 토바고 섬, 마르가리타 섬 그리고 베네수엘라 여러 곳으로의 여행』의 저자인 독시옹-라바이스에게서도 신중한 태도를 볼 수 있다. 그는 아이티 공화국을 인정하고 서

요청했으나, 성직자들은 선서하는 이들과 선서를 거부하는 이들로 나뉘어졌다. 성직자 민사 기본법으로도 번역되기도 한다. — 역주

24 1796년에 이 잡지에 실린 것으로, 생-도맹그에서 프랑스 학사원에 보낸 편지에서 지질학자 지루가 가한 다음과 같은 비판에서 그 예를 볼 수 있다. 《흑인들은 자연으로부터 백인과 같은 정도의 지능을 부여받지 않았다고 감히 말하고 쓰는 자들은 큰 오류 또는 터무니없는 기만을 범했다. 그자들은 피부색이 다양하긴 하지만 능력 면에서는 하나인 인간종(種)을 모욕했다.》

25 V.D.C.(발랑탱 드 퀼리옹)의 저서에 대해 르 브르통이 쓴 《노예제도에 대한 검토》, 「철학 · 문학 · 정치 순간(旬刊)」 1801년 12월호(이브 베노, 『나폴레옹 집권기의 식민침탈 광기』, 앞의 책에서 재인용).

인도제도의 모든 노예들을 해방시키는 것에 찬성했지만,[26] 자신의 저서에서는 그런 의견을 말하는 것을 삼갔다. 저서에서 그는 노예제도와 다른 민족의 땅을 식민지로 삼으려는 방침을 정당화하는 데에 사용되었으며 당시에 학술 출판물들에 의해 다시 촉발되고 조장되었던 — 이것은 새로운 현상이었다. — 흑인의 열등성에 대한 편견을 공격하기를 더 좋아했다. 그 내용은 다음과 같다.《사람들은 흑인들에 대해 많은 글을 썼으며, 대단히 박식한 사람들은 이 문제와 관련하여 그릇되고 터무니없는 글을 많이 발표했다. 사람들은 마치 자기 나라의 각종 제도와 유럽인들이 흑인들에게 노예제도를 강요한 것이 충분치 않다는 듯이, 흑인들을 신체적인 면에서나 정신적인 면에서 괴물로 만들려고 했다.》

사실, 쥘리앵-죠제프 비레[27]나 프란츠-죠제프 갈[28] 같은 과학자들은 네덜란드 박물학자 캠퍼[29]의 몇몇 저작에 근거하여, 인류를 여러 인종으로 나누고 인종들 사이에 우열을 정하는 첫 과학이론을 만들어냈다. 그들에 대해 독시옹-라바이스는 다음과 같이 썼다. 그《저명한 박물학자들은 (…) 흑인들이 우리와 같은 종(種)에 속한다는 것(오늘날 상식이 있는 사람이라면 어느 누구도 이 사실을 의심하지 않을 것이라고 나는 생각한다.)을 인정하면서도, 흑인들이 지적 능력 면에서 나머지 다른 사람들보다 열등하다고 여긴다.》그는《피부색의 유사성》을 기준으로 인종들을 분류하고 그 인종들 사이에 우열이 있다는 주장을 인정하지 않았으며, 몇몇 사람들이 두개골을 관찰하고《안면각》을 측정하여 이끌어내려는 결론을 우스꽝스럽게 여겼다. 그는 다음과 같

26 보렐 도트리브에게 보내는 1811년 12월 21일자 편지. 외무부의《보고서와 자료》스페인령 아메리카 33(이브 베노의 위의 책).

27 쥘리앵-죠제프 비레(1775~1847년) : 의사이자 생리학자. 1801년에 간행된『인간류(類)의 자연사』에서《안면각(顔面角)》이라는 개념에 입각하여, 인종들 사이에는 우열이 있다는 이론을 만들어냈다.

28 프란츠-죠제프 갈(1758~1828년) : 독일 의학자. 두개골의 요철로 사람의 지능과 기질을 구분해 내려고 한 골상학의 창시자. — 역주

29 페트루스 캠퍼(1722~1789년) : 디드로와 친분이 있었으며, 인간종(種)이 단일하다는 이념을 옹호했다. 안면각이라는 개념을 제시했는데, 이 개념을 통해 인종주의 이론이 생겨나게 되었다.

이 썼다. 《유럽인들의 엉성한 두개골을 몇 개 보고는 유럽인들은 틀림없이 멍청한 인간들의 종이라고 단정할지도 모르는 아프리카 또는 아시아의 철학자가 그 여러 나라에 옛날과 마찬가지로 지금도 있다면, 그 철학자에 대해 사람들은 뭐라고 말할 것인가?》[30]

기얀과 서인도제도에서 일어난 반란에 대한 이야기에 근거하여 흑인들은 야만스럽다는 주장에 대해서도 독시옹-라바이스는 다음과 같이 반박했다. 《어떤 사람은 수리남에서, 생-도그에서, 영국의 여러 식민지에서, 즉 그들[노예들]이 저항을 일으킨 모든 곳에서 그들이 백인들을 대상으로 자행한 살인, 잔인한 행위, 흉포한 행위를 들먹일 것이다. 당연히 두려움에 떨면서 말이다. 그러면, 나는 다음과 같이 말하겠다. "인간 반항의 음울한 역사를 읽어보십시오. 그러면, 당신은 모든 시기에, 모든 민족들에게서, 모든 곳에서 보게 될 것입니다. 노예들이 자신들을 얽매고 있던 사슬을 끊어버리게 되었을 때마다, 그들은 자신들의 주인을 없애버리려고 그 사슬로 무기를 만들었다는 사실을 말입니다."》[31]

식민주의자들과 노예제도 옹호론자들이 세웠던 계획과 새로운 인종 우열 이론 사이의 연관성은 박물학자이자 프랑스 학사원 회원이었던 앙브롸즈 마리 팔리조 드 보브와 같은 작가에게서 분명히 드러난다. 그는 대혁명 때에 생-도맹그에 체류했으며 흑인들과 백인들의 근본적인 차이점을 밝히려고 애쓰는 책[32]을 썼다. 대혁명 때에 식민주의에 반대한 '크레올인'이었던 클로드 밀상은 앙브롸즈 마리 팔리조 드 보브와의 주장과 식민지에서의 권력 문제 사이의 연관성을 다음과 같이 강조했다. 《어느 박식한 박물학자, 즉 유색인들과 백인들 사이에 구분선을 확고하게 긋는 것이 매우 크게 문제가 되던

30 장-조제프 독시옹-라바이스, 『남아메리카의 트리니다드 섬, 토바고 섬, 마르가리타 섬 그리고 베네수엘라 여러 곳으로의 여행』, F. Schoëll libraire 출판사, 파리, 1813년, 제1권, 제6장.

31 위의 책.

32 앙브롸즈 마리 팔리조 드 보브와, 『식민지 의회에서 만들어야 할 몇 가지 규정에 대한 간략한 의견』, Le Cap, 생-도맹그, 1790년(이브 베노의 앞의 책에서 재인용).

때에 카프에 체류한 적이 있는 보배 씨, 린네의 이론에서 정신적 세례를 받은 보배 씨는 책을 한 권 구상했다. 그 책을 통해 그는 동물과 인간 사이에는 여러 단계가 있는데, 흑인은 그 중의 한 단계 *une nuance*에 불과하다는 것을 증명하려고 애썼다. 그는 인간과 동물 사이의 여러 단계를 다음과 같이 설명한다. 백인종과 원숭이 사이에 홍인종이 있으며, 홍인종과 오랑우탄 사이에 흑인종이 있으며, 흑인종과 긴팔원숭이 사이에 오랑우탄이 있다는 것이다. 그는 다음과 같이 덧붙였다. 즉, 순수한 인간종(種)인 백인은 인간만이 가진 능력, 즉 모든 면에서 보다 나은 상태로 나아갈 수 있는 능력을 갖추고 있으며, 백인 다음에 위치하며 백인보다는 낮은 지능을 가지고 태어난 홍인종은 말하자면 인간종(種)의 초기 단계 *esquisse de l'espèce humaine*에 불과하며, 홍인종 다음에 위치하는 흑인은 홍인종이 백인보다 열등한 정도만큼이나 홍인종보다 열등하다는 것이다.》[33]

인종들 사이에 우열이 있다는 그런 주장은 계몽사상과는 확연히 구분된다. 비록 그런 주장이 뷔퐁, 린네, 또는 18세기에 활동한 다른 박물학자들의 견해나 가설에 근거하고 있지만 말이다. 그런데 그런 신중치 못하고 그릇된 견해와 가설은 이론으로 확립되지는 않았지만, 그들이 이후로 나아갈 길을 열어주었다. 인종들 사이에 우열이 있다는 주장은 『백과사전』에 발표한 글에서 디드로가 인간종(種)에 대해 생각했던 것과는 완전히 반대된다. 디드로는 다음과 같이 썼다. 《따라서 본래는 단 하나의 인종만이 존재했다. 그 단 하나의 인종이 수가 늘어나고 지구 전체로 퍼져나가서, 마침내 온갖 다양한 인종들이 생겨났다. 민족들이 급격히 이동을 하리라고 가정해볼 수 있다면, 이 인종들의 다양성은 결국에는 사라질지도 모른다.》[34]

인종들 사이에 우열이 있다고 주장하는 그 새로운 이론들이 식민주의를

33 클로드 밀상, 『식민체제에 대하여』, 파리, 1791년(이브 베노의 앞의 책에서 재인용).

34 디드로, 『백과사전』, 제8권, 1765년.

정당화하려는 저의를 담고 있었다는 것은 분명하다. 우리는 그 저의가 19세기 중반에 다시 등장하는 것을 보게 될 것이다. 아메리카 사람 보브와[35]에게서는 볼 수 없었던 《황인종》 같은 개념이 추가되어 약간 변형된 형태로 말이다. 《황인종》이라는 개념은 필요한 때에, 즉 다시 말해서 중국 원정과 인도차이나 원정 때에 등장하게 된다.

그레그와르 신부도 『흑인들의 문학에 대하여, 또는 그들의 지적 능력에 대한 연구』(1808년)에서 그 새로운 이론들을 비판했다. 이 책은 인간종(種)이 단일하다는 것, 그리고 흑인들과 《혼혈인들》이 능력 면에서 다른 인간들과 동일하다는 것을 열정적으로 증명하는 내용을 담고 있다.[36] 독시옹-라바이스와 마찬가지로 그레그와르 신부는 식민지배자들에게 저항하는 사람들이 야만적이라는 비난에 대해 다음과 같이 응수했다. 《비난받아 마땅한 보복방법을 사용하여 백인들의 목을 자른 생-도맹그의 흑인들을 식민지 이주민들이 괴물로 묘사하는 것은 당연하다. 그러나 그 식민지 이주민들은 백인들이 흑인들을 물에 빠트려 죽이거나 개들에게 뜯어먹히도록 함으로써 그 흑인들의 복수를 촉발했다는 사실은 절대로 말하지 않는다.》[37]

이 책으로 그레그와르 신부는 아이티 국왕 크리스토프의 찬사를 받았다. 크리스토프 왕은 런던에서 그의 책 50여 부를 샀으며, 입헌의회 의원을 지낸

35 앙브롸즈 마리 팔리조 드 보브와(1752~1820년) : 프랑스 박물학자. 1786년에 아프리카를 여행하면서 많은 식물 표본과 곤충 표본을 만들었으며, 1788년에 생-도맹그로 가서 그곳에 머물면서 노예제도 폐지에 맹렬히 반대했다. 생-도맹그에서 반란이 일어나서 파산하자 1793년에 필라델피아로 피신하여 곤궁하게 살면서 자연사를 연구했다. 이후로 필라델피아 자연과학 아카데미 회원을 지냈으며, 1798년에 프랑스에 귀국하여 1806년에 과학 아카데미의 회원이 되었다. 여기서 그를 가리켜 아메리카 사람이라고 한 것은 그가 미국에 오랫동안 체류했기 때문인 것 같다. — 역주

36 이 책에서 그레그와르 신부는 1806년에 프랑스어로 출판된 책 『인간류(類)의 단일성에 대하여』의 저자인 독일 학자 블루멘바흐의 사상을 따르고 있다. 그레그와르 신부는 1805년에 독일을 여행하다가 블루멘바흐를 만난 적이 있다. 그러나 블루멘바흐는 인간류(類)가 본래는 하나였다는 이론과 여럿이었다는 이론, 그 두 이론의 교차점에 서 있었다. 그래서 독시옹-라바이스는 자신의 비판 대상이 되는 학자들 중의 한 명에 그를 포함시켰다. 그리고 블루멘바흐가 쓴 책의 독일어판 제목(『인간류(類)의 본원적 다양성에 대하여』)은 프랑스어판 제목과는 방향이 다르다.

37 앙리 그레그와르, 『흑인들의 문학에 대하여, 또는 그들의 지적 능력에 대한 연구』, 파리, 1808년(장 르세의 머리말과 주석을 첨가하여 파리의 Perrin 출판사에서 1990년에 재간행).

그레그와르 신부에게 자신이 통치하는 새로운 국가 아이티를 방문해달라고 했다. 여기에서 말해둘 것은, 아이티 국왕 크리스토프는 전임자 장-자크 데살린과 꼭 마찬가지로, 만인의 권리를 존중하는 민주적인 통치의 모범을 전혀 보이지 않았다는 사실이다. 그가 통치하는 왕국에서 옛 노예들은 권력 추종자들과 특권자들로 이루어진 소수계급을 위해 플랜테이션 농장에서 강제노동을 해야만 했기 때문이다. 벌써부터 아이티의 독립이 곧 인권존중을 의미하지는 않는 상황이 벌어지고 있었던 것이다. 그레그와르 신부는 아이티의 군주제 복고로 대표되는 퇴행적인 현상을 용인하지 않으면서, 그리고 크리스토프가 농민들의 요구를 외면하면서 분에 넘치는 지출을 하고 특권계급을 만들려고 하는 것을 호되게 비판하면서, 초청을 거절했다. 그는 다음과 같이 썼다. 《나는 진실을 숨기고 싶지 않다. 반감을 사는 한이 있더라도 말이다. 나는 압제자인 식민지 이주민들에게 진실을 누누이 말해왔는데, 내가 옹호해온 피압제자들에게 그 진실을 말하지 않을 수 있겠는가?》[38]

반란진압과 사실은폐

제정(帝政) 시대에 과들루프와 생-도맹그에서 반란을 일으킨 수백 명의 흑인들이 체포되어 프랑스로 압송되었다. 1802년에 브레스트 *Brest*, 로슈포르 *Rochefort*, 툴롱 *Toulon*의 감옥은 그들로 가득 찼다.[39] 한편, 1802년부터 1814년까지 코르시카의 아작시오 *Ajaccio*에서 비자보나 *Vizzavona* 고개에 이르는 길을 만들기 위한 강제노동에 동원된 422명의 아이티인들과 과들루프인

38 그레그와르 신부의 미간행 원고『아이티 북부의 체제와 그 정부에 대해 프랑스에서 형성된 여론에 대한 고찰』. 1819년에 쓴 것으로 추정되는 이 글은 2000년 11월에「프랑스 해외영토사 평론」에 발표된《그레그와르와 흑인들의 입장 – 투쟁과 계획(1789~1831년)》이라는 제목의 글에 수록되었다. 이 글에서 그레그와르 신부는 특히 다음과 같이 썼다.《양피지의 고상함이라는 것은 피부색의 고상함 — 식민지 이주민들은 오로지 하얀 색만이 고상하다고 여겼다. — 만큼이나 터무니없다.》

39 1802년에 브레스트에 271명, 로슈포르에 97명, 툴롱에 114명의 유형수들이 도착했다(클로드 보나파르트 오귀스트, 마르셀 보나파르트 오귀스트,『생-도맹그의 유형수들』, Éd. Naaman, 퀘벡, 1979년).

들의 흔적이 기록보관소에 보관되어 있다.[40] 생-도맹그에서 반란을 일으켰다가 르클레르에게 체포된 다른 지도자들은 투생 루베르튀르와 같은 시기에 나폴레옹 보나파르트의 명령으로 수감되었다. 흑백혼혈인 리고는 투생 루베르튀르와 마찬가지로 쥬 요새로 보내졌다가 이어서 몽펠리에 *Montpellier*에 가택연금 되었으며, 마르티니크 출신의 흑백혼혈인 벨르갸르드는 1807년까지 암 요새 *Fort de Ham*에 수감되어 있다가 앙굴렘 *Angoulême*으로 추방되었던 것이다. 노예제도를 폐지하는 문제와 관련한 투표에 참여했던 두 명의 유색인 의원도 가택연금 처분을 받았다. 코르시카 섬에 가택연금 된 쟝-바티스트 밀스, 벨-릴 *Belle-Isle*에 가택연금 된 쟝-바티스트 벨레가 그들이다. 벨레는 1805년에 가택연금지에서 사망했다. 야릇한 운명을 타고난 이 사람의 회고담을 수집하려는 호기심을 가진 사람은 아무도 없었다. 그는 아프리카에서 태어났으며, 노예무역에 희생되었으며, 인생의 반 이상을 노예신분으로 살았으며, 생-도맹그의 흑인들이 해방을 쟁취하기 위해 일으킨 대규모 반란에 가담했으며, 노예제도를 폐지하는 문제와 관련한 투표가 진행되던 때에 파리에서 국민공회 의원으로 활동했으며, 고국으로 되돌아갔다가 식민지배 세력의 포로 신세로 생을 마감했던 것이다.

노예제도를 폐지할 것을 주장한 국민공회 의원들 중에서 제정(帝政)체제에 반대하게 되는 사람들은 법의 심판을 받았다. 노예제도 폐지를 처음으로 선언한 송토낙스의 경우가 그러했다. 그는 투생 루베르튀르의 아들들을 프랑스에서 빼돌리려고 한다는 말루에의 비난을 받고 1803년에 파리에서 추방되었으며, 1813년에 고향 마을 오요낙스 *Oyonnax*에서 숨을 거둘 때까지 계속 제정(帝政) 정부가 가하는 제재의 대상이 되었다. 테르미도르가 지나고 카옌에 이송된 비요-바렌은 나폴레옹 보나파르트가 통치하는 프랑스로 돌아가기

40 프랑시스 아잘리에, 《코르시카로 유형된 아이티와 과들루프 사람들》, 「프랑스 대혁명사 논집」, 1993년 7~12월호.

를 거부했으며, 부르봉 왕가가 카옌을 다시 손에 넣을 즈음인 1816년에 아이티로 피신해서 3년 뒤에 그곳에서 숨을 거두었다. 임종 때에 그는 다음과 같이 말했다. 《나의 유해라도 자유를 갈구하는 땅에서 쉴 수 있게 해주기 바란다.》 한편, 루이-세바스티앵 메르시에를 비롯한 다른 사람들은 이후로도 계속 감시를 받게 된다.

백일천하 기간에 나폴레옹은 1815년 3월 29일자 법령을 반포하여 노예무역을 금지했다. 그러나 그것은 실제로 시행하기 위한 조치라기보다는 정치적, 외교적 《술수》에 가까웠다. 그 무렵에 '빈 회담'에서는 노예무역을 폐지할 것을 호소하는 선언이 채택되었으며(그해 2월 8일), 이미 1807년에 노예무역을 금지하는 조처를 내린 적이 있는 영국은 노예무역을 중단시키려고 애쓰고 있었다.[41] 나폴레옹은 '빈 회담'에서 노예무역을 폐지하는 쪽으로 방향을 틀었던 부르봉 왕가 — 당시에 부르봉 왕가는 권력을 다시 장악하기 위해, 공화주의적인 성향을 띤 일부 여론의 지지를 얻고 싶어 했다. —보다 더 반동적으로 보이지 않으려고 했다. 일종의 《광고효과》만을 노린 나폴레옹의 그 결정은 장차 아무런 효과도 얻지 못하게 된다.

그로부터 4분의 3세기가 흘러 제3공화국이 새로운 정복사업에 뛰어들 때, 리슈팡스, 르클레르, 로샹보가 수행한 식민지 원정은 입 밖에 내어서는 안 될 금기사항이 된다. 사람들은 마치 그런 일이 전혀 없었다는 듯한 시늉을 하게 되는 것이다. 그리고 공식기관들뿐만 아니라 프랑스 대혁명을 연구하는 역사가들 대부분이 식민화 사업을 높이 평가하던 19세기의 상황에서, 제1공화국이 짧은 기간 동안이나마 식민지배 정책을 중단한 사실은 간과된다.[42] 프랑스

---

41 1807년 3월 25일, 영국은 자국 선박들이 노예무역을 하는 것을 금지했다.

42 이를테면 아돌프 티에르, 쥘 미슐레, 알퐁스 드 라마르틴 그리고 심지어 알베르 마티에즈조차도 국민공회가 노예제도를 폐지한 것을 간과했다(이브 베노, 『프랑스 대혁명과 식민지의 종말』, La Découverte 출판사, 파리, 1988년. 2004년에 문고판으로 재간행). 한편, 루이 블랑과 죠레스는 제1공화국을 지나치게 엄격하게 평가했으며, 제1공화국이 식민지배 정책 면에서 입헌군주제 정부와 근본적으로 구분된다고 보지 않았다. 그 사건들에서 주역으로 활동한 사람들에 대해 관심을 기울이지 않고 또 그 사건들의 경과를 명확히 밝히려고 하지 않으려는 경향은 이후로도 오랫동안 계속된다.

가 대혁명 100주년을 맞이한 당시에 식민지 정복사업을 왕성하게 펼쳤다는 것은 사실이다……. 그리고 학교에서 가르치는 역사에서는 흑인들이 저항을 일으켰으며 아이티가 독립했다는 사실이 은폐되었는데, 이것은 나중에 명백히 밝혀지게 된다.

초등학교에서 대대적으로 사용된 것으로서 에르네스트 라비스가 쓴 『프랑스 역사』[43]에서 그 사건들은 전혀 언급되지 않기에 이른다. 이 책에는 다음과 같은 내용이 있다. 《그렇게 해서 프랑스는 공화국 때에 식민대국이 되었다.》 이 글에서 공화국은 제3공화국을 가리킨다. 프랑스가 구체제 때에 이미 식민대국이 되었다는 것, 그리고 또 제1공화국 때에 프랑스는 이전처럼 식민대국이 아니었다는 사실은 이 책에 언급되어 있지 않다. 분명히 식민지 정복을 찬양하고 싶었던 것으로 보이는 라비스가 쓴 이 책에는 다음과 같은 당혹스러운 내용도 있다. 《프랑스는 공화국 정부가 이루어놓은 정복지를 나폴레옹의 실책 때문에 잃어버렸다.》[44] 그리고 중학교와 고등학교에서 사용하기 위해 편찬된 책들에서 19세기 이전의 식민지 정복이 언급될 때, 1960년대까지만 하더라도 반드시 등장하는 주제는 뒤플렉스[45]가 인도를 잃어버렸다는 것, 몽칼므[46]가 캐나다를 잃어버렸다는 것, 나아가 나폴레옹이 루이지애나[47]를 양

---

43 에르네스트 라비스, 『프랑스 역사 — 중급 과정』, Armand Colin 출판사, 파리, 1920년.(이 책은 1884년에 첫 출판된 책의 여러 재판본 중의 하나이다.)

44 위의 책.

45 죠제프-프랑스와 뒤플렉스(1697~1763년) : 프랑스 행정가. 인도의 퐁디셰리 *Pondichéry*에 있는 '인도회사'에서 근무하다가 인도의 프랑스 식민지 총독과 프랑스의 '동인도회사'의 사장을 지내면서, 인도에서의 프랑스의 영향력을 확대하는 데에 기여했다. 인도를 두고 영국과 경쟁을 벌이던 프랑스가 영국과의 충돌을 피하기 위해 뒤플렉스를 본국으로 소환하면서(1754년), 인도에서의 프랑스의 영향력은 줄어들었다. — 역주

46 루이-죠제프 드 몽칼므(1712~1759년) : 프랑스 군인. 폴란드 왕위계승 전쟁과 오스트리아 왕위계승 전쟁에 참여했다. 1756년에 누벨-프랑스 *Nouvelle-France*(현재의 캐나다)에 파견되어, 그곳을 차지하기 위한 영국과의 전투에서 여러 차례 승리했으나, 1759년에 아브라함 *Abraham* 평원에서 벌어진 전투에서 제임스 울프 장군이 이끄는 영국 군대에 패배하고 크게 부상했다. 이로써 캐나다는 사실상 영국이 차지하게 되었다. — 역주

47 루이지애나 : 루이지애나는 카블리에 드 라 살(1640~1687년)이 미시시피 강을 따라 내려오다가 발견하여 루이 14세의 이름을 따서 붙인 이름이다. 1682년 4월 9일에 프랑스 영토가 되었다. 1763년에 체결된 '파리 조약'으로 미시시피 강 좌안(左岸)은 영국에, 우안은 스페인에 넘겨졌다. 프랑스는 스페인에

도했다는 것이었다. 이것은 사람들이 식민지에 대해 충분히 관심을 기울이지 않는 것은 여하튼 잘못이라는 것을 깨닫게 하기 위한 한 방법이었다……. 그러나 노예해방과 생-도맹그에서 벌어진 식민지 전쟁은 교과서에서 전혀 다루어지지 않았다. 그리고 18세기에 프랑스의 여러 식민지 중에서 가장 생산성이 높았으며 《설탕공장》 또는 《서인도제도의 진주》라고 불리던 생-도맹그가 독립한 사실도 역시 교과서에서 다루어지지 않았다.

넘겼던 땅을 1800년 10월 1일자 비밀조약을 통해 되찾았으나, 1803년 4월 30일에 나폴레옹이 이를 미국에 팔았다. ― 역주

제4장

노예제도 폐지운동, 토크빌 그리고 제2공화국

군주제 정부가 다시 들어섰을 때, 프랑스는 식민지를 거의 가지고 있지 않았다. 당시에 아이티는 독립을 공고히 했으며, 영국은 서인도제도에서는 토바고와 세인트-루시아 *Sainte-Lucie*를, 그리고 인도양에서는 나중에 모리스로 이름이 바뀌는 일 드 프랑스를 비롯한 여러 곳을 장악하고 있었다. 그러나 영국은 생-루이-뒤-세네갈과 고레 *Gorée*의 해외 상관(商館) 같은 다른 땅들은 프랑스에 돌려주기로 했다. 루이 18세가 1814년 6월 4일에 공포한 '헌장'에는《식민지는 특별규정과 특별법으로 규제된다.》(제73조)라는 내용이 포함되어 있다. 이것은 식민지 이주민들이 오래전부터 요구해온 것에 정확하게 부합하는 내용이다. 식민지 이주민들이 그런 요구를 한 것은, 국왕이 그 직전에 프랑스 내에 받아들이기에 이른 — 아주 인색하게 받아들인 것이지만 — 이념들과 같은 종류에 속하는 민주주의 이념들을 받아들여야만 할지도 모를 일체의 위험을 피하기 위해서였다.

당시에 프랑스의 영토로 남아 있던 여러 식민지에서는 복고된 군주제 정부에 의해 백인들의 권한이 강화되었으며,《쟈코뱅파》, 다시 말해서 공화국 이념과 인권을 다소간 표방해온 사람들 모두를 겨냥한 테러가 난무했다. 루이 18세는 아이티를 다시 장악하려는 생각을 하기도 했다. 나폴레옹의 첫 번째 양위(讓位)가 있은 뒤, 해양부 대신이 된 인물은 말루에였다. 한때 '마시악관(館) 클럽'의 회원이었으며, 앞에서 보았듯이 1789년에 공표된 '인권선언문'에 반대하려고 했으며, 루이 16세를 옹호하다가 영국으로 건너갔으며, 이어서 나폴레옹 황제를 위해 일한 전력이 있는 그는 인권을 외면한 식민지배 정책의 연속성을 대표하는 인물이었다.

노예무역이 계속되다……

말루에는 '기독교 신심이 매우 두터우신 폐하'께 용서를 빌도록 지도자들을 설득하는 임무를 띤 3명의 밀사를 아이티로 보냈다. 그것은 사실상의 인종분류에 따라 식민지 사회를 재조직함으로써, 그곳에서 군주제 정부의 권위를 다시 확립하려는 생각에 따른 것이었다. 그 인종분류에 따르면, 가장 위의 단계에는 유일한 시민 —《흑인들과는 다른 피부색, 재산, 교육, 직무를 가지고 있다면 이 특혜를 누릴 자격이 있는 몇몇 개인들》도 유일한 시민에 포함된다. —인 백인들이 있으며, 그 다음 단계에는《백인들의 계급보다 조금 아래쪽에 있는》 유색인들이 있으며, 이어서《자유민인 흑백혼혈인들보다 피부색이 덜 희지만 완전히 검지는 않은 사람들》이 있으며, 그 아래 단계에는 신분이 자유로운 흑인들이 있으며, 마지막 단계에는《경작자들 *cultivateurs*》이 있었다.《경작자들》이라는 것은 당시 사람들이 노예라고 부르고 싶어 하지는 않았으나 여전히 노예의 조건 속에 내버려두었던 이들에게 붙여진 새로운 이름인데, 말루에는 그들을 다시 대대적으로 수입할 것을 아이티 당국에 권고했다.[1] 그 시도는 참담한 실패로 끝났지만, 프랑스 군주제 정부가 다시 장악한 여러 영토에 적용되기에 이른 것은 식민지 사회를 대하는 바로 그런 관

1 아이티 국왕 크리스토프의 명령으로 공포된 말루에의 훈령. 국립문서보관소 수장 문서 CC9A 53(이브 베노, 『나폴레옹 집권기의 식민침탈 광기』, 앞의 책에서 재인용).

점이었다.

'빈 회담'에서 가결된 권고[2]에도 불구하고, 그리고 그 권고에 동의하는 시늉을 한 루이 18세가 내린 칙령[3]에도 불구하고, 복고왕정 정부는 노예무역을 폐지하는 일에 착수하지 않았다. 반대로, 그 시기에 프랑스 노예상인들은 《삼각무역》 역사 전체를 통틀어 가장 많은 수익을 얻었다. 영국이 그 불법적인 노예거래에서 손을 땐 바로 그 시기에 프랑스는 사실상 노예무역 부문에서 1위를 차지했다. 1815년에서 1830년에 이르는 시기에 노예무역에 동원된 프랑스 선박의 수는 700척 이상이었던 것으로 추정된다. 그 중에서 약 600척은 추적을 계속 피할 수 있었다. 선박 검사를 받게 되는 경우에는 배에 실린 노예들을 바다에 던지는 등의 방법이 사용되기도 했다.

노예무역은 1817년 1월에 포고된 칙령에 따라 원칙상으로 프랑스 선박들에게 불법으로 규정되었으나, 프랑스 왕국의 여러 항구에서 공공연하게 준비되었다. 당국자들 — 당시에 사람들은 당국자들이 노예무역을 근절하려고 애쓰고 있으리라고 생각했다. —을 포함한 모든 사람들이 보고 들어서 그 사실을 알고 있었다.[4] 이후로 낭트가 단연 프랑스의 으뜸가는 노예무역 항구라는 유감스러운 위치를 차지했으며, 심지어 몇 해 동안 불법적인 노예거래는 그 항구에서 벌어지는 활동의 3분의 1을 차지하기도 했다.[5] 노예무역은 위험하지 않았다. 법률상으로 노예무역은 선박과 화물이 몰수당할 뿐이었으며, 이후로 선장에게는 선박을 지휘하는 것이 금지되는 단순한 경범죄로만 규정되

2 '빈 회담'에 참석한 각국 정부 대표들은 1815년 2월 8일에 다음과 같은 공동 선언문에 서명했다. 《아프리카 흑인들을 사고파는 노예무역이라는 이름으로 알려져 있는 무역은 (…) 인류애와 보편도덕의 원리에 위배된다.》 식민 열강은 《흑인노예무역의 전면적이며 완전한 폐지의 필요성》을 인정했지만, 폐지기한을 정하는 문제, 그리고 취해야 할 실제적인 조처를 결정하는 문제는 각국 정부에 위임했다.

3 루이 18세의 1815년 7월 30일자 칙령.

4 르쥬 다제, 『불법 노예무역에 동원된 프랑스 노예무역선 출항 일람(1814~1850년)』, '대서양권역사연구소', 낭트 대학, 1988년.

5 이것은 1824년과 1825년의 경우이다. 이 두 해에 노예무역에 동원된 낭트의 선박은 각기 47척과 48척이었다. 이것은 노예무역이 《가장 왕성하게 이루어진》 18세기 여러 해 동안 동원된 선박의 수보다 더 많은 것이다(세르쥬 다제, 위의 책).

었기 때문에 더욱 위험하지 않았다. 노예무역은 단지 재정상의 위험만이 따르는 행위였던 것이다. 선주들은 그 얼마 되지 않는 위험경비를 영업활동 예산에 포함시켰다.

당시에 노예무역에 대한 유일하게 효과적인 통제는 아프리카 해안에서 멀리 떨어진 바다에서 영국 측에 의해 이루어졌다. 그러나 의심스러운 선박일 경우에는 검사를 할 수 있다는 상호적인 권리를 프랑스 측이 인정하기를 거부함으로써 통제는 어려움이 따랐다. 한편, 프랑스 정부는 범행현장에서 나포되어 영국에 억류된 자국 노예무역선을 석방시키기 위해 갖은 외교적인 노력을 기울였다. 1827년에 제정된 법에 의해 흑인노예를 불법으로 거래하는 자들에게는 금고형을 내릴 수 있게 되었지만, 실제로 금고형이 적용된 적은 단 한 번도 없다.[6] 그 결과로 다음과 같은 일이 일어났다. 마지막 부르봉 왕가의 통치기간에 약 12만 5000명에 이르는 아프리카인들이 프랑스 노예상인들에 의해 카리브 해 지역으로 새롭게 이송된 것으로 추산되며, 프랑스 정부도 자국 영토에 속하는 플랜테이션 농장에 노예들을 다시 소유하게 되었던 것이다.

노예무역에 반대하는 공화주의자들

샤를 10세는 아이티의 독립이 선포되고 20년이 지난 1825년에 가서야 비로소 독립을 인정했다.[7] 샤를 10세는 아이티의 독립을 인정하면서, 아이티 정부가 이웃한 여러 프랑스 식민지와 어떠한 관계도 유지하지 않아야 한다는 조건을 붙였다. 노예제도에 대해, 그리고 과거의 식민지배 행위에 대해 보상하는 문제는 조금도 고려되지 않았다. 하지만 그 기회를 틈타, 프랑스는 아이

6 세르쥬 다제, 『19세기의 흑인노예무역 억제책』, Karthala 출판사, 파리, 1997년.
7 샤를 10세가 일방적으로 포고한 1825년 4월 17일자 왕명을 통해 인정했다.

티가 독립함으로써 식민지 이주민들이 잃게 된 플랜테이션 농장에 대한 보상으로 1억 5000만 금화 프랑 *franc-or*의 보상금을 지불할 것을 신생 국가 아이티에게 강요했다. 프랑스 제2공화국과 제3공화국은 부채를 탕감해주지 않게 되며, 아이티는 거의 한 세기가 지나서야 비로소 부채에서 해방되기에 이른다. 아이티는 1915년이 되어서야 비로소 관세에서 공제하는 형식으로 마지막 부채를 갚게 되기 때문이다.[8]

아이티와 프랑스 사이의 관계가 정상화되는 기회를 틈타, 그레그와르 신부는 1826년 10월에 『아이티인들께 드리는 편지』를 썼다.[9] 이듬해 아이티의 수도 포르-토-프랭스에서 간행된 그 편지에서 그레그와르 신부는 자신이 아이티인들의 입장을 변함없이 지지하고 있다는 사실을 상기시키면서, 그와 동시에 아이티가 독립을 이룬 이후로 걸어온 정치적 발전과정에 대해 자신이 느낀 실망감을 감추지 않았다. 그 내용은 다음과 같다. 《저는 여러분의 정신적인 행복과 물질적인 번영에 대해 뜨거운 염원 *vœux ardents*을 품고 있습니다. 그러나 저는 이 두 측면에서 저의 희망 *mes espérances*을 저의 욕심 *mes désirs*의 수준까지 높일 수 없다는 것이 아쉽습니다.》

왕정복고기에 노예제도를 폐지할 것을 주장하는 여론층은 군주제에 반대하고 노예제도를 구체제의 유산으로 여기는 세력과 대체로 일치했다. 권력의 탄압에 맞서 싸우던 그 여론층의 노력은 노예무역을 확실히 금지하도록 하는 문제에 집중되었다. 프랑스의 노예무역 역사에서 가장 번창한 해인 1822년에 여전히 그레그와르 신부는 자신의 저서 『노예상인들에게 내려야 할 명예형에 대하여』에서 모든 책임자들을 실제로 기소할 것을 촉구했다. 《흑인

8 아이티의 어느 역사학자가 지적하게 되듯이, 《1880년부터 1915년까지 아이티-프랑스의 관계사를 살펴보면, 아이티에 대한 주도권이 프랑스에서 미국으로 넘어가게 된 경위도 더 잘 이해할 수 있다.》(귀스티-클라라 가야르, 『아이티의 외채 경험』, 아이티 국립 도서관(Bibliothèque nationale de Haïti), 아이티의 포르-토-프랭스 *Port-au-Prince*, 1990년)

9 앙리 그레그와르, 『아이티인들께 드리는 편지』, 1827년 3월 6일에 아이티의 포르-토-프랭스에 있는 정부 인쇄소에서 간행.

들이나 혼혈인들을 훔치거나 사서, 사슬로 묶어, 노예무역선에 차곡차곡 싣고 가서, 팔아먹거나, 심지어 범죄사실을 인멸하기 위해 그 흑인들과 혼혈인들을 바다에 던지기도 하는 선장뿐만 아니라, 직 · 간접으로 협력함으로써 그 범죄의 공범이 되는 모든 개인》도 책임자들의 범주에 포함되었다. 왜냐하면 그레그와르 신부가 보기에, 《노예상인이라는 명칭에는 선주들, 배를 빌려 쓰는 사람들, 주주들, 출자자들, 보험업자들, 플랜테이션 농장을 경영하는 식민지 이주민들, 관리인들, 선장들, 부(副)수부장들, 그리고 이 수치스러운 불법거래에 가담한 말단선원까지 포함되기》[10] 때문이었다. 그는 그 모든 《범죄자들》을 중죄재판소에 회부할 것을 촉구했다.

하원에서 그런 투쟁을 전개해나간 사람들 중에는 프랑스 중서부 해안에 있는 사블-돌론 *Sables-d' Olonne* 도(道) 지역구 소속의 공화파 의원 마뉘엘이 있다. 그는 적어도 프랑스가 스페인에 개입하려는 것[11]을 격한 어조로 규탄한 것 — 그는 제지를 받고 발언을 마무리하지 못했다. — 때문에 1823년 3월에 공권력에 의해 축출될 때까지 투쟁을 계속했다. 발언에 나선 그는 《외부 열강이 프랑스 영토를 침략한 때》를, 그리고 《혁명기의 프랑스가 새로운 형태와 에너지로 스스로를 방어해야 할 필요성을 [느꼈던]》 때를 상기시켰다. 다시 말해서 그는 일체의 정복행위를 단호히 규탄할 것을 주장했기 때문에 축출되었던 것이다. 뱅자맹 콩스탕도 하원에서 같은 투쟁을 벌였다. 그는 다음과 같이 말했다. 《노예무역이 이루어지고 있습니다. 아무런 처벌도 받지 않으면서 말입니다. 우리는 출항 날짜, 구매 날짜, 도착 날짜를 알고 있습니다. 이 노예무역의 주식을 사도록 권유하기 위해 안내서가 발행되고 있습니다. 아프리카 해안에서 수노새를 구매한다고 위장을 해서 노예 구매를 은폐

10 앙리 그레그와르, 『노예상인들에게 내려야 할 명예형에 대하여』, Baudouin frères 출판사, 파리, 1822년.
11 프랑스가 스페인에 개입하려는 것 : 1820년에 스페인에서 일어난 민중봉기와 군사반란으로 왕위에서 쫓겨난 전제군주 페르디난도 7세를 복위시키기 위해 프랑스가 1823년 4월에 스페인을 침공한 것을 가리킨다. — 역주

하고 있을 따름입니다. 그런데 그곳에서 수노새를 구매한 사실은 전혀 없습니다. 노예무역은 그 어느 때보다 더 잔인하게 이루어지고 있습니다. 노예선 선장들이 감시를 피하려고, 포획한 노예들을 없애버리기 위해 잔인한 술책을 부리고 있기 때문입니다.》 그리고 그는《그런 범죄가 재발하는 것을 막기》 위한 효과적인 조처를 취할 것을《인류애의 이름으로》 요구했다.[12]

1825년, 그로부터 20년 전에 나폴레옹 보나파르트가 추진하는 식민지배 정책을 비판한 적이 있는 작가 제르멘 드 스탈의 아들인 오귀스트 드 스탈은 낭트로 가서 그 위선적인 행위(노예무역)를 규탄했다. 그는 낭트에서 노예무역이 백일하에 준비되고 있는 것을 확인하고는, 목 좋은 곳에 가게를 열고 있는 상인들에게서 노예들의 몸에 찍는 낙인과 다른 고문도구들을 공공연히 구입하여 파리로 돌아와서, 자신의 조사 결과를 가능한 한 널리 알리려고 애썼다. 그 물품들은 '기독교도덕협회'의 건물에서 열린 전시회에 출품되었다. 1822년에 그 협회를 설립한 사람들 중에는 입헌의회 의원을 지내고 귀족원[13] 의원이 된 라 로슈푸코와 많은 개신교인들이 포함되어 있었다. 그 협회는 노예무역과 노예제도를 폐지하기 위한 투쟁에서 중요한 역할을 했다. 그 협회는 적어도 1829년까지는 노예무역 문제에 국한하여 투쟁했으나, 이후로는 투쟁영역을 넓혀 노예제도를 폐지하기 위한 운동도 벌였다.

프랑스의 여러 항구에서 노예무역이 실제적으로 줄어드는 것을 보려면 7월 왕정 시대를 기다려야 한다. 그러나 루이-필립이 백인들이 식민지에서 누리는 권한과 노예제도를 다시 문제 삼지 않았던 것은 아니다. 다른 모든 군주체제 때와 마찬가지로, 7월 왕정 때에 식민지 이주민들은 안도했다.《식민지는 특별법으로 규제된다.》(1830년 8월 14일자 헌장)라는 규정 때문이었다. 7월 혁명이 일어났지만 그 결과로 공화체제가 다시 수립되지는 못했다는 사실

12 1821년 6월 27일의 회의에서 한 발언.

13 귀족원 : 왕정복고 시대, 나폴레옹의 백일천하 시대, 7월 왕정 시대에 상원 기능을 한 의회. — 역주

을 안타까워한 사람들 중에는 1848년까지만 하더라도 여러 식민지에서 계속 되는 불의와 노예제도에 반대하는 사람들이 대부분이었다.

쉘셰르와 노예제도 폐지

그레그와르 신부가 1831년에 사망한 뒤로 그의 계승자로 비쳐진 사람은 빅토르 쉘셰르였다. 스물다섯 살 때인 1829년부터 1830년까지 아버지가 운영하는 상사(商社) 일을 돕기 위해 남북 아메리카를 여행하던 도중에 노예제도에 대해 알게 된 그는 노예무역을 근절하기 위한 투쟁을 시작했다. 확신에 찬 공화주의자였으며 알렉상드르-오귀스트 르드뤼-롤랭[14] 및 루이 블랑[15]의 측근이었던 그는 1833년에 『흑인노예제도와 식민지 관련 법제에 대하여』를 발표했으며, 이어서 1840년에는 『노예제도 폐지 — 아프리카인들과 혼혈인들의 피부색에 대한 편견의 비판적 검토』[16]를 발표했다. 이 책의 제목은 그레그와르 신부의 마지막 작품들 중의 하나[17]에서 빌려온 것이다. 그레그와르

14 알렉상드르-오귀스트 르드뤼-롤랭(1807~1874년) : 프랑스 정치인. 급진적 공화주의자로 국민의회 의원을 지내면서 연회(宴會) 운동(237쪽에 붙인 역주를 보라.)을 벌여 루이-필립의 7월 왕정에 반대했으며, 급진적 개혁으로 국민의 삶을 개선하고 보통선거를 도입하고자 했다. 1848년 2월 혁명으로 7월 왕정이 붕괴되고 들어선 임시정부에서 내무부 장관을 맡았으나 곧 권력에서 배제되었으며, 대통령 선거에 출마했으나 3위 득표에 그쳤다. 1849년에 입법의회 의원이 되었으며, 오딜롱 바로 내각을 전복하려다가 탄압이 심해지자 영국으로 망명했다. 제3공화국이 수립되면서 1871년에 귀국했으며, 이후로도 두 차례에 걸쳐 국민의회 의원을 지냈다. — 역주

15 루이 블랑(1811~1882년) : 프랑스 정치인. 젊은 시절에 주조(鑄造) 공장에서 일하는 프롤레타리아의 가혹한 노동조건을 목격하면서 사회주의 사상을 가지게 되었으며, 기자로 일하면서 7월 왕정에 반대했다. 1839년에 발표한 『노동 조직』에서 독점체제와 사회집단의 빈곤을 양산하는 기업가들의 무질서한 경쟁 대신에 협력을 역설했다. 보통선거와 비례대표제를 도입하고 단원제를 채택함으로써 의회를 민주적으로 개혁할 것과 노동을 개편하고 이윤을 공정하게 배분할 것을 주장했다. 르드뤼-롤랭 등과 연회 운동을 주도했으며, 1848년의 임시정부에 참여하여 노동부를 신설하고 하루 노동시간을 10시간(파리)~11시간(지방)으로 제한하고 사회 취로 사업장 *ateliers sociaux* 제도를 만들어 빈곤계층에게 일자리를 제공하는 등의 개혁조처를 시행하려고 했다. 1848년 4월의 국회의원 선거에서 보수주의자들이 승리하면서 권력에서 배제되어 영국으로 망명했다. 1870년에 제2제정이 붕괴되면서 귀국하여 국민의회 의원을 지냈다. — 역주

16 빅토르 쉘셰르, 『흑인노예제도와 식민지 관련 법제에 대하여』, Paulin 출판사, 파리, 1833년. 그리고 『노예제도 폐지 — 아프리카인들과 혼혈인들의 피부색에 대한 편견의 비판적 검토』, Éd. Pagnerre, 파리, 1840년.

17 앙리 그레그와르, 『피부색의 고상함에 대하여, 또는 아프리카인들과 그들의 흑인 및 혼혈인 후손들의 피

신부와 마찬가지로 빅토르 쉘셰르는 노예제도를 폐지하기 위한 투쟁이, 노예제도의 구실로 사용되는 각종 인종주의 이념을 타파하기 위한 투쟁과 분리될 수 없다고 판단했다. 그 역시 지적 자질에 있어서 흑인들이 백인들보다 열등하지 않다고 확신했다. 그는 다음과 같이 썼다.《흑인 한 명을 찾아내어 과들루프를 통치하게 해보십시오. 그리고 또 다른 흑인 한 명을 찾아내어 '콜레쥬 드 프랑스'[18]의 강의를 맡겨보십시오. 그렇게 하시면, 여러분은 편견에 호된 타격을 가할 수 있을 것입니다. (…) 가난한 사람들을 위해 제정된 장학금의 일부를 흑인 아이들에게 주십시오. (…) 그리하여 그들이 정치, 과학, 예절, 우아함, 위엄에 있어서 우리와 동등하다는 것을 여러분이 보시게 될 때에 양식(良識)과 정의가 승리하게 될 것이며, 무지와 악의가 패배하게 될 것이며, (…) 블르와 *Blois*의 주교였던 분[그레그와르 신부]의 마지막 소망이 이루어질 것이며, 프랑스 사회에서 아프리카인들과 혼혈인들의 피부색에 대한 백인들의 그릇되고 야만적인 편견이 근절될 것입니다.》[19]

그러나 제1공화국 때에 활동한 노예제도 폐지론자들 이상으로, 7월 왕정 시대에 활동한 쉘셰르를 비롯한 노예제도 폐지론자들은 식민지 이주민들의 이익과 관련해서는 신중히 접근하려고 했다. 1830년에 쓴 첫 번째 글에서 쉘셰르는 노예제도를 폐지할 것을 요구하지는 않았다. 그 내용은 다음과 같다.《지금 우리가 관심을 두어야 할 유일한 문제는 노예무역에 종지부를 찍으면서 그 씨를 말려버리는 것이다. 이 문제를 다르게 생각한다는 것은 쓸데없이 사사로운 감정에 빠지는 것이다.》[20] 그리고 1833년에 발표한 책에서는 단순

부색에 대한 백인들의 편견에 대하여』, Baudouin frères 출판사, 파리, 1826년(쟈크 프뤼네르의 서문을 붙여 1996년에 그르노블의 Éd. Jérôme Million에서 재간행).

18 '콜레쥬 드 프랑스' : 프랑스의 고등 연구 · 교육기관. 과학, 문학, 예술과 관련한 57개 분야의 강좌가 개설된다. 누구나 등록하지 않고 무료로 강의를 들을 수 있으며, 학위과정은 아니다. 이 기관의 교수가 된다는 것은 프랑스의 고등교육 분야에서 가장 훌륭하다는 것을 의미한다. 프랑스와 1세 때인 1530년에 설립된 왕립 교수단 *lecteurs royaux*과 그것을 이어받은 왕립 학사원 *Collège royal*이 전신이다. — 역주

19 빅토르 쉘셰르, 『노예제도 폐지 — 아프리카인들과 혼혈인들의 피부색에 대한 편견의 비판적 검토』, 위의 책.

20 빅토르 쉘셰르, 《흑인들에 대하여》, 「파리 평론」, 제20권, 1830년.

히 노예제도에 제한을 가하려고 애썼다. 그 내용은 다음과 같다.《자유는 기본원리이지만, 노예제도는 예외이다.》그렇게 해서 그는 30개 조항으로 이루어진《식민헌장 *Charte coloniale* 초안》을 작성하려는 생각을 했다. 그 헌장은 19세기의 상황에 맞춘,《인간미를 부여한》, 일종의 수정본『흑인 법전』같은 것이었다.

대혁명 초기와 마찬가지로 당시에 서인도제도의 여러 식민지에서 표명된 것은 무엇보다도《유색 자유인들》— 1789년에《해방노예들》또는《흑백혼혈인들》로 불렸던 사람들 —의 권리요구였다. 그들 중에서 과들루프의 몽데지르 리샤르와 마르티니크의 비세트, 파비앵, 볼니 같은 몇몇 사람들은 식민지 이주민들이 가하는 탄압의 대상이 되었다. 식민지 이주민들은 그들에게 의견표명의 자유를 조금도 주지 않으려고 했다. 특히 비세트, 파비앵, 볼니는 단지 해방노예들에게 시민권을 달라고 요구하는 소책자[21]를 배포했다는 것 때문에 1823년에《공공질서 위협》이라는 죄목으로 유죄판결을 받았으며, 이 사건은 파리 — 시릴 비세트는 그곳에 정착하여 노예제도 폐지 투쟁에 동참했다. —에서 큰 소란을 일으켰다.

1835년, 대혁명 이후 처음으로 하원에서 노예제도를 폐지하는 문제가 제기되었다. 그것은 영국 국회에서 '노예제도폐지장전'이 가결된(1833년에 가결되었으나, 1838년에 가서야 비로소 시행된다.) 직후였으며, 런던에 소재한 '노예제도폐지협회'가 영국 내의 투쟁에서 승리한 이후로 다른 여러 나라로 투쟁을 확대해 나가던 때였다. 이듬해, 라마르틴은 노예제도 폐지에 대해 다시 언급했다. 그 내용은 다음과 같다.《이곳에는 노예를 제외한 모든 사람들의 대표자들이 모여 있습니다. (…) 흑인들에게는 예산도, 자금도, 변호사도 없습니다. 그들에게는 우리의 양심 말고는 다른 옹호자가 없습니다.》[22]

21 소책자의 제목은『프랑스령 서인도제도에서의 유색 자유인들의 상황에 대하여』였다.

22 1836년 5월 25일의 회의에서 한 발언,『국회기록』.

1837년, 노예제도를 폐지하는 문제는 이폴리트 파시의 발의로 하원의 의제로 상정되었다. 파시는 노예를 점진적으로 해방시키는 내용을 담은 계획안을 작성했다. 하원 내의 각종 위원회가 보고서를 제출했다. 그러나 1840년 내내, 루이-필립은 여러 식민 위원회의 압력에 밀려 부분적인 개혁에만 동의했다.[23]

하지만 노예제도를 폐지해야 한다는 주장은 프랑스 내로 계속 확산되었다. 1847년 8월, '프랑스 노예제도폐지협회' — 1834년에 설립된 이 협회는 1844년부터 신문 「프랑스 노예제도 폐지론자」를 발행했다. —는 쉘셰르가 작성한 탄원서를 귀족원과 하원에 제출했다. 그 탄원서는 《사람이 사람을 소유하는 것은 범죄이기 때문에, (…) 그리고 국가의 모든 구성원들을 서로 결속시켜주는 연대에 의해 우리들 각자는 예속에서 생겨나는 범죄에 대해 일정 부분 책임이 있기 때문에》, 《노예제도의 즉각적이며 완전한 폐지》를 요구한다는 내용을 담고 있다.[24] 이 탄원서에는 1846년에 오토만 제국의 섭정령 튀니스 *Tunis*의 총독 *bey*이 자신이 다스리던 섭정령을 대상으로 내린 노예제도 폐지 결정에 대한 우회적인 언급도 들어 있다.

그러나 노예 소유주들에게 보상금을 지불하는 문제를 두고 노예제도 폐지론자들은 분열되었다. 귀족원에서 한 발언에서 아들 라 로슈푸코가 내놓은 의견은 입헌의회 의원을 지낸 그의 아버지의 의견을 충실히 따른 것으로서, 식민지 이주민들에게 아무런 보상금도 지불하지 않으면서 노예제도를 폐지할 것을 주장하는 것이었다.[25] 그가 내놓은 의견을 지지하는 사람들은 예컨대 라마르틴이 내놓은 의견을 지지하는 사람들보다 적었다. 라마르틴은 《관계자들 중에서 세 계층, 즉 정부, 식민지 이주민들, 노예들은 노예해방에서 이

23 1845년에 제정된 법에 의해 노예들의 처지가 개선되었다. 1846년과 1847년에 루이-필립은 과들루프, 마르티니크, 기얀 그리고 레위니옹의 국유지에서 일하는 노예들을 일제히 해방했다.

24 프랑스 식민지에서 노예제도를 폐지할 것을 요구하는 내용을 담은 것으로, 귀족원과 하원에 제출한 1847년 8월 30일자 탄원서. 넬리 슈미트의 저서 『노예제도 폐지론자들과 식민지 개혁가들, 1820~1851년 — 분석과 자료』(Karthala 출판사, 파리, 2000년)에 재수록.

25 1836년 5월 23일의 회의에서 한 발언, 『국회기록』.

익을 얻어야 한다.》[26]라고 했다. 또한 아들 라 로슈푸코가 내놓은 의견을 지지하는 사람들은 알렉시스 드 토크빌이 내놓은 의견을 지지하는 사람들보다도 적었다. 1839년에 하원의 어느 위원회에서 법안취지를 설명하는 역할을 맡은 토크빌은 노예제도의 《총체적이며 동시적인 폐지》를 제안하면서, 《새로운 해방노예들의 급료에서 징수하는 돈을 사용해서》 노예 주인들에게 보상금을 지불해야 한다고 주장했다.[27] 그는 계속해서 다음과 같이 주장했다. 《흑인들에게 자유롭게 될 수 있는 권리가 있다면, 식민지 이주민들에게는 흑인들이 가지게 되는 자유 때문에 파산하지 않을 수 있는 권리가 있다는 것은 이론의 여지가 없습니다. (…) 자유롭게 된 노예들의 금전적 가치에 상당하는 보상금을 식민지 이주민들에게 지불하는 것이 공정합니다.》[28] 쉘셰르가 내놓은 의견도 토크빌이 내놓은 의견과 비슷했다.

따라서 콩도르세, 그레그와르 신부 그리고 제1공화국 때에 활동한 국민공회 의원들과는 반대로, 7월 왕정 시대에 활동한 노예제도 폐지론자들 대부분은 노예 소유주들에게 보상금을 지불하는 원칙이 합당하다고 여겼다. 쉘셰르는 1840년부터 1841년까지 서인도제도를 두 번째로 여행한 다음 귀국하여 발표한 저서 『프랑스 식민지들 — 노예제도의 즉각적인 폐지』[29]에서 서인도제도를 여행할 때에 자신을 환대해준, 개혁에 개방적이었던 식민지 이주민들에게 다음과 같은 말을 전했다. 《저는 여러분이 노예제도를 폐지하는 데에 전적으로 동의하도록 만들고 싶습니다. 노예제도를 폐지하는 것, 그것은 정의이기 때문입니다.》 그리고 다음과 같이 덧붙였다. 《저는 본국이 여러분에게 보상금을 지불했으면 좋겠습니다. 보상금, 그것은 정의이기 때문입니다.》

1848년 3월에 제2공화국 임시정부 내에서 《특별히 식민지를 담당하는》 부

26 1840년 2월 10일에 파리에서 '프랑스 노예해방협회'가 영국과 미국의 노예해방협회 대표단을 위해 베푼 만찬에서 라마르틴이 한 발언.

27 알렉시스 드 토크빌, 『전집』 제3권 〈정치적인 글과 발언〉 제1책, Gallimard 출판사, 파리, 1962년, 78쪽.

28 위의 책, 105쪽과 107쪽.

29 빅토르 쉘셰르, 『프랑스 식민지들 — 노예제도의 즉각적인 폐지』, 앞의 책.

차관[30]에 임명된 쉘셰르는 그해 4월 27일자 법령을 통해 노예제도를 폐지하는 조처를 얻어냈다. 그 법령의 내용은 다음과 같다. 《프랑스의 모든 식민지와 점령지에서 노예는 완전히 없어진다. (…) 비자유인들의 모든 체벌과 모든 매매는 금지된다.》(제1조)[31] 이것은 얼마 뒤에 다음과 같은 헌법 조항을 통해 확고해졌다. 《노예제도는 프랑스의 어떤 땅에도 존재할 수 없다.》(제2절, 제6조) 보통선거(남성들만의 보통선거)에 의해 대혁명 이후 처음으로 유색인 의원들이 의회에 진출할 수 있었다. 과들루프 지역구에서 당선된 루이지 마티외, 세네갈의 4개 코뮌을 대표하는 의원직[32]에 당선된 뒤랑-발랑탱이 그들이다. 국민의회 의원을 선출함에 있어서 본국에서 적용된 것과 같은 규칙이 식민지에도 적용되었기 때문이다.

노예제도 폐지를 주장하는 담론의 모호성

1848년 4월 27일자 법령에는 노예제도를 폐지하면서 식민지 이주민들에게 보상금을 지불한다는 규정이 들어 있다. 그 내용은 다음과 같다. 《국민의회는 식민지 이주민들에게 지불해야 할 보상금 할당액을 정할 것이다.》(제5조) 쉘셰르가 자신이 위원장으로 있던 '노예제도폐지위원회'[33]에 제안한 것으로서, 과거에 노예였던 사람들에게 유리한 조처들은 '노예제도폐지위원회'의 위원 과반수와 내각이 거부했다. 과거에 노예였던 사람들에게 보상금을 지불

30 해양부 장관 프랑스와 아라고에 의해 이 직책에 임명된 쉘셰르는 1848년 3월 5일부터 그해 5월 17일까지 식민지 담당 부차관을 지냈다.

31 이 법령의 제1조에 따르면, 이 법령은 반포된 지 두 달 뒤에 발효되도록 되어 있었다. 그러나 법령이 제정되었다는 소식이 마르티니크와 과들루프에 알려지자마자 저항이 일어나면서 법령은 서둘러 시행되었다. 마르티니크에서는 5월 23일에, 과들루프에서는 5월 27일에 시행되었던 것이다.(그러나 기얀에서는 8월 10일에 가서야 비로소 시행되었다.)

32 생-루이 코뮌, 고레 코뮌, 다카르 *Dakar* 코뮌, 뤼피스크 *Rufisque* 코뮌을 대표하는 한 석의 국민의회 의원직. — 역주

33 쉘셰르는 1848년 3월 5일부터 7월 21일까지 이 위원회의 위원장을 지냈다.

하는 방안과 그들에게 땅을 나누어주는 방안 — 쉘셰르는 여러 차례에 걸쳐 홀로 이 방안을 지지했다. —은 토크빌, 이장베르, 드릴, 또는 해양 · 식민부의 식민지 담당 국장으로 근무하면서 무엇보다 식민지 이주민들의 이익을 보호하려고 애쓴 메스트로 같은 다른 위원들의 반대로 채택되지 않았다.

쉘셰르는 아쉬웠지만 그 결정을 받아들였다. 그는 '6월 혁명'이 일어나기 직전인 1848년 5월 17일 — 당시에 쉘셰르의 동지들인 급진 공화주의자들은 보수 공화주의자들과 관계를 끊었다. —에 식민지 담당 부차관직과 '노예제도폐지위원회'의 위원장직을 사임하기는 했지만, 같은 해 6월 16일에 '식민보상위원회'의 위원직을 수락했다. 그러나 그는 과거에 노예였던 사람들을 위한 부속조처를 담당하는 '노예제도폐지위원회'가 존속되도록 하지는 못했다. '식민보상위원회'와 관련하여 그는 그 기구가《노예들을 위해 설치되었던 위원회를 대체하여 설치된, 노예 주인들을 위한 위원회》[34]로 여겨질 수 있다고 했다.

그렇게 해서 쉘셰르가 할 수 있는 일이라고는《노예무역의 대상이 된 이른바 흑인들》, 다시 말해서 노예무역이 법으로 금지된 이후에 식민지 이주민들이 현행법을 어기고 구매한 노예들을 해방시키는 대가로 그 식민지 이주민들이 보상금을 받게 되는 사태가 벌어지지 않도록 하려고 애쓰는 것이 고작이었다. 그가 맡은 역할은 몹시 변변치 않았으며, 그의 노력은 허사였다. 그런 사태가 벌어지지 않도록 하기 위해, 그는《노예무역은 언제나 자연법을 극단적으로 위반하는 행위이자 범죄였으며, 따라서 정부가 범죄에 해당하는 것에 대해 보상금을 지불하는 것은 있을 수 없는 일이다.》라고 주장했다. 이러

34 파리 시 역사도서관에 수장된 육필원고. 1848년 6월 16일자 임명장을 통해 '식민보상위원회'의 위원직에 임명된 쉘셰르는 그 임명장의 여백에 다음과 같은 메모를 남겼다.《나는 노예제도 폐지에 부수되는 보상 문제를 검토하는 임무를 맡은 위원회로 서둘러 가서 참여할 것이다. '노예제도폐지위원회'는 복원되지 않았다. 나는 그 위원회가 복원되기를 요구한다.》(프랑스 국립문서보관소, 해외문서부).
'식민보상위원회'는 1848년에 빅토르 쉘셰르, 위베르 드릴, 마르슬랭 모렐, 에드몽 봄, 로제 뒤 르와레, 프랑스와 이장베르, 알렉시스 드 토크빌, 로디에(재무부 회계국장), 메스트로(해양 · 식민부의 식민지 담당 국장), 몽트롤(언론인, 「시대」 편집장), P. 뒤프라(「개혁」에 근무하던 언론인, 랑드 *Landes* 지역구 소속 의원), 뱅사르(노동자 출신 출판업자 및 언론인, 1845~1847년에 출판된 『프랑스 노동 및 노동자의 역사』의 저자)로 구성되었다.

한 주장은, 가장 기본적인 논리를 따른다 하더라도, 과거에 노예 주인들이었던 사람들에게 보상금을 지불해야 한다는 원칙 자체 — 하지만 쉘셰르는 이 원칙을 지지했다. —에 반대되는 결과에 이를 수밖에 없을 기이한 주장이었다……. 쉘셰르의 주장을 따르는 사람은 아무도 없었다.

따라서 1849년 4월 30일자 법을 통해, 과거에 노예 주인이었던 사람들은 완전히 불법적으로 취득한 노예들을 포함한 자신들 소유의 노예들을 잃은 것에 대해 보상을 받았다. 보상금 총액은 1억 2600만 프랑으로 정해졌다. 이 액수는《흑인 1명당》계산한 것이다.《흑인 1명당》보상금은 식민지마다 다르게 정해졌다. 마르티니크에서는 430프랑, 과들루프에서는 470프랑, 레위니옹에서는 705프랑으로 정해졌던 것이다. 그리고 과거에 노예였던 사람들에게는 강제노동 형태를 띤 노동이 부과되었다. 노동기간도 식민지마다 달랐다. 그들 중에서 많은 사람들이 그러한《고용인 *engagés*》신분을 거부했다. 예를 들면, 기얀에서 흑인들은 노예제도를 대체하여 만들어진 그 제도, 즉 아무런 보수도 받지 않으면서 12년 동안 해야 하는 강제노동을 피하려고 아마존 숲, 이웃의 수리남 또는 서인도제도로 집단 도망을 쳤다. 뒤에서 보게 되듯이, 노예제도는 아프리카의 프랑스 식민지에서 제2제정 시대와 제3공화국 때에도 여러 형태로 유지된다(1930년까지).

그러므로 1848년에 노예제도를 폐지한 것이 프랑스 공화국의 치적에 속하기는 하지만, 그 조처가 1794년의 노예제도 폐지에 비해 얼마나 퇴보한 것이었던가를 우리는 가늠할 수 있다. 초기 공화주의자들은 프랑스 공화국이 노예들을 해방하면서도 그들에게 권리를 부여하지 않았다는 사실을 꼬집었다. 프랑스 공화국은 노예들에게 권리를 부여하기를 거부했지만, 초기 공화주의자들이 보기에 노예들은 언제나 그 권리의 주인이었기 때문이다. 그들은 마침내 노예들에게 권리를 인정해줌으로써 범죄행위에 마침표를 찍을 뿐이라고 여겼던 것이다. 그러나 제2공화국 때가 되면서 그런 주장은 설 자리를 잃었으며, 노예 해방은 정부가 베푸는 특전(特典)으로 여겨지게 되었다. 즉, 노예 주인들은 손해 — 그 손해에 대해서는 보상을 받을 수 있는 권리가 인정되었다. —를 감수했으며, 과거에 노예였던 사람들은 특혜를 받는 위치에 서게 되었다고 여겨졌던 것이었다.

사태가 이런 식으로 흘러가게 된 것은 그레그와르 신부가 사망한 이후로 전개된 노예제도 폐지운동에서 볼 수 있는 심각한 모호성 때문이었다. 18세기 철학자들과 프랑스 대혁명 시대 사람들이 즐겨 입에 올린《흑인 스파르타쿠스》라는 표현[35]은 이제 사용되지 않기에 이르렀다. 당시 사람들은 흑인노예를 자신들과 동등한 인간, 즉 자기 자신의 해방을 이룩할 수 있는 주체로 보지 않고, 애덕과 인류애라는 감정에 이끌려서 해방시키고 노동하는 법을 가르쳐주고《교화해야 할》열등한 인간으로 보는 경향이 있었다. 해방된 노예는 자유를 잃고 지낸 것에 대해, 그리고 또 노동을 제공하고도 아무런 대가도 받지 못한 것에 대해 보상금을 받거나 보조금 — 미래에 그에게 실제적인 평등을 보장해줄 수 있을 —을 받을 수 있는 권리를 가지기는커녕, 자신을 해방시켜준 사람들에게 갚아야 할 일종의 빚을 지게 되고 또 의무를 지게 되었다. 국민의회에서 루이지 마티외는 자유로운 노동을 옹호하면서, 노예제도가 없어지고 그 대신에 생겨난 다양한 형태의 의무노동을 규탄하는 목소리를 높였다. 노예제도 폐지는 자비로운《문명인 *civilisé*》의 치적으로 간주되었다. 그리고 해방된 흑인들이 백인들에게 종속됨으로써, 노예제도 폐지가 선언된 여러 식민지에서는 이후로도 거의 한 세기 동안이나 계속해서 노예제도가 유지되기에 이른다.

노예제도와 관련한 논쟁은 심지어 식민화 사업을 벌이는 데에 역이용되기도 했다. 당시까지만 하더라도 노예제도에 대한 규탄은 프랑스 내에서 인정되는 자유를 박탈당하고 정복의 권리에 휘둘리게 된 땅들인 식민지를 지배하려는 방침 자체에 대해 이의를 제기하기 위해 동원되는 중요한 요소들 중의

35 우리는『백과사전』의《인구》항목에서부터 레날 신부의 저서에 삽입한 디드로의 글과 파리의 언론에 발표된 글들을 거쳐 루이-세바스티앵 메르시에의 저서『2440년 — 언젠가 있었던 것 같은 꿈』에 이르기까지 계몽주의시대 사람들과 초기 공화주의자들이 이 표현을 되풀이하는 것을 보았다.

하나였지만, 그런 생각은 곧 전도되기에 이른다. 이전과는 반대로, 노예제도 폐지가 다른 민족의 땅을 식민지로 삼는 데에 구실로 사용될 수 있는 상황이 무르익어 있었다. 즉, 노예제도라는 그 야만적인 제도를 타파하기 위해서는 다른 민족의 땅을《식민지로 삼아 개입할 수 있는 권리》—《문명인들》이 가지게 될 권리 —를 인정해야 한다는 주장이 힘을 얻게 되었던 것이다. 우리는 제3공화국 때에 이런 주장이 실천에 옮겨지는 것을 보게 된다.

우리는 제2공화국이 식민지 문제와 관련하여 제1공화국과는 많이 다른 방침을 택한 것을 볼 수 있다. 제2공화국이 보기에는 노예제도를 폐지하는 것이 유일하게 중요한 일로 여겨지지는 않았기 때문이다. 그때까지만 하더라도 공화주의자들은 대체로 식민지 정복을 군주체제 및 제정(帝政)체제와 관련이 있으며, 또한 그 두 체제 때의 장군들이 가졌던 꿈, 즉 군대의 위대성을 과시하려는 꿈과 관련이 있는 것으로 간주하여 거부했지만, 제2공화국이 수립되는 해인 1848년 당시에는 공화주의자들조차도 알제리를 프랑스 식민지로 삼기 위한 자체의 계획을 세우려고 했다.

토크빌과 알제리 정복

몰락하기 얼마 전, 샤를 10세는 비틀거리는 자신의 체제에 다시 위엄을 부여하기 위해 알제리를 정복하기로 결정했다. 루이-필립이 그 사업을 이어받아 수행했다. 그는 엄청난 자금을 쏟아 부어 알제리 정복전쟁을 이끌었다. 전쟁은 압-델-카데르가 항복할 때(1847년 12월 23일)까지 계속되었다. 하지만 알제리 정복은 군주제 정부의 군부가 벌인 사업이기도 했으며, 공화주의자들이 가하는 비판의 대상이 되기도 했다. 그곳을 정복할 때에 동원된 방법과 인명손실만이 비판되었지만 말이다. 알제리 정복을 이끈 상징적 인물인 뷔죠[36]

36 토마-로베르 뷔죠(1784~1849년) : 프랑스 군인. 병사 신분에서 출발하여 원수(元帥)에 올랐다. 1805년

는 보수적 군주주의자였다. 그는 1834년 4월에 트랑스노냉 *Transnonain* 로(路)에서 학살사건[37]이 일어났을 때에 파리 요새를 지휘한 적이 있었다. 그가 이끄는 병력은 공화주의자들이 설치한 바리케이드를 공략한 다음, 이어서 여성들, 아이들, 노인들을 비롯하여 건물 내의 모든 주민들을 대검으로 살해했다. 뷔죠는 공화체제에 대해서 뿐만 아니라《빨갱이들 *rouges*》이 민중을 대상으로 시행하려는 공교육에 대해서도 완강히 반대했다. 그는 다음과 같이 말했다.《지금 내가 머물고 있는 아프리카로 공상가들 *idéologues*을 보내주십시오. 그들을 죽이도록 말입니다. 그렇게 하는 것은 조국에 멋지게 봉사하는 것이 될 것입니다.》하지만 '6월 혁명'이 끝난 뒤, 제2공화국 — 적어도 가장 급진적인 공화주의자들과 대결했던《친여(親與) 성향의 *ministériels*》공화주의자들이 장악한 제2공화국 —도 머지않아 알제리에 적용할 식민지배 계획을 채택하게 된다. 제2공화국 정부는 1848년 이전부터 상당수의 야당 공화주의자들이 견지해오던 관점, 즉 식민화 사업에 찬성하는 관점[38]을 자체의 관점으로 택했다.

알렉시스 드 토크빌의 예는 시사하는 바가 많다. 7월 왕정 시대인 1839년부터 좌파로 이루어진 야당에 소속된 하원의원이었으며『미국의 민주주의』(1835년과 1840년)의 저자이기도 한 그는 1841년 5월부터 6월까지 알제리를

에 아우스터리츠 *Austerlitz* 전투에서 싸웠으며, 백일천하 때에 나폴레옹 측에 가담했다. 1836년에 알제리에서 압-델-카데르를 물리치고 그와 '타프나 조약'을 체결했다. 이전에는 알제리를 점령하는 것이 무익하며 많은 희생이 따른다고 하면서 반대했으나, 1840년부터 1847년까지 알제리 총독으로 있으면서 알제리 전체를 점령하기 위해 무자비한 전쟁을 벌였다. 1843년에 원수가 되었으며, 1844년에는 이슬리 공작 *duc d'Isly* 작위를 받았다. 파리에서 콜레라에 걸려 죽었다. — 역주

37 트랑스노냉 로(路) 학살사건 : 루이-필립 치세인 1834년 4월 13~14일에 파리에서 결사의 자유를 제한하는 일련의 법에 반대하여 일어난 민중봉기를 진압하는 과정에서 군인들이 자행한 사건. 민중이 설치한 바리케이드를 군 병력이 공격할 때에 트랑스노냉 로(路)에 있는 어느 집에서 발사된 총탄에 어느 장교가 사살되자, 병사들이 그 집으로 난입하여 남녀노소를 불문하고 그곳에 있는 사람들 모두를 살해했다. 봉기를 진압하기 위해 투입된 세 부대 중의 한 부대를 지휘한 사람이 뷔죠였다. — 역주

38 필립 다리윌라트(《공화주의 좌파와 알제리 정복 — 알제 점령에서 압-델-카데르의 항복에 이르기까지(1830~1847년)》,「프랑스 해외영토사 평론」, 제307호, 1995년 2/4분기)에 따르면, 이것은 7월 왕정 시대에「연단」,「개혁」,「인민의 신문」,「지성」,「민중」같은 공화주의 계열의 신문들에서 볼 수 있었던 경향이다.

처음으로 여행했다. 여행에서 돌아온 그는 알제리를 다룬 첫 번째 글[39]을 발표했다. 이어서 그는 1842년부터 하원에서 알제리 문제를 다루는 여러 위원회에 참여했으며, 1846년에 두 번째로 알제리를 방문하고 돌아와서 이듬해에 알제리에 관한 여러 편의 보고서[40]를 발표했다. 이어서 그는 제2공화국의 헌법을 작성하는 데에 참여했으며, 1849년에는 제2공화국의 외무부 장관[41]을 잠시 지냈다. 그의 관점은 당시에 공화주의자들의 머릿속에 일어나기 시작한 변화를 잘 보여준다.

토크빌은 노예제도에 단호히 반대했으며 — 그는 노예제도를 《인류의 모든 자연적 권리에 어긋나는 (…) 추악한 제도》[42]로 규정했다. —, 《본능 면에서의 여러 인종들의 소위 차이라는 것》[43]에 대해 반대한다고 했으며, 알제리가 식민지로 전락함으로써 생겨난 결과를 통찰력 있게 관찰했던 사람이었지만 — 그는 《우리는 회교도 사회가 우리를 알기 이전보다 그 사회를 더 비참하고, 더 무질서하고, 더 무지하고, 더 야만적인 사회로 만들어놓았다.》[44]라고 썼다. —, 인권을 적용할 수 있는 지리적 영역을 암묵적으로 한정하면서, 알제리의 경우에는 어떤 보편적인 가치들보다도 프랑스의 이익을 우위에 두기에 이르렀다.

하지만 그는 어떤 식으로라도 다른 민족의 땅을 식민지로 삼으면 그로부터 어떤 결과가 비롯되는지를 잘 알고 있었다. 예를 들면, 북아메리카 인디언들과 관련하여 그는 다음과 같이 썼다. 《유럽인들의 폭정 때문에 그들은 이전보다 더 무질서하고 덜 문명화된 상태가 되었다. 그 사람들의 정신적 조건과 신체

39 알렉시스 드 토크빌, 《알제리 연구》, 1841년, 『전집』 제3권 제1책, Gallimard 출판사, 파리, 1962년.
40 1847년에 발표한 《알제리 보고서》(위의 책)가 그 중의 하나이다.
41 토크빌은 1849년 6월부터 10월까지 다섯 달 동안 유지된 오딜롱 바로의 제2기 내각에서 외무부 장관을 지냈다.
42 알렉시스 드 토크빌, 《알제리 보고서》, 앞의 각주와 동일.
43 알렉시스 드 토크빌, 《노예 해방》, 「세기」, 1843년 10월 22일자(『전집』 제3권 제1책, 위의 책).
44 알렉시스 드 토크빌, 《알제리 보고서》, 앞의 각주와 동일.

상태는 동시에 계속 나빠졌으며, 그들은 보다 불행하게 됨에 따라서 보다 야만스럽게 되었다.》[45] 그러나 이런 사실이 확인되자, 그는 실행에 옮겨야 할 정책을 판단하는 데에 단 하나의 기준만을 취했다. 《우리가 [오토만 제국의] 옛 섭정령 알제에서 행하는 통치는 프랑스에 유익한가?》[46]라는 기준이 그것이었다.

토크빌은 알제리 정복이 주민들의 의사에 어긋나게 진행되고 있다는 점을 인정했다. 그는 다음과 같이 썼다. 《우리가 원주민들의 선의(善意)에 기대어 아프리카에 계속 주둔하는 것, 그것은 순전한 환상이다. 그 환상에 집착한다는 것은 정신 나간 짓이 될 것이다.》[47] 그리고 그는 주민들의 의사에 어긋나게 알제리 정복을 진행하는 것은 결국에는 한 민족 전체를 대상으로 하는 전쟁을 일으키는 결과를 가져온다고 했다. 그는 다음과 같이 썼다. 《우리는 먼저 우리가 사실상의 군대가 아니라 주민들 자체와 대적하고 있다는 것을 알게 되었다. (…) 그것은 어떤 정부를 무찌르는 것이 아니라 한 민족을 압박하는 것이었다.》 그러나 토크빌 자신이 작성에 참여한 헌법 전문(前文)에서 공화국은 《자국의 민족이 존중받기를 바라는 것과 마찬가지로 이민족들도 존중하며, 정복을 목적으로 하는 어떤 전쟁도 일으키지 않으며, 그 힘을 어떤 민족의 자유에도 어긋나게 사용하지 않는다.》라고 규정되어 있었지만, 토크빌은 이 원리가 알제리에는 적용되지 않는다는 듯이 여겼다. 프랑스 헌법의 전문에 나타나 있지 않은 또 다른 원리, 즉 명문화되지는 않았지만 헌법에 담겨 있는 모든 조처를 시행함에 있어서 그것을 지배하는 원리가 있었다는 것은 주지의 사실이다. 문명화된 유럽과 《야만 민족들》을 구분하는 것이 바로 그 원리였다. 이 원리에 따라, 한편으로는 유럽에서 유효한 권리규정, 그리고 다른 한편으로는 유럽 밖의 다른 곳에서 허용될 수 있는 권리규정이 구분되기에 이르렀다.

이 원리는 밖으로 표명되지는 않았으며, 또한 이 원리를 인정하면 만인 평

45 알렉시스 드 토크빌, 『미국의 민주주의』, Charles Gosselin 출판사, 파리, 1835년과 1840년.

46 알렉시스 드 토크빌, 《알제리 보고서》, 앞의 각주와 동일.

47 알렉시스 드 토크빌, 『전집』, 제5권, 제2책. 여행기, 위의 책.

등이라는 개념이 손상될 수 있었다. 그래서 토크빌은 다음과 같이 매우 우회적인 표현을 사용했다. 《우리의 회교도 신민(臣民)들에게 그들 자신의 위세(威勢)에 대한 과장된 생각을 심어주는 것도, 그리고 어떤 상황에서든지 우리는 그들이 바로 우리와 같은 시민이며 우리와 동등한 사람으로 대하지 않을 수 없다는 것을 그들에게 납득시키는 것도 유익하지도 않으며, 또 [우리에게] 그럴 의무도 없다.》[48] 이것은 죠지 오웰의 다음과 같은 재치 있는 표현을 생각나게 한다. 《만인은 평등하다. 그러나 타자들보다 더 평등한 사람들이 있다…….》 토크빌은 오웰처럼 직설적으로 그런 말을 내뱉지는 않았다. 그런 말은 아마도 토크빌 자신의 기질에 어긋나기 때문이었으리라. 그런데 그가 알제리에 대해 쓴 글들에는 식민지배 과정에서 자행된 몇몇 폭력행위를 규탄하는 내용도 있는데,[49] 이것은 토크빌의 자가당착을 보여주는 것이다. 쥘 페리가 장차 그렇게 하게 되듯이, 토크빌은 1789년에 천명된 인권의 원리가 적용되는 범위가 만인으로 확대된 것을, 즉 제1공화국이 1794년에 노예제도를 폐지하고 헌법을 제정함으로써 인권의 원리가 적용되는 범위를 크게 확대한 것을 명시적으로 거부할 준비가 되어 있지 않았다. 하지만 다음과 같은 글은 인권의 원리가 만인에게 적용된다는 것을 암묵적으로 거부하는 것임이 분명하다. 《따라서 아프리카에는 뚜렷이 구분되는 두 종류의 법제(法制)가 있을 수 있으며, 또 있어야 한다. 왜냐하면, 그곳에는 뚜렷이 다른 두 종류의 사회가 있기 때문이다. 유럽인들의 경우, 절대로 그 어떤 것도 그 유럽인들을 마치 유일한 존재인 듯이 취급하지 못하게 할 수 없다. 그들을 위해 만들어진 규정들은 오직 그들에게만 적용되어야 하기 때문이다.》[50]

48 알렉시스 드 토크빌, 《알제리 보고서》, 앞의 각주와 동일.

49 토크빌의 글들 중에서 몇몇 문장들을 별도로 떼어내어 읽어보면, 그 문장들은 정복을 규탄하는 내용으로 보인다. 이 때문에 이후로 토크빌의 글들 중에서 특정 부분만을 골라 인용하면서, 어떤 저자들은 토크빌이 알제리를 식민지로 삼는 것을 규탄했다고 주장하며, 다른 저자들은 토크빌이 극단적인 폭력을 동원하여 알제리를 식민화하는 것에 찬성했다고 주장한다.

50 알렉시스 드 토크빌, 《알제리 연구》, 앞의 각주와 동일.

첫 이름 없는 전쟁[51]

토크빌이 보기에, 《원주민들의 도움과 지지를 받아 아프리카를 소유하려는 생각은 망상이기》 때문에 《전쟁 밖에는 다른 방법이 없다.》[52]라는 것은 분명했다. 라모리시에르 장군에게 보내는 편지에서 그는 다음과 같이 썼다. 《우리가 정복과정에서의 엄청난 폭력을 받아들인 때부터 저는 다음과 같이 생각하고 있습니다. 우리는 그 정복을 공고히 하기 위해서는 절대적으로 필요한 사소한 폭력을 행사하는 데에 있어서 주저하지 않아야 한다고 말입니다.》[53] 이런 생각을 가지고 있던 그는 프랑스 군대가 알제리에서 인권에 위배되는 방법을 사용하는 것을 이해하지 못하는 사람들이 가하는 비판을 배격하기에 이르렀다. 그 내용은 다음과 같다. 《프랑스에서 나는 내가 존경은 하지만 동의는 하지 않는 사람들의 말을 자주 들었다. 그들은 수확물을 불태우고, 창고에서 곡식을 꺼내고, 그리고 마침내 무기를 소지하지 않은 남성들과 여성들과 아이들을 습격하는 것이 나쁘다고 생각한다. 그것은 유감스럽지만 불가피한 일이며, 아랍인들과 전쟁을 하려는 국민 전체는 그 일을 따라야 한다.》[54] 만일 토크빌이 보기에 그 모든 것이 토크빌 자신이 의거했던 인권의 원리에 어긋나는 것으로 여겨지지 않았다면, 그것은 《야만인들》은 인간이 아

51 이름 없는 전쟁 : 1954년부터 1962년까지 알제리인들이 벌이는 식민지 해방운동을 진압하기 위해 프랑스가 벌인 군사작전은 《이름 없는 전쟁 *guerre sans nom*》, 또는 《이름을 붙이고 싶지 않은 전쟁 *guerre ne voulant dire pas son nom*》이었다. 상황이 전개되어감에 따라 점진적으로 《사건 *évènements*》, 《치안 작전 *opérations de police*》, 《질서 유지 행동 *actions de maintient de l'ordre*》, 《시민 평화 회복 작전 *opérations de rétabilssement de la paix civile*》, 《평정 계획 *entreprises de pacification*》, 《북아프리카 질서유지 작전 *opérations de maintien de l'ordre en Afrique du Nord*》으로 불리다가, 마침내 1999년 10월 18일자 법에서 공식적으로 《알제리 전쟁》으로 규정되었다. 여기에서 '첫 이름 없는 전쟁'은 1954년부터 1962년까지 벌어진 '알제리 전쟁' 이전에 처음으로 벌어진 이름 없는 전쟁이라는 의미이다. — 역주

52 알렉시스 드 토크빌, 『전집』 제3권 제1책, 위의 책.

53 라모리시에르 장군에게 보내는 1846년 4월 5일자 편지. 앙드레 쟈르댕의 저서 『알렉시스 드 토크빌, 1805~1859년』(Hachette 출판사, 파리, 1984년) 중에서.

54 알렉시스 드 토크빌, 『전집』 제3권 제1책, 위의 책.

니라는 명문화되지 않은 규칙 때문이었을 것이다.

장차 한 세기 이상 널리 사용될 명제(命題)도 토크빌과 함께 등장했다. 《식민지를 보유하는 것은 프랑스의 힘과 위대성에 필요하다.》[55]라는 명제가 그것이다. 그리고 '프랑스령 알제리'라는 허구 *fiction*를 처음으로 사용한 것은 제2공화국이다. 1848년에 알제리는 프랑스의 행정체제에 편입되면서 3개 도(道), 즉 알제 *Alger*, 오랑 *Oran*, 콩스탕틴 *Constantine*으로 편성되었는데, 이 3개 도 — 이곳의 작은 일부만이 '아프리카 정복부대 *armée d' Afrique*'[56]의 통제하에 있었다. —는 나폴레옹이 통치하던 시대에 함부르크를 도청 소재지로 하는 프랑스령 도(道)였던 부슈-드-렐브 *Bouches-de-l' Elbe*, 또는 로마를 도청 소재지로 하는 프랑스령 도(道)였던 티브르 *Tibre*[57]만큼이나 허구였다…….

알제, 오랑, 콩스탕틴 3개 도는 헌법에 따라 프랑스의 일부분으로 공포되었으나, 프랑스 본국에 적용된 것과 동일한 헌법상의 원리가 그곳에 적용되지는 않았다. 헌법에는 다음과 같은 규정이 포함되어 있다. 《알제리와 여러 식민지 영토는 프랑스 영토로 선언되었으며, 특별법 *loi spéciale*에 의해 본 헌법의 규정 아래에 놓이게 될 때까지는 개별법들 *lois particulières*로 규제된다.》(제10장, 제109조) 이 조항은 지나치게 기교를 부린 것인데, 이 조항에서도 역시 제1공화국 — 제1공화국은 헌법은 식민지에 확대 적용되며, 헌법이 적용되지 않는 프랑스 영토는 남아 있지 않아야 한다고 여겼다. —과 뚜렷이 단절되는 면을 엿볼 수 있다. 실제로 《법으로 규정되는 경우 이외에는, 그리고 또 법으로 규정되는 형태 이외로는, 어느 누구도 추적당하거나 체포될 수 없다.》(제4조)라는 원리, 또는 《모든 사유재산은 침해할 수 없다.》(제8조)라

55 위의 책.

56 '아프리카 정복부대' : 북아프리카, 사하라, 시리아, 레바논을 정복하는 데에 동원된 군대를 가리키기 위해 1830년부터 1870년까지 사용된 명칭. 프랑스인들과 식민지 원주민들 중에서 모집한 병사들로 구성되었으며, 1차대전과 2차대전에도 투입되었다. — 역주

57 부슈-드-렐브와 티브르 : 부슈-드-렐브(엘베 하구 지역)는 1811년부터 1814년까지 함부르크를 도청 소재지로 하는 프랑스령 도(道)였으며, 티브르(이탈리아식 표기로는 테베레)는 1809년부터 1814년까지 로마를 도청 소재지로 하는 프랑스령 도였다. — 역주

고 규정한 원리를 비롯한 헌법상의 제반 원리는 알제리에서는 통용되지 않았다. 따라서 제2공화국이 택한 방침은 군주제 정부가 택한 방침과 일치했다. 위선 — 또는 착각 —을 하면서 말이다. 개별법들은 전술한 헌법을 알제리에 적용하기 위한 방법, 또는 그 헌법을 장차 적용하는 쪽으로 나아가기 위한 방법이 될 것이라고 말하는 위선이 그것이었다.

프랑스가 알제리에서 벌이는 전쟁이 전쟁으로 간주되지 않기 시작한 것 역시 제2공화국 때부터이다. 제2공화국은 알제리에서 정복전쟁을 수행하고 있다는 것을 스스로 인정한 바로 그 시기에 헌법을 통해서는 일체의 정복전쟁을 금지했다. 이런 연유로 제2공화국은《야만인들 *barbares*》을 대상으로 하는 전쟁은 전쟁이 아니라는 것을 원칙으로 정했다. 그 전쟁은 유럽 국민 *nation*을 대상으로 하는 것이 아니라《문명화되지 않은 *non civilisé*》민족 *peuple*을 대상으로 하는 것이기 때문에 전쟁이 아니라고 했던 것이다. 무력으로 알제리를 점령한 행위는 정당한 것으로 평가되었다. 정복의 연장선상에서 진행된 주민이주도 마찬가지로 정당한 것으로 평가되었다. 주민이주는 심지어 원주민들에게 강요되기도 했으며, 또 아랍인들에게서 그들 소유의 땅을 몰수하여 진행되기도 했다. 식민지 담당 부차관 쉘셰르는 알제리에 파견할 식민지 주둔 부대 *bataillons coloniaux*를 창설하는 방안을 지지했다. 그는 그 전투부대가《이토록 유익한 프랑스 영토에 효과적인 도움》이 될 것이라고 평가했다. 1848년 9월 23일, 입헌의회는 육군성 장관이 식민지 개발 부락 *villages de colonisation*을 만드는 데에 사용할 수 있도록 5000만 프랑의 예산을 가결했다.

1848년 10월,「삽화 신문」에는 파리의 베르시 *Bercy* 강변로를 출발하여 마르세유를 거쳐 알제리 북부의 오랑 지역에 있는 구디엘 *Goudiel* 마을(생-클루 *Saint-Cloud*로 개명)로 향하는 이주민들의 행렬을 목가적으로 묘사한 다음과 같은 기사가 크게 실렸다.《알제리로 향하는 첫 식민지 이주민 행렬이 (…) "식민지 이주민들 만세!", "공화국 만세!"를 외치며 프랑스를 무사히 그리고 빠른 속도로 통과했다.》[58] 삽화가 많이 들어간 그 르포르타주 기사에서 선전전술이 차지한 부분은 얼마나 될까? 알제리로 향한 그 식민지 이주민들 중에서 상당수는 추방된 혁명가들, 국립 취로 사업장 *Ateliers nationaux*에서 일하던 사람들, '6월 혁명' 때에 처형되지 않고 목숨을 건진 사람들이라는 사실은 전혀 언급되지 않았다. 그렇게 알제리로 보내진 식민지 이주민들의 총수는 1만 명 이상이었다.

또 다른 사실들을 보면, 프랑스의 국민여론이 식민화 사업을 한목소리로 지지한 것은 아니었음을 알 수 있다. 이를테면 1842년에 클레르빌이 작사한 『압-델-카데르』라는 제목이 붙은 다음과 같은 대중가요의 가사는 알제리 반도(叛徒)의 우두머리 압-델-카데르를 찬양하는 내용을, 그리고 초기 '알제리 전쟁' 때에 '아프리카 정복부대'가 알제리를 공격할 수 있는 권리를 가지고 있다는 생각에 동의하지 않는 내용을 담고 있다.

《아니라네, 그 아랍인은 야만성에도 불구하고
오늘 동정을 받아 마땅하다네.
우리의 조국이 위협을 받는다면,
우리 모두는 그 아랍인처럼 행동할 것이라네. (…)
그 알제리의 수호자는
당당히 그럴 권리가 있다네,
그는 자신의 조국, 자신의 신,
자신의 자유를 지키려고 싸우고 있기 때문이라네.》[59]

58 「삽화 신문」, 제296호, 1848년 10월 28일자.

59 알랭 뤼스시오, 『식민지 시절에 프랑스는 멋졌다네 — 식민지풍 및 이국취향의 프랑스 대중가요 선집』 (Maisonneuve et Larose 출판사, 파리, 2001년)에 재수록.

《모든 사람은 평등하게 태어나며 항상 그러하다…》라는 것인가, 아니면 몇몇 사람들만 그러하다는 것인가?

식민지를 정복하려는 방침에 대해 일부 공화주의자들이 확고하게 동조하게 된 것은 제3공화국 초기였다. 제2제정 시대에 가장 인기 있었던 야당 소속 공화주의자들 중의 한 사람으로 파리 동부에 있는 벨빌 *Belleville* 지역구에 소속된 하원의원이었던 레옹 강베타는 가장 먼저 식민화 사업을 찬양하는 선전원이 된 사람들 중의 한 명이다. 그는 특히 자신이 발행하는 신문「프랑스 공화국」을 통해 식민화 사업을 찬양했다.[1] 그는 당시에 알제리의 오랑 지역구에 소속된 의원이었던 외젠 에티엔의 지지를 받았는데, 뒤에서 우리는 1914년까지 '식민당'[2] 내에서 가장 영향력 있었던 사람들 중의 한 명으로 에티엔을 다시 만나게 될 것이다.[3] 그리고 식민화 사업을 재추진하는 것을 자신이 이끄는

1 라울 지라르데,『프랑스에서의 식민주의 이념 — 1871년부터 1962년까지』, La Table ronde 출판사, 파리, 1972년. 1978년에 파리에서 Le Livre de poche 출판사에서《복수(複數) *Pluriel*》총서의 하나로 재간행.

2 '식민당' : 엄밀한 의미의 정당조직으로서의 '식민당'은 없었다. 1890년에 출현한 이 집단은 프랑스의 식민지 확장정책을 옹호하는 잡다한 계층의 사람들로 이루어져 있었다. 이들 중에는 정치인, 경제인, 언론인 등이 포함되어 있었다. 이들은 처음에는 프랑스 식민지의 이름을 딴 각종 지리학회에서 활동하면서 자금을 모아 여론을 움직이고 정책입안자들에게 압력을 넣는 일을 벌였다. 1893년에 기업가들은 '프랑스 식민연합'을 설립하여, 자신들이 식민지에서 벌이는 활동을 옹호하려고 했다. 국민의회와 상원 내에도 이들의 집단이 있었다. '식민당'이라는 이름은 1894년 6월에 '프랑스 식민연합'이 개최한 회의에서 처음으로 사용되었다. — 역주

3 264쪽을 보라.

내각의 정책기조들 중의 하나로 삼은 인물은 또 다른 공화주의자 쥘 페리였다. 그는 1880년 9월에 총리대신이 되었으며, 1881년에 치러진 국회의원 선거에서 탈종교적인 정책을 지향하는 공화파가 승리함으로써 권력을 굳건히 할 수 있었다.

쥘 페리의 정책은 프랑스 내에서 군주주의자들과 교권(教權)주의자들 *cléricaux*[4]을 비롯한 온갖 사람들의 반대에 부딪혔다. 군주주의자들과 교권주의자들은 전혀 다른 이유로, 특히 페리가 맹렬히 추진하는 탈종교적인 교육정책 때문에 그에게 원한을 품었으며, 기회를 잘 포착해서 그를 권좌에서 끌어내렸다. 페리의 정책은 공화파 내에서도 반대를 불러왔다. 공화파가 그의 정책에 반대한 바탕에는 계몽사상에서 볼 수 있었던 전통적인 논리, 다시 말해서 보편적 자유라는 이상과 인권에 입각하여, 식민지를 정복하고 지배하려는 방침을 거부하는 정신이 깔려 있었다.

인권 왜곡

제2제정 정부는 마이요트 *Mayotte*, 타히티, 마르키즈 *Marquises* 제도(諸島), 누벨-칼레도니(뉴칼레도니아) *Nouvelle-Calédonie*, 코친차이나, 캄보디아를 프랑스 영토에 병합하면서 식민화 사업을 재추진했다. 제2제정 정부는 세네갈을 정복하기 시작했다. 이를 위해 1857년에 식민지 원주민 출신 보병들로 이루어진 부대 *tirailleurs coloniaux*[5]가 창설되었으며, 제2공화국 때에 신설되었던 한 개의 의원직, 즉 세네갈의 생-루이 및 다른 옛 식민지들을 대표

4 교권주의자들 : 가톨릭교회를 비롯한 종교조직이나 그 성직자들이 정치, 교육 등의 공공부문에 개입하거나 영향을 끼치는 것에 찬성하는 사람들. — 역주

5 식민지 원주민 출신 보병들로 이루어진 부대 *tirailleurs coloniaux* : 'tirailleur'는 본래는 총을 엉뚱한 곳으로 '난사하는 *tirailler*' 사람을 의미하는 말이었으나, 19세기부터 마다가스카르, 모로코, 세네갈, 수단, 안남, 알제리, 캄보디아, 통킹, 튀니지 등의 프랑스 해외영토에서 모집한 군인들을 가리키게 되었다. 이들 중에서 세네갈 원주민 출신 보병으로 이루어진 부대 *tirailleurs sénégalais*가 가장 대표적이었다. 프랑스가 벌이는 식민지 전쟁에 동원되었으며, 1차대전과 2차대전에도 투입되었다. — 역주

하는 국민의회 의원직[6]이 폐지되었다. 프랑스에서 멀리 떨어진 곳으로 원정대를 보내기를 매우 좋아했던 나폴레옹 3세는 외인부대 — 이 부대는 1831년에 루이-필립이 창설한 것으로, 1863년에 카메룬에서 전설적인 위업을 이룩했다. — 병사들을 비롯한 수천 명의 병력을 파견하여 멕시코에 진출하려고 시도하기도 했다. 제정(帝政)체제에 반대하는 많은 사람들이 보기에 공화국이 추구해야 할 것은 그런 식민지 확장정책이 아니었다.

이런 관점에서 볼 때, 1885년에 하원에서 여러 차례 벌어진 논쟁은 상징적인 의미를 띤다. 왜냐하면 식민지 확장정책이 독일에 복수하려는 생각으로 가득 차 있는 프랑스인들의 관심을 다른 데로 돌리게 만든다고 비난하는 의원들, 또는 식민지를 정복하는 데에 드는 비용이 국가적으로 수익성이 있는 것인지 의심하는 의원들도 그 논쟁에서 발언했기 때문이다. 인권의 원리와 식민지 확장정책이 양립 가능한 것인지 의문을 제기하는 의원들도 발언했다. 식민지 확장정책에 반대하는 다른 여러 종류의 주장이 어떤 역사적 중요성을 띠었든, 공화국의 근본이념에 대해 본질적인 의문을 제기하는 그들의 비판에 대해서는 특별히 주목해야 할 필요가 있다.[7]

그해 7월 27일에 시작된 논쟁은 내각이 마다가스카르에서 전쟁을 수행하

6 앞에서 본 대로, 세네갈의 4개 코뮌, 즉 생-루이 코뮌, 고레 코뮌, 다카르 코뮌, 뤼피스크 코뮌을 대표하는 한 석의 국민의회 의원직. 이 의원직은 1916년에 부활된다. — 역주

7 물론, 우리는 각기 다른 유형에 속하는 여러 종류의 반대의견을 분명한 선을 그어 구분할 수는 없다. 주로 인권의 원리를 바탕으로 삼아 논리를 전개하는 의원들이 종종 발언 도중에 식민지는 인적인 면에서나 세금 면에서 손실이 많다는 말을 덧붙이기도 했기 때문이며, 또한 특히 독일에 복수할 준비를 해야 하는 상황에서 식민지 확장정책을 펼 수 없다는 관점을 택하거나 또는 식민지 확장정책에서 기대할 수 있는 이득에 대해 이의를 제기하는 의원들이 그것에 더하여 권리나 모럴에 대해 언급하는 내용을 발언 속에 종종 집어넣었기 때문이다. 마지막으로 언급한 태도를 잘 보여주는 예는 하원의 예산 위원회 위원장 죠르쥬 페랭이 그해 12월에 한 발언이다. 그는 1882년에 《정신을 한곳으로 모읍시다. *Recueillons-nous.*》라는 표현을 사용하여 독일에 맞서 힘을 결집하자고 호소했으며, 1885년에 하원에서 벌어진 논쟁에서는 식민지를 정복해서 그곳에서 얻을 수 있는 재정상의 이득에 대해 의혹을 표명하기에 앞서 다른 주장을 내세웠다. 그는 통킹의 각종 자원을 수탈하기 위해 그곳을 식민지로 삼는 것에 반대한다면서, 통킹에서 깨끗이 물러날 것을 요구했다. 그는 다음과 같이 말했다. 《이전에 존재했던 통치체제를 고스란히 대체하기 위해, 원주민을 일종의 공영체제하에 두기 위해, 그리고 세금을 징수하는 것 말고는 정복에서 다른 이득은 얻지 못하면서, 어느 한 나라를 침략할 권리가 있다고 주장하는 것은 가장 기본적인 도덕률을 무시하는 짓입니다.》(1885년 12월 23일의 회의에서 한 발언)

기 위해 특별예산을 요구함으로써 촉발되었으나, 곧 식민지를 정복하기 위해 원정을 하려는 방침 자체에 대한 본질적인 토론으로 귀착되었다. 전임 총리대신 쥘 페리가 그 문제를 피해가지 않았기 때문에 더더욱 그렇게 되었다. 당시에 자신이 이끌던 내각이 4개월 전에 붕괴되면서 단순히 의원신분으로 다시 돌아와 있던[8] 페리는 5년 전부터 식민지 확장정책을 맹렬히 추진해온 인물이었다. 그로부터 1년 전인 1884년 3월 27일, 내각을 대표하여 발언에 나선 페리는 《열등 민족들에 대한 우등 민족들의 권리》에 대해 언급하면서 다음과 같이 말한 적이 있다. 《우리가 그 야만인들의 나라에 쳐들어갈 권리가 있다면, 그것은 우리에게는 그들을 문명화해야 할 의무가 있기 때문입니다. (…) 그들을 [우리와] 동등한 사람들로 취급하지 않아야 하며, [우리는] 정복하는 우월한 민족의 관점에 서야 합니다.》[9]

한때는 제정(帝政)체제에 반대했으며, 파리 코뮌을 일으킨 사람들을 옹호했으며, 그 자신이 《공화주의적 입헌군주주의 *orléanisme républicain*》라고 부르는 것에 반대했던 액-상-프로방스 *Aix-en-Provence* 도(道) 지역구 소속의 의원 카미유 펠르탕은 우등 민족의 의무라는 것에 대해 다음과 같이 약간 비꼬는 투로 페리에게 말했다. 《그러므로 우리는 대포를 쏘아가며 야만인들을 문명화하는 것이 모든 우등 민족에게 부과된 의무라는 것을 알게 되었습니다. 우리가 그 야만인들의 의견을 물어보면, 아마도 그들은 우리에게 그 의무를 면제시켜줄 것입니다. 이런 주장 때문에 포로 없는 그 냉혹한 전쟁[10]이 벌어졌으며, 그 도시들이 파괴되고 포격을 받게 된 것입니다.》 그는 과거에 여러 군주제 정부가 품었던 야심을 공화체제 정부가 이어받지 말아야 한다고

8 쥘 페리 내각은 통킹 원정을 벌이던 프랑스 군대가 랑선 *Lang-Son* 전투(이에 대해서는 권말에 실린 연표를 참고하라. — 역주)에서 패배했다는 뜻하지 않은 소식이 전해진 직후인 1885년 3월 30일에 붕괴됐다. 페리가 추진한 것과 동일한 식민지 확장정책을 추진한 후임 총리대신 앙리 브리송은 그해 7월에 마다가스카르에서 전쟁을 벌이기 위해 1219만 프랑의 추가 예산을 가결해줄 것을 하원에 요청했다.

9 1884년 3월 27일의 하원 회의에서 한 발언.

10 포로 없는 냉혹한 전쟁 : 전투에서 포획한 적군을 포로로 대우하지 않고 사살하는 비윤리적인 전쟁을 말한다. — 역주

생각했다. 그는 다음과 같이 말했다. 《만약 당신이 1660년에 극소수의 프랑스인들이 백합꽃[11] 무늬가 수놓인 깃발을 마다가스카르에 꽂았기 때문에 현재의 공화국 정부가 그곳에 삼색기를 꽂아야 한다는 주장을 하려고 이 자리에 와 있다면 (…), 나는 당신의 논리가 사려 깊지 않다고 주장하는 바입니다.》[12]

파리 지역구 소속의 중도 좌파 공화주의자 의원이자 경제학자였던 프레데릭 파시는 식민지 정복에 뛰어드는 것은 국익에 부합하지 않는다고 평가했다. 국제법을 지지했으며, 1867년에 '국제상임평화연맹'을 설립했으며, 1901년에 첫 노벨 평화상을 받게 되는 그는 식민지 확장정책이란 《손가락을 집어삼킨 다음 손과 팔을 집어삼킨 톱니바퀴 장치》 같은 것이라며 규탄했다. 그는 《열등 민족들》이라는 개념을 거부하면서, 반대로 《우리가 멸시하지 말아야 할 작은 민족》이며, 《하찮게》 여기지 말아야 할 민족이며, 또 《프랑스라는 큰 나라에 어떤 위험도 끼칠 줄 모를》 민족인 마다가스카르인들에 대해 언급했다.[13]

답변에 나선 페리는 《양식(良識) *bon sens*》의 차원에서 문제에 접근하자고 역공했다. 페리 자신이 《우등 민족들》과 《열등 민족들》을 구분한 것이 인권에 위배된다고 주장하는 의원들에게 그는 다음과 같이 응수했다. 《펠르탕 씨는 그 자신이 평소에 자주 보여주었던 재치를 발휘하여 다음과 같이 우리를 비웃고 있습니다. "우리가 대포를 쏘아가며 강요하는 이 문명화 사업이라는 것이 또 다른 형태의 야만이 아니라면, 그게 무엇이라는 말인가? 열등 민족에 속하는 사람들은 자기 나라의 주인이 아닌가? 당신은 그들의 의견을 거스르면서 그들의 땅에 쳐들어가고 있으며, 그들을 문명화하고 있지 않다." 이것이 바로 펠르탕 씨가 말한 것입니다. 그런데 저는 주저 없이 다음과 같이 답하겠습니다. 그가 주장하는 것은 정치의 영역에 속하는 것도, 역사의 영역

11 백합꽃 : 프랑스 부르봉 왕가를 상징하는 꽃. ─ 역주

12 1885년 7월 25일의 하원 회의에서 한 발언.

13 1885년 7월 27일의 하원 회의에서 한 발언.

에 속하는 것도 아니라고 말입니다. 그것은 정치적 형이상학에 속하기 때문입니다. 당신이 열등 민족들의 평등, 자주, 자유에 근거한 당신의 주장을 끝까지 견지할 수 있다면, 어디 한번 그렇게 해보십시오. (…) 다음과 같은 사실을 분명히 말해야만 합니다. 그렇습니다. 우등 민족들에게는 열등 민족들에 대해 권리가 있습니다. 그렇지 않다면, 우리가 여러 식민지에 진출한 것을 어떻게 정당화할 수 있겠습니까? 그 여러 식민지가 우리를 원하지 않는데도 말입니다!》

1848년에 골수 공화주의자였으며 제정기(帝政期)에 해외로 추방된 적이 있는 오트-르와르 *Haute-Loire* 도(道) 지역구 소속의 의원 쥘 메뉴는 화를 내면서 다음과 같이 페리의 말을 가로막았다. 《당신은 인권이 공표된 나라에서 감히 그따위 말을 지껄이고 있습니다!》 페리는 자신이 보기에 인권선언문의 대상이 되는 사람들 — 유일한 사람들 —이 누구인지를 명확히 밝혔다. 그 내용은 다음과 같다. 《메뉴 씨의 말이 옳다면, 그리고 '인권선언문'이 적도 아프리카의 흑인들을 위해 작성되었다면, 그렇다면 여러분은 어떤 권리로 그들에게 여러분과의 거래를 강요하고 있습니까?》 그는 쥘 메뉴의 지적을 무시하면서(메뉴는 《권고하는 것과 강요하는 것은 다르다!》라고 했다.), 고집스럽게 다음과 같이 주장했다. 《거듭 말씀드리는 바이지만, 우등 민족들에게는 권리가 있습니다. 우등 민족들에게는 의무, 즉 열등 민족들을 문명화시켜야 할 의무가 있기 때문입니다.》 그러자, 센느 *Seine* 도(道) 지역구 소속의 급진 공화주의자 의원 폴 들라트르가 페리의 말을 가로막으며 다음과 같이 말했다. 《통킹에서 당신은 포로를 잡지 않았소!》[14] 페리는 그것이 사실인지 아닌지는 말하지 않고, 다음과 같이 응수하는 편을 택했다. 《그것은 프랑스 군대를 모욕하는 말이오!》 들라트르가 다시 반격에 나섰다. 자신의 정치적 책임을 모면하기 위해 군대의 명예 운운하는 페리의 말에 그는 다음과 같이 응수했다.

14 포로 없는 냉혹한 전쟁에 대한 위의 주를 참고하라. — 역주

《군대는 복종하지요. 내각은 명령합니다. 내각만이 책임이 있습니다!》

쥘 페리는 연설을 계속했다. 그는 프랑스가 알제리에서 완전히 물러나는 사태를 피하기 위해 토크빌이 이미 한 적이 있는 주장을 다시 늘어놓으면서, 프랑스는 다른 나라를 식민지로 삼으려는 선택을 굳히지 않는다면 즉시 펼쳐지게 될 《쇠퇴의 길》로 접어들 위험이 있다고 했다. 그 내용은 다음과 같다. 《여러 나라는 오로지 자신들이 펼치는 활동 때문에 위대합니다. 지금 여러 나라가 위대한 것은 "각종 제도의 평화적인 확산 *rayonnement pacifique* 때문"이 아닙니다. 행동하지 않고 세계의 각종 사건에 참견하지 않으면서 영향력을 확대하는 것, (…) 아프리카나 또는 오리엔트로의 모든 팽창을 모험으로 여기면서 그렇게 살아가는 것, 그것은 체념하는 것이며, 재빨리 그리고 우리가 생각하는 것보다 더 빠르게 1등의 위치에서 3등이나 4등의 위치로 추락하는 것입니다. (…) 우리는 다른 모든 나라들이 하는 일을 할 수 있어야 합니다. 그리고 식민지 확장정책은 유럽 열강의 전반적인 동향이기 때문에, 우리는 우리의 몫을 취해야 합니다. (…) 프랑스는 단지 자유로운 나라이기만을 바라는 것이 아니라, 세계의 운명에 영향력을 발휘하는, 그리고 가져갈 수 있는 곳이라면 모든 곳에 프랑스의 풍습, 프랑스의 언어, 프랑스의 병력, 프랑스의 깃발, 프랑스의 정신을 가져가는 위대한 나라이기를 바라고 있습니다.》[15]

식민주의에 반대하는 클레망소

당시에 파리의 몽마르트르 *Montmartre* 지역구 소속의 급진파 사회주의자 하원의원이었던 죠르쥬 클레망소도 펠르탕과 마찬가지로 페리의 주장에 강력히 반대했다. 그는 프랑스 국민들이 일이 저질러진 이후에야 비로소 그것

15 1885년 7월 28일의 하원 회의에서 한 발언.

에 대해 알게 되는 사태가 계속되어왔으며, 또한 식민지 개척전쟁이 침략 — 프랑스 국민들이 저항해야 할 의무가 있는 —의 결과일 것이라는 생각을 별로 중요하게 여기지 않는 것을 안타까워했다. 그 내용은 다음과 같다.《쥘 페리 씨가 집권하기 이전에 우리가 어느 곳으로도 군대를 파견하지 않은 것은 어찌된 일이며, 어찌하여 쥘 페리 씨가 내각의 우두머리로 등장한 것만으로 그토록 수많은 야만인들[16]이 국가의 명예에 먹칠을 하려는 자극을 받게 된 것인가요?》[17] 그는 야만인들을 문명화시켜야 할 의무가《인도주의적》이라는 주장을 다음과 같이 요약하면서 쥘 페리의 발언을 비판했다.《"우리에게는 열등 민족들에 대해 권리가 있다. 우등 민족들에게는 열등민족들에 대해 권리 — 우등 민족들은 지금 이 권리를 행사하고 있다. —가 있으며, 그리고 그 권리는 기이하게 변형되어 문명화의 의무이기도 하다." 이것은 고스란히 페리 씨가 주장한 것입니다. 그리고 우리는 열등 민족들과 싸우러 가서 그들에게 문명의 혜택을 강제로 누리게 하면서 그 열등 민족들에게 자체의 권리를 행사하는 프랑스 정부를 보고 있습니다.

우등 민족들! 열등 민족들! 이것은 조금 전에 내뱉어진 말입니다. 나로서는 프랑스인이 독일인보다 열등한 민족에 속하기 때문에 프랑스가 프랑스-독일 전쟁에서 패배할 수밖에 없었다는 것을 독일 학자들이 과학적으로 증명하는 것을 보면서부터 환상을 많이 버리고 있습니다. 고백하거니와 그때부터 나는 어느 사람 또는 어느 문명을 향해 돌아서서, "열등한 사람!"이라고 하든가 또는 "열등한 문명!"이라고 하기 전에 생각을 거듭하고 거듭합니다. 힌두교도들은 열등 민족인가요? 까마득히 먼 시대에 생겨난 저 세련되고 위대한 문명, 인도에서 생겨나서 중국으로 전파된 저 위대한 불교, 지금도 우리가

16 야만인들 : 여기에서 야만인들은 정복해야 할 사람들이 아니라, 식민화 사업을 펼치려는 프랑스인들을 의미하는 것 같다. — 역주

17 1885년 7월 30일의 하원 회의에서 한 발언. 여기에서 우리는 하원의 분석보고서, 「토론 신문」, 카미유 펠르탕이 주간으로 있던 신문 「정의」에 실린 클레망소의 글을 따랐다. 「정의」를 발행하는 출판사는 클레망소의 발언을 『식민지배 정책』이라는 제목의 소책자로 출판하기도 했다.

그 장엄한 유적을 보고 있는 저 예술을 활짝 꽃피운 것이 힌두교도들인데도 말입니다. 중국인들은 열등 민족인가요? 시원조차 알 수 없는 문명을 꽃피운 것이 그들인데도 말입니다. (…) 이 자리에서 개진된 주장은 (…) 권리에 대한 강변에 불과합니다. 이러한 부당한 주장에 맞서는 힘찬 항의가 곧 대혁명 이후의 프랑스 역사입니다. (…) 당신은 우리에게 이렇게 말하고 있습니다. 유럽인들이 당신이 야만인들이라고 부르는 국민들 — 나는 그들이 대단히 문명화되었다고 생각합니다. —과 교류하고 있을 때에 도덕성과 사회적 덕행 면에서 보다 큰 발전이 있지 않았느냐고 말입니다. 당신은 아마도 너무 성급하게 의견을 표명하고 있는 것 같습니다! 당신은 당신이 표명한 것에 대해 확신하십니까? 중국에는 사회적 덕행이 유럽의 이런저런 나라들에서보다 적었던가요? 지금 샌드위치 제도(諸島) *îles Sandwich*에는 쿡 대위[18]가 그곳에 닿기 전과 같은 도덕성이 있나요? 당신이 야만인들이라고 부르는 그 민족들에 대한 정복의 역사를 보십시오. 그러면, 당신은 폭력, 마구 자행된 갖가지 범죄, 압제, 넘쳐흐른 피, 정복자에게 억압을 받고 괴롭힘을 당한 약자를 볼 수 있을 것입니다! 그것이 바로 당신이 문명화라고 일컫는 것의 역사입니다!》

클레망소는 다음과 같이 18세기 말의 반식민주의 사상을 명시적으로 원용했다. 《버크, 셰리든, 폭스의 연설문을 읽어보십시오. 워렌 해스팅스를 고발하는 글들과 클라이브를 고발하는 글[19]을 읽어보십시오. 그러면, 당신은 정의와 문명화의 이름으로 잔인하고 무시무시한 범죄가 얼마나 많이 저질러졌는지 알게 될 것입니다. 나는 유럽인이 가져가는 악덕에 대해서는 아무런 언급

---

18 제임스 쿡(1728~1779년) : 영국 탐험가. 태평양을 탐험하는 과정에서 유럽인으로는 처음으로 오스트레일리아 동부해안, 누벨-칼레도니(뉴칼레도니아), 샌드위치 제도 남부, 하와이 등을 탐사했다. — 역주

19 이것은 1788년과 1789년에 영국 하원에서 에드먼드 버크가 인도 총독 워렌 해스팅스를 겨냥하여 한 비판을 가리킨다. 영국의 극작가이자 하원의원이었던 리처드 셰리든도 1787년에 해스팅스를 비판하는 유명한 연설을 했다. 버크와는 반대로, 셰리든은 자신의 동지였던 찰스 폭스와 마찬가지로 프랑스 대혁명을 찬양했다. 폭스는 '인도 회사'에 거세게 반대했으며, 1806년에 차관으로 있으면서 영국에서 노예제도를 폐지하는 운동에 참여한 중심인물들 중의 한 명이다. 로버트 클라이브는 '인도 회사'를 이끈 인물들 중의 한 명이다.

도 하지 않겠습니다. 유럽인이 퍼트리는, 곳곳에 퍼트리는, 제멋대로 강요하는 알코올과 아편이라는 악덕 말입니다. 그리고 쥘 메뉴 씨가 말했듯이, 인권의 모국인 프랑스에서 당신이 정당화하려고 애쓰는 것은 바로 그런 시스템입니다! 사실, 나는 우리 모두가 이 자리에서 한마음으로 벌떡 일어서서 당신의 말에 격렬하게 항의하지 않은 것을 이해할 수 없습니다. 아닙니다. 열등 국민들에 대한 소위 우등하다는 국민들의 권리는 없습니다. (…) 폭력을 문명화라는 위선적인 이름으로 포장하려고 애쓰지 맙시다. 권리, 의무라는 말은 들먹이지 맙시다. 당신이 권장하는 정복, 그것은 사람을 자기 소유물로 삼고, 그 사람을 고문하고, 그 사람의 내면에 있는 모든 힘을 뽑아내어 자칭 문명전파 국가 *civilisateur*의 이익을 추구하기 위해, 과학문명이 초보단계의 문명에 행사하는 순전한 힘의 오용입니다. 그것은 권리가 아니라 권리의 부정 *négation*입니다. 이와 관련하여 문명화 운운한다는 것은 폭력에 위선을 더하는 격입니다.》

이렇게 분개하면서 마침내 클레망소는《이따위 것들이 공개적으로 발설된 것은 이번이 처음이라는 것을》 알게 되었다고 말했다. 그는 당시까지 프랑스의 영향력 확산과 관련하여 공화주의자들이 권장한 것은 무력을 동원한 정복이 아니라, 평화적인 영향력 확산이었다고 강조했다. 그는 다음과 같이 말했다.《유럽에서는 아니라 할지라도 적어도 세계의 다른 모든 곳에서 항상 전쟁상태에 있는 것. 그것은 간단히 말해서 군주제 정부의 정책입니다!》

공화체제에서의 전환점

페리와 내각은 결국 하원의 표결에서 지지를 얻었다. 표결 때에 공화주의자들은 분열되었으며, 군주주의자들과 보나파르트주의자들 *bonapartistes* 일부는 정부가 요청한 예산안에 동의했다.[20] 그러나 몇 달 뒤인 10월에 국회의

20 정부가 요청한 예산안은 1885년 7월 30일에 찬성 291표, 반대 142표로 가결되었다.

원 선거가 끝나면서 논쟁이 재연되었다. 그 선거의 결과로 공화주의자들로 이루어진 다수파가 하원에서 입지를 강화했다. 다수파 내에는 식민지 정복에 반대하는 세력이 포함되어 있었다. 논쟁의 결말은 이전보다 훨씬 더 불확실해 보였다. 논쟁의 대상이 된 것은 여전히 프랑스 군대가 마다가스카르와 통킹에서 벌이는 전쟁과 그 전쟁에 조달하기 위한 자금 문제였다. 프랑스 공화국은 그 직전에 마다가스카르 왕국과 조약을 맺었으며, 이에 대해 하원은 만족스러워했지만, 당시에 프랑스 정부는 베트남을 정복하는 데에 몰두하고 있었으며, 이 때문에 하원에서는 통킹에서 철수하라는 강력한 요청이 제기되었던 것이다.

프레데릭 파시 의원은 이전에 자신이 언급한 《톱니바퀴 장치》[21]에 대해 또다시 우려를 표명했다. 장차 노벨 평화상을 받게 되는 그는 지적을 하나 하면서 연설을 끝냈는데, 그 지적은 쥘 페리가 인간을 우등 민족과 열등 민족으로 나눈 것을 파시 자신은 거부한다는 것을 보여주는 것이었다. 그는 알자스 출신으로 식민화 사업을 지지하는 프레펠[22] 예하에게, 침략을 받고 있는 식민지인들의 입장에 서보라고 권고했다. 그 내용은 다음과 같다. 《애국자이자 알자스인이며, 힘을 동원한 침략에 대해 너무나 힘차고 너무나 당당하게 항의하며, 어느 민족에게서 그들 영토의 단 한 조각이라도 강탈할 수 있는 권리를 어떤 강국(强國)에게도 인정하지 않는 당신은 (…) 다른 민족들이 있다는 것을 잊고 있습니다. 그 민족들은 아마도 문명 면에서는 덜 진보되었을 것이지만, (…) 그곳에서 각 사람 역시 (…) 자신들의 알자스와 자신들의 로렌에 해당하는 고향 땅을 사랑합니다. 아! 아마도 위대한 민족들은 그 다른 민족들의

21 《톱니바퀴 장치》: 앞에서 보았듯이, 파시는 식민지 확장정책이 《손가락을 집어삼킨 다음 손과 팔을 집어삼킨 톱니바퀴 장치》 같은 것이라며 규탄했다. — 역주

22 샤를-에밀 프레펠(1827~1891년) : 프랑스 성직자, 정치인. 사제 서품을 받고 신학박사 학위를 받았으며, 소르본 대학교 교수가 되었다. 1869년에 프랑스 서북부에 있는 도시 앙제 *Angers*의 주교에 임명되었으며, 1880년과 이어서 1885년에 하원의원에 당선되었다. 우파 군주주의자로서 탈종교적 공교육을 비판하고 식민지 정복에 찬성했으며, 사회주의적 가톨릭 사상을 옹호하고 레오 13세가 1891년에 발표하게 되는 회칙 『새로운 사태』에 영향을 주었다. — 역주

자주성과 위엄을 시샘하는 모습을 보이는 것이 너무나 당연하겠지만, 그 다른 민족들의 자주성과 위엄을 존중해야 하지 않을까요?》

펠르탕은《높은 산이 솟아 있고 숲으로 덮여 있어서 접근할 수 없는 지역》인 통킹 북쪽의 산악지역을 군사력으로 장악하는 것이 쉽지 않다는 점에 대해 경각심을 일깨웠다. 그로부터 70년 뒤에 정치 책임자들과 군부 책임자들의 무분별 때문에 프랑스 군대는 바로 그 산악지역에 있는 디엔 비엔 푸에서 벌어진 전투[23]에서 패주하게 된다. 펠르탕은 통킹에서 철수하는 정책이 아닌 다른 모든 정책은《고통스럽고 위험한 결과》를 가져올 것이라고 예언했다.[24]

총리대신 앙리 브리송은 곤경에 처했다. 답변에 나선 그는 펠르탕의 말이《변증법》에 속한다고 했으며, 자신은 펠르탕의 어떤 주장에도 답변하지 않겠노라고 경고했다. 그는《우등 민족들》과《열등 민족들》이라는 개념을 옹호하기가 쉽지 않았다. 그는 다음과 같이 말했다.《그런 말들은 현대인들의 귀에는 좋지 않게 들리며, 별로 민주주의적이지 않습니다.》그로서는 식민지를《포기하고》《버리는 것》은 불가능하다고 주장하는 것이 더 쉬웠다. 1791년에 입헌의회에서 식민지 이주민들의 대변자들이 그렇게 했으며 또 알제리가 독립할 때까지 프랑스 공화국의 모든 당국자들이 그렇게 하게 되듯이, 앙리 브리송은 식민지배 행위가 돌이킬 수 없다는 것은 공리(公理)와도 같으며, 그 행위를 포기하면 프랑스는 쇠퇴를 피할 수 없다고 했다. 그는 다음과 같이

23 디엔 비엔 푸 전투 : 통킹과 라오스 사이의 국경지대에 있는 해발 600미터의 분지에서 벌어진 전투. '베트남 인민군'의 보 응웬 지압 장군이 통킹 북서부에 있는 태국의 라이쩌우 *Laichau*를 공략해서 루앙프라방 *Louang-Prabang*과 라오스로 진격하려 한다는 정보를 접한 프랑스의 앙리 나바르 장군이 라오스를 방어하기 위해 1953년 11월 20일에 그곳에 참호를 구축하면서 시작되었다. 실제 전투는 1954년 3월 12일부터 5월 7일까지 벌어졌다. 그곳은 보급기지로부터 멀리 떨어진 분지였기 때문에 프랑스 군대는 항공지원을 받아야 했는데, 장마 때문에 보급이 쉽지 않았다. '베트남 인민군'은 보급품을 트럭과 자전거로 실어 나르거나 사람이 져 나르면서 공세를 강화했다. 프랑스 지휘관들의 전략 오류, 지나친 자신감과 우월감 등이 패배의 요인이었다. '베트남 인민군' 측에서는 전투에 투입된 5만 명의 병력 중에 1만 5000~2만 명의 사상자와 실종자가 발생했다. 프랑스 측에서는 1만 5000명의 병력 중에서 3000여 명이 전사하거나 실종되거나 또는 탈주했으며, 수천 명이 포로로 잡혔다. 이 전투에서의 패배는 프랑스가 베트남에서 물러나는 결정적인 계기가 되었다. — 역주

24 1885년 12월 22일의 하원 회의에서 한 발언.「토론 신문」, 1885년 12월 23일자.

말했다. 《말씀드려도 될까요? 군주제 정부는 프랑스에 알제리를 안겨주었으나, 공화국 정부는 인도차이나를 버렸다는 것을 말입니다.》 그는 프랑스인들이 1960년대까지 종종 듣게 될 일련의 주장을 늘어놓았다. 우리는 우리를 신뢰했던 그 여러 나라 사람들을 저버릴 수 없다는 주장, 우리의 병사들과 재외국민들을 공격한 자들은 《강도들》이라는 주장, 또는 안남(安南) 정부의 《비열한 책동을 끝장내는 것이 꼭 필요했었다.》라는 주장이 그것이다.

다시 발언에 나선 클레망소가 통킹에서 철수하는 것이 옳다고 힘차게 주장했음에도 불구하고 — 그는 《통킹 원정을 하기 위해서라면, 공화국 정부는 필요 없었으며 군주제 정부로 충분했습니다!》라고 했다. —, 정부 예산안은 찬성 273표를 얻어 가까스로 통과되었다. 과반수에 필요한 것은 271표였다. 다음과 같은 기사가 「토론 신문」 — 하지만 이 신문은 내각에 호의적이었다. —에 실렸다. 《두 표가 다른 쪽으로 이동하면서, 결과가 뒤집어졌다. 몇 주 전에 몇몇 의원들의 당선이 취소되지 않았더라면, 다른 쪽이 과반수 표를 얻었을 것이다.》[25]

클레망소는 인권이 모든 인간존재들에게 적용되는 것은 아니라는 주장이 공화국 국회의 표결을 통해 공식적으로 표명된 것은 이번이 처음이라고 강조했는데, 그것은 옳은 지적이었다. 클레망소가 지적한 주장은 인류가 두 부류의 인간들, 즉 인권을 누릴 자격이 있는 문명화된 백인들과 인권을 요구할 아무런 자격도 없는 야만적인 원주민들로 이루어져 있다는 것이었다. 그런 주장은 제1공화국이 표명한 것과는 정반대였다. 단명한 제2공화국은 자체 헌법의 원리와 자체 행위 사이의 명백한 모순을 생생히 드러낸 적이 있다. 한편으로는 헌법을 통해 《단연코 자체의 힘을 그 어떤 민족의 자유에도 어긋나게》 사용하지 않으려 하고 또한 알제리에서 프랑스 군대가 계속 자행한 것과 같은 행위들도 거부했지만, 다른 한편으로는 알제리를 프랑스 영토로 규정하면

25 「토론 신문」, 1885년 12월 25일자.

서도 공화국의 법률을 그곳에 적용하지 않고 또 프랑스 본국 사람들이 그곳으로 이주하도록 공식적으로 장려한 것이 바로 그 모순이었다. 인권을 바라보는 어떤 제한적인 관점이 그 모순 속에 이미 드러나 있었다. 그러나 노예제도를 폐지하고 그 어떤 새로운 정복전쟁에도 뛰어들지 않은 제2공화국은 그런 유형의 노선을 결코 명시적으로 드러내지는 않았다.

인권에 대한 그런《해석》— 오늘날 장-마리 르 펜이 이끄는 정당이 끈질기게 옹호하고 있는 것이 바로 그런 해석이다. —은 1885년에 하원에서 벌어진 논쟁을 통해 프랑스 공화국의 공식 노선이라는 위상을 가질 수 있게 되었다. 그렇게 해서《야만 민족들》에게는 인권이 인정되지 않게 되었다. 노예제도가 폐지될 때인 1794년에 당통이 말했듯이, 인권은 이제 세계 전체에 적용되지 않기에 이르렀던 것이다. 이것은 초기 공화주의자들의 생각과는 뚜렷이 단절되는 것이었다.

제3공화국 때에는 참된 헌법이 없었기 때문에 인권은《백인의 권리》로 쉽게 둔갑될 수 있었다. 그로부터 10년 전에 프랑스 국회가 거의 대등한 수의 군주주의자들과 공화주의자들로 양분되어 있어서 참된 헌법을 채택하기 어려웠다는 사실을, 그리고 각종 기관의 기능을 규정하는 것에 국한되는 헌법률들 *lois constitutionnelles*을 채택하는 것으로 그치고 말았다는 사실을 우리는 알고 있다.

공화국 정부는 정부 자체가 의거하는 근본적인 가치들을 헌법 전문(前文)에 밝히기를 처음으로 포기했다. 게다가 이런 경우는 프랑스 역사상 단 한 번밖에 없었다. 그리고 그렇게 하는 동시에 공화국 정부는 프랑스 본국의 법이 식민지에도 적용된다는 원리에 대해 태도를 밝히기를 회피했다. 그 결과로 공화국 정부는 말루에가 1791년에 입헌의회에서 요약해서 제시한 양자택일의 요구, 즉《식민지에 새로운 원리들의 보편성을 적용하든지》그렇지 않으면《그 보편성의 적용범위에서 식민지를 제외시키라》는 요구에 대해 답변을 회피했다. 그렇게 해서 이 요구에 대해 제3공화국은 초기 공화주의자들이 제시한 답변에 정반대되는 답변, 즉 프랑스 역사상 모든 군주체제들이 제시한 답변을 할 수 있었다. 말로 답변한 것은 아니었지만 말이다……. 식민지에는 특별법이 적용되기 때문에 프랑스 법은 그곳에 확대 적용되지 않는다는 것이 그 답변이었다. 그것은 말루에가 택한 태도였다. 그는 재치 있는 표현(《새로운 원칙의 보편성》은 식민지에 적용되지 않아야 한다는 표현)[26]을 통해 지금으로부터 한 세기 전에 보편적이지 않은 보편성이라는 개념 *concept d'universel non universel*을 만들어냈다.

식민지배에 대한 새로운 의견일치

심지어 그런 노선은 세월이 흐르면서 점차로 프랑스 공화국의 공식 노선이라는 위상을 가지게 된다. 그런 노선은 앞에서 보았듯이 1885년에는 강력한 항의의 대상이었으나 — 비록 그 항의에 일관성이 결여되지 않았던 것은 아니었으며, 모순이 없었던 것도 아니었지만[27] —, 이후로 4분의 3세기 동안 공화국 정부가 공통적으로 염두에 두게 되기 때문이다. 그런 노선은 정부 내의 모든 집단이 공유하게 되는, 그리고 군주주의적이고 교권주의적이며 반동적인 소수파들 — 그러나 이 소수파들은 공화국의 원리 자체에는 반대했다. —이 동조하게 되는, 실제상으로 이론의 여지없는 이념적 유산이었다.

1885년에 있었던 국회의원 선거의 결과를 분석해보면, 이후로 제3공화국 내내 드러나게 될 경향을 엿볼 수 있다. 즉, 공화주의자들 중에서는 그 문제들에 대해 다소 결연하게 반대하는 파가 형성된 반면, 계몽사상과 인권에 반

26 1791년 5월 11일의 국민의회 회의에서 한 발언, 『국회기록』.

27 우리는 앞에서 살펴본 바 있는 의원들의 발언 중에서 그 의원들이 이따금 인종주의적인 편견 — 그 자신들이 공격하는 —에 빠지기도 했다는 것을 보여주는 말을 찾아낼 수도 있을 것이며, 그들이 권리(예를 들면, 페리가 말한 《열등 민족들에 대한 우등 민족들의 권리》 — 역주)를 주장하는 것으로는 충분치 않다는 듯이, 식민지에서 얻을 수 있는 이득이 크지 않다고 주장한 것에 놀랄 수도 있을 것이다. 그러나 그런 종류의 정치투쟁에서는 상대를 제압할 수 있게 해주는 것이라면 무엇이든지 동원하는 법이다.

대하는 세력들은 그 노선에 찬사를 보냈던 것이다. 1890년에 모리스 바레스[28]는 곧 급진주의자들과 합세하여, 달성해야 할 목표는《아프리카에 세계 최대의 식민제국을 건설하는 것이다.》라고 말하게 된다. 그리고 하원에서 프레데릭 파시로부터 호된 공격을 받았던, 군주주의적인 성향을 띤 주교 프레펠 예하는 공화국 정부의 식민지배 정책이 구체제 때의 식민지배 정책을 계승하고 있다는 점에 대해 다음과 같이 환호하게 된다.《리슐리외, 콜베르, 왕정복고 정부의 사업을 계승하라는 부름을 받은 것은 바로 공화주의자 여러분입니다!》 식민지배 정책을 바라보는 관점에 있어서의 그런 점진적인 변화는 이후로도 비시 체제에서부터 극우파 소속으로 국민의회 의원신분이었던 젊은 시절의 장-마리 르 펜에 이르기까지 계속 확인된다. 비시 체제는 공화체제가 온갖 결점을 가지고 있다고 하면서도, 그 체제가 이룩한 단 하나의 치적, 즉 프랑스에 식민제국을 물려준 치적은 인정하게 되며, 1956년에 르 펜은 기 몰레가 이끄는 사회주의당 정부가 알제리와 관련하여 취한《단호한 태도》[29]를 지지하게 된다.

1885년 이후로 식민지배 이데올로기에 반대하는 움직임은 완전히 사라지지는 않지만, 적어도 공화국의 모든 주요 기관과 주요 세력들 내에서는 현저히 줄어들게 된다. 그런 움직임은 점차로《국정을 책임진》 공화주의자들의 영역 밖으로, 그리고 국정을 맡을 가능성이 있는 좌 · 우파의 모든 정당들과 모든 정치인들의 권역 밖으로 밀려났으며, 이후로는 체제비판적인 역할만을 하는 것으로 간주되는 극좌파 측 집단들이나 몇몇 독자적인 인물들만이 그런 움직임을 보이게 된다. 때로는 존경과 인정을 받기도 했으며 때로는 무책임

28 모리스 바레스(1862~1923년) : 프랑스 소설가, 정치인. 초기에는 개인주의를 노래한 3부작『민족적 에너지의 소설』로 청년들의 흠모를 받으며《청년들의 왕자》로 군림했다. 후기에는 민족주의적이며 반드레퓌스주의적인 성향 때문에 20세기 초의 프랑스 지식인의 한 전형이 되었다. 정치인으로서는 하원의원을 여러 차례 지냈다. — 역주

29 사회주의당 정부가 취한《단호한 태도》: 1956년 1월의 선거를 통해 총리대신이 된 기 몰레(1905~1975년)가 그해 3월에 국회로부터 전권을 위임받아, 알제리에 징집병들을 대대적으로 보낸 것을 말한다. — 역주

한 사람들이자 몽상가로 간주되기도 했지만, 어쨌든 공화국 국민들의 대대적으로 일치된 견해와는 항상 동떨어진 견해를 가졌던 지식인들, 작가들, 예술가들이 바로 그 독자적인 인물들이다.

1885년에 벌어진 논쟁을 통해, 식민지배 이데올로기에 반대하는 움직임에 맞서기 위해 지속적으로 동원되는 무수한 주장의 토대가 마련되기도 했다. 이를테면 이런저런 민족이 우리의 재외 국민들을 공격하면, 우리는 《권리》가 있으며 그 민족에 맞서 싸우지 《않을 수 없다.》라는 논리가 그것이었다.[30] 그리고 그런 정책에 항의하는 자들은 우리의 적들을 대변하는 자들, 달리 말해서 배반자들로 간주되었다. 누군가가 전쟁범죄가 자행되었다는 지적을 하면, 그런 지적은 군대의 명예를 해치는 것이라는 답변이 돌아왔다. 정복에 저항하는 민족들이 사용한 폭력과 만행은 프랑스가 그들을 대상으로 벌이는 전쟁에 추가적인 정당성을 부여한다는 주장도 제시되었다.

무력침공을 받은 민족들은 폭력을 사용할 수 있다는 원칙에 대해 18세기 철학자들과 제1공화국 때의 사람들이 찬성하던 시대는 이제 끝났다. 그 원칙에 찬성한 사람들로는 루소, 디드로, 루이-세바스티앵 메르시에, 장-폴 마라 등이 있다. 루소는 스페인이 아메리카를 정복한 사건을 상기하면서 다음과 같이 말했다. 《이 미개부족들이 사는 곳에 침입하는 첫 번째 유럽인은 국경에서 교수형에 처해져야 할 것이다.》 디드로는 레날 신부의 저서에 다음과 같은 반박의 글을 삽입했다. 《당신들은 "그러나 그들은 반도(叛徒)다……."라고 합니다. 반도라고요? 왜 그럴까요? 그들은 당신들의 노예가 되려고 하지 않기 때문이지요…….》[31] 루이-세바스티앵 메르시에는 《원수를 갚은 신세

30 이를테면 1885년 7월 27일에 외무부 장관 샤를 드 프레시네는 《우리나라 사람들이 받은 좋지 못한 대접》을 이유로 들면서, 마다가스카르의 《호바족》(마다가스카르의 여러 종족 중의 하나. 본래는 귀족과 노예 사이의 중간 계급에 해당했으나, 19세기 초에 들면서 경쟁 부족들을 밀어내고 마다가스카르의 주도 계급이 되었다. — 역주)을 응징하기 위한 《현재의 원정》을 정당화했다.

31 디드로가 레날 신부의 저서 『유럽인들의 두 인도 진출과 무역의 철학적, 정치적 역사』(1770년)에 삽입한 구절.

계의》 한 흑인을 자신의 미래소설에 등장시켰는데, 그 흑인에 의해 《프랑스인들, 스페인인들, 영국인들, 네덜란드인들, 포르투갈인들 모두가 검(劍), 독(毒), 화염에 희생되었다.》[32] 쟝-폴 마라는 「인민의 벗」에 기고한 글에서 다음과 같이 썼다. 《그들은 자신들을 옥죄어 신음하도록 만드는 잔인하고 수치스러운 멍에를 떨쳐버리기 위해서라면, 가능한 모든 방법을 사용하는 것이 정당화된다. 압제자들을 최후의 한 사람까지 살해할 수밖에 없을 경우에는 죽음마저도 사용할 수 있다.》[33]

미개인들은 인간으로 여겨지지 않게 되다

한편, 식민화 사업의 이념을 둘러싸고 수많은 혼란이 빚어졌다. 쥘 페리는 다음과 같은 표현을 사용했다. 즉, 어느 민족의 위대성은 《가져갈 수 있는 곳이라면 모든 곳에 자체의 풍습, 자체의 언어, 자체의 병력, 자체의 깃발, 자체의 정신》[34]을 퍼트리는 것이라고 했던 것이다. 그는 여행할 수 있는 자유, 교역할 수 있는 자유, 문화교류를 할 수 있는 자유, 통행할 수 있는 자유 또는 심지어 지구상의 원하는 곳에 거주할 수 있는 자유를 들먹였다. 이 모든 자유는 사실상 인권에 속하는 것이다. 그런데 마지막으로 언급된 자유는 지금 많이 무시되고 있다. 옛 식민지에서 프랑스로 이주해오는 사람들에게 그 자유를 인정해주어야 하는데도 말이다.[35] 그러나 페리가 말한 것은 전혀 다른 것

32 루이-세바스티앵 메르시에, 『2440년 — 언젠가 있었던 것 같은 꿈』, 1771년, 앞의 책.

33 「인민의 벗」, 1791년 12월 12일자.

34 앞에서 보았듯이, 1885년 7월 28일의 하원 회의에서 페리는 프랑스는 《가져갈 수 있는 곳이라면 모든 곳에 프랑스의 풍습, 프랑스의 언어, 프랑스의 병력, 프랑스의 깃발, 프랑스의 정신을 가져가는 위대한 나라이기를 바라고 있습니다.》라고 했다. — 역주

35 통행의 자유를 누릴 수 있는 권리는 인권에 속한다. 그 권리는 특히 1948년에 공표된 '세계인권선언문'에 표명되어 있다. 어떤 사람이 다른 나라로 들어갈 수 있는 권리가 아니라, 자신의 나라를 떠날 수 있는 권리로만 표현되어 있지만 말이다. 이것은 어느 나라 정부가 자국 영토 내로 외국인이 들어오는 것(이것은 정착할 수 있는 권리와는 별개의 것이다.)을 금지할 수 없다는 의미를 내포한다. 2002년에 '인권연맹'이 취한 태도 역시 어떤 나라든 외국인이 그곳에 정착할 수 있는 권리는 인간의 기본적인 권리 — 이에

이었다. 그가 말한 것은 다른 나라의 영토를 정복하고 지배할 수 있는《권리》였다. 그곳에서 살아가는 사람들은 그렇게 생각하지 않고 있다는 사실을 개의치 않으면서 말이다. 물론, 페리가 말한 그 권리는 인간의 가장 기본적인 권리에 어긋나는 것이다.

'colonie'라는 낱말 자체의 다의성(多義性)[36]이 동원되기도 했다. 이 용어는 한편으로는 자기 나라를 떠나 다른 나라로 가서 그곳의 주권을 존중하면서 그곳에 거주하는 사람들을 가리킨다. 그래서 프랑스 내의 포르투갈인 이주민 집단 *colonie portugaise*, 뉴욕 내의 프랑스인 이주민 집단 *colonie française*같은 말이 사용된다. 이 용어는 다른 한편으로는 어느 나라가 그곳 주민들의 지지를 받지 못하면서 힘으로 지배하는 영토를 가리키기도 한다. 이 문제와 관련하여 이전의 여러 세기에 비토리아나 디드로 같은 사상가들은 차근차근 생각해보려고 애쓴 적이 있다.

예를 들면, 1532년에 비토리아는 몇 가지 원리를 이끌어내려고 했다. 아메리카와 관련하여 그는 다음과 같이 주장했다.《스페인 사람들에게는 그 지역에 갈 수 있는, 그리고 그곳에 거주할 수 있는 권리가 있다. 그곳 주민들에게 아무런 해도 끼치지 않는다면 말이다. 그들이 그렇게 하는 것을 막을 수 없다.》그리고 그들은《그곳 사람들과 교역을 할 수 있다. 물론 그곳 원주민들에게 아무런 해도 끼치지 않는다면 말이다.》또한《그 나라에서 스페인 부모에게서 태어나게 될 아이들》에게 시민권을 부여하기를 거부하지 않아야 한다. 그 아이들이《그 나라의 시민이 되기를 바란다면》말이다. 그리고《기독교인들은 복음을 알리고 전할 수 있으며》, 만일 야만인들이 훼방을 놓으려 한다면 그들과 싸울 수도 있다. 그러나 비토리아는《보호 · 감독할 수 있는

대해서는 조건을 설정해야 한다. 각국 정부와 기타 기관들이 이 기본적인 권리를 일시적으로 제한할 경우에는 정당한 사유를 밝힘으로써, 그리고 또 이 권리가 실효성을 얻을 수 있도록 환경을 조성함으로써 말이다. ―에 속한다고 표명하는 것이었다.

36 'colonie'의 다의성 : 'colonie'는 '식민지' 외에도 '이주민 집단', 학생들의 '하계학교'나 '산간학교', 또는 동물이나 곤충의 '군집' 등을 의미한다. ― 역주

권리》는 전혀 다른 것이라고 생각했다. 그는 우리가 야만인들보다 더 문명화되었으며 또 우리가 그들이 모르는 《인간에게 유익하고 필요하기도 한 것들》을 알고 있다고 하더라도, 그 사실 때문에 《그들의 행정을 떠맡을》 수 있는 권리가 우리에게 부여되는 것은 아니라고 했다.[37]

마찬가지로 레날 신부의 저서에 삽입한 구절에서 디드로 역시 어떤 기준을 설정하려고 했다. 그는 사람이 살고 있지 않는 곳을 차지할 수 있다는 것을 인정했다. 그러나 그는 사람이 살고 있는 땅인 경우에는 《사람이 사람에게 베풀어야 할 환대와 도움만을 바랄》 수 있다고 했다. 계속해서 그는 다음과 같이 썼다. 《그러나 누군가가 나에게 쉴 곳, 불과 물, 빵과 소금을 준다면, 그 사람은 나에 대한 자신의 의무를 다하는 것이다. 만일 내가 그 이상을 요구한다면, 나는 도둑이나 살인자가 된다. 사람들은 참고 나를 받아주었다. 나는 여러 종류의 법과 풍속을 알게 되었다. 그 여러 종류의 법과 풍속은 나에게 알맞았다. 나는 그 고장에 정착해서 살고 싶다. 내가 그렇게 하도록 사람들이 허락해준다면, 그것은 그들이 내게 베풀어주는 은혜이다. 그들이 그것을 거부하더라도, 나에게는 불쾌하게 여겨지지 않을 것이다.》[38] 따라서 디드로는 그곳 주민들의 뜻을 무시하면서 땅을 가로채고, 자신들의 힘을 이용하여 심지어 그 주민들을 짐바리 짐승으로 삼기도 하는 유럽인들을 비난했다.

《야만인들》이라는 개념과 《열등 민족들》이라는 개념은 구체제 때에 통용되었던 개념들에 비해 엄청나게 퇴보한 것이다. 16세기부터 18세기까지 인디언들의 땅을 식민지로 삼고 흑인들을 노예로 삼는 것을 정당화한 사람들조차도 그 인디언들과 흑인들이 겪는 고통에 완전히 무관심하기는 했지만, 그 인디언들과 흑인들이 자신들과 마찬가지로 인류에 속한다는 것을 인정한다는 사실을 보여주는 용어를 사용하여 그들에 대해 언급했던 것이다. 이를테

37 프란치스코 데 비토리아, 『신학의 가르침 – 인디언들에 대하여』, 1532년, 제3절.

38 디드로가 레날 신부의 저서 『유럽인들의 두 인도 진출과 무역의 철학적, 정치적 역사』 제8책, 제1장, 제2권의 1770년 판본에 삽입한 구절.

면 노예제도를 옹호했던 라바 신부는 노예선에 실린 흑인들에 대해 언급하면서, 다른 아무 사람이나 가리키는 데에 쓰이는 것과 같은 낱말을 사용하여 그 흑인들에 대해 다음과 같이 언급했다. 《배 위에서 보낸 첫 며칠간은 그들에게는 더없이 힘들었다. 그들은 자기 조국에 대한 강렬한 향수에 휩싸여 있었기 때문이다.》[39] 이렇게 노예들이 자신들과 같은 인류에 속한다는 것을 말로써 인정한다는 것은, 다른 민족의 땅을 정복하고 노예제도를 운용함에 있어서 입장을 뒤바꾸어 생각해볼 수도 있으리라는 것을 의미한다. 그것은 보쉬에처럼 다른 민족의 땅을 정복하고 노예제도를 운용할 수 있는 권리를 옹호할 때조차도, 피정복자들이나 노예들의 입장에 서서 자신의 처지를 생각해볼 수 있는 가능성을 열어놓는다는 것을 의미한다.

이와는 반대로, 《우등 민족들》과 《열등 민족들》이라는 개념은 일체의 상대성 *symétrie*을 배제하는 것이다. 이 개념을 따르면, 다른 민족의 땅을 정복하고 노예제도를 운용함에 있어서 입장을 뒤바꾸어 생각해볼 수 없다. 이렇게 되면, 《우리가 그들의 입장이라면 어떻게 할 것인가?》라는 생각은 통하지 않는다. '우리'는 '그들'과 같지 않고 '그들'은 '우리'와 같지 않으므로, '우리'는 '그들'의 입장에 설 수 없기 때문이다. 식민지인들에게서 《자신들의 알자스와 자신들의 로렌》에 해당하는 그 땅들과 관련하여 프레데릭 파시 의원이 1885년에 하원에서 한 지적에 대해 내각을 지지하는 의원들은 항의의 외침을 쏟아냈다. 그 지적이 혁신적이었기 때문이다. 그 지적을 통해 파시 의원은 프랑스 공화국이 추진하는 식민화 사업의 토대로 작용한 이념, 즉 식민지인들은 진정으로 우리와 같지 않기 때문에 우리에게는 그들의 땅을 식민지로 삼을 수 있는 권리가 있다는 이념을 깨부수었던 것이다.

우리는 1885년에 쥘 페리와 앙리 브리송이 인권의 측면에서 반론을 제시하는 사람들에게 어떻게 대응해야 할지 잘 몰랐다는 사실을 알고 있다. 펠르

39 장-바티스트 라바 신부, 『아메리카의 섬들로의 새로운 여행』, 앞의 책.

탕, 파시 또는 클레망소가 내세우는 논리적인 주장에 맞서 페리와 브리송 두 사람은 흥분했으며, 그들이 한 말은《변증법》과《정치적 형이상학》에 속한다고 비난했다. 그런 주장은 새로운 것이 아니었다. 1789년에 공표된 '인권선언문'에 반대하기 위해 피에르-빅토르 말루에가《형이상학적 규범》,《형이상학적 토론》,《형이상학적 진술》이라는 말을 이미 사용한 적이 있기 때문이다.[40] 그리고 모리 신부도《형이상학적 추론》이라는 것을 공격하면서, 그것이 식민지에 적용되는 것을 피하려고 한 적이 있다.[41]

그들은 원칙을 둘러싼 논쟁이 자신들에게 별로 유리하지 않다는 것을 의식하고 있었다. 따라서 그들은 다른 측면을 찾아내는 것이 자신들에게 더 유리할 것이라고 느꼈다. 즉, 식민지인들은 미개인이며 진정으로 우리와 같지 않다는 것을 말보다 더 잘 보여주는 표상들을 만들어내고자 했던 것이다. 이론적인 주장이 잘 먹혀들지 않을 때, 그들은 문제가 되는 것은 미개인들이며 인종들이 동등하지 않다는 것은 너무나 명백하다는 암시를 주는 우스갯소리나 이미지 자체가 훨씬 더 효과적이라고 생각했다.

40 69쪽을 보라.

41 1791년 5월 13일의 회의에서 한 발언(『국회기록』). 또한 노예제도를 운용하고 다른 민족의 땅을 정복할 수 있는 권리를 옹호하기 위해 보쉬에 역시 개신교도 쥐리외가《떠벌리는 말》을 공격한 적이 있다.

제6장

미개인 이미지 구축

《우등 인종》으로 규정된 백인들이 흑인종, 황인종 그리고 다른《미개인들》에 비해 자연적으로 우월하다는 비동등주의적 이념은 '인권선언문'에 천명된 내용과 잘 조화되지 않았기 때문에, 그런 엉터리 주장을 옹호하는 사람들은 본질적으로 사변적인 논리에 의지하지 않음으로써 그런 엉터리 주장에 확고한 위상을 부여하는 성과를 올릴 수 있었다. 그들의 주장은 궤변에 속하는 것이었기 때문에, 그 엉터리 주장에 확고한 위상을 부여하려는 목표에 도달할 수 있는 유일한 방법은 인종들 사이에 우열이 있다는 것은 너무나 명백해서 증명할 필요조차도 없다는 암시를 주는 것이었다. 인종들 사이에는 우열이 있다는 이론을 지지하는 사람들은 자신들에게 매우 불리했던 1885년의 논쟁을 우회함으로써, 마침내 그 이론이 명백한 진실처럼 보이도록 할 수 있었다.

공화국이 새로운 양식(良識)을 고안해내고《인간 동물원》을 설치하다

프랑스 대혁명이 일어나고 1세기가 지나서 제3공화국의 각종 제도가 지속적으로 제정되기 시작하던 때에 활동한 식민지 확장정책 지지자들은 새로운 상식(常識 *sens commun*)을 만들어내는 것이 멋진 방안이라고 생각하게 되었다. 그들이 보기에 이미지, 이야기, 감동을 불러일으키는 사건들만이 식민지에 사는 《미개인들》의 표상을 보여줄 수 있는 것으로 여겨졌다. 미개인들의 표상은 그 자체로 인종들이 동등하지 않다는 것을 암시하는 것이었으며, 백인종의 우월성에 대해 알 수 있도록 해주는 것이었다. 그렇게 해서 담론을 동원할 필요 없이, 식민지인들에게 인권을 인정해주지 않는 행위가 정당화될 수 있었다.

그런 종류의 명백한 진실을 만들어낸 사람들이 보기에 자신들이 거둘 수 있는 최고의 성과는 상대를 웃음거리로 만드는 것이었다. 쥘 페리가 1884년에 하원에서 그런 시도를 한 적이 있다. 그는 마다가스카르 왕국의 사절단이 파리를 방문한 것에 대해 보고하면서, 다음과 같은 말로 연설을 시작했다. 《외교부의 녹색 양탄자 주위에 늘어선 열강의 고위 대표단 무리에 구릿빛 얼굴이나 검은 얼굴이 더해지는 것을 보면서, 저는 웃지 않습니다. 저는 문명의 진보에 경의를 표합니다.》 그리고 계속해서 다음과 같이 말했다. 《그날 밤, 그들[마다가스카르 왕국의 사절단]은 지불해야 할 숙박비 고지서만을 머물다 간 흔적으로 남기고 그랑 호텔 *Grand Hôtel*을 떠났습니다.》 하원의 공식 경과보고서 작성 담당자는 페리가 한 그 발언에 대해 《하원의원 일동이 폭소를 터트렸다.》[1]라고 썼다. 페리는 의원들로부터 표보다는 웃음을 더 많이 얻었던 것이다…….

그로부터 얼마 뒤, 페리가 추진하는 식민지배 정책에 반대하는 죠르쥬 페랭은 페리의 그 발언을 비난했다. 페랭은 페리가 《호바족 정부의 대표단이 묵고 있던 호텔을 떠나면서 숙박비를 지불하지 않았다고 말함으로써 그 대표단을 모욕했습니다. 그 대표단은 정부가 숙박비를 지불해줄 것이라는 통보를 미리 받았는데도 말입니다. 그것은 프랑스 국회의 연단에 그다지 어울리지

1 1884년 3월 27일의 하원 회의 기록.

않고 또 별로 정확하지도 않은 이야기였습니다.》라고 했다. 이 비난에 대해 페리는 다음과 같이 응수했다. 《그것은 매우 정확합니다. 우리가 그들의 숙박비를 지불했습니다.》[2] 페리가 호바 정부의 대표단을 모욕하면서 기대했던 효과가 무엇이었는지는 차치하더라도, 그가 어떤 정책을 옹호하려고 그 대표단을 그렇게 모욕했는지는 강조할 만하다. 그가 한 다음과 같은 말을 보면, 그가 옹호한 정책이 무엇이었는지 알 수 있다. 《호바족[그 얼마 전에 페리는 호바족의 인구가 200만 명이라고 했다.]은 마다가스카르에서 없어져야 하며 (…), 개시해야 할 것은 전면적인 점령 정책입니다. 사정이 이렇기 때문에, 우리는 '새로운 알제리'를 만들어야 할 것입니다. 유달리 끈질긴 그 민족이 자신들은 타나나리브 *Tananarive*[3]의 독수리 둥지 속에 웅크리고 앉아, 프랑스의 의지와 군대에 무한정으로 맞설 수 있다고 생각하지 못하게 해야 합니다.》[4] 페리에게 있어서 마다가스카르인들을 조롱하는 행위는 분명히 마다가스카르인들에게 그들이 민족 *peuple*으로서 누릴 수 있는 모든 권리와 국민 *nation*으로서 영위하는 모든 생활을 인정하기를 거부하는 것을 목표로 하는 정책, 그리고 또 그 마다가스카르인들의 국가를 없애버리는 것을 목표로 하는 정책을 의원들이 지지하도록 유도하기 위한 무기, 가장 효과적인 무기들 중의 하나였다. 상대를 우스꽝스럽게 만드는 것, 그것은 그 상대가 인류에 속하지 않는다는 것을 보여주기 위한 한 방식이었다.

1885년에 페리가 마다가스카르 외교관들의 명예를 훼손하는 발언을 한 것에 대해 몇몇 의원들은 목소리를 높여 분개했지만, 페리가 사용한 방식이 소득이 없지 않다는 것이 드러났다. 그리고 페리가 한 그런 종류의 우스갯소리는 이후로 반세기 이상 계속해서 효과가 입증된다. 이를테면 그로부터 60년

2 1885년 7월 25일의 하원 회의에서 한 발언.

3 타나나리브 : 현재 마다가스카르의 수도 안타나나리보 *Antananarivo*의 옛 이름. 해발 1400미터의 고원지대에 있다. 1895년 9월 30일에 프랑스가 점령했으며, 총독부가 있던 곳이다. — 역주

4 1884년 3월 27일의 하원 회의에서 한 발언.

뒤인 1944년에 제4공화국의 헌법을 둘러싸고 논쟁이 벌어졌을 때, 사회주의자 쥘 모크는 다음과 같이 말하면서, 자신의 발언이 가져올 효과를 확신하게 된다. 《나는 마코코 *Makoko* 여왕[5]이 프랑스 정부를 전복할 수 있기를 바라지 않습니다.》 그는 페리가 가르쳐준 교훈을 잘 이해하고 있었던 것이다. 미개인들을 웃음거리로 만드는 것은 인종들이 동등하지 않다는 것에 대한 갖가지 증명보다 더 큰 효과를 얻을 수 있다는 사실이 바로 페리가 가르쳐준 교훈이었다.

미개인들을 웃음거리로 만드는 사람들이 거두게 될 최고의 성과는 반대자들에게 심지어 다음과 같이 응수하는 것이었다. 즉, 그들은 반대자들이 자신들의 주장 — 결국 반대자들을 미개인들과 같은 차원에 두는 것이나 다름없게 되는 주장 —을 따르도록 하는 모욕을 주지는 않는다고 했던 것이다. 이에 대해 청중은 웃음을 터트렸지만, 반대자들은 어색한 침묵을 지키게 된다. 식민지배 정책을 지지하는 공화주의자들은 원칙을 둘러싼 논쟁을 벌일 때보다는 그런 짓거리를 할 때에 훨씬 더 거리낌이 없게 된다.

같은 효과를 얻을 수 있는 또 다른 좋은 방법은 미개인들을 구경거리로 만드는 것이었다. 프랑스 대혁명 100주년이 되는 해인 1889년에 열린 '파리 만국박람회' 때에 프랑스 정부는 샹-드-마르스 *Champ-de-Mars*에 《흑인촌락》과 《카나크족 *Canaque*[6]의 촌락》을 재현하는 일을 주도했다. 《흑인촌락》에는 세네갈과 가봉 출신 아프리카인들이 배치되었으며, 《카나크족의 촌락》에는 그랑드 테르 *Grande Terre*, 로요테 *Loyauté* 제도 그리고 누벨-제브리드(뉴

5 마코코 여왕 : '마코코'는 '왕'을 의미하나, 1880년에 콩고 해안과 관련하여 사보르냥 드 브라자와 두 개의 조약을 맺은 아프리카의 군주(현재의 콩고 부근을 다스리던 바테케족 *Batékés*의 군주)의 이름으로 오인되기도 했다. 여기에서 '마코코 여왕'은 1883년부터 1897년까지 마다가스카르의 마지막 여왕으로 재위한 라나발로나 3세(1863~1917년)를 가리키는 것 같다. 그러나 쥘 모크가 발언할 때에 라나발로나 3세는 사망한 지 이미 20여 년이 지났으므로, 그의 발언은 시대착오적이라고 할 수 있다. 또는 이 발언에서 쥘 모크는 '마코코 여왕'이라는 표현을 통해 프랑스 식민지배에 반발하는, 그러나 스스로 독립을 쟁취할 역량을 갖추지 못한 식민지 원주민 세력을 가리키려고 한 것 같다. — 역주

6 카나크족 : '사람'을 의미하는 폴리네시아어 'Kanaka'에서 온 말로, 누벨-칼레도니의 주요 종족을 가리킨다. — 역주

헤브리디스) 제도 *Nouvelles-Hébrides*[7] 출신 주민들이 배치되었다. 앵발리드 *Invalides* 광장에는 인력거를 끄는 안남인(安南人)들이 손님들을 기다리고 있었다. 안남인들은 나중에 하노이에서도 그렇게 하게 된다. 1878년에 열린 '만국박람회' 때에 서부 아프리카인들의 촌락을 재현하자는 어느 탐험가의 제안[8]을 관계당국이 거절했기 때문에, 1889년의 '만국박람회'에서 벌어진 그 구경거리는 새로운 것이었다.

1889년 당시에 막 건설된 에펠탑 발치에 설치된 전시관에 전시된, 세계 각지의 모습을 보여주는 광경은 인류를 문명화된 백인들과 유색 미개인들로 나누는 관점을 바탕으로 삼고 있음이 분명했다. 그 광경은 이전에 열린 '만국박람회'에서 볼 수 있었던 광경과는 뚜렷이 차이가 났다. 1878년에 열린 '만국박람회'에 설치된《제국(諸國)의 길》에는 중국, 페르시아, 시암 *Siam*, 아이티, 튀니지, 모로코, 안남 제국(帝國) 등의 전시관이 들어서 있었다. 물론 그 전시관들은 유럽 각국의 전시관들에 비해 규모가 작았지만, 유럽 각국의 전시관들과 마찬가지로 해당 국가의 국기들이 걸려 있었다. 무어족의 건축양식으로 지어진 드넓은 알제리 전시관에는 구두장이들과 세공인들이 만든 수공업품들이, 그리고《노동 전시실》에는 숄을 짜는 인디언들이 만든 수공업품들이 전시되었다. 그 전시는 네덜란드의 전시관을 비롯한 다른 국가의 전시관들에 전시된, 옷을 입힌 인형들이나 스칸디나비아의 민속학 박물관에 전시된, 민속의상을 입힌 인형들을 통해 볼 수 있는 전통생활을 소개하는 다른 전시들과 근본적으로 구분되지 않았다. 트로카데로 *Trocadéro*에 설치된 튀니지와 모로코의 카페는 음료를 마시는 장소였다. 물론, 그곳은 이국적인 분위

7 그랑드 테르, 로요테 제도, 누벨-제브리드 : 그랑드 테르와 로요테 제도는 누벨-칼레도니(뉴칼레도니아)의 섬이며, 누벨-제브리드(뉴헤브리디스)는 오늘날 바누아투 *Vanuatu*의 영토에 속하는 섬들이다. — 역주

8 탐험가 죠제프 보나의 제안. 보나의 제안은「작은 신문」1877년 9월 30일자와 1878년 7월 30일자에 보도되었다. 파스칼 블랑샤르, 니콜라 방셀, 질 보에츄, 에릭 데루, 상드린 르메르의 지도로 편찬된『인간 동물원과 식민 전시회』(La Découverte 출판사, 파리, 2002년)에 실린 윌리엄 H. 슈나이더의 글《불로뉴 숲의 동물원에서 열린 인종 전시회》.

기로 꾸며져 있었다. 그러나 그 카페에서 일하는 요리사들이나 접대원들은 1889년에 《흑인촌락》과 《카나크족의 촌락》에서 반은 벌거벗은 채로 전시된 원주민들 — 구경꾼들은 그들을 이상하고 열등한 존재로만 여겼다. —처럼 구경거리가 되지는 않았다. 사람들이 몹시 수줍음을 타던 그 시대에 벌거벗은 몸을 내보인다는 것은 그들이 미개상태 *sauvagerie*에 있다는 것을 생생히 보여주는 것이었다.

불로뉴 숲의 동물원에 전시된 미개인들과 첫 '식민박람회'

그로부터 10년 더 전부터 불로뉴 숲의 동물원 측이 개최한 전시회가 매년 수십만 명의 관람객을 끌어 모으면서 전례 없는 대중적인 성공을 거두었다는 사실을 말해두어야겠다. 이국 사람들을 동물처럼 전시하려는 생각은 1877년에 그 동물원의 소장 알베르 죠프롸 생-틸레르가 낙타, 기린, 코끼리 등과 함께 온 누비아족 *Nubiens*[9]이 그 동물들보다 관람객의 흥미를 더 많이 끄는 것을 보고 착안한 것이다. 죠프롸 생-틸레르는 이후로도 같은 방식의 전시회를 계속 열었는데, 전시회는 성황을 이루었다.[10] 1882년에는 약 40만 명의 관람객이 기얀의 칼리나족 인디언들 *Indiens Galibis*을 구경하러 왔다. 이듬해에는 90만 명 이상이 여러 대륙의 원주민들, 즉 싱할라족 *Cinghalais*,[11] 안데스의 아라우카니인족 *Araucans*, 네브래스카의 홍인종들, 시베리아의 칼미크족 *Kalmouks*을 구경하러 왔다.

1887년에는 가나의 아샨티족 *Achanti*이 전시되었다. 한편, 한 무리의 피그

9 누비아 족 : 현재의 수단 북부와 이집트 남부에 사는 종족. — 역주

10 불로뉴 숲의 동물원에서는 1877년에 라프족 *Lapons*(스웨덴 북부, 노르웨이, 핀란드, 러시아의 콜라 *Kola* 반도에 사는 종족. 사미족 *Samis*이라고도 한다. — 역주)과 아르헨티나의 목동들(가우초)이 전시되었으며, 1878년에는 누비아족이 다시 전시되었다. 그런 유형의 어떤 전시회도 개최되지 않았던 1880년, 1884년, 1885년에 그 동물원의 유료 입장객 수는 현저히 줄었다(『인간 동물원과 식민 전시회』(위의 책)에 실린 윌리엄 H. 슈나이더의 글 《불로뉴 숲의 동물원에서 열린 인종 전시회》).

11 싱할라족 : 스리랑카 인구의 약 4분의 3을 차지하는 인도-아리아 계통의 종족. — 역주

미족이 폴리 베르제르 *Folies Bergères*[12]를 거쳐 간 2년 뒤인 1888년에는 13명의 호텐토트족 *Hottentots*[13]이 구경꾼들의 호기심을 자아냈다. 구경꾼들은 대체로 가족 단위로 왔다. 그들은 그 미개인들을 보려고 몰려들었다. 그 미개인들은 분장을 하고 연출해서 전시되었는데, 그것은 구경꾼들이 속한 사회의 몇몇 계층이 그《진짜 미개인들》을 보면서《문명화된》백인의 우월성에 대해 유쾌한 느낌을 가질 수 있도록 하기 위해서였다. 1886년까지 '파리 인류학회'는《파리 입구에 자리 잡은 원주민들을 꼼꼼히 살펴보기》위해, 외과의사이자 인류학자인 폴 브로카[14]가 이끄는 위원회를 선임하여 그 전시회를 학문적으로 뒷받침하기도 했다.[15] 그리고 많은 통속 과학잡지들[16]은《문명》에 적응할 수 없어서 사라져가고 있는《인종들》을 비롯한 인간표본을 볼 수 있는 유일한 기회라고 자주 강조하면서 전시회 소식을 계속 보도했다.

같은 시기에 군사 박물관 *Musée de l'armée* 측은 앵발리드 관 *Hôtel des Invalides*의 포병 전시실에 오세아니아의《이국 식인종 전사들》의 인형을 전시했다. 무시무시하고 악마 같은 그 수많은 전사들의 모습은 우편엽서, 학생들의 공책 표지, 수많은 책의 삽화 등에 대대적으로 사용되었다. 그들의 우스꽝스러운 옷차림은 순전히 꾸며낸 것이었다. 마르키즈의 전사는 누벨-제브리드(뉴헤브리디스)의 몽둥이를 들고 있었으며, 하와이인은 뉴아일랜드

12 폴리 베르제르 : 1869년에 폴리 트레비즈 *Folies Trévise*라는 이름으로 문을 연 공연장. 1872년에 현재의 이름으로 바뀌었다. 무용, 악극, 콘서트 등을 공연한다. — 역주

13 호텐토트족 : 남서아프리카에 사는 코이코이족의 한 갈래인 나마족 *Namas*. 호텐토트족은 초기 식민지 이주민들이 붙인 이름이다. — 역주

14 폴 브로카(1824~1880년) : 프랑스 의사, 인류학자. 스무 살에 의학사 자격증을 얻고 파리 대학의 외과 병리학 교수가 되어 여러 의학 분야에서 명성을 떨쳤다. 인간의 뇌에서 언어를 관장하는 부분(왼쪽 뇌의 전두엽에 있으며, 그의 이름을 따서《브로카 영역 *aire de Broca*》이라 불린다.)을 발견했으며, 신체 인류학의 개척자로서 '파리 인류학회'를 설립했다. 두개골 측정법을 고안하고 비교해부학 분야에서도 두각을 나타냈으며, 뇌의 용적이 작을수록 신체적으로나 지적으로 열등한 존재라고 주장했다. — 역주

15 지라르 드 리알,《불로뉴 숲의 동물원에서의 누비아족》,「자연」, 1877년, 제2권, 198~203쪽. 그럼에도 불구하고 1880년대에 '파리 인류학회'는 이 전시회에 과학적인 관심을 가지는 데에 점차로 신중을 기했으며, 마침내 1886년에는 불로뉴 숲의 동물원과의 일체의 협력을 중단했다.

16 특히「삽화를 곁들인 신문」,「자연」,「과학과 자연」,「삽화를 곁들인 과학」,「대중 과학」.

*Nouvelle-Irlande*의 가면을 쓰고 있었던 것이다. 그러나 전율효과는 확실했다. 널리 확산된 그들의 이미지 때문에 어린아이들의 상상력 속에서 미개인의 모습은 동화에 등장하는 식인귀나 늑대의 모습을 대신할 정도였다.[17]

1889년부터 제3공화국 말까지 미개인 전시는 모든 식민박람회와 상품전시회 *foire*에 빠짐없이 등장하는 구경거리가 된다. 대대적인 정복전쟁이 벌어지던 19세기 말에 전시회에 동원된 식민지인들은 흔히 정복전쟁에 부응하는 방식으로 선별되었으며, 공화국의 고위 당국자들이 전시회를 찾았다. 이를테면 1891년에 다호메 1차 전쟁이 끝난 뒤, 사디 카르노 대통령은 불로뉴 숲의 동물원에서 열리는 다호메 전사들의 전시회를 보러 갔다. 다호메 전사들의 아내들은 아마존 여인들로 명명되었다. 그리고 1893년에 베앙쟁 왕[18]이 패배하면서 다호메 2차 전쟁이 끝난 뒤, 이번에는 샹-드-마르스에서 100여 명의 다호메인들이 등장하는 공식전시회가 열렸다. 그 전시회에서도《아보메 왕국의 아마존인들》의 무리가 전시되었다. 그들의 모습은「작은 신문」[19]과 삽화가 곁들여져 많은 부수가 발행된 다른 신문들을 통해 널리 전해졌다.

이듬해, 즉 프랑스 군대가 수단의 톰북투 *Tombouctou*를 점령한 해(1894년)에는 파리의 여러 곳에서 투아레그족이 전시되었으며, 리옹 *Lyon*에서

17 앵발리드 관 내의 부갱빌 *Bougainville* 관이라는 이름이 붙은 포병 전시실은 1878년 1월 1일에 개관되었다(2000년에 누메아 *Nouméa*의 치바우 *Tjibaou* 문화 센터에서 열린 전시회 카탈로그『식인종들과 타히티 여성들 — 남양(南洋)의 모습들』, 국립 박물관 연합회 *Réunion des Musées nationaux*, 파리, 2001년).

18 베앙쟁(1840?~1906년) : 아프리카의 군주. 1889년 12월에 아프리카의 노예해안 북쪽에 있던 나라 단 호메 *Dan Homé*의 왕으로 즉위했다. 치세 초기에는 프랑스에 대해 화해적인 정책을 폈으나, 프랑스가 단 호메의 연안에 진출하면서 양측 사이에 긴장이 고조되었다. 단 호메 전사들과 아마존 전사들은 알프레드 도드스 대령이 이끄는 프랑스 병력에 맞서 싸웠다. 베앙쟁은 1894년 1월에 항복했다. 그는 마르티니크로, 이어서 알제리로 유배되었으며, 알제리에서 폐렴으로 사망했다. 프랑스의 지배에 맞서 싸운 용맹한 아프리카 군주들 중의 한 사람으로 기억된다. 단 호메는 12세기부터 현재의 다호메의 중심 지방을 지배한 왕국으로, 베앙쟁이 프랑스 군대에 패배하면서 사라졌다. 수도는 아보메 *Abomey*였다. 아마존 여인들은 전설에 등장하기도 하며, 실제로 존재했던 단 호메의 여성 전사들이기도 하다. 이들은 독신으로 살면서 단 호메의 군주에 충성을 바치며, 활과 총으로 무장하고 적에 맞서 싸웠다. 식칼을 휘두르거나 이로 물어뜯고 손톱으로 할퀴며 맹렬히 백병전을 벌이기도 했다. 베앙쟁이 몰락하면서 함께 사라졌다. — 역주

19 《샹-드-마르스의 다호메인들》,「작은 신문」의 삽화가 곁들여진 부록의 표지, 1893년 4월 22일자.

는 제1회 《국제 식민》 박람회가 열렸다. 《국제 식민》 박람회라는 이름은 여러 식민지가 몇몇 국가의 차원을 분명하게 넘어섰다는 것을 보여준다. 리옹의 상업회의소는 다카르에 정착한 사업가 죠아네스 바르비에에게 테트 도르 *Tête d'or* 공원 내의 《흑인촌락》에 160명의 아프리카인들을 전시하는 허가를 내주었다. 1895년에 죠아네스 바르비에는 파리의 샹-드-마르스에 350명의 《흑인들》을 전시하는 일을 공식적으로 맡았다. 그 흑인들은 수단인들(오늘날의 말리인들)과 세네갈인들이었다. 성인 남성들, 여성들, 어린아이들이 관람객이 보는 앞에서 일상생활을 하는 모습을 보여주었다. 언론이 프랑스 군대가 마다가스카르 왕국과 벌이는 전쟁을 보도하고 마다가스카르인들의 저항을 미치광이들의 저항으로 묘사한[20] 1896년에는 마다가스카르인들이 전시되었다. 그리고 1900년에 열린 '만국박람회' 때에는 또다시 재현된 여러 촌락에서 300명의 식민지 신민(臣民)들이 구경꾼들 앞에서 포즈를 취하고 퍼레이드에 참가했다. 그런 공연이 성과를 거두었다는 사실은, 박람회장 주변에서 볼 수 있던 도시환경 및 복장체계와는 완전히 다른 《자연적인 *naturels*》 주거환경과 옷차림을 한 이국적이며 《미개한 *sauvages*》 사람들을 구경거리로 삼음으로써, 강렬한 느낌을 얻고 싶은 관람객의 호기심을 쉽게 자극할 수 있다는 것을 보여주는 것이었다.

어떤 면에 있어서 야만인을 구경거리로 삼는 공연은 제1제정 말과 왕정복고 초기에 《호텐토트 비너스 *Vénus hottentote*》의 전시로 시작되었다고 할 수 있다. 1810년에 남아프리카에서 런던으로 끌려온 이 스무 살 남짓한 코이코이족 *Khoisan* 처녀 사르치 바트만은 먼저 런던과 영국 북부에서 1814년까지 전시되었다. 그녀의 엉덩이와 성기 모양에서 볼 수 있는 신체상의 특징 때문이었다. 그녀는 남아프리카의 몇몇 코이코이족 여성들에게서 공통적으로

20 예를 들면, 1894년 12월 9일자 「작은 신문」의 표지에는 마다가스카르 왕국의 공주들이 그곳의 잔 다르크 같은 모습이 아니라 머리칼이 헝클어진 히스테리 환자의 모습으로 그려져 있으며, 다음과 같은 설명문이 붙어 있다. 《마다가스카르에서 공주들이 성전(聖戰)을 선동하고 있다.》

발견되는 다음과 같은 두 종류의 해부학적 특징을 가지고 있었다. 둔부가 지나치게 비대한 것(엉덩이에 지방질 조직이 두텁게 형성된 것)과 성기가 지나치게 큰 것(소음순이 기다랗게 늘어난 것)이 그것이다. 1814년에 그녀는 어느 서커스의 동물 조련사에 의해 파리로 끌려와서 뇌브-데-프티-샹 *Neuve-des-Petits-Champs* 로(路)에 벌거벗겨진 몸으로 전시되었다. 입장료는 3프랑이었다. 이어서 그녀는 왕립 정원 *Jardin du Roi*(지금의 식물원 · 박물관 *Muséum et Jardin des Plantes*)에서 박물학자들 앞에 섰다.[21]

1890년대에는 공화국 정부가 전시회를 주도했다. 정부 최고위 당국자들의 지원을 받으며 공식전시회가 열린 것이다. 관람객들은 전시된 사람들에게 모욕을 주는 행동을 자주 했다. 1893년에는 《짐꾼들의 경주》라고 불리는 다호메인들의 경주가 샹-드-마르스에서 개최되었다. 「작은 신문」에 따르면, 아쉬비라는 이름의 우승자는 10프랑과 20프랑짜리 동전으로 500프랑 이상을 받았다.[22] 1895년에 뤼미에르 형제가 촬영한 영화에는 공연기획자들이 아프리카 여성들과 아이들에게 밥을 먹고 일을 하는 시늉을 해달라고 부탁하는 장면, 그리고 구경꾼들이 연못에 동전을 던져 넣어 공연단에 소속된 아이들과 청년들이 뛰어들도록 부추기는 장면이 등장한다.

1907년에 식민부 *ministère des Colonies*는 「여행 신문」 및 '프랑스 식민지 개발협회'와 손잡고, 뱅센 *Vincennes* 숲 동쪽에 있는 노장 *Nogent*에서 첫 '식민박람회'를 개최했다. 특히 《사하라의 투아레그족들》이 전시되었으며, 식민지 정원에는 여러 종류의 식민지 건축물들이 재현되었다. 온갖 종류의 공

21 그녀는 얼마 뒤인 1814년 12월 29일에 약 스물다섯 살의 나이로 사망했으며, '왕립 의학 아카데미'를 대표한 퀴비에가 검시했다. 죠르쥬 퀴비에의 글 《파리와 런던에서 호텐토트 비너스라는 이름으로 알려진 한 여성의 시신에 대해 행한 관찰 요약문》(「자연사 박물관 보고서」 제3권, 1817년)을 보라. 그녀의 뼈대, 당시에 그녀의 몸 모양을 뜬 형틀, 그녀의 생식기 모양을 뜬 형틀, 그리고 그녀의 성기와 뇌를 담은 두 개의 표본병은 1976년까지 '인간박물관'에 전시되었다. 2001년 8월에 인종주의 문제를 다루기 위해 열린 '더반 국제회담'이 끝나고 2002년 2월 21일에 프랑스 국민의회의 표결을 거쳐, 마침내 그녀의 유해는 남아프리카공화국 측의 요구에 따라 반환되었다.

22 「작은 신문」, 1893년 5월 28일자.

연기획자들이 대중의 취향을 이용하여 각종 전시회를 기획하자, 정부 당국자들은 프랑스에서 식민지 원주민들을 고용하고 전시하는 것을 엄격히 규제함으로써 공연을 통제하려는 결정을 내렸다. 1906년과 1922년에 마르세유에서 열린 두 차례의 '식민박람회' 때에 아프리카와 인도차이나의 식민지 행정기관은 마르세유의 상공업회의소, 시청의 다른 기구들 그리고 여러 식민지개발진흥협회와 긴밀히 협력하면서 박람회 일을 관리했으며, 그렇게 해서 그 업무에 전적으로 매달리는 경우를 피할 수 있었다.

《흑인촌락》과 식민지배에 대한 교육

《흑인촌락》은 프랑스 전역에 무수히 세워졌으며, 식민지 개척사업과 관련하여 교육적인 기능을 확실히 다했다.[23] 얼마 뒤인 1931년에 파리의 뱅센 숲 주변에 있는 포르트 도레 *Porte Dorée*에서 '대(大)식민박람회'가 열렸을 때, 1000여 명에 이르는 식민지 원주민들이 참여하게 된다. 그 원주민들 중에는 1차대전에 참전한 식민지 정복부대 *troupes coloniales*[24]에서 근무한 적이 있는 퇴역군인들도 있었다. 이 박람회는 프랑스의 식민지배 전성기를 나타내는 것인 동시에 식민지배 시대의 종말을 예고하는 것이었다. 두려움을 주기보다는 프랑스가 식민지를 잘 보호하고 있다는 느낌을 주는 것을 제외하면, '대(大)

23 장-미셸 베르구니우, 레미 클리녜, 필립 다비드 공저, 『프랑스와 유럽에서의 《흑인촌락》과 아프리카 및 마다가스카르에서 온 사람들(1870~1940년)』, Karthala 출판사, 파리, 2001년. 이 책에 따르면, 1894년부터 1914년까지 프랑스의 39개 도시에 49개의 흑인촌락이 세워졌다. 풍부한 자료를 바탕으로 쓴 이 책에서 저자들은 여러 차례 열린 그 전시회가 《접촉 *contacts*》(유럽인들 또는 프랑스인들과 《미개인들》의 접촉. — 역주)의 기회였다고 설명하는 것으로 그쳤으며, 그 전시회가 구축하는 데에 기여하기도 한 인종주의적 공리(公理) *postulat raciste*는 간파하지 못했다.

24 식민지 정복부대 : 1900년 7월 5일자 법으로 창설되었다. 육군성 내에 독자적 지휘부가 있었으며, 징집병들과 직업군인들로 구성되었다. 프랑스 국내에서는 항구, 파리, 동부 국경을 방어하는 데에 동원되었다. 차드, 모리타니아, 모로코 등의 식민지에 파병되었으며, 1차대전과 2차대전에도 참전했다. 이후로 공수부대로 편성되어 인도차이나 전투와 '알제리 전쟁'에서 활약했다. 병력 중에는 인도, 안남, 통킹, 마다가스카르, 소말리아, 세네갈 등에서 모병된 원주민 병사들이 있었다. 1958년 12월에 해병대로 재편되었다. — 역주

식민박람회'의 목표는 이전의 다른 '식민박람회'의 목표와 거의 다르지 않았다. '프랑스령 서부 아프리카 관'에서는 또다시 《흑인촌락》을 볼 수 있었으며, 아프리카인들이 베앙쟁 왕의 행렬을 흉내 내는 장면을 구경할 수 있었다. 그 박람회가 열리기 40년 전에 베앙쟁 왕이 당한 패배는 식민화 사업을 묘사한 에피날 *Épinal*의 민화(民畫) *images*[25]에도 등장했다. 그러나 식민부 장관 폴 레노는 《병적인 호기심》을 거부하게 되며, 식민지 업무를 담당하는 행정기관이 민간 공연기획자들을 모집하는 것을 금지하게 된다.[26]

그럼에도 불구하고 누벨-칼레도니(뉴칼레도니아)의 카나크족 무리가 농락당하는 사건이 벌어졌다. 파리로 데려가서 뱅센의 박람회장에서 일할 수 있게 해주겠다는 꾐에 넘어간 그들은 불로뉴 숲에 있는 동물원에서 식인종 무리로 전시되었던 것이다.[27] 그들 중에는 프랑스어를 완벽하게 구사하고 학교교육을 받은 누메아 *Nouméa*[28]의 하급관리들과 퇴역군인들이 포함되어 있었다. 그들은 파리의 거리에서는 여느 파리 사람들과 같은 옷차림으로 사진을 찍었지만, 동물원에서는 관람객들에게 강렬한 느낌을 주기 위해 반은 벌거벗은 채 전사로 분장한 모습으로 포즈를 취해야만 했다. 그리고 공식 박람회에서 '태평양상의 프랑스 식민지 전시관' 내의 《카나크 촌락》 — 이것은 1880년대와 1890년대에 있었던 《인간 동물원》에 상응하는 것이었다. —에 배치된 것도 바로 그들이다.

그렇긴 하지만, 제3공화국 초기에 불로뉴 숲의 동물원, 샹-드-마르스, 지

25 에피날의 민화 : 프랑스 북동부의 로렌 지방에 있는 도시 에피날에서 17세기부터 제작되고 있으며, 각종 인쇄물의 삽화 등에 널리 사용된다. 역사 인물들, 사건들, 풍물들 등을 소재로 간략한 윤곽선과 밝은 색채로 강렬한 인상을 주는 그림이다. — 역주

26 입술에 쟁반을 끼워 넣은 아프리카 여성들을 식민박람회장 내에 전시하도록 허가해 달라는 '프랑스 구(舊) 식민지거주민연합'의 요청을 식민부는 거절했다. 아프리카 여성들은 그 연합이 데려왔다. 그리하여 이 단체는 《그들[아프리카 여성들]의 이동과 체류에 자신들이 들인 엄청난 비용을 벌충하기 위해 외국에서 그들을 전시하기로》 결정했다(국립문서보관소의 해외영토 관련 수장고).

27 죠엘 도피네, 『1931년 파리에서의 누벨-칼레도니의 카나크족 — 오두막집에서 동물원으로』, L' Harmattan 출판사, 파리, 1998년.

28 누메아 : 누벨-칼레도니(뉴칼레도니아)의 중심 도시. — 역주

방의 40여 개 도시에서 열린 《미개인》 전시회는 파리의 뮤직홀에서 있었던 공연과 마찬가지로 중요한 역할을 했다. 말로는 주장하기 힘든 것, 즉 인종 우열에 대해 무언의 말을 하는 역할이 그것이었다. 그 전시회는 공포감을 주거나 또는 우스꽝스러운 그 미개인들이 어떤 면에서는 《우리와는 참으로 거리가 먼》 인간, 아마도 인간이겠지만 《그다지 인간 같지 않은》 인간, 《참으로 인권의 적용범위에 들지 않는》 인간이라는 것을 알리는 데에 완벽한 성공을 거두었다.[29] 통속 언론매체와 우편엽서를 통해 널리 알려진 그 전시회는 《미개인》의 이미지가 구축되는 데에 큰 영향을 주었다. 그 전시회가 발휘한 강력한 힘은 다음과 같다. 어떤 말도 하지 않으면서, 구경꾼 자신이 관찰하도록 유도하고, 또 구경꾼이 스스로 자기 견해를 가지게 된다고 믿도록 유도했던 것이다. 전시대상이 된 사람들이 따를 수밖에 없었던 연출행위를 통해 전시회가 크게 변질되었지만 말이다.

그 시기 내내, 그런 종류의 전시회가 성행하도록 내버려두거나 또는 자체적으로 그런 전시회를 개최하기도 했던 공화국 정부의 당국자들은 단 한 가지 말만을 했다. 《특히, 웃지 마십시오!》라고 했던 것이다.[30] 그 말은 완전히 위선적이었다. 하지만 당국자들의 궁극적인 목적은 전시대상이 된 그 사람들을 웃음거리로 만들고 우스꽝스럽게 만드는 것이었다. 왜냐하면, 구경꾼들에게 그들 각자 자신이 그렇게 생각하고 있다는 환상을 주면서도, 그들의 머릿속에 인종들이 동등하지 않다는 생각을 불어넣기 위해, 전시대상이 된 사람들에게 그들이 본래 살던 환경이 아닌 곳에서도 본래 살던 모습 그대로를 보

29 당시에 서커스, 상품전시회 *foires* 또는 의학 해부실에서 열린 다른 전시회에서는 비(非)유럽인 《미개인들》이 아니라 신체장애자들, 병자들 또는 비정상인들이 전시되었으며, 그들에게도 역시 위엄과 권리가 인정되지 않았다.

30 이를테면 1931년에 열린 '식민박람회'의 공식 안내책자에는 다음과 같은 내용이 있다. 《한 가지 권고를 드립니다. 외국인들이나 원주민들을 보여주는 모든 전시를 보시면서 여러분께서 첫눈에 이해하지 못하는 것들에 대해 웃지 마십시오. (…) 다른 사람들의 생각은 대체로 여러분의 생각과 같지만, 다른 방식으로 표현되었습니다. 이 점을 유념하십시오.》(앙드레 드메종, 『국제식민박람회, 파리, 1931년, 공식 안내책자』, Éd. Mayeux, 파리, 1931년)

여 달라고 요청했기 때문이다.

불로뉴 숲의 동물원과 샹-드-마르스에 전시된 바로 그 아프리카인들은 저녁에는 뮤직홀에서 열리는 공연에 배우로 출연했다. 1892년에 프랑스 군대가 아보메의 왕을 격파한 지 얼마 되지 않아, 파리의 여러 극장은 그 전투장면을 화려하게 재현하려고 했다. 포르트-생-마르탱 *Porte-Saint-Martin* 극장에서는《새로운 그랜드 스펙터클 연극》으로『다호메』가 공연되었으며, 샤틀레 *Châtelet* 극장에서는《식민지 정복부대, 세네갈 원주민 출신 보병대원들, 해병대, 원주민 출신 기병대원들 *spahis*,[31] 아프리카 출신 기병대원들 *chasseurs d' Afrique*,[32] 포병대가 다호메인들, 원주민들, 아마존인들에 맞서 싸운 전투》를 재현한 것으로 500명의 배우가 등장하는《군사 · 역사극》『다호메 정복』이 공연되었다. 1893년에 카지노 드 파리 *Casino de Paris*에서는《100명의 다호메인들과 25명의 아마존인들》이 출연하는 공연이 펼쳐졌으며, 바타클랑 *Bataclan* 극장에서는『베앙쟁 또는 카나 점령』이 공연되었으며, 서민들이 자주 드나들던 티볼리-보올 *Tivoli-Vauxhall* 극장에서는『다호메에서의 어느 영웅』이 공연되었으며, 동계 서커스 공연장 *Cirque d' hiver*에서는『다호메에서의 프랑스인들』이 공연되었다. 말하자면 당시에 프랑스인들은 식민지배자들에게 다행스럽게 정복된《흑인들》의 야만성이 드러나는 무수한 대중공연을 관람했던 것이다.

그 여러 해 동안, 서커스 부문에서는 2인조 어릿광대 푸티트 *Foottit*와 쇼콜라 *Chocolat*가 프랑스 곳곳을 누비고 다녔다. 이것은 나중에 상투적인 2인

---

31 원주민 출신 기병대원들 *spahis* : '기병(騎兵)'을 의미하는 터키어 'sipahi'에서 온 말로, 식민지 원주민들 중에서 모병되어 식민지 정복전투에서 정찰대나 전령 역할을 했다. 1834년에 알제의 정규 기병대가 창설된 이래로 모로코, 사하라, 알제리, 튀니지의 기병대가 창설되었다. 프랑스 해외영토와 프랑스 본국 내의 전투에서 싸웠으며, 2차대전, '인도차이나 전쟁', '알제리 전쟁'에도 참전했다. — 역주

32 아프리카 출신 기병대원들 : 1832년에 알제리의 알제와 오랑에서 이 대원들로 이루어진 제1연대와 제2연대가 창설됐으며, 이어서 다른 연대들도 창설되었다. 1870년부터 1914년까지 알제리 정복전투, 여러 식민지 원정 전투, 크리미아 전투, 멕시코 전투, 이탈리아 전투, 프랑스 전투에서 혁혁한 전과를 올렸다. 이후로 기갑부대로 바뀌어, 2차대전 때에 이탈리아 전투와 프랑스 해방 전투에서 활약했다. 원주민 출신 기병대원들 *spahis*로 이루어진 부대와는 달리, 곧 유럽인들만으로 이루어진 부대로 바뀌었다. — 역주

조 광대로 평가될 백인 어릿광대 *clown*와 오귀스트 *l'Auguste*[33]의 선례였다. 쇼콜라는 흑인으로, 백인 단짝 푸티트에게 엉덩이를 걷어차이는 역할을 맡아 아이들의 웃음을 자아냈다.[34] 각종 축제와 대중 유원지에서는 이론의 여지없이 떠돌이 약장수들의 공연방식을 동원한 상품전시회 *foire*의 레퍼토리들이 많이 공연되었는데, 1895년의 어느 포스터에 등장한《아무 데서나 볼 수 없는 깜짝 놀랄 구경거리》등이 그러했다. 그 포스터에는《보르네오의 흑인 여자와 원숭이류(類)를 대표하는 동물 사이에서 태어난 신기한 나무타기 명수》라는 선전문구가 붙어 있다.

대중가요도 역시 그런 이미지가 심리적으로 구축되는 데에 큰 기여를 했다.[35] 대학인들은《문명인들》과《미개인들》의 차이점을 증명하는 글들을 수없이 쓰면서도, 독자들이 자신들의 주장을 따를 것이라는 확신을 가지지 못했지만, 이에 비해《흑인의 엉터리 프랑스어 *petit nègre*》[36]의 말투를 흉내 내어《네, 알겠스무니다. *Oui missié.*》[37]라고 말하는 병사가 등장하는 저속한 희곡의 배우는 관객들이 배꼽을 잡고 웃어댔기 때문에 그 관객들이 즉각《원주민은 참으로 바보스러우며 우리는 그들보다 우월하다.》라는 생각을 가지리라고 확신했다. 1897년에는『언제나 멍청이 같다 *Toujours kif-kif bourricot*』[38]

33 푸티트, 쇼콜라, 백인 어릿광대, 오귀스트 : 푸티트는 영국 맨체스터 출신의 배우 튜더 홀의 예명이다. 런던에서 서커스 배우로 활동하다가 1880년에 프랑스로 왔다. 쇼콜라는 쿠바 태생의 라파엘 드 레이오스의 예명이다. 노예의 아들로 태어났으며, 프랑스에서 20여 년 동안 푸티트와 짝을 이루어 공연했다. 백인 어릿광대는 하얀 얼굴에 반짝이는 옷으로 분장한 광대이며, 오귀스트는 빨간 코에 화려한 색깔의 옷으로 분장한 광대이다. — 역주

34 어릿광대 쇼콜라는 1891년에 남아메리카 출신의 흑인 무용수 라파엘 드 레이오스가 만들어낸 것으로, 백인 어릿광대와 짝을 이루었다. 백인 어릿광대 푸티트는 쇼콜라의 엉덩이를 걷어차서 관객들을 즐겁게 했다. 푸티트와 쇼콜라 2인조는 근 15년 동안 공연 포스터에 등장했다. 툴루즈-로트렉이 이 2인조를 그린 두 점의 그림은 1895년과 1896년에「웃음」이라는 잡지에 게재되었으며, 이어서 여러 광고업자들이 사용했다.

35 알랭 뤼스시오,『식민지 시절에 프랑스는 멋졌다네 — 식민지풍 및 이국취향의 프랑스 대중가요 선집』, 앞의 책.

36 식민지 원주민 출신 보병들과 아프리카인들이 백인들의 말을 흉내 내어 사용한 엉터리 프랑스어를 장난스럽게 가리키는 표현. — 역주

37《네, 알겠스무니다. *Oui missié*》:《네, 알겠습니다. *Oui, monsieur.*》의 잘못된 발음. — 역주

38 아랍어에서 '*kif*'는 '~같다.'라는 뜻이며, '*bourricot*'는 '당나귀' 또는 '멍청이'라는 뜻이다. — 역주

라는 제목의 대중가요가 등장하여 여러 카페-콩세르 *café-concert*[39]에서 대성공을 거두었다. 이 대중가요는 필립 그르니에 박사를 조롱하는 것이었다. 그르니에 박사는 프랑스 북동부 프랑슈-콩테 지방에 있는 두브 도(道)의 퐁타를리에 *Pontarlier* 지역구 소속의 의원으로 이슬람으로 개종했으며, 하원 회의에 참석하러 갈 때에는 아랍인들의 전통의상으로 두건이 달려 있고 소매가 없는 하얀 겉옷 *burnous*를 입었다. 관객을 매우 즐겁게 해주었으며 20세기 내내 수많은 사람들, 특히 군부대 내무반에서 징집병들이 즐겨 부르게 될 그 대중가요의 후렴은 다음과 같이 시작된다. 《트라바쟈, 라 무케르, 트라바쟈, 보노! *Travadja, la moukère, Travadja, bono!*》[40] 이 가사의 내용은 이해하는 사람이 아무도 없었지만, 모든 사람에게 웃음을 안겨 주었다.

여러 곳에서 식민지 정복 원정이 진행되면서 그에 따라 1894년부터 1920년 무렵까지 『언제나 멍청이 같다』와 같은 발상으로 만들어진 대중가요들이 많이 생겨났다. 1894년에는 《호바족을 아시나요? 아! 그 지저분한 사람들 말이요! 그들은 코에 깃털을 꽂고 있지요!》라는 가사를 담은 대중가요가 유행했으며, 1920년 무렵에는 『식민지에서』라는 제목의 대중가요가 유행했다. 『식민지에서』의 가사는 다음과 같다. 《민간인들이 있다네. 그러나 나는 그들을 거의 찾아가지 않는다네. 그들 모두는 말도 할 줄 모르는 니그로라네. 그들은 몸치장에 돈을 들이지 않는다네. 그들은 겨울이나 여름이나 같은 옷을 입는다네. 그들의 앞쪽에는 작은 가슴 가리개가 있는데, 바람이 불면 항상 들쳐진다네.》[41]

어린아이들을 대상으로 《미개인》을 만들어내는 유사한 역할은 1880년부터 1914년까지 쥘 베른의 주요 소설들의 뒤를 이어 무수히 발행된 아동문학 작

39 카페-콩세르 : 식사를 하거나 음료를 마시면서 음악 공연이나 쇼를 즐길 수 있는 곳. — 역주

40 아랍어를 기반으로 해서 만들어진 속어이다. 'Travadja'는 '일해라.', 'la moukère'는 '아줌마', 'Travadja bono'는 '똑바로 일해라.'라는 뜻이다. — 역주

41 알랭 뤼스시오, 『식민지 시절에 프랑스는 멋졌다네 — 식민지풍 및 이국취향의 프랑스 대중가요 선집』, 앞의 책.

품들이 대신했다.[42] 가장 대표적인 예들 중의 하나로 모험담을 그린 루이 부스나르의 작품들이 있다. 엄청난 인기를 누린 그의 작품들은 1880년부터 1890년까지 50여 편이 발행되었다. 부스나르는 기얀, 서인도제도, 모로코를 누비고 와서는 — 몇 차례는 교육부의 지원을 받았다. — 모험담을 발표했다. 모험담은 「여행 신문」에 먼저 실렸으며, 이어서 책으로 출판되었다. 책으로 출판된 것들 중에는 1880년에 간행된 『어느 파리 꼬마의 세계일주』 또는 그로부터 10여 년 뒤에 간행된 『어느 파리 꼬마의 오세아니아에서의 모험』이 있다. 이 두 작품은 1950년대까지 여러 차례 재판되었다. 『어느 파리 꼬마의 세계일주』에서 주인공 프리케 *Friquet*라는 꼬마는 《오랑우탄의 얼굴을 한》《원숭이류(類)》의 사람들을 만난다. 주인공은 그 사람들에 대해 다음과 같이 말한다. 《앵무새의 목구멍》을 가지고 있고 《다리가 둘인 그 모든 원숭이들이 파리의 오페레타를 흉내 내려고 애쓰면서 내지르는 소리를 듣는 것은 멋지다.》[43] 반면, 『어느 파리 꼬마의 오세아니아에서의 모험』에서는 식인풍습이 있는 멜라네시아인들을 만나 싸움을 벌인 경험이 있는 주인공 꼬마가 다음과 같이 설명한다. 《나는 자기 집 방 안만을 돌아다니는 사람들이 착한 미개인이라고 부르는 사람들에 대해 내 생각이 많이 바뀌었다는 것을 너에게 털어놓으마.》

부스나르의 모험담 같은 이야기들과 함께, 1877년에 창간된 「여행 신문」은 많은 어린 독자들에게 감동을 주었다. 이 잡지는 대체로 멜로드라마풍의 이야기들과 끔찍한 이야기들로 어린 독자들을 매료했다. 이 잡지의 기사에서 《미개인들》은 잔인하고 무서운 존재들로 묘사되었으며, 식인풍습이 과도한 비중을 차지했다. 역시 여행담을 실은 것으로 생-시몽주의자인 에두아르 샤르통이 1860년부터 1916년까지 발행한 잡지 「세계일주」에 견줄 만한 것은 없다.

42 쥘 베른(1825~1905년)은 주인공들이 뉴질랜드의 마오리족에게 붙잡혀 지내는 내용을 담은 『그란트 대위의 아이들』(Hetzel 출판사, 파리, 1868년)을 비롯한 여러 작품에서 식인(食人) 장면을 묘사하여 독자들의 공포감을 자아냈다. 그리고 쥘 베른은 이전의 문학작품에서는 암시적인 묘사를 했으나, 이후로는 극사실적이며 노골적으로 인종주의적인 색채를 띤 묘사를 했다.

43 루이 부스나르, 《어느 파리 꼬마의 세계일주》, 「여행 신문」, 1879년.

이 잡지에 실린 여행담에는 필자들이 직접 그린 크로키나 필자들이 직접 촬영한 사진을 바탕으로 그린 멋진 삽화들이 곁들여졌다. 탐험이야기가 진전되어 가는 도중에 이따금 식민주의를 선전하는 내용이 끼어들기도 했지만 말이다.

그런 르포르타주 기사들은 어린아이들을 대상으로 한 많은 자극적인 작품들의 바탕 자료가 되었다. 그 작품들의 저자들은 대체로 프랑스 밖으로 나가본 적이 전혀 없었다. 「여행 신문」의 표지에는 독자들의 눈길을 사로잡는 그림들이 실렸는데, 그 그림들 대부분은 쥘 페라가 그렸다. 페라는 쥘 베른의 작품들에 삽화를 그린 사람이기도 하다. 페라가 그린 그림들에는 여행담 중에서 가장 비극적인 순간들이 놀라울 정도로 일관성 있게 묘사되어 있다. 1878년에 발행된 그 신문의 표지에 실린 것으로, 《누벨-칼레도니의 식인종들 - 두개골에서 눈알을 후벼내는 늙은 족장》이라는 제목이 붙어 있고 모닥불 주위에 둘러앉아 인육을 뜯어먹는 사람들을 묘사한 그림[44]에서부터, 30년 뒤에 그 신문의 표지에 실린 것으로 《산 채로 잡아먹힌 사람》이라는 제목이 붙어 있고 식인종 무리가 나무에 결박된 어느 사람을 잡아먹으려고 에워싸고 있는 그림[45]에 이르는 장면이 그러하다.

아르누 갈로팽도 언급해볼 수 있을 것이다. 이따금 《20세기의 쥘 베른》으로 잘못 불리기도 하는 그 사람도 많은 작품을 발표했다. 『오메가 박사』(1910년), 『비행선을 타고 한 세계일주』(1921년), 1차대전 이후에 《재미있는 우등상 *Le Bon-Point amusant*》 총서로 발행된 여행담들인 『꼬마 견습선원』, 『어느 열다섯 살짜리 비행사』, 『열두 살짜리 용사』, 『어느 보이스카우트 대원의 세계일주』 또는 『어느 꼬마 탐험가의 모험』이 그것이다. 갈로팽의 작품에는 애국심을 자극하는 또 다른 주제들 중의 하나로 식민지 확장 사업을 찬양하는 내용이 있으며, 또한 여전히 《미개인들》을 마주치면서 일어나는 무

44 「여행 신문」, 제68호, 1878년 10월 27일자.

45 「여행 신문」, 제591호, 1908년 3월 29일자. 표지에는 죠르쥬 브루소의 글 《본죠족 *Bondjos*이 사는 곳에서 산 채로 잡아먹힌 사람!》을 묘사한 그림이 실려 있다.

시무시한 장면들이 반복적으로 묘사되어 있다.

초등학교 학생들을 대상으로 발행된 것들 중에는 일련의 분책(分冊)으로 발행된 『지리 학습장』이 있다. 각 분책은 수백만 부가 인쇄되었으며, 표지에는 《오스트레일리아의 미개인》이나 《비티 *Viti* 제도(諸島)의 미개인》 같은 무시무시한 사람들의 모습이 실려 있다. 그런데 1894년에 해설문을 쓴 샤를 들롱은 예컨대 태평양에 있는 비티 제도의 주민들을 《진짜 식인귀들, (…) 도둑들, 거짓말쟁이들, 너무나 신의 없는 자들》로 묘사하고, 또한 오스트레일리아의 원주민인 아보리진족을 《몹시 추하고, (…) 더없이 멍청하고, 더없이 가련한 자들, 한마디로 말해서 인간들 중의 말짜》로 묘사하면서 그들의 특성을 설명했다.[46] 그러나 공립 초등학교에 다니는 아이들에게서 그 그림들은 그 자체로 충분한 설명이 되었을 것이다.

공화국 정부가 프랑스의 조그만 마을에까지 설립한 초등학교에서 권장되었던 독본들에서도 같은 시각을 볼 수 있다. 1차대전 초기 이후로 열다섯 번가량 재판된 E. 뒤피의 『세계 여행』에는 다음과 같은 내용이 있다. 《멜라네시아에 사는 종족들은 (…) 흑인들인데, 그들 중에서 예전에 오스트레일리아에 살던 종족들 같은 몇몇 종족들은 끔찍할 정도로 추하다. 그들은 불결한 오두막집에 살며, 대부분 비열한 자들, 비겁한 자들, 배신자들이다.》 이 평가는, 이런 종류의 작품을 쓴 사람들이 부메랑을 비롯한 몇몇 《미개인들》의 발명품들에 대해 자신들이 느끼는 감탄과 양립시키기가 때로는 힘들었다. 예컨대 「여행 신문」에는 다음과 같은 글이 실려 있다. 《오스트레일리아의 토착민이 그토록 완벽한 무기를 고안하고, 제작하고, 다룰 수 있게 된 것을 어찌 설명할 것인가? (…) 퇴화되어서 이제는 사람 같아 보이지도 않는 이 미개인은 자신이 적어도 원숭이의 짓궂은 재주 정도는 가지고 있다는 것을 증명해 주었다.》[47]

---

46 샤를 들롱, 『지구상의 민족들』, Hachette 출판사, 파리, 1894년.

47 J.-L. 마케르, 「여행 신문」, 1881년.

생물학적 인종주의와 공화주의자들의 인종주의

프랑스 전국에 공립 초등학교를 설립한 쥘 페리의 요청으로 1885년에 하원의 표결을 통해 공인된 이론, 즉 인종들 사이에는 우열이 있다는 이론은 점차로 확고한 위상을 가지게 되었다는 사실을 말해두어야겠다. 1889년에 열린 '만국박람회' 때에 인류학 전시관의 관장 르투르노 박사는 그곳에 전시된 여러 인종들의 일련의 두개골들에 대해 다음과 같이 설명했다. 《해부인류학은 (…) 서열상 흑인종들은 가장 아래쪽에, 그리고 백인종들은 가장 위쪽에 있다는 것을 우리에게 알려준다.》

《두개골 측정법》, 인체 측정법, 그리고 인종을 분류하는 것을 목표로 하는 다른 기술들을 가르쳤던 어느 학교는 1876년부터 폴 브로카가 이끄는 '파리 인류학회'의 지도로 운영되었다. 그곳에서는 《비지수(鼻指數)》, 《두장폭지수(頭長幅指數)》, 피부색을 측정했으며, 인종분류 목록을 작성하기 위해 사진을 사용했다. 1878년에 샤르코 교수가 살페트리 *Salpêtrie* 병원에 사진실을 설치했을 때, 그런 인종분류법을 옹호한 인물들 중의 한 명인 귀스타브 르 봉은 다음과 같이 설명했다. 《우리는 (…) 어느 사람의 사진을 그 사람이 눈치채지 못하게 촬영할 수 있습니다. 열등 인종들을 촬영한 사진의 관점에서 보면, 이것은 매우 유익할 수 있습니다.》 이런 종류의 시리즈 사진을 촬영한 주요 인물은 나폴레옹 3세의 종조카인 롤랑 보나파르트 대공(大公)이다. 1885년에 그는 특히 4명의 피그미족을 사진으로 찍어 면밀히 연구했다. 그 4명의 피그미족은 당시에 폴리 베르제르의 무대에 섰으며, 여러 신문에서 《호텐토트 비너스》의 후손으로 소개되었던 사람들이다. 1886년 10월, '파리 인류학회'의 새 사무국장 폴 토피나르는 협회 회원들에게 바로 그 4명의 피그미족을 소개하면서 해설하는 글을 썼다.[48]

48 폴 토피나르, 《살아 있는 네 명의 부시먼 *Boshiman*에 대한 소개》, 「인류학회보」, 제3책, 제9권, 1886년.

인종은 하나가 아니라 여럿이며 인종들이 동등하지 않다는 것은 명백한 사실이라고 주장하는 작품들이 잇달아 발표되었다. 알퐁스 베르티용은 1865년에 『인종론』을 발표했으며, 1882년에는 『미개 인종들』을 발표했다.[49] 『미개 인종들』의 간지(間紙)에는 《파리 불로뉴 동물원에 전시된 칼리나족 무리》를 묘사한 그림이 들어 있다. 1894년에 발표한 『제(諸) 민족의 진화의 심리적 법칙』에서 귀스타브 르 봉은 자신이 창안한 《인종 심리학》이라는 것에 대해 설명했으며, 또 《문명》을 위태롭게 하는 《열등 인종들》이 프랑스 내로 밀려들고 있는 것에 대해 경계할 것을 독자들에게 당부했다. 브로카의 제자였던 죠르쥬 바셰 드 라푸쥬[50]는 세 권의 저서, 즉 『사회 도태』(1896년), 『아리아 인종, 그 사회적 역할』(1899년), 『인종과 사회 환경』(1909년)에서 북유럽 백인종을 위협하는 각종 위험에 대해 독자들의 주의를 환기시켰으며, 스스로를 보호하기 위해 우생학의 도움을 빌리라고 북유럽 백인종에게 권고했다.

프랑스 대학 밖에서 개진된 그런 이념들은 물론 대학 내에서는 비판을 받았다. 반면, 공화체제와 탈종교성 *laïcité*을 지지한 에르네스트 르낭[51] 같은 사상가들은 인종들이 동등하지 않다는 이념을 보다 단순하지 않은 방식으로, 그리고 보다 영향력이 크고 보다 지속적인 방식으로 되풀이했다. 한때는 입헌군주제를 지지하다가 공화체제에 동조했으며, 민족주의에 반대했으며, 국

49 알퐁스 베르티용, 『인종론』, Masson 출판사, 파리, 1865년. 그리고 『미개 인종들』, Masson 출판사, 파리, 1882년.

50 죠르쥬 바셰 드 라푸쥬(1854~1936년) : 프랑스 인류학자. 아리아 인종의 우수성을 믿었으며, 우생학을 프랑스에 도입했다. 정치적으로는 '프랑스 노동당'의 창당에 관여했다. — 역주

51 에르네스트 르낭(1823~1892년) : 프랑스 철학자, 역사가. 전 7권으로 된 『기독교 기원사』(1863~1881년)에서 예수의 생애를 인간의 관점에서 이해해야 하며, 성서를 다른 역사 자료와 마찬가지로 비판적으로 검토해야 한다고 주장했다. 1862년에 '콜레쥬 드 프랑스'의 히브리어 교수가 되었으나, 예수의 신성을 모독하는 말을 함으로써 강의를 중단해야 했다. 1863년에 발표한 『예수의 생애』에서도 예수를 인간으로 묘사함으로써 교황청의 분노를 샀으며, 교육부 장관은 그의 강의를 폐쇄했다. 『국민이란 무엇인가? 소르본 대학교에서 한 강연』(1882년)에서는 국민이란 《풍요로운 추억을 공동으로 소유하며》 《함께 살아가려는 염원》을 지닌 존재라고 하면서, 국민의 뜻을 중요시했다. — 역주

민과 관련하여 민주주의적인 개념을 이론화한 르낭은 보통선거를 바탕으로 삼는 자유로운 국적 선택을 옹호했다. 1870년에 그는 다음과 같이 썼다. 《우리가 전제정치의 정당성의 근본을 거부한 이상, 여러 국가의 영토를 획정하는 데에 바탕으로 삼기 위한 것으로는 국적의 권리 *droit des nationalités*, 다시 말해서 인종, 역사 그리고 주민들의 뜻에 따라 범위가 정해지는 자연적 집단들밖에 없다는 것은 분명합니다.》[52]

그는 다른 민족의 땅을 정복할 수 있는 권리라는 것에 대해 다음과 같이 반대했다. 《어느 국민은 어느 지방에게 "너는 내 것이며, 나는 너를 가지겠다."라고 말할 수 있는 권리를 왕보다 더 많이 가지고 있지는 않습니다. (…) 어느 국민이 어느 고장을 억지를 부려서 병합하거나 강탈하는 것은 큰 득이 되지는 않습니다.》[53] 그는 《주민들이 가지는 권리, 즉 그들의 동의 없이는 양도될 수 없는 권리》[54]와 자신들의 운명을 자신들 마음대로 결정할 수 있는 권리를 옹호했다. 그는 다음과 같이 썼다. 《국민에게는 (…) 존재의 권리가 있습니다. 국경에서 의혹이 일어난다면, 서로 다투는 그곳 주민들의 의견을 물어보십시오.》[55] 또는 다음과 같이 쓰기도 했다. 《주민들을 차지하려면, 먼저 그들의 동의를 얻어야 합니다. (…) 자신들의 운명을 자신들이 결정할 수 있는 주민들의 권리는 지금의 난점들을 해결해줄 수 있는 유일한 것입니다.》[56] 그러나 그는 이렇게 말하는 동시에 또 다음과 같이 말하기도 했다. 《어느 우등 인종이 어느 열등 인종의 나라를 정복해서 그곳에 정착하고 그곳을 다스리는 것은 전혀 충격적이지 않습니다. (…) 동등한 인종들 사이의 정복이 비난받아 마땅한 것처럼, 열등하거나 퇴화된 인종들을 우등 인종들이 쇄신시키

52 에르네스트 르낭, 『다비드-프리드리히 스트라우스에게 보내는 첫째 편지』, 1870년 7월 31일(『전집』, Calmann-Lévy 출판사, 파리, 1947년).

53 에르네스트 르낭, 『국민이란 무엇인가? 소르본 대학교에서 한 강연』, 1882년 3월 11일(위의 『전집』).

54 에르네스트 르낭, 『다비드-프리드리히 스트라우스에게 보내는 둘째 편지』, 1870년 9월 13일(위의 『전집』).

55 에르네스트 르낭, 『국민이란 무엇인가? 소르본 대학교에서 한 강연』(앞의 각주).

56 에르네스트 르낭, 『연설문과 강연문에 붙이는 서문』, 1887년(위의 『전집』).

는 것은 인류의 천만다행한 이치에 속합니다.》[57]

하지만 르낭은 생리학자들이 인간종(種)을 객관적으로 세분하려고 할 때에 가졌던 것과 같은 인종에 대한 사상을 신뢰하지는 않았다. 그는 시론가(試論家)이자 외교관이었던 죠제프 아르튀르 드 고비노[58]의 의견에 동의하지 않았으며, 단지《위대한 인종들 틈에 끼어들면 인간종(種)을 오염시키는 완전히 열등한 인종들》을 따로 떼어놓아야 한다는 것에 대해서만은 고비노의 의견을 받아들였다.[59] 이후로 그는 고비노의 생물학적 인종주의에서 점차로 멀어지게 된다. 그러나 그는《인종》이라는 용어를 역사학적이며 언어학적인 의미로 이해하면서도, 인종들 사이에는 우열이 있다는 것이 명백하다고 생각했다. 그는 다음과 같이 썼다.《인종들이 동등하지 않다는 것은 증명되었다.》[60] 그는 국적은 그것을 택하는 사람의 의사에 달려 있다는 원리보다는, 인종들 사이에는 우열이 있다는 생각을 우선시했다. 그는 다음과 같이 썼다.《우리는 압제에 신음하는 국민이 자신들을 억압하는 국민보다 정신적인 면에서 우월할 때에만 국적의 원리를 따른다.》[61] 르낭은 예를 들면《흑인종》은《조직화의 능력이나 진보를 이룩할 수 있는 능력이 전혀 없다는 것》[62]을 보여준다고 했다. 그는 다음과 같이 썼다.《흑인은 땅을 경작하는 인종입니다. 그 흑인에게는 선량하면서도 인간적인 모습을 보이십시오. 그렇게 하면 만사가 술술 풀려나갈 것입니다. 그리고 유럽 인종은 지도자와 전사(戰士)의 인종입

57 에르네스트 르낭,『정신적, 도덕적 개혁』, 1871년(위의『전집』).

58 죠제프 아르튀르 드 고비노(1816~1882년) : 프랑스 외교관, 작가. 당시에 외무부 장관이었던 토크빌을 만나 그의 도움으로 1849년부터 외교관 생활을 시작했다. 페르시아에서 근무하는 동안 페르시아 역사를 공부하고 설형문자를 해독하는 작업을 진행했다. 이후로 그리스, 리우데자이네루, 스웨덴에서 근무했다.『인종들의 비동등(非同等)에 대한 시론(試論)』에서 세 원시 인종(흑인종, 황인종, 백인종)은 능력이 같지 않으며 이 세 인종의 피가 뒤섞이면 인류가 쇠퇴한다고 했으며, 백인종만이 미, 지성, 힘을 지니고 있으며 백인종 중에서 아리아 인종이 가장 우월하다고 보았다. — 역주

59 에르네스트 르낭,『죠제프 아르튀르 드 고비노에게 보내는 편지』, 1856년 6월 26일자(위의『전집』).

60 에르네스트 르낭,『과학의 미래에 붙이는 서문』, 1890년(위의『전집』).

61 에르네스트 르낭,『과학의 미래』, 1890년(위의『전집』).

62 위의 책.

니다. (…) 각자는 태생적으로 자신에게 맡겨진 일을 하십시오. 그렇게 하면 모든 것이 순조로울 것입니다.》[63]

아랍인들과 관련하여, 《문명사에서 셈 민족이 기여한 것》을 주제로 행한 '콜레쥬 드 프랑스'의 개강연설[64]에서 르낭은 《우리는 그들에게 조금도 빚을 지고 있지 않으며》, 그들은 《유목생활을 하는 아랍인들의 완전한 무질서와 전제정치 사이의 중간단계도 경험한 적이 결코》 없다고 했다. 그리고 그는 자신이 가하는 신랄한 평가가 무척이나 복잡한 역사적 현실과 충돌될 때에는 다음과 같이 얼버무리면서 궁지를 모면했다. 《아랍 과학과 아랍 철학이 자주 언급되고 있습니다. 그런데 사실 아랍인들은 중세에 한 세기나 두 세기 동안 분명히 우리의 스승이었습니다. 그러나 그것은 우리가 그리스의 원전들을 알기 전의 일이었습니다.》

공화체제의 프랑스에서 결정적인 역할을 하게 되는 것은 르낭의 그런 사상이었지, 1853년부터 1855년까지 고비노가 자비로 출판한 네 권으로 된 두툼한 책 『인종들의 비동등(非同等)에 대한 시론(試論)』에 표명되어 있는 사상이 아니었다. 이 책은 혹평을 받았으며, 프랑스에서는 수백 부 밖에 배포되지 않았다. 고비노는 바로 이 책에서 은밀히 인종주의를 표명했지만, 르낭과 마찬가지로(또는 르낭 이전의 토크빌과 마찬가지로) 생물학적 인종주의는 거부했다. 이 책에서 고비노는 생물학적 인종주의가 모든 민주주의의 원리에 위배된다고 평가했다. 그러나 이 책에서 고비노는 결국에는 다른 인종주의, 보다 미묘한 인종주의를 제시했다.

《혈통의 순수성》이라는 강박관념과 인종들은 자연적으로 동등하지 않다는 강박관념에 사로잡혀서, 《아리아 인종》이 다른 모든 인종들보다 절대적으로 우월하다고 처음으로 주장한 고비노의 학설은 사실 프랑스에서는 미래

63 에르네스트 르낭, 『정신적, 도덕적 개혁』, 1871년(위의 『전집』).

64 에르네스트 르낭, 『문명사에서 셈 민족이 기여한 것에 대하여』, 1862년 2월 21일에 '콜레쥬 드 프랑스'에서 행한 히브리 · 칼데아 · 고대 시리아어 개강연설문(위의 『전집』).

가 밝지 않았다. 반면, 식민 인종주의 *racisme colonial*의 토대가 되었으며 이후로 프랑스 공화국에 지속적으로 영향을 끼치게 되는 것은 토크빌과 르낭의 관점이었는데, 이 두 사람은《명백히 열등한》인종들이 사실상 존재한다는 것은 인정하면서도 고비노의 그런 터무니없는 주장은 배격했다.《명백히 열등한》인종들이란 흑인들의 인종, 아랍인들의 인종 그리고 기타 유색 민족들의 인종을 말한다. 토크빌과 르낭은 이 인종들에게는 여러 권리들 — 토크빌 자신과 르낭 자신이 유럽에서 존중되기를 큰 목소리로 요구한 권리들 — 중에서 어떤 권리도, 국적을 택할 수 있는 권리도, 자신들의 운명을 자신들이 결정할 수 있는 권리도 적용되지 않는다고 했다.

1793년에 제1공화국의 헌법을 제정하기 위해 제출한 선언문 제안서에서 그레그와르 신부가《제(諸) 민족은 그 민족을 이루는 개인들의 수가 얼마든, 각기 자주적이며 주권적이다.》라고 주장한 것을 생각해본다면, 그리고 또 1831년에 그레그와르 신부가 자신이 마련한 공모 논문[65]의 주제로《아프리카인들과 혼혈인들의 피부색에 대해 백인들이 가지고 있는 당찮고 야만적인 편견을 뿌리 뽑을 수 있는 방법》을 제시하라는 문제를 낸 것 등을 생각해본다면, 우리는 그레그와르 신부 이후로 인종을 바라보는 관점에 있어서 그동안 일어난 변화를 가늠할 수 있을 것이다.

무가치한 목숨들로 여겨진 원주민들

토크빌 다음으로, 그리고 페리와 마찬가지로, 르낭은《미개인들》이 사실상 인류의 범주에서 배제된다는 이념을 대변한 주요 인물들 중의 한 명이다.

65 그레그와르 신부가 마련한 공모 논문 : 1831년에 사망한 그레그와르 신부의 유언에 따라 전제주의, 예속, 자유, 평등 등과 관련한 6개 주제에 대해 논문을 공모하여 시상하였다. 이 책에 언급된《아프리카인들과 혼혈인들의 피부색에 대해 백인들이 가지고 있는 당찮고 야만적인 편견을 뿌리 뽑을 수 있는 방법》은 6개 주제 중의 하나이며, 이 주제를 통해 노예제도 폐지운동이 활성화되었다. — 역주

《미개인들》은 현대 미국 역사학자의 끔찍한 용어에 따르면, '부려먹다가 내버려도 괜찮은 사람들 *disposable people*',[66] 즉《일회용 존재들 *êtres jetables*》인 동시에《마음대로 다룰 수 있는 사람들》이자《무가치한 목숨들》로 간주되었다. 그러나 그들은 인간종(種)에 속한다는 것이 명시적으로 부정되거나, 옹호하기 쉽지 않은 어떤 생물학적 범주에 속하는 것으로 분류되지는 않았다. 고비노의 주장이 옳지 않았다는 것, 그리고 토크빌과 마찬가지로 르낭이 고비노의 주장은 단지 라인 강 너머 독일에서만 약간의 반응을 얻을 수 있을 것이라고 예측함으로써 기이하게도 미래를 꿰뚫어보았다[67]는 것은 모든 이들이 인정하는 것이다.

그러나 토크빌과 르낭은 인류의 범주에서 배제되는 것으로 간주되는 그 존재들을 인간으로 인정하기는 했지만, 곧 이어서 다음과 같이 덧붙여 말했다. 그 존재들은 참으로 자신들과는 먼 거리에 있는 동족들 *parents éloignés*이며, 인류의 유아기에 해당하는 상태에 있는 미개인들과 문명화된 백인 사이에는 엄청난 거리가 있다고 했던 것이다. 이것은 조셉 콘래드가 사용한 표현과 비슷하다. 콘래드는 『어둠의 한가운데』에서 다음과 같이 썼다.《전율을 일으켰던 것은, 그들이 인간성 *humanité* — 우리의 인간성과 비슷한 인간성 —을 가지고 있다는 생각, 격하고 소란스러운 이 미개 종족과 우리가 서로 먼 동족성 *parenté lointaine*을 가지고 있다는 생각이었다. 끔찍했다.》[68] 이것은 말하자면 인간종(種) 내에 새로운 범주가 있다는 것을 암시하는 말이다. 여기서 새로운 범주란 참으로 인간종(種)에 속하지는 않는 사람들, 인간의《먼 동족들 *lointains parents*》인 사람들, 그리고 이런 사실로 말미암아 결국 목숨 —

66 케빈 베일스, 『부려먹다가 내버려도 괜찮은 사람들 — 세계 경제에서의 새로운 노예제도』, 캘리포니아 대학교 출판부, 버클리, 1999년. 프랑스와즈 베르제스의 저서 『노예제도 폐지 : 식민 유토피아 — 인도주의 정책의 모호성』(Albin Michel 출판사, 파리, 2001년)에서 재인용.

67 고비노에게 쓴 편지에서 토크빌과 르낭은 각기 고비노의 학설은 프랑스가 아니라 독일에서 약간의 반응을 얻게 될 것이라고 예측했다.

68 조셉 콘래드, 『어둠의 한가운데』(J.-J. 마유 번역), Flammarion 출판사, 파리, 1989년.

그리고 의견 —이 중요성을 가지지 못하는 사람들을 말한다.

난폭하기 짝이 없는 행위를 배척했던 사람들조차도 그리하여 그 미개인들을 그렇게 취급하는 것이 파렴치한 짓이라고 생각하지 않기에 이르렀다. 보수주의적 시사평론가였던 쥘 르메트르는 《그들》과 《우리들》 사이의 거리는 《그들》과 동물들 사이의 거리보다 더 멀다고 말하기조차 했는데, 당시에 그런 생각을 공개적으로 밝힌 사람들은 많지 않았다. 쥘 르메트르는 다음과 같이 썼다. 《인간과 동물의 차이보다 인간과 인간의 차이가 더 크다.》[69] 이런 말을 내뱉으면 듣는 이가 충격을 받을 수 있다. 그러나 이런 표현은 19세기 말에 곳곳에서 암시되었던 시각, 즉 여러 종류의 신문기사, 이야기, 소설, 그림 속에 은연중에 담겨 있던 시각을 드러내주는 것이다. 그리고 이런 시각 때문에 갖가지 폭력이 날뛰게 되었다. 그리하여 1887년에 발표된 어느 이국취향의 모험 이야기를 다룬 책에는 백인들이 아프리카인들을 태연하게 살해하는 장면을 묘사한 삽화가 실려 있으며, 그 삽화에는 다음과 같은 설명문이 붙어 있다. 《이 사람들[백인들]은 기르는 개들에게 주려고, 습관적으로 원주민들을 총으로 쏘아 죽였다.》[70]

69 쥘 르메트르, 《불로뉴 숲의 동물원에 전시된 아샨티족》, 「파리의 메아리」, 1887년 9월호.

70 루이 쟈콜리오, 『불을 먹는 사람들』, Girard et Boitte 출판사, 파리, 1887년.

제2부

거짓말로 덮어 가린 범죄들

19

20

19_《통킹 전쟁. 손타이 *Sontay* 점령. 1883년 12월 16~17일》을 묘사한 에피날의 민화. 아래쪽에는 16일 아침부터 17일 아침까지 벌어진 손타이 전투에서 해병대원들, 외인부대원들, 알제리 원주민 출신 보병대원들로 이루어진 프랑스 병력이 청나라의 흑기군(黑旗軍 *pavillons noirs*), 안남 병사들, 청나라 병사들을 물리치고 대승을 거두었다는 설명문이 붙어 있다.

20_1827년 4월 29일에 알제 태수 후세인이 프랑스 영사 피에르 드발을 부채로 때리는 장면을 묘사한 그림.

LA GUERRE A
MADAGASCAR
PAR
H. GALLI
En LIVRAISONS à 10 Cent
ET
PATRIE
RF
Une GRAVURE
En COULEURS
PAR
LIVRAISON
TANANARIVE
chez tous les LIBRAIRES
PREMIÈRE
LIVRAISON GRATUITE
GARNIER FRERES, Editeurs, 6, Rue des Sts Pères, PARIS

22

21_마다가스카르의 타나나리브에 프랑스 깃발을 꽂는 군인의 모습(H. 갈리 *H. Galli*, 『마다가스카르에서의 전쟁 *La Guerre à Madagascar*』의 표지, 연대 불명).

22_파쇼다 사건을 풍자한 그림. '알비옹'(프랑스인들이 영국을 경멸적으로 일컫는 말)이라는 글이 새겨진 방패를 곁에 두고 침대에 누워 있는 노파는 영국을 상징하며, '파쇼다'라는 글이 붙어 있는 과자를 들고 서 있는 꼬마 소녀는 프랑스 공화국을 상징하는 마리안이다. 아래쪽에 《- "할머니, 할머니는 이빨이 참 커요!" - "얘야, 너의 과자를 먹으려고 그렇단다!"》라는 설명문이 붙어 있다.(「작은 신문」, 1898년 11월 20일자의 1면)

Le Petit Journal

Le Petit Journal
CHAQUE JOUR — 6 PAGES — 5 CENTIMES
Administration : 61, rue Lafayette
Le Supplément illustré
CHAQUE SEMAINE 5 CENTIMES

5 CENTIMES SUPPLÉMENT ILLUSTRÉ **5** CENTIMES

Le Petit Journal Militaire, Maritime, Colonial.... 10 cent.
Le Petit Journal agricole, 5 cent. ~ **La Mode du Petit Journal**, 10 cent.
Le Petit Journal illustré de la Jeunesse, 10 cent.

On s'abonne sans frais dans tous les bureaux de poste

ABONNEMENTS

	SIX MOIS	UN AN
SEINE et SEINE-ET-OISE..	2 fr.	3 fr. 50
DÉPARTEMENTS........	2 fr.	4 fr. »
ETRANGER..............	2 50	5 fr. »

Les manuscrits ne sont pas rendus

Dix-huitième Année — DIMANCHE 15 DÉCEMBRE 1907 — Numéro 891

LA FIDÉLITÉ DE L' « AUTRE FRANCE »

Les chefs arabes savent garder la foi jurée

24

23_《'또 다른 프랑스'의 충성 - 아랍 족장들은 충성 서약을 지킬 줄 안다.》라는 설명문이 붙은 그림. 원 안은 알제리를 침공한 프랑스 군대에 저항하는 압-델-카데르이며, 프리지아 모자를 쓰고 프랑스 국기를 든 마리안이 앉아 있는 의자에 적힌 'RF'는 프랑스 공화국 *République Française*의 약자이다.(「작은 신문」, 1907년 12월 15일자의 1면)

24_1844년 8월 14일에 이슬리 전투에서 모로코 군대를 격파하는 뷔죠 장군과 휘하 병사들을 묘사한 그림.(「삽화 신문」, 1940년 5월 11일자)

25

25_식민지에서의 만행을 고발하는 그림.(《빅토르 위고의 비전 *La vision de Hugo*》이라는 제목이 붙은 잡지 「버터 접시 *Assiette au beurre*」 1902년 2월 26일자)

26_ 식민지에서의 만행을 고발하는 그림. 아래쪽에 《한 번에 두 명을…! 훌륭하네! 자네는 훈장을 받게 될 걸세!》라는 설명문이 붙어 있다.(「버터 접시」 1904년 1월 2일자)

27_콩고에서 레오폴드 고와 죠르쥬 토케가 1903년 7월 14일에 대혁명 기념일을 자축하기 위해 흑인 청년을 다이너마이트로 폭파시킨 사건을 풍자한 그림. 아래쪽에 《식민지 장난감 - "이건 온순하고 작동시키기 쉬우며, 게다가 정부가 보증하는 것이라오."》라는 설명문이 붙어 있다.(「버터 접시」 1905년 12월 30일자)

— Deux d'un coup !... C'est superbe ! Tu auras la croix !

26

LE JOUJOU COLONIAL

— C'est gentil, facile à faire marcher, et c'est garanti par le gouvernement.

27

1. Savorgnan de Brazza délivre des esclaves.

Un village congolais formé de cases (expliquer). *Au milieu, deux tirailleurs délivrent un esclave nègre en brisant son carcan* (expliquer). *A gauche arrivent deux esclaves nègres pris dans le même carcan. Où et en quel siècle avons-nous déjà vu des esclaves? Savorgnan de Brazza (vêtu d'un burnous) fait délivrer les esclaves et hisser le drapeau français.* Raconter ses voyages.

28

29

Le Petit Journal

Le Petit Journal
Chaque jour — six pages — 5 centimes
Administration: 61, rue Lafayette
Le Supplément illustré
Chaque semaine 5 centimes

5 Centimes SUPPLÉMENT ILLUSTRÉ 5 Centimes

Le Petit Journal militaire, maritime, colonial..... 10 cent.
Le Petit Journal agricole, 5 cent. La Mode du Petit Journal, 10 cent.
Le Petit Journal illustré de La Jeunesse..... 10 cent.
On s'abonne sans frais dans tous les bureaux de poste

ABONNEMENTS

Seine et Seine-et-Oise	2 fr.	3 fr. 50
Départements	2 fr.	4 fr.
Étranger	2 50	5 fr.

Les manuscrits ne sont pas rendus.

Seizième année DIMANCHE 19 MARS 1905 Numéro 748

M. SAVORGNAN DE BRAZZA
Le vaillant explorateur au milieu de son escorte pendant son dernier voyage au Congo

30

28_ 사보르냥 드 브라자가 노예들을 풀어주고 프랑스 국기를 게양하라고 지시하는 모습과 그 설명문.(알베르 트루, 비달 드 라 블라슈 부인, 로베르 망죠, 『프랑스 역사』, 1948년)

29_콩고와 대서양 해안을 잇는 철도 부설 공사 모습. 원주민들이 아무런 기계도 없이 곡괭이와 삽만으로 일하고 있다.

30_《콩고를 마지막으로 방문하는 중에 수행원들 가운데 서 있는 용감한 탐험가인 사보르냥 드 브라자 씨》라는 설명문이 붙어 있는 그림.(「작은 신문」, 1905년 3월 19일자의 1면)

31

31_《식민지 정복군》. 앞줄 좌측부터 세네갈 원주민 출신 보병대 장교, 인도인 용병, 알제리 원주민 출신 보병대원, 외인부대 병사, 안남 원주민 출신 보병대원, 마다가스카르 출신 보병대원, 그리고 뒷줄 좌측부터 세네갈 원주민 출신 기병대원, 알제리 원주민 출신 기병대원.(「작은 신문」, 1891년 3월 7일자의 1면)

32

33

34

32_모로코에서의《세네갈 원주민 보병대원들과 그 가족들》. 당시에 식민지 원주민 병사들은 주둔지에 가족들을 데리고 갈 수 있었다.(사진엽서, 1916년 경)

33_사이공에서의 안남 원주민 출신 병사들로 이루어진 군악대와 프랑스인 장교들.(사진엽서, 1912년 경)

34_전장으로 떠나기 위해 기다리는 알제리 원주민 출신 병사들.(사진엽서, 1914년)

35

36

35_1차대전 승리를 경축하는 퍼레이드를 벌이는 흑인 병사들.(사진엽서, 1919년 7월 14일)

36_마다가스카르에 주둔한 병사들의 망중한 장면.(마다가스카르, 1909년 10월 14일)

37_《식민지 정복부대에 입대하는 방법》을 소개한 소책자의 앞표지와 뒤표지. 앞표지에는 붉은 색으로 표시된 프랑스 식민지 영토 위에 프랑스 국기가 펄럭이는 장면이, 뒤표지에는《여행하십시오. 식민지 정복부대가 여러분을 초대합니다.》라는 권고문과 함께 아프리카의 어느 시장을 찾은 두 명의 병사가 묘사되어 있다.(프랑스 공화국 국방부 발행, 1937~1938년)

RÉPUBLIQUE FRANÇAISE _ MINISTÈRE DE LA GUERRE
ENGAGEZ-VOUS, RENGAGEZ-VOUS
DANS LES
TROUPES
COLONIALES

38

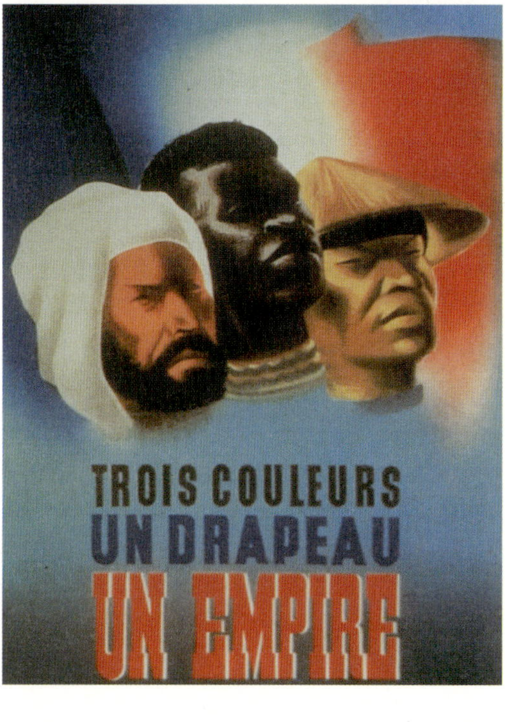
TROIS COULEURS
UN DRAPEAU
UN EMPIRE

39

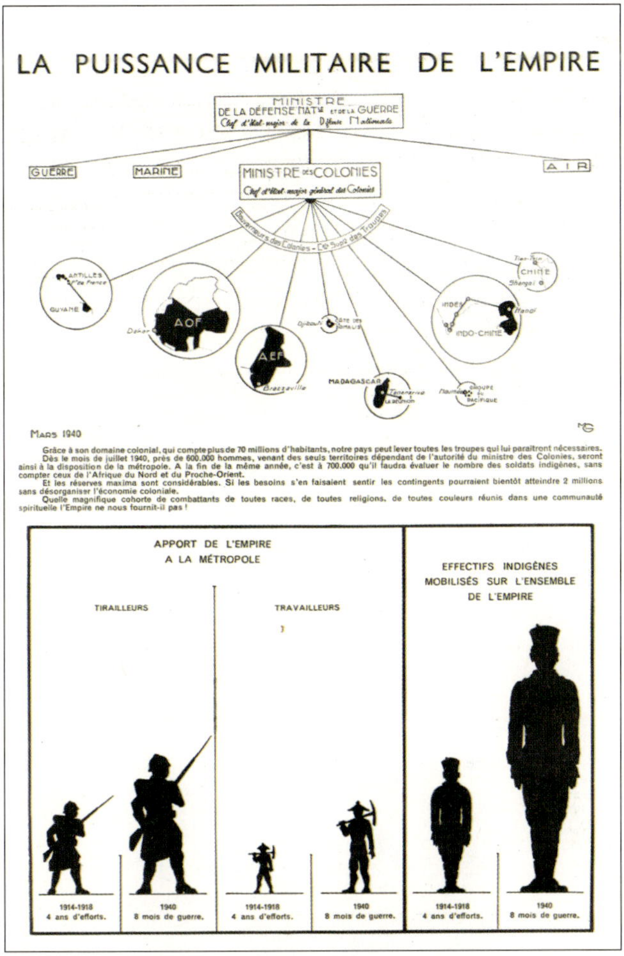

40

38_식민지 정복부대에 입대할 것을 권고하는 포스터. 《식민지 정복부대에 입대하십시오. 재입대하십시오.》라는 권고문 아래쪽에 멋진 제복 차림의 두 병사가 프랑스 국기를 게양한 배 위에서 열대 풍경을 바라보고 있다.(프랑스 공화국 육군성 제작, 연대 불명)

39_프랑스 국기를 배경으로 세 명의 식민지인(아랍인, 흑인, 인도차이나인)이 묘사되어 있는 포스터. 아래쪽에는《삼색, 하나의 깃발, 하나의 제국》이라는 설명문이 붙어 있다.(비시 정부 제작)

40_1940년 3월의《[프랑스] 제국의 군사력》을 나타낸 그림. 위쪽에는 국방부 산하의 육군성, 해군성, 공군성, 그리고 식민부가 관할하는 식민지 영토가 묘사되어 있다. 그 아래에는 다음과 같은 내용의 설명문이 붙어 있다. 주민 수가 7000만 명에 이르는 식민지 덕분에 프랑스는 필요한 모든 병력을 징집할 수 있었다. 프랑스 본국은 1940년 7월부터 식민부가 관할하는 여러 영토 출신의 병력 60만 명을 가지게 될 것이며, 연말에는 흑아프리카와 근동 출신 병력을 제외하고도 70만 명의 원주민 출신 병사들을 가질 수 있을 것이다. 예비 병력을 포함하여 유사시에 동원할 수 있는 병력 수는 200만 명에 이를 것이다. 프랑스 제국은 각종 인종, 각종 종교, 각종 피부색을 지닌 전투원들을 제공해준다. 그림 맨 아래쪽에는 1차대전 4년 동안(1914~1918년)과 당시에 막 시작된 2차대전 8개월 동안 제국이 프랑스 본국에 기여한 원주민 출신 보병들, 노동자들, 제국 전체에서 모집된 원주민 병사들의 규모가 묘사되어 있다.(「삽화 신문」, 1940년 5월 11일자)

Aux Colonies
les Communistes
travaillent à poignarder la France

41

TIRAGE HORS SÉRIE
AOUT 1934
PRIX DU NUMÉRO
5 FRANCS
L'ILLUSTRATION
LE MARÉCHAL LYAUTEY
(1854-1934)

42

43

41_공산주의자가 흉측한 아랍인에게 슬그머니 칼을 건네는 모습을 담은 1932년의 포스터. 프랑스 우파가 반공산주의 선전전술에 사용한 이 포스터에서 당시에 '프랑스 공산당'에서 반식민주의 운동을 벌인 쟈크 도리오의 모습과 모로코의 지도자 압-델-크림의 모습을 볼 수 있다. 이 포스터는 프랑스 공산당이 압-델-크림을 무장시켜서 프랑스 공화국(그림자로 묘사된 마리안)을 무너뜨리려 한다는 것을 나타낸 것이다.

42_대표적인 프랑스 식민제국 건설자 리요테 원수의 모습을 담은 그림.(「삽화 신문」, 1934년 8월호의 앞표지)

43_《알제리와 해외에서 근무하는 군대와 그 가족들을 돕는 국민 캠페인》에 사용된 포스터. 아래쪽에 《우리의 군대는 알제리에서 프랑스 주민들과 그들의 부(富)를 보호하고 있다.》라는 설명문이 붙어 있다. 유전 시설이 서 있는 사막을 배경으로 낙타를 탄 프랑스인 군인 두 명과 원주민 군인 한 명의 모습이 보인다. 프랑스인 군인들은 흰 옷에 넥타이까지 매고 있다.(라트르 *Lattre* 원수(元帥) 재단 발행, 연대 불명)

44

44_'비밀군사조직'이 제작한 선전 포스터. 알제리에 거주하는 프랑스인들과 원주민들이 《형제들》이라는 것을 강조하고 있다.

제1장

무력으로 정복할 것인가, 아니면 평화적으로 식민화할 것인가?

19세기에서 20세기에 걸쳐 유럽 국가들이 벌인 식민화 사업의 전반적인 동향에 있어서 공화체제의 프랑스는 식민지인들에게 인권을 인정하기를 거부하면서도 그 인권을 표방했다는 점에서만 구분되는 것은 아니다. 프랑스는 심지어 인권을 자체의 식민화 사업을 정당화하는 논리로 삼기까지 했다. 하지만 현지에서 프랑스는 다른 식민 열강과 마찬가지로 정복사업을 저지하려는 저항에 부딪혔다. 그리고 이따금 다른 식민 열강과 마찬가지로 그 저항 때문에 자체의 계획이 방해를 받는 경우에는 집단적, 조직적 범죄라고 불러 마땅한 행위를 자행하도록 명령을 내리기도 했으며, 해외영토에서 군인들이나 민간인들이 본국 정부의 일체의 통제를 벗어난 권력을 가지고 있을 때에는 그 행위가 자행되는 것을 방임하기도 했다.

물론, 프랑스가 벌인 식민화 사업이 끊임없는 학살의 연속에 불과했다고 여기는 것은 부당할 수도 있다. 그렇게 여긴다는 것은 역사에서 비켜나는 격이 되며, 한 세기 이상에 걸쳐 매우 다양한 나라들에 관계될 뿐만 아니라 매우 상이한 기질과 이상을 가졌던 사람들이 관여하여 일어난 각종 현상들과 사건들의 복합성을 무시하는, 어떤 천진난만한 이데올로기적 담론에 힘을 실어주는 격이 된다.[1] 심지어 알제리 — 다음 장에서 우리는 1830년부터 1962년까지 그곳에서 자행된 폭력의 강도 때문에 알제리는 별개의 경우였다는 것을 볼 수 있을 것이다. — 같은 곳이나 또는 마다가스카르 — 그곳에서 식민화 사업은 여러 시기에 걸쳐 엄청난 폭력으로 점철되었다. —에서도 협상, 무력사용, 협력정책 및 유혹정책이 번갈아 시행되면서 식민화 사업이 진행되었다. 그리고 그 시기 내내 식민지인들의 《마음을 사로잡음》으로써 프랑스가 맡은 문명화의 역할을 완수해야 한다는 주장이 단지 파렴치한 행위와 이기심을 감추기 위한 목적을 띤 선전전술에서 개진된 주장이었던 것만은 아니라는 점을 간과하지 말아야 한다. 그런 주장은 민주주의의 장점을 진정으로 믿었으며 또한 진보에 대한 신념을 늘 가슴에 품고 있던 휴머니스트들이 실천하려고 애쓴 이상이기도 했기 때문이다.

외교술과 정복 — 1885년에 열린 '베를린 회담'이라는 전환점

식민지배 시대를 전통적인 방식대로 세 과정(정복, 《평정작전 *pacification*》, 그리고 탈식민화로 이어지는 저항)으로 나누는 것은 천진난만하기는 하지만, 그 시대에는 단지 폭력의 과정만으로 얼룩진 것은 아닌 그 나름의 역사가 있다. 정복, 평화적 확장, 봉기진압은 항상 깊이 얽혀 있었다. 그리고 프랑스 공화국의 식민제국이 성립되고 이어서 붕괴된 복잡한 역사는 간단하게 도식화될 수 없을 것이다.

1 이런 관점에서 예를 들면 클라우스 바르비(1913~1991년. 1935년에 나치스 친위대에 들어갔으며, 1943년에 리옹 *Lyon* 지방의 게슈타포 책임자가 되어 장 물랭을 비롯한 많은 레지스탕스 대원들을 고문하고 살해했다. 전후에 연합군에 의해 전범으로 지목되어 추적을 받았으나, 1945년 말에 나치스 저항조직을 만들어 활동했다. 1947년 봄부터 미국 정보부로부터 반공산주의 투쟁에 이용되었다. 이후로 볼리비아로 도망쳤다가 1983년 2월에 프랑스로 추방되었다. 1987년에 리옹에서 열린 재판에서 2차대전 중에 저지른 반인륜범죄에 대해 종신 징역형을 선고받았으며, 복역 중에 암으로 사망했다. — 역주)가 1987년에 리옹에서 재판을 받을 때, 그의 변호인들 중의 한 명이었던 사람은 자신의 책(장-마르탱 음방바, 『반인륜범죄에 대한 다른 의견』, Présence africaine 출판사, 파리/다카르, 1990년)에서 너무나 단순한 주장을 펴고 있으며, 그 주장에는 성찰을 진척시키는 데에 필요한 역사적 엄격성이 완전히 결여되어 있다.

1885년 이전에는 탐험을 하고 외교협정을 맺으려는 노력이 주조를 이루었다. 특히 1819년부터 1880년까지 프랑스는 아프리카의 여러 권력자들과 무려 118개에 이르는 조약을 맺었다. 그럼에도 불구하고 당시에는 사실상의 전쟁이 벌어지기도 했다. 제2제정기에 아프리카 서부에서 엘-하지 오마르 탈이 통치하는 투쿨뢰르족 *Toucouleurs*의 왕국을 공격하기 위해 루이 페데르브[2]가 벌인 전쟁이 한 예이다. 페데르브는 먼저 1860년에 엘-하지 오마르 탈과 조약을 맺었으나, 그로부터 4년 뒤에는 그를 무찌르고 살해했다. 그러나 엘-하지 오마르 탈의 아들인 아흐마두 탈이 전투를 재개하게 된다. 여전히 세네갈의 카요르 *Cayor* 지역에서는 1861년부터 1865년까지 라트-디오르 디오프가 이끄는 반란이 일어났다. 그러나 외교술과 교역을 통한 프랑스의 영향력 확산이 우선시 되었다. 1880년대 초의 경우에도 여전히 마찬가지였다. 그 시기에 프랑스는 제3공화국의 이름으로 여러 개의 새로운 조약을 체결했다. 1880년 11월 4일에 투쿨뢰르 왕국과 체결한 '낭고 조약',[3] 또는 당시에 오토만 제국의 섭정령이었던 튀니스의 총독 *bey*과 체결한 조약이 그 예이다. 후자의 조약은 프랑스 병력으로 압박을 가하여 체결한 것이긴 하지만 말이다. 1881년 5월 12일에 체결하여 1881년 5월 28일자 〈관보〉에 게재된 '카스르 사이드 협

2 루이 페데르브(1818~1889년) : 프랑스 군인, 행정가. 에콜 폴리테크닉 *École polytechnique*을 졸업하고 1843년에 알제리에서 뷔죠 휘하의 공병대 장교로 싸웠으며, 이어서 과들루프와 세네갈에서 근무했다. 1854년에 세네갈 총독에 임명되어 프랑스의 영향력을 확대했다. 현지의 관습을 존중하고 주민들을 이해하려고 애썼으며, 그들의 언어를 연구했다. 1855년에 현지 족장들의 자제를 교육하여 식민지 행정의 보조인력으로 삼기 위한 학교(이 학교는 '인질 학교 *École des otages*'로 불렸다. 학생들은 그들의 가족이 프랑스와 체결한 평화협정이나 동맹협정을 준수하도록 하기 위한 일종의 인질이었기 때문이다.)를 열었으며, 1857년에는 세네갈 원주민 출신 보병대를 창설했다. 건강상의 문제로 1861년에 세네갈을 떠났다가 1863년에 다시 세네갈로 돌아가서 1865년까지 총독을 지냈다. 세네갈 은행을 열었으며, 세네갈 노동자들을 서인도제도로 보내는 것에 반대했으며(이것은 그곳으로 보내진 노동자들이 간접적인 노예제도에 종속되리라는 염려 때문이었다.), 세네갈의 경제를 발전시켰다. 다카르의 한 거리 이름은 그의 이름에서 따온 것이다. — 역주

3 '낭고 조약' : 투쿨뢰르 왕국의 술탄 아흐마두 탈과 죠제프 갈리에니가 체결했다. 이 조약으로 프랑스 측은 투쿨뢰르 왕국 전역에서 통행하고 교역할 수 있는 자유를 얻었으며, 니제르 강 상류에서 톰북투까지를 프랑스 보호령으로 삼게 되었으며, 니제르 강 유역으로 통행하고 진출할 수 있는 권리를 얻었다. 반면, 아흐마두 탈은 대포 4문, 소총 1000정, 약간의 탄약, 1만 금화 프랑을 제공받았다. — 역주

약'[4]과 1883년 6월 8일에 체결하여 1884년 4월 11일자 〈관보〉에 게재된 '마르사 협약'[5] 이 그러하다.

앞서 체결한 여러 조약은 간단한 법령을 통해 비준되었지만, 오구에 *Ogooué*와 콩고 내륙으로 파견된 탐험대를 이끈 젊은 해군 중위 사보르냥 드 브라자[6]가 콩고 하구(河口) 지역의 군주인 바테케족의 왕(《마코코》)과 체결한 조약은 1882년 11월 22일에 하원에서 만장일치로 비준되었다. 이 조약은 프랑스 측이 보기에는《마코코》가 주권을 완전히 포기한다는 의미로 해석되었기 때문에 정식절차를 밟아 비준되었던 것이다. 프랑스가 체결한 위의 조약들은 흔히 두 개의 언어로 작성되었다. 즉, 하나는 프랑스어로 작성되었으며, 다른 하나는 프랑스와 조약을 체결하는 상대국가의 언어로 작성되었던 것이다. 그런데 두 조약문은 이따금 고의적으로 각기 다른 내용으로 작성되었다. 통역자 자신이 다음과 같이 말하는 경우도 있었다. 상대국가의 언어로 작성된 조약문 — 하지만 이 조약문은 같은 당국자들이 공동 서명한 것이며, 프랑스 외무부의 문서보관소에 보관되어 있다. —을 신뢰할 것이 아니라, 프랑스어로 작성된 조약문 — 이 조약문은 내용 면에서 이따금 상대국가의 언어로 작성된 조약문과 뚜렷이 차이가 나기도 했다. —만을 신뢰해야 한다는 것

4 '카스르 사이드 협약' : '바르도 조약'이라고도 한다. 이 협약에 따라 튀니지는 프랑스 보호령이 되었으며, 오토만 제국의 섭정령 튀니스의 총독은 외교, 국방, 행정과 관련한 모든 권한을 튀니지 주재 프랑스 총독에게 넘겨야 했다. — 역주

5 '마르사 협약' : '카스르 사이드 조약'을 보완하는 것으로, 튀니지가 프랑스의 완전한 보호령이 되도록 하기 위해 프랑스 정부가 원하는 대로 튀니지의 행정, 사법, 재정 부문을 개혁하기로 약속하는 내용을 포함하고 있다. 이로써 튀니지는 프랑스의 직접 통치하에 놓이게 되었다. 프랑스 측의 폴 캉봉과 튀니지의 알리 3세가 서명했다. — 역주

6 사보르냥 드 브라자(1852~1905년) : 이탈리아 태생의 프랑스 탐험가. 프랑스에 귀화한 1874년부터 10여 년 동안 3차에 걸쳐 가봉, 콩고, 카메룬 등지를 탐험했으며, 콩고를 프랑스 보호령으로 만드는 데에 기여했다. 콩고의 수도 브라자빌 *Brazzaville*은 브라자 *Brazza*가 개척한 도시 *ville*를 의미한다. 그는 자신과 경쟁관계에 있었으며 벨기에 국왕 레오폴드 2세로부터 엄청난 물자를 제공받아 폭력적인 방법으로 탐험을 하는 미국인 스탠리와는 달리, 평화적인 방법으로 탐험을 계속했다. 콩고 총독으로 재임할 때(1886~1898년)에는 학교, 병원, 직업훈련장 등을 운영하기도 했으며, 노예들을 해방하기도 했다. 레오폴드 고와 죠르쥬 토케의 만행(271쪽을 보라.)을 조사하기 위해 1905년에 현지에 파견되어 업무를 수행하고 귀국하던 중에 다카르에서 사망했다. 그의 미망인이 팡테옹에 유해를 안장하는 것을 거부했으며, 알제에 묻혔다. — 역주

이다. 다른 조약들 중에는 프랑스 공화국이 1884년 3월 25일에 아카플라스족 *Akaplass*의 왕 누보와 맺은 조약, 1885년에 마다가스카르 왕국과 맺은 조약 — 이 조약이 체결되었다는 소식은 그해 12월에 프랑스 국회의 토의에 영향을 미쳤는데, 투표결과는 찬성과 반대가 백중세를 이루었다. —, 그리고 그 얼마 전인 그해 12월 1일에 아구에 *Agoué* 왕의 속령(屬領) 세콤 *Sekkom* 땅을 다스리는 여러 족장들과 맺은 조약이 있다.

그러나 프랑스 공화국은 1885년에 하원에서 두 차례의 표결이 있은 이후로는 군대를 동원하여 전방위로 식민지를 정복하려는 선택을 실천에 옮겼다. 1890년에 쥘 페리가 말하게 되듯이 말이다. 그가 한 말은 다음과 같다. 《어떤 저항할 수 없는 움직임이 새로운 땅을 정복하도록 유럽 열강을 이끌고 있습니다. (…) 이 내부적인 경주는 시작된 지 고작 5년 밖에 되지 않지만, 해가 거듭될수록 마치 가속도가 붙은 듯이 빨라지고 있습니다.》[7]

1884년 11월부터 1885년 2월까지 열린 '베를린 회담' 때에 큰 변화가 일어났다. 비스마르크의 권고로 프랑스는 유럽의 다른 열강과 마찬가지로 그 국제회담에 참여했다. 당시에 프랑스의 총리대신 겸 외부부 장관은 쥘 페리였다. 그 회담에서는 아프리카 대표들은 단 한 명도 참석시키지 않은 채 아프리카 문제가 다루어졌다. 현대사에서 1938년에 열린 '뮌헨 회담'[8]은 대표단이 초대조차 받지 못한 한 나라의 운명을 결정하기 위한 열강 사이의 협상을 대표하는 치욕스러운 상징으로 기록되어 있지만, '베를린 회담'도 역시 현대사에서 '뮌헨 회담'과 동일한 상징성을 띠는 것으로 기록되기에 충분한 타당성이 있을 것이다. '주인 없는 것 *res nullus*'으로 간주된 아프리카 땅의 군주들에게 그들 나라의 미래가 걸린 논의에 대해 알려주지도 않았으며, 의견을 물

7 쥘 페리, 『통킹과 모국 — 증언과 자료』, V. Havrard 출판사, 파리, 1890년.

8 '뮌헨 회담' : 1938년 9월 29일부터 30일까지 뮌헨에서 프랑스 대표 에두아르 달라디에, 영국 대표 네빌 체임벌린, 히틀러, 중재자를 자처한 무솔리니 사이에 열린 회담. 이 회담에서 영국과 프랑스는 1차대전에 이어 또다시 전쟁이 일어나는 사태를 피하기 위해, 히틀러가 체코슬로바키아 내의 독일어권 소수민족의 영토인 주데텐란트를 독일에 병합하는 것을 받아들여야만 했다. — 역주

어보지도 않았기 때문이다. 그런데 《열등한》 것으로 간주된 국가들이 국제 무대에서 배제된 것으로 역사에 공식적으로 기록된 그 회담이 인종들은 동등하지 않다는 주장이 큰 환영을 받았던 유럽 국가들 중의 한 국가에서 진행되었다는 것은 뜻밖이 아니다.

'베를린 회담'에는 1815년에 열린 '빈 회담'에 참가한 국가들뿐만 아니라, 벨기에, 미국, 이탈리아, 터키 — 터키는 마치 유예 국가인 듯이 서명 국가들의 명단 끝 부분에 기록되어 있다. —도 참가했다.[9] 열강 대부분은 베를린 주재 자국 대사를 대표로 보냈으며, 프랑스 공화국도 역시 베를린 주재 대사 알퐁스 드 쿠르셀 남작을 대표로 보냈다. 아프리카 대표들이 회담에서 배제된 것에 대한 설명은 분명치 않고 부자연스러웠다. 회담 참가국들에게 제출한 보고서에 다음과 같은 내용이 명시되어 있었던 것이다. 《대부분은 아마도 만민법 공동체의 테두리 밖에 있는 것으로 간주되지 않아야 하지만, 현 상태에서는 자기 이익을 스스로 지킬 능력이 거의 없는》 원주민에 대해 《이번 회담은 비공식적인 보호자 역할을 맡아야만 했다.》[10]

노예무역 폐지 투쟁이 이념상의 구실로 사용되었다. 하지만 회담 참가국들 중에서 여러 국가는 근 3세기에 동안 매우 공식적으로 노예무역을 실시해왔으며, 당시에도 여전히 그 여러 국가에서는 뱃사람들과 상인들이 노예무역을 하고 있었다. 예컨대 프랑스 선박은 제2제정기 내내 아프리카 동부해안에서부터 코모로 군도에 이르는 지역에서 《자유 고용인들 *engagés libres*》로 불리는 노예들을 거래했다. 그리고 이후로 레위니옹 섬의 백인들은 인도로 가서, 다른 방식의 비천한 속박에서 벗어나지 못한 상태에 있던 노동력을 구하게 되며, 식민화 기간 내내 아프리카의 프랑스 점령지에서는 다양한 형태의 노예제도가 계속 유지된다.

9 총 14개 강국(독일, 오스트리아-헝가리, 벨기에, 덴마크, 스페인, 미국, 프랑스, 영국, 이탈리아, 네덜란드, 포르투갈, 러시아, 스웨덴, 오토만 제국)이 그 회담에 참가했다.

10 1884년 12월 1일의 회담에서 검토된 위원회 보고서.

1885년에 '베를린 회담'에서 내려진 결정은 아프리카를 분할하는 것 — 이것은 수많은 알력을 거치면서 1차대전 때까지 점진적으로 추진된다. —을 목표로 삼기보다는, 정복 때에 발생할 수 있는 분쟁을 가능한 한 예방하기 위해 식민 열강 사이의 중재방식을 정하는 것을 더 큰 목표로 삼았다. 묵계를 통해 식민 열강은 아프리카의 여러 주권국가를 분할하는 것은 아프리카 대륙의 여러 민족과 정부의 권한에 속하는 것이 아니라, 최종적으로 열강 자신들의 권한에 속한다는 합의에 이르렀다. 서명 국가들은《원주민들의 정신적, 물질적 복지를 향상시키려고 한다.》라는 내용을 최종 협정문에 포함시켰다. 서명 국가들은 교역의 자유(서명 국가 자신들의 자유)와 종교의 자유(이것은 기독교 선교단체를 둘 수 있는 권리로 여겨졌다.)를 천명했으며, 특히 어떤 영토를 점령할 때에는 상호협의를 거쳐야 한다는 원칙을 천명했다.

비록 최종 협정문에는 아무런 언급도 들어 있지 않았으나, 그 회담에서 가장 큰 이득을 얻은 자는 벨기에 국왕 레오폴드 2세였다. 그는 미국인 탐험가 스탠리의 중재로, 얼마 뒤에 그 자신이《콩고 독립국가》라고 부르게 될 광대한 영토를 자신의 소유로 인정받았던 것이다. 레오폴드 2세는 프랑스 공화국의 지지를 받았으며, 프랑스 공화국은 그곳에서의《우선권》을 인정받았다.[11] 그렇게 해서 유럽 국가들이 벌인 모든 식민화 사업 중에서 가장 야만적인 식민지배 시스템이 시작되었다.

《미개인들》과 맺은 조약들이 프랑스의 국제 조약집에서 삭제되다

프랑스 측이 보기에 '베를린 회담'이 의미하는 바는 아프리카 대륙과 관련한 유일한 협상주체들은 이제는 식민 열강이라는 것이었다. 외무부 장관 쥘

11 콩고에서의 프랑스의《우선권》: 레오폴드 2세는 만일 자신 소유의 콩고 땅을 팔 경우에 프랑스에게 우선적으로 매입할 수 있는 권리를 주기로 약속했다. — 역주

페리는 그 회담에 프랑스 대표로 참석한 알퐁스 드 쿠르셀 남작에게 다음과 같은 사항을 지적했다. 《회담 주체들이 공동으로 수용한 노선에 따르면, 어느 나라 정부는 사람이 살고 있지 않는 땅이든 미개부족들의 소유에 속하는 땅이든 간에 그곳을 점령하는 것만으로도 그 땅의 주권을 획득할 수 있습니다.》[12] 프랑스 공화국 정부는 당시에 법학자들이 교묘하게 미화한 '무주지(無主地) *terra nullius*' 이론에 찬성했다. 그 이론에 따르면, 사람이 살고 있는 곳이든 주민이 없는 곳이든 간에 어떤 유럽 국가의 정부에 의해서도 아직 장악되지 않은 모든 땅은 《권리가 없는》 땅으로 간주되었다. 비록 사람이 살고 있는 땅이라 하더라도, 그곳 주민들은 《미개인》으로 간주되었기 때문이다. 간단히 말해서 이것이 의미하는 바는, 이전에 프랑스 정부가 아프리카의 여러 왕국과 체결한 모든 조약은 하원에서 비준을 받았었거나 또는 〈관보〉에 게재되었다 할지라도 무효로 간주된다는 것이었다.

하지만, 매우 공식적으로 체결된 그 조약들은 프랑스 공화국이 현지의 주권당국을 인정한다는 것을 분명히 증명하는 것이었다. '무주지' 이론과 상치되는 그 조약들은 법학자들을 난처하게 했다. 그리하여 프랑스가 아프리카의 여러 세력과 맺은 조약은 그 여러 세력이 주권을 가지고 있다는 전제하에서 체결된 것은 아니었다는 등의 이론을 만들어내는 법학자들이 생겨났다. 이 경우에 있어서, 그 땅에 대한 아프리카의 여러 세력의 권리는 조약의 조건이었던 것이 아니라, 조약의 결과였기 때문이라고 했다. 당시의 위대한 프랑스 법학자들 중의 한 사람이었던 프레데릭 드 마르탕스는 「국제법 · 비교법학 평론」에 기고한 글에서는 오로지 무력을 사용하거나 기만적인 전술을 구사하여 다른 나라를 식민지로 삼는 행위를 거부했다. 그러나 그것은 속임수였다. 그는 『국제법 개론』(1886년)에서는 《야만적인 부족들이 살고 있지

12 외무부 장관 쥘 페리가 베를린 주재 프랑스 대사 쿠르셀 남작에게 보낸 편지(외무부 문서보관소, 《보고서와 자료 – 아프리카》, 제109권, 분류번호 87번).

만 누구에게도 속하지 않는 땅》을 점령할 수 있는 권리가 누구에게나 있다고 썼던 것이다.[13] 이어지는 내용은 다음과 같다. 《유럽의 국제법은 문명화된 세력이 반(半)미개 상태의 *demi-sauvage* 국민과 맺는 관계에는 절대로 적용될 수 없다. (…) 국제법은 모든 인간류(類) *genre humain*에게 적용될 수 없다. 문명의 산물이자 문명화된 국민들의 정신적, 법률적 이념공동체의 결과물인 이 법을, 이 법으로부터 유래하는 의무에 대해 아무런 의식도 가지고 있지 않은 민족들에게 어찌 적용할 수 있겠는가?》 마르탕스는 다음과 같이 쓰기도 했다. 《미개하고 *sauvages* 반(半)야만적인 *demi-barbares* 민족들》에게서는 《그들이 자신들의 의지를 굽히고 따라야 할 약간의 법률 규범조차도 찾아볼 수 없다. 물리적이며 강압적인 힘만이 타자의 권리에 굴복하도록, 그리고 또 절대적인 필요성을 따르도록 그들을 강제할 수 있다. 야만 민족들에게서는 어떤 종류의 국제적 의무의식도 찾아볼 수 없으므로, 외국 국민들과 항구적인 우호관계를 맺어야 할 필요성에 대해 그들을 납득시키기는 어려울 것이다.》[14]

반면, 르 퓌르 교수는 장차 자신의 저서 『국제공법 개요』에서 《주인 없는 땅》이라는 개념을 만들어내게 된다. 그 땅은 비토리아와 디드로가 생각한 주민 없는 땅을 의미하는 것이 아니라, 르 퓌르 자신이 《정비되지 않은 땅 *territoires non organisées*》으로 규정한 것이다. 그렇기 때문에 그 땅은 르 퓌르에 따르면, 《문명인들이》 정복할 수 있는 권리가 있는 땅이었다. 『국제공법 개요』는 다음과 같은 내용을 담고 있다. 《주인 없는 땅, 다시 말해서 정비되지 않은 땅이 있다는 것, 그것이 바로 합법적인 점령의 첫 번째 조건이다.》[15]

외무부 장관에게 올린 '베를린 회담' 관련 보고서는 《자주적인 정부로서의

13 프레데릭 드 마르탕스, 『국제법 개론』, 파리, 1886년, 제1권, 464쪽.

14 프레데릭 드 마르탕스, 《중앙아시아에서의 러시아와 영국》, 「국제법 · 비교법학 평론」(국제법 연구소 *Institut de droit international*의 기관지), 제11권, 1879년.

15 루이 르 퓌르, 『국제공법 개요』, Dalloz 출판사, 파리, 1936년.

토착 부족들》에게는《자체 주권의 전적인 또는 부분적인 포기에 동의하는》 권리만을 조약을 맺을 수 있는 권리로 인정한다는 등의 내용을 담고 있다.[16] 간단히 말해서, 주권을 요구하는 민족들의 주권을 인정하는 것이 아니라, 주권을 포기하는 민족들의 주권만을 인정하겠다는 것이다! 이것은 그 민족들은 전적으로 자신들이 원하는 것을 할 수 있지만, 그러나 그렇게 하기 위해서는 식민지배자들에게 복종해야 한다는 것을 의미한다고 해도 과언이 아니다. 이것은 인권을 표방하면서도 그 인권을 백인의 권리로 한정함으로써 이르게 된 터무니없는 주장의 새로운 예였다. 물론, 식민화 사업을 지지한 공화파 법학자들과 정치인들은 중범죄자들이자 동시에 엄청 웃기는 자들로 보일 수도 있다.

공화국 정부가 이전에 체결하고 비준한 조약이 나중에 그렇게 부정됨으로써 기이하게 뒤틀린 일들이 생길 수밖에 없었다. 온갖 재주를 부린 말로 그 사실을 위장하려고 애썼지만 말이다. 그렇게 해서 그 조약문들은 프랑스 외무부가 편찬한 국제조약집에서 완전히 삭제되었다. 법학교수 쥘 바드방의 지도로 1918년부터 1920년까지 발행된 프랑스의 공식 국제조약집[17] — 이 조약집에는 프랑스가 수세기 전부터 체결한 모든 조약문들이 실려 있으며, 구체제 때에 프랑스가 이후로 사라져버리게 되는 나라들과 체결한 조약문들도 포함되어 있다. —에는 제3공화국 초에 맺은 조약들의 흔적은 전혀 남아 있지 않다. 그 조약들이 제3공화국의 〈관보〉에 게재되고 때로는 국회에서 비준된 것이지만 말이다. 이 조약집이《효력이 유지되고 있는》조약문들을 모은 것으로 간주됨으로써, 프랑스가 여러 국가들 — 곧 이어서 프랑스에 의해 식민제국에 편입된 국가들 —과 체결한 모든 조약은 무효화될 수

16 E. 앙젤라르트,『베를린 회담의 토의사항에 대한 보고서』(외부부 문서보관소,《보고서와 자료 - 아프리카》, 제109권, 분류번호 163번).

17 쥘 바드방,『프랑스와 외국 세력들 사이에 체결되어 효력이 유지되고 있는 조약문들과 협정문들』, Imprimerie nationale 출판사, 파리, 1918~1920년.

있었다. 1870년 이전에 독일의 여러 공국과 도시 또는 합스부르크 제국 같은 유럽의 여러 정부와 체결한 많은 조약문이 실려 있는 이 조약집에는 아프리카나 극동의 여러 세력과 맺은 많은 조약문(프랑스가 에티오피아 및 라이베리아와 체결한 조약문은 예외이다.) 중에서 어떤 것도 실려 있지 않다. 프랑스와 조약을 체결한 여러 나라가 이후로 식민화 사업을 통해 지도상에서 사라지게 되면서, 프랑스가 그 여러 나라와 맺은 관계의 역사도 철저히 지워졌다.

식민화 사업에 대한 저항과 무법의 전쟁

1885년 이후로 프랑스 공화국에 새로운 시대가 열렸다. 프랑스 공화국의 모든 근본원리와는 반대로, 무력과 정복이 권리를 만들어내는 시대가 된 것이다. 이제 멀리 있는 민족들에게는 무력을 행사하지 않는다는 지침은 아주 먼 옛일이 되었다. 그 지침은 예를 들면 1793년에 라 아르프가 표명한 것으로, 다음과 같은 내용을 담고 있다. 《철학자들의 책들에서 우리는 유럽의 군주들이 두 인도와 관련하여 가로챈 소위 권리라는 것을 평가하는 법을 배웠다. (…) 그들의 나라에서 우리는 권력 찬탈자와 주인의 모습이 아니라, 상인과 친구의 모습을 보여야만 했다. 폭력과 압제보다 사람들을 멀어지게 하는 것은 아무것도 없으며, 생필품과 교역보다 사람들을 친밀하게 해주는 것은 아무것도 없기 때문이다.》[18]

프랑스 공화국은 여전히 아프리카의 이런저런 왕국과 많은 조약을 이따금 체결했지만, 그 조약들은 그럴 수 있는 때가 되면 찢어버리거나 잊어버리게 될, 일시적인 화해조처에 불과했다는 것은 분명하다.[19] 이후로 그 조약들은

18 아프리카 여행에 대해 쓴 어느 책자에 대한 익명의 논평. 「프랑스의 르 메르퀴르」, 제109호, 1793년 8월 31일자. 이 글은 라 아르프가 쓴 것이 분명한 것 같다.

19 1880년부터 1914년까지 프랑스 공화국은 여러 나라 정부와 총 126개에 이르는 조약을 체결했으며, 이

중요하게 간주되지 않게 되며, 국제법상으로 아무런 참된 가치도 인정받지 못하게 된다. '베를린 회담' 때부터, 다른 식민 열강과 체결한 협약만이 중요하게 여겨졌다. 프랑스 공화국이 아프리카 문제에 분명하게 개입하는 계기가 된 첫 조약은 '베를린 회담'이 폐막되기도 전인 1885년 2월 5일에《콩고 독립국가》, 즉 벨기에 국왕 레오폴드 2세의 개인 소유지인 콩고를 인정하는 조약이었다.

이후로 프랑스 공화국의 목표는 정복에 반대하는 모든 기존 정부들을 무너뜨리는 것이었다. 1886년 3월, 한때 떠돌이 장사꾼이었던 회교도 왕 사모리 투레 — 오-니제르 *Haut-Niger*에서 그가 이끄는 정부는 1880년 초부터 프랑스의 침공에 저항했다. —는 프랑스와 '비산두구 조약'[20](비산두구는 사모리 투레가 통치하던 땅의 수도 이름이다.)을 체결했으며, 이 조약은 1887년과 1889년에 체결한 다른 조약을 통해 연장되었다. 사모리 투레는 자신의 아들들 중의 하나인 디야울레 카라모고를 프랑스로 보냈다. 1886년, 카라모고는 프랑스 공화국 대통령 쥘 그레비, 총리대신 겸 국방부 장관 프레시네, 불랑제 장군의 영접을 받았다. 그러나 프랑스령 수단 지역의 최고 지휘관으로 임명된 죠제프 갈리에니[21] 중령은 그 영접이《대영제국이 눈독을 들이고 있는 여러 지역에서 우리의 권리를 확립하기 위한 목적으로, 그리고 외국 세력들에게 보이기 위해 마련한 외교적 행위[이것은 원문 그대로이다.]이다.

어서 그 여러 나라 정부를 프랑스 제국에 종속시키거나 병합했다.

20 '비산두구 조약' : 1887년 3월 25일에 사모리 투레와 프랑스 측의 갈리에니를 대리한 페로즈 대위가 체결했다. 프랑스는 오-니제르에서의 사모리 투레의 주권을 인정했으며, 사모리 투레는 니제르 강과 그 지류인 틴키소 *Tinkisso* 강 좌안에서의 프랑스의 권리를 인정하고 오-니제르를 프랑스 보호령으로 삼는 것에 동의했다. — 역주

21 죠제프 갈리에니(1849~1916년) : 프랑스 군인. 생-시르 군사학교를 졸업하고 해병대 장교로 임관되어 '프로이센-프랑스 전쟁'에 참전했다. 1872년부터 1896년까지 레위니옹, 세네갈, 수단, 통킹에서 근무했다. 1896년에 장군으로 진급하고 마다가스카르 총독으로 임명되었다. 마다가스카르에서 일어난 폭동을 진압하고, 1905년까지 총독을 지냈다. 이후로 '식민당'의 주요 인물로 활동했다. 대대적인 군사작전보다는 정치적 행위를 동반한, 느리면서도 조직적인 전진을 통해 식민지를 확보하려고 했다. 파리 군사령관(1914년), 육군성 장관(1915년)을 지냈으며, 1921년에 원수(元帥)로 추증되었다. — 역주

이 족장에 대해 추진해야 할 유일한 정책은 그를 없애버리는 것이다.》[22]라고 썼다.

사모리 투레가 협약을 성실히 준수했지만, 갈리에니는 프랑스의 아프리카 동맹국들을 동원하여 그를 공격했다. 갈리에니는 다음과 같이 썼다. 《나는 '비산두구 조약'을 통해 그가 영국 편으로 돌아서지 못하게 한 다음, 지휘관 직책을 맡은 즉시 그 흑인 군주의 힘을 약화시키는 데에 전념했다.》 또 다음과 같이 쓰기도 했다. 《은밀히 나의 격려와 지원을 받은 티에바가 사모리에게 큰 패배를 안겨주었으며, 마침내 사모리는 끝장이 났다.》[23] 1898년에 사모리 투레는 포로가 되었으며, 그가 통치하던 왕국도 그와 함께 사라졌다. 사모리 투레는 1900년 6월 2일에 유배지 가봉에서 죽음을 맞았다. 그가 죽고 약 60년이 지나서, 그의 손자 세쿠 투레가 독립국가 기니의 초대 대통령이 된다.

프랑스가 벌인 식민화 사업이 항상 군사력을 동원한 난폭한 정복이었던 것은 아니지만, 프랑스는 《저항지역》을 맞닥뜨리면 어디에서나 전쟁이라는 방법을 사용했다. 그것은 무법천지의 전쟁이었다. 그 전쟁을 수행한 사람들의 고백에 따르면, 그것은 유럽이 1864년에 적십자를 창설하는 문제를 다룬 제1차 국제협정,[24] 그리고 전쟁과 관련한 법과 관례를 다룬 1899년과 1907년의 헤이그 협정[25] — 이 협정은 전범 처리 문제를 다룬 1929년의 제네바 협정[26]을 통해 연장된다. —을 체결하여 채택하기 시작한 인도주의적인 규정 따위는 개의치 않는 전쟁이었다.

1885년에서 1900년에 이르는 맹렬한 정복의 단계에서든, 산발적으로 무력

22 죠제프 키-제르보, 『흑아프리카 역사』(Hatier 출판사, 파리, 1978년)에서 재인용.

23 위의 책.

24 1864년 8월 22일에 체결된 제1차 '적십자 관련 제네바 국제협정'. 이 협정은 1868년 10월 20일자의 추가 문서를 통해 보완되었다. 제2차 적십자 협정문은 1906년 7월 6일에 제네바에서 채택되었다.

25 전쟁과 관련한 법과 관례를 다룬 것으로, 두 차례(1899년 7월 29일과 1907년 10월 18일) 체결된 '헤이그 국제협정.'

26 1929년 7월 29일에 체결된 '전투병력 중의 부상자 및 환자 그리고 전범 처리와 관련한 제네바 협정.'

충돌이 벌어진 1900년에서 1945년에 이르는 식민권력의 《공고화》 시기에서든, 아니면 1945년 이후로 식민지들이 독립을 쟁취하기 위해 처음으로 봉기를 일으킨 시기에서든 간에, 프랑스가 벌인 식민화 사업의 역사는 오랫동안 계속된 전쟁, 봉기, 진압의 연속으로 간주될 수 있다. 아프리카에서 19세기 말에 존재하던 정부들 중에서 어떤 정부도 프랑스가 벌이는 정복전쟁에 지속적으로 맞설 힘이 없었지만, 여러 정부는 사모리 투레가 이끄는 정부가 그렇게 한 것처럼 여러 해에 걸쳐 저항했다. 엘-하지 오마르 탈의 아들 아흐마두 탈이 이끄는 정부가 벌인 저항이 한 예이다. 아흐마두 탈 역시 수도 세구*Ségou*가 프랑스 군대에 점령되고 3년이 지난 1893년에 패배했다. 베앙쟁이 이끄는 아보메 왕국도 여러 해에 걸쳐 저항했으나, 알프레드 도드스 장군이 1892년과 1893~1894년에 벌인 두 차례의 작전으로 여러 곳에서 주민들이 학살당하면서 마침내 패배했다. 베앙쟁은 서인도제도로 유배되었으며, 이어서 알제리로 유배되었다가 그곳에서 사망하게 된다.

노예상인 출신의 라바 조베이르가 차드 호(湖) 동부에서 이끌던 정부도 프랑스가 벌이는 정복전쟁에 4년 동안(1897년부터 1900년 4월에 족장이 패배하고 사망할 때까지)이나 저항했다. 라바 조베이르는 1899년에 차드 호를 향해 출발한 세 부대로 이루어진 프랑스 군대에 패배했다. 여기서 세 부대란 남쪽에서 진격해온 에밀 장티가 이끄는 부대, 알제리를 출발하여 사하라 사막을 가로질러온 푸로 대위와 라미 대위가 이끄는 부대, 서부에서 진격해온 불레 대위와 샤느완 대위가 지휘하는 부대(슬프게도 이 부대는 두 중대장이 벌인 극악무도한 유혈작전으로 악명이 높았는데, 그것은 프랑스가 식민지 정복전쟁을 벌이면서 자행한 폭력 중에서 극단적인 경우에 속한다.)[27]를 말한다.

한편, 마다가스카르 왕국은 프랑스 해군에 맞서 1883년부터 1885년까지

---

27 270쪽을 보라.

첫 전투를 벌인 다음, 1885년 12월 17일에 '타마타브 조약'[28]을 체결하여 프랑스의 정복야욕을 억제하려고 했다. 저항전쟁을 벌일 수밖에 없었던 마다가스카르 왕국은 그로부터 10년 뒤인 1895년에 패배했다. 결국 마다가스카르의 여왕 라나발로나 3세는 레위니옹으로 유배되었으며, 마다가스카르 왕국은 1896년 6월 20일에 프랑스에 합병되었다. 민간부문과 군사부문에서 전권을 부여받은 갈리에니가 마다가스카르의 첫 총독이 되었다. 하지만《붉은 토가들 *toges rouges*》[29]이 벌이는 운동에 가담한 민중들은 이후로도 1905년까지 프랑스 군대에 맞서 투쟁을 계속하려고 했다.

오랫동안 이어진 소요와 저항

보다 오래 전에 있었던 프랑스의 진출을 보다 순순히 받아들인 것으로 평가되는 오-세네갈 *Haut-Sénégal*이나 코트디부아르 *Côte-d'Ivoire* 같은 아프리카 서부의 여러 나라조차도 프랑스가 벌이는 느리면서도 힘겨운《평정작전 *pacification*》을 겪었다. 앙굴방이 코트디부아르 총독에 취임했을 때(1908년), 그는 바울레족 *Baoulés*이 일으킨 반란에 맞닥뜨렸다. 그는《평화적인 정복》은 프랑스 정부의 발표와는 달리《실제로 그러했다기보다는 의도에 있어서 그러했으며, 1893년에서 1908년에 이르는 시기에는 수많은 군사작전이 잇달아 벌어졌다.》라고 하면서 사실을 인정했다. 앙굴방이 코트디부아르에 잠재되어 있던 저항상태에 종지부를 찍기 위해서는 이후로 10여 년이 필요하게 된다. 그는 다음과 같은 기록을 남겼다.《정치적 평온을 위태롭게 할 수 있는 책동, 심각한 정치적 소요, 반란》이 일어날 경우에는 그 행위가 시작된

28 '타마타브 조약' : 타마타브는 현재의 토아마시나 *Toamasina*. 마다가스카르의 동쪽 해안에 있는 큰 항구로, 1883년 6월 9일에 프랑스가 점령하였다. 조약의 내용에 대해서는 권말의 연표를 참고하라. — 역주

29 《붉은 토가들》: 프랑스의 마다가스카르 강점에 저항한 게릴라들을 일컫는 것으로, 그들이 입었던 마다가스카르의 전통의상(토가)이 흙먼지에 붉게 물들었기 때문에 붙여진 이름이다. 현지어로는 'Mena Lamba'라고 한다. 토가는 면이나 비단으로 만든, 기다란 사각 형태의 옷이다. — 역주

마을에 단체벌금을 부과하여 그 행위를 진압하는 데에 드는 비용을 충당한다는 내용을 담은 1904년의 법령을 적용하여, 1910년 6월부터 1912년 1월 사이에 73만 3000프랑 이상의 벌금을 거두었다는 기록이 그것이다. 그리고《선조로부터 물려받은 독립에 대한 욕구가 지속되는 것》을 분쇄하기 위해, 그는 1909년부터 1915년까지 거래된 11만 정의 소총을 압수했으며, 수백 개의 촌락을 재편했다. 바울레족의《천막촌》247개와 응그방족 *Ngban*의 천막촌 312개는 각기《쉽게 접근할 수 있는》17개의 촌락과 47개의 촌락으로 재편성되었다. 그럼에도 불구하고 코트디부아르 사람들은 여전히 일시적으로만 복종했다. 그리하여 그로부터 한 세대가 흐른 뒤에 코트디부아르 사람들은 근대적인 민족운동을 벌여 독립을 요구하게 된다.

식민지의 행정은 1882년부터 정부 내의 차관실이 관할했으며, 이어서 1894년부터는 식민부가 관할했다. 1895년 6월 16일자 법령으로 '프랑스령 서부 아프리카'가 만들어졌는데, 그곳은 총독이 다스렸다. 1910년 1월 15일에 반포된 또 다른 법령으로 '프랑스령 적도 아프리카 연합'이 만들어졌다. 그러나 차드 같은 곳은 1914년에 가서야 비로소 정복이 완료되었으며, 몇몇 지방은 이후로도 여전히 통제가 잘 되지 않기에 이른다. 그리하여 차드 총독은 1922년의 연례 보고서에서 다음과 같이 썼다.《중부 로고뉴 *Moyen-Logone*는 결코 정복되지 않았다.》[30]

식민지배에 대한 선전전술과 학교교육을 통해 완전히 은폐되기는 했지만, 다른 분쟁이 제국(帝國)의 역사를 계속 수놓았다. 1928년 5월에 우방기-샤리 *Oubangui-Chari*에서 일어난 바야족 *Bayas*의 대반란, 적도 아프리카에서 일어난 로앙고족 *Loango*의 반란, 오-샤리 *Haut-Chari*에서 일어난 만쟈족 *Manja*의 반란, 또는 1차대전 중에 지방 추장제 *chefferies*에 반대하고 프랑스

30 베르나르 란,《차드에서의 저항과 반식민주의 운동(1914~1940년)》,「프랑스 해외영토사 평론」, 제30권(1993년), 제300호.

인들에게 맞서 오트-볼타 *Haute-Volta*에서 일어난 반란이 그것이다. 1937년에 남(南)라오스 *Sud-Laos*에서 일어난 볼로방족 *Bolovens*의 반란도 마찬가지이다. 그리하여 프랑스 제3공화국은 제국의 이곳저곳에서 어떤 방식으로든 항상 전쟁을 벌이고 있었다.

1931년, 급진사회주의자 알베르 사로[31](그는 1920년부터 1924년까지 식민부 장관을 지냈으며, 1932년부터 1933년까지 다시 식민부 장관을 지내게 된다.)는 식민지 정복의 폭력성을 인정했다. 곧 이어서 평화적 문명화 사업 — 이후로 그는 이 사업을 펼 것을 권고했다. —을 자랑하기 위해서였긴 하지만 말이다. 그 내용은 다음과 같다. 《술책을 쓰지 말자. 속임수를 쓰지 말자. 진실을 미화한들 무슨 소용이 있겠는가? 애초에 식민화 사업은 문명화의 행위, 문명화의 의지가 아니었다. 식민화 사업은 폭력행위, 탐욕스러운 폭력행위이다.》[32] 그러나 사로는 그런 단계가 지나갔다고 생각했는데, 그것은 착각이었다. 그가 이 글을 쓴 것은 1930년 2월부터 6월까지 베트남에서 벌어진 옌바이 *Yen Bay*의 저항[33]을 프랑스가 잔인하게 진압한 직후였는데, 당시에는 다른 곳에서도 다른 종류의 분쟁이 표출되고 있었으며, 그로부터 채 15년도 되지 않아 근대적인 형태의 해방전쟁이 벌어지기 시작했기 때문이다. 근대적인 형태의 독립운동 — 이러한 독립운동은 인도차이나와 알제리에서 벌어질 해방전

31 알베르 사로(1872~1962년) : 프랑스 정치인. 1902년부터 1940년까지 국민의회 의원과 상원의원을 지냈으며, 여섯 번에 걸쳐 식민부 장관과 두 번에 걸쳐 총리대신을 지냈다. 인도차이나 총독을 두 차례 지내면서(1911~1914년과 1916~1919년) 행정분권 개혁을 추진했으며, 현지 엘리트들이 행정관리가 될 수 있는 길을 열었다. 『식민지 개발』(1923년)에서 식민지를 개발할 것을 주장했으며, 『식민지배의 위대성과 굴종』(1931년)에서는 프랑스가 벌이는 식민화 사업의 위기에 대해 경고했다. — 역주

32 알베르 사로, 『식민지배의 위대성과 굴종』, Le Sagittaire 출판사, 파리, 1931년.

33 옌바이의 저항 : 하노이에서 북서쪽으로 120킬로미터에 있는 옌바이의 프랑스군 요새에서 근무하는 베트남 출신 보병 200명이 1930년 2월 9일에서 10일로 넘어가는 밤에 프랑스인 장교와 부사관, 원주민 보병을 포함한 10여 명을 살해하고 그곳을 점령하면서 시작된 저항. '베트남 국민당'은 전국적인 저항을 일으키려고 했으나 저항은 약 2주만에 진압되었으며, 주도자들은 체포되어 처형되었다.(1000여 명이 기소되어 그 중에서 80명은 사형을 선고받았으며, 약 600명은 감옥형을 선고받았다.) 곧이어 '베트남 공산당'의 주도로 플랜테이션 농장에서 대대적인 파업이 일어나 베트남 북부와 코친차이나로 확산되었으며, 수천 명의 농부들도 봉기했다. 봉기는 그해 9월에 진압되었다. 수천 명이 체포되어 처형되었으며, 공산당 조직은 와해되었다. — 역주

쟁에 국한되는 것이 아니라, 마다가스카르와 다른 흑아프리카 국가들에서도 일어나게 된다. —을 진압하기 위한 전쟁에서 자행된 폭력은 이런 연속되는 사건 *continuum*에 다시 위치시켜서 생각해보아야 한다.

식민지 정복군 내의 아프리카인들

프랑스가 다른 민족의 땅을 식민지로 삼기 시작한 초기부터 몇몇 아프리카인들이 그 과정에 동반자로 참여하여 수행한 역할도 프랑스가 벌인 식민화 사업의 역사를 이루는 중요한 요소이다.[34] 구체제 때부터 프랑스의 여러 점령지에서, 즉 세네갈, 가봉 그리고 코트디부아르에서 아프리카인들 — 이들은 이전부터 이미 백인들과 교역하는 데에 익숙했다. —의 이익은 백인들의 이익과 크게 겹치는 경향이 있어 왔다. 그런데 프랑스 제국이 벌인 식민지 점령과 저항진압을 이루는 특징들 중의 하나는 대부분 아프리카인들이 그 점령과 저항진압을 수행했다는 점이다.

《아프리카 원주민 출신 선원들 *laptots*》[35]을 고용하는 관행 — 이 관행은 18세기, 즉 '세네갈 회사'의 시대로 거슬러 올라간다. —은 1820년에 샤를 10세 정부가 생-루이-뒤-세네갈과 고레를 점령하면서 노예들을 구매하여 병사로 부려먹은 때에도 계속되었다. 1848년까지만 하더라도 노예 출신 병사들의 수는 수백 명에 불과했다. 그들은 급료도 받지 못했으며, 온갖 궂은일을 맡았다. 그리고 12년에서 14년에 이르는 매우 긴 복무기간은 자유의 몸이 되기 위해 치러야 할 대가로 간주되었다. 그런 행위는 페데르브가 1857년에 《세네갈 원주민 출신 보병대》를 창설함으로써 확대되기에 이르며, 이어서 제3공화국 정부는 원주민

34 특히 앙리 브룅슈빅의 저서 『프랑스령 흑아프리카에서의 흑인들과 백인들, 또는 어떻게 해서 식민지인은 식민지배자가 되는가(1870~1914년)』(Flammarion 출판사, 파리, 1983년)를 보라.

35 볼로프어 *wolof*에서 유래한 것으로, 18세기 말에 등장한 이 용어는 처음에는 프랑스 국적 선박에서 일하는 흑인 선원들을 가리키는 것이었다.

출신 보병을 모집하는 데에 박차를 가했다. 그리하여 1882년에 1개였던 원주민 출신 보병대는 1892년에는 3개 연대로, 1903년에는 4개 연대로 늘어났다. 이 보병대는 여전히 노예를 구매하거나 전쟁 포로들을 징집하여 충당되었다. 그것에 더하여 급료와 전리품이 주는 매력에 이끌린 지원자들도 입대하기 시작했다.[36]

1880년대에 세네갈에서 노예들을 구매하는 것을 목격한 폴 비녜[37]는 노예 신분에서 군인신분으로 바뀐 노예들이 지휘관들에게 절대적으로 복종해야 했다는 사실에 대해 설명하면서 다음과 같이 썼다.《불레 같은 자, 샤느완 같은 자, 또는 로리 같은 자가 그들을 지휘하면, 그들은 살육과 유린을 마구 자행할 것이다. 그들은 선임자들보다 훨씬 더 열정적으로 약탈, 도살, 방화, 강간을 자행할 것이다.》[38] 노예들은 끔찍한 수탈의 도구로 사용되었다. 예컨대 1898~1899년에 불레-샤느완 탐험대에 속한 1200명의 대원들(아프리카 원주민 출신 보병들, 원주민 출신 기병들, 짐꾼들 등) 중에서 백인은 장교와 부사관을 합쳐 8명뿐이었다. 다호메를 정복한 부대에서부터 '마르샹 탐험대'[39]에 이르기까지 다른 모든 아프리카 원정대 내에서도 아프리카 원주민 출신 보병과 백인의 비율은 불레-샤느완 탐험대 내에서의 비율과 비슷했다. 1894년에 마다가스카르를 정복한 원정대 대부분은 프랑스의 모든 아프리카 점령지에서 모집된 세네갈 원주민 출신 보병들로 이루어져 있었다. 1884년부터 1895년까지 진행된 통킹 정복은 대부분 인도차이나 원주민 출신들로 이루어진 보병대가 수행했는데, 1886년에 정규군의 약 3분의 2에 해당하는 1만 6000명이 이 보병대의 병사들로 모집되었다.[40]

1890년, 당시에 중령이었던 갈리에니는 다음과 같이 기록했다.《현재 우

36 279쪽을 보라.

37 273쪽과 316쪽을 보라.

38 폴 비녜 독통, 『검(劍)의 영광』, 출판사 불명, 파리, 1900년. 로리 하사는 불레와 샤느완이 지휘하는 탐험대의 일원이었다.

39 300쪽에 붙인 '파쇼다 사건' 관련 역주를 보라. — 역주

40 부다 에트마드, 『세계 점령 — 식민화 사업의 무게와 규모』, 앞의 책.

리는 800명의 세네갈 원주민 출신 보병들과 기껏해야 200~300명에 불과한 유럽 출신 병사들로 수단에 있는 우리의 점령지를 지키고 있다. 병력을 증원하는 것은 쓸데없는 일이다. 원주민 출신이든 유럽 출신이든 간에 우리의 병사들이 우리 유럽의 무기, 즉 군사적인 관점에서 볼 때에 최근의 여러 전투에서 그지없이 완벽하고 그지없이 전격적인 결과를 얻게 해준 연발소총과 30밀리 곡사포만 갖춘다면 이들로 충분하다.》[41]

장차 식민화 사업의 주요 이론가로 여겨지게 될 폴 르르와-보리외가 보기에, 《프랑스의 여러 식민지를 방어하기 위해 프랑스 본국 군대의 일부를 사용하는 것은 가능한 한 삼가야》 했다.[42] 그는 본국 군대의 일부를 사용하면, 프랑스가 식민지에서 벌이는 전쟁이 좋은 평가를 받지 못할 것이라고 우려했다. 그 내용은 다음과 같다. 《특히 통킹이나 마다가스카르처럼 먼 곳일 경우에는 오직 특수부대원들을 동원해야 한다. 즉, (…) 먼저 알제리 원주민 출신 기병들 및 저격병들 *turcos*,[43] 통킹 출신 안남인들로 이루어진 연대, 세네갈 원주민 출신 선원들 *laptots* 같은 원주민 출신을 동원해야 하며, 다음으로 높은 수당에 자극되어 자원입대하는 방식으로 모집된 유럽인 병사들을 사용해야 한다.》 르르와-보리외에 따르면, 식민지 정복군 *armées coloniales*은 식민지 주민들 중에서 《가장 격하고 가장 불안정한 계층》에게 일자리를 제공하는 것이기도 했다. 바로 그런 의도에서 프랑스 공화국 당국은 자신들이 보기에 정치적으로나 사회적으로 위험스러워 보이는 분자들 — 프랑스 공화국 당국은 이들을 제거하고 싶었으며, 이들 중에는 약간의 범죄인들이 포함되어 있었다. —을 파병하려는 의식적인 선택을 했다. 물론, 오로지 그들만이 식민지 정복군의 구성원이었던 것은 아니지만 말이다.

41 죠제프 갈리에니, 『프랑스령 수단에서의 두 전투(1889~1890년)』, Hachette 출판사, 파리, 1891년.

42 폴 르르와-보리외, 『근대 여러 민족의 식민화 사업에 대하여』, Félix Alcan 출판사, 파리, 1873년.

43 저격병들 *turcos* : 알제리 원주민 출신 보병대원들의 다른 이름. 오토만 제국의 옛 섭정령 알제에 주둔한, 터키인들 *Turcs*로 이루어진 대대를 근간으로 편성되었기 때문에 이 이름이 붙었다. — 역주

군 장비의 우월성이 정세를 바꾸어놓다

1880년대부터 중요한 한 요소가 작용하기 시작했다. 유럽 및 유럽인들이 이주하면서 생겨난 나라들이 산업과 기술의 차원에서 다른 나라들과 결정적으로 차이가 벌어졌던 것이다. 다른 식민 열강과 마찬가지로, 프랑스는 식민지를 정복하는 데에 사용되는 병기 부문에서 뚜렷이 우위를 차지했다. 그런 불균형은 19세기 전반에는 존재하지 않았다. 예를 들어, 19세기 전반에 프랑스가 알제리를 성공적으로 점령할 수 있었던 것은, 그 과정에서 사용된 무기의 성능보다는 동원된 병력의 수적인 차이에 힘입은 바가 컸다. 반면, 19세기 마지막 10년 동안에는 무기 면에서 너무나 큰 차이가 났다. 아시아에서와 마찬가지로 아프리카에서도 이제 점령군에 저항하는 원주민 병력은 적을 물리칠 아무런 기회도 갖지 못했으며, 전투에서 원주민은 수천 명이 죽은 반면에 유럽인 사망자는 아주 적었던 것이다.(이를테면, 1884년에 톰북투로 진격해서 아흐마두 탈이 통치하는 투쿨뢰르 왕국을 쳐부순 죠프르 부대 내의 프랑스 병사는 20~30명밖에 사망하지 않았다. 그리고 1898년에 사모리 투레가 이끄는 무장이 잘 된 병력과 싸운 전투에서 프랑스 측 사망자는 약 120명이었으며, 사망자 중에서 100여 명은 황열병으로 죽었다.)[44]

아프리카는 16세기부터 사하라 사막을 가로질러 유럽인들과 교역하면서 화기(火器)를 가지긴 했으나, 아프리카에 속사(速射) 총기를 판매하는 것을 금지하는 1890년 7월 2일자 '브뤼셀 조약'에 따라 최신 무기를 구입하는 데에 구속을 받았기 때문에 더더욱 열세에 처해 있었다. 한편, 유럽인들에게서 아프리카는 신무기(포함이나 기관총 같은)를 실험하는 장이었으며, 또한 민간인들을 진압하는 새로운 방법(예를 들면, 주민들을 강제 이주시키거나 《재편성》하고 철조망을 두른 수용소에 가두는 기술)을 실험하는 장이기도 했다.

44 부다 에트마드, 『세계 점령 — 식민화 사업의 무게와 규모』, 앞의 책.

장차 독일군은 그 방법을 유럽 내로 들여와서 다른 나라를 정복할 때에 사용하게 된다…….

1890년대에 영국에서는 인명 살상력이 대단히 높은 탄환이 개발되었는데, 덤덤탄(彈)이 그것이다. 1901년 7월 29일, 헤이그에서는《인체 속에서 작렬하거나 쉽게 납작해지는 탄환의 사용 금지에 관한》협정이 체결되었다. 그 협정은 이전에 이미 몇몇 발사체의 사용을 금지하는 내용을 담은 선언문[45]을 채택했던 1868년의 '상트페테르부르크 협정'을 보완하는 것이었다. 그러나 그 협정은 오로지 그 협정을 체결한 열강 사이에 전쟁이 벌어지는 경우에만 적용되는 것이었다. 따라서 유럽인들은 아프리카에서 큰 사냥감을 사냥할 때뿐만 아니라, 식민지 원정을 벌일 때에도 덤덤탄을 사용했다.

기술적인 면에서의 그런 상황은 전쟁이 일어나는 경우에 서로 대치하는 세력들의 관계를 결정적으로 바꾸어 놓았다. 그러나 군사력 면에서의 우위는 프랑스 공화국이 스스로 마련한 규정, 즉 어떤 민족도 침략하지 않고 어떤 정복전쟁도 도발하지 않는다는 규정을 다음과 같은 권리, 즉 무력으로 광대한 영토를 정복할 수 있는 권리로 둔갑시키는 것을 정당화해 주었는가? 당연히 그렇지 않으며, 그리고 갑자기 그러한 새로운 힘이 여러 민족의 의사를 무시하면서 그 여러 민족을 복종시킬 수 있는 권리를 프랑스에게 주었다는 것을 국민들에게 설명한다는 것은 간단하지 않았다. 사정이 그러했기 때문에, 식민지 개척사업을 지지하는 사람들은 그 사업을 제3공화국 정부의 계획에 포함시키기 위해 다음과 같은 논리를 개발했던 것이다. 인류를《문명인들》과《미개인들》로 나누는 논리,《야만 민족들》에게는 국제법이 적용되지 않는다는 논리, 그리고 자신들에게는 그 민족들에 대해《문명화의 의무》가 있다는 논리가 그것이다.

45 전시에 폭발성 탄환을 사용하지 못하도록 하는 것과 관련하여 1868년 12월 11일에 상트페테르부르크에서 채택된 선언문.

제2장

특이한 경우 — 알제리

식민화 사업의 전체 역사에서 알제리는 특이한 경우였다. 식민지를 정복하기 위해 그토록 많은 병력을 파견해야 할 필요가 있었고, 또 그토록 오랜 기간에 걸쳐 그토록 많은 사람들의 목숨을 앗아간 군사작전이 벌어진 곳은 알제리 말고는 없기 때문이다. 또한 알제리는 유럽인들이 많이 이주한 곳이어서 특이한 경우이기도 했다. 19세기에 진행된 식민화 사업의 전체 역사에서 알제리는 남아프리카와 함께 유일한 입식(入植) 식민지였기 때문이다.

1830년부터 1962년까지 6세대에 걸친 알제리 식민지배 시대 전체는 다음과 같이 요약될 수 있다. 프랑스는 40년에 걸쳐 무력으로 알제를 정복하면서, 그 과정에서 민간인들을 학살하고 그들의 토지를 대대적으로 빼앗았다. 정복전쟁은 1830년부터 1836년까지, 그리고 1840년부터 1847년까지 두 단계에 걸쳐서는 공공연히 진행되기도 했다. 알제리 사회는 제2공화국과 제3공화국 때에 프랑스의 일부로 선언되었음에도 불구하고 4분의 3세기 동안 권리 면에서 프랑스인과 원주민의 불평등을 토대로 삼았는데, 그 불평등은 일종의 인종차별 *apartheid*에 비유될 수 있다. 알제리에서의 인종차별은 장차 남아프리카가 겪게 될 인종차별보다는 물론 더 암암리에 그리고 덜 철저하게 행해졌지만, 인권을 외면한 같은 유형의 차별이었다. 그리고 프랑스 공화국 정부는

7년에 걸쳐 전쟁[1]을 벌였는데, 그 전쟁 마지막 2년을 거치면서 마침내 이전 세기 내내 그러해왔듯이 대(對)알제리 정책이 알제리 땅 내 유럽인들의 사회에서 우위를 점하는 세력들의 입김에 좌우되는 상황을 끝낼 수 있었다.

이를테면 프랑스 공화국 정부가 1848년부터 알제리 영토에 헌법상의 원리들을 실제적으로 적용하기를 꺼려오던 태도에 종지부를 찍기 위해서는, 드골 장군이 권좌에 복귀한[2] 뒤로도 약 2년을 기다려야 했다. 그렇게 해서 마침내 프랑스 공화국은 원리를 둘러싼 갈등 — 이 갈등으로 말미암아 공화국 자체의 가치와 식민지 사회의 가치가 충돌했다. —을 수수방관하지 않게 되었다. 이것은 원주민들 *indigènes*[3]이 일으킨 저항에 밀려 알제리가 식민지 상태를 벗어났다는 것을 의미했다. 마치 그것이 필연적이었다는 듯이 말이다. 그로부터 한 세기 반 앞서 생-도맹그가 프랑스 식민지 중에서 처음으로 독립하면서 아이티가 탄생한 것에 상응하여, 프랑스 식민지 중에서 알제리가 마지막으로 독립했다. 초기 공화주의자들이 다양한 방식으로 표명한 염원, 즉《식민지가 없어지기를》바랐던 염원이 이루어진 것이다.

---

1 1954년부터 1962년까지 벌어진 '알제리 전쟁'을 말한다. — 역주

2 드골 장군의 권좌 복귀 : 2차대전이 끝나고 18개월 동안 임시정부의 수반으로 있던 드골 장군은 새 헌법을 채택하는 문제와 관련하여 제헌의회 및 내각 내의 공산주의자들과 의견이 맞지 않자(그는 새 헌법에서 행정부가 강력한 위상을 가지기를 바랐으나, 제헌의회와 내각 내의 공산주의자들은 여전히 의회가 강력한 힘을 갖기를 원했다.), 1946년 1월 20일에 국민의회 의장에게 사임서를 제출했다. 그리고 그는 1947년 4월에 자신이 창당한 '프랑스 국민연합'이 1953년의 지방의회 선거에서 패하자 정계에서 은퇴했다. 1954년에 시작된 '알제리 전쟁'이 격화되어가면서 프랑스 본국의 여론은 알제리를 독립시키는 쪽으로 기울고 있었다. 그러나 알제리에서는 고위 군장성들과 피에-느와르들 *pied-noirs*(알제리에서 태어나고 자란 프랑스인들을 가리킨다. 이에 대한 보다 자세한 설명은 407쪽에 붙인 역주를 보라.)은 '프랑스령 알제리'를 수호하고자 했다. 1958년 5월 13일, 알제리 문제에 대해 유화적인 태도를 취하는 피에르 플리믈랭이 총리에 기용되었다는 소식이 전해지자, 알제에서 피에-느와르들이 시위를 벌이면서 드골의 정계 복귀를 요청했다. 시위대는 공수대원들과 함께 알제리 주재 총독부를 점령하고, 쟈크 마쉬 장군과 라울 살랑 장군을 중심으로 '공안위원회'를 조직했다. 그렇게 해서 '공안위원회'가 장악한 알제리와 프랑스 본국 사이에 내전의 위험이 생겼다. 프랑스의 여론이 보기에는 알제리에 평화를 이룩하고 군대를 복종시킬 수 있는 인물은 드골 장군뿐이었다. 그해 5월 29일, 르네 코티 대통령은 플리믈랭 내각의 사임을 수리하고 드골에게 총리직을 맡아줄 것을 요청하면서, 그에게 새 내각을 구성하는 권한을 주었다. 6월 1일, 국민의회는 드골을 총리로 인준했으며, 이튿날에는 그에게 전권을 부여했다. — 역주

3 여기에서《원주민》이라는 용어는 물론 식민지배 시대 동안 그 용어에 부여되었던 경멸적인 의미가 아니라, 프랑스어에서 볼 수 있는 전통적인 의미로 사용되고 있다.

클로젤 — 생-도맹그에서 알제리까지

샤를 10세가 알제 원정을 정당화하기 위해 내세운 유명한 《부채 가격(加擊)》 사건 — 1827년에 알제 태수 *dey*가 무례하게 프랑스 영사를 부채로 때린 사건 —은 우리가 알고 있듯이 구실에 불과했다. 당시에 과격왕당파였던 새 총리대신(1829년 8월에 샤를 10세가 정부수반에 임명했다.) 쥘 드 폴리냑 대공(大公)은 알제 원정을 단행함으로써 부르봉 왕가의 추락한 체통을 되살리고 싶었다.[4] 그리고 그는 그 얼마 전에 군주체제 정부가 체념하면서 받아들였던 사건, 즉 생-도맹그를 잃은 이후로 프랑스에 부족하게 된 식민지의 작물들(사탕수수, 면화, 커피, 인디고, 카카오 등)을 재배하기 적절한 곳이 알제리라고 생각하기도 했다.

육군성 장관 루이 드 부르몽 장군이 지휘하는 프랑스 원정대는 약 500척의 선박에 승선하여 1830년 5월 16일에 툴롱을 출발했다. 6월 14일에 프랑스 병력 3만 7000명이 알제에 상륙했으며, 7월 5일에 원정대는 알제 태수에게 항복을 요구했다. 알제 태수는 알제 그리고 자신이 다스리고 있던 요새와 카스바 *Casbah*를 부르봉 왕가에 넘겼다. 부르봉 왕가는 그곳을 점령하였으나, 오토만 제국에게 그곳의 주권을 포기하라고 요구하지는 않았다. 이것은 이전에 오토만 제국과의 관계에 있어서 섭정령 알제가 획득한 사실상의 자주권을 인

4 《부채 가격》 사건과 알제 원정 : 1798년에 나폴레옹이 이집트 원정을 수행하는 프랑스 병력의 양식으로 쓰기 위해 오토만 제국의 섭정령인 알제의 태수로부터 밀을 빌렸는데, 나폴레옹은 빚을 갚기를 계속 미루기만 하다가 아예 빚을 갚기를 거부했다. 왕정이 복고되면서 루이 18세는 알제 태수가 밀을 빌려주면서 맺은 계약의 상대자는 프랑스의 이전 정부이기 때문에 자신은 인정할 수 없다고 했다. 1827년 4월 29일, 알제 태수 후세인이 프랑스 영사 피에르 드발을 불러 최후통첩을 하자, 드발은 후세인의 최후통첩을 거부하면서 건방진 태도를 보였다. 그러자 후세인은 들고 있던 부채(공작 깃털로 만든 것으로, 파리나 모기를 쫓기 위한 용도로 사용)로 드발의 얼굴을 가볍게 쳤다. 프랑스는 자국의 외교관을 모욕한 것은 곧 프랑스 자체를 모욕한 것이라며 사과를 요구하고 최후통첩을 발동했다. 후세인이 최후통첩을 거부하자, 샤를 10세는 이를 구실로 삼아 알제 원정을 시작했으며, 이렇게 해서 프랑스의 알제리 정복전쟁이 시작되었다는 것이 일반적인 견해이다. 또한 알제 원정은 부르봉 왕가의 추락한 체통을 되살리기 위해 단행된 것이라는 것도 흔히 볼 수 있는 주장이다. 그러나 피에르 페앙에 따르면(피에르 페앙, 『알제 탈취 — 노략질에 대한 조사』, Plon 출판사, 2004년), 알제 원정의 진짜 목적은 샤를 10세가 선거인단을 매수하는 데에 필요한 비자금을 마련하기 위해, 알제의 금고에 보관되어 있던 엄청난 양의 보물을 빼앗기 위한 것이었다고 한다. — 역주

정하는 한 방식이었다. 프랑스 군대는 약 5200만 금화 프랑이 보관되어 있던 알제의 금고를 강탈했으며, 그 중에서 약간의 돈은 '영광의 3일'[5]로 촉발된 체제변화를 틈타 몇몇 사람들의 주머니로 흘러들어갔다.

샤를 10세가 폐위되고 들어선 7월 왕정 정부 — 한때 이 정부는 알제리의 일부만을 점령하려고 생각하기도 했다. —는 정복전쟁을 계속했다. 루이-필립은 베르트랑 클로젤 장군을 파견했다. 클로젤은 이미 식민지 전쟁을 치른 경험이 있었다. 그로부터 30년 전에 생-도맹그 원성 때에 르클레르의 부관을 지냈던 것이다. 1816년부터 1820년까지 앨라배마에서 노예 플랜테이션의 농장주로 생활한 적이 있는 그는 오토만 제국의 섭정령 알제를 전면적으로 점령하는 방안을 지지했다. 그는 알제를 플랜테이션 · 입식(入植) 식민지로 만들고 싶었다. 1831년에 프랑스 원수(元帥)를 지냈으며, 1835년부터 1837년까지는 알제 총독을 지냈으며, 알제리에서 처음으로 포로와 민간인을 대량학살하기도 한 클로젤의 이름은 파리의 에트왈 광장에 서 있는 개선문에 제정(帝政) 시대의 장군으로 새겨져 있다.

프랑스 군대는 부르몽 장군이 한 약속을 어기고 알제의 종교재산을 몰수했는데, 그것은 회교도들에게는 신성모독으로 간주되었다. 회교 구호기관들의 재산, 공공재산 *habbous*[6]은 마구잡이로 추방된 터키계 알제리인들의 재산과 마찬가지로 1830년 9월부터 국유재산에 편입되었으며, 알제의 회교사원은 1832년에 성당으로 바뀌었다. 클로젤은 블리다 *Blida*를 점령한 다음, 무기를 소지한 모든 알제리 전사들을 총살하고 들판을 불태우게 했다. 그것은 장차 알제리의 이곳저곳에서 잔인하게 이어질 모든 작전의 예고편이었다. 적이 사용하는 끔

5 '영광의 3일' : 1830년 7월 27일부터 29일까지 진행된 혁명. 샤를 10세가 폐위되고 오를레앙 공작 루이-필립이 등극하는 계기가 되었다. — 역주

6 공공재산 *habbous* : 이슬람 법에 따라 증여나 매매를 할 수 없는 토지를 비롯한 부동산 등의 공공재산. 사유재산인 경우도 이따금 있었다. 수익금은 모스크, 교육기관, 샘[井] 등을 관리하는 데에 사용되었다. 프랑스는 알제를 점령한 다음, 이 재산이 양도할 수 없는 것이어서 식민지배에 장애가 되었기 때문에 몰수했다. — 역주

찍스러운 방법(그때부터 프랑스 민간인들과 군인들의 시신이 흉측하게 훼손된 모습으로 발견되었다.)은 프랑스 군대가 똑같이 끔찍스러운 방법을 사용하는 데에 구실이 되었다. 그 방법은 이후로 1962년까지 계속 사용된다.

오토만 제국의 섭정령 알제의 경계 서쪽에서 프랑스 병력은 메르-엘-케비르 *Mers-el-Kébir*, 오랑의 요새들, 모스타가넴 *Mostaganem*을 차례로 점령했다. 다른 장교들과 마찬가지로 클로젤은 드넓은 땅을 가로채서 제 것으로 만들었으며, 처음부터 프랑스 군대는 진격할 때에 그곳을 유럽인들의 입식(入植) 식민지로 만들기 위한 길을 터주는 것을 목표로 삼았다. 1834년에 파견된 프랑스 국회 조사단은 다음과 같은 끔찍한 평가를 내놓았다.《야만성에 있어서 우리는 우리가 문명화시키러 온 야만인들보다 한 수 위이다.》그러면서도 그 조사단은 식민화 사업을 확대해야 한다는 결론을 내렸다. 그 내용은 다음과 같다.《여러 가지 유익성, 적절성, 필요성 때문에 프랑스는 [오토만 제국의] 섭정령 알제를 완전히 장악해야 한다.》2년 사이에 알제의 교역량은 3분의 2가 줄었다. 그러나 1832년부터 프랑스인들에게 맞서는 알제리인들의 무장저항이 조직적으로 이루어졌으며, 저항은 이후로도 15년 이상이나 계속된다.

알제리인들은 처음에는 여기저기에서 산발적으로 저항했으나, 이후로는 압-델-카데르를 중심으로 일치단결하여 저항했다. 압-델-카데르의 아버지 마히 에딘은 알제리 전역의 수피교 형제회 *qaddiriyya*의 지도자 *moqqadem*로, 1832년에 여러 부족이 참석한 회의에서 당시에 가까스로 스물네 살에 불과하던 자신의 아들이 에미라 *émir*, 즉《신앙인들의 지도자》로 인정받을 수 있게 했다. 압-델-카데르는 침략자에 반대하는 모든 사람들을 규합하기에 이르렀으며, 1832년에는 오랑을 앞두고 침략자와 접전을 벌였다. 그러나 자신이 열세에 처해 있다는 것을 깨달은 그는 시간을 벌기 위해 — 나중에 서아프리카에서 사모리 투레도 그렇게 하게 된다. — 1834년에《데미셸 조약》[7]

7 '데미셸 조약' : 프랑스 측의 루이 알렉시스 데미셸 장군이 1834년 2월 26일에 압-델-카데르와 맺은 조

을 체결하는 편을 택했다. 그 조약을 통해 압-델-카데르는 루이-필립에게 충성을 맹세했으며, 루이-필립으로부터 오랑의 총독 *bey*에 임명되었다. 오랑은 특히 알제리 북서부에 있는 도시 틀렘센 *Tlemcen* 및 모로코 쪽과 교역하기 위해서는 반드시 거쳐야 하는 중요한 도시였다.

클로젤은 1834년에 체결한《데미셸 조약》을 파기하고 압-델-카데르와 전쟁을 다시 시작하라는 임무를 본국 정부로부터 부여받았다. 프랑스 군대는 압-델-카데르의 통치 근거지로 알제리 북부에 있는 마스카라 *Mascara*를 빼앗으려고 애썼으나, 1835년 6월에 막타 *Macta*의 좁은 산길에서 매복공격을 받고 병사 500명을 잃었다. 마스카라는 결국 프랑스 군대에 함락되었다. 나중에 아쉴 르 르와 드 생-타르노 대위는 마스카라가《1835년에 클로젤 원수가 부분적으로 방화하고 약탈하기》전에는《아름답고 중요한 도시였을 것이다.》라고 썼다.[8] '아프리카 정복부대'는 틀렘센과 알제리 북부에 있는 메데아 *Médéa*도 점령하여 방화와 약탈을 자행했다. 그러나 이 부대는 1836년 말에 알제리 북동부에 있는 콩스탕틴을 앞두고 벌어진 전투에서 패배했으며, 이 때문에 클로젤은 파리로 소환되었다.

그리하여 루이-마티외 몰레 내각은 주로《오랑, 알제, 본 *Bône*[9]과 그 속령들》등의 연안지방에 국한하여《제한적인 점령》을 하려는 정책을 택했으며, 그 정책에 따라《나머지 곳은 원주민 족장들에게 맡겨야 한다.》[10]라는 훈령을 내렸다. 토마-로베르 뷔죠 장군이 다시 동쪽으로 공세를 취하고, 서쪽에서는

약. 아랍어로 작성된 조약문은 압-델-카데르에게는 무기를 거래할 수 있는 자유를 인정하고 탈주병을 되돌려주며, 프랑스 측에는 영사를 파견할 수 있는 권리를 부여하는 내용을 담고 있다. 이를 통해 압-델-카데르는 에미라의 칭호와 통치권을 공식적으로 인정받게 되었다. 데미셸은 이 조약으로 평화를 얻었다고 평가했다. 데미셸이 최종 문안이 아니라 압-델-카데르가 제안한 문건에 서명함으로써, 압-델-카데르 측에 유리한 조약문이었다. 프랑스어로 작성된 조약문과 아랍어로 작성된 조약문의 내용이 일치하지 않기도 한다. — 역주

8 생-타르노 소령이 보낸 1841년 6월 21일자 편지, 『생-타르노 원수의 편지』(Michel Lévy frères librairies-éditeurs 출판사, 파리, 1855년) 중에서.

9 본 *Bône* : 알제리 북동부에 있는 제4의 도시이자 항구. 현재의 안나바 *Annaba*. — 역주

10 루이-마티외 몰레가 당레몽 총독에게 보낸 1837년 5월 22일자 훈령.

새 조약, 즉 오토만 제국의 섭정령 알제 땅의 약 3분의 2에 해당하는 곳에서 압-델-카데르의 통치권을 인정하는 '타프나 조약'[11](1837년 5월 30일에 체결)을 체결하기 위해 압-델-카데르와 협상을 벌이는 임무를 맡았다. 1840년 말, 압-델-카데르가 다시 공세를 취하자 루이-필립은 즉각 전쟁을 재개하기로 결정했으며, 뷔죠가 무력을 동원하여 알제리를 전면적으로 정복하는 임무를 맡았다.

뷔죠와 한 민족을 대상으로 한 전쟁

1841년 5월, 압-델-카데르의 저항이 다시 시작되었다. 이후로 압-델-카데르와 프랑스 군대가 벌이는 전쟁은 그로부터 한 세기 뒤인 1954년부터 1962년까지 벌어지게 될 전쟁과 마찬가지로 7년간 계속된다. 뷔죠의 병력은 7만 명이었으며, 압-델-카데르의 병력은 약 6만 명이었다. 뷔죠는 압-델-카데르를 격퇴하기 위해 주민들의 생존에 필수적인 각종 자원을 공격하기로 결정했다. 하원에서 한 연설에서 그는 다음과 같이 말한 적이 있다. 《아프리카에는 단 하나의 소득원 밖에 없습니다. 농업 소득원이 그것입니다……. 그곳에서 사람들은 씨를 뿌리고 수확합니다. 그런데, (…) 저는 그 소득원을 장악하는 것 말고는 그곳 사람들을 굴복시킬 수 있는 다른 방법을 찾아낼 수 없었습니다. (…) 저는 그 부대의 지휘관에게 다음과 같이 말하려고 합니다. "장군, 장군의 임무는 그 아랍인들의 뒤를 쫓는 것이 아니오. 그건 전혀 쓸데없는 짓이오. 장군의 임무는 귀관의 관할지역에서 아랍인들이 씨를 뿌리거나 수확하지 못하게 하고, 가축에게 풀을 뜯어 먹이지 못하게 하는 것이오."라고 말입니

11 '타프나 조약' : 뷔죠와 압-델-카데르가 체결한 조약. 에미라 압-델-카데르는 아프리카에서의 프랑스의 주권을 인정하며, 프랑스는 오랑 등에서 압-델-카데르의 통치권을 인정하는 내용을 담고 있다. '데미셸 조약'에 이어 이 조약으로 압-델-카데르는 알제리의 군주로 인정받기에 이르렀다. — 역주

다.》[12] 그의 연설에 대해《여러 종류의 웅성거림》이 일어나자, 그는 계속해서 다음과 같이 말했다.《여러분의 투덜거림은 하원의원들 여러분께서 그 방법이 너무나 야만적이라고 여긴다는 것을 저에게 알려주는 것 같았습니다. 여러분, 우리는 박애의 감정으로 전쟁을 하지는 않습니다……. 저는 포로가 되거나 부상한 우리 병사들의 목을 베는 이방인들에 대한 어처구니없는 박애정신보다는 프랑스의 이익을 항상 우선시할 것입니다.》

한편, 뷔죠의 휘하 장교였던 생-타르노는 1841년 5월에 보낸 편지에서 다음과 같이 썼다.《우리는 양 떼를 포획했으며, 우리의 발에 밟히는 모든 것을 불태웠다. (…) 우리는 6월 말까지 오랑 지방에 머물면서 싸울 것이며, 그곳의 모든 도시와 에미라 소유의 모든 것을 파괴할 것이다. 에미라는 손에 불을 든 프랑스 군대를 도처에서 보게 될 것이다.》[13] 1842년 4월, 생-타르노는 밀리아나 *Miliana*와 체르첼 *Cherchell* 사이에 있는 모든 것에 불을 지르게 했다. 그는 다음과 같이 썼다.《우리는 총은 조금 밖에 쏘지 않습니다. 우리는 모든 천막촌, 모든 마을, 모든 오두막집에 불을 지릅니다.》또 다음과 같이 쓰기도 했다.《베니-메나세르 *Beni-Menasser* 지방은 멋지며, 제가 아프리카에서 본 매우 부유한 곳들 중의 하나입니다. 마을과 마을들, 그리고 집과 집들은 다닥다닥 붙어 있습니다. 우리는 모든 것에 불을 질렀으며, 모든 것을 파괴했습니다. (…) 눈 쌓인 아틀라스 산맥으로 피난을 간 여성들과 어린아이들이 추위와 궁핍 때문에 그곳에서 얼마나 많이 죽었는지 모릅니다.》[14] 뷔죠는 항복하지 않는다면 무화과나무와 올리브나무를 모두 베어버리게 할 것이라고 그곳 주민들에게 경고했다. 생-타르노는 다음과 같이 썼다.《우리는 유린하고 약탈했으며, 수확물과 나무들을 모조리 없애버렸다.》

라모리시에르 장군에게 보내는 1843년 1월 18일자 편지에서 뷔죠는 다음

12 1840년 1월 25일에 하원에서 한 연설.
13 생-타르노가 보낸 1841년 5월 9일자 편지, 앞의 책.
14 생-타르노가 보낸 1841년 4월 7일자 편지, 앞의 책.

과 같이 썼다. 《약속은 보다 너그럽고 보다 믿을 만하게 하십시오. 그들이 내게 병기고, 말[馬]들 그리고 심지어 고위층 인질들을 내어놓을 때까지 집요하게 추격하고 초토화하시오. 인질은 추가 수단이며, 우리는 그 수단을 사용할 것이오. 그러나 나는 무엇보다 힘찬 전투를 기대하며, 또한 수확물과 과수원을 모조리 없애버리기를 기대하오.》 역시 라모리시에르 장군에게 보내는 1월 24일자 편지에서 뷔죠는 또 다음과 같이 썼다. 《나는 귀하가 성공적인 약탈을 감행한 다음, 귀하가 진격할 수 있도록, 그리고 또한 그 주민들 — 당신은 그 주민들을 매우 자주 패주시켰으며, 또 무력으로는 아니라 할지라도 적어도 기아(飢餓)를 비롯한 다른 재난들을 통해 마침내 섬멸하게 될 것이오. — 을 덮칠 수 있도록 날씨가 좋기를 바라오. 종종 나쁘기는 하지만 말이오.》

몽타냑 중령의 편지는 학살을 최소화하려고 전혀 애쓰지 않았다는 것을 보여주는 것들 중의 하나인데, 알제리 북동부에 있는 필립빌 *Philippeville*에서 보낸 1843년 3월 15일자 편지에서 그는 다음과 같이 썼다. 《우리가 제시한 조건을 받아들이지 않는 주민들은 모두 쓸어 없애야 한다. 남녀노소를 불문하고 모조리 붙잡아, 가진 것을 빼앗아야 한다. 프랑스 군대가 발을 들여놓은 곳에는 잡초도 돋아나지 않게 해야 한다. 목적을 달성하기 위해서라면 수단과 방법을 가리지 않아야 한다. 이를 두고 우리나라의 박애주의자들이 뭐라고 하더라도 말이다. 영광스럽게 내가 지휘하는 모든 훌륭한 군인들은 혹시라도 아랍인을 생포해서 데려온다면 호된 매질을 당하게 될 것이라는 경고를 내게서 받은 적이 있다. (…) 여보게 친구여, 이게 바로 아랍인들과 싸우는 방법이라네. 열다섯 살 이상의 모든 남성들을 죽이는 것, 모든 여성들과 아이들을 붙잡아 건물 안으로 몰아넣는 것, 그들을 마르키즈 섬이나 다른 곳으로 보내는 것이 그 방법이라네. 한마디로 말해서, 우리 앞에서 개처럼 기어가지 않는 자는 모두 없애버리는 것이 그 방법이라네.》[15]

15 몽타냑 중령, 『어느 병사의 편지』, Plon 출판사, Nourrit et Cie 출판사, 파리, 1885년(크리스티앙 데스

뷔죠가 명령한《연기로 질식사시키는 방법》과 압-델-카데르의 패배

뷔죠는 1844년 8월 14일에 이슬리 *Isly* 전투에서 모로코 군대를 격파하면서, 앞으로는 압-델-카데르에게 망명지를 제공하지 않겠다는 약속을 모로코 측으로부터 받아냈다. 이슬리 전투는 모로코의 탕헤르 *Tanger* 부근에서 잠깐 벌어진 것으로, 에피날의 민화에서는 새로운 아우스터리츠 *Austerlitz* 전투[16]로 묘사되었다.(그리고 이슬리라는 이름은 알제의 한 거리에 붙여졌으며, 이에 대한 기억은 그로부터 한 세기 뒤에 프랑스가 벌인 식민화 과정에서 가장 늦게 발생한 비극들 중의 하나인 총격사건[17]과 결부된다.) 이듬해 초, 하원에서 한 발언에서 뷔죠는 항복하지 않는다면 다음과 같은 조처를 취하겠다며 알제리 주민들을 위협했다.《나는 당신들의 산으로 진격할 것이며, 당신들의 마을과 수확물을 불태울 것이며, 당신들의 과일나무들을 베어버릴 것이다. 그렇게 되면, 당신들 자신만을 탓하라.》[18] 그리고 그는 알제리 북동부에 있는 셸리프 *Chélif*의 주민들이 일으킨 저항을 진압하기 위해 다음과 같은 명령을 부하들에게 내렸다.《그 악당들이 동굴 속으로 도망가면, 카베냑이 스베아족 *Sbéahs*에게 한 것처럼 할 것! 그자들을 모조리 여우처럼 연기로 질식사시킬 것.》[19]

적을 연기로 질식사시키는 — 뷔죠는 휘하 장교들에게 그 본보기를 보여주

트레모가 Vernon 출판사에서 1998년에 재간행).

16 아우스터리츠 전투 : 1805년 12월 2일에 체코 동부의 아우스터리츠에서 나폴레옹 보나파르트가 오스트리아-러시아 연합군을 격파한 전투. — 역주

17 총격사건 : 1958년에 정계에 복귀한 드골의 생각은 알제리를 독립시키는 쪽으로 기울고 있었지만, 알제리에서는 '프랑스령 알제리'를 지지하는 피에-느와르들이 알제리를 독립시키는 데에 반발하여 시위를 벌이고 '비밀군사조직'을 창설하여 테러를 일삼았다. 2000여 명이 이 조직이 벌인 테러에 희생되거나 또는 살해의 표적이 되어 사망했다. 1962년 3월 18일에 '알제리 전쟁'을 종결짓는 '에비앙 협약'이 체결되었으나, 알제리에서는 '비밀군사조직'이 이끄는 지하운동이 계속되었다. 그해 3월 26일, '비밀군사조직'은 프랑스 군대가 알제의 바-벨-우에드 *Bab-el-Oued* 구역을 수색하려고 설치한 바리케이드를 뚫기 위해 피에-느와르들을 동원했다. 프랑스 군대는 이슬리 로(路)를 향해 다가오는 비무장 군중에게 발포했다. 사망자 46~80명, 부상자 150~200명이 발생했다. — 역주

18 1845년 1월 24일의 하원 회의에서 한 발언.

19 뷔죠가 오를레앙빌 *Orléansville*에서 1845년 6월 11일에 내린 명령.

기도 했다. — 첫 사례는 1844년에 있었다. 캉로베르라는 이름의 장교는 다음과 같은 이야기를 전한다. 《프랑스인들이 임명한 지방관리들 *caïds*[20]과 식민지 이주민들을 스베아족이 살해하자, 우리는 그들을 징벌하러 갔다. 이틀 동안 그들을 맹추격한 끝에 우리는 깎아지른 거대한 절벽 앞에 다다랐다. 그 절벽에는 동굴 모양의 깊은 구멍이 있었다. (…) 그곳에 아랍인들이 숨어 있었다. 우리는 동굴 입구를 폭파하고 가시덤불 단을 쌓았다. 저녁이 되자, 가시덤불에 불을 붙였다. 이튿날, 몇 명의 스베아족이 동굴 입구로 기어 나와 우리 측 전초병들에게 투항했다. 그들의 동료들, 아내들, 아이들은 이미 사망한 상태였다. (…) 이것이 첫 동굴 사건이었다. 우리는 이 사건에 대해 거의 말하지 않았다. 카베냑 대령은 늘 그랬듯이 신중을 기하여, 연기로 질식사시킨 그 사건으로 죽은 아랍인들의 수에 대해 길게 언급하지 않았기 때문이다.》[21]

뷔죠의 명령에 따라, 테네스 *Ténès*, 체르첼, 밀리아나를 잇는 삼각지대에서 1845년 6월에 펠리시에 대령은 다흐라 *Dahra*의 동굴 속으로 피신한 1000여 명에 이르는 사람들을 주저 없이 연기로 질식사시켰다. 어느 병사는 다음과 같이 썼다. 《동굴들은 거대했다. 시신은 760구였다. 약 60명의 사람만이 반죽음이 된 상태로 동굴 밖으로 기어 나왔다. 그들 중에서 40명은 살아남을 수 없었으며, 10명은 위독해서 야전병원으로 이송되었으며, 기어갈 기운이 남아 있는 나머지 10명은 석방되어 자기 부족들에게로 돌아갔다. 그들은 그 파멸에 대해 눈물을 흘릴 수밖에 없다.》[22]

이 사건은 파리에 알려졌으며, 귀족원에서 미셸 네 원수(元帥)의 아들인 모스코바 대공(大公)이 제기하는 대정부 질의의 대상이 되었다. 모스코바 대공은 다음과 같이 말했다. 《의원 여러분, 프랑스 군대의 역사에서 일찍이 볼

20 지방관리들 *caïds* : 북아프리카에서 재판권, 행정권, 경찰권, 징세권을 행사하는 지방관리들. — 역주

21 프랑스와 마스페로, 『생-타르노의 명예』(Plon 출판사, 파리, 1993년)(Seuil 출판사, 《논점 *Points*》 총서, 파리, 1995년) 241쪽에서 재인용. 연기로 질식사시킨이라는 용어는 캉로베르가 강조한 것이다.

22 위의 책.

수 없었던 어느 사건의 이야기가 알제리에서 발행되는 「아크바르」 신문에 실려 있습니다. 포로가 된 불쌍한 아랍인들에게 가해진 무어라 설명할 수도 없고 형언할 수도 없는 잔혹행위를 저지른 자는 프랑스의 어느 대령일 것입니다. (…) 그런 행위들이 공공연히 부정되고 부인된다는 것은 정부의 위엄이 걸린 문제이자 군대의 명예가 걸린 문제입니다.》[23] 몽탈랑베르도 다음과 같이 분노했다. 《질문 드립니다. 우리는 이 사건에 대해 일치된 혐오감을 가져야 하지 않는가라고 말입니다…….》 답변에 나선 육군성 장관인 노련한 술트 원수(元帥)는 처음에는 그 사건을 《비난하며》 《매우 유감스럽게 생각한다.》 라고 했으며, 새로운 정보를 찾아보겠다고 했다. 그러나 '아프리카 정복부대' 전체가 항의하자, 그는 즉각 태도를 바꾸어 펠리시에 대령 — 그는 나중에 원수(元帥)가 된다. —을 찬양했다. 그는 다음과 같이 말을 바꾸었다. 《우리 프랑스인들은 상황을 고려하지 않고 사태를 과장하는 잘못을 너무나 자주 저지릅니다. (…) 이런 행위가 유럽에서 일어난다면, 그것은 끔찍하고 가증스러울 것입니다. 이런 행위는 아프리카에서는 전쟁 바로 그 자체입니다. 여러분은 어떤 방식으로 이 전쟁을 치르려고 합니까?》 사건을 너무 상세하게 이야기했다는 이유로 질책을 당한 펠리시에는 그 행위는 자신이 저지른 것이라고 비공식적으로 인정하면서, 다음과 같이 말하게 된다. 《그 하찮은 자들 모두의 목숨보다 내가 가진 북[鼓]들 중에서 단 한 개의 가죽이 더 값졌다.》[24]

이 사건은 특수 사례나 《과실(過失) 사건 *bavure*》[25]이었던 것은 아니다. 그로부터 한 세기 뒤에 벌어진 알제리 독립전쟁 기간에 여러 상황이 기묘하게 맞아떨어져서 종종 드러난 많은 사건들 중에서 프랑스의 대중여론에 알려진 이런저런 사건에서 고문이 자행된 것이 특수 사례나 《과실 사건》이 아니었던

23 1845년 7월 11일의 귀족원 회의에서 한 발언.

24 프랑스와 마스페로, 『생-타르노의 명예』(앞의 책), 239쪽에서 재인용.

25 과실 사건 : 군대나 경찰의 우발적인 폭력행위를 일컫는다. 이따금 피해자의 사망으로 이어지기도 한다. — 역주

것 이상으로 말이다. 이미 이 사건은 최고위부가 내린 명령과 여러 행위의 결과였던 것이다. 그 정보가 새어나올 수 있었던 상황만이 유일하게 이례적인 요소였다. 마침내 상관들은 펠리시에에게 단 한 가지 질책, 즉 그 사건에 대해 《너무나 사실적인》 보고를 했다는 질책만을 하게 된다. 당시에 뷔죠는 알제에 없었기 때문에 보고서가 파리로 발송되는 것을 차단할 수 없었던 것이다.

귀족원에서 대정부 질의가 있고 한 달이 지난 1845년 8월 12일, 생-타르노는 명령에 따라 작전을 재개했다. 그 작전 역시 테네스 부근에서 스베아족을 대상으로 전개되었다. 그 작전에 대해 생-타르노는 다음과 같이 썼다. 《나는 모든 출구를 밀봉하게 해서 거대한 묘지를 만들고 있다. 그 미치광이들의 시체는 흙 속에 영원히 묻히리라. 아무도 동굴 속으로 내려가지 않았다. 그 동굴 아래에 500명의 불한당들이 있다는 것을 나 말고는 아무도 모른다. 그자들은 이제 프랑스인을 죽이지 못하리라. 비밀 보고서로 사건의 전말을 원수(元帥)께 보고했다.》[26]

이미 '아프리카 정복부대'는 그 부대 최고위 책임자들의 명령에 따라 전쟁범죄에 해당하는 방법을 사용했던 것이다. 프랑스의 여론은 그 소식에 충격을 받았다. 여론에 알려진 사실은 모든 인권의 가치에 어긋나는 것이었기 때문이다. 그런데 비난 받기를 거부하는 군대의 압력에 밀려 육군성 장관[27]은 마침내 사건을 덮고 말았다. 그런 짓은 '에비앙 협약'이 체결될 때까지 수없이 반복된다.

알제리를 정복하기 위한 전쟁에서 프랑스 측이 거둔 승리의 상징이 된 것은 뷔죠의 명령으로 적을 연기로 질식사시킨 사건이 아닌 또 다른 사건, 즉 압-델-카데르가 통치하는 스말라 *smala*[28]를 오말 공작과 유수프[29]가 점령한

26 생-타르노가 형에게 보낸 1845년 8월 15일자 편지, 앞의 책.

27 육군성 장관 : 1840년 11월 29일부터 1845년 11월 10일까지 육군성 장관을 지낸 장-드-디외 술트(1769~1851년)를 가리킨다. — 역주

28 스말라 : 아랍 족장이 통치하는 이동 천막촌. — 역주

29 본명이 죠제프 방티니인 이 사람은 한때에는 튀니스 태수 *dey*의 기마친위대원 *mamelouk*이었으나, 알

(1843년 5월 16일) 사건이었다. 그 스말라는 20만 명 이상의 주민이 사는 천막촌이었다. 그라나다와 코르도바에서 입수한 귀중한 필사본들을 소장하고 있던 압-델-카데르의 도서관이 불탔으며, 책들은 여기저기로 흩어졌다. 압-델-카데르는 자신이 소장하고 있던 귀중한 필사본들이 찢겨 사막 바람에 휩쓸려 흩어지는 것을 보며 눈물을 흘렸다고 한다. 이후로 한 세기 이상에 걸쳐 그 사건은 비극적으로 끝난 또 다른 사건과 함께 프랑스 학생들의 각종 교과서에서 영웅적인 사건으로 되풀이 묘사된다. 또 다른 사건이란 시디-브라힘 *Sidi-Brahim*의 무덤에서 적에게 포위된 프랑스 병사들이 끝까지 저항하다가 장렬히 전사한 것을 말한다. 이후로 사람들은 그 병사들이 앞에서 언급한 몽타냑 — 몽타냑이 쓴 글은 그 자신이 자랑하는, 그리고 아무런 양심의 가책도 찾아 볼 수 없는 수많은 전쟁범죄 이야기들로 가득 차 있다. —에게 너무나 지각없이 이끌려 그렇게 되었다고 말하지 않도록 조심하게 된다.

1845년 말, 알제리에 주둔한 프랑스 병력은 10만 명 이상이 되었는데(또 그 수만큼의 유럽 출신 식민지 이주민들이 있었으며, 그들 중에서 프랑스인은 4만 명에 불과했다.), 이것은 주민 30명당 병사 1명에 해당하는 비율이었다. 1847년 12월 23일, 압-델-카데르가 항복하기로 결심하자, 라모리시에르 장군은 그를 예우했다. 오말 공작은 생-쟝-다크르 *Saint-Jean-d' Acre*[30]나 이집트의 알렉산드리아 *Alexandrie*로 물러나서 지낼 수 있게 해주겠다고 압-델-카데르에게 약속했다. 그러나 약속과는 달리, 프랑스와 기죠 내각은 그를 프랑스로 끌고 가서 감금했다. 제2공화국 정부는 그를 프랑스 서남부에 있는 포 *Pau* 성(城)에, 그리고 나중에는 프랑스 중부의 르와르 강변에 있는 앙브와즈 *Amboise* 성에 차례로 감금했으며, 그렇게 해서 압-델-카데르는 처량한 신세가 되었다. 그가 항복한 지 5년이 되는 1852년 10월 16일에 가서야 비로

제가 점령되면서 프랑스 측에 빌붙었다.

30 생-쟝-다크르 : 이스라엘 갈릴리 지구 서쪽에 있는 항구도시. 지금은 아크레로 불린다. 제3차 십자군원정 중에 회교도가 함락한 곳으로 유명하다. — 역주

소 루이-나폴레옹 보나파르트가 친히 다음과 같은 사실을 통보했다. 그를 석방하며, 터키의 브루스 *Brousse*로 가서 정착하는 것을 윤허한다는 것이었다. 압-델-카데르는 1855년까지 브루스에 머물다가 다마스쿠스로 거처를 옮겨 그곳에서 1883년에 사망했다. 한편, 뷔죠는《알제리를 프랑스령이 되게 한 공로로》이슬리 *Isly* 공작 작위를 받았다. 이어서 그는 그가 쓰던 제모(制帽)와 함께 프랑스 공화국의 제국주의 정책을 대표하는 영광스러운 주요 상징들 중의 하나가 된다.

《프랑스인》이었지만 프랑스 시민은 아니었던 식민지 원주민들

나폴레옹 1세의 정복정책을 계승하고 싶었던 나폴레옹 3세는 알제리를 무력으로 정복하는 정책을 추진했다. 제2제정기에 유럽인들과 원주민들의 법률상 차별이 법으로 규정되었는데, 그 차별은 1946년 5월 7일자 법[31]이 제정될 때까지 효력을 발휘하게 된다. 1865년 7월 14일자 원로원 결의는 다음과 같은 규정을 담고 있다.《회교도 원주민은 프랑스인이지만 계속해서 회교법으로 규제된다. 회교도 원주민은 육군과 해군에 복무하는 것이 허용된다. 회교도 원주민은 알제리의 공직과 민간부문 직책에 임용될 수 있다. 회교도 원주민은 요청에 의해 프랑스 시민의 권리를 누리는 것이 허용되며, 이 경우에 프랑스 민법과 공법으로 규제된다.》(제1조) 위의 마지막 구절은 회교도 원주민에게는 프랑스 시민권을 부여하지 않는다는 것을 은폐하기 위한 장치에 불과하다. 1870년까지 회교도들의 프랑스인으로의 귀화신청은 200건이 넘지 않았으며, 알제리에 거주하는 유태인들의 프랑스인으로의 귀화신청은 152건이었다. 1865년에 반포된 칙령은 1870년에 '크레미외 법령'[32]으로 대체되었

31 1946년 5월 7일자 법 : 프랑스 해외영토에 사는 모든 사람들에게 프랑스 시민의 자격을 인정하는 '라민그예 법'. 230쪽에 붙인 '두 개의 선거인단' 관련 역주를 참고하라. — 역주

32 '크레미외 법령' : 당시의 법무 장관 아돌프 크레미외가 입안한 것으로, 알제리에 거주하는 유태인들을 완

는데, 이 법령을 통해 알제리 내의 3개 도(道), 즉 알제, 오랑, 콩스탕틴에 거주하는 유태인들은 프랑스 국적을 얻을 수 있었으나 회교도들은 그럴 수 없었다. 1866년 12월 27일, 시의회를 신설하는 법령이 발효되었다. 시의원들은 네 개로 분리된 선거인단에 의해 선출되었다. 네 개의 선거인단은 프랑스인들, 회교도들, 유태인들, 유럽 출신 외국인들로 각기 구성되었다. 의석의 3분의 2는 프랑스인들이 차지했으며, 《행정체계를 모두 갖춘 코뮌》에서 코뮌 의장은 원주민 출신 코뮌 부의장의 보좌를 받았다.

제2공화국 때에 공화주의자들이 많이 이주해서 살았던 알제리에서 제2제정기 내내 유럽 출신 식민지 이주민들은 여론 면에서 대체로 공화주의적인 성향을 유지하게 된다. 이들은 빈번히 군부에 반대했다. 장교들은 대부분 군주주의자들이거나 보나파르트주의자들이었다. 군부는 식민지 이주민들이 바라던 대로 많은 수의 원주민들을 땅에서 내쫓지는 않고, 그 원주민들과 타협하여 알제리 점령을 유지하고자 애썼다. 1852년 11월 25일에 치러진 국민투표 — 이 투표의 결과로 제2제정이 시작되었다. — 때에 프랑스에서와는 반대로 알제리에서는 루이-나폴레옹 보나파르트에게 《반대》하는 표가 더 많았으며(《찬성》 1만 5000표, 《반대》 1만 5660표), 1870년 5월 8일에 치러진 국민투표 — 이 투표의 결과에 따라 루이-나폴레옹 보나파르트는 권좌에서 물러나게 된다. — 때에도 알제리에서는 《반대》가 확실히 더 많았다(《찬성》 1만 1156표, 《반대》 1만 3852표).

알제리에 거주하는 식민지 이주민들은 여론 면에서 프랑스 본국의 황제를 불신하는 경향이 강했는데, 그들 중에는 제정기에 본국에서 추방된 사람들도 있었다. 황제는 그곳의 민간인들보다는 군인들을 더 신뢰했으며, '아프

전한 프랑스 시민으로 인정하는 법령. 이를 통해 3만 5000명가량의 유태인이 프랑스 시민의 자격을 얻었다. 이후로 이 법령은 1940년 10월 7일에 비시 정부에 의해 폐기되었다가, 드골 장군과 앙리 지로 장군이 1943년 6월에 알제에서 결성한 '프랑스 민족해방위원회'에 의해 1943년 10월 20일에 복원되었다. — 역주

리카 정복부대' 내의 《아랍 담당국(局)》[33]과 그곳에서 일하는 이스마일 위르뱅,[34, 35] 같은 통역요원들 — 그들 중에는 이슬람으로 개종한 사람들도 간혹 있었다. —의 권고로, 프랑스에 종속된 아랍 왕국 *royaume arabe*[36]을 알제리에 건설하는 방안을 진지하게 고려하기도 했다. 자신들의 땅을 넓히려고 애쓰던 식민지 이주민들은 알제리인들의 토지를 빼앗지 못하도록 하는 — 그것은 원주민들과 마찰을 빚지 않기 위해서였다. —《아랍 담당국》에 대해 불평을 늘어놓았다. 제3공화국이 선언되기도 전에 식민지 이주민들은 프랑스 내의 공화주의자들에게 접근하여 자신들의 의견을 관철시키려고 했다. 제정

33 '아랍 담당국' : 주로 북아프리카에서 현지 사정에 밝은 프랑스 군인들(이들은 대체로 생-시몽주의자였다.)이 행정을 담당한 기관. 지방족장 통제, 치안유지, 정보수집, 세금징수, 법원이나 코란 학교 그리고 시장 감시, 도로와 다리 등의 공공 토목사업 시행, 보건 등을 담당했다. 1833년에 처음 등장했으며, 1844년에 뷔죠에 의해 제도로 정착되었다. 중앙 부처 산하의 40여 개 담당국에서 200명도 안 되는 장교들이 일했다. 각 담당국의 책임자는 중위나 대위 계급의 장교들이었는데, 이들은 현지의 언어와 사회를 잘 알고 있었으며, 원주민 여성들과 결혼하기도 했다. 이들은 식민지 이주민들이 원주민을 수탈하지 못하도록 했기 때문에 그들과 갈등을 빚기도 했다. 1870년 이후로 점차 사라졌다. — 역주

34 1837년부터 알제리 주둔 프랑스 군대의 통역관으로 활동한 이스마일 위르뱅은 아랍인들의 환심을 사는 정책과 유럽인들을 대대적으로 이주시켜 알제리를 식민화하려는 생각에 반대하는 정책의 주요 대변인이 되었다. 이에 대해서는 이스마일 위르뱅의 저서 『알제리인들을 위한 알제리』(미셸 르발르와의 서문, Séguier 출판사, 파리, 2000년)를 보라.

35 이스마일 위르뱅(1812~1884년) : 프랑스 언론인, 통역관. 노예의 후손인 기얀 출신의 어머니와 마르세유 출신의 상인인 백인 아버지 사이에서 사생아로 태어난 혼혈인이었다. 생-시몽주의가 인종들 사이의 화해를 보여주는 것이라고 여기면서, 그 사상에서 자신의 처지를 벗어날 수 있는 길을 찾았다. 이집트를 여행하다가 이슬람으로 개종해서 이스마일을 이름으로 삼았으며, 기독교 정신과 이슬람 정신을 조화시키려고 했다. 이집트에서 아랍어를 공부한 뒤, 1937년부터 알제리에서 뷔죠를 비롯한 여러 장군들의 통역관으로 활동했다. 이슬람에 대한 방대한 지식과 경험 때문에 알제리 주재 프랑스 총독부의 자문위원으로 활동했으며, 나폴레옹 3세에게 친(親)아랍 정책을 펴도록 조언하면서 아랍 왕국을 건설하는 방안을 권고했다. 『알제리인들을 위한 알제리』(1861년)와 『프랑스령 알제리, 원주민들 그리고 이민자들』(1862년) 그리고 이슬람을 다룬 많을 글을 발표하면서 알제리 원주민들을 옹호하는 자라는 비난을 받았다. 죽어서 알제에 묻혔다. — 역주

36 아랍 왕국 : 1861년부터 나폴레옹 3세가 알제리를 '간접 통치 *administration indirecte*' 하기 위해 추진한 정책의 이름. 그러나 알제리를 아랍인들의 독립국가로 만들려는 것은 아니었다. 이 표현은 회교도 주민들에게 그들의 정체성을 존중해줄 필요가 있다는 것을 강조한 것이다. 1865년에 알제에서 나폴레옹 3세는 다음과 같이 말했다. 《프랑스는 한 민족의 민족성을 파괴하러 오지 않았습니다. 나는 여러분의 행복을 증진하려고 하며, 여러분이 여러분의 나라의 행정에 점점 더 많이 참여하도록 하고 또한 문명화의 혜택을 더 많이 누리도록 하려고 합니다.》 아랍 담당국을 통해 군인들이 행정을 관리하고, 현지의 유력자들을 존중하고, 식민지 이주민들이 땅을 대대적으로 사들이는 것을 금지하고, 토지 대장을 만들어 개인 재산을 인정하고, 회교도들과 이스라엘 출신 사람들에게 프랑스 국적을 부여하고, 시의회에 원주민들이 참여할 수 있게 했다. 프랑스의 제2제정이 몰락하면서 이 정책은 폐기되고, 식민지 이주민들의 이익을 보장하는 '프랑스령 알제리 *Algérie française*'의 시대가 시작되었다. — 역주

정부가 자신들에게 충분히 허용하지 않은 것을 공화국 정부가 자신들에게 부여해주기를, 즉 자신들 멋대로 알제리를 주무를 수 있도록 해주기를 기대하면서 말이다.

프랑스 본국의 공화주의자들과 알제리 내의 식민지 이주민들 사이의 관계는 제3공화국 초에 결실을 맺었다. 제3공화국 정부는 알제리를 제국의 꽃이자 아프리카 대륙 전체를 식민화하는 전략을 펼치기 위한 전진기지로 간주했다. 제3공화국 정부는 유럽인들을 알제리로 이주시키는 입식 식민화 사업을 확대하려고 했으며, 난민이 된 알자스-로렌인들[37]과 온갖 나라 출신의 유럽 이민자들을 알제리로 불러들여 그 정책을 강화하려고 했다. 알자스-로렌인들보다는 유럽 이민자들이 더 많이 알제리로 이주했다.

1865년의 원로원 결의에 따른 식민지 이주민들과 원주민들 사이의 차별은 1881년에 제정된 『원주민 법전』[38]에 의해 확고해지고 분명해졌다. 이 법전에 따라 원주민들에게는 특별 형벌을 부과할 수 있게 되었으며, 또 그들의 땅을 계속 빼앗을 수 있게 되었다. 프랑스가 알제리를 정복하면서 그 후유증으로 말미암아, 알제 점령 이후로 알제리 원주민의 수는 거의 늘어나지 않았다. 1830년에 300만 명에서 1891년에 350만 명으로 늘어난 것이 고작이다.

1871년 3월에 카빌리에서 엘-모크라니 형제의 주도로 토지 몰수 계획에

37 난민이 된 알자스-로렌인들 : '프로이센-프랑스 전쟁'으로 독일에 넘어간 알자스-로렌을 떠난 프랑스인들. — 역주

38 『원주민 법전』 : 프랑스 식민지의 원주민들을 통제하고 탄압하기 위해 마련한 법전. 납세 거부, 소환 불응, 주소 이전 신고 거부, 공공 안녕에 관한 정보 제공 거부 등의 행위에 대해 재판절차를 거치지 않고 처벌하는 규정을 담고 있다. 각 식민지의 총독을 정점으로 하는 식민지 행정당국 또는 행정관들, 원주민 집단의 우두머리, 치안대, 원주민 족장 등이 자의적(恣意的)으로 처벌할 수 있었다. 이것은 권력분립의 원칙에 배치되는 것이었다. 선동자에게 피신처를 제공하거나, 프랑스 당국에 대한 존경심을 약화시키는 말이나 행위를 하거나, 프랑스 당국의 선의를 악용하거나, 공공 서비스의 집행을 방해하거나, 제복을 불법적으로 착용하거나, 공공 안녕을 해치거나, 프랑스 화폐로 대금을 지불하기를 거부하거나, 길에서 마주치는 관리에게 인사를 하지 않거나 불손한 태도를 보이는 것 등도 역시 처벌되었다. 집단 처벌도 가능했다. 이 조처는 뷔죠가 알제리를 정복하면서 1844년에 처음으로 시행했으며, 1871년에 알제리 북단에 있는 카빌리 *Kabylie*에서 무장저항이 일어나자 법령에 따라 시험적으로 시행되었다. 1881년 6월 28일자 법으로 제도화되어, 프랑스의 여러 식민지로 점차 확대되었다. 그러나 프랑스 보호령 튀니지와 모로코에서는 시행되지 않았다. 2차대전이 끝나면서 폐지되었다. — 역주

반대하는 조직적인 대규모 무장저항 운동이 일어났지만, 그해 5월 5일에 이슬람교 최고 지도자 *bachaga* 엘-모크라니는 사살되었으며, 9월에 저항운동은 완전히 진압되었다. 하지만 항의의 목소리는 알제리 전역으로 퍼져나갔다. 1881~1882년에는 남(南)오랑 지방 *Sud-Oranais*에서 부 아마마가 봉기했다. 예를 들면 1885년 8월 1일자 「관보」에서 알제리의 여러 도(道) 주민들이 제출한 탄원서를 볼 수 있는데, 이 탄원서는 프랑스 측이 전개한 《평정작전》의 한계를 잘 보여준다. 탄원서에서 주민들은 《강도질과 노략질을 일삼는 매우 오래된 습관과 회교도들의 광신 때문에 아랍인들 사이에서 계속되고 있는 잠재적이며 지속적인 봉기와 소리 없는 전쟁에 종지부를 찍기 위해 강력한 조처를 취해줄 것을 요구한다.》라고 했다. 주민들은 《원주민 측의 사전 모의가 있었던 것이라고 믿게 할 정도로 테러가 자주 되풀이되고 있기》 때문에 더욱 조처를 취해야 한다고 주장했다.

주민들은 한층 강도 높은 진압작전을 펼 것을 요구했다. 그들에 따르면, 프랑스 법률과 그 법률에 규정된 금고형은 《프랑스 및 다른 문명화된 국가의 국민들처럼 정직한 사람들에게만 적용되며, (…) 반면에 이곳에서 우리는 그런 가증스러운 짓거리를 저지르는 데에 혈안이 되어 있고 또 악행만을 일삼으며 살아가는 민족을 대하고 있기》 때문에 강도 높은 진압작전이 필요하다고 했다. 그들은 또한 《특별 강제권에 속하는 방법들》을 사용할 것을 요구하기도 했다. 《특별 강제권에 속하는 방법들》이란 범죄자들을 《행정조치에 따라 감금하는 것》, 《원주민 재범들을 먼 곳에 있는 우리나라 식민지로 추방하는 것》, 《1844년에 뷔죠 장군이 제정했으며 1858년에 나폴레옹(제롬 나폴레옹) 장관 때에 철회되었던, 부족들과 촌락들의 집단책임제를 빠른 시일 내에 복원하는 것》 등을 말한다. 1901년 4월, 밀리아나에서 9킬로미터 떨어진 마르그리트라는 마을에서 봉기가 일어났다. 역시 토지문제 때문이었다. 그 사건을 틈타, 유럽인들의 대표자들은 진압을 강화하고 민간인들에게 무기를 나누어달라고 또다시 요구했다.

제4공화국 — 차별에서《알제리 전쟁》으로

제3공화국 내내 유럽인들을 식민지에 불러들이는 입식 식민화 사업이 전개되었으며, 식민지 현지의 경찰 및 사법기관이 휘두르는 폭력과 원주민들에 대한 법률상의 차별도 계속되었다. 1936년 말, 프랑스 정부는 약 2만~2만 5000명의 알제리 내 회교도들에게 프랑스 시민권을 부여하는 규정을 담은 '블룸-비올레트 안(案)'(이것은 총리대신 레옹 블룸과 부총리대신으로 알제리 문제를 담당한 모리스 비올레트가 입안한 것이다.)을 철회해야 했다. 알제리 내의 콤뮌 의장 협회와 유럽 출신 하원의원들이 반대했기 때문이다.

1946년, 제4공화국 헌법에 따라 프랑스 해외영토 출신의 모든 사람들에게는 신분을 불문하고 프랑스 시민의 자격이 인정되었다. 그러나 1946년 10월 5일자 법(제39조)에 따라 알제리에서는 두 범주의 시민들, 즉《프랑스인 신분의 시민들》과《토착 시민들》 사이의 정치적 차별이 생겨났다. 이 두 범주의 시민들은 각기 서로 구분되는 두 개의 선거인단[39]에 속했다. 1947년 8월 27일에 국민의회에서 가결된 '알제리 규정' 역시 헌법에 천명된 원리에 어긋나는 것이었다. 알제리는《특별조직》을 갖춘《일군(一群)의 도(道)》로 구성되며, 각 도에는 서로 구분되는 두 개의 선거인단이 확고하게 유지되며, 도의회는《지방법규》를 채택할 수 있으며,《지방법규》는 법령에 의해 추인된다는 내

39 두 개의 선거인단 : 1946년 5월 7일자 '라민 그예 법'(수단 태생의 프랑스 정치인으로 1945년에 레오폴드 세다르 생고르와 함께 세네갈 지역구의 입헌의회 의원에 당선되고, 이듬해에 세네갈의 도의회 의장에 당선된 라민 그예가 입안한 법)에 따라, 프랑스 해외영토에 사는 모든 사람들에게는 프랑스 시민의 자격이 인정되었다. 그러나 알제리에서는 단일 선거인단 제도로 선거가 실시되면 인구구성에 있어서 우위에 있는 회교도들이 유럽인들을 압도할 위험이 있었기 때문에, 이를 피하기 위해 각기 분리된 두 개의 선거인단이 운용되었다. 프랑스인 신분의 시민들(1947년에 46만 4000명의 유권자), 군복무를 마친 사람들과 훈장을 받은 참전 용사들을 비롯한 몇몇 회교도들(같은 해에 5만 8000명의 유권자)로 이루어진 제1선거인단, 그리고 나머지 회교도들로 이루어진 제2선거인단(같은 해에 130만 명의 유권자)이 그것이다. 두 선거인단은 각기 60명의 알제리 의회 의원들을 선출하는 권한을 가졌다. 1956년 6월 23일자의 '드페르 기본법'(당시의 해외 프랑스부 장관 가스통 드페르가 입안한 법. 프랑스 해외영토에 자율권을 부여하기 위해 제정된 이 법에 따라, 알제리를 제외한 프랑스의 모든 해외영토에서도 당시까지 유지되던 두 개의 선거인단 체제가 없어지고 단일 선거인단 제도가 도입되었으며, 보통선거가 실시되어 의회가 구성될 수 있었다.)에 따라 단일 선거인단 제도로 바뀌었다. — 역주

용이 그 규정에 담겨 있다. 제4공화국 정부는 알제리 내의 소수 유럽인들이 그곳에서 권력을 마음대로 휘두르도록 내버려두기로 했는데, 그것은 제1공화국 때에 천명된 원리들에 어긋나는 것이었다.

게다가 1948년 1월 15일에 치러진 알제리 도의회의 첫 선거 때에 사회주의자 마르셀-에드몽 내즐랑 총독이 부정을 대대적으로 저지르게 된다. 그러나 국사원(國事院 *Conseil d' Èat*)[40]은 그에 대해 제기된 모든 소송을 기각하게 된다.[41] 그리고 1955년 9월 25일부터 제2선거인단의 대표자들은 알제리 독립 방침에 동조하게 되지만, 내즐랑과 마찬가지로 사회주의자였던 로베르 라코스트[42] 변리공사는 알제리 도의회를 해산하고(1956년 4월 12일) 자신이 의회의 권한을 가지게 된다.

사람들은 알베르 카뮈가 소위 《알제리 문제와 관련하여 침묵》을 지켰다는 사실 — 이것은 많은 글들에서 되새김되고 있다. —에 대해 언급하기를 좋아한다. 그러나 그는 1947년에 가결된 '알제리 규정'을 호되게 비판했다. 이 규정과 관련하여 그는 《항상 제안은 되지만 결코 실현되지 않는 동화 *assimilation*[43]에 대한 거듭된 기만, 식민지배 기구를 동원하여 일체의 변화를 억누른 기만》을 규탄했으며, 《특히 1948년에 치러진 부정선거는 그 기만적인 행위를 생생히 보여주었으며, 동시에 아랍 민족을 완전히 절망에 빠뜨렸다.》[44]라고 했다.

그러는 사이에 알제리인들의 민족주의 운동(1930년대부터 이 운동은 메살

40 국사원 : 프랑스의 최고행정재판소. — 역주

41 로베르 아롱, 프랑스와 라바뉴, 쟈닌 펠레르, 이베트 갸르니에-리제, 『알제리 전쟁의 기원』, Fayard 출판사, 파리, 1962년.

42 로베르 라코스트(1898~1989년) : 프랑스 정치인. 노동조합 운동을 하며 정치에 입문했으며, 2차대전 때에 레지스탕스 지도자로 활동했다. 기 몰레의 요청으로 1956년 2월부터 1958년 5월까지 알제리 주재 변리공사를 지내면서, 알제리를 독립시키는 것에 완강히 반대했다. — 역주

43 동화 : 식민지인들에게 프랑스 시민권을 부여함으로써 그들을 프랑스인으로 동화시키는 것을 말한다. — 역주

44 알베르 카뮈, 《1958년의 알제리》, 『에세이』(로제 키요와 루이 포콩이 정리하고 주석을 붙임) 중에서, Gallimard 출판사, 《플레이아드》 총서, 파리, 1965년, 1014쪽.

리 하지[45]가 이끄는 '북아프리카의 별'을 중심으로 조직화되었다.)은 계속 강화되어 갔다. 그리고 1945년 5월 8일에 콩스탕틴 지방에서 유럽인들에게 무차별적으로 폭력을 휘두르는 양상을 띤 알제리 민족주의 운동 조직의 저항운동(200명의 유럽인 희생자가 발생했다.)이 일어났을 때, 이에 대응하여 프랑스 군대, 경찰 그리고 유럽인 민병대원들이 합세하여 알제리 민간인들을 또다시 대대적으로 학살하고 폭력을 동원하여 반격했다.[46] 1954년 이후로 알제리 '민족해방전선'을 상대로 한 전투에서 사용될 폭력과 마찬가지로, 1945년 5월과 6월의 진압과정에서 자행된 엄청난 폭력 — 추산에 따르면, 그 폭력으로 1만 5000명에서 5만 명에 이르는 알제리인들이 사망했다. —은 1830년부터 알제리에서 프랑스 군대와 무장한 식민지 이주민들이 자행한 폭력의 오랜 전통을 계승한 것으로 보이기도 하고, 또 그 전통이 되살아난 것으로 보이기도 한다. 그것은 클로젤과 뷔죠가 시작한 전쟁 — 토크빌은 그것을 《한 민족을 대상으로 한 전쟁》으로 묘사했다. —의 연장선상에서 일어난 것이다. 그것은 포로를 살해하고, 용의자를 고문하고, 여성을 강간하고, 마을을 파괴하고, 항복하지 않는 주민들의 생존수단을 초토화하는 전쟁의 양상을 띠었다. 그것은 새로운 것이 아니라 아주 오래 전부터 자행되어온 행위였다.

두 개의 예를 보기로 하자. 첫 번째 예는 포로를 가두어놓고 질식사시키는 것으로, 여러 면에서 《위대한 뷔죠》의 명령으로 자행된 행위가 고스란히

45 메살리 하지(1899~1974년) : 알제리 민족주의의 아버지. 1923년에 파리에서 첫 알제리 민족주의 운동 조직인 '북아프리카의 별'의 결성을 주도했으며, 그 조직의 사무총장을 지냈다. 1933년에 새로운 조직인 '영광의 별'을 결성했다. 1936년에 알제리로 귀국해서 이듬해에 '알제리 인민당'을 창당하여 민족주의 운동을 벌이다가 여러 차례 투옥되었다. 1941년에 비시 정부로부터 강제노동형 16년을 선고받았으나 1943년에 석방되었다. 이후로 알제리와 아프리카의 여러 수용소에 감금되어 있다가 '민주자유승리운동'과 '알제리 민족주의운동'을 차례로 결성했다. '알제리 민족주의운동'과 '민족해방전선' 사이에 잔혹한 동족상잔이 벌어져서 알제리와 프랑스에서 수천 명의 희생자를 내면서 '알제리 민족주의운동'은 약화되었다. 하지는 '에비앙 조약'을 체결하기 위한 협상에 참여하기를 거부했으며, 파리에서 사망했다. 독립한 알제리의 국기는 하지와 그의 프랑스인 아내가 만들어 1937년 7월 14일에 알제에서 처음으로 게양한 것이다. — 역주

46 안니 레-골드자이게르, 『알제리 전쟁의 기원에서 — 1940~1945년 : 메르-엘-케비르에서 북(北)콩스탕틴 지방의 학살에 이르기까지』, La Découverte 출판사, 파리, 2002년.

되풀이된 것으로 보인다. 1957년 3월 14~15일 밤에 오라니 *Oranie*의 아인-이세르 *Aïn-Isser*에서 보병 제7연대 소속 장-마리 퀴뤼체 중위는 용의자 101명을 포도주 창고에 감금했다. 이튿날, 51명이 질식사했다. 퀴뤼체 중위는 기소되었으나 무죄석방되었다.[47] 오랑에 주둔한 군단의 지휘관 페드롱 장군은 《최근에 일어난 사건》과 관련하여 《주거용 건물들의 위생》에 대해 언급한 공문을 보내는 것으로 그쳤다. 로베르 들라비녜트가 위원장을 맡은 '개인 권리 · 자유보호위원회'가 그 참극을 보고하고 조사했으며, 그렇게 해서 진상이 밝혀졌다. 그런데 그로부터 한 달 뒤에 유사한 사건들이 또다시 일어났다. 그해 4월 16일에 알제리의 오랑 도(道)에 있는 마을 메르시에-라콩브 *Mercier-Lacombe*에서 용의자 23명이 포도주 저장고에 갇혀 있다가 질식사했으며, 6월 27일에는 알제리의 북단에 있는 블리다 지방의 마을 무자이아빌 *Mouzaiaville*에서 용의자 21명이 갇혀 있던 포도주 저장고 안에서 《알제리에 사는 회교도 프랑스인》 16명이 사망했던 것이다.

두 번째 예로 당시에 《땔감 작업 *corvée de bois*》이라는 표현으로 흔히 일컬어졌던 포로살해와 관련해서는 무수한 증언들이 남아 있다. 여러 증언 중에서 하나만 언급해보기로 하자. 알제리 북동부의 북(北)콩스탕틴 지방에 속하는 지젤리 *Djedjelli* 남쪽에 있는 텍세마 *Texema*에서 간호병으로 근무한 적이 있는 징집병 브느와 레가 남긴 증언은 다음과 같다. 《우리는 세 명의 포로를 데려왔다. 그 중에서 한 명은 내가 맡아 치료한 사람이었다. (…) 몹시 더운 어느 날 오후, 부사령관인 R 중령이 B 중사에게 신호를 보냈다. (…) 포로들은 등 뒤로 손이 묶여 있었다. B 중사가 첫 번째 포로를 잡고 몽둥이로 내리치고는 목을 졸랐다. 그는 두 번째 포로에게도 똑같은 짓을 저질렀다. 겨우 열여덟 살가량 되어 보이는 세 번째 포로는 분위기를 눈치챘다. 그는 방어하려 하

47 나중에 퀴뤼체 중위는 《프랑스령 알제리》를 지지하는 과격파 시민들과 과격파 군인들이 1961년 1월에 결성하는 '비밀군사조직'을 이끄는 우두머리들 중의 한 명이 된다.

지 않고 살인자에게 목을 내밀었다. B 중사는 주저하지 않고 여전히 잔혹하게 그의 목을 졸랐다. 그리고는 목구멍을 크게 벌린 시신마다 게시문을 붙였다. 게시문에는 다음과 같은 글이 쓰여 있었다. "이것이 바로 반역자들이 맞게 되는 운명이다." 시신에는 이미 파리 떼가 달라붙어 있었다.》[48]

오늘날 공화국과 학교가 알제리 식민지배를 바라보는 시각은?

프랑스가 벌인 알제리 식민화 사업의 역사를 어떻게 가르칠 것인가? 최근에 발행된 어느 책의 공저자들이 제안하듯이, 감탄 어린 마음으로 가르쳐야 할 것인가? 그 책에서 문제의 구절은 다음과 같다. 《우리는 7월 왕정 체제가 왕정복고 체제로부터 '유지비용이 많이 드는 유산'을 물려받아 이룩한 것에 대해 감탄할 수밖에 없다. [오토만 제국의] 옛 섭정령 알제가 18년 사이에 프랑스의 진정한 연장(延長)이 되었던 것이다.》[49] 아니면 알제리 정복은 제1공화국이 천명한 이념, 즉 평화를 소중히 여기는 프랑스는 오직 자위책으로만 군대를 유지하며 어떤 민족도 침략하지 않는다는 이념에 완전히 어긋나는 것이었다고 말하면서, 그리고 또한 그 정복은 《프랑스령 알제리》라는 허구 — 이것은 머지않아 거듭되는 전쟁을 통해서만 이루어질 수 있었다. —로 이어졌으며 또한 마침내 알제리의 독립으로 이어졌다고 말하면서 그 역사를 가르쳐야 하는가? 프랑스가 벌인 알제리 식민화 사업의 역사를 가르치기 위해서는 이 두 태도 중에서 어느 하나를 반드시 택해야 한다.

두 번째 태도를 택한다는 것은, 프랑스가 알제리를 식민지로 삼아 지배한

48 브느와 레, 『도살자들 — 알제리 전쟁, 어느 징집병의 일기, 1959~1960년』, Minuit 출판사, 파리, 1961년(이 책은 당국에 압수됨). 1999년에 파리의 Éditions du Monde libertaire/Los Solidarios 출판사에서 재간행.

49 로베르 코른뱅, 마리안 코른뱅 공저, 『프랑스와 해외 프랑스인들 — 1차 십자군원정 때부터 제2제정기 말까지』, Tallandier 출판사, 파리, 1990년(1993년에 파리의 Hachette 출판사에서 《복수 *Pluriel*》 총서의 하나로 문고판으로 재간행).

역사를 빛나는 전설 *légende* — 이것은 아무리 오랫동안 떠들어대더라도 진실성이 조금도 보장되지 않는다. —로 간주하기를 포기한다는 것이며, 역사적 사실들 자체를 있는 그대로 순순히 인정한다는 것이다. 역사적 사실들 자체는 여러 나라의 역사가들이 위원회를 꾸려서 정리할 수도 있을 것이다. 어떤 종류의 위원회라도 괜찮다. 프랑스 교육부가 판단하기에 그 위원회에 도움을 청하는 것이 좋겠다면 말이다. 또한 두 번째 태도를 택하면, 알제리 정복전쟁이 인권의 가장 기본적인 원리를 무시하면서 시민들에게 대대적인 범죄를 자행하는 쪽으로 흘러가게 되었다는 사실을 인정하는 결과가 생기게 된다. 식민지배 시대 내내 무수히 자행되고, 또 동시대인들 중에서 또렷한 의식을 가졌던 사람들이 치욕스러운 것이라고 당당히 고발한 범죄를 말이다.

제3장

대중여론과 식민지배 행위 — 이상과 이익

루이-필립 통치기에 벌어진 첫 '알제리 전쟁'이 아무런 비판도 받지 않았다고 생각한다면, 그것은 잘못된 생각일 것이다. 예컨대 1834년에 하원 내에서 가장 저명했던 웅변가들 중의 한 사람으로, 프랑스 중부에 있는 니에브르 *Nièvre* 도(道) 지역구 소속의 의원 앙드레 뒤팽은 대정부 질의에서 다음과 같이 말했다. 《원주민들에 대한 우리의 행실은 어떠했습니까? (…) 사람들이 회교사원을 존중하지 않았던 것은 그런 행위들의 결과입니다. (…) 질문을 드립니다. 그 모든 것이 분명히 문명화 행위인가요? 제가 보기에는 외국인들이 프랑스라는 이름을 가증스럽게 여기도록 만드는 것, 그것은 가장 큰 범죄입니다. 반국가적인 범죄입니다. (…) 이 문제에 있어서 그지없이 분명한 것은, 우선 먼 나라에서 권력을 장악하기 위해, 그 권력을 폭력적으로 그리고 제멋대로 행사하기 위해, 그곳에서 권한을 얻으려는 사람들이 있다는 것입니다. 그리고 다음으로 본래는 자신들의 몫으로 정해진 것이 아니지만 곧 자신들이 차지할 영광을 좇기 위해 권한을 위임받으려는 사람들이 무수히 있다는 것입니다.》[1]

1 1834년 4월 29일의 하원 회의에서 한 발언.

클로젤이 콩스탕틴에서 벌인 작전이 실패한 뒤인 1837년에 또 다른 하원 의원 프로스페르 뒤베르즈지에 드 오란 — 그로부터 얼마 뒤에 그는 루이-필립에 반대하는 개혁주의자들의 연회(宴會) 운동[2]을 조직하는 사람들 중의 한 명이 된다. —은 루이-마티외 몰레 내각이 추진하는 알제리 식민화 정책에 반대했다. 하원의 발언에서 그는 다음과 같이 말했다. 《문제는 다음과 같습니다. 즉, 아랍인들이 우리의 문명을 받아들일 가능성이 더 높은 것은 우리가 정복자로서 그 문명을 그들 가운데에 난폭하게 이식할 때일 것인가, 아니면 우리가 그 문명을 본보기나 예로써 그들 곁에 두면서 그 문명이 올바르고 평화적이며 적절하다는 것을 그들에게 보여줄 때일 것인가? 제가 보기에는 이에 대한 답은 아무런 의문의 여지도 없습니다. 그리고 바로 이 때문에 저는 식민화 시스템 전체를 거부합니다.》[3] 그는 쟝-바티스트 세이 — 그의 저서 『경제학 개론』(1803년)과 『경제학 총론』(1826년)은 1861년까지 계속 재간행되었다. —가 식민지를 지배하려는 방침에 반대하면서 내세웠던 주장을 되풀이했으며, 프랑스는 알제리에서 깨끗이 물러나야 한다고 주장했다.

1840년에 하원에서 뷔죠가 전면전 정책을 펼 것을 주장하자, 앙드레 뒤팽은 동의하지 않는다는 견해를 또다시 밝히게 된다. 그리고 이듬해에 테오발트 피스카토리(한때 그는 그리스 독립전쟁을 지지하는 활동을 벌임으로써 유명해졌다.)는 '알제리 전쟁'과 관련하여 《전쟁이 끝나리라는 환상》을 비난하면서, 그것은 《여러분께서는 전쟁을 끝낼 수 없을 것이기 때문입니다.》[4]라고 하게 된다.

---

2 연회(宴會) 운동 : 정치집회가 금지되고 공화주의자들이 탄압받던 루이-필립 치세에 좌파 개혁주의자들은 연회라는 축제의 형식을 빌려 정치집회를 열었다. 연회는 시가행진, 식사(참석자들이 대금을 지불했다.), 연설 순으로 진행되었으며, 대체로 좌파 국회의원들(앞에서 언급한 알렉상드르-오귀스트 르드뤼-롤랭, 루이 블랑, 알퐁스 드 라마르틴 등)과 기타 초청인들이 참석했다. 1847년부터 이듬해까지 프랑스 전역에서 약 70차례의 연회가 개최되었다. 보수주의적 내각이 펴는 정책을 규탄하는 연설, 선거인단을 확대하자는 주장 등이 연회 도중에 펼쳐졌다. 1848년 2월 22일에 파리에서 개최하려던 연회가 금지되었는데, 이 사건은 1848년 2월 혁명이 일어나고 루이-필립의 7월 왕정이 붕괴되는 계기가 되었다. — 역주

3 1837년 6월 8일의 하원 회의에서 한 발언.

4 1841년 5월 14일의 하원 회의에서 한 발언.

그로부터 얼마 뒤에 오귀스트 콩트 역시 자신의 저서 『실증철학 강의』 — 이 책은 1830년부터 1842년까지 발행되었다. —에서 알제리를 정복하는 데에 반대하는 견해를 매우 신중하게 밝혔다. 그는 18세기에 볼 수 있었던 반식민주의 운동과 분명히 선을 그으면서, 《그 엄청난 작전이 인류 전체에게 이익이 되는지 아니면 결국에는 위험이 되는지와 관련한 지난 세기의 과장된 허튼소리》를 다시 끄집어내고 싶지 않다고 했으며, 식민화 사업에 대해 총체적인 판정을 내리는 그런 방식은 《쓸데없고 해결 불가능한 것》[5]이라고 평가했다. 그러나 그는 노예제도를 정당화하는 데에 사용되었던 주장, 즉 인종들 사이에는 우열이 있다는 주장에 대해서는 다음과 같이 반박했다. 《어떤 사람은 백인종의 이론의 여지없는 우월성이라는 것에 의거하여, 식민지에서의 노예제도를 추악하게 정당화하는 토대를 마련하려고 했다.》 그리고 그는 '프랑스령 알제리'라는 몽상을 암묵적으로 거부했다. 드골보다 이미 한 세기 전에 그는 《위대한 로마의 정책을 퇴행적이며 조잡스럽게 모방하는 그 짓》에 대해 언급하면서, 그런 몽상을 시대착오적인 야심으로 간주했다.

그러나 7월 왕정 시대에는 식민화 정책을 규탄하는 사람들이 별로 많지 않았던 것 같다. 민주주의자들과 공화주의자들로 이루어진 야권을 포함해서 말이다. 왜냐하면, 야권 내에는 식민지에서 자행되는 폭력을 다소간 비난하는 사람들이 이따금 있기는 했지만, 19세기 내내 야권을 대표하는 사람들 대부분은 알제리를 식민지로 삼으려는 계획을 위시한 식민지 개척사업에 대해 명시적으로나 암묵적으로 동조했기 때문이다.

빅토르 위고의 일관성 없는 언행

빅토르 위고 같은 위대한 정신의 소유자가 취한 태도가 바로 식민지 개척

5 오귀스트 콩트, 『실증철학 강의』, 파리, 1842년, 제6권.

사업에 대해 명시적으로나 암묵적으로 동조한 태도의 예이다. 비천한 이들과 인권을 옹호한 바로 그 위고 말이다. 1802년에 태어난 그는 초기 '알제리 전쟁' 때에 살았던 사람이며, 말년에는 프랑스 공화국의 식민제국 건설 계획이 수립되는 것을 눈으로 직접 보았다. 하지만 그는 특별히 어떤 종류의 작품에서도, 어떤 종류의 글에서도 식민화 사업을 다루지 않았다. 그는 나폴레옹 3세가 멕시코에서 벌이는 전쟁[6]을 규탄하면서, 《여러분께서 제가 여러분과 함께 한다고 믿으시는 것은 올바른 판단입니다.》라고 멕시코인들에게 말했다. 그리고 그는 프랑스-영국 합동 원정대가 중국으로 쳐들어가서 베이징의 여름 별궁을 약탈한 것[7]에 대해서도 다음과 같이 말했다. 《승리한 두 군대 중의 한 측은 자신들의 주머니를 채웠으며, 그것을 본 다른 한 측은 자신들의 금고를 채웠습니다. 그리고 그들은 서로 팔짱을 끼고 웃으며 유럽으로 돌아왔습니다. 그것이 바로 두 강도 떼가 저지른 짓거리입니다. 우리 유럽인들은 문명인들이며, 우리가 보기에 중국인들은 야만인들입니다. 그런데 그것이 바로 문명이 야만을 상대로 저지른 짓거리입니다.》[8] 그러나 그는 알제리에 대해서도, 아프리카에 대해서도 거의 아무런 언급도 하지 않았다. 어느 비평가가 강조했듯이, 그는 일종의 《난처함》을, 즉 《그런 짓거리를 증명하는 것이》 몹시 《힘겨움》[9]을 보여주었다.

위고가 아직은 왕정주의자이자 보수주의자였던 7월 왕정 시대인 1830년 말에 그가 일기에 남긴 다음과 같은 몇 줄의 글을 보면, 그는 오토만 제국의 섭정령 알제를 식민지로 삼으려는 방안을 굳건히 지지했던 것 같다. 《알제리. 군대에 의한 식민화 사업은 성벽이 도시를 보호하고 감싸듯이, 민간인들

---

6 나폴레옹 3세와 멕시코 전쟁 : 1861년에 체결한 '런던 협정'에 따라 프랑스가 1861년부터 1867년까지 벌인 전쟁. 권말에 실린 연표를 참고하라. — 역주

7 여름 별궁 약탈 사건 : 프랑스-영국 합동 원정대가 1860년 10월 13일에 원명원(圓明園)과 이화원(頤和園)을 약탈하고 방화한 사건을 말한다. 권말에 실린 연표를 참고하라. — 역주

8 빅토르 위고, 『언행』, 제2권, 《멕시코 전쟁》과 《중국원정 – 버틀러 대위에게》.

9 프랑크 로랑, 『알제리 정복을 대하는 빅토르 위고』, Maisonneuve et Larose 출판사, 파리, 2001년.

에 의한 식민화 사업을 보호하고 감싸야 한다. 군대에 의한 식민화 사업, 그것은 사람으로 이루어진 성벽이다. 프랑스 군대의 주둔지보다 더 나은 지속적인 방어물이 어디 있을까? 창끝에 검(劍)을 달듯이, 식민지 이주민 앞에 병사를 배치하라.》[10] 우리는 위고가 1840년대에 뷔죠를 두 차례 만났다는 사실을 알고 있다. 첫 번째 만남은 뷔죠가 루이-필립으로부터 알제 총독에 임명되어 그곳으로 출발하기 직전인 1841년 1월에 있었으며, 두 번째 만남은 귀족원 의원이 된 위고에게 뷔죠가 알제리를 식민지로 삼아야 한다는 자신의 주장과 또 알제리를 식민지로 삼는 데에 드는 예산 요청을 지지해 달라고 부탁하러 찾아왔을 때에 있었다. 이에 대해 위고 자신은 언급하지 않았으나, 그의 아내 아델 위고가 두 사람 사이에 오간 대화를 자세히 기록한 메모를 남겼다.

아델 위고가 1841년에 남긴 메모를 보면, 당시에 뷔죠와 위고는 의견이 일치하지 않았다는 것을 알 수 있다. 그것은 뷔죠 장군이 알제리를 식민지로 삼으려는 방안에 대해 유보적인 태도를 취했을 수도 있기 때문이 아니다. 두 사람의 의견이 일치하지 않았던 것은, 아마도 뷔죠는 군사력을 동원하여 알제리를 식민지로 만들자는 생각을 밝힌 반면, 위고는 민간인들을 알제리로 이주시키자는 생각을 밝혔기 때문인 것 같다. 두 사람이 만나기 직전에 뷔죠는 귀족원에서 다음과 같이 발언했다. 《알제리는 왕정복고 정부가 7월 혁명 정부에 준 선물들 중에서 불행을 가장 많이 초래하는 것이라고 저는 항상 여겨왔습니다. 그러나 그곳에 우리나라 국민들이 있기 때문에, 저는 우리가 모호하고 무익하게 논쟁을 벌이지 않기를 바랍니다. (…) [그곳을] 식민지로 삼아야 합니다. 과감하고 강력히 조직화된 사람들을 정착시키기만 하면, 여러분께서는 그 병력 대부분을 철수시킬 수 있기 때문입니다.》[11] 어쨌든 위고가 식

10 〈대양(大洋)〉 편, 1835~1840년에 쓴 글에 대해 르네 쥬르네가 날짜를 붙여 단 주석(빅토르 위고, 『전집』, Robert Laffont 출판사, 《고서 *Bouquins*》 총서, 파리, 1985년, 〈대양〉 편).

11 1840년 1월 15일의 하원 회의에서 한 발언, 『국회기록』.

민화 사업을 분명하게 옹호했다는 것은 사실이다. 그는 뷔죠에게 다음과 같이 말했다. 《저는 우리의 새로운 정복이 위대하고 다행스러운 일이라고 생각합니다. 그것은 문명이 야만을 딛고 나아가는 것입니다. 그것은 계몽된 민족이 어둠에 잠겨 있는 민족을 만나러 가는 것입니다. 우리는 세계에서 그리스인들과 같으며, 세계를 환히 밝히는 일은 우리가 해야 할 일입니다. 우리의 사명이 완수되고 있습니다. 저는 환호하지 않을 수 없습니다. 선생께서는 저와는 다르게 생각하시는데, 그건 아주 간단한 문제입니다. 선생께서는 군인과 행동인으로서 말하시고, 저는 철학자와 사상가로서 말합니다.》[12]

1846년에 있었던 위고와 뷔죠의 두 번째 만남에 대해 아델 위고는 그 만남이 있은 지 20년 뒤에 다음과 같이 쓰게 된다. 《뷔죠는 당시에 귀족원 의원이었던 위고를 만나러왔다. 예산문제에 대해 말해달라고 부탁하기 위해서였다. 뷔죠는 겪어보니 알제리를 프랑스에 병합하는 것은 멋진 측면이 있다는 것을 확신하고 있으며, 식민화 시스템은 적절하다고 생각하며, 아프리카 중부의 거대한 고원지대인 미티쟈 *Mitidja*에 민간 식민지 이주민들을 정착시킬 것이며, 그 곁에 병사 이주민촌을 만들 것이라고 했다. 그는 창을 비유로 들었다. 즉, 민간인은 창의 자루가 되고 병사는 창끝이 될 것이며, 그 두 이주민촌은 서로 인접하게 될 것이지만 뒤섞이게 되지는 않을 것이라고 했던 것이다.》[13] 아델 위고는 뷔죠를 두 번째로 만나기 10여 년 전에 위고 자신이 일기에 남긴 글은 뷔죠가 한 말이라고 했다. 그녀의 메모는 당시에 뷔죠와 위고 두 사람의 견해가 같았다는 것을 보여준다.

그로부터 몇 년 뒤에 위고는 이전보다 덜 단호한 태도를 취했던 것 같다. 그는 1847년 12월에 압-델-카데르가 항복했다는 소식을 듣고는 만족스러

12 아델 위고가 남긴 메모. 이 메모는 그녀가 『함께 산 증인이 이야기하는 빅토르 위고』의 속편을 쓰기 위해서 남긴 것이다. 그 속편은 1863년에 발행되었다. 빅토르 위고, 『전집』(장 마생의 지도로 편찬), Club français du livre 출판사, 파리, 1967~1970년, 제6권.

13 위의 책.

워한 것 같지만, 루이-필립이 압-델-카데르 — 당시에 그는 자유를 약속받은 상태였다. —를 프랑스 내에 감금하려는 결정을 내린 것에는 동의하지 않았다. 그는 다음과 같이 썼다. 《프랑스의 이름으로 한 말이 어겨졌다면, 그건 심각한 일이다.》[14] 그리고 위고 자신이 1849년 8월에 파리에서 주재한 '평화회의'의 개막연설 — 연설 내용 전체는 비참을 타파하고 평화를 이룩하기 위해 애쓰자고 호소하는 것이었다. —에서 그가 주장한 것은 힘으로 식민화 사업을 벌일 것이 아니라, 유럽인들을 세계의 다른 곳에 평화적으로 이주시키자는 것이었다.(하지만 사실 그 연설에서 위고는 무력을 동원한 식민화 사업과 유럽인들의 평화적인 이주를 명확히 구분하지 않았는데, 당시의 식민주의 담론에는 모호한 점이 많았다.) 그리하여 그는 유럽 국가들이 전쟁을 치르기 위해 쏟아 붓는 1280억 프랑에 달하는 예산을 평화를 위해 지출하자고 주장했다. 그는 다음과 같이 말했다. 그렇게 하면, 《우리는 자체 내부에서 분열되기보다는 세계에 평화적으로 퍼져나갈 것입니다! 우리는 혁명을 일으키기보다는 식민지를 만들 것입니다! 우리는 문명에 야만을 가져오기보다는 야만에 문명을 가져다줄 것입니다! (…) 아시아는 문명세계가 될 것이며, 아프리카는 인간다운 세계가 될 것입니다.》[15] 이 연설문은 세계를 문명세계와 야만세계로 나누는 이분법적 세계관을 되풀이한 것인데, 이러한 세계관은 식민주의 담론의 핵심에 해당한다.

그로부터 얼마 뒤인 1851년 12월에 나폴레옹 3세가 쿠데타를 일으키자 저지 *Jersey* 섬으로 망명하지 않을 수 없었던 위고[16]는 한때 '아프리카 정복부대' 장교로 근무하다가 그곳으로 망명한 공화주의자 한 사람을 만났다. 그때 위

14 빅토르 위고, 《목격한 것들》, 『전집』(Robert Laffont 출판사, 앞의 책) 중의 〈역사〉 편, 662쪽.

15 1849년 8월 21일에 '평화회의'에서 한 개막연설(빅토르 위고, 『전집』, Robert Laffont 출판사, 앞의 책, 〈정치〉 편의 『언행』 중에서).

16 빅토르 위고의 저지 섬 망명 : 루이-나폴레옹 보나파르트가 쿠데타를 일으키자 이를 비판한 위고는 영불해협에 있는 저지 섬(1852~1855년)과 건지 *Guernesey* 섬(1855~1870년)으로 망명하여 지내다가, '프로이센-프랑스 전쟁'에서 프랑스가 패배하면서 1870년 9월에 귀국했다. — 역주

고는《목격한 것들》이라는 글에 짧은 메모를 남겼는데, 이 메모를 보면 위고 자신이 프랑스 군대가 알제리에서 자행한 만행을 알게 되고 그 행위에 분개했다는 것을 알 수 있다. 메모의 내용은 다음과 같다.《알제리 때문에 잔혹해진 군대. 르 플로 장군은 어제 저녁, 그러니까 1852년 10월 16일에 내게 다음과 같은 이야기를 해주었다. "공격하고 약탈할 때에 병사들이 건물 안에서 창밖으로 어린아이들을 내던지면, 바깥 아래쪽에 있는 다른 병사들이 총검 끝으로 그 아이들을 받는 것을 드물지 않게 볼 수 있었습니다. 병사들은 여성들에게서 귀걸이를 뜯어내면서 귀도 함께 뜯어냈으며, 반지나 발찌를 빼내려고 손가락과 발가락을 잘랐습니다. 아랍인이 잡히면, 그 사람이 자기들 앞을 지나 형벌을 받으러 가는 것을 본 모든 병사들이 웃으며 '코르타르 카베자 *cortar cabeza*!'[17]라고 소리 질렀습니다. 기병대 장교인 마롤 장군의 동생은 검 끝으로 어린아이를 받았습니다. 어쨌든 그는 그 짓으로 군대 내에서 명성이 자자했으며, 그 짓에 대해 결백을 잘 증명하지 못했습니다." 네그리에 장군이 드러낸 잔혹성에 대한 이야기. 그리고 펠리시에 대령이 아랍인들을 산 채로 연기로 질식사시켰다는 이야기.》[18] 그러나 이 글은 위고 자신만을 위해 쓴 것처럼 보인다. 불의를 타도하는 데에는 민첩했던 그였건만, 그 파렴치한 사건들은 큰 소리로 규탄할 만한 소재가 아니라고 여긴 듯이 말이다.

마찬가지로 얼마 뒤인 1861년 무렵, 위고는 다음과 같은 메모를 남겼다.《자아챠 *Zaatcha*, 틀렘센, 마스카라. 펠리시에 *Pélicier* 등. 네그리에 등. 아프리카에서 군대는 호랑이가 되고 있다.》[19] 이 글에 등장하는 이름들은 위고 자신이 알고 있던 사건들과 관련이 있다. 즉, 프랑스 군대가 자아챠 오아시스의 여성들과 아이들을 학살한 것, 유수프가 세금을 걷기 위해 틀렘센의 납세자들을 태형에 처한 것, 클로젤이 마스카라에 불을 지른 것, 펠리시에 대령이

17 스페인어로, '대가리를 잘라라.'라는 뜻이다. — 역주
18 빅토르 위고,《목격한 것들》, 앞의 책, 〈역사〉 편.
19 이 글에서 위고는 'Pélissier'를 'Pélicier'로 잘못 썼다.

다흐라 협곡에서 민간인들을 연기로 질식사시킨 것, 그리고 네그리에 장군이 콩스탕틴 지방을 다스릴 때에 유혈폭력을 자행한 것이 그것이다. 네그리에 장군은 뷔죠가 변호했음에도 불구하고, 총리대신 겸 육군성 장관인 술트 원수의 명령으로 1842년에 본국으로 소환되었다.

1862년, 루이-필립 치세에 대해 종합평가를 내리고 있는 『레미제라블』의 한 장(章)에서 위고는 루이-필립이 압-델-카데르에게 한 약속을 어긴 것에 대해 언급했으며, 알제리를 점령하면서 폭력을 자행한 것은 위고 자신이 보기에 루이-필립의 《잘못으로 지적할 수 있는 것들》 중의 하나였다. 그 글은 다음과 같다. 《영국인들에 의한 인도 점령과 마찬가지로 문명보다는 만행이 더 많이 동원되고 너무 가혹하게 점령된 알제리, 압-델-카데르에 대한 신의(信義) 결여.》 위고가 멕시코 원정과 중국원정에 반대하는 말을 한 것은 바로 그때였다.

그러나 위고의 규탄은 신중했다. 공화체제가 복원되자, 그는 프랑스가 알제리를 계속 식민화하려는 것도, 그리고 1881년에 프랑스가 튀니지에 개입하는 것도 규탄하지는 않았다. 오히려 그는 말년인 1879년 5월 18일에 노예제도 폐지를 기념하는 연회에 쉘셰르와 함께 참석하여 《아프리카에 대한 연설》을 하면서, 유럽 열강이 벌이는 식민화 사업을 다음과 같이 직설적으로 찬양했다. 《아시아는 자체 역사가 있고, 아메리카도 자체 역사가 있으며, 오스트레일리아도 자체 역사가 있습니다. 그 역사는 인간의 기억 속에 시작된 그때부터 비롯된 것입니다. 그러나 아프리카는 역사가 없습니다. 일종의 거대하고 캄캄한 전설이 아프리카를 뒤덮고 있습니다. (…) 자유롭고 위대한 두 민족인 두 식민국가의 민족, 즉 프랑스인들과 영국인들은 아프리카를 차지했습니다. 프랑스인들은 서부와 북부에서 시작해서 차지했으며, 영국인들은 동부와 남부에서 시작해서 차지했습니다. 그리고 이제 이탈리아인들은 이 엄청난 일에서 자신들이 맡은 바를 받아들이고 있습니다. (…) 19세기에 백인들은 흑인을 인간으로 만들었으며, 20세기에 유럽은 아프리카를 세계로 만들게 될 것입니다.》[20] 그는 정복과정에서 자행된 폭력에 대해 자신이 너무나 잘 알고 있는 사실은 망각한 채, 평화적 식민화라는 신화를 마음속에 간직하고 있었다. 그 내용은 다음과 같다. 《민족들이여! 그 땅을 점령하라. 그 땅을 차지하라. 그 땅이 누구의 것이냐고? 누구의 것도 아니다. 하느님의 것인 그 땅을 차지하라. (…) 왕들이라면 전쟁을 일으킬 그 땅에 화해를 가져다주라. 그 땅을 차지하라. 대포가 아니라 쟁기를 위해, 검(劍)이 아니라 교역을 위해, 전투가 아니라 산업을 위해, 정복이 아니라 우애를 위해.》[21]

위고는 토크빌과 마찬가지로 식민지 정복과정의 야만성을 잘 알고 있었지만, 그 사실에서 토크빌보다 더 훌륭한 결론을 이끌어내지는 않았다. 그는 루이-필립이 압-델-카데르에게 한 약속을 지키지 않았다고 비난했지만, 압-델-카데르를 프랑스에 감금한 제2공화국 정부에 그 비난을 확대 적용하지는 않았다. 마땅히 그렇게 하는 것이 논리적이었을 것이지만 말이다. 단지 '아프리카 정복부대'가 과격한 폭력행위를 프랑스 내로 가지고 오는 사태를 볼 수 있을지도 모른다는 위기감만이 마침내 그를 불안하게 만들게 된다. 그리하여 《작은 나폴레옹》이라는 글에서 그는 남성들과 여성들에게 총을 쏘아대는 군대를 다음과 같이 묘사했다. 《어느 대대장이 이렇게 소리 질렀다. "집 안으로 들어가서 모조리 죽여라!" 중사들이 이렇게 말하는 소리도 들려왔다. "베두인족들 *bédouins*을 두들겨 패라, 베두인족들을 힘껏 두들겨 패라!"》[22]

단지 우리는 그가 《목격한 것들》에 적어둔 자신의 꿈 이야기[23] — 그 꿈에 등장하는, 무력진압이 있기 직전의 파리는 오리엔트에 있는 어느 도시의 모습을 띠고 있다. —에 주목함으로써, 위고가 식민화 사업의 끔찍한 현실 — 그 현실은 저항 직후에 파리 민중에게 닥치는, 군대가 주는 공포와 비슷하다.

20 빅토르 위고, 《아프리카에 대한 연설》, 앞의 책, 〈정치〉 편.
21 위의 책.
22 빅토르 위고, 《작은 나폴레옹》, 앞의 책, 제3권 제6장, 〈역사〉 편.
23 빅토르 위고, 《목격한 것들》, 앞의 책, 〈역사〉 편.

—에 생각이 사로잡혀 있었다고 상상해볼 수 있다. 그러나 그 꿈 이야기에서 위고는 파리에서 벌어진 폭력만을 규탄했다. 1879년에 행한 연설에서 위고는 뷔죠의 명령으로 알제리인들을 연기로 질식사시킨 사건들에 대해 자신이 알고 있는 모든 것이 마치 카르타고와 이집트의 과거인 듯이 잊어버린 채 그것에 대해 언급하지 않았으며, 아프리카가 무주지라고 주장하면서 평화적 식민화 사업 운운하는 식민주의자들의 거짓말에 속아 넘어갔다. 식민지의 실상을 바라봄에 있어서 그의 보편주의는 올바로 작동하지 않았던 것이다.

초기 사회주의자들의 모호한 태도

공상주의 철학자 클로드 드 생-시몽(1760~1825년)의 사상을 추종하는 생-시몽주의자들에게서도 같은 모순을 볼 수 있다. 그들의 이론가 격인 프로스페르 앙팡탱(1796~1864년)은 1840년에 쓴 어느 편지에서 식민지 정복과정에서 자행된 폭력에 대해 다음과 같이 분개했다. 《저는 잘린 머리 또는 머리가 잘려나간 몸뚱이를 볼 수 있고, 부상자들을 볼 수 있고, 포탄이 터지는 소리와 총알이 쌩쌩거리는 소리를 들을 수 있는 상황에 있었습니다. (…) 그런데 이것이 바로 1840년에도 여전히 어느 나라에 문명을 가져다주는 것이라고 불리는 것입니다! 그것은 끔찍할 정도로 터무니없지만, 어떻든 분명한 사실입니다. 1840년에 인간들은 아직도 이 지경에 처해 있습니다.》[24] 그러나 그는 다른 한편으로는 알제리 같은 나라는 프랑스 사회를 재편하는 데에 시험과 본보기의 장이 될 수 있을 것이라고 평가했다. 그 내용은 다음과 같다. 《그런데 이것은 노동활동, 경작활동, 산업활동이자 문명화 활동입니다. 문명화 활동은 그 자체로 프랑스 내의 노동편성의 서막이 될 것입니다. (…) 그러므로

24 프로스페르 앙팡탱이 1840년 4월 27일에 아리에스에게 보낸 편지, 『생-시몽과 앙팡탱의 작품』(E. Dentu, 파리, 1866년) 제11권 중에서.

저는 콩스탕틴 지방을 식민화하는 행위는 프랑스 내의 노동편성을 담당할 훌륭한 인재들이 양성될 수 있는 사범학교 같은 기능을 할 것이라고 생각합니다.》[25] 이어서 그는 식민지 정복과정에서 자행된 폭력에 대해 잘 알고 있었건만, 알제리는 프랑스 사회에 유익한 사회적 실험을 하기에 적절한 처녀지 같은 곳이라고 생각했다.

이후로 생-시몽주의자들의 조직은 양분되었다. 그들의 조직 내에는 식민화 사업에 반대하는 몇몇 사람들과 인권을 옹호하는 사람들이 있긴 했지만, 식민지배 행위를 정당화하는 데에 사용되는 기본이념들을 받아들이는 사람들이 우세했다. 《문명화된》 유럽인들과 《미개의》 아프리카인들은 본질적으로 구분된다는 이념, 어느 민족에게 외부로부터 《진보》가 강제될 수 있다는 이념, 그리고 식민지를 지배하는 유럽은 아시아와 아프리카의 사회에 이로운 영향을 미친다는 가정이 그 기본이념이었다.

공상적 사회주의자 샤를 푸리에(1772~1837년)도 마찬가지로 일관성이 없었다. 우리는 그의 저서 『보편적 통일성 이론』(1841년)에서 매우 상이한 색깔을 띤 여러 종류의 성찰을 볼 수 있다. 그는 한편으로는 《야만적인 *cannibale*》 식민무역을 다음과 같이 규탄했다. 《식민지배 야욕은 새로운 화산(火山)을 생겨나게 했다. 머지않아 흑인들은 격렬한 분노를 드러내어 아메리카를 거대한 무덤으로 만들지도 모르며, 정복자들에게 극심한 고통을 가하여 그 정복자들이 전멸시킨 토착민족들의 원수를 갚을지도 모른다. 야만 *cannibale*의 다른 이름인 그 식민무역으로 노예무역의 잔혹성은 한층 더해지며, 군주들의 회담을 거쳐 공포된 유익한 법령은 무시된다. 돈벌이에 혈안이 된 정신 때문에 그 범죄의 영역이 확대되었으며, 전쟁이 일어날 때마다 두 반구(半球)에서 참화가 발생했다. 우리나라 선박들이 전 세계를 누비고 다니는 것은 야만인들과 미개인들을 우리의 악행과 우리의 광기에 결합시키기 위해

25 프로스페르 앙팡탱이 1840년 7월 말에 아리에스에게 보낸 편지, 위의 책.

서일 뿐이다. 지구는 오직 끔찍스러운 부도덕의 혼돈만을 보여줄 뿐이며, 문명은 종말이 가까워오면서 보다 추악하게 되고 있다.》[26] 그러나 그는 나중에 쓴 글에서는 유럽의 군주들이 합의해서, 나폴레옹 보나파르트가 벌인 정복사업보다 더 영광스러운 정복사업에 뛰어들 수 없다는 것을 아쉬워했다. 그 내용은 다음과 같다.《지금 이 시대에 위대한 인물들도, 위대한 일들도 생겨나지 않는 연유는 무엇인가? 유럽 동맹 *confédération européenne*이 충만한 평화를 누리고 있으며 엄청난 능력을 갖추고 있음에도 불구하고, 스스로 택한 잘못된 입장 때문에 마비되어 있는 연유는 무엇인가? 그 동맹이 스스로 어설프게 만들어놓은 정당들 앞에서 벌벌 떨면서, 그리고 자신들이 그 나라를 쉽게 나누어가질 수도 있었을 술탄 앞에서 벌벌 떨면서 말이다.》[27]

피에르-조제프 프루동(1809~1865년)은 예외였던 것 같다. 『전쟁과 평화』에서 그는《인도, 오스트레일리아, 오세아니아의 여러 섬들, 아프리카, 즉 현재 유럽인들의 착취 대상이 되고 있는 모든 곳이 독립을 선언하거나 되찾을 날을, 그리고 자신들의 부(富)를 주체적으로 사용하고, 자신들이 생산한 물품의 가격을 높여 우리의 물건들과 경쟁을 하면서, 제값을 받지 않고는 아무것도 우리에게 넘기지 않을 날》[28]을 떠올리면서, 식민지 해방은 필연적이라고 여겼다. 그리고 그는 알제리를 식민지로 삼는 행위를 정당화하는 데에 사용되었던 주장, 즉 아랍의 야만성과 유럽의 문명은 본질적으로 대립된다는 주장을 답습하기는 했지만, 알제리를 식민화하려고 한 것은 실패였다고 규정했다. 그 내용은 다음과 같다.《알제리만이 우리의 정복지가 되었다. 그러나 그 정복지는 첫날 이후와 마찬가지로 30년이 흐른 지금도 군사 점령지에 불과하다. 문명인들에게 있어서 '야만 *Barbarie*'과 사막만큼 동화시키기 어려운 것은 아무것도 없다. 프랑스는 그 전리품을 보존하기 위해 연 평균 5000만 프랑

26 샤를 푸리에, 『보편적 통일성 이론』, 1841년, 제1권.
27 위의 책.
28 피에르-조제프 프루동, 『전쟁과 평화』, E. Dentu 출판사, 파리, 1861년, 제2권.

을 사용하고 2만 5000명의 인명손실을 치렀다. 제국(帝國) 정부는 이전의 루이-필립 정부와 마찬가지로 이 사실을 안타까워하고 있다. 그곳 땅을 간신히 정복하기는 했지만, 원주민들의 정신에 조금의 진보도 가져다주지 못했기 때문이다.》[29]

잘 지켜진 비밀과 식민지의 실상

한편으로는 프랑스 사회가 전횡을 줄이고 인권을 인정하는 쪽으로 나아가긴 했지만, 다른 한편으로는 폭력과 지배를 바탕으로 삼은 식민지 현상이 공존할 수 있었는데, 이런 사실을 설명해주는 요소들 중의 하나는 식민화 사업의 실상을 은폐하기 위해 계속된 노력이다. 구체제 때와 마찬가지로 19세기와 20세기에 거의 대부분의 프랑스인들은 식민지의 실상에 대해 개인적으로 잘 알지 못했다. 극소수의 사람들만이 식민지에 가보았으며, 그곳에 가보지 않으면서 가족관계나 직업관계 또는 다양한 사회관계를 통해 개인적인 정보를 얻었던 사람은 드물었다. 그들 스스로가 어떤 견해를 가질 수 있도록 해주는 정보, 그리고 또 루이 14세 치세에서부터 루이-필립 치세에 이르기까지 가톨릭교회와 군주체제에 의해 널리 전파되거나, 또는 제3공화국, 제4공화국, 제5공화국 때에 학교를 비롯한 각종 기관을 통해 항상 널리 전파된 공식적인 담론에 대해 의심을 품을 수 있게 해주는 정보를 말이다.

사실, 구체제 때와 그 이후로도 식민지배 시스템을 옹호한 사람들은 식민지에서 벌어지는 실제상황을 프랑스 본국 사람들에게 감추려고 항상 애를 썼다. 1814년에 출판된 영국 작가 제인 오스틴의 소설 『맨스필드 파크』의 한 구절은 사실을 감추려는 그런 태도에 대해 시사하는 바가 많다. 그 내용은 다음과 같다. 영국 시골에서 파니 *Fanny*라는 처녀가 삼촌이자 안티구아 *Antigua*

29 위의 책, 제1권.

섬에 영지를 소유하고 있는 토마스 *Thomas* 경(卿)에게 노예무역에 대해 질문한다. 그러나 그녀에게 돌아오는 것은《싸늘한 침묵》이다. 그 침묵은 일종의 불문율의 결과이며, 어떤 방식으로도 동일한 규칙이 지배하지 않는 두 세계 사이의 놀라운 불일치의 표현이다.[30]

식민지의 실상은 프랑스 본국 사람들에게는 항상 윤색되어 전해지거나 두터운 베일로 가려져 은폐되었다. 언어도 그렇게 하는 데에 동원이 되었다. 의미하는 바가 너무나 잘 드러나는 몇 가지 낱말은 사용되지 않아야 했다. 나폴레옹이 노예제도를 복원할 무렵, 생-도맹그에 사는 식민지 이주민들은 앞으로는 노예들을《고용인들 *engagés*》로 부르자는 제안을 내놓았다. 그런데 그 용어는 너무나 평판이 좋지 않게 된 낱말을 대신하여 노예를 가리키기 위해, 그리고 또 1848년 이후로는 노예제도의 후속으로 도입된 강제노동 형태에 예속된 사람들을 가리키기 위해 사용된 것으로서, 19세기 중에 확고하게 자리를 잡게 된다. 노예들은《비자유인들 *non-libres*》[31]로 불리기도 했다. 반면, 그들이 아무런 대가도 받지 못하면서 장기계약으로 일해야만 했던 곳은《자유의 마을 *villages de liberté*》로 불렸다. 식민지의 실상에 대해 침묵을 지키거나, 또는 수감자 살해를 가리키는《땔감 작업》같은 우회적인 표현이나 암호화된 표현만을 사용하여 사실을 가리키는 경향은 알제리에서 마지막 식민지 전쟁이 벌어질 때까지 거듭 발견된다.

프랑스어에서 경멸적인 속뜻이 완전히 배제된 채 19세기 말까지 사용된《원주민 *indigène*》이라는 낱말은 식민지배 이데올로기가 확산되는 때가 되자 평가절하된 의미를 띠게 되었는데, 그 의미는 당시에 등장한《비문명인 *non-civilisé*》이라는 새로운 개념과 불가분의 관련이 있다. 그런데 이 낱말

30 제인 오스틴,『맨스필드 파크』(드니즈 게츨레르가 프랑스어로 번역), Presse de la Cité,《10/18》총서, 파리, 1982년(에드워드 사이드,『문화와 제국주의』, Fayard-「르 몽드 디플로마티크」출판사, 파리, 2000년에서 재인용).

31 이브 베노,『나폴레옹 집권기의 식민침탈 광기』, 앞의 책.

의 속뜻은 프랑스 식민지들이 독립하고 수십 년이 지난 지금도 이 낱말에 계속 따라다니고 있다. 오늘날 이 낱말을 사용할 때에는 그 속뜻에 거리를 두어야 할 정도이다. 이 용어가 너무나 충격적인 것으로 여겨지게 되자, 사람들은 이 용어에 내포된 법률상의 사실 — 물론 이 사실은 바뀌기는 했지만, 근본적으로 바뀌지는 않았다. —을 나타내기 위해 다른 여러 용어를 사용했다. 예컨대 알제리에서는《원주민》이라는 용어 대신에《회교도 프랑스인 *Français musulman*》이라는 용어가 사용되었으며, 나아가 FSNA(《북아프리카 토박이 프랑스인 *Français de souche nord-africaine*》) 같은 다른 명칭들도 사용되기에 이르렀던 것이다. 이렇게 되는 데에는 너무 품격이 낮은 것으로 평가된 명칭을 버리고, 그 대신에 좀 더 품격이 높은 새로운 명칭을 사용하려는 생각이 여전히 작용했다.《식민지의(또는 식민지배의) *colonial*》라는 낱말 자체는 제4공화국 때에 프랑스 제국이 그대로 존속하기 위해 자체개혁을 시도하는 때가 되면서 사용이 중지되었다. 당시에는《프랑스 연방 *Union française*》[32] 이라는 낱말이 등장했으며, 식민지 *colonies*라는 낱말은《해외 프랑스 *France d'outre-mer*》라는 낱말로 대체되었다.

침묵이나 거짓된 낱말들 뒤에 가려져 있는 실상을 훤히 알고 있던 유일한 사람들은 대체로 식민지에 거주하는 사람들 자신들이었는데, 바로 이 때문에 레날 신부에서부터 전임자보다 더 온건했던 마다가스카르 총독 빅토르 오가뇌르(1855~1931년)에 이르는 비판가들 중의 상당수가 그들 내에 생겨나게 되었던 것이다. 사실, 1905년 8~11월에 마다가스카르 남동부에서 일어난 저항이 잔인하게 진압되었다는 것을 프랑스인들이 알게 된 것은 대부분 오가뇌르를 통해서였다. 프랑스인들은 갈리에니의 후임 총독으로 1905년부터 1910년까지

32 '프랑스 연방' : 프랑스와 여러 식민지 사이의 법적, 정치적 연방체제. 1946년 10월 27일에 구성되어 1958년까지 유지되었다. '영연방 *British Commonwealth of Nations*' 개념에 대응된다. 인도차이나의 미래와 관련한 1945년 3월 24일자 정부 선언에서 처음으로 등장했다. 프랑스 공화국 대통령이 '프랑스 연방'의 의장직을 겸했다. 그러나 201명의 의원들(프랑스 본국 의원 129명 포함)로 구성된 '프랑스 연방' 의회는 아무런 실제적 권한도 가지지 못했다. — 역주

재임한 오가뇌르의 저서 『식민지배의 오류와 가혹행위』를 통해 비로소 그 사실을 알 수 있었던 것이다. 갈리에니가 오가뇌르의 전임 총독으로 재임할 때에 쟝 카롤 — 쟝 카롤은 1896년부터 1897년까지 마다가스카르에서 살다가 1898년에 프랑스로 귀국하여, 『호바족의 나라』[33]라는 제목으로 식민지의 실상을 증언하는 책을 발표했다. —같은 거북스러운 증인들을 추방했기 때문이다.

이미 대혁명기에 활동한 노예제도 폐지론자들 중에는 식민지에서 생활한 적이 있는 사람들이 있었다. 일 드 프랑스의 지사를 역임한 사람의 미망인 프와브르 부인이나 파리에서 「애국 크레올인」을 발행한 클로드 밀상 같은 사람들이 그들이다. 대혁명기에 활동한 노예제도 폐지론자들 중에는 식민지에 가볼 기회가 있었던 사람들도 있었다. 열세 살에 견습선원으로 고용되어 생-도맹그에 간 적이 있는 쇼메트[34]나 해군 외과 군의관으로 나중에 노예제도 폐지를 주장하는 주요 인물들 중의 한 사람이 되는 영국인 팔콘브리지[35] 같은 사람이 그들이다. 마찬가지로 우리는 제1공화국 때에 노예제도에 반대한 주요 인물들은 보르도처럼 노예무역에 관계되는 항구에 살면서 노예무역의 실상을 훤히 알고 있던 사람들이라는 것을 확인할 수 있다. 브리소 같은 사람이나 보와예르-폰프레드[36] 같은 사람이 그들이다.

식민지 원주민들이 프랑스 본국의 여론에 자신들의 처지에 대해 주의를 환기시키기 위해 사용한 방법은 식민지 이주민들이 이익을 얻기 위해 사용한 방법과는 언제나 비교할 수 없을 정도로 많지 않았다는 것은 거론할 필요조차 없다. 콩도르세는 이미 흑인노예들에게 다음과 같이 쓴 적이 있다. 《여러분은 변호사를 고용할 만한 형편이 전혀 되지 않습니다. 따라서 여러분이 고용한 사람들보다 더 많은 사람들을 여러분의 주인들이 고용하고 있다는 사실

33 쟝 카롤, 『호바족의 나라 — 붉은 나라』, Ollendorf 출판사, 파리, 1898년.
34 이브 베노, 『프랑스 대혁명과 식민지의 종말』, 앞의 책.
35 위의 책.
36 위의 책.

이 놀랍지는 않습니다. 여러분이 고용한 사람들은 여러분의 입장을 변호하는 것을 자랑으로 삼지만, 여러분의 주인들이 고용한 사람들은 여러분의 주인들의 입장을 옹호함으로써 명예가 실추됩니다. 그리고 여러 섬에서 여러분의 노동과 고통을 발판으로 삼아 부를 축적한 사람들은 귀국해서는 이런저런 헐뜯는 글에서 여러분에게 모욕을 가하는 일을 멈추지 않고 있습니다.》[37]

사정이 그러했기 때문에, 프랑스인들이 식민지에서 무슨 일이 일어나고 있는지를 알고 또 그곳에서 원주민들과 유럽인들 사이에 유지되고 있는 관계에 대해 이해하기란 쉽지 않았다. 식민지 정복과 식민지 사회의 실상에 대해 말하는 것을 들은 사람들은 상황이 맞아떨어졌기 때문에 그렇게 될 수 있었다. 빅토르 위고와 르 플로 장군이 건지 섬에서 — 두 사람 모두 루이-나폴레옹 보나파르트가 일으킨 쿠데타를 피해 그곳에 와 있었다. — 만난 것처럼, 또는 그로부터 반세기 전에 제르멘 드 스탈과 일-드-프랑스 지방의 센느-에-와아즈 *Seine-et-Oise*에 있는 마플리에 *Maffliers*라는 마을에서 그녀의 이웃에 살았던(1803년) 고베르 장군(그는 리슈팡스가 과들루프에서 벌인 야만적인 진압작전에 참여한 적이 있었다.)이 만난 것처럼 말이다. 고베르 장군이 털어놓은 이야기를 통해 제르멘 드 스탈은 한때 노예였던 사람들의 완강한 저항에 대해 알 수 있었다. 고베르 장군에 대해 그녀는 다음과 같이 썼다. 《그분은 그들[한때 노예였던 사람들]이 항복하기보다는 자폭하면서 보여준 용기에 감탄하지 않을 수 없었습니다. 그분은 제게 이렇게 말했습니다. "그들은 우리가 그들에게 한 제안을 받아들이지 않았는데, 그것은 어처구니없는 일이었습니다. 그런데 사실, 그들에게 제안을 한 리슈팡스는 그 제안을 지키지 않으려는 결심을 굳히고 있었습니다."》[38]

정부의 검열로 사건이 은폐되고 침묵이 유지되었다. 검열은 시기를 막론

37 콩도르세, 『흑인노예제도에 대한 고찰』, 1781년, 앞의 책.
38 1803년 9월 27일자 편지(제르멘 드 스탈, 『서간 전집』, 앞의 책).

하고 변함없이 계속되었다. 예를 들면, 1820년에 파리에서 발행된 것으로 노예제도를 폐지할 것을 주장하는 어느 책에는《진실을 알 수 있게 해줄 수도 있을 모든 것을 차단하는 일종의 세관 사무소 또는 오히려 창이 없는 방(검열소)이라고 할 수 있는 것》[39]에 대해 언급하면서, 식민지에서 이루어지는 흑인 노예무역에 관계되는 모든 것을 둘러싼 모든 정부 부처 내의 비밀을 고발하는 내용이 포함되어 있다. 1845년에 발행된 또 다른 책에는 다음과 같은 사실을 강조하는 내용이 포함되어 있다.《우리의 서인도제도에서 사람들은 그곳에서 일어나는, 노예에 관계되는 모든 일이 프랑스에 알려지지 않게 하려고, 그리고 그처럼 불쾌하기 짝이 없는 사건들을 깊고 깊은 망각 속에 묻어두려고 무척 신경을 쓰고 있다.》[40]

노예제도가 실시되고 있던 여러 식민지의 그 모든 실상과 꼭 마찬가지로, 프랑스 공화국의 여러 식민지의 실상은 여전히 본국 여론에는 알려지지 않아야 할, 일종의 잘 지켜진 비밀로 남게 된다. 1929년에 알베르 롱드르[41]는 다음과 같이 썼다.《식민지의 생활에서 가장 긴요한 일은, 그 생활이 비밀리에, 어쨌든 보호국[42]의 시선을 벗어나서 전개되어야 하는 것인 듯하다.》[43] 같은 깃발 아래서, 그리고 지도상에 같은 색깔로 표시되어 있는 땅들[44]에서 사실은

39 죠제프-엘제아르 모레나스, 『흑인노예무역과 식민지에서의 노예제도 역사 개요』, Firmin et Didot 출판사, 파리, 1820년.

40 검사 장-바티스트 루블라 드 퀴삭. 넬리 슈미트, 『노예제도 폐지론자들과 식민지 개혁가들, 1820~1851년 — 분석과 자료』(앞의 책) 중에서.

41 알베르 롱드르(1884~1932년) : 프랑스 언론인, 작가. 1차대전 전에 여러 신문에 르포르타주 기사를 기고했으며, 1차대전 때에는 전투 현장을 누비며 기사를 썼다. 이후로 근동, 인도, 러시아, 중국 등을 여행하면서 여러 신문에 기고했다. 1923년에 『도형장(徒刑場)에서』를 발표하여 프랑스령 기얀의 카엔에 이송된 죄수들의 열악한 수감상태를, 1924년에는 『단테는 아무것도 보지 못했다』를 발표하여 북아프리카의 군대 도형장의 실상을, 1929년에 발표한 『흑단(黑檀)의 땅』에서는 식민지배의 고통에 신음하는 아프리카의 참상을 고발했다. 1931년에 발표한 『진주조개 채취자들』에서는 페르시아 만(灣)에서 유럽인들의 사치를 위해 일하고 지방 세력가에게 착취당하는 노예들의 고통을 묘사했다. — 역주

42 보호국 : 식민지배 국가. — 역주

43 알베르 롱드르, 『흑단(黑檀)의 땅』, Albin Michel 출판사, 파리, 1929년(1998년에 파리의 Le Serpent à Plumes 출판사에서 재간행).

44 지도상에 같은 색깔로 표시되어 있는 땅들 : 당시에 발행되어 교실 뒷벽에 게시되었던 지도에서 프랑스 본국과 그 식민지들은 흔히 붉은색으로 색칠되어 있었다. 사진자료에 실어둔 지도를 참고하라. — 역주

정반대되는 가치에 토대를 둔 시스템이 펼쳐지고 있다는 것은 감추어져야만 할 것이었다.

동떨어진 두 세계 — 식민지와 프랑스 본국

이미 루이 14세 치세인 1762년에 팡티에브르 공작이 내린 칙령에 의해 노예제도가 필요한 식민지와 《건전한 규범에 따라 (…) 어떤 노예도 허용되지 않는》 프랑스 왕국이 구분된 적이 있다. 그리고 입헌의회에서 말루에는 《식민지에 적합한 헌법과 본국에 적용하기 위해 반포된 헌법 사이에는 뚜렷한 구분》[45]이 있다는 주장을 한 적이 있다. 두 세계, 즉 식민지와 프랑스 본국은 모든 면에서 구분되었으며, 식민지배 시대 내내 식민지로 간 사람들의 욕심, 즉 식민지배 시스템을 이용해보려는 욕심은 흔히 그들의 도덕적 거리낌과 나아가 그들이 본국에 있을 때에 품고 있던 이상을 압도했다. 식민지로 가는 어느 사람에 대해 디드로는 다음과 같이 썼다. 《적도를 지나자, 그 사람은 이제 영국인도, 네덜란드인도, 프랑스인도, 스페인인도, 포르투갈인도 아니었다. 그 사람은 자신의 목표에 보다 빨리 도달할 수 있게 해줄 갖가지 청부계약을 얻는 데에 급급하고 또 그것을 누리고 그 권한을 가지려는 데에 급급한 나머지, 자신의 조국에 대해서는 단지 자신의 행위를 허용하거나 정당화해주는 원칙과 편견만을 간직하고 있었다.》[46]

식민지에 도착한 새 이민자는 얼마 되지 않는 사이에 원주민을 대하는 데에 있어서 식민지 사회에서 관행적으로 이루어지는 방식을 순순히 따르게 되었다. 쉘셰르는 다음과 같이 썼다. 노예제도가 시행되던 때에 《거류지에 머물면서 제멋대로 굴며, 사적인 이익에 혈안이 되어 있으며, 식민지의 행동규

45 말루에가 1791년 5월 11일에 입헌의회에서 한 발언, 『국회기록』.
46 레날 신부, 『유럽인들의 두 인도 진출과 무역의 철학적, 정치적 역사』, 앞의 책.

범에 따라 살아가는 식민지 이주민은 흑인을 존중할 수 없다. 그런데 무심했던 여행자조차도 식민지에 도착해서는 노예제도 지지자가 되는 것을 보고도 우리는 왜 놀라지 않을 것인가? 그 사람은 식민지에 도착하자마자 곧 백인들의 무리 속에 끼어들며, 말하자면 백인들의 말만을 듣고 백인들만을 본다. 사람들은 그에게 달려들어, 그 사람이 가지고 있던 연민의 감정을 부끄러워하도록 압박한다. 수세기 전부터 치욕과 고통을 분노 없이 받아들이면서 자신들을 짓누르고 있는 멍에를 지도록 운명 지어진 흑인들을 보여주면서 말이다. 그 사람은 곧 이전의 태도를 버리고 다른 태도를 갖게 된다…….》[47]

식민지 이주민들은 개인의 권리 면에서 유럽 사회가 이룩한 진전을 망각한 채, 현지의 몇몇 관습을 이유로 들면서, 그 관습을 이용하여 자신들의 이익을 도모하는 경향을 보이기도 했다. 이미 16세기에 포르투갈 선원들은 자신들이 경영하는 포르투갈 소유의 플랜테이션 식민지에 아프리카 노예들을 투입하려는 생각을 했는데, 그것은 노예제도가 아프리카의 몇몇 지방에서 흔히 볼 수 있는 관행이었기 때문이다. 그들은 플랜테이션 식민지의 특수성을 내세우고 또 인권의 원리를 자신들이 처한 현실에 적용하기에는 적합하지 않다고 강변함으로써 아무런 구속도 받지 않고 마음대로 행동할 수 있었으며, 나아가 여기저기에서 볼 수 있는 가증스러운 행위를 본받아 그 행위를 식민지에 도입하여 자신들의 이익을 도모하기도 했다. 그런 행위를 하면서 그들은 콩도르세가 대혁명 직전에 언급한 원리, 즉 다른 사람이 저지르는 것을 본 적이 있는 범죄를 모방하여 저지른 범죄라 하더라도 그 범죄를 저지르는 자의 책임이 면제되는 것은 전혀 아니라는 원리를 무시했다.

제국이 드넓었으며 또한 자신들이 사람들로부터 고립된 채 살고 있었기 때문에, 그들은 더없이 비뚤어진 행동도 할 수 있었다. 어떤 면에서 보자면, 식민지 관리들은 본국의 법률적, 도덕적 상황을 벗어나 있었으며 — 당시에

47 빅토르 쉘셰르, 『흑인노예제도와 식민지 관련 법제에 대하여』, 앞의 책.

통신이 빠르지 않았기 때문이기도 하지만 ―, 자신들에게 주어진 땅에서 일종의 《자유전자(自由電子) *électrons libres*》 같은 존재가 되는 경향을 종종 보이기도 했다. 그들이 따라야 할 유일한 통제는 사실 식민지의 행정기관으로부터 가해졌는데, 행정기관 자체도 프랑스 사회의 가치와 식민지 내의 관습이 마주치는 곳이었다. 그들은 어떤 행동을 하든, 사실상 일체의 형사처벌을 면할 수 있었다.

식민지 관리들이 그런 비뚤어진 행동을 한 것은, 자신들이 행정을 맡고 있는 지방이 자신들에게는 언제나 잠시 머무는 곳에 불과하다는 사실에 고무되었기 때문이기도 하다. 이런 이유들 중의 하나 때문에 장-바티스트 세이는 1826년부터 식민지를 유지하는 것에 반대하게 되었다. 그는 다음과 같이 썼다. 《본국에서 파견된 총독들은 자신들이 행정을 맡은 나라를 자신들이 일생을 보내야 할 곳으로, 안식을 맞아야 할 곳으로, 그리고 공적인 존경을 누려야 할 곳으로 여기지 않기 때문에, 그곳에 행복과 참된 부(富)가 움트도록 하는 데에는 아무런 관심도 가지지 않았다. 그들은 자신들이 식민지에서 하게 될 행위 때문이 아니라 자신들이 식민지에서 가져가게 될 재산 정도에 따라 본국에서 존경을 받게 되리라는 것을 알고 있다. 이런 사실에 덧붙여 언급할 것은, 먼 곳을 다스리러 가는 사람에게 부여되기 마련인 자유 재량권이나 다름없는 권한을 그들이 가지고 있다는 사실이다. 이렇게 해서 대체로 가장 악질적인 행정을 이루는 온갖 요소들이 갖추어지게 되는 것이다.》[48]

침묵을 깨부순 사람들과 전염의 위험

식민화 사업의 실상이 프랑스의 여론에 알려지기 위해서는, 그 실상을 상당히 잘 알고 또 쉽게 부를 축적할 수 있는 가능성 ― 통상관례였던 신중한

48 장-바티스트 세이, 『경제학 개론』, Rapilly libraire 출판사, 파리, 1826년.

태도를 지킬 줄 알았던 사람들은 식민지에서 벌어지는 일을 통해 쉽게 부를 축적할 수 있었다. —에 굴하지 않을 정도로 충분히 무사무욕한 사람들의 증언이 필요했다. 시대를 막론하고 식민지배 시스템의 실상을 프랑스에 알리려고 애쓴 사람들은 모두 자신이 침묵을 깨부순다는 느낌을 가졌다. 예컨대 1789년에 노예제도를 명시적으로 규탄하는 내용을 담은 것으로는 유일한 인권선언 제안문을 쓴 클로드 포셰 신부는 자신이 설립한 협회에 《진실애호자 협회》라는 이름을 붙였다.[49]

그 뒤를 이어 18세기와 19세기 전반부에 활동한 노예제도 폐지론자들과 마찬가지로 제3공화국과 제4공화국 때에 활동한 모든 반식민주의자들은 세심하게 준비되어 지켜지는 침묵을 깨부수는 사람의 모습을 띠게 된다. 1900년에 자신의 저서 『검(劍)의 영광』을 비녜 독통이라는 필명으로 출판하는 데에 따르는 어려움에 대해 설명한 폴 비녜[50]에서부터, 보다 나중에 식민지 알제리의 실상을 알리려고 애쓰게 되는 모든 이들 — 1955년에 『무법천지 알제리』[51]를 발표하는 콜레트 쟝송과 프랑시스 쟝송[52] 같은 사람들 —에 이르기

49 이브 베노, 『프랑스 대혁명과 식민지의 종말』, 앞의 책. '성직자 기본법'에 선서한 캉 *Caen*의 주교, 입법의회 의원, 국민공회 의원이 되어 1789년 7월에 적극적으로 활동한 클로드 포셰 신부는 1793년에 지롱드파와 함께 처형된다.

50 폴 비녜(1859~1943년) : 프랑스 정치인, 언론인, 반식민주의 운동가. 해군 군의관 신분으로 식민지 정복작전에 참전하여, 해병대와 원주민 출신 보병대가 자행하는 만행을 목격하고는 전역했다. 정치에 입문하여, 식민화 사업을 찬양하는 자유주의 경제학자 폴 르르와-보리외를 물리치고 하원의원을 지냈다. 하원에서 한 발언에서, 그리고 언론에 발표한 글에서 식민정책의 폐해를 고발하는 데에 전력을 기울였다. 점차로 좌파 쪽으로, 그리고 클레망소가 발행하는 신문 「여명」과 귀스타브 에르베가 발행하는 신문 「사회전쟁」 쪽으로 기울어졌다. 필명 비녜 독통 *Vingé d'Octon*에서 *Octon*은 프랑스 남단의 랑그독-루시용 *Languedoc-Roussillon* 지방에 있는 폴 비녜의 고향 마을 이름에서 따온 것이다. — 역주

51 콜레트 쟝송과 프랑시스 쟝송 공저, 『무법천지 알제리』, Seuil 출판사, 파리, 1955년.

52 프랑시스 쟝송(1922~2009년) : 프랑스 언론인, 반식민주의 운동가. 아내 콜레트 쟝송과 공동으로 쓴 『무법천지 알제리』는 이후로 반식민주의 혁명을 부르짖는 세대의 필독서가 된다. 1957년 10월에 '쟝송 조직망' 또는 '트렁크 운반자들'로 불리는 조직을 결성하여 알제리 '민족해방전선'을 지원했으며, 이 때문에 1960년에 궐석재판에서 10년 형을 선고받았으나 1966년에 사면되었다. '트렁크 운반자들'이라는 이름은 알제리 민족주의 전사들의 짐(트렁크)을 운반해준 사람들이라는 의미이다. 그러나 쟝송과 그의 동지들은 단순히 알제리 민족주의 전사들의 '트렁크'를 운반하는 일만 한 것이 아니라, 알제리인들의 자금을 모아 외국에 유치해서 알제리 '민족해방전선'이 사용할 수 있게 하거나, 알제리 민족주의 전사들이 국경을 넘는 것을 도와주거나, 프랑스 군대를 이탈한 알제리인들을 숨겨주는 등의 활동을 했다. — 역주

까지, 많은 사람들이 이에 해당한다. 한편, 알베르 롱드르는 1929년에 콩고와 대서양 해안을 잇는 철도 부설공사[53] 현장에서 일어난 비극을 고발하면서, 《이제는 말해야 한다. 프랑스인들은 알 권리가 있다.》[54]라고 외쳤다.

그들 모두는 본국의 여론에 주의를 환기시켜서, 프랑스의 이름으로 자행되었으나 프랑스인들이 알지 못하고 프랑스의 모든 가치에 어긋나는 행위에 대해 본국의 여론이 경계하도록 해야 한다고 느꼈다. 그들은 즉각 비판의 표적이 되는 것을 무릅쓰고 그렇게 했다. 그들을 겨냥하여 쏟아진 비판에서는 다음과 같은 두 가지 주요 사항이 지적되었다. 그들은 자신들이 말하는 실상을 알지 못한다는 것, 그리고 《이데올로기적》인 발언을 하고 있다는 것이었다. 그들이 《외국인의 놀음에 놀아나고 있다.》라는 지적도 덧붙여졌다. 20세기에 들어서 그런 지적은 식민지의 실상을 고발하는 사람들을 영국인들의 첩자로 간주하는 비난의 양상을 띠기보다는, 모스크바의 첩자로 간주하는 비난의 양상을 더 많이 띠게 된다. 당시는 공산당이 식민지배 정책에 대해 가장 비판적인 정치세력이 되어가고 있던 때였다.

하지만 그 모든 증인들은 진실을 말할 수 있는 사람이 그다지 많지 않다는 것을 깨달았다. 그리고 그들은 자신들의 생각을 밝혔다. 공식적인 담론이라는 것이 관대하고 인도주의적인 구실을 가림 막으로 삼아, 식민지의 실상에

53 콩고와 대서양을 잇는 철도 부설공사 : 1921년에 프랑스는 콩고의 브라자빌과 대서양 해안을 잇기 위한 철도 부설공사를 시작했다. 공사 책임을 맡은 사람은 콩고 총독 빅토르 오가뇌르였다. 1925년에 공사가 중단되었다가 곧 재개되었으며, 오가뇌르의 후임 총독 라파엘 앙트와네티가 책임을 맡았다. 부설공사에 동원된 많은 현지인들이 보급품 부족, 가혹한 노동, 작업장의 비위생적인 조건에서 비롯된 질병 때문에 사망했다. 앙트와네티는 공사를 계속하려면 "6000명에서 8000명에 이르는 사람들의 희생을 감수해야 한다."라고 했다. 그리하여 중앙아프리카 도처에서 노동자들을 새로 모집해야 했다. 침목 하나마다 한 사람이 죽어나간다는 소문이 나돌았다. 1934년 7월 10일에 완공된 이 철도노선의 총 연장은 512킬로미터였다. 출발점은 해발 200미터의 브라자빌이었으며, 종착점은 대서양 해안의 프웽트-느와르 *Pointe-Noire*였다. 협곡을 가로지르기 위해 12개의 터널(이 중에서 하나는 길이가 1690미터였다.)을 뚫고 92개의 교량을 세워야 했다. 공사 현장에서 목숨을 잃은 현지인들은 1만 5000~2만 5000명에 이르렀다. 『콩고 기행 — 여행 수첩』에서 앙드레 지드는 "브라자빌-대서양의 철도는 사람들의 목숨을 엄청나게 삼키는 것이다."라며 분노했으며, 『흑단(黑檀)의 땅』에서 알베르 롱드르는 "흑인이 기계, 트럭, 기중기를 대신했다. 폭약을 대신하지도 않았겠는가?"라고 하면서 그곳의 가혹한 노동조건을 고발했다. — 역주

54 알베르 롱드르, 『흑단(黑檀)의 땅』, 앞의 책.

서 볼 수 있는 폭력성과 불의를 감추려는 목적으로 꾸며낸 것에 불과하다는 것을 설명해야 할 의무가 자신들에게 있다고 느꼈기 때문이다. 1927년, 앙드레 지드는 아프리카를 여행하고 돌아와서 다음과 같이 썼다. 《이제 내 마음 속에는 어떤 엄청난 탄식이 자리 잡고 있다. 나는 체념하고 받아들일 수 없는 사실들을 알고 있다.》[55]

자국 영토에서는 보다 민주적인 사회로 나아간 — 그렇게 되는 데에 많은 어려움이 따르긴 했지만 — 서구 국가들이 벌인 식민화 사업이 그렇게 비뚤어져서 야만으로 나아간 것이 서구 국가들 자체에 위험이 되지 않았던 것은 아니다. 이미 18세기에 에드먼드 버크와 죤 로크는 인도를 식민지로 삼음으로써 그것이 영국 민주주의의 관습에 야기하는 역효과에 대해 우려를 표명한 적이 있다. 그리고 콩도르세는 노예제도에 대해 다음과 같이 썼다. 《전염되지 않을까 걱정되지 않는가? 입법가들이 헌법의 토대로 삼은 자유 · 평등의 원리에 어긋나는 행위를 자국의 일부 시민들이 자행하도록 허용하는 것은 자유 국가에 위험하지 않은가?》[56]

식민지는 여러 면에서 전횡이 활개를 치는 곳이 되는 경향이 항상 있었다. 예를 들면, 구체제 때에 『흑인 법전』에 따라 개신교인들과 유태인들은 식민지에서 배척당했다. 당시에 그들은 프랑스에서보다는 식민지에서 더 심한 차별을 받았다. 당시에 프랑스가 보다 민주적인 사회로 나아가고 있었던 것에 비해, 흔히 여러 형태의 독단적인 권력에 내맡겨진 식민화 사업이 원인으로 작용하여 시대역행적인 현상들이 생겨났다. 초기 '알제리 전쟁'에서 식민지 원주민들을 학살하는 방법을 익힌 장군들은 이후로 7월 왕정 시대와 제2제정 시대에 파리의 민중을 향해 발포하거나 또는 공화체제를 전복함으로써 이름을 떨치게 되는 자들이다. 바로 이런 본질적인 면 때문에 빅토르 위고는 '아

55 앙드레 지드, 『콩고 기행 — 여행 수첩』, 신 프랑스 평론(Nouvelle Revue française) 출판사, 파리, 1928년.
56 1789년 5월에 삼부회 회의가 개막되기 직전에 발표한, 라 파예트에게 보내는 공개편지.(63쪽을 보라.)

프리카 정복부대'의 행위를 문제삼기에 이르렀다. 그로부터 얼마 뒤, 드레퓌스 사건 때에 프랑스에서 급격히 확산되는 대대적인 반유태주의 물결은 알제리에서 더욱 거세어지게 된다. 1898년 5월, 알제리에 거주하는 식민지 이주민들의 지지를 받아 에두아르 드뤼몽[57]을 비롯한 4명의《반유태주의자》가 하원의원에 당선되었으며, 그들은 이후로도 알제와 오랑에서 탄탄한 활동기반을 유지하게 된다.

식민지에서 폭력을 행사하는 방법을 익혀서 나중에 프랑스 내에서 그 방법을 사용하게 되는 사람들의 예는 적지 않았다. 푸르니에[58]에서부터 모리스 파퐁[59]에 이르는 사람들이 그러하다. 대혁명 기간에《아메리카인》이라는 별명을 얻은 푸르니에는 생-도맹그에서 노예를 감독하고 작업장을 관리하는 책임자로 일하면서 부를 축적했으며, 1792년 9월에는 오를레앙 *Orléans*에서 베르사유 *Versailles*로 이동하면서 자신이 관리하던 54명의 죄수를 살해한 자이다. 1958

57 에두아르 드뤼몽(1844~1917년) : 프랑스 언론인, 작가. 당시에 대표적인 반유태주의자였던 그는 프랑스 내부의 적인 유태인들이 정계, 금융계, 지식계, 예술계, 언론계를 장악하고 있으며, 그로 말미암아 프랑스의 정체성이 상실되고 국력이 쇠락하고 있다고 보았다. 1892년에 자신이 창간한 일간지「자유로운 말」을 통해 '파나마 사건'(페르디낭 드 레셉스가 1881년에 파나마 운하 건설에 착공했다가 1889년에 파산하면서 부족한 자금을 충당하기 위해 공채를 발행하는 것을 입법화하는 과정에서 의원들을 매수한 사건)을 폭로했으며, 드레퓌스 사건 때에 드레퓌스 구명운동에 반대하는 선전활동을 맹렬히 벌였다. — 역주

58 클로드 푸르니에(1745~1825년) : 프랑스 정치인. 열일곱 살에 돈을 벌려고 생-도맹그로 가서 현지 부르주아 민병대의 용기병(龍騎兵) 등을 거쳐 타피아(당밀로 만든 증류주)를 제조하는 공장의 주인이 되었다. 폐수(廢水)를 무단방류하다가 경쟁관계에 있는 회사의 고발로 수감되었다가 벌금을 내고 석방된 뒤에 귀국하여 대혁명에 가담했다. 1789년 7월 14일에 바스티유를 점령하는 민중들에 합세했으며, 무장혁명군을 조직하여 싸웠다. 1792년 9월 2일, 그가 오를레앙에서 베르사유로 호송하던 죄수들이 베르사유 입구에서 민중들에게 학살되는 일이 발생했다. 그 자신이 이 사건에 가담했으며 죄수들의 물품을 훔쳤다는 혐의를 받았다. 이후로 사망할 때까지 경찰의 추적, 투옥, 석방으로 이어지는 파란 많은 삶을 살았다. — 역주

59 모리스 파퐁(1910~2007년) : 프랑스 정치인. 2차대전 중에 비시 정권하에서 프랑스 남서부에 있는 지롱드 *Gironde* 도청의 사무국장으로 근무하면서, 1690명의 유태인들을 체포하여 강제노동수용소로 보냈다. 이어서 보르도 경찰국장, 내무부 내의 알제리 담당 부차장, 센느 도지사를 지냈다. '알제리 전쟁' 때에는 알제리 주재 행정총괄 감찰관으로 있으면서, 독립을 요구하는 알제리인들을 무자비하게 탄압했다. 이후로 코르시카 도지사, 모로코 보호령 사무국장, 알제리 동부 지방의 광역도지사를 지냈다. 파리 시 경찰청장으로 재임하던 1961년 10월 17일에 일어난 알제리인들의 시위와 이듬해 2월 8일에 일어난 '비밀군사조직'에 반대하는 시위를 무자비하게 진압했다. 1978~1981년에는 예산부 장관을 지내기도 했다. 2차대전 중에 유태인들을 강제노동수용소로 보낸 것과 관련하여 반인륜범죄 혐의로 기소되어 1998년 4월에 10년 징역형을 선고받았으나, 2002년 9월에 건강상의 이유로 가석방되었다. — 역주

년부터 1962년까지 파리 시 경찰청장을 지낸 파퐁과 관련하여 우리는 그 얼마 전에 그가 절대 권력을 가진 도지사로 재임하던 알제리의 콩스탕틴 도(道)에 처음으로 대규모 고문실을 설치한 자라는 사실을 알고 있다. 이어서 그는 파리 시 경찰청장으로 재임하면서 수도권에 거주하는《회교도 프랑스인들》을 대상으로 헌법에 전면 위배되는 통행금지를 실시했으며, 그것 때문에 1961년 10월 17일의 비극적인 시위[60]가 발생했다. 파퐁은 알제리에서 통상적으로 사용하던 방법을 프랑스 내로 들여와서 시위를 진압하는 데에 사용했으며, 이전에는 알제리 '민족해방전선'을 진압하기 위한 특수부대를 파리에 설치한 적이 있다. 이 부대는 아르키 *harkis*[61]로 구성되었으며, 군인들이 지휘를 맡았다. 이 역시 알제리에서 흔히 사용하던 방법을 프랑스 내로 가져온 것이다.[62]

이익을 얻기 위한 교묘한 술수

식민지배 행위를 자세히 살펴보면, 그 행위를 정당화함으로써 직접적으로 이득을 보았던 자들이 끊임없이 골몰했던 선전활동과 사실을 은폐하기 위해 부렸던 교묘한 술수를 만나게 되고, 또한 이상과 이익이 서로 충돌하는 문제

60 1961년 10월 17일의 비극적인 시위 : '알제리 전쟁'이 끝을 향해 치닫고 있을 무렵인 1961년 10월 17일, 파리에 거주하는 약 3만 명의 알제리인들이 자신들에게 내려진 야간 통행금지 조처(그해 10월 7일부터 파리에 거주하는 알제리 출신 사람들은 저녁 8시 30분부터 아침 5시 30분까지 외출이 금지되었다.)에 항의하기 위해 시위를 벌였다. 경찰청장 모리스 파퐁의 명령을 받은 경찰이 시위대를 향해 발포했으며, 의식불명이 된 사람들과 사망자들의 시신을 센느 강에 던져버렸다. 시위대 중에서 1만 명 이상이 체포되었다. 사건 이튿날의 공식 발표에 따르면 2명의 알제리인이 사망했다고 하나, 실제 사망자 수는 수십 명에서 수백 명에 이르는 것으로 추정된다. — 역주

61 아르키 *harkis* : '운동조직 *mouvement*'을 의미하는 아랍어 '아르카 *harka*'에서 온 말로, 알제리 내의 회교도 토착민을 가리킨다. '알제리 전쟁' 때에 프랑스군의 보충병으로서 알제리 독립운동가들을 색출하고 타진하는 전투에 동원되었다. 그들의 수는 20만 명으로 추산된다. 에비앙 협약으로 '알제리 전쟁'이 종결되면서 그들 중에서 1만~15만 명에 이르는 사람들이 프랑스로부터 버림받은 채 반역자로 낙인찍혀 알제리 '민족해방전선'에 학살당하거나 실종되었다. 프랑스는 그들의 존재에 대해 오랫동안 침묵으로 일관했다. 프랑스로 이주한 일부 사람들은 자신들의 조국으로부터도, 그리고 프랑스로부터도 버림받은 채 고통을 감내하며 살아야 했다. — 역주

62 폴레트 페쥐, 『파리의 아르키』와 『파리에서의 북아프리카인 박해』의 합본(피에르 비달-나케의 서문, 마르셀 페쥐의 소개문, 프랑스와 마스페로의 발문), La Découverte 출판사, 파리, 2000년.

를 만나기도 한다. 그런 교묘한 술수를 부린 자들은 당시의 정치적 상황에 맞추어 말을 함으로써 그 말이 보다 큰 효과를 얻을 수 있게 했다. 예컨대 대혁명 초기에 식민지 이주민 출신 의원들은 '인권선언문'이 선포되지 못하게 하려고 애를 썼지만 성과를 얻지 못했는데, 이후로는 그 선언문이 공표되자 그것을 정면으로 공격하지는 않고 단지 그 선언문이 식민지에 적용되지 못하게 하려고 애쓰는 편을 택했다. 미래의 초기 공화주의자들 중에서 몇몇 사람들은 그들의 술책에 속지 않았다. 브리소 같은 사람이 그러했다. 1789년 10월, 그는 다음과 같이 말했다.《식민지 이주민들의 모국에 대한 충성맹세에 절대로 현혹되지 않아야 한다. 습성과 이익이라는 것이 그들을 결속시켜주는 두 개의 끈이다.》[63]

1830년에 벌어진 알제 정복 때에 프랑스의 여론은 그 사건에 대해 상당히 무관심한 것처럼 보였지만, 마르세유에서만은 만족감을 드러내는 행사가 열렸다. 마르세유의 무역업자들이 알제 정복을 자신들의 사업이 번창할 수 있는 계기로 여겼던 것이다. 그로부터 얼마 뒤에 7월 왕정 정부가 알제리 정복을 계속하는 것이 시의적절한지에 대해 생각해보고 있을 때, 마르세유의 상업회의소는《우리의 소중한 정복지를 유지하고 식민지로 삼아야 할》[64] 필요성에 대해 프랑스 내 다른 여러 도시의 상업회의소를 설득하려고 애를 썼다. 그리고 마르세유의 무역업자들이 했던 것과 같은 방식으로, 알제리에 거주하는 부유한 식민지 이주민들은 프랑스 공화국이 추진하는 대(對)알제리 정책에 영향력을 행사하려고 계속 애를 쓰게 된다. 그들의 노력은 1962년까지 계속된다. 한편, 레위니옹 섬에 거주하는 식민지 이주민들은 프랑스 공화국이 추진하는 대(對)마다가스카르 정책에 압력을 행사하려고 애쓰게 된다. 그들을 대표하는 하원의원들이 1880년대와 1890년대에는 그 섬을 정복하도록 압

63 자크-피에르 브리소,「프랑스 애국자」제84호, 1789년 10월 31일자.

64 피에르 기랄,『마르세유와 알제리』, 액-상-프로방스 문과대학 학술지 출판부(Publication des Annales de la Faculté des lettres d'Aix-en-Provence), 1956년.

력을 넣기 위해, 그리고 1945년 이후로는 그곳에서 벌어지는 독립운동을 진압하도록 압력을 넣기 위해 끊임없이 개입함으로써 말이다.

제3공화국 때에 식민지 이주민들의 관심사를 정치권력에 전달하는 일을 맡은 주요 세력은 하원 내의《식민 집단 *groupe colonial*》[65]이었다. 1892년 6월 15일에 42명의 하원의원들이 결성한 이 집단의 회원 수는 이듬해에는 120명으로 늘어났으며, 1898년에는 상원 내에도 같은 집단이 생겨났다. 1902년에 이 집단의 회원 수는 약 200명이 되었다. 1894년부터 1899년까지 재임한 7명의 식민부 장관 중에서 5명을 배출한 이 집단의 회원들 중에는 제3공화국 내내 체제 내에서 가장 저명했으며 공산주의자들을 제외하고 모든 정당에서 성향을 가리지 않고 모집된 정치인들이 있게 된다. 당연히 이 집단은 당시에 주도적 세력이었던 공화주의자들이 내뱉는 담론을 지지했다. 대혁명 때에 활동한 '마시악 관(館) 클럽'에 속한 식민지 이주민들이 그러했듯이 말이다. 1794년에 「애국 크레올인」에 기고한 글에서 클로드 밀상은 그 식민지 이주민들이《입에는 공화주의자의 말투》를 달고 다니면서도,《각종 원리는 파기하고 특권은 그대로 둘 것》[66]을 제안하고 있다고 한 적이 있다.

1905년까지《식민 집단》의 대표를 지낸 사람은 하원 부의장을 지내기도 한 외젠 에티엔이다. 1844년에 알제리의 오랑에서 태어난 그는 알제리에서 엄청난 토지재산을 획득한 어느 '아프리카 정복부대' 장교의 아들이다. 에티엔은 제정 말기에 마르세유에서 어느 무역업자의 가게에서 일하면서 강베타를 알게 되고 그의 정치활동과 그가 발행하는 신문「프랑스 공화국」에 재정을 지원했으며, 그의 정치적 지원을 받으며 정치경력을 쌓았다. 에티엔은 1881년에 오랑 지역구 소속의 하원의원에 당선되어 1919년까지 의석을 유지하게 되며, 이어서 사망할 때(1921년)까지 상원의원을 지내게 된다. 1887년과

65 68쪽과 137쪽에서 언급한 '식민당 *parti colonial*'을 가리킨다. — 역주
66 「애국 크레올인」 제54호, 혁명력 2년 비[雨]의 달 28일자(1794년 2월 16일자).

그리고 1889년부터 1892년까지 두 번에 걸쳐 식민지 담당 부차관을 지낸 그는 40년 동안 식민지 이주민들의 이익을 대변하는 주요 인물이자 그와 동시에 프랑스가 펴는 식민지배 정책과 관련하여 가장 영향력 있는 정치인이 된다.

식민지 이주민들의 로비 활동이 실제로 벌어진 것은 제3공화국, 제4공화국, 제5공화국 때였다고 할 수 있다. 그것은 예컨대 주로 사업가들, 언론인들, 국회의원들로 구성된 각종 협회를 통해 이루어졌다. 각종 협회란 '프랑스 식민지개발협회'(이 단체는 1886년에 창설될 당시에 쥘 페리가 회장을 맡았으며, 100명가량의 하원의원과 상원의원이 회원으로 소속되어 있었다.), 1890년에 결성된 '프랑스령 아프리카 위원회'(이 단체의 회원 수는 결성 당시에는 29명이었으나, 전성기에는 1500명이었다.), 1893년에 결성된 '식민연맹' 그리고 1895년에 외젠 에티엔이 창설한 '프랑스 식민연맹'을 말한다.[67] '프랑스의 아프리카 협회'(1888년 창설), '아프리카 협회'(1895년 창설), '청년식민연맹'(1894년 창설), '식민선전활동협회'(1892년 창설) 그리고 특히 제4공화국 말까지 자체 신문「해양과 식민지」를 초등학교에 대대적으로 배포하게 되는 '해양 · 식민연맹'처럼 대중을 상대로 하는 다른 단체들도 이에 포함된다.

누가 식민지를 통치했는가?

하원 내《식민 집단》의 목표는 정부정책에 영향력을 행사하고, 자신들이 옹호하는 이익에 어긋나는 모든 조처에 제동을 거는 것이었다. 하원의원들 대부분이 식민지의 실상에 대해 항상 잘 모르고 있었기 때문에,《식민 집단》은 자신들이 원하고 또 유일하게 가능한 것이라고 설명하는 결정을 하원의원들이 내리도록 하는 데에 결코 큰 어려움을 겪지 않았다. 하원의원들은 그 집

67 샤를-로베르 아쥬롱,『식민국가 프랑스 또는 식민당?』, PUF, 파리, 1978년.

단에 설득되었으며, 그것에 더하여 일관되게 그 집단에 물질적인 이득을 안겨주었다. 하원에서 식민지배 정책을 규탄함으로써 유명해진 폴 비녜는 튀니지 관련 예산안의 취지를 설명하는 직책을 제안받은 것에 대해 이야기했는데, 그 직책은 많은 이들이 얻고자 했던 것이다. 《말하자면 그 섭정령[오토만 제국의 섭정령 튀니지]의 예산안의 취지를 설명하고 나면, 그곳 땅의 소유자가 되지 않는 국회의원은 단 한 명도 없었기》[68] 때문이다. 그로부터 얼마 뒤에 펠리시앵 샬레는 당시의 몇몇 저명 언론인들이 여러 종류의 '콩고 척식회사'와 맺고 있던 관계를 고발하게 된다.[69]

알제리의 경우, 그곳에 사는 유럽인들의 대표자들은 자신들의 목적에 어긋나는 어떤 정치적 결정도 취하지 말 것을 정부에 요구하는 경향이 있었다. 그리고 정부로서는 만일 그들이 정부가 결정한 조처를 지지하지 않는다면 어떤 조처도 시행될 수 없다는 것을 인정할 수밖에 없었다. 사정이 그러했기 때문에, 공화국 정부는 인질 같은 신세가 되었다. 식민지 현지의 정부는 프랑스 본국의 통제를 벗어나는 경향이 있었으며, 또한 그 유럽인 집단 내의 다수 대표자들에게 의존하는 경향이 실제로 있었던 것이다.

공화국 정부가 그런 식으로 자체의 권한을 빼앗기지 않으려고 할 때마다 갈등이 일어났다. 이를테면 1791년에는 생-도맹그의 식민지 의회와 프랑스 본국의 입헌의회가 대립했으며, 또한 1960년과 1961년에는 알제리 내 유럽인들의 대표자들이 제5공화국 정부에 맞서게 된다.(알제에서 벌어진 바리케이드의 날[70]과 장군들이 일으킨 무장폭동[71]이 그 예이다.) 매번 제기된 문제는

---

68 폴 비녜 독통, 『원주민 착취 — 제3공화국이 식민지에서 저지른 범죄』, Éditions de la Guerre sociale(사회 전쟁 출판사), 파리, 1911년.

69 329쪽을 보라.

70 바리케이드의 날 : 1960년 1월 24일부터 31일까지 알제에서 피에르 라가이야르드가 중심이 된 대학생들과 과격파 피에-느와르들이 알제리를 독립시키는 쪽으로 기우는 드골에 불만을 품고 바리케이드를 치고 헌병대와 충돌했다. — 역주

71 장군들이 일으킨 무장폭동 : 1961년 4월 21일에서 22일로 넘어가는 밤에 알제에서 권력을 장악한 라울 살랑 장군, 에드몽 쥬오 장군, 모리스 샬 장군, 앙드레 젤러 장군이 알제리 주둔군과 피에-느와르들을 끌

같았다. 식민지에 거주하는 소수 유럽인들은 자신들이 살고 있는 그곳을 위해 헌법상의 근본적인 문제점들을 자체적으로 해결하고 싶다는 의사를 표명했으며, 공화국 정부는 헌법상의 자체 권한을 그들에게 양보하든지, 아니면 그 권한을 받아들이도록 그들을 압박해야만 하는 선택에 직면했다.

1848년, 쉘셰르는 국민의회가 단독으로 노예제도 폐지 문제에 대해 결정을 내리기를 원했다. 그는 다음과 같이 썼다. 《식민지 이주민들은 흑인 해방에 대해 논할 자격이 없다.》[72] 그러나 제3공화국 정부, 제4공화국 정부 그리고 제5공화국 초기 정부는 식민지에서 전개되는 상황에 속박되어 있었으며, 식민지 이주민들이 지지하지 않을 조처를 알제리에 적용할 수는 없었다. 식민지 이주민들 중에서 다수 유럽인들이 개혁조처 — 그것이 어떤 종류의 것이라 하더라도 —를 받아들이리라는 것은 기대난망이라는 사실을 그 여러 정부는 알아차릴 능력이 없었다. 그 다수 유럽인들이 그 개혁조처를 받아들이도록 압박을 받지 않는 한에는 말이다. 1937년에 '블룸-비올레트 안(案)'이 알제리 출신 하원의원들의 반대에 부딪혀 통과되지 않은 것, 1956년 2월 6일에 기 몰레가 알제에 거주하는 유럽인들이 벌이는 시위에 부딪혀 사전에 발표한 카트루 장군[73]을 알제리 주재 변리공사로 임명하는 것을 포기한 것은 공화국 정부의 무능이 가장 생생하게 드러난 사건이었다.

어들여 프랑스 본국 정부에 대해 반란을 일으켰다. 본국에서 공모자들은 즉각 체포되었다. 25일에 소수의 장교들을 제외한 대부분의 고위 장교들이 반란에 가담하기를 거부함으로써 거사는 실패로 끝났다. 이후로 반란군은 '비밀군사조직'이 이끄는 지하운동에 가담했다. — 역주

72 빅토르 쉘셰르, 『청년기 회상』, Eugène Fasquelle 출판사, 파리, 1905년.

73 죠르쥬 카트루(1877~1969년) : 프랑스 군인. 생-시르 군사학교를 졸업하고 장교로 임관되어 1차대전에 참전했으며, 1930년대에 북(北)모로코 전투에서 싸웠다. 1936년부터 인도차이나 총독으로 있다가 비시 정부에 의해 1940년 7월에 해임되었는데, 일본 측의 요구사항을 들어주었기 때문이었다. 2차대전 때에 드골 장군이 이끄는 해외 레지스탕스 조직인 '자유 프랑스'의 지중해 지역 책임자로 있으면서, 1941년 6월에 시리아와 레바논의 독립을 승인했다. 알제리 총독으로 있으면서 약 6만 5000명의 회교도들에게 프랑스 시민권을 부여하는 법령을 공포한 적이 있는데(1944년 3월 7일), 이 때문에 알제리 내의 유럽인들은 그를 증오했다. 그는 1956년 1월 31일부터 그해 2월 6일(그날, 알제리를 방문 중이던 기 몰레에게 피에-느와르들이 채소 다발을 집어던지며 항의하자, 몰레는 카트루 장군의 사임을 수리하고 대신에 자신의 당 동지인 로베르 라코스트를 임명했다.)까지 알제리 주재 변리공사를 지냈다. — 역주

클로드 밀상은 식민지 이주민이었으면서도 정착민들 중에서 의견을 달리한 사람으로, 사태를 깨닫고는 다음과 같이 썼다. 《여러분, 착각하지 마십시오. 어떤 식민지 이주민도, 또는 거의 어떤 식민지 이주민도 귀족들과 마찬가지로 평등의 이념을 참을 수 없을 것이며, 또 자신들이 주권 민족을 착취해서 누려오던 엄청난 부가 줄어드는 것을 참을 수 없을 것입니다. (…) 그들은 식민지에 대해 혁신적인 태도를 결코 취하지 않을 것입니다.》[74] 1961년에 드골 장군의 주도로 제5공화국 정부는 알제리에 사는 소수 유럽인들의 지지 여부에 따라 자체의 대(對)알제리 정책이 흔들리는 사태를 종식시키게 되는데, 바로 그때가 되어서야 비로소 공화국 정부는 제1공화국의 근본원리들을 다시 따르기 시작한다.

74 「애국 크레올인」, 앞의 인용문.

제4장

식민지배의 비인간성을 택할 것인가, 아니면 《민주적 식민화 사업》을 택할 것인가

유럽인들은 식민지 원주민들이 《열등 인종》에 속한다고 간주함으로써 그지없이 실리적이며 그지없이 난폭한 행동을 할 수 있었다. 물론, 인류 역사에서 십자군원정과 그 밖의 여러 성전(聖戰)에서부터 스페인인들의 아메리카 정복에 이르기까지 인간을 구분하는 다른 많은 방식들, 특히 종교에 근거하여 구분하는 방식들 때문에 원주민들을 학살하고 그들을 노예로 삼는 것이 정당화되었다. 그러나 기독교와 이슬람 같은 종교의 경우에 그런 구분은 원리상으로 《당연하지도》 않고 《본질적이지도》 않다. 이론상으로 모든 개인은 종교에 귀의함으로써 자신들에게 닥쳐오는 운명을 피할 수 있기 때문이다. 이것은 《우등 인종》과 《열등 인종》이라는 이념에 근거한 구분과는 다르다. 후자의 구분은 민족말살이라고 할 수 있는 짓[1]을 저지르면서 《미개인들》을 식민지 개척자들 *colonisateurs*이 강제로 부과한 질서 속에 집어넣는 결과에 이르며, 또한 그 미개인들의 목숨을 하찮은 것으로 여김으로써, 그들을 학살하고 나아가 엄밀한 의미에서의 민족말살에 해당하는 짓을 저지르는 결과

1 장-미셸 쇼몽, 『피해자들의 경쟁 — 민족말살, 정체성, 재평가』, 앞의 책(이 책의 제1부 제1장의 각주 1을 보라).

에 이를 수도 있다. 그 미개인들이 인류에 속한다는 것을 사실상으로 무시하는 — 그들은 사람이기는 하지만 인류에 속하지는 않는 것 같다고 여기는 — 그런 구분 때문에 그지없이 야만적인 짓이 자행될 수 있었다.

물의를 일으킨 잔혹한 행위들

1899년, 불레-샤느완 부대가 아프리카 한가운데에서 자행한 살육과 노략질이 신문「아침」을 통해 프랑스에 폭로되었다. 사실, 그 사건은 육군성에까지 비화되었는데, 그것은 그 부대를 지휘하는 불레 대위와 샤느완 대위가 저지른 짓이 유달리 야만스러웠기 때문이 아니라, 그 두 장교가 상관들의 명령에 복종하지 않았으며, 심지어 상관들이 그들에게 보낸 장교를 살해하기까지 했다는 사실 때문이었다. 세 탐험대[2]가 차드 호(湖)를 향해 모여들고 있었다. 그곳에서 라바 조베이르가 이끄는 군대에 맞서 싸우기 위해서였다. 세 탐험대 중에서 불레-샤느완 부대가 주력부대였다. 그런데 프랑스령 수단을 출발하여 동쪽으로 나아가던 그 부대는 지나는 곳마다 엄청난 규모의 노략질과 학살을 일삼아 악명이 높았다.

「아침」의 기사 내용은 다음과 같다. 《9일[1899년 1월 9일] 아침, 정찰대가 소 250마리, 양 500마리, 말 28마리, 포로 80명을 끌고 진지로 돌아왔다. 원주민 출신 보병 몇 명이 부상하거나 사망했다. 본때를 보여주기 위해, 불레 대위는 20명의 여성을 젖먹이들 및 어린아이들과 함께 붙잡아, 진지에서 수백 미터 떨어진 곳으로 끌고 가서 창으로 찔러 죽이게 했다. 세이 *Say* 진지[3]의 지휘관이 그들의 시신을 발견했다. 같은 날, 원주민 출신 보병 한 명이 교전 중에 탄약 124통을 소비했다. 그는 불레 대위 앞에 불려갔다. 불레 대위는 재판

---

2 세 탐험대 : 불레 대위와 샤느완 대위가 이끈 탐험대(수단 출발), 푸로 대위와 라미 대위가 이끈 탐험대(알제리 출발), 에밀 장티가 이끈 탐험대(콩고 출발). — 역주

3 세이 진지 : 당시에 니제르의 세이에 있던 프랑스 군대의 최전선 진지. — 역주

도 하지 않고 그의 머리를 권총으로 쏘았다. 탄환을 낭비한 것에 대한 벌이었다. (…) 17일, 리보레 *Liboré*에서 정찰대가 포로 두 명을 불레 대위 앞으로 데려왔다. 불레는 즉각 포로들을 총살시켰다. 원주민 출신 보병들도 방금 자른 손 두 개를 그 탐험대장에게 가져갔다. 그런데 그때부터 학살당한 원주민들의 시신에서 손을 잘라내는 행위가 보편화되었다.》[4]

탐험대의 지휘권을 회수하러 상관들이 보낸 장교를 죽이라고 부하들에게 명령한 불레와 샤느완도 어수선한 상황 속에서 7월 16일과 17일에 각각 사살되었다. 따라서 이후로 그 두 사람은 군법회의에 결코 회부될 수 없었다.[5] 그들이 저지른 만행은 극악무도한 것인 동시에, 프랑스가 식민지를 정복할 때에 흔히 사용한 방법들이 어떠했는지를 보여주는 예이다. 「백색평론」 1899년 11월호에 실린 기사가 말하듯이, 그 사건은 수단에 파견된 장교들이 가지고 있던 습성의 《끔찍하지만 당연한 귀결이라는 점에서 완전히 전형적인》[6] 사건이었다. 불레-샤느완 부대의 나머지 병력은 다른 두 탐험대에 합류하여, 현재의 카메룬 북부에 있는 쿠세리 *Kousseri*에서 벌어진 전투에서 1900년 4월 22일에 라바 조베이르를 사살하고 승리했다. 사하라 사막을 가로질러 온 라미 대위도 그 전투에서 사망했다.(이후로 오랫동안 차드의 수도는 라미 요새 *Fort-Lamy*라 불리게 된다.)

불레-샤느완 부대의 학살사건으로부터 5년 뒤에 물의를 일으키는 또 다른 사건이 일어났다. 콩고의 브라자빌에 거주하는 두 명의 식민지 관리, 즉 원주민 담당부에 근무하는 1등 서기관 레오폴드 고와 그의 동료인 3등 행정관 죠르쥬 토케가 1903년 7월 14일에 대혁명 기념일을 자축하기 위해 흑인 청년 한 명을 다이너마이트로 폭파시킨 사건이 역시 「아침」에 폭로되었던 것이다. 그 두 사람은 브라자빌의 중죄재판소에서 재판을 받았다.(그들은 5년 감

4 이것은 폴 비녜가 「아침」의 기사를 요약한 것이다. 폴 비녜 독통, 『검(劍)의 영광』, 앞의 책 중에서.
5 미셸 피에르, 《불레-샤느완 사건》, 「역사」 제69호, 1984년.
6 장 로드, 《수단에 대한 고찰》, 「백색평론」 1899년 11월 1일자.

옥형을 선고받았으나, 즉각 감형 요청이 있었다.) 그러나 그 사건은 단지 신문의 사건 · 사고란에 보도되는 살인자들의 비행(非行)에 해당하는 것만은 아니었다. 피고 두 사람은 마을의 짐꾼들을 강제로 동원하기 위해 사용된 방법들에 대해 진술했기 때문이다. 그 방법들이란 여성과 어린아이들을 인질로 잡아 수용소에 가두어 굶어죽도록 내버려두거나, 더없이 고통스러운 가혹행위를 저지르고 고문하는 것(레오폴드 고는 한 여성을 산 채로 삶아 아프리카인들에게 그 시신을 먹게 했다.), 총살형에 처하는 것(토케의 장부에는《총살해야 할 자》라는 말이 자주 등장한다.) 등을 말한다.[7]

사회주의자 귀스타브 루아네는 하원에서 여러 차례 발언했으며, 죠레스가 발행하는 신문「인류애」에 기고한 글에서 분노를 쏟아냈다. 대통령 에밀 루베는 사건을 조사하라는 명령을 내렸다. 이 사건과 콩고의 척식회사들이 휘두른 방법들에 의해 야기된 다른 추악한 사건들에 뒤이어, 피에르 사보르냥 드 브라자 — 그는 사건이 일어나기 20년 전에 콩고를 탐험한 사람이자 식민화 사업의 상징적인 인물들 중의 한 명이다. —가 이끄는 조사단이 현장에 파견되었다.(조사단에 참여한 펠리시앵 샬레는 완강한 반식민주의자가 되어 돌아오게 된다.)[8]

강제노동이 보편화된 아프리카

1885년에 '베를린 회담'이 열린 이후로, 그리고 유럽 열강이 노예무역을 근절하기 위해 함께 노력하기로 약속한 '브뤼셀 조약'이 1889년에 체결된 이후로 식민화 사업의 정당성을 지지하는 주장에 사용되었던 노예제도 타파 투

7 펠리시앵 샬레,『식민화 사업 회상』, Librairie Picart 출판사, 파리, 1935년.『식민주의 고발서 —《식민화 사업 회상》』(Les Nuits rouges 출판사, 파리, 1998년)이라는 제목으로 재간행. 쥘 생토양 대위가 작성한 보고서『콩고 사건, 1905년』도 참고할 것. 이 책은 샤를-앙드레 쥘리앵의 서문이 추가되어 재간행되었다(쥘 생토양,『콩고 사건, 1905년』, L'Épi 출판사, 파리, 1960년).

8 328쪽을 보라.

쟁이라는 신화[9]의 이면에는 프랑스 식민지에서 노예제도가 유지되는 현실이 있었다. 그곳에서는 비단 전통적인 형태의 노예제도만 유지되었던 것은 아니다. 프랑스 노예상인들이 인도양에서 노예무역을 계속했기 때문이다. 공화체제의 프랑스는 '브뤼셀 조약'에 명시되어 있는 조항, 즉 의심스러운 선박을 상호 검색하는 조치를 허용하는 조항에 서명하기를 거부함으로써 이전에 군주체제 시절의 프랑스가 보여주었던 위선을 이어받아, 프랑스의 노예상인들이 인도양에서 노예무역을 계속하도록 내버려두었다. 노예제도는 강제노동이라는 방법을 동원하여 새로운 형태로 계속되기도 했다.

1888년부터 1911년까지 세네갈에는 《자유의 마을》로 불리는 것이 14개가 있었다. 이것은 갈리에니와 아르쉬나르[10]가 고안한 것으로서, 그곳에서는 아프리카의 밀매업자들에게서 사들인 《한시적 고용인 *engagé à temps*》으로 불리는 노예들이 노동을 강요당했다. 일종의 강제노동수용소였던 《자유의 마을》은 같은 시기에 다른 곳에도 있었다. 기니에 31개, 오트-코트디부아르 *Haute-Côte-d'Ivoire*에 15개, 수단에 98개가 있었던 것이다. 그런 식으로 노예상인들을 통해 식민화 사업에 필요한 노동력이 공급되었다.

폴 비녜는 1885~1889년에 세네갈에서 그런 행위가 이루어지는 것을 보았다. 그는 다음과 같이 썼다. 《행정관들과 각급 군 지휘관들은 자신들의 관할구역에서 정해진 수의 인력을 모집하라는 명령을 받았다. 그와 동시에 그들에게는 그 작전을 수행하는 데에 소요될 큰 액수의 돈을 자유롭게 사용할 수 있는 조치가 내려졌다. 그때부터 그들의 근무처에는 자발적 계약 *engagements volontaires*(정말로 자발적인 계약이었을까?) 장부가 펼쳐져 있었

9 노예제도 타파 투쟁이라는 신화 : 유럽 열강은 자신들이 아프리카의 여러 땅을 식민지로 삼는 것은 그곳에서 노예제도를 타파하기 위해서라는 명분을 내세웠다. — 역주

10 루이 아르쉬나르(1850~1932년) : 프랑스 군인. 에콜 폴리테크닉을 졸업하고 코친차이나와 프랑스령 수단에서 근무했으며, 아흐마두 탈과 사모리 투레를 격퇴하기 위한 전투에서 싸웠다. 귀국하여 승진을 거듭하다가 1911년에 최고군법회의 위원에 임명되었으며, 1917년에 레지옹도뇌르 대십자 훈장을 받았다. — 역주

다. 이곳저곳을 떠돌아다니는 노예상인들이 지휘관에게 물건을 보여주는 일이 다반사로 행해졌던 것이다. 또한 그때부터 사용되기 시작한 노예 매매방식은 노예무역 *traite*이 아니라 해방 행위로, 그리고 노예는 노예가 아니라 고용인 *engagé*으로 불리게 된다. 그 가련한 사람들은 완전히 벌거벗은 채로 주인들의 호위를 받으며 도착했다. (…) 거의 언제나 그들의 목에는 굴레가, 그리고 손에는 쇠사슬이 채워져 있었다. (…) 잔금(전체 액수의 3분의 2 정도)을 받은 노예상인은 다시 오지(奧地)로 들어가서 한층 열심히 인간사냥을 했다. 그런 판로 덕분에 노예상인에게서 노예 밀거래는 다른 장사보다 수익이 크고 절대적으로 안전했기 때문이다.》[11]

1905년, 프랑스령 서부 아프리카 *AOF(Afrique Occidentale Française)*에 살고 있던 800만 명의 주민들 중에서 200만 명은《비자유인들 *non-libres*》이었다. 즉, 세네갈에는 전체 인구의 3분의 1을 넘는 30만 명, 기니에는 전체 주민 100만 명 중에서 40만 명, 오-세네갈-니제르 *Haut-Sénégal-Niger*에는 전체 인구 400만 명 중에서 60만 명의《비자유인》이 있었던 것이다.[12] 당시에 프랑스 초등학생들은 노예를 해방시키는 브라자의 모습이 묘사된 그림을 보면서, 식민화 사업의 목적은 아프리카에서 노예제도를 없애는 것이라고 배우고 있었다. 1881년부터 1904년까지 현재의 말리(당시에는 프랑스령 수단)에 있는 카에스 *Kayes*와 니제르를 잇는 철도건설 현장에서, 그리고 1900년부터 1914년까지 현재의 기니(당시에는 프랑스령 기니) 서해안에 있는 코나크리 *Conakry*와 니제르를 잇는 철도건설 현장에서 인부로 일한 사람들이 바로 그《비자유인들》이다. 1901년, 어느 통역원은 특히 시신들을 한쪽에 끌어다 놓은 채 매장도 하지 않은 것에 대해 불만을 토로하면서 행

11 신문「여명」에 실린 기사. 폴 비네 독통의 저서『검(劍)의 영광』(앞의 책)에 재수록.

12 장-루이 부티예르,《프랑스령 서부 아프리카에서 잡혀 노예가 된 사람들(1903~1905년)》,「프랑스 흑아프리카 연구소 회보」제30권, B 시리즈, 제2호, 1968년, 520쪽.

정기관에 항의했다.[13]

《비자유인들》 중에서 어떤 사람들은 원주민 출신으로 이루어진 보병대에 징집되기도 했으며, 다른 사람들은 행정관의 짐을 나르는 데에 동원되기도 했다. 한편, 패배한 사모리 투레의 휘하 병력 중에서 1000명에 이르는 소파족 *Sofas* 같은 포로들도 강제노동에 동원되었다. 마찬가지로 1896년에 마다가스카르 — 본국 여론을 대상으로 해서는 프랑스가 노예제도를 타파하기 위해 그곳에서 정복작전을 수행하고 있다는 선전이 행해졌지만 — 에서는 갈리에니가 노예제도 폐지를 선언한 지 두 달 뒤에 의무규정, 즉 모든 마다가스카르인 남성들은 매년 하루에 9시간씩 50일간 행정기관에 노동력을 제공해야 한다는 규정을 공포했다.

그리고 특히 '프랑스령 적도 아프리카'에서는 현재의 콩고, 가봉, 중앙아프리카공화국에 해당하는 지방에서 플랜테이션 농장, 철도건설 현장 그리고 다른 갖가지 경제활동 분야에서 대대적으로 강제노동이 시행되었다. 당시에 프랑스는 이웃한 벨기에령 콩고가 거둔 경제적 성과에서 강한 인상을 받았다. 그 성과는 전적으로 자체 군대를 가지고 자체적으로 세금을 거두는 민간 대척식회사들이 강제노동을 동원할 수 있었기 때문에 가능했다. 《콩고 독립국가》로 불린 벨기에령 콩고에서는 주민들에게 강제노동을 따르도록 강요하기 위한 새로운 노예제도가 맹위를 떨쳤으며, 그 과정에서 잔혹한 짓들이 많이 자행되었다. 마을에 불을 지르고, 주민들을 학살하고, 고무 채취를 회피하는 성인들의 사지를 절단하고, 거꾸로 매달아 벌을 주고, 십자가형에 처하는 짓들 말이다. 야만적인 체제였다. 미국인 아담 호크쉴드의 저서[14]에 실려 있는 자료들은 이 체제에 대한 생생한 기록이다. 초토화된 마을(파라고무나무

13 통역원 티오리 티우브의 1901년 8월 10일자 보고서. 바바카르 팔의 저서 『프랑스령 서부 아프리카에서의 강제노동(1900~1945년)』(Karthala 출판사, 파리, 1993년) 중에서.

14 아담 호크쉴드, 『레오폴드 왕의 유령 — 잊혀진 대학살』(마리-클로드 엘센과 프랑크 스트라쉬츠가 영어를 프랑스어로 번역), Belfond 출판사, 파리, 1998년.

를 심기 위해서는 숲의 나무를 베어내기보다는 마을에 있는 기존 공터를 사용하는 것이 싸게 먹혔다.) 사진, 사슬에 묶여 있는 인질 여성들 사진, 척식회사 소속 민병대가 자른 아이들의 손 사진 등이 그 자료이다.

1911년에 발행된 어느 책에서 에밀 반데르벨드는《1895년 무렵에 자행된 끔찍스러운 행위》를 다음과 같이 고발했다.《치안대 병사들은 지급된 탄약을 효과적으로 사용했다는 것을 증명하려고 단 하루 사이에 1357개의 손을 잘라 어느 장교에게 가져갔다. 이 장교는 아직도 벨기에 군대에서 근무하고 있다.》[15] 그러나 이전의 여러 세기에 노예제도를 통해 경제성장이 이루어졌듯이, 당시에는 강제노동을 통해 경제성장이 이루어졌다. 전적으로 원주민들이 재정을 부담한 체제에서 상아 생산량(1888년에 5824킬로그램에서 1900년에 33만 491킬로그램으로 증가)과 마찬가지로 고무 생산량(1887년에 30톤에서 1909년에 3492톤으로 증가)도 엄청나게 늘어났던 것이다.

그리하여 '프랑스령 적도 아프리카'에서는 이 성과를 따라 얻으려는 이익집단들이 식민부 장관으로부터 대척식회사 설립을 허용하는 법령을 얻어냈다. 하지만 하원은 그런 유형의 법을 즉각 제정하지는 않았으며, 서부 아프리카에 적용할 법안이 제출되었을 때에는 그 법안의 기본방침을 완강히 거부한 적이 있다. 다음과 같은 사실을 말해야겠다. 당시에 프랑스에서는 드레퓌스 사건이 한창 진행되고 있었으며, 먼 곳에 관련되는 그런 문제들은 거의 주목을 끌지 못했다는 사실 말이다. 비판을 잠재우기 위해 척식회사라는 말이 아니라, 아무런 특권도 가지지 않고 단지 상업적 독점권만을 가지는 것으로 여겨지는《식민지 개발 기업 *entreprises de colonisation*》이라는 말이 사용되었다. 그렇게 해서 40개 회사가 영토의 70%를 나누어 가졌으며, 이익의 15%를 국가에 내야 했다.(그러나 몇몇 회사는 이 약속을 결코 지키지 않게 된다.)[16]

15 에밀 반데르벨드,『벨기에와 콩고 — 과거, 현재, 미래』, Félix Alcan 출판사, 파리, 1911년.

16 카트린 코크리-비드로비치,『대척식회사들이 활동하던 때의 콩고(1898~1930년)』, Mouton 출판사, 파리-헤이그, 1972년.

그것은 구체제 때의 회사[17] 시스템으로 되돌아가는 것이었다. 그 시스템을 대상으로 한 규탄, 특히 피에르 밀이 「반월간 수첩」과 다른 여러 신문에 기고한 글에서 쏟아낸 규탄 때문에, 프랑스 정부는 1910년과 1911년에 대대적인 개혁[18]을 하지 않을 수 없었다.

강제노동 문제를 다룬 '제네바 회담'

하지만 프랑스 정부의 두 차례에 걸친 개혁에도 불구하고, 그 시스템은 종말을 고하지 않고 양차 대전 사이에도 계속 유지되었다. 1929년, 알베르 롱드르는《아프리카에서의 노예제도는 유럽 각국 내각의 선언에서만 폐지되었을 뿐이다.》[19]라고 썼다. 앙드레 지드는 자신의 작품 『콩고 기행』에서 다음과 같이 증언했다. 《CFSO(상가-우방기 삼림회사 *Compagnie forestière Sanga-Oubangui*)는 (…) 고무에 대한 독점권을 가지면서, 현지 행정기관과 공모하여 원주민 모두를 가혹한 노예제도 속으로 몰아넣었다. 단 하나의 예외도 없이 모든 마을은 고무와 마녹(카사바) *manioc*을 생산해야만 했다. (…) 원주민 한 사람이 고무 10킬로그램을 채취하려면 대체로 모든 마을에서 걸어서 약 5~6일 걸리는 곳에 있는 숲에서 한 달을 보내야 한다. (…) 총독의 금지 포고령에도 불구하고 부역(賦役)과 짐 운반은 여성들이 담당했다. (…) 그 여성들 대부분의 가슴에는 아이들이 매달려 있었다. 이 때문에 영아 사망률이 높았으며 인구가 감소했다. 그 노동은 부역으로 간주되어 보수가 지급되지 않았으며, 그 여성 노동자들에게는 음식물이 제공되지 않았다.》[20]

17 구체제 때의 회사 : 구체제 때의 국영회사(1664년에 설립된 '서인도회사'와 '동인도회사', 1673년에 설립된 '세네갈 회사')를 말한다. — 역주

18 특히 1911년 4월 7일자 법령.

19 알베르 롱드르, 『흑단(黑檀)의 땅』, 앞의 책.

20 앙드레 지드, 『콩고 기행 — 여행 수첩』, 앞의 책.

강제노동 문제를 다룬 1930년의 '제네바 회담'에서 '국제노동사무국'[21]이 노동자 보호와 관련한 여러 종류의 국제협정을 식민지에까지 확대 적용하려고 했을 때, 프랑스는 제동을 걸려고 애썼다. 프랑스는 자신들이 《의무노동》이라고 부르기를 더 좋아한 그 강제노동을 전면 금지하는 것에 반대하면서, 《몇 가지 규제조건하에서 과도기에는》 특히 《주민들의 군복무 의무나 세금 납부 의무에서 생겨나거나 또는 보통법의 형 집행에서 생겨나는 의무적인 노동 또는 용역》에 대해서는 강제노동을 존속시키려고 했다. 프랑스는 《공공 토목공사 시행사들》이 강제노동을 동원할 수 있도록 해줄 것을 요구하면서, 민영 기업들에게 강제노동을 금지하지 않으려고 했으며, 《원주민 노동자들에게 집단항의를 허용하기 위한 특별절차를 밟는 것》은 시의적절하지 않다고 했다.[22]

프랑스가 보여준 그런 태도는 당시에 아프리카에서 역시 대규모로 강제노동을 실시하고 있던 두 나라, 즉 콩고에서 강제노동을 실시하고 있던 벨기에와 아프리카의 여러 지방에서 강제노동을 실시하고 있던 살라자르 집권기의 포르투갈도 공유한 것으로서, 가장 퇴행적인 태도로 여겨졌다. 영국, 네덜란드, 스페인 그리고 무솔리니 집권기의 이탈리아를 비롯한 다른 식민국가들조차도 프랑스가 보여준 그런 태도와 분명한 선을 그었다. 이들 국가는 프랑스가 보여준 그런 태도가 일종의 노예제도를 정당화하는 것처럼 보인다고 했다. 그로부터 얼마 뒤인 1930년 8월 21일, 프랑스는 《그런 노동방식이 전면 폐지되기를 기다리면서, 각 식민지 군(群) *groupe de colonies*이나 개별 식민지 *colonie*에 대해 그 종료시기가 법령으로 정해지게 될 일정 기간 동안에는 공익적인 목적을 위해 의무노동을 동원하는 것을》 관할당국에 허용하는 법령을 채택했다.

21 '국제노동사무국' : '국제노동기구'의 사무국. — 역주

22 이것은 '국제노동사무국'이 '국제연맹'의 52개 회원국을 대상으로 실시한 의견조사에 대해 프랑스 측이 답변으로 밝힌 태도이다(『강제노동 적서(赤書)』, 국제노동사무소, Genève, 1930년).

1946년 4월 11일자 법을 통해 비로소 《강제노동이 해외영토에서 완전히 금지》되기에 이르렀다. 그 법안의 발의취지를 설명하는 일을 맡은 코트디부아르 출신의 펠릭스 우푸에트-브와니[23]는, 당시에 《자신들의 집이나 자신들의 농지에서 끌려나와 길에서, 가죽 끈을 엮어 만든 채찍 *chicotes*[24]을 든 감시인 앞에서, 플랜테이션 농장이나 벌목장에서 신음하는 사람들의, 그리고 (…) 강제노동이라는 위장된 노예제도가 폐지되기를 수년 전부터 기다리고 있는 무수한 사람들의》[25] 고통에 대해 언급하게 된다.

흑인 병력

1차대전이 일어나기 직전, 원주민 출신 병사들을 이전보다 더 대대적으로 동원하자는 제안은 특히 '마르샹 탐험대'에 장교 신분으로 참가한 적이 있으며 1910년에 『흑인 병력』을 발표한 망쟁 소령 같은 식민지 정복부대의 장교들이 한 것이다. 흑인 병력 제도는 페데르브 이전에 있었던, 그리고 《세네갈 원주민 출신 보병대 *tirailleurs sénégalais*라는 이름으로 원주민 출신으로 이루어진 보병대》[26]를 창설하는 내용을 담은 나폴레옹 3세의 법령(1857년) 이전에

23 펠릭스 우푸에트-브와니(1905~1993년) : 코트디부아르 출신의 정치인. 펠릭스는 가톨릭 세례명. 대지주의 아들로 태어나 의학을 공부한 뒤에 플랜테이션 농장주로 일하면서, 커피와 카카오를 생산하는 코트디부아르 사람들을 규합하여 아프리카 농업 노동조합을 만들어, 원주민 농장주들의 이익을 옹호하고 의무노동을 철폐하고자 노력했다. 1945년에 프랑스 입헌의회 의원에 선출되어 이듬해 4월에는 '코트디부아르 민주당'을 창당했으며, 10월에는 프랑스령 흑아프리카 정당들의 연합체인 '아프리카 민주연합'의 창설에 간여하여 첫 의장을 지냈다. 파리로 와서 '프랑스 공산당'과 가까이 지냈으나, 곧 프랑스와 미테랑 측에 참여했다. 이어서 드골 측에 가담하여 1956년 6월 23일자 '드페르 기본법'을 입안하는 데에 참여했으며, 아프리카인으로는 처음으로 프랑스 정부의 장관을 지냈다(1956~1958년). 드골에 의해 국무장관에 임명되어 제5공화국 헌법을 작성하는 데에 참여하기도 했다. 1960년 8월에 코트디부아르가 독립하면서 초대 대통령이 되었으며, 이후로 대통령을 다섯 차례 더 지내면서 프랑스와 긴밀한 관계를 유지하는 정책을 폈다. 그가 사망하고 두 달 동안의 애도 기간을 거쳐 장례식이 치러졌을 때(1994년 2월 7일), 프랑스와 미테랑 대통령을 포함한 80여 명으로 이루어진 대규모 조문단이 방문할 정도로 프랑스에게서 그는 중요한 인물이었다. — 역주

24 가죽 끈을 엮어 만든 채찍은 당시에 아프리카의 여러 식민지에서 사용되었다.

25 1946년 3월 23일의 하원 회의에서 한 발언.

26 206쪽을 보라.

있었던 옛 제도를 전면 확대한 것이다. 이제 1912년에 공포된 법령에 따라, 스무 살에서 스물여덟 살에 이르는 남성들을 모병할 수 있게 되었다. 복무기간은 4년이었다. 세네갈 출신 원주민 보병들의 수는 1895년에는 6000명이 채 되지 않았으나, 1913년에는 약 1만 5000명으로, 그리고 1914년에는 1만 7000명 이상으로 늘어났다. 또한 1915년과 1916년에 프랑스는 서부 아프리카 전역에서 5만 명을 모병하는 성과를 올렸으며, 1918년에는 세네갈 출신의 블레즈 디아뉴[27] 덕분에 6만 3000명을 추가 모병할 수 있었다. 디아뉴는 서인도제도의 관리들과 훈장을 받은 원주민 출신 보병들을 데리고 프랑스령 서부 아프리카를 돌아다녔으며, 흑아프리카 *Afrique noire*에서 병력을 모집한 공로로 공화국 위원 *commissaire de la République*[28]으로 승진했다.

이따금 모병관들의 말은 주민들의 귀에 솔깃하게 들렸다. 그러나 주민들은 봉급이 얼마 되지 않을 것이며 또 입대하게 되면 마을 일을 할 수 없을 것이라고 생각했기 때문에 항상 충분히 설득되지는 않았다. 이런 경우에는 강제적인 방법이 사용되었다. 1915년에 프랑스령 서부 아프리카 총독에게 보내는 편지에서 코트디부아르 총독 앙굴방은 《인간사냥》을 해서 모병하는 문제에 대해 언급했다. 그런 종류의 모병방법에 대해 주민들은 다양한 방식으로 저항했다. 젊은이들이 마을에서 오지로 도망치고 대신에 부적격자들을 내세우거나, 자기 신체 일부를 절단하거나, 집단 탈영하거나, 주둔지를 습격해서 입대자들을 풀어주었던 것이다. 프랑스는 때로는 여러 달 동안 오트-볼타 서부를 비롯한 여러 지역 전체에 대해 통제력을 잃기도 했다. 역설적으로 몇몇

27 블레즈 디아뉴(1872~1934년) : 세네갈 정치인. 프랑스에서 수학했으며, 1914년에 아프리카인으로는 처음으로 프랑스 국민의회 의원(세네갈 지역구)에 선출되었으며, 1925년에는 다카르 시장이 되었다. 1918년부터 식민지 원주민들을 프랑스 병력으로 모집하는 일을 맡아 성공적으로 수행했다. 프랑스인과 식민지인이 권리와 의무 면에서 완전한 평등을 누릴 수 있도록 함으로써 식민지인들을 프랑스인에 동화시켜야 한다고 생각했으며, 식민지인들이 프랑스 군대에 복무함으로써 프랑스 시민권을 가질 수 있도록 하기 위한 입법 활동을 했다. 프랑스의 식민지배를 열렬히 옹호했으며, 1931년부터 이듬해까지 프랑스 식민부의 부차관을 지냈다. — 역주

28 공화국 위원 : 중앙 정부를 대변하는 직책. 현재의 도지사에 해당한다. — 역주

아프리카인들은 그런 모병방법을 통해 입대하여 참전함으로써 프랑스 사회를 발견하는, 그리고 프랑스 사회가 식민지 사회와는 다르다는 것을 발견하는 기회를 가지기도 했다.

민주적 식민화 사업을 꿈꾼 공상가들

식민지의 실상에서 볼 수 있었던 갖가지 폭력과 불의에도 불구하고, 몇몇 식민지 행정관들은 식민화 사업이 문명화 기능을 할 수 있으리라고 진심으로 믿었으며, 식민화 사업이 보다 민주적인 방향으로 나아가도록 하려고 했다. 그들의 관심사들 중의 하나는 식민지에 인력을 끌어들이는 문제였다. 그렇게 해서 식민지로 가게 된 사람들이 개인적으로 덜 탐욕스러웠던 것도 아니며, 적어도 조심성이 더 많았던 것도 아니지만 말이다. 1897년에 식민부 장관 앙드레 르 봉이 내린《식민지 인력모집 관련》공문은 식민지에 인력을 끌어들일 때에 염려되는 것이 무엇이었는지를 보여준다. 그 공문에서 식민부 장관은,《자신들에게 위임된 권한에 근거하여 총독들이 임명한 관리들이나 직원들이 행정기관에 들어가기 전에 지탄의 대상이 된 적이 있다는 사실》을 지적하면서,《마땅히 요구해야 할 도덕성과 청렴성에 대한 일체의 보증서를 제출하는 지원자들만을 식민지 인력으로》[29] 받아들일 것을 요구했다.

식민지를 대하는 태도를 내부로부터 변화시키려는 몇몇 식민지 행정관들의 끈기 있는 노력은 당연히 존경받을 만했다. 그들은 식민지를 변화시킨 복잡하고도 오랜 역사를 이끌어나간 동력들 중의 하나였다. 즉, 이전에는 원주민들을 노골적으로 차별하는 전횡이 활개를 치던 땅이었던 식민지가 그들 덕분에 현지의 환경이 점차로 더 중시되는 행정의 형태로 나아가게 되었던 것이다. 그러나 식민지에 인권의 원리와 민주주의의 원리를 적용하려는 의지는

29 「프랑스령 기니의 행정공보」, 1897년(1897년 1월 29일자 공문).

실패가 예정된 유토피아였던 것 같다. 식민지 주민들을 프랑스 시민으로 인정했더라면, 식민지 상태에 깨끗이 종지부를 찍을 수 있었을지는 모르지만 말이다. 그것은 드넓은 영토를 가진 제국의 차원에서는 불가능한 일이었다. 거대 연방 *grande fédération*[30]이라는 유토피아에 반대하는 사람들은 당연히 프랑스인들이 하나의 정치적 거대 통합체 *un immense ensemble politique* 속으로 용해되기를 전혀 바라지 않는다고 주장했다. 그들은 거대 연방이 실현되면, 그 속에서 프랑스는 중심이 아니라 주변적인 위치를 점하게 될지도 모른다고 여겼다. 식민지 주민들을 프랑스 시민으로 인정함으로써 식민지 상태에 깨끗이 종지부를 찍는 일은 장차 서인도제도에 있는 프랑스의 오랜 식민지들에서만 실현 가능하게 된다. 그렇게 해서 이 식민지들은 프랑스의 해외도(道)가 된다.

학생들을 상대로 한 식민주의 담론 구축

《민주적 식민화 사업》 운운하는 담론은 특히 연막(煙幕), 즉 프랑스 국민들이 식민지 개척사업을 받아들이도록 하기 위한 한 방법이었던 것 같기도 하다. 무엇보다 학교교육을 통해 새로운 세대들에게 기대를 걸면서 말이다. 제3공화국 때에 사용된 교과서의 내용은 제4공화국과 제5공화국 때에도 거의 그대로 반복되었는데, 그것은 진짜 역사와는 그다지 관계가 없는 진짜 《픽션 시나리오》에 비교될 수 있다. 공화국 정부가 애국심과 시민정신을 고취하는 기능을 맡긴 교과목인 《프랑스 역사》의 한 부분을 차지하는 식민사는 모든 교과서에 실렸으며, 그 역사에서는 일어난 지 얼마 되지 않은 사건들이 다루어졌다. 다수의 반복되는 사건들이 처음에는 흑백 그림으로, 나중에는 컬러 그림 — 컬러 그림은 제4공화국 때에 식민사를 다룬 교과서의 내용

30 거대 연방 : 프랑스 본국과 그 식민지들로 이루어질 연방체. — 역주

에 생긴 유일한 변화였다. ―으로 교과서에 묘사되어 있는 것을 볼 수 있다. 알제 태수가 프랑스 영사를 부채로 때리는 장면을 묘사한 그림, 압-델-카데르가 통치하는 스말라를 프랑스 군대가 점령하는 장면을 담은 그림, 그리고 빠짐없이 등장하는 것으로, 콩고에서 노예들을 해방시키는 브라자의 모습을 묘사한 그림이 그것이다.

예컨대 에르네스트 라비스가 쓴 위대한 고전인 『프랑스 역사』에는 다음과 같은 내용이 있다.[31] 《콩고의 어느 마을 근처에 국기가 게양되던 어느 날, 한 무리의 노예들이 지나갔다. 브라자가 그들을 멈춰 세우고는 이렇게 말했다. "프랑스 국기가 있는 모든 곳에는 노예가 없어야 합니다."》[32] 학생들을 상대로 한 선전활동에서 가장 큰 효과를 볼 수 있는 방법은 그림을 통해 이념을 묘사하고, 그 이념을 학생들에게 주입시키는 것이었다. 그림에 붙어 있는 다음과 같은 설명문과 지시문에서 그 예를 볼 수 있다. 《오두막집들로 이루어진 콩고의 어느 마을(이것에 대해 설명하라). 중간에 서 있는 원주민 출신 보병 두 명이 어느 흑인노예에게 채워진 굴레를 부수어 그를 풀어주고 있다.(이것에 대해 설명하라.) 왼쪽에는 한 개의 굴레로 함께 묶여 있는 두 명의 노예가 다가오고 있다. 우리는 어느 세기에, 어디에서 노예들을 보았는가? 사보르냥 드 브라자(두건이 달려 있고 소매가 없는 겉옷 차림을 한 사람)가 노예들을 풀어주고 프랑스 국기를 게양하라고 지시하고 있다.》[33]

학교교육에서 다루어진 이런 종류의 공식적인 담론은 식민화 사업을 정당화하는 중요한 요소였다.[34] 초등교육이 의무화되고 또 초등학교 교사들의 지적 자질이 모든 사람에게 영향을 미쳤기 때문에 더더욱 이런 종류의 공식적

31 피에르 노라, 『기억의 장(場)들』의 제1권 『공화국』(파리, 1984년) 중에서 피에르 노라, 《국민 교사 라비스》에서 재인용.

32 에르네스트 라비스, 『프랑스 역사 ― 중급 과정』, 1931년.(이것은 1884년에 처음 발행된 책의 여러 재판본 중의 하나이다.)

33 알베르 트루, 비달 드 라 블라슈 부인, 로베르 망죠, 『프랑스 역사』, Hachette 출판사, 파리, 1948년.

34 에릭 사바레즈, 『식민 질서와 프랑스 본국에서의 그것에 대한 정당화』, L'Harmattan 출판사, 파리, 1998년.

인 담론이 미치는 파급효과는 대단했다. 식민지는 고결하고 무사무욕한 식민화 사업이 펼쳐지는 곳이라는 설명이 교과서에 실리기도 했다. 다음과 같은 내용이 그러하다. 《프랑스처럼 고귀한 나라는 돈을 벌려는 생각만을 하지는 않는다. 인도차이나에서 프랑스는 중국 출신 강도 떼가 끼치는 피해를 종식시켰다. 북아프리카에서 프랑스는 프랑스를 따르는 민족들이 서로 싸우지 못하게 했다. 서아프리카에서 프랑스는 노예제도를 중단시켰으며, 노략질과 학살을 일삼던 못된 왕들이 저지르는 잔혹행위를 종식시켰다. 도처에서 프랑스는 주민들에게 노동에 대해 가르치고 있다. 프랑스는 도로와 철도를 건설하고, 전신망을 가설하고 있다. (…) 프랑스는 여러 식민지에 학교를 설립했다. 프랑스는 그곳 백성들을 가르치고 문명화하려고 애를 쓰고 있으며, 앞으로도 점점 더 많이 애를 쓸 것이다.》[35]

인권개념을 오로지 프랑스인들에게만 적용하려고 애쓰는 작업, 즉 인류라는 개념을 프랑스인이라는 개념과 동일한 것으로 간주함으로써 보편성 *universel*을 프랑스만의 것으로 여기려고 애쓰는 작업이 벌어졌다. 다음과 같은 내용이 그 예이다. 《프랑스와 인류는 상호 대립되는 두 개의 낱말이 아니다. 이 둘은 상호 결합되어 있어서 떼어놓을 수 없다. 우리의 조국은 모든 나라 중에서 가장 인간적이다.》[36] 프랑스의 정책은 인간의 보편적 권리를 존중하고 있는가에 따라 평가되어야 할 것이 아니었으며, 그 정책이 프랑스의 정책이기 때문에 당연히 인권을 존중하는 것이라고 천명되었다. 여러 종류의 교과서에서는 프랑스의 식민화 사업을 다른 여러 나라의 식민화 사업과 비교하면서, 프랑스의 식민화 사업은 이익만을 중시하는 영국, 네덜란드, 벨기에 또는 포르투갈의 파렴치한 방식과는 거리가 먼, 경제적인 측면에 인도주의적인 목적을 덧붙인 것으로 규정되었다. 모든 나라의 식민화 사업에서 공통

35 에르네스트 라비스, 『프랑스 역사 — 중급 과정』, 1920년.
36 위의 책.

되는 요소와 그 국가들이 서로 모방한 요소는 전혀 언급되지 않았다. 예컨대 《보다 위대한 프랑스 *la plus grande France*》라는 표현은 '보다 위대한 브리튼 *Greater Britain*'이라는 표현을 변용하여 프랑스에 적용한 것에 불과했지만 말이다. 반대로 영국에 대한 혐오증이 이용되기도 했으며, 이를 위해 구체제 때에 인도와 캐나다를 프랑스 식민지로 만든 뒤플렉스와 몽칼므가 많이 언급되었다. 특히 1881년부터 1913년까지 뒤플렉스와 '인도회사'를 다룬 15종의 책이 간행되었다.[37]

학생들이 스스로 발견한다는 느낌을 가지도록 하기 위해 단순한 이념, 즉 "식민지 = 프랑스의 풍요로움", "식민지 = 프랑스에 불가결함", "식민지 = 조국 프랑스의 위대성을 보여주는 것"이라는 등식이 교묘한 방식으로 제시되었다. 세계 탐험, 프랑스인들이 이런저런 곳에 정착한 것, 지구자원 개발, 무력에 의한 식민지 정복을 학생들이 혼동하도록 하기 위한 작업이 은밀히 계속되었다. 식민지 전쟁(결코 이 용어로 지칭되지는 않았다.)은 프랑스의 명예가 침해당하자 어쩔 수 없이 반격해야 했기 때문에 일어났다고 기술되었으며, 또한 프랑스가 다른 나라에 개입하면서 당한 야만적인 보복은 프랑스의 개입을 정당화해주는 것이라고 기술되었다. 권리는 정복자들 편에 있었다.

《공화국 국민들의 필독서 *Petit Livre de la République*》[38]라고 할 수 있는 『두 어린이의 프랑스 일주』(이 책에는 《네 인종》을 묘사한 그림이 들어 있으며, 네 인종 중에서 백인이 《가장 완벽하다.》[39]라는 설명이 붙어 있다.)의 저자는 1887년에 발행된 또 다른 책 『마르셀의 아이들』[40]의 저자이기도 하다. 『마르셀의 아이들』 역시 학교에 배포되었다. 이 독본의 내용은 다음과 같다. 1870

37 마르크 페로, 『식민화 사업의 역사 — 정복에서 독립에 이르기까지, 13~20세기』, Seuil 출판사, 파리, 1994년(1996년에 《역사 논점 *Points Histoire*》 총서의 하나로 재간행).

38 쟈크 오쥬프, 모나 오쥬프 공저, 《『두 어린이의 프랑스 일주』 — 공화국 국민들의 필독서》, 앞의 각주.

39 23쪽을 보라.

40 G. 브뤼노(오귀스틴 푸이예의 가명), 『마르셀의 아이들 — 행동지침과 행동윤리』, 일반 교재, 중급, Veuve E. Belin et fils 출판사, 파리, 1887년. 라울 지라르데, 『프랑스에서의 식민주의 이념 — 1871년부터 1962년까지』(앞의 책)를 보라.

년에 일어난 '프로이센-프랑스 전쟁'이 끝난 뒤, 알자스 태생의 마르셀 중사는 삼촌에게서 알제리에 있는 영지를 상속받고 그곳에 정착하기 위해 가족과 함께 떠난다. 그리고 그는 자신의 잃어버린 고장[41]을 대신하게 된 《새로운 알자스》(알제리)에서 번영과 평화를 누린다. 이 책에서 알제리가 무력으로 정복되었다는 것과 토착주민들이 그곳에 살고 있다는 사실은 무시되었다.

가명으로 이 독본을 발표한 신중한 저자의 남편인 알프레드 푸이예는 1893년에 『개인별, 성별, 인종별 기질과 성격』[42]이라는 제목의 책을 썼는데, 이 책은 초기 공화주의자들이 《인종에 대한 편견》이라고 이름 붙였을 예들로 가득 차 있다. 혼혈을 《개인의 분열》과 인격의 혼란을 야기하는 《퇴행》으로 간주하는 구절이 그 예이다. 당시는 잔잔하고, 세련되고, 인문학적인 글들을 통해 표출되고, 과학을 바탕으로 하고, 온건하고, 공화주의적이고, 당당함이 가득 찬 인종주의가 활개를 치던 시대였다.

41 잃어버린 고장 : 1870~1871년의 '프로이센-프랑스 전쟁'으로 프랑스가 프로이센에 빼앗긴 알자스 지방과 로렌 지방 일부. 여기에서는 마르셀의 고향인 알자스 지방만을 가리킨다. — 역주

42 알프레드 푸이예, 『개인별, 성별, 인종별 기질과 성격』, 앞의 책.

제5장

반식민주의 운동의 존속과 그 기한
— 1914년까지

제3공화국 때에 프랑스의 각종 기관은 프랑스가 맡은 문명화의 역할이라는 것을 빙자하여 식민화 사업을 자랑하는 공식적인 담론을 계속 떠벌려댔는데, 그럼에도 불구하고 식민지를 지배하려는 방침에 반대하는 목소리들은 계속 울려 퍼졌다. 1880년대에는 민족주의자들이 식민지배 정책에 강력히 반대했는데, 당시는 군주주의적이며 교권주의적인 세력이 공화체제가 정착되지 못하게 하려고 호시탐탐 기회를 엿보던 때였다. 그러나 1890년대에 들면서 식민주의에 반대하는 민족주의자들의 움직임은 자취를 감추었다.

민족주의자들은 《통킹 사람 *Tonkinois*》이라는 별명을 얻은 페리를 공격한 적이 있는데, 그것은 오로지 권력을 잡은 공화주의자들에 대한 적대감 때문이었다. 이후로 그들은 식민지 정복과 관련하여 공화국 정부가 1793년에 취했던 《형이상학적》이며 《원론적인》 태도를 포기하고 결국에는 모든 군주체제가 그때까지 실시해오던 식민지 확장정책과 프랑스의 《위대성》을 확보하기 위한 정책이 옳다는 것을 인정한 것에 대해 만족스러워하는 편을 택했다. 이런 관점에서 볼 때, 모리스 바레스나 프레펠 예하 같은 사람들이 식민지 개척사업을 지지했다는 것은 시사하는 바가 많다. 두 사람은 한때는 공화주의자들이 추진하는 식민지 개척사업이 독일에 대한 복수심으로 가득 찬 프랑스인들의 관심을 다른 곳으로 돌려놓을 위험이 있다고 생각하기도 했지만,[1] 곧 그 사업이 군대를 단련시키고, 프랑스의 위력을 과시하고, 국민들에게 사회투쟁이 아닌 다른 꿈을 제시할 수 있는 방법이라고 여기면서 환호했다.

급진주의자들의 반대

반면, 제3공화국 내내 식민지배 정책에 대한 비판은 공화주의자들로부터 나오게 된다. 예를 들면 프레데릭 파시의 벗이었으며, 1848년 2월의 혁명에 참여한 적이 있었으며, 가톨릭인— 대혁명 당시의 공화주의자들 *Bleus*의 전통과 인도주의적이며 자유주의적인 좌파 공화주의자들의 계열에 속하는 가톨릭인 —이었던 해군 소장 폴 라 레베이예르 같은 사람들이 그러했다. 1875년, 그는 다음과 같은 질문을 제기했다. 《국가는 우리의 젊은이들을 세네갈이나 코친차이나로 보내서, 그곳에서 우리를 알지도 못하는 사람들을 괴롭히다가 죽으라고 할 권리가 있습니까?》 그리고 또 1888년에는 다음과 같이 말했다. 《우리는 1789년을 경축할 준비를 하고 있으며, 우리는 약자들을 괴롭히고 있으며, 여러 민족과 여러 인종을 대상으로 노예제도를 복원하고 있습니다.》 애국자인 동시에 유럽 합중국을 건설하는 방안을 지지했으며 평화주의자였던 이 해군장교는 그로부터 10년 뒤에도 여전히 다음과 같이 식민화 사업에 대해 완강히 반대했다. 《여러 민족의 예속을 의미하는 식민지배 시스템은 비도덕적일 뿐만 아니라 비경제적이기도 합니다.》[2]

1 식민지 개척사업과 독일에 대한 복수심 : '프로이센-프랑스 전쟁'에서 패배하면서 알자스 지방과 로렌 지방 일부를 독일에 넘겨주어야 했던 프랑스인들은 이후로 독일에 대한 복수심으로 가득 차 있었는데, 민족주의자들은 1880년대에 쥘 페리를 비롯한 공화주의자들이 펴는 식민지 확장정책이 프랑스인들의 관심을 다른 곳으로 돌릴 위험이 있다고 하면서 그 정책에 반대했다. — 역주

2 샤를-로베르 아쥬롱, 『프랑스에서의 반식민주의 — 1871년부터 1914년까지』, Presses universitaires de France, 파리, 1973년.

프랑스 군대가 튀니스 원정을 감행한 해인 1881년, 폴 라 레베이예르와 마찬가지로 1848년 2월의 혁명에 참여한 적이 있었으며 제2공화국의 공화국 위원을 지낸 A.-S. 모랭은 식민지배 체제를 야만적인 폭력체제로 규정했으며, 튀니지 민족에게 저지른 잘못을 시인하라고 쥘 페리에게 촉구했다. 그로부터 얼마 뒤인 1883년 12월 18일, 급진주의자 하원의원 죠르쥬 페랭은 《통킹은 통킹인들에게 돌려주라.》라는 표현을 사용했다. 이듬해인 1884년 5월 19일, 이 표현에 대해 모랭은 《수단은 수단인들에게 돌려주라.》라는 표현으로 화답했다. 이 두 표현은 일종의 구호였다. 식민지에서 각종 분쟁이 계속되는 동안, 이 구호에 이어서 같은 유형의 다른 많은 구호들이 계속 생겨났다.

'급진당' 그리고 특히 하원 내의 카미유 펠르탕이 이끄는 급진주의 집단은 1880년대 내내 식민지배 정책에 맞서는 보루였다. 펠르탕이 작성한 1881년 8월 7일자 급진주의 집단의 강령과 1885년에 발표된 '급진선언문'이 그것을 잘 보여준다. 이 두 문건 모두 인류의 우애를 도모하고 제(諸) 민족의 자결권을 보장해줄 것을 요구하면서, 모든 모험 · 정복 정책을 규탄하는 내용을 담고 있다. 1881년에 펠르탕은 1789년에 천명된 원리를 유산으로 물려받은 공화국이 무력으로 영토를 확장하지 않아야 한다고 주장하면서 튀니스 원정을 거부하는 사람들 편에 속하기도 했으며, 「정의」에 기고한 글과 하원에서 한 발언을 통해 《튀니지 민족의 자주성》을 계속 옹호했다. 그리고 앞에서 보았듯이, 그는 1885년에 벌어진 논쟁에서 맹활약을 했으며, 이어서 1892년에는 프랑스가 수단(현재의 말리에 해당하는 지역)과 다호메(현재의 베냉에 해당하는 지역)를 정복하는 것에 대해 다음과 같이 공격했다. 《나로 말하자면, 우리 정부가 그 일련의 정복행진을 멈추려고 하며 더 멀리까지 나아가지 않기로 결심했다는 확신을 가지지 않는 한에는, 그리고 우리 정부가 나의 주장을 따라 우리의 미래와 운명을 위해 위험스러운 행진의 속도를 늦추려는 것이 아니라, 그 행진을 다른 시대로 연기하려는 것이 아니라, 확실히 억제하려 한다고 내게 말하지 않는 한에는, 단 한 푼의 예산에도, 단 하나의 의제에도 찬성표를 던지지 않을 것이오.》[3] 그는 1895년에도 마다가스카르를 정복하는 것에 항의하면서, 그것은 《마중가 *Majunga*[4]에서부터 타나나리브에 이르는 장례행진》이자 《우리나라가 행한 식민지 정복전투 중에서 가장 많은 인명을 살상한 경우》에 해당하는 것이라고 평가했다.

또 다른 급진주의자로 프랑스 동남부에 있는 보클뤼즈 *Vaucluse* 지역구 소속의 하원의원이었으며 '국제평화 · 자유연맹'의 회원이었던 쥘 가야르는 1884년 11월에 하원 회의에서, 그리고 또다시 1885년 4월에 하원 회의에서 베트남 전쟁[5]에 대해 다음과 같이 발언했다. 《먼 나라에서 우리는 침략자들입니다. 지금 우리는 그곳에서 영토를 난도질하는 짓을 저지르고 있습니다. 우리는 폭력을 앞세우는 정책을 고수하고 있습니다.》 앞에서 우리는 1885년에 클레망소 역시 페리에게 완강히 반대하는 것을 보았는데, 그는 1차대전 때까지 계속해서 식민지 정복에 결연히 반대하게 된다. 이것은 그가 특히 1892년부터 1902년까지 「여명」, 「사회 논전」, 「연합」에 기고한 글들이 잘 보여준다.

경제학자들의 비판

제3공화국 초기 몇 년 동안, 쟝-바티스트 세이 — 그의 저서들은 널리 보급되었다. —의 학설을 따르는 경제학자들 대부분은 식민지를 지배하려는 방침에 대해 비판적인 태도를 취했다고 할 수 있다. 1885년, 샤를 지드는 그 경제학자들의 관점에 대해 언급하면서 다음과 같이 썼다. 《식민지배 정책은

3 1892년 4월 11일의 하원 회의에서 한 발언.

4 마중가 : 마다가스카르 북서부 해안에 있는 도시. 지금의 마하장가 *Mahajanga*. — 역주

5 베트남 전쟁 : 안남, 통킹, 코친차이나를 장악하기 위해 프랑스가 벌인 전쟁. 이와 관련해서는 권말에 실린 연표를 보라. — 역주

거의 만장일치로 규탄되었다. 나는 단 한 사람의 예외를 알고 있는데, 사실 주목할 만한 예외인 그는 폴 르르와-보리외 씨이다. 그런데 경제학자들의 진영에서는 거의 그 사람만이 예외이며, 라신의 말을 인용하자면 이렇게 말할 수 있을 것이다. “한 사람만이 그것을 옹호했으며, 나머지 모두는 그것에 반대했다.”[6]라고.》

폴 르르와-보리외(1843~1916년)는 1874년에 출판된 총 660쪽에 이르는 두툼한 책 『근대 여러 민족의 식민화 사업에 대하여』로 엄청난 인기를 얻었다. 이 책은 1882년에 처음으로 재간행되었으며, 이후로 1908년까지 네 번이나 재간행되었다. 그러나 식민지배 정책을 옹호함에 있어서 경제적 이득을 중시하는 관점을 바탕으로 삼고 있지 않다는 점이 바로 그의 특징이다. 그는 다음과 같이 썼다. 《수익을 얻으려는 희망으로 식민지를 건설하는 것은 환상이다.》 그는 무엇보다도 프랑스의 문화적 영향력을 확산하고 문명을 전파하는 열정적이며 무사무욕한 사명을 띤 것이 바로 식민화 사업이라고 했다. 그는 다음과 같이 썼다. 《식민화 사업은 한 민족의 확장력이다. 그것은 한 민족의 번식력이다. 그것은 공간을 통한 한 민족의 확충이자 증식이다. 그것은 세계 전체 또는 세계의 많은 부분을 그 민족의 언어, 풍습, 이념, 법에 종속시키는 것이다. 식민지를 건설하는 민족은 그 민족이 미래에 가지게 될 주도권의 토대를, 그리고 그 민족이 미래에 가지게 될 위대성의 초석을 놓는 민족이다. (…) 식민지를 건설하는 민족은 일등 민족이다. 지금은 일등 민족이 아니라 할지라도 장차 그렇게 될 것이다.》[7]

6 “한 사람만이…….” : 17세기 프랑스의 대표적인 비극 작가 장 라신(1639~1699년)의 비극 『이피제니』의 끝 부분에서 윌리스 *Ulysse*[오디세우스]가 아가멤농 *Agamemnon*[아가멤논]의 왕비 크리템네스트르 *Clytemnestre*[클라이템네스트라]에게 말하기를, 전투에서 공주 이피제니 *Iphigénie*[이피게니아]를 보호한 것은 아쉴 *Achille*[아킬레우스]이었고, 그녀에게 반대한 것은 군대였다고 했다. 원문을 우리말로 옮기면 다음과 같다. 《놀란 따님[이피제니]은 따님을 편드는 아쉴을, 따님께 반대하는 군대를 보았답니다.》 이것을 본문의 내용에 적용하면 다음과 같은 의미가 된다. 《경제학자들 중에서 식민지배 정책을 옹호한 유일한 사람은 폴 르르와-보리외였으며, 나머지 사람들 모두는 그것에 반대했다.》 — 역주

7 폴 르르와-보리외, 『근대 여러 민족의 식민화 사업에 대하여』, Guillaumin 출판사, 파리, 1874년.

이것은 쥘 페리의 주장과 동일했으며, 보쉬에가 다른 민족의 땅을 정복할 수 있는 권리를 옹호하기 위해 내놓은 주장과는 크게 달랐다. 르루와-보리외는 다른 민족을 예속화하는 행위의 정당성도, 그렇게 하는 데에 사용되는 물리적인 힘도 찬양하지 않았으며, 다른 민족에 대해 관대함과 인도주의적 관심을 가질 것을 강조했기 때문이다. '식민지원주민보호 프랑스 협회'의 설립자인 르루와-보리외는 심지어 식민화 사업을 바라보는 자신의 인본주의적인 관점을 널리 알리기 위해 몇몇 식민지 개척사업을 자주 비판하기도 했다. 예를 들면, 알제리에 거주하는 식민지 이주민들의 몇몇 소행을 비난했으며, 1908년 1월에는 프랑스가 모로코를 점령한 것에 반대하면서 그것을《다른 시대, 다른 체제의 작전》으로 규정했다.

하지만 르루와-보리외가 식민화 사업을 옹호하는 것에 대해 경제학자들 대부분은 동의하지 않았다. 1908년, 사회주의자 외젠 푸르니에르는 식민지 정복 원정에 대해 다음과 같이 주저 없이 썼다.《자본주의적 질서를 정당화하는 데에 열중하는 경제학자들은 호전적 사업에 대해서는 항상 반대해왔다.》[8] 사실, 그들은 식민지라는 것이 밑 빠진 독에 물 붓기식으로 공공재정을 엄청나게 쏟아 부어야 하는 곳, 아껴 모은 돈이 탕진되는 곳, 그리고 무역의 차원에서는 개발도상 국가들이라는 판로에 비해서 보잘 것 없는 판로가 예정되어 있는 곳이라고 보는 경향이 있었다.

벨기에 경제학자 귀스타브 드 몰리나리도 같은 견해를 가지고 있었다. 제2제정기부터 그는 알제리를 식민지로 삼는 것을 공격했으며, 알제리에 일종의 아랍 보호령을 건설해야 한다는 생각을 지지한 주요 인물인 이스마일 위르뱅이 자신의 의견을 표명할 수 있도록 신문 지면을 마련해주었다.[9] 몰리나리는

8 샤를-로베르 아쥬롱의 저서 『프랑스에서의 반식민주의 — 1871년부터 1914년까지』(앞의 책)에서 재인용.

9 귀스타브 드 몰리나리와 이스마일 위르뱅 : 귀스타브 드 몰리나리는 1871년부터 1876년까지 「토론 신문」의 편집인으로 활동하면서, 그 신문에 이스마일 위르뱅이 익명으로 편지글을 발표할 수 있게 해주었다. — 역주

1895년에는 프랑스가 마다가스카르를 정복한 것과《식민지를 확보하려는 광기》를 비판했으며, 얼마 뒤인 1901년에는《연합군이 자신들은 아무런 손해도 입지 않으면서 짐승 같은 인간의 욕심을 한껏 채울 수 있었던, 최근에 중국에서 일어난 전쟁》을 비판했다. 1852년에 간행된『경제학 사전』에 실려 있는 것으로, 그가 쓴《식민지》항목에는 다음과 같은 내용이 있다.《우리의 식민지는 우리의 산업과 우리의 무역의 판로가 아니라, 납세자들의 돈이 새어나가는 곳이다.》[10] 또 다음과 같은 내용도 있다.《국가가 시행하는 모든 사업 중에서 식민화 사업은 비용이 가장 많이 들고 수익률이 가장 낮다.》이런 관점은 프레데릭 파시의 관점이기도 했다. 앞에서 우리는 1885년에 하원에서 벌어진 논쟁에서 맹활약을 하는 파시의 모습을 보았다. 그는《알제리에 살고 있는 프랑스인들과 거의 맞먹는 수의 프랑스인들이 살고 있는 독립국가》인 아르헨티나 공화국을 프랑스의 참된 무역 파트너의 예로 들었다.

이브 기요가 식민화 사업에 대해 한 비판도 이와 비슷하다.「경제학자 신문」에 기고한 시평(時評)에서 그는《소위 프랑스의 문명화의 사명》이라는 것에 대해 다음과 같이 비판했다.《프랑스 식민지들은, 진짜 프랑스 식민지들은 자주적인 국가들로서, 그곳에서는 그곳의 이념들이 전파되고, 그곳의 책들이 읽혀지고, 그곳의 언어가 사용되고 있다.》그리고 1885년에는 다음과 같이 썼다.《우리는 사회적으로 진보된 상태를 이루는 힌두 문명, 중국 문명, 아랍 문명 같은 여러 문명들이 유럽 문명 밖에 있다는 것을 의심하지 않는다. 우리는 그 문명들을 배척하기보다는 그 문명들에 대해 공부하는 것이 더 현명할 것이다.》드레퓌스 사건과 졸라가 기소된 재판[11]이 벌어지던 1898년 6월

10 샤를 코클랭과 샤를 기요맹의 지도로 편찬된『경제학 사전』, 제1권, Guillaumin 출판사, 파리, 1852년, 393쪽.

11 드레퓌스 사건과 졸라가 기소된 재판 : 1894년 10월에 간첩죄 혐의로 체포되어 그해 12월에 유죄판결을 받고 기얀에 있는 악마의 섬으로 유배된 유태인 대위 알프레드 드레퓌스를 옹호하기 위해 에밀 졸라가 조르쥬 클레망소가 발행하는 신문「여명」1898년 1월 13일자에《나는 고발한다…… *J'accuse*……》를 발표함으로써 드레퓌스 구명운동이 본격화되었다. 이 글 때문에 졸라는 명예훼손 혐의로 기소되었으며, 1898년 2월 23일에 금고 1년형에 3000프랑의 벌금형을 선고받았다. 그해 7월에 졸라는 영국으로 망명

에 '인권연맹'을 창설하여 그 단체의 첫 의장으로 활동한 그는 경제적인 논리에만 의거하지 않았으며, 자신은《권리를 명분으로 내세우는 정복정책에 반대한다.》[12]라고도 했다.

식민화 사업을 가장 일관성 있게 비판한 것은 이론의 여지없이 기요처럼 권리에 대해 언급한 사람들이다. 예컨대 역시 '국제평화 · 자유연맹'의 회원이었던 데스트리셰 부인 — 당시에 원주민들이 권리를 가지지 못했던 것과 마찬가지로, 여성 작가들은 이름 *prénom*을 가지지 못했다. —은 1895년에 발표한 자신의 저서 『유럽 합중국』에서《마다가스카르 주민들의 뜻을 무시하고 그들의 땅을 합병하는 것은 프랑스의 이익에, 그리고 인류 속에서 프랑스가 맡은 역할에 어긋나는 것임이 분명하다.》라고 주장했다. 데스트리셰 부인은 당시로서는 흔치 않게 식민지인들에게 저항의 권리가 있다는 것을 인정한 작가들 중의 한 사람이다. 그녀는 다음과 같이 썼다.《아비시니아인들, 쿠바인들은 용감하게 행동하고 있다. 그들이 무엇을 원하느냐고? 자신을 지키려고 하거나, 또는 군주체제 국가들이 그들에게서 부당하게 빼앗으려는 자주권을 쟁취하려고 한다. 우리 프랑스 공화국은 그들이 성공하기를 기원해야 한다. 이와 반대되는 주장을 지지한다는 것은 알자스-로렌을 포기하고 독일이 저지른 나쁜 짓을 용서하는 격이 될 것이다.》[13]

그러나 1890년대에 집권 공화주의자들은 일관된 정책을 펴서, 식민지 원주민들이《미개인》이라는 이미지를 구축하려고 애썼다. 이 정책이 사람들을 세뇌하는 데에 성공함으로써, 식민지인들에게 저항의 권리가 있다는 주장은 19세기 마지막 10년 동안에는 그다지 파급력을 가지지 못했다.《흑인들이 사용하는 엉터리 프랑스어 *petit nègre*》의 말투와 어릿광대 쇼콜라의 얼굴 표

하여 1년 가까이 지내다 귀국했으며, 1900년 12월에 사면되었다. 드레퓌스는 1906년 7월 12일에 최고 재판소로부터 무죄선고를 받았다. — 역주

12 이브 기요, 『식민지배 정책에 대한 편지』, C. Reinwald 출판사, 파리, 1885년, 75번째 편지.

13 샤를-로베르 아쥬롱의 저서 『프랑스에서의 반식민주의 — 1871년부터 1914년까지』(앞의 책)에서 재인용.

정이 불러일으키는[14] 웃음, 그리고 특히 식인종을 묘사한 무수한 판화가 불러일으키는 공포 앞에서 어찌 그런 주장을 할 수 있겠는가? 1885년 말에 하원에서 대단한 위력을 과시하던 반식민주의 세력도 곧 뚜렷이 약화되었다. 마다가스카르 정복을 비판하는 목소리들이 울려퍼졌지만 말이다. 그 목소리는 1905년과 1906년에 다시 울려퍼지게 된다. 그때 가서야 특히 사회주의자들이 그들 고유의 방식으로 반식민주의를 부르짖게 된다.

쥘 게드를 따르는 사회주의자들의 거부

1885년에 쥘 발레스가 통킹 원정을 규탄한[15] 것은 발레스 자신이 《일체의 정복 이념》에 반대하기 때문이었지만, 같은 시기에 쥘 게드[16]를 필두로 집결한 사회주의 세력이 식민지배 정책을 규탄한 것은 특히 다음과 같은 이유 때문이었다. 즉, 그들이 볼 때에 식민지배 정책은 그들의 적대세력인 부르주아지, 군대 그리고 자본주의를 이롭게 하는 것으로 여겨졌기 때문이다. 1880년대 말에 한 세력이 뚜렷이 모습을 드러냈다. 그 세력은 1893년에 프랑스 북부에 있는 도시 루베 *Roubaix* 지역구에서 당선되는 쥘 게드를 비롯한 4명의 하원의원과 그 세력의 이론가 격인 폴 라파르그가 1889년에 결성한 것이다. 1881년에 게드는 수단에 원정대를 보내려는 계획과 튀니지를 정복하는 것에도 반대했으며(그는 《곧 있을 톰북투 원정을 찬양하는 데에 언론계가 한 목소리를 내고 있다. 「태양」에 관여하는 군주주의자들이 「프랑스 공화국」과

14 172쪽을 보라. ─ 역주

15 「인민의 외침」, 1885년 8월 14일자.

16 쥘 게드(1845~1922년) : 프랑스 정치인. 프랑스 최초의 마르크스주의 신문 「평등」을 창간하여 프랑스에 마르크스주의를 소개했으며, 1882년에 '노동당'을 창당했다. 이 정당은 이듬해에 '프랑스 노동당'으로 이름이 바뀌었다. 공화체제를 통해 사회주의를 건설하자고 주장한 죠레스와는 달리, 부르주아 계급과의 어떤 종류의 타협도 거부하는 마르크스 혁명주의를 지향했다. 1893년부터 1922년까지 하원의원을 여러 차례 지냈다. 1914년부터 1916년까지 국무대신을 지냈으며, 1차대전 때에는 민족주의자의 입장을 취했다. ─ 역주

「국민」에 관여하는 공화주의자들 못지않게 고대하고 있다.》[17]라고 썼다.), 이어서 통킹을 정복하는 것에도 반대했다. 그것은 게드 자신이 군국주의와 민족주의를 거부하기 때문이었으며, 또한《피, 국가의 위엄, 국기에 대한 존경심이 가득 차 있으나 의미는 텅 비어 있는, 떠벌리는 말을 듣기를》[18] 거부하기 때문이었다.

그로부터 10년 뒤인 1895년 9월, 게드가 창당한 '프랑스 노동당'의 로미이 *Romilly* 전당대회[19]에서 식민지 문제는 프랑스에서는 처음으로 사회주의 정당이 개최한 전당대회의 의제로 채택되었다. 그 전당대회에서는 식민지 원정에《단 한 사람도, 단 한 푼도》 사용하지 말아야 한다는 표현이 등장했으며, 식민지 원정은《문명화 사업과 국가의 명예라는 것을 구실로 삼는 것으로서, 그것은 원시 상태의 사람들 *populations primitives*을 타락시키고 절멸시키는 결과에 이른다.》라는 규탄이 쏟아졌다. 원시 상태의 사람들이라는 용어는 어떤 면에서 보자면 모든 식민지배 정책의 전제(前提), 즉《문명인들》과《미개인들》은 구분된다는 전제를 고스란히 답습한 것이다. 뿐만 아니라 구호가 가리키듯이, 로미이 전당대회에서는 식민지배 정책에 따른 인적, 재정적 부담도 지적되었다. 이런 지적은 군사적 손실이 줄어들게 된다면, 그리고 또 당국이 노동자들을 포함한 사회 전체가 식민지로부터 이득을 얻고 있다는 것을 보여주려고 애쓰게 된다면, 설득력이 별로 없어 보일 수도 있었다. 1889년에 열린 '만국박람회' 때부터 공화국 당국과 학교교육을 통해 전파되기 시작한 인종주의적 담론이 사람들의 정신에 끼치는 효력이 감지되는 상황에서, 식민지 정복이 인권을 침해하는 것이라는 비판은 부르주아만이 식민지 정복의 혜택을 보았는가, 아니면 프랑스 노동자들도 역시

17 「시민」 1882년 4월 16일자. 쥘 게드의 『선집(1867~1882)』(클로드 뷔야르의 머리말과 주해, Éditions sociales, 파리, 1959년) 중에서.

18 「인민의 외침」, 1885년 8월 14일자.

19 로미이 전당대회 : 1895년 9월 8~11일에 프랑스 중부의 르와르-에-셰르 *Loir-et-Cher* 도(道)에 있는 도시 로미이에서 열린 제13차 전당대회. — 역주

그 혜택을 보았는가를 알아보아야 하지 않겠는가라는 비판에 결국 밀리고 말았다.

1897년에 「사회주의 평론」에 발표한 《제3공화국 때의 식민화 사업》이라는 글에서 제3공화국의 식민화 사업에 대해 처음으로 이론적인 연구를 한 폴 레비(폴 루이라는 필명을 사용했다.)는 《식민주의》라는 용어를 정치용어로 처음 사용한 사람이기도 하다. 경제학자들에게서 빌려온 그 용어는 곧 사회주의자들이 즐겨 사용하는 용어가 되었다. 1905년에 자신의 저서 『식민주의』[20]에서 폴 레비가 행한 분석에서는 군국주의의 신장과 식민지배 정책 사이의 관계가 강조되어 있으며 — 이것은 위고가 이미 표명한 적이 있는 두려움, 즉 오만하고 저돌적인 병사들이 식민지에서 폭력을 휘두르던 습성을 귀국해서는 프랑스 노동자들에게 휘두르고, 또 그렇게 해서 자유를 위협할지도 모른다는 두려움을 되풀이한 것이다. —, 또한 식민지배 정책으로 말미암아 국가가 지게 되는 재정적 부담도 강조되어 있다. 폴 레비는 다음과 같이 썼다. 《그로부터 빈곤이 다시 만연하고, 실업이 늘어나고, 임금이 줄어드는 결과가 비롯된다.》 뿐만 아니라 폴 레비는 자본주의가 《황인종들과 흑인들의 집단을 프롤레타리아로》 만듦으로써 자본주의에 반대하는 세력의 수를 늘리고 있으며, 자본주의 자체가 사라지게 될 시간을 재촉하고 있다고 했다. 요컨대, 레비의 분석에서는 자본주의, 자본주의의 발전, 그리고 자본주의를 전복하기 위한 투쟁과 관련지어 식민지 문제가 다루어졌던 것이다.

18세기에 그러했듯이, 이제 논쟁의 중점이 된 것은 여러 민족의 권리와 주권 문제 그리고 인종에 대한 편견에 맞서 싸우는 문제가 아니라 경제문제였으며, 그리하여 비판의 화살은 식민지 정복 이념 자체를 겨냥하지는 않았다. 식민주의를 둘러싼 논쟁은 병사들의 인적 손실, 조세 부담, 노동자들에게 돌아가는 변변찮은 이득, 유럽에서 평화가 위태로워지게 될 위험 등의 문제에

20 폴 루이, 『식민주의』, Bibliothèque socialiste, 제36번, 파리, 1905년.

집중되면서 방향이 실종되었다. 사실, 식민주의에 대한 이런 분석에 대해서는 의심을 가져볼 수도 있었으며, 다른 한편으로는 여러 가지 보완책을 제시할 수도 있었다. 여러 가지 보완책이란 직업군인들을 동원하고, 식민지 원정 비용을 피정복 국가들에게만 지우고, 식민지에서 얻은 이익을 프랑스인들에게 더 잘 배분하고, 유럽 식민국가들 사이에 보다 나은 협의체제를 구축하는 것 등을 말한다. 여하튼 식민지배 정책에 대한 비판은 식민화 사업의 원칙을 거부하는 차원을 떠나, 이제는 그 사업을 어떻게 제어할 것인가하는 차원에 이르러 갈팡질팡하게 되었던 것이다.

죠레스의 기이한 태도 변화

죠레스의 생각은 당시의 프랑스 사회주의자들이 가졌던 모호한 태도를 보여주는 것인 동시에 죠레스 자신이 식민지배 이데올로기에서 반식민주의로 나아가는 분명한 변화를 보여주는 것이기도 하다. 젊은 시절에 죠레스는 식민지배 정책에 단호하게 찬성했다. 1883년 — 당시에 그는 스물네 살이었으며, 프랑스 남부에 있는 타른 *Tarn* 도(道)의 도시 알비 *Albi*에 교사로 임명된 직후였다. —에 그가 한 강연은 당시에 그가 페리의 식민화 정책 — 페리는 이 정책의 대상이 되는 민족들을 가리켜서 《유아(幼兒)들이다.》라고 했다. —에 열광했다는 사실을 보여준다. 당시에 죠레스는 평화적 식민화 사업이라는 신화에 생각이 사로잡혀 있었다. 그는 다음과 같이 말했다. 《우리는 그 민족들을 속이지 않고 그들에게 이렇게 말할 수 있습니다. 우리는 절대로 그들의 형제들에게 의도적으로 고통을 안겨주지는 않았다고 말입니다.》[21] 그로부터 2년 뒤, 그는 타른 도(道)에 속한 다른 도시 카르모 *Carmaux* 지역구의 선거에 출마하기 직전에 다음과 같이 쓰기도 했다. 《제국(帝國)은 우리에게 두

21 장 죠레스, 알비의 '알리앙스 프랑세즈'에서 한 강연, Imprimerie Pézous, 알비, 1883년.

지방을 잃게 했으며, 공화국은 우리에게 두 식민지를 주었습니다.》[22] 하원의원에 당선되었지만 당시까지만 하더라도 아직은 사회주의자가 아니었던 그는 1885년 12월에 통킹으로 원정대를 보내기 위해 수립한 예산안에 찬성표를 던졌으며, 클레망소와 급진주의자들이 그 예산안에 반대하는 것에 동조하지 않았다. 나중에 알제리 지역구 소속의 급진파 하원의원 앙드레 사바티에는 당시에 하원 내의 최연소 의원이었던 죠레스가 통킹에서 병력을 철수하는 안건에 찬성하지 말라고 하면서 사바티에 자신을 어떻게 설득하려고 했는지에 대해 이야기를 남기게 된다. 그러나 죠레스의 설득은 성과를 얻지 못했다.

죠레스는 1893년에 사회주의자들 편에 가담했지만, 그렇다고 해서 식민지를 바라보는 그의 관점이 바뀐 것은 아니었다. 그가 보기에 식민지를 보유하는 행위의 정당성은 여전히 명백했다. 1895년 4월, 그는 알제리에 잠시(일주일) 머물렀다. 그 체류를 통해 그의 확신은 뒤흔들렸으며, 그 자신이 숨겨온 이야기를 기억에 떠올리게 되었다. 그는 1898년 1월에 글을 하나 발표하였는데, 그 글에서 그는 알제리에서 군 사목(軍司牧)을 지낸 사람으로 타른 도(道)에 있는 카스트르 *Castres* 중학교에서 사목으로 재직하던 어느 사람이 한 말을 다음과 같이 회상했다. 《어느 날, 그가 감동적인 목소리로 다음과 같이 말했다. "아! 알제리에서 지내는 것이 얼마나 즐거운 일이었는지를 여러분이 아신다면! 그곳에서 우리는 우리 멋대로 하지요. 그곳에서 우리는 필요한 것을 마음대로 가지지요. 몇 달 전에 나는 묘목 몇 그루가 필요했어요. 나는 어느 아랍인이 정원에 온갖 종류의 묘목을 키우고 있다는 것을 알고 있었어요. 그래서 내게 배속된 당번병과 함께 그 아랍인의 정원에 갔지요. 1시였는데, 주인이 없었어요. 당번병이 묘목들을 뽑고 있는데, 아랍인이 집에 들어오더군요. 그 사람이 고함을 지르기 시작했어요. 그러자 당번병이 몽둥이로 내려쳐서 그의 팔 한쪽을 부러뜨렸지요. 우리는 그 사람에게, 만일 불만을 터뜨린

22 「타른의 미래」 1885년 9월 27일자.

다면 나머지 팔도 부러뜨려놓겠다고 했어요. 그리고 나서 우리는 묘목들을 아무 탈 없이 가져왔지요."》 죠레스는 교실 전체에 《분노의 물결》이 지나가는 것을 느꼈다고 회상했다. 그는 다음과 같이 덧붙였다. 《아무리 타락했다 하더라도 어느 사람이 아이들 앞에서 그토록 비루하고 그토록 비열한 행동을 그토록 태연자약하게 이야기할 수 있기 위해서는, 아무런 처벌대상도 되지 않는 오랜 압제의 습관이 모든 사람의 의식을 완전히 망가뜨려놓아야 했다. (…) 이기심에 가득 찬 프랑스의 여러 내각과 지도층이 그곳에서 한 민족 전체에게 다양한 방법으로 살인죄를 저질렀다.》[23]

1898년 2월, 죠레스는 《모든 아랍인들에게 정치적 권리를 즉각》 부여할 것을 제안함으로써 하원과 알제리 내에서 항의를 불러일으켰으며, 《프랑스 시민의 자격을 부여함으로써 알제리인 회교도들을 해방시키는》 것을 목표로 하는 법안을 제출했다. 그 법안에 따르면, 알제리인 회교도들은 본래 신분을 반드시 포기하지 않아도 상관없었다. 식민지인 신분이 없어진다는 것을 의미하는 그 조처는 그로부터 60년 뒤인 1958년에 가서야 비로소 드골이 실행에 옮기게 된다. 그렇다고 해서 죠레스가 식민지배 정책에 완전히 반대하게 된 것은 아니었다. 예컨대 그는 '마르샹 탐험대'를 파쇼다에 파견할 때[24]인 1896년 12월 8일에 사회주의자들과 함께 그 탐험대를 파견하는 데에 찬성하는 표

23 「작은 공화국」 1898년 1월 29일자에 실린 글 《알제리에서》. 죠레스의 『작품집』의 제6권 『드레퓌스 사건』(마들렌 르베리우와 질 캉다르가 편찬 작업을 맡아 죠레스 학회가 책임을 지고 간행, Fayard 출판사, 파리, 2001년)을 보라.

24 '파쇼다 사건' : 서구 열강이 벌이는 식민지 쟁탈전의 무대였던 아프리카 대륙에서 프랑스는 서쪽 끝의 다카르와 동쪽 끝의 지부티를 연결하기 위해 《대서양에서 홍해로》를 부르짖으며 횡단정책을 서둘렀다. 이에 따라 마르샹 대위가 지휘하는 탐험대는 대륙의 서쪽 해안을 출발하여 2년에 걸쳐 열대지역을 횡단한 끝에 1898년 7월 10일에 수단 남부의 파쇼다에 도착했다. 이것은 《이집트에서 남아프리카로》를 부르짖으며 대륙을 남북으로 연결하려는 영국의 종단정책에 정면으로 충돌되는 것이었다. 나일 강을 거슬러 올라오던 영국의 키치너 원수(元帥)가 이끄는 탐험대는 같은 해 9월 18일에 파쇼다에 도착했다. 키치너가 마르샹에게 철수를 요구했으나, 마르샹은 철수할 수 없다고 주장했다. 영국이 최후통첩을 발동하자, 11월 1일에 프랑스 외무부 장관 테오필 델카세는 파쇼다에서 퇴각하라는 명령을 마르샹에게 내렸다. 그가 그런 결정을 내린 것은 프랑스가 독일에 빼앗긴 알자스와 로렌 지방을 되찾기 위해서는 영국과의 협력이 필요했기 때문이었다. 마르샹은 12월 11일에 파쇼다에서 철수했다. 프랑스인들은 이 사건을 '프로이센-프랑스 전쟁'에서 당한 패배에 이은 또 다른 국가적 치욕으로 여겼다. — 역주

— 그는《국민을 대표한 표 *vote national*》라고 했다. —를 던졌으며, 1898년 11월에는 다음과 같이 말했다.《몇몇 미치광이가 프랑스 식민지 영토를 없애려는 생각을 한다면, 프랑스의 모든 세력과 세계의 올바른 의식을 가진 모든 사람들이 그 시도에 저항할 것이다.》[25]

1903년 5월, 조레스는 자신이 창당한 '프랑스 사회주의당'의 보르도 전당대회에서 다음과 같은 생각을 밝혔다. 사회주의자들이 해야 할 일은,《프랑스 산업이 중국이나 다른 먼 곳에 있는 일부 판로 속으로 평화적으로 침투하는 것이 보장되도록 하기 위해서 — 프롤레타리아 계급에게서 이것은 임금을 넉넉히 받기 위한 필요조건이다. — 프랑스의 생산력 자체가 프랑스에 부여하는 권한》을 사용할 것을 요구하면서도,《보다 일관되고, 보다 신중하고, 보다 인간적인》 식민지배 정책을 취하도록 정부에 압력을 가해야 한다는 생각이 그것이었다. 1904년, 조레스는 1885년 12월에 하원에서 있었던 너무나 결정적이었던 투표 — 그 투표는 통킹에서 병력을 철수하는 결과를 낳을 뻔 했었다. —에 대해 견해가 바뀌지 않았던 것 같다. 그는《통킹에 투입할 예산을 두고 격론이 오가고 대립과 논쟁이 이어진 투표》, 즉 1885년 12월에 하원에서 있었던 그 투표에 대해 언급하면서, 식민화 사업을 거부한 급진주의자들과 클레망소가 범한《중대한 오류》를 계속 규탄했다.[26]

그러나 모든 사회주의자들에게《모든 식민지 원정에 단호히 반대할 것》을 요구한, 암스테르담에서 열린 '사회주의 인터내셔널'의 대회(1904년 8월)가 끝난 뒤, 조레스는 점차로 분명하게 식민주의에 반대하는 모습을 띠었다. '러일 전쟁' 때 — 당시에 '프랑스 사회주의당'은 프랑스 공화국이 제정 러시아와 동맹을 맺는 문제를 두고 분열되었다. —, 조레스는 일본 문명과 나아가 동남아시아를 포함한 극동 전체의 문명에 관심을 가졌다.[27] 1907년, 그는

25 1898년 11월 9일에 하원에서 있었던 토론에서 한 발언.

26 장 조레스,《1885년의 사회주의와 급진주의》, 1904년.

27 마들렌 르베리우,『조레스 — 언행』, Gallimard 출판사,《발견 *Découvertes*》총서, 파리, 1994년.

다음과 같이 모로코 원정에 반대했다. 《그 무익하고 비난받아 마땅한 모험을 감행하느라고 프랑스인들의 돈이 새어나가고 피가 흐르기를 바라지 않는 사람들이 수백만 명이나 있습니다.》[28] 이듬해, 그는 아마드 장군이 지휘하는 부대가 모로코의 어느 천막촌 — 그곳에서는 모든 가구(家口)가 천막에서 생활하고 있었다. —의 주민들을 학살한 것을 규탄했다. 이에 대해 매우 많은 동료 의원들이 발언에 나서서, 《프랑스 병사들의 고결성》을 의심했다는 비난을 죠레스에게 퍼부었다.[29]

모로코와 관련하여 죠레스는 하원에서 동료 의원들이 뱉어내는 외국인 혐오성 발언에 반대했으며, 식민주의에 진정으로 반대하는 태도를 택했다. 그는 동료 의원들에게 다음과 같이 말했다. 동료 의원들이 한편으로는 《인간은 마지막 한 방울의 피를 흘리면서까지 자기 나라와 자기 민족의 완전성 *intégrité*을 수호할 태세가 되어 있지 않다면, 모든 존재들 중에서 가장 비루하다.》라고 말할 수밖에 없으면서도, 다른 한편으로는 《모로코인들을 미치광이로 취급해서 그들의 명예를 훼손하는 짓을 계속하고》 있다고 했던 것이다. 그가 보기에 모로코인들은 《참된 애국자들》이었다. 그 이유로 그는 《프랑스가 당신들에게는 조국이지만, 그들에게는 남의 나라이기》[30] 때문이라고 했다. 이듬해, 그는 튀니지에서 자행된 식민지배에 따른 가혹행위를 규탄하면서, 《철학, 과학, 예술 분야에 많은 것을 가져다주었으며, 그 자체 내에 많은 가능성을 지니고 있는》 회교 문명을 수호하고자 했다. 왜냐하면 그 문명 속에는 《고대 세계의 온갖 다양한 것들, 즉 유태 전통, 기독교 전통, 시리아 전통, 이란의 활력 그리고 셈족의 천재적 능력 일체》[31]가 뒤섞여 있기 때문이라고 했다. 이것은 젊은 시절에는 페리가 추진하는 식민화 계획이 옳다고 믿었

28 1907년 9월 7일에 하원에서 있었던 토론에서 한 발언.

29 1908년 3월 27일에 하원에서 있었던 토론에서 한 발언.

30 1911년 6월 16일에 하원에서 있었던 토론에서 한 발언.

31 1912년 2월 1일에 하원에서 있었던 토론에서 튀니지에서 자행된 폭정에 대해 한 발언.

던 죠레스가 이제는 식민지를 바라보는 세상 사람들의 시각과는 완전히 다른 관점을 가지게 되었다는 것을 보여주는 것이다.

'제2차 인터내셔널'의 분열

유럽 각국의 식민화 사업이 대대적으로 진행되던 1889년에 설립된 '제2차 인터내셔널'에서 벌어진 논쟁이 잘 보여주듯이, 유럽의 다른 식민국가들에서도 사회주의 정당들은 동일한 선택에 직면했다. '제2차 인터내셔널'에 참석한 각국의 대표자들 전체가 보기에는 자신들과는 전혀 관계가 없는 것 같은 이 문제를 두고 식민지를 소유하지 않은 국가들의 대표자들과 식민지를 소유한 국가들의 대표자들 사이에 뚜렷한 의견차이가 드러났다. 식민지를 소유하지 않은 국가들의 대표자들은 식민화 사업을 이구동성으로 규탄했으며, 식민지를 소유한 국가들의 대표자들은 원칙적으로 식민화 사업을 규탄하지 않으려는 경향이 있었으며 영국인 힌드만, 벨기에인 드 브루케르, 독일인 베벨 같은 극소수의 대표자들만이 식민화 사업을 그만둘 것을 요구했다.

'파리 만국박람회'가 열린 해인 1900년 9월에 파리에서 개최된 대회에서 처음으로 이 문제가 의제로 채택되었다.[32] 의제의 취지를 설명하는 역할을 맡은 사람은 네덜란드 사람 반 콜(1842~1921년)이었다. 그는 자바 *Java*에 기술자로 오랫동안 머문 적이 있었으며, 그곳에서 원주민들에 대해 대단히 보호자적인 *paternaliste* 관점을 유지하면서도 그들과 또 그들의 주장에 매료되었다. 그는 다음과 같이 말했다. 《나는 그곳에서 16년 동안 내 인생에 있어서 가장 멋진 때를 보냈습니다. 그곳 원주민들과 더불어 지내면서 나는 그들을 사랑하게 되었습니다. 너무나 다정하고, 너무나 평화적이며, 언제나 노예

32 마들렌 르베리우, 죠르쥬 오프트 공저, 《1914년 이전의 사회주의 세력과 식민지 문제 — 인터내셔널의 태도》, 「사회 운동」, 《1914년 이전의 사회주의 세력과 식민지 문제》 특집호, 제45호, 1963년 10~12월호.

신세였으며, 언제나 버림받았으며, 언제나 수난을 당한 그 사람들을 말입니다.》[33] 《긍정적 식민지배 정책》을 지지하는 그의 태도는 식민화 사업에 대한 강경한 비판, 특히 힌드만이 가하는 비판에 직면했다. 그런데 그 대회에서 채택된 동의안은 대체로 '프랑스 노동당'의 주장과 같은 내용을 담고 있다. 그 내용은 다음과 같다. 《부르주아지의 식민지배 정책은 자본가 계급의 이익을 확대하는 것, 그리고 생산자 프롤레타리아의 피와 돈을 짜내고 또 군사력으로 정복한 식민지의 원주민 종족들에게 잔혹한 짓과 범죄를 무수히 자행하면서 자본주의 시스템을 유지하는 것 외에 다른 목적을 가지고 있지 않다.》 이런 논리에 있어서 우리는 다음과 같이 자문해볼 수 있다. 만일 가장 먼저 언급된 것, 즉 식민국가들의 프롤레타리아의 돈과 피 문제가 제기되지 않는다면, 두 번째로 언급된 것, 즉 식민지 원주민들을 대상으로 자행된 행위에 대한 비판은 어찌 되는가? 식민지배를 당하는 민족들에게는 권리가 있는가?

장차 모든 사회주의자들의 준거로 사용될 마르크스와 엥겔스의 글에서도 이 의문에 대한 명쾌한 해답을 거의 찾아볼 수 없다. 유럽 국가들이 대대적인 기세로 식민지 정복을 감행하기 전에 쓴 글에서 마르크스와 엥겔스는 자본 부르주아지의 팽창주의를 규탄했으나 아프리카와 아시아의 원주민들에게는 권리가 있다고 보지 않음으로써 그들을 폄하하는 태도를 자주 취하기도 했는데, 그런 태도는 식민지배 정책을 정당화하는 주요 요소였다.

파리 대회가 열리고 나서 4년 뒤에 암스테르담에서 열린 '사회주의 인터내셔널'의 대회(1904년 8월 14~20일)에서는 상반되는 두 태도가 한층 뚜렷이 드러났다. 반 콜은 모든 식민지배 정책을 규탄하기를 거부했다. 그는 다음과 같이 말했다. 《미래의 사회주의 사회는 (…) 경제발전 수준에서 후진 인종들보다 높은 단계에 도달한 국가들 사이의 관계를 조율하는 자체의 식민지배

33 반 콜, 《1901년 1월 21일에 학술회 *Sociétés savantes*에서 한 강연》. 「사회 운동」, 1901년 제53~54호에 재수록.

정책을 가져야 할 것입니다. 우리는 세계의 절반을 아직도 유아기에 있는 민족들의 전횡에 내맡겨둘 수 있을 것인가요? 그 민족들은 우리가 사는 지구의 가장 비옥한 부분을 미경작 상태로 내버려두면서, 자국의 지하에 잠자고 있는 엄청난 부(富)를 묻어두고 있습니다. (…) 인종과 피부색에 대한 일체의 편견으로부터 자유로운 우리 사회주의자들은 소위 열등 인종들의 미래에 대한 무한한 희망을 마음속에 간직하고 있습니다. 그 인종들이 현재 처해 있는 상태는 과거에 우리가 처해 있던 것입니다. 그 인종들은 우리가 이룩한 진보를 많은 이들이 생각하는 것보다 아마도 더 가까운 미래에 이룩할 수 있을 것입니다. 인류의 발전은 항상 더 가속도가 붙은 걸음으로 나아가기 때문입니다. 지구의 온대 기후대에 황인종들이나 흑인종들이 사는 때가 올 것입니다. 그 때가 되면, 그들은 자신들이 백인들보다 열등하다고 느끼지 않게 될 것입니다. 그리고 그들은 스스로 길을 찾아갈 수 있을 것이기 때문에 우리의 보호·감독을 필요로 하지 않게 될 것입니다.》[34] 반 콜이 한 이 발언은 페리가 한 발언과 흡사했으며, 죠레스가 한 발언과도 비슷했다. 그런데 그로부터 조금 뒤에 죠레스는 반 콜에게 다음과 같은 부탁을 했다. 1905년 3월에 루앙 *Rouen*에서 열리는 '프랑스 사회주의당'의 전당대회에 식민지에 관한 보고서를 제출해달라는 것이었다.

반 콜과는 반대로, 힌드만은 영국이 인도에 대해 저지른 짓을 규탄했다. 그는 영국이 저지른 그 짓으로 말미암아, 《세계에서 가장 강력하고 가장 영향력 있는 국가들 중의 하나》였던 인도가 《완전한 빈곤》 상태로 전락했다고 했다. 그는 계속해서 다음과 같이 말했다. 《그것은 끔찍한 범죄입니다. 서유럽에서 사회주의 자체는 이 엄청나게 잔혹한 행위를 예방하는 것보다 중요하지 않습니다. 저는 영국인으로서, 그리고 수 세기 전부터 우리의 섬에서 살아

34 반 콜의 의제 설명. 『1904년 8월 14~20일에 열린 암스테르담 사회주의 인터내셔널 대회 — 의제의 의문점들에 대한 보고와 결의안』, 사회주의 인터내셔널 사무국(Secrétariat socialiste international), 브뤼셀, 1904년, 36~82쪽.

온 한 집안의 구성원으로서, 문명세계의 면전에서 정치가들과 그 비열한 행위에 책임이 있는 나라를 규탄하기 위해 이 국제대회에 호소합니다. 저는 이 국제대회가 여기에 모인 모든 나라의 노동자 대표자들의 다정한 인사말을 인도인들에게 보낼 것을 요청합니다. 그들이 일찍이 인류에게 가해진 가장 사악한 폭정의 공포로부터 그 어떤 수를 써서라도 마침내 스스로 해방되기를 기원하는 인사말을 말입니다.》[35]

프랑스를 대표한 타르부리예슈는 반 콜을 지지한 반면, 힌드만은《식민지를 즉각적으로 독립시킬 것을》[36] 요구하려던 생각을 버렸다. 그 대회에서 채택된 동의안은 1900년에 채택된 동의안에 담겨 있던 것과 같은 유형의 규탄을 담고 있으며,《대자본가 계급이 식민지의 부(富)를 가로채지 못하도록 주의할 것을》(제3항) 사회주의자들에게 당부하는 내용을 포함하고 있다. 이것은 실제로는 노략질한 것을 보다 공평하게 나누어달라는 요구에 불과했다.

1907년, 식민화 사업을 지지하는 사회주의자들과 반식민주의자들의 대립

그로부터 3년 뒤인 1907년 8월에 슈투트가르트에서 열린 대회에서 사회주의자들 사이의 의견분열은 한층 더 뚜렷해졌다. 당시에는 여러 나라에서 식민화 사업을 규탄하는 움직임이 다시 일고 있었다. 그것은 프랑스에서는 1903년 7월 14일에 콩고의 브라자빌에서 일어난 유혈 사건[37] 때문이었으며, 벨기에에서는 '콩고 척식회사'들이 저지른 야만적인 행위들 때문이었으며, 독일에서는 남서아프리카에서 독일 군대가 자행한 헤레로족의 민족말살 때

35 위의 책.

36 이것은 힌드만과 비슷한 태도를 가지고 있던 벨기에 사회주의자 드 브루케르가 1904년 8월 18일자「브뤼셀 인민」에서 밝힌 것이다. 죠르쥬 오프트, 마들렌 르베리우 공저,『제2차 인터내셔널과 오리엔트』(Cujas 출판사, 파리, 1976년)에서 재인용.

37 1903년 7월 14일에 브라자빌에서 일어난 유혈 사건 : 레오폴드 고와 죠르쥬 토케가 대혁명 기념일을 자축하기 위해 흑인 청년 한 명을 다이너마이트로 폭파시킨 사건을 가리킨다. — 역주

문이었다.

반 콜과 벨기에 사람 테르바뉴가 내놓은 첫 번째 결의안은《시대를 막론하고 원칙적으로 모든 식민지배 정책을 규탄하지는 않으며, 그 정책은 사회주의 체제에서는 문명화 사업이 될 수 있을 것이다.》라는 내용을 담고 있다. 프랑스 대표 루아네는 그 결의안을 지지하면서 다음과 같이 말했다.《저는 식민화 사업을 순전히 자본주의적인 현상으로 간주하는 것은 옳지 않다고 생각합니다. 식민화 사업은 역사적 사실 *fait historique*이기도 합니다. 이런 동기로 저는 테르바뉴가 내놓은 결의안을 지지합니다. 이제는 식민지에서 괄목할만한 진보를 이룰 수 있습니다. (…) 저는 식민화 사업에서 비롯된 온갖 범죄의 책임이 자본주의에 전가될 때, 자본주의는 그것을 당당히 감수할 수 있다고 생각합니다. 식민화 사업이란 자본주의적 현상이 아니라 역사적 현상입니다. (…) 유럽과 아메리카의 문명국가 국민들은 엄청난 공간을 앞에 두고 있습니다. 그 국가들은 그 공간을 이용하여 자체의 경제생활을 개선해야 하는가요, 하지 않아야 하는가요? 저는 그렇게 해야 한다고 답하는 바입니다.》[38]

그렇게 해서 식민지를 소유하지 않은 국가들의 대표자들과 식민지를 소유한 국가들의 대표자들 사이에 성향 면에서 뚜렷한 차이가 있다는 것이 확인되었다. 에두아르트 다비드(그는《소수파가 일관성이 있고자 한다면, 식민지를 없애라고 요구해야 한다!》라고 했다.)로 대표되는 독일 사회주의당의 우익에 맞서, 폴란드 사람 카르스키 — 그의 조국 땅은 독일과 러시아 양쪽으로 나누어져 있었다. —는 다른 민족의 땅을 정복하려는 방침 자체를 다음과 같이 공격했다.《다비드는 어느 나라가 다른 나라를 보호 · 감독할 수 있는 권리를 인정했습니다. 우리는 그런 보호 · 감독이 어떤 가치가 있는지 알고 있습니다. 러시아의 차르와 프러시아 정부를 보호 · 감독자로 가지고 있는 우

38 『1907년 8월 16일부터 24일까지 슈투트가르트에서 열린 사회주의 인터내셔널 제7차 대회』(사회주의 인터내셔널 집행부 사무국이 발행한 분석보고서), Veuve Désiré Brismée 출판사, 브뤼셀, 1908년.

리 폴란드인들은 말입니다.》 그가 보기에 제(諸) 민족의 자결권은 유럽에서만 유효한 것이 아니었다. 그는 다음과 같이 말했다. 《우리에게는 우리의 문명을 그토록 자랑할 수 있는 어떤 권리도, 그리고 훨씬 더 오래되고 또 아마도 훨씬 더 문명화된 문화를 누리고 있는 아시아 민족들에게 그 문명을 강요할 수 있는 어떤 권리도 없습니다.》[39]

남서아프리카에서 헤레로족의 민족말살 사건이 일어나고 사회주의자들이 다음 선거에서 패배한 뒤, 독일 사회주의자들은 또다시 프랑스 사회주의자들보다 더 크게 분열되었다. 다비드와는 반대로, 베벨은 인권을 거부당한 민족들에게는 저항의 권리가 있다는 주장을 내놓기까지 했다. 그리고 인터내셔널에서 가장 영향력 있는 웅변가들 중의 한 사람이었던 카우츠키는 《미개인》이라는 개념과 《우등 민족들》이라는 개념을 명백한 것으로 간주하여 그 개념을 고스란히 답습하면서도, 식민지 정복이 문명화의 역할을 한다는 주장을 다시 문제 삼았다. 그는 다음과 같이 말했다. 《어떤 사람이 이런 말을 하고 있습니다. 우리는 문명화 정책을 추구해야 하며, 우리는 우리 자신이 원시부족들의 교육자와 조언자가 되기 위해 그 후진 부족들에게 다가가야 한다고 말입니다. (…) 우리는 그 원시부족들이 우등 문화에 도달하는 것에 온통 관심을 기울이고 있습니다. 그러나 제가 의문을 제기하는 것은, 그렇게 하기 위해서는 식민지배 정책을 펴야만 하는가, 정복하고 지배하는 것이 필요한가라는 것입니다. 저는 심지어 이렇게 말할 수도 있을 것입니다. 식민지배 정책은 문명화 정책에 어긋나는 것이라고 말입니다.》

카우츠키의 주장이 더 큰 설득력을 얻었다. 그는 식민주의자들의 핵심적인 주장, 즉 식민지 정복이 문명화의 역할을 한다는 주장을 문제 삼았기 때문이다. 이에 대해 반 콜은 페리가 1885년 12월에 하원에서 사용했던 것과 같은 방법, 즉 상대의 주장을 조롱하는 방법을 사용하여 반격했다. 그는 다음과 같

39 위의 자료.

이 말했다. 카우츠키는 《아프리카에 기계와 작업도구를 보내라고 우리에게 권고했습니다. (…) 우리가 중앙아프리카의 흑인들에게 기계를 보내면, 그들이 무슨 짓을 할지 여러분은 아시나요? 십중팔구 그들은 우리의 유럽산(産) 제품을 둘러싸고 전사(戰士)의 춤을 출 것이며(좌중에 폭소가 터짐), 그리고 또 아마도 그들의 수많은 신(神)들에 더해서 새로운 신이 하나 더 생길 것입니다(다시 폭소가 터짐). 아마도 그[카우츠키]는 기계를 다룰 줄 아는 유럽인들을 그곳에 보내라고 요구할 것입니다. 저는 원주민들이 그 유럽인들을 어떻게 할지 모르겠습니다. 또한 아마도 카우츠키와 저는 이론을 실천에 옮길 수도 있을 것이며, 우리 두 사람은 그 기계들을 따라 검은 대륙으로 갈 수도 있을 것입니다. 그러나 저는 확신합니다. 원주민들이 그 기계들을 부수는 것으로 만족하지 않으리라는 것을 말입니다. 그 원주민들은 우리 두 사람의 살가죽을 벗길지도 모르며, 우리 두 사람을 잡아먹을지도 모릅니다. 그렇게 되면……(자기 배를 쓰다듬으면서) 저는 신체적인 면에서 카우츠키보다 발육이 약간 더 잘 되어 있기 때문에 저의 흑인 친구들에게 먼저 선택될까 매우 두렵습니다(폭소가 터짐). 우리, 우리 유럽인들이 우리 유럽의 기계를 가지고 아프리카에 간다면, 우리는 우리가 한 원정의 희생물이 될 것입니다. 반대로, 우리는 경우에 따라서는 우리 자신을 지키기 위해 무기를 손에 들어야 합니다. 카우츠키가 그 행위를 제국주의적인 행위라고 부를지라도 말입니다(몇몇 의석에서 "잘했다."라는 외침이 있었음).》

하지만 결국 식민화 사업을 보다 강경하게 비판하는 내용이 포함된 수정 결의안이 근소한 표차로 채택되었다.[40] 식민국가들의 대표자 전원을 설득하는 데에는 실패했지만, 비식민국가들의 대표자들이 찬성표를 던졌기 때문이다.[41] 수정 결의안의 내용은 다음과 같다. 《식민지배 정책은 그 내재적인 성

40 최종 결의안은 다른 민족의 땅을 식민지로 삼으려는 방침을 규탄하기를 거부하는 내용을 담은 문장이 삭제된 채로 투표에 붙여졌다. 투표결과는 찬성 127표, 반대 108표, 기권 10표였다.

41 네덜란드 대표들은 최종투표에 기권했다. 독일인 에두아르트 다비드는 자신이 보기에 너무 반식민주의

격 때문에 식민지 땅에 사는 원주민들을 예속화하고, 그들에게 강제노동을 부과하고, 그들을 말살하는 행위를 피할 수 없다. 자본주의 사회가 내세우는 문명화의 사명이라는 것은 그 사회의 정복 · 수탈 기도(企圖)를 은폐하는 데에 소용될 뿐이다. 오직 사회주의 사회만이 모든 민족들에게 그 민족들 자체의 문명을 발전시킬 수 있는 수단을 제공하게 될 것이다.》[42] 영국 대표자들은 《인도 제국에 대한 영국의 지배 유지》를 규탄하는 내용을 담은 자신들의 안을 철회하고, 《그 가련한 나라에 살고 있는 인류의 5분의 1에 해당하는 사람들을 해방시키는 것을 목표로 하는 운동》을 지지했다. 프랑스 대표자들은 최종 결의안에 찬성표를 던졌으나, 이후로 식민화 사업에 반대하는 어떤 운동도 시작하지 않게 된다. 그런데 단지 몇몇 부류의 사람들, 즉 대체로 식민지에 대해 직접적인 경험이 있는 사람들만이 그 대회에서 여러 차례 벌어진 토론에 관심을 가졌다. '사회주의 인터내셔널'을 지지하는 사람들 대부분에게는 식민지 문제가 아닌 다른 많은 문제들이 우선적인 관심사였기 때문이다. 그리고 1910년부터는 모든 에너지를 유럽 내의 전쟁 문제에 쏟아야 했기 때문에 식민지 문제는 논의에서 사라졌다.

식민지 개척사업에 대한 동조

급진주의자들로 말하자면, 야권에 속해 있는 동안에는 식민지배 정책에 반대하던 그들 대부분은 곧 그 정책에 동조했다. 이미 1885년에 통킹에서 병력을 철수하는 안이 급진주의자들 일부가 던진 표 때문에 통과되지 못한 적이 있다. 그러나 1890년에서 1911년 사이에 대다수 급진주의자들은 식민

적인 것으로 여겨지는 동의안에 반대표를 던짐으로써 자국 대표단과 갈라섰다. 프랑스 대표들 중에서 게드를 따르는 브라크는 그 최종 문건을 작성하는 데에 참여했다.

42 『1907년 8월 16일부터 24일까지 슈투트가르트에서 열린 사회주의 인터내셔널 제7차 대회』, 앞의 자료, 216~228쪽.

화 사업을 지지하는 진영에 합류했다. 1895년에 식민부 장관이 된 에밀 쇼탕, 1894년부터 1895년까지는 마다가스카르 정복에 반대했으나 1902년부터 1905년까지 식민부 장관을 지낸 가스통 두메르그, 또는 역시 당시까지만 하더라도 완강한 반식민주의자였으나 곧 1906년부터 1909년까지 식민부 장관을 지내게 되는 라파엘 밀리에스-라크롸 등이 그러했다. 그리고 1922년에 클레망소는 라오스를 프랑스 보호령으로 만드는 기틀을 마련한 오귀스트 파비[43]의 회상록[44]에 붙이는 서문을 쓰게 된다. 이제 '급진당'은 식민지배 정책이 입안되는 곳이 되었다. 이후로도 1885년에 채택된 강령을 고수하고, 모로코 같은 새로운 영토를 점령하기 위한 원정에 반대하고, 식민지배 상황 때문에 빚어진 범죄에 분개하는 고집 센 사람들이 '급진당' 내부에 여전히 남아 있게 되지만 말이다.

한편, 사회주의자들로 말하자면, 이런저런 대회에서 그들이 한 투표 행위보다 더 중요한 것으로서 그들을 특징지었던 것은 다음과 같다. 즉, 그 근본적인 문제와 관련하여 집단적으로 자신들의 태도를 밝히지도 않았으며, 또한 다른 민족의 땅을 식민지로 삼으려는 방침 자체와 그 방침의 토대가 되는 것으로서 인류를《문명인들》과《미개인들》로 나누는 것과 관련하여 자신들의 태도를 분명히 하지도 않았던 것이다. 1913년에 죠레스는 프랑스가 모로코에 개입하는 데에 또다시 반대했는데, 바로 그때에 그는 인류를《문명인들》과《미개인들》로 나누는 사회주의자들의 태도를 고스란히 답습하는 듯한 모

43 오귀스트 파비(1847~1925년) : 프랑스 군인, 탐험가, 행정가. 1868년에 해병대 부사관 신분으로 코친차이나에 파견되었으며, 군복무를 마치고 전신국에 들어가서 1870년까지 근무했다. '프로이센-프랑스 전쟁'이 일어나자 귀국해서 파리 방어 전투에 참전했다. 이후로 인도차이나로 돌아가서 1879년에 프놈펜과 방콕 사이에 전신망을 가설하는 책임을 맡았다. 자신이 근무하는 지역과 그곳 주민들에 대해 관심이 많았으며, 많은 정보를 축적했다. 1886년부터 1895년까지 루앙프라방 주재 영사, 방콕 주재 영사 등을 차례로 지냈다. 라오스와 시암 *Siam* 사이의 국경을 설정하는 데에 크게 기여했으며, 그곳을 프랑스 보호령으로 만드는 데에도 결정적으로 기여했다. 1895년에 귀국하여 발표한『사람들의 마음을 사로잡기 위하여 — 수백만 마리의 코끼리와 하얀 양산의 나라』에서 자신이 라오스에서 수행한 활동에 대해 서술하고, 다른 사회를 존중하는 식민화 사업을 펼 것을 권고했다. — 역주

44 오귀스트 파비,『사람들의 마음을 사로잡기 위하여 — 수백만 마리의 코끼리와 하얀 양산의 나라』, 죠르쥬 클레망소의 서문, Bossard 출판사, 파리, 1921년.

습을 보였다. 그는 단지 식민지 정복 원정을 감행하는 것을 강경하게 거부하면서 그것에 대해 의혹을 가지기 시작했을 뿐이다. 이것은 그 자신이 근본적으로 반식민주의 쪽으로 돌아설 수도 있다는 것을 알려주는 것이었다.

그리고 마지막으로 레옹 블룸[45]은 1925년에 하원에서 '노동자 인터내셔널 프랑스 지부'를 대표하여 식민지에 대해 개혁정책을 펼 것을 요구하면서도 다음과 같이 말했다.《우리는 우등 인종들이 동일한 문화수준에 도달하지 못한 인종들을 자신들 쪽으로 이끌 수 있는 권리를, 그리고 심지어 그렇게 해야 할 의무를 인정합니다.》[46] 이때에 블룸은 반세기에 걸친 사회주의 운동 속에 이미 굳게 뿌리 내린 전통을 답습했을 뿐인데, 이 때문에 그는 식민지배정책과 완전히 결별할 수 없었다. 그리고 기 몰레는 프랑스를 마지막 '알제리 전쟁' 속으로 밀어넣으면서 1956년 2월 6일에 알제에 거주하는 식민지 이주민들에게 굴복하게 되는데,[47] 이때에 그의 정책도 역시 민주적 식민화 사업 *colonisation démocratique*이라는 허구적인 사업을 빙자하여 식민지를 지배하려는 방침을 거부하지 않는 뿌리 깊은 전통에 속했다.

---

45 레옹 블룸(1872~1950년) : 프랑스 정치인. 문학평론가와 사회비평가로 활동하다가 정계에 입문했다. 하원의원을 지냈으며, 1936년 6월부터 1937년 6월까지 '인민전선'의 수반으로 좌파연합 정권을 이끌었다. 2차대전 때에는 비시 정부로부터 패전의 책임자로 지목되어 정계에서 추방되었으나, 1946년 12월에 총리 겸 외무부 장관으로 복귀하여 이듬해 1월까지 단명한 내각을 이끌었다. — 역주

46 1925년 7월 9일의 하원 회의에서 한 발언.

47 기 몰레의 굴복 : 기 몰레가 알제리 주재 변리공사로 내정된 카트루 장군의 사임을 수리하고 대신에 로베르 라코스트를 임명한 것을 말한다. 죠르쥬 카트루와 관련한 267쪽의 역주를 참고하라. — 역주

제6장

반식민주의자들 그리고 '인권연맹'의 경우

'인권연맹' 같은 협회가 취한 태도에 대해 생각해보지 않으면서 프랑스 공화국의 식민지배 과거사에 대해 생각해볼 수는 없다. 설립될 당시(1898년)에 천명된 '인권연맹'의 목적은 모든 곳에서 인권의 원리를 수호하는 것 바로 그것이었다. 그 연맹은《원주민들을 보호하고 옹호하며》식민지에서 자행된《악습》과 범죄를 규탄하는 데에 전념했다. 그 연맹의 첫 규약을 작성한 법학자이자 가톨릭인이었던 폴 비올레 — 1905년에 그는 다음과 같이 외쳤다.《아! 루이 16세 치세 말에 노예해방을 준비했던 용맹스러운 '흑인들의 친구들'이 되살아나서 우리들 곁으로 다시 올 수 있다면, 그들은 얼마나 놀라고 얼마나 분개하겠는가! 내가 인도차이나에서 자행된 끔찍한 범죄들을, (…) 가련한 아프리카의 몇몇 도정(道程)에서 짐 운반에 끔찍하게 동반되었던 범죄들을 생각해보고 있는 지금.》[1] —, 또는 그 연맹의 의장이었으며 '반제국주의 · 반식민압제연맹'의 창립(1927년 2월 10일에 브뤼셀에서 결성)을 지지하기로 한 빅토르 바슈가 그렇게 했듯이 말이다.

1 '원주민보호 · 옹호위원회'가 1905년 10월 31일에 마련한 모임에서 한 발언. 당시에 '정 · 교(政敎)분리법'이 발효되고 그 법으로 가톨릭계 내부에 팽팽한 긴장이 야기되고 있던 상황에서 폴 비올레는 자신이 발기인의 한 사람으로 참여한 '인권연맹'을 탈퇴한 상태였으나, 그 단체의 대표자들과 좋은 관계를 유지했다.

그러나 반드시 짚고 넘어가야 할 것은, '인권연맹'이 그 단체가 알게 된 여러 사건에서 식민지 원주민들의 개별적인 권리를 적극적으로 변호했으며, 또한 식민지배 시스템에서 비롯된 명명백백한 불의에 완강히 반대하기는 했지만, 다른 민족의 땅을 식민지로 삼으려는 방침 자체를 문제 삼지는 않았으며, 그 연장선상에서 1905년부터는 급진주의자들과 사회주의자들의 태도도 거의 문제 삼지 않았다는 사실이다. 그 단체 내부에서 다수를 차지하고 있던 세력은 《민주적 식민화 사업》이라는 환상을 버릴 것을 끊임없이 요구했으며, 그 사업의 방침 자체를 강경하게 규탄했지만 말이다. 그리고 식민화 사업을 가장 격렬히 비판한 것은 대체로 그 단체의 회원들이 아닌 다른 사람들이었다.

「사회 전쟁」의 반식민주의

식민주의에 대한 가장 격렬한 규탄을 찾아볼 수 있는 곳은 이론의 여지없이 신문기자 귀스타브 에르베[2]가 1906년 12월에 창간한 것으로, 반군국주의적인 색채를 띠었던 주간신문 「사회 전쟁」의 지면이다.[3] 그런데 에르베는 식민주의를 규탄하면서 반애국주의 *antipatriotisme*에 사로잡힌 나머지 종종 이성을 잃기도 했다. 이를테면 1907년에 프랑스가 모로코에 개입하기 시작하자, 「사회 전쟁」에 기고한 글에서 그는 다음과 같이 외쳤다. 《우리 위선적인 프랑스인들은 알자스를 빼앗기자 그것에 대해 거칠게 항의한 적이 있다! 그로부터 채 6년도 되지 않아 우리 위선적인 프랑스인들은 튀니지를, 이어서

---

2 귀스타브 에르베(1871~1944년) : 프랑스 정치인. 반군국주의 운동을 벌이면서 전쟁이 일어나면 봉기를 일으켜야 한다고 했으며, 「사회 전쟁」을 창간하여 이끌면서 언론법 위반 혐의로 여러 차례 수감되었다. 1914년부터 애국심을 찬양하는 쪽으로 전향하면서 「사회 전쟁」의 제호를 「승리」로 바꾸었으며, 1919년부터는 파시즘적인 경향을 보였다. 1933년에는 독일 민족-사회주의자들의 반유태주의를 공격했으며, 2차대전 직전에는 의회체제의 허약성을 비난하면서 페탱 원수를 대통령으로 모시고 권위주의적인 공화국을 수립하자고 역설했다. — 역주

3 마들렌 르베리우, 《식민지 문제 앞에서의 「사회 전쟁」과 사회주의 운동》, 「사회 운동」 제46호, 1964년 1~3월호. 또한 질 외레의 저서 『귀스타브 에르베 — 어느 선동자가 걸어간 길』(La Découverte 출판사, 파리, 1997년)도 보라.

통킹을, 또 이어서 마다가스카르를, 그리고 또 이어서 다호메를 강탈했다. 이제는 모로코를 강탈할 차례가 되었다. 할아버지들이 알제리를 강탈한 이후로 그 탈취를 통해 손자들은 바로 곁에 있는 모로코에 대해 명백한 권리를 가지게 된 것이다. (…) 이 사실을 자신에게 숨기지 말아야 한다. 모로코라는 톱니바퀴에 작은 손가락이 하나 끼었으며, 머지않아 몸 전체가 그 톱니바퀴에 끼게 될 것이다.》[4] 하지만 이토록이나 애국자이기를 거부할 때에 다른 사람들의 애국심을 지지하기는 어려워보이는 법이다.

그로부터 얼마 뒤, 에르베는 프랑스 군대가 패배하기를 바라는 내용을 담은 글을 발표했다. 그 내용은 다음과 같다.《우리는 당신들[프랑스 군인들]의 강도짓에 항의하기 위해 총파업을 선언하겠다는 약속을 노동계급으로부터 아직 얻어낼 수 없으므로, 우리가 해야 할 일은 10년 전에 당신들과 같은 족속[군인들]인 이탈리아인들이 아비시니아의 산악지대에서 네구스 *Négus*[5]의 군대에게 당한 것처럼 당신들이 그곳에서 당하기를, 그리고 얼마 전에 당신들의 선임자들이 마다가스카르의 길에서 쓰러져 죽었듯이 당신들이 모로코의 길에서 수천 명씩 쓰러져 죽기를 기원하는 것뿐이다!》[6] 그리고는 다음과 같이 썼다.《모로코는 모로코인들에게 돌려주라!》[7] 다음 달, 그는 인도주의자들과 공화주의자들의 양심에 호소하면서, 프랑스 병사들이 조국의 이름으로《강간과 살인을 저지르도록》어찌 내버려둘 수 있었는지 그들에게 물었다. 이어지는 내용은 다음과 같다.《프랑스에 사회주의당이 있는가, 없는가? 있다면, 그 당은 그곳에서 살해당하는 모로코인들을 돕기 위해 힘차게 개입하는 데에 왜 우물쭈물하는가? 모로코인들이 약탈당하기를 기다리면서 말이다.》[8] 그리고 그는 프랑스가 모로코 정복전쟁을 벌이는 것을 보면서, 모로코

4 「사회 전쟁」 1907년 4월 3~9일자.
5 네구스 : 당시에 에티오피아는 네구스 제국(帝國)으로 불렸다. — 역주
6 「사회 전쟁」 1907년 8월 7~13일자.
7 위와 동일.
8 「사회 전쟁」 1907년 9월 11~18일자.

인들의 저항의 권리를 다음과 같이 옹호했다. 《대담한 모로코인들이여! 용감한 베니-스나센인들 *Béni-Snassen*[9]이여, 당신들의 땅을 침략하는 강도 떼를 맹렬히 타격하라! 그 강도 떼는 결국에는 당신들을 짓누르게 될 것이다. 여기에서 우리를 짓누르듯이 말이다. 그자들은 가장 힘이 세기 때문이다. 그러나 최소한 우리의 모든 위선적인 애국자들, 기독교인들 또는 공화주의자들이 그 자신들의 위선과 비열함의 비싼 대가를 치르게 하라. 자, 시작하라! 그자들을 봐주지 마라! 알라 신께서 그대들과 함께 하시며, 우리도 또한 그대들과 함께 하노라!》[10]

반면, 1906년에 「사회 전쟁」에 식민주의를 다룬 글을 기고하는 주요 시평가(時評家)들 중의 한 사람(비녜 독통이라는 필명으로 기고)이 되는 폴 비녜의 글은 에르베처럼 반애국주의적인 어조를 띠지는 않았다. 그는 1883년부터 1886년까지 세네갈과 기니에서 토벌작전을 벌이는 해병대원들과 원주민 출신 흑인 보병들을 젊은 해군 군의관 신분으로 따라다니면서, 식민지 정복 부대들이 자행한 잔혹행위를 알게 되었다. 1889년에 전역한 그는 정치에 투신했으며, 그와 동시에 『검은 살갗』(1889년), 『주물(呪物)의 나라에서』(1890년), 『죽음의 땅』(1892년), 『어느 수병(水兵)의 일기』(1897년)를 발표하면서 문학에도 투신했다. 이 작품들은 모두 식민화 사업을 격렬히 비판하는 내용을 담고 있다.[11]

클레망소가 발행하는 신문 「여명」에 오랫동안 기고한 글들에서 폴 비녜는 프랑스 군대가 아프리카와 마다가스카르를 정복한 것을, 그리고 비녜 자신이 주저 없이 식민화 과정의 범죄라고 부르는 것을 규탄했다. 그는 1893년에 프랑스 남단에 있는 에로 *Hérault* 도(道)의 로데브 *Lodève* 지역구에 출마하여

9 베니-스나센인들 : 모로코 북동단에 있는 산악지대 베니-스나센에 사는 사람들. — 역주

10 「사회 전쟁」 1907년 12월 3~10일자.

11 폴 비녜 독통, 『검은 살갗』(Lemerre 출판사, 파리, 1889년), 『주물(呪物)의 나라에서』(Lemerre 출판사, 파리, 1890년), 『죽음의 땅』(Lemerre 출판사, 파리, 1892년), 『어느 수병(水兵)의 일기』(Flammarion 출판사, 파리, 1897년).

폴 르르와-보리외를 물리치고 하원의원에 당선되었으며, 이어서 두 번에 걸쳐 재선되어 1906년까지 계속 하원의원을 지냈다. 그는 신문에 기고한 글에서 그러했던 것과 마찬가지로, 하원에서도 여러 차례에 걸쳐 해명을 요구하는 대정부 질의를 했다.[12] 1894년에는 마다가스카르 원정에 대해, 그리고 수단에서 프랑스 장교들이 여성 포로들을 나누어 가지고 노예들을 판매하는 등의 행위를 한 것에 대해 대정부 질의를 했으며, 1900년 11월 30일에는 하원에서 '불레-샤느완 사건'과 관련하여 맹렬한 논전을 벌였으며, 이어서 갈리에니가 마다가스카르에서 민중봉기를 난폭하게 진압한 것을 공격했던 것이다. 이와 관련한 많은 자료들이 그가 쓴 소책자 『검(劍)의 영광』에 수록되어 있는데, 그는 1900년에 이 소책자를 출판하는 데에 많은 어려움을 겪었다.[13] 또한 이 소책자에는 1893년부터 하원 내에서 식민주의에 반대하는 주요 웅변가로 활동한 그에 대한 많은 증언들도 수록되어 있다.

1906년, 비녜는 '급진당'의 공천을 받지 못했다. 당시에 '급진당'은 정권을 잡으면서, 종전까지 취해오던 반식민주의 노선을 포기했다. 비녜는 재선되지 못했다. 그리고 자신이 「여명」에 기고한 글들이 클레망소를 난처하게 하자, 그는 그 신문을 떠났다. 1911년에 그는 「사회 전쟁」을 발행하는 출판사에서 『원주민 착취 — 제3공화국이 식민지에서 저지른 범죄』라는 제목의 책을 출판했다. 이 책은 1907년부터 1909년까지 북아프리카에서 조사활동— 그를 조사단의 일원으로 임명한 사람은 외무부 장관 스테펜 피숑이었는데, 그것은 다른 사람들이 그러했듯이 비녜도 식민화 사업을 지지하도록 해보려는 희망 때문이었다. —을 하면서 얻은 결과를 바탕으로 쓴, 보복적인 성격을 띤 글들을 모아놓은 것이다.

12 273쪽을 보라.

13 폴 비녜 독통, 『어찌하여 책을 출판하지 못하게 하는가』, Éditions du Progrès, 파리, 1905년. 『검(劍)의 영광』은 출판사의 이름이 명시되지 않은 채로 1900년에 출판되었다. Flammarion 출판사가 마지막 순간에 이 책을 출판하는 것을 포기했기 때문이다.

『원주민 착취 — 제3공화국이 식민지에서 저지른 범죄』는 다음과 같은 짤막한 글로 시작된다. 《나는 이런 꿈을 꾸었다. 정복당한 인종들과 패배한 민족들을 위해 '정의의 여신'이 드디어 이 지구상에 찾아왔다는 꿈이 그것이다. 가진 것을 빼앗기고, 약탈당하고, 압제에 신음하고, 학살당하는 데에 진저리가 난 아랍인들과 베르베르족들은 자신들을 지배하던 자들을 북아프리카에서 몰아냈으며, 흑인들도 아프리카 대륙의 나머지 부분에서 같은 일을 벌였으며, 황인종들은 아시아 땅에서 그렇게 했다. 폭력과 힘에 의해 빼앗긴 신성불가침의 권리를 그렇게 폭력과 힘으로 되찾은 그 각각의 인간 집단은 잠시 가로막혔던, 각자에게 주어진 운명의 길을 계속 걸어갔다. 나는 내 자신이 프랑스인이라는 것 — 이것은 아무런 의미도 없다. —을 잊고, 내 자신이 인간이라는 단 하나의 사실 — 이것이 가장 중요하다. —만을 기억한 채, 내 존재의 깊은 곳에서 형언할 수 없는 환희가 샘솟는 것을 느꼈다.》[14] 《구역질나는 열등 인종 이론》[15]이라는 것에 반대한 비녜는 식민화 사업에 대해 연구하는 이론가였던 것도 아니며, 아프리카 문화에 대해 어떤 종류의 관심도 가지지 않았다. 하지만 그는 단지 자신이 목격한 추악한 행위들과 공화국 정부가 허용한 범죄들 — 그는 공화국 정부가 그 범죄들을 허용한 것을 이해하지 못했다. —에 대해 인본주의적인 거부의 정신을 힘차게 표명하기를 멈추지 않았을 뿐이다.

한편, 에르베에게 있어서 반식민주의는 일종의 반애국주의와 반군국주의의 필연적인 귀결이었는데, 이런 사실 때문에 그는 1913년에 반애국주의와 반군국주의를 버리고 정치적으로 태도를 완전히 돌변하면서 반식민주의 정신도 역시 유지할 수 없게 되었다. 그렇긴 하지만, 1906년부터 1912년까지 「사회 전쟁」 — 이 신문의 판매부수는 매주 2만~5만 부가 늘어났다. —이 구

14 폴 비녜 독통, 『원주민 착취 — 제3공화국이 식민지에서 저지른 범죄』, Éditions de la Guerre sociale(사회 전쟁 출판사), 파리, 1911년.

15 폴 비녜 독통, 『검(劍)의 영광』, 앞의 책.

체적인 자료를 바탕으로 한 치의 물러섬도 없이 식민화 사업에 대해 반론을 제기하는 데에 매진한 많지 않은 목소리들 중의 하나였다는 것은 변함없는 사실이다.

프랑스 작가들이 별로 높이 평가하지 않았던 주제인 식민화 사업

그 몇 해 동안, 식민화 사업에 관심을 가진 프랑스 작가들은 많지 않았다. 그것을 지지하기 위해서든, 아니면 타파하기 위해서든 말이다. 이 주제와 관련하여 미국에서 출판된 것으로 노예제도 문제를 다룬 해리엇 비처 스토우의 작품 『톰 아저씨의 오두막집』(1851년), 또는 네덜란드에서 출판된 것으로 인도네시아에서 식민 관리를 지낸 에두아르트 도우베스 데커(1820~1887년)가 사직한 뒤에 물타툴리 *Multatuli*라는 가명(라틴어에서 물타툴리 *multatuli*는《나는 많은 고통을 겪었다.》를 의미한다.)으로 발표한 소설 『막스 하벨라르』[16] — 네덜란드인들이 원주민들을 수탈하는 것을 고발하는 내용을 담고 있는 이 작품에는 부분적으로 자전적인 요소가 들어 있다. —에 비교할 수 있는 작품은 없다. 그런데 『톰 아저씨의 오두막집』과는 반대로,[17] 『막스 하벨라르』는 네덜란드에서는 큰 인기를 얻었으며 유럽의 다른 여러 언어로 번역되기도 했지만, 프랑스에서는 뒤늦게 희미한 반향만을 일으켰을 뿐이다. 별로 호소력이 없는 『선집』이라는 제목으로 1901년에 메르퀴르 드 프랑스 *Mercure de France* 출판사에서 간행된 이 작품의 프랑스어 번역본은 아나톨 프랑스가 붙인 서문에도 불구하고 거의 주목을 받지 못하게 된다.[18]

기껏해야 몇몇 작가들에게서 양심의 가책이나 거리낌을 담은 일종의 반식

16 물타툴리, 『막스 하벨라르 또는 네덜란드 국영회사의 커피 시장』(1860년에 네덜란드에서 출판).

17 해리엇 비처 스토우의 『톰 아저씨의 오두막집』은 여러 번 프랑스어로 번역 출판되었다.

18 물타툴리, 『선집』, 아나톨 프랑스의 서문, Mercure de France 출판사, 파리, 1901년. 필립 노블이 새로 번역한 책이 1991년에 Actes Sud 출판사에서 『막스 하벨라르』(《바벨 *Babel*》 총서)라는 제목으로 출판되었다.

민주의를 볼 수 있을 뿐이다. 그 작가들은 식민지 정복을 비판하는 성격을 조금도 띠지 않은 기고문이나 작품 속에 이 문제를 살짝 다룬 몇 구절을 이따금 끼워 넣었을 뿐이다. 예컨대 1883년에 피에르 로티[19]는 「르 피가로」에 투언안 *Thuan-An* 전투[20] 이야기를 기고했는데, 그 글에는 프랑스의 식민지배가 베트남에서 어떻게 전개될 것인가를 잘 엿보지 못하는 다음과 같은 내용이 삽입되어 있다. 《이 새로운 사건은 장차 중요하지 않은 사건이 될 것이며, 특히 오랫동안 기억되지는 않을 것이다. 머지않아 이 창백한 정복자들이 인도차이나 땅에 여전히 많은 동료들을 남겨두고 헤어질 때, (…) 그들은 짐을 꾸려 멀어져가야 할 것이다.》 그로부터 얼마 뒤에 로티는 『유년시절』에서 자신이 인도차이나에 도착하면서 느꼈던 감정을 되새기면서 《터무니없고 미친 통킹 원정》에 대해 언급하게 되며, 1912년에는 『어느 앙코르와트 순례자』의 서문에 자신이 1883년에 폴 두메르[21]에게 했던 다음과 같은 말을 싣게 된다. 《뭘 원하시나요? 저는 우리가 너무나 멀리 있는 곳을 정복해서 식민지로 삼는 것은 장래성이 있다고 생각하지 않습니다.》 그러나 이 구절은 단순히 미래를 예측하는 것이었을 뿐이며, 식민지 개척사업을 규탄하는 것은 아니었다.

또 다른 해군장교 클로드 파레르의 글이나 또는 1881년에 신문 「골족」에 발표되고 이듬해에 『양지에서』라는 제목의 책으로 묶여져 출판되는 모파상

19 피에르 로티(1850~1923년) : 프랑스 작가. 해군 장교로 복무하면서 겪은 경험을 회상하는 소설을 많이 썼다. 프랑스 제3공화국이 추진하는 식민지 정책을 경계했으며, 프랑스 병사들을 식민지로 보내 죽음에 이르도록 하는 것은 무익하다고 여겼다. 당대의 이국취향 *exotisme*을 가장 잘 대표하는 작가로서, 서양 문명에 환멸을 느끼고 이슬람에 매혹되었다. 자신의 집에 이국의 정취를 상기시키는 물건들을 잔뜩 모아 놓기도 했다. — 역주

20 투언안 전투 : 1883년 8월 20일에 프랑스의 아메데 쿠르베 제독이 이끄는 군대가 안남(安南)의 후에 *Hué* 입구에 있는 항구 투언안의 해안 요새들을 포격하면서 벌어진 전투. 이 전투에서 대승한 프랑스는 같은 달 25일에 '후에 조약'을 체결하여 안남과 통킹을 프랑스 보호령으로 삼기에 이르렀다. — 역주

21 폴 두메르(1857~1932년) : 프랑스 정치인. 언론계에 종사하다가 정치에 투신하여 하원의원을 여러 차례 지냈으며, 재무부 장관을 지내기도 했다. 1896년부터 1902년까지 인도차이나 총독으로 있으면서 인도차이나를 현대화하기 위한 많을 사업(은행 설립, 공공 토목공사 시행, 의과대학 설립, 기상대 설립, 철도건설 등)을 벌였으며, 아편 공사를 설립하여 총독부가 아편의 구입, 제조, 판매를 독점하도록 했다. 이후로 하원의원, 장관, 상원 의장을 지냈다. 1931년 6월에 대통령에 당선되었으며, 1932년 5월에 러시아 출신 이민자에게 살해되었다. — 역주

의 글들에서도 같은 종류의 내용을 볼 수 있다. 그러나 이 두 사람의 글에서는 로티의 글에서 볼 수 있는 것 이상으로 식민화 사업을 진정으로 거부하는 내용을 찾아볼 수는 없다. 플로베르는 이미 자신의 작품 『통념 사전』의 《(우리의) 식민지들》이라는 항목에서 《사람들이 이에 대해 언급할 때면, 가슴 아프다.》라고 쓴 적이 있다.

아나톨 프랑스[22]는 달랐다. 그는 1906년에 《식민지배 과정의 만행을 규탄하는》 항의집회에 참석하여, 식민지배를 완강히 거부하는 다음과 같은 말을 했다. 《우리는 범죄의 억제를, 그리고 그 범죄를 조장하거나 허용한 체제의 개혁을 지치지 않고 당당하게 요청할 것이며 (…), 우리의 식민제국 내의 황인종들이나 흑인들을 위해 우리는 인권존중을 요구할 것입니다. 능욕당할 수밖에 없었던 인류를 위해 우리는 정의를 요구할 것입니다. 그 식민지배 과정의 만행으로 말미암아 이득이 손상되고 있는 조국의 이름으로 말입니다.》[23] 그러나 아나톨 프랑스의 작품에서는 식민지배에 반대하는 내용을 별로 찾아볼 수 없다. 기껏해야 이런저런 등장인물들이 내뱉는, 식민화 사업을 비판하는 말을 드문드문 찾아볼 수 있을 뿐이다.[24]

랭보의 글은 식민화 사업에 대해 그가 품고 있던 진지한 회의를 엿볼 수 있게 해준다. 『착색판화시집』에 수록된 시 〈민주주의〉에서 그는 다음과 같이 썼다. 《우리는 정당하게 저항하는 사람들을 학살하고 있다. 후추가 생산되고 물에 잠긴 나라들로 가자! 산업적으로나 군사적으로 끔찍하게 수탈하기 위해. 이젠 여기에서 서로 헤어지자, 아무 곳에서라도. 열정이 넘치는 신병(新

22 아나톨 프랑스(1844~1924년) : 프랑스 시인, 소설가. 드레퓌스 사건 때에 드레퓌스파에 가담하여 맹활약했으며, 터키가 아르메니아인들을 학살한 것을 규탄했다. 사회주의 이념을 지지했으며, 평화주의를 지향했다. 러시아 혁명에 환호했으나, 프랑스 공산당에 입당하지는 않았다. 1921년에 노벨 문학상을 수상했으며, 장례는 국장으로 치러졌다. — 역주

23 샤를-로베르 아쥬롱, 『프랑스에서의 반식민주의 — 1871년부터 1914년까지』, 앞의 책.

24 예컨대 『하얀 돌 위에』라는 작품에서 등장인물들 중의 한 명인 랑쥴리에 *Langelier*는 다음과 같이 말한다. 《프랑스 국민에게는 아프리카나 아시아의 땅을 소유하는 것이 아무런 이득이 되지 않는다. 하지만 반대로, 정부 지도자들에게는 프랑스 국민이 그 땅을 얻도록 해주는 것이 많은 이득이 된다.》(아나톨 프랑스, 『하얀 돌 위에』, Calmann-Lévy 출판사, Paris, 1905년)

兵)들인 우리는 잔혹한 인생관을 가지게 되리라. 학문에는 무지하며, 안락에는 꾀바른 우리들. 굴러가는 세상을 위해 죽는 것. 그것이 바로 참된 전진이다. 가자!》[25] 이 글은 랭보가 에티오피아의 하라르 *Harrar*로 떠나기 전에 남긴 것이다.

마지막으로, 가장 흥미로워 보이는 것은 빅토르 세갈렌의 경우이다. 그는 자신의 작품 곳곳에서 식민주의 이념의 토대로 사용된 유럽 중심주의 *européocentrisme*를 강경하게 거부하는 태도를 드러냈기 때문이다. 《식민 문학 *littérature coloniale*》 작가들의 글을 모은 것으로 간주될 단편 소설집에 참여해달라는 요청을 받은 그는 '식민의(또는 식민지의) *colonial*'라는 《이 수식어는 내가 보기에는 '관리 *fonctionnaires*', '확장 *expansion*', '속보(速報) *dépêche*' 또는 '보병 *infanterie*' 같은 명사에 덧붙이면 매우 분명해 보이지만,[26] '문학'이라는 낱말에 덧붙이면 타당한 의미가 갑자기 사라지기》 때문에, 자신은 '식민' 문학이라는 것을 상상하지 못하겠다고 답했다.[27] 세갈렌의 이런 생각은 미학적인 차원의 것이었을 뿐이며 다른 어떤 것은 아니었다. 그러나 그가 '식민의(또는 식민지의)'라는 용어를 거부한 것은 비유럽 문명들(폴리네시아 문명, 실론의 불교 문명, 중국 문명)에 대한 그의 관심과 잘 맞았다. 그는 그 문명들의 언어와 문화를 연구했으며, 동시대인들이 그 문명들에 인접해 있으면서도 그것들을 알려고 하지 않는 것을 이해하지 못했다. 또한 그의 방식은 세갈렌 자신이 그 문명들의 이모저모를 살펴본 것 — 그는 자신의 작품들에서 그렇게 해야 할 필요성을 느꼈다. —과 잘 맞기도 했다.

세갈렌의 그런 태도는 그다지 이해 받지 못했다. 예를 들어 그의 소설 『태

25 아르튀르 랭보, 『착색판화시집』, 제37편 〈민주주의〉, 『전집』, Gallimard 출판사, 《플레이아드》 총서, 파리, 1954년, 204쪽.

26 '식민의(또는 식민지의) *colonial*'와 명사들 : 이 명사들과 '식민의 *colonial*'라는 형용사를 결합하면, '식민지 관리들 *fonctionnaires coloniaux*', '식민지 확장 *expansion coloniale*', '식민지 속보 *dépêche coloniale*', '식민지 보병 *infanterie coloniale*'이 된다. — 역주

27 마리위스-아리 르블롱에게 보내는 1910년 3월 15일자 편지. 질 망스롱, 『세갈렌』(J.-C. Lattès 출판사, 파리, 1991년) 중에서.

고의 사람들』(1907년) — 이 작품의 표현법, 플롯, 등장인물들은 전적으로 폴리네시아 문명에 빚지고 있다. —을 바라보는 다음과 같은 신랄한 관점으로 판단해보자면 말이다. 《추측컨대, 저자는 (…) 흑인들에 대해 글을 쓰기 위해 (…) 흑인의 영혼과 사고방식을 가지려고 했던 것 같다. 나는 저자가 지나치게 성공한 것이 아닌가 걱정된다.》[28] 세갈렌은 자신의 그런 태도를 당대 프랑스인들이 그다지 잘 수용할 수 없을 것이라고 느꼈다. 1919년에 세갈렌이 사망했을 때에 미완으로 남아 있었으며 많은 독자를 가지지도 못했던 그의 글들은 여러 식민지가 독립하는 때가 되어서야 비로소 올바른 평가를 받게 된다. 이자벨 에버라르트의 소설도 마찬가지이다.[29]

'인권연맹'과 1931년의 '식민박람회'

'인권연맹' 측에는 식민지 원주민들의 권리를 존중해줄 것을 요구하면서도 식민지를 지배하려는 방침에 동의하는 세력이 우세했다. 1925년 4월에 '인권연맹'은 의제를 가결했는데, 그 의제는 '사회주의 인터내셔널'과 '노동자 인터내셔널 프랑스 지부'의 의견을 되풀이한 것이었다. 의제의 내용은 《식민지를 지배하려는 방침이 인정되었으므로 (…), '국제연맹'이 승인한 위임통치 시스템》을 모든 식민지로 확대하여 《식민지 문제를 해결할 것》을 요구하는 것이었다. 같은 해 7월, '인권연맹' 중앙위원회는 《리프 *Rif*를 침공하거나 또는 모로코에서 철수하려는[30] 위험한 기도(企圖)에 대해 여러 지부와 여러 연합회는 경계태세를 유지할 것을》 당부하면서, 《이 두 가지 해결책 중에서 어느 것도 약속된 즉각적인 평화를 가져다주지는 않을 것이다.》라고 했

28 월간 잡지 「소설과 삶」, 1908년 1월호에 실린 익명의 글. 질 망스롱의 위의 책.

29 이자벨 에버라르트의 주요 작품으로는 『알제리 소식』(1905년 작품. 1998년에 파리의 Liana Lévi 출판사에서 간행), 『이슬람의 더운 그늘 속에서』(1906년 작품. 1996년에 Arles의 Actes Sud 출판사에서 간행), 『날품팔이 일꾼들』(1922년 작품. 2002년에 파리의 Joëlle Losfeld 출판사에서 간행)이 있다.

30 '리프 전쟁'과 관련한 337쪽의 역주를 참고하라. — 역주

다. 그러나 중앙위원회 내의 소수파는 식민화 사업을 분명하게 규탄할 것을 요구했다.

뱅센에서 '대(大)식민박람회'가 열린 해인 1931년에 '인권연맹'은 그 단체 내부의 반식민주의 세력의 거듭되는 요청에 응하기 위해, 식민지 문제를 그 단체가 개최한 대회[31]의 주제들 중의 하나로 삼았다. 1907년에 슈투트가르트에서 열린 '사회주의 인터내셔널'의 대회에서와 마찬가지로, 1931년에 열린 '인권연맹'의 대회에서도 두 분파는 각기 자체의 대변인과 동의안을 가지고 최종투표 때까지 대립했다. 1907년에 슈투트가르트에서 열린 '사회주의 인터내셔널'의 대회에서는 일종의 반식민주의 — 물론, 이후로 그 어느 국가의 사회주의당도 이것을 진정으로 실행에 옮기지 않게 된다. —가 간신히 승리를 거두었으나, 1931년에 개최된 '인권연맹'의 대회 내부에서 벌어진 논쟁은 식민지를 지배하려는 방침에 반대하는 사람들의 명예롭기는 하나 명백한 패배로 귀착되었다. 그들의 패배는 공화국 정부가 식민지배와 관련하여 반세기 동안 벌인 선전전술을 통해 프랑스 내에 정착된 신화의 힘이 얼마나 강력했는가를 가늠케 해준다.

그리하여 1930년에 열린 《알제리 100주년》 기념식 — 알제리 정복이 시작된 때를 기념하는 의식은 이런 이름으로 불렸다. —에 이어 1931년에 뱅센에서 열린 '식민박람회'는 여론의 관심을 식민지 문제에 집중시키는 데에 기여했다. 뱅센 숲에 있는 도메닐 *Daumesnil* 호수 주변의 110헥타르에 이르는 면적에 설치된 식민박람회장은 《보다 위대한 프랑스 *la plus grande France*》를 생생히 보여주는 진열대 같았다. 그 '식민박람회'는 언론으로부터 거의 이구동성으로 프랑스 제국(帝國)의 위대성을 보여주는 것으로 높이 평가되었으며, 입장객은 5월 6일부터 11월 15일까지 800만 명이었다.[32] 관람객은 '프랑

31 '인권연맹'의 전국대회는 1931년 5월 23일부터 25일까지 프랑스 남중부에 있는 도시 비시 *Vichy*에서 열렸다. 이 대회의 속기록은 같은 해에 '인권연맹'이 소책자 형태로 발행했다.

32 카트린 오데이르, 피에르 미셸 공저 『식민박람회』(Complexe 출판사, 브뤼셀, 1991년), 그리고 샤를-로

스령 서부 아프리카 관(館)'에서는《흑인촌락》, 생활상을 재현하는 역할을 맡은 아프리카인들, 말리의 젠느 *Dejenné* 성벽을 재현한 것을 볼 수 있었으며, '인도차이나 관'에서는 앙코르와트 사원을 재현한 것을 볼 수 있었다. '프랑스 구(舊) 식민지거주민연합'은 '태평양상의 프랑스령 식민지 관(館)'에 카나크족을 전시하는 허가를 얻었다. 카나크족은 불로뉴 숲의 동물원에서도《식인종》의 모습으로 전시되었다.[33]

그러나 '식민박람회'가 개최된 1931년은 식민화 사업에 대해 처음으로 항의가 쏟아진 때이기도 하다. '식민박람회'가 개최되기 얼마 전에 신문「흑인종」은, 그 직전에 조국에서 추방된 기얀 출신의 뱅상 강티가 프랑스의 식민화 사업에 반대하는 카메룬의 두알라족 *Douala*을 대리하여 '국제연맹'에 제출한 탄원서를 지지한다는 의사를 표명했다. 또한 공산당과 가까웠던 초현실주의자 지식인들이 발표한《식민박람회를 구경하러 가지 마십시오.》라는 제목의 선언문[34]이 등장한 것도 이때이다. 이 선언문에 뒤이어 곧《식민지에 대한 진실》이라는 이름으로 반대 박람회 *contre-exposition*가 열렸다.[35] 이 반대 박람회에서 배포된『참된 식민박람회 안내서』에는 다음과 같은 내용이 들어 있다.《열정적으로 문명화된 우리의 식민지 — 인도차이나. (…) 비행기들이 폭격하고 외인부대가 코암 *Co-Am*, 혹몽 *Hoc-Mon*, 반투이 *Ban-Thuy*, 득호아 *Duc-Hoa*, 벤륵 *Ben-Luc* 등에서 노략질을 저지른 마을들. 프랑스에서 안남 학생들은 추방되었으며, 타오 *Tao*[36]는 상테 *Santé* 감옥에 일곱 달 동

베르 아쥬롱의 글《1931년의 식민박람회 – 공화국의 신화인가 제국의 신화인가?》(피에르 노라,『기억의 장(場)들』제1권, 앞의 책 중에서)를 보라.

33 죠엘 도피네,『1931년 파리에서의 누벨-칼레도니의 카나크족 — 오두막집에서 동물원으로』, 앞의 책.

34 앙드레 브르통, 폴 엘뤼아르, 벵쟈맹 페레, 죠르쥬 사둘, 피에르 위닉, 앙드레 티리옹, 르네 크르벨, 루이 아라공, 르네 샤르, 막심 알렉상드르, 이브 탕기, 죠르쥬 말킨이 이 선언문에 서명했다.

35 지금의 파리 제19구 콜로넬-파비앵 *Colonel-Fabien* 광장이 있는 곳에서 1931년 9월 19일부터 12월 2일까지 열린 이 반대 박람회의 입장객은 두 달 반 동안 4226명이었다.

36 응웬 반 타오(1908~1970년) : 베트남 공산주의자, 정치인. 베트남의 유복한 가정에서 태어나서 프랑스로 가서 '프랑스 공산당'의 중앙위원회에서 활동했으며, 모스크바 '동양 노동자 학교'에서 수학하고 프랑스로 돌아와서 프랑스의 제국주의 정책을 규탄하는 활동을 했다. 엘리제 궁 앞에서 시위를 벌이다가 체

안 감금되어 있다.》 그리고 알제리에 대해서는 다음과 같은 내용이 들어 있다. 《아랍인은 자신의 땅이 도둑질 당하는 것을 절대로 받아들이지 않았다. 마르그리트, 벨라스나 *Bellasna*, 반타 *Banta*에서는 봉기가 일어났다. 비알라르 *Vialar*에서도 1830년 6월 18일에 봉기가 일어났다. (…) 주민 대 학생 비율은 백인 집단에서는 83만 명 대 15만 명이지만, 원주민 집단에서는 511만 명 대 6만 3000명이다. 따라서 [원주민들은] 98%가 문맹이다. 이것은 점령당하기 이전보다 다섯 배나 높은 비율이다!》 그 안내서는 《전 세계의 프롤레타리아 혁명》과 연계하여, 《프랑스의 제국주의와 그 제국주의 세력이 식민지에서 벌이는 강도짓》을 고발하는 것이었다. 당시는 베트남에서 일어난 옌바이의 저항에 항의하는 목소리가 들려온 때이기도 하다.

펠리시앵 샬레의 투쟁

1931년 5월 말, '인권연맹'의 대회에서 격렬한 논쟁이 벌어졌다. 당시에 회원 수가 약 17만 명[37]에 이르렀으며, 머지않아 '인민전선'[38]이 결성되는 데에 결정적인 역할을 하게 되는 그 단체 내에는 식민화 사업이 문명화 사업이 될 수 있을 것이라고 믿고 싶은 사람들이 다수였으며, 다른 민족의 땅을 식민지로 삼으려는 방침 자체를 규탄하기를 바라는 사람들은 극소수였다. 중앙위원회는 의제의 취지를 설명하는 사람을 여러 명 임명했다. 《민주적 식민화 사

포되어 1931년에 베트남으로 추방되어 수감되었다가, 사이공에서 공산주의자들이 발행하는 「대결」에 참여했다. 1945년 8월에 하노이, 후에, 사이공에서 일어난 혁명 이후로 호치민 정부에서 잠시 장관을 지냈다. — 역주

37 당시에 이 단체에는 16만 9300명의 회원과 2269개의 지부가 있었다. 이것은 이 단체의 역사에서 가장 높은 수치였다.

38 '인민전선' : 프랑스 좌파의 주요 정당이었던 '노동자 인터내셔널 프랑스 지부', '급진사회주의당', '프랑스 공산당'이 1936년 4~5월의 총선에서 승리하면서 성립된 프랑스 최초의 좌파 연합 정권. 레옹 블룸이 그해 6월부터 이듬해 6월까지 내각을 이끌었다. 노동조합 결성의 자유 인정, 노동자 대표제 제도화, 주당 40시간 노동제 채택, 연간 2주간의 유급휴가 실시 등을 통해 노동자들의 삶의 질에 일대 혁신이 일어났다. — 역주

업》을 옹호하는 두 사람, 즉 알제리 총독을 지냈으며 장차 '인민전선' 정부의 식민부 장관이 되는 모리스 비올레트와 당시에 루이-르-그랑 *Louis-le-Grand* 고등학교의 그랑제콜 *grandes écoles* 입시 준비반에서 문학 교사로 재직하던 알베르 바예(이 사람은 그로부터 30년 뒤에 '교육연맹'의 의장이 되어, '프랑스령 알제리'를 끝까지 지지하는 사람들 편에 속하게 된다.)에 맞서 투쟁한 사람은 펠리시앵 샬레[39]이다. 그는 문명화 사업을 한다는 구실로 식민화 사업을 벌이는 것은 위선이라면서 규탄했다. 어느 대표자는 그 논쟁을 다음과 같이 요약했다. 《우리는 연맹 내 우리의 동지들인 바슈 씨와 샬레 씨의 주장대로 식민화 사업은 곧 약탈행위이며 따라서 범죄라고 말하게 될 것인가, 아니면 우리의 친구들인 바예 씨와 지드 씨의 주장대로 식민화 사업은 어떤 조건에서는 의무라고 말하게 될 것인가?》[40]

펠리시앵 샬레는 고등사범학교를 졸업한 사람으로 당시에 55세였으며, 철학교수로 재직하고 있었다. 그는 샤를 페기[41]의 고등사범학교 동창생으로 그

39 펠리시앵 샬레(1875~1967년) : 프랑스 시론가(試論家), 사회주의 운동가, 반식민주의자. 고등사범학교를 졸업하고 철학교수 자격 시험에 수석으로 합격했다. 동창생 샤를 페기와 마찬가지로 드레퓌스주의자이자 사회주의자였다. 프랑스가 인도차이나에서 펴는 정책, 제국주의, 식민주의를 줄기차게 규탄했다. 1차대전에 참전한 뒤로 '프랑스 공산당'과 '노동자 인터내셔널 프랑스 지부'에 가입했다. 완강한 평화주의 정신 때문에 모든 종류의 전쟁을 비난하고, 히틀러의 등장 앞에서도 비무장 평화를 역설했다. '인권연맹', '반(反)파시즘 지식인감시위원회', '국제평화투사연맹' 등에 참여했다. 2차대전 중에 페탱 원수를 찬양하고 대독 협력을 옹호한 것 때문에 전후에 기소되었으나 무죄석방되었다. 이후로도 전쟁과 각종 압제에 저항하는 평화주의 운동을 벌였다. 두 차례에 걸쳐(1917년 10월과 1919년 4월) 한국을 여행했으며, 1919년 4월에 한국에서 목격한 일제의 가혹한 탄압을 증언하는《일제 강점하의 한국에서》라는 글을 썼다. 이 글은『식민화 사업 회상』에 수록되어 있다. 1921년에는 '한국의 친구들 *Les Amis de la Corée*'이라는 협회를 조직하여, 프랑스에 거주하는 한국인들을 돕기도 했다. — 역주

40 이 대표자는 '인권연맹'의 의장 빅토르 바슈가 펠리시앵 샬레와 같은 태도를 가진 것으로 간주하고 있다. 그런데 사실 빅토르 바슈는 그다지 분명치 않은 태도를 취했으며, 대회에서 모리스 비올레트와 알베르 바예의 관점에 동조하게 된다. 작가 앙드레 지드의 삼촌인 샤를 지드 역시 모리스 비올레트와 알베르 바예의 관점을 옹호했다.

41 샤를 페기(1873~1914년) : 프랑스 시인, 극작가. 오를레앙의 가난한 집에서 태어났다. 아버지는 그의 생후 몇 달 만에 사망했으며, 어머니는 의자 수선으로 생계를 이어갔다. 불우한 환경 때문에 일찍부터 사회주의에 매료되었다. 고등사범학교 재학 중에 드레퓌스를 구명하기 위한 투쟁에 참여했다. 가톨릭 신앙심이 투영된 시와 극작품을 발표했으며, 1900년에 잡지「반월간 수첩」을 창간하여 공식 사회주의 진영을 호되게 비판했다. 1905년부터 독일의 위협이 가중되자 평화주의를 주장하는 사람들을 공격했으며, 가톨릭 신앙심과 애국심이 결합된 작품들을 발표하면서 민족주의로 전향했다. 1차대전에 동원되어 1914년 9월 5일에 전사했다. — 역주

와 우정을 나누었으며, 그를 사회주의 진영으로 끌어들이는 데에 일조한 적이 있었다. 그는 '알베르 칸 재단'이 주는 장학금으로 1899년부터 1901년까지 여러 차례 여행을 했으며, 그 여행을 통해 이집트, 인도, 오스트레일리아, 뉴질랜드, 자바, 남중국, 미국, 일본, 프랑스령 인도차이나를 알게 되었다. 나중에 그는 『식민화 사업 회상』에서 다음과 같이 이야기하게 된다. 《나는 식민화 사업이란 열등 인종에 속하는 민족들이 백인의 문명을 접할 수 있도록 해줌으로써 그 민족들을 진보시키기 위한 인도주의적인 사업이라고 믿었었다. [그러나] 내가 처음으로 한 세계일주 여행 과정에서 얻은 몇 가지 경험은 나에게 식민지배 체제의 인간적인 가치에 대해 처음으로 의혹을 불러일으켰다.》[42]

당시에 그는 인도와 자바에서 자행되는 식민지배 과정의 가혹행위를 규탄하는 여러 편의 글을 샤를 페기가 발행하는 잡지 「반월간 수첩」에 발표했는데, 그 글들은 다른 민족의 땅을 식민지로 삼으려는 방침 자체를 규탄하는 것이라기보다는, 다른 민족의 땅을 식민지로 만드는 데에 사용되는 방법을 비난하는 것이었다. 1905년에 식민부 장관의 부름을 받고, 언론이 고발한 일련의 추악한 사건을 조사하기 위한 임무를 띠고 사보르냥 드 브라자와 함께 파견되어 콩고를 여행[43]하면서, 그는 그곳에서 펼쳐지는 수탈의 실상을 발견했으며, 그렇게 해서 식민화 사업을 이전보다 더 완강하게 거부하기에 이르렀다.

사보르냥 드 브라자는 마르세유를 출발한 지 몇 달 뒤인 1905년 9월 16일에 사망했다. 샬레는 그 여행에서 돌아와서 발표한 여러 편의 기고문에서 식민지 콩고의 상황을 힘차게 고발하면서, 식민화 사업을 옹호하는 자들에게 홀로 맞서야 했다. 1906년 2월, 실제로 그는 콩고에서 조사임무를 수행하면

42 펠리시앵 샬레, 『식민화 사업 회상』, 앞의 책. 『식민주의 고발서 —《식민화 사업 회상》』(앞의 책)이라는 제목으로 재간행.

43 272쪽을 보라.

서 노트에 기록해둔 글을 《프랑스령 콩고》라는 제목으로 「반월간 수첩」에 발표했다. 샤를 페기가 이 글에 붙이는 서문을 썼다. 1935년, 샬레는 이 글을 『식민화 사업 회상』이라는 제목의 책으로 출판하게 된다. 그리고 1911년에 그는 잡지 「월간 평론」에 《국제 정치와 상업 저널리즘》이라는 제목의 글을 발표하여, 프랑스령 콩고에 소재한 척식회사 '응고코 상가 *N' Goko Sangha*'와 신문 「시대」의 외교정책 담당 기자 앙드레 타르디외가 맺고 있는 관계를 고발했다. 그러나 1913년에 그는 페기가 모로코 문제 그리고 독일과 벌이는 전쟁의 위험을 바라보는 관점에 있어서 민족주의자들과 가까워지자[44] 그와 절교했다. 또 다른 여행, 즉 1917년에 한 중국 여행과 일본 여행 그리고 1818~1919년에 한 인도차이나 여행을 통해 식민주의에 반대하는 그의 신념은 강화되었으며, 그 신념 때문에 그는 '원주민옹호연맹'에도 참여하여 열심히 활동했다. '원주민옹호연맹'은 1927년에 '반제국주의 · 반식민압제연맹'으로 바뀌었다.

'인권연맹'의 대회에서 샬레는 그 연맹의 의장을 지낸 프랑시스 드 프레상세가 사용한 표어인 《진실과 정의》에 의거하여 목표를 향해 똑바로 나아갔다. 그는 다음과 같이 말했다. 《'인권연맹'은 식민화 사업이 제(諸) 민족의 자결권에 부합한다고 여기나요, 아니면 어긋난다고 여기나요?》 어떤 식민지에서도 모든 부문에서 원주민들의 언론, 출판, 집회, 결사의 자유는 인정되지 않았으며, 사법 면에서 원주민들이 백인들과 평등하지 않다는 것은 명백했다. 샬레는 다음과 같이 말했다. 《여러분께서 다른 민족의 땅을 식민지로 삼으려는 방침을 규탄하기를 거부하신다면, 우리 연맹은 이름을 바꾸어 백인과

44 페기와 민족주의 : 완강한 사회주의자였던 페기는 독일 황제 빌헬름 2세가 1905년 3월 31일에 모로코의 탕헤르를 방문한 자리에서 모로코가 독립 국가이자 주권 국가임을 선포함으로써 모로코의 보호자로 자처하자, 독일의 위협이 눈앞에 와 있다는 것을 의식하면서 평화주의를 주장하는 사람들을 공격하고 민족주의로 전향하기 시작했다. 이어서 1911년 7월 1일에 프랑스 군대가 모로코의 페스 *Fès*와 메크네스 *Meknès*를 점령한 것에 항의하기 위해 독일이 모로코의 남서부에 있는 아가디르 *Agadir* 항에 포함(砲艦) 판터(표범, Panther)호를 보내 무력시위를 벌이자, 그는 완전히 민족주의로 전향했다. — 역주

프랑스 시민의 권리옹호연맹이 되어야 할 것입니다.》 그는 다음과 같이 지적했다. 《어느 장관이 "이제 전쟁은 없을 것입니다!"라고 약속할 때, 그 말에 함축된 전쟁은 '유럽 내의 전쟁'입니다. 식민지에서 벌어지는 전쟁은 전쟁으로 여겨지지 않습니다.》 그의 요구는 《식민지에서 원주민들과 유럽인들에게 동등한 권리를 부여하라》는 것이었다. 그는 다음과 같이 말했다. 《내가 바라는 것은 항상 원주민들의 의견을 존중하는 것입니다. 즉, 만일 그들이 우리가 떠나기를 바란다면, 떠날 필요가 있습니다. 그리고 만일 그들이 우리가 어떤 조건에서 그들과 함께 남아 있기를 바란다면, 그들이 원하는 조건에서 그들과 함께 남아 있읍시다. (…) 원주민들의 해방은 원주민들 자신들로부터 비롯될 것입니다. 우리는 그들이 벌이는 해방의 노력에 그들과 함께 한다고 그들에게 말해야 합니다.》

비올레트와 《민주적 식민화 사업》

모리스 비올레트의 관점은 샬레의 관점과는 달랐다. 비올레트는 어느 나라가 다른 나라를 식민지로 삼을 수 있는 권리가 있는가를 알아보는 것은 《쉬운 학교시험》 같은 것이라고 하면서, 그것을 알아볼 필요가 없다고 했다. 그는 권리의 관점에서 식민화 사업을 평가하려고 하지 않았기 때문이다. 그는 식민주의를 옹호하는 자들이 써먹는 상투적인 주장을 동원했으며, 미개인들의 식인풍습 또는 노예제도를 폐지하기 위해 유럽 국가들이 쏟는 노력을 들먹임으로써, '인권연맹'의 대회에 참석한 사람들의 분노를 자아냈다. 알베르 바예도 비올레트와 마찬가지로 애를 썼다. 그는 다음과 같이 말했다. 《만일 우리가 그 나라들을 포기한다면, 다른 나라들이 달려들 것입니다.》 그리고 또 그는 《만일 우리가 식민화 행위를 통해 무지한 콩고인을 샬레 같은 사람으로 만드는 데에 성공할 수 있다면, 저는 우리가 주저하지 않아야 한다고 말씀드리는 바입니다.》라고 말함으로써, 참석자들의 웃음과 박수갈채를 자아냈다. 비올레트와 바예 두 사람 모두《자유로우며》《인간적인》개혁에 기초한《새롭고, 현대적이며, 너그러우며, 민주적인》식민지배 정책을 옹호했던 것이다.

참석자들 대부분이 비올레트와 바예가 주장하는 유토피아적인 주장 쪽으로 기울어졌으며 식민지배 정책을《포기할 것을 주장하는 파》가 배척당한 그 대회에서 여러 사람이 발언에 나서서 샬레의 의견에 화답했으며, 식민화 사업을 단호히 규탄할 것을 요구했다. 예컨대 파리 남서부 외곽에 있는 팔레조 *Palaiseau* 지역을 대표한 어느 사람은 다음과 같이 말했다.《우리는 그런 체제[식민지 체제]가 사라지도록, 그리고 제(諸) 민족의 자결권이 유색인종들에게 확대 인정되도록 노력해야 합니다.》그는《여러 인종 사이에는 자질 면에서 차이가 있는 것이 아니라, 문명 면에서 차이가 있기》때문에 그래야 한다고 했다. 또 프랑스 최북단의 도(道) 파-드-칼레 *Pas-de-Calais*의 '인권연맹' 연합을 대표하는 어느 사람은 다음과 같이 말했다.《'인권연맹'이 식민화 사업을 심판하지 않는다면, 그것은 자체의 의무를 저버리는 격이 될 것입니다. 만일 식민화 사업이 나쁜 것이라면, '인권연맹'은 그 사실을 말할 용기를 가져야 합니다. 그렇게 하는 것이 연맹으로서는 약간 곤란할지라도 말입니다. (…) 유일하게 논리적인 결론, 즉 식민지에서 철수하는 쪽으로 나아가야 합니다. 또는 식민지를 해방하는 쪽이라고 해도 무방하겠지요.(박수갈채가 쏟아짐)》

또 프랑스 중동부의 도시 브장송 *Besançon*의 '인권연맹' 지부를 대표한 어느 사람은 다음과 같이 말하기도 했다.《오늘 아침에 이곳에서 어떤 대단한 말들이 쏟아졌든, 연설이 어떤 말로 수식되었든, 다음과 같은 끔찍한 사실보다 우선되는 것은 아무것도 없습니다. 우리가 개인들의 자연적인 불가침의 권리를 침해하고 있다는 사실이 바로 그것입니다. (…) 그렇습니다. 우리 시민들은 그 사람들에게 생활방식을 강요하지 말아야 합니다. 그런데 누가 여러분에게 말하는가요? 우리의 생활방식과 삶을 이해하는 방식 때문에 우리가 그들보다 우월하다고 말입니다. 그 방식의 옳고 그름을 결정하고 판가름할 수 있는 기준이 어디에 있습니까? 여러분께서는 제게 그 기준을 가르쳐 주기가 매우 곤란할 것입니다. 결론적으로 저는 다음과 같은 의문을 제기하는 바입니다. 민주적 식민화 사업이라는 것이 무엇입니까? 여러분께서는 그것을 어떻게 이해하십니까? 그것은 어디에서 멈추어질 것입니까? 예를 들어, 지금 모로코에는 우리가 폭력을 동원하여 진압하려는 반란지역이 전혀 없습니까? 이것이 바로 여러분이 말하는 민주적 식민화 사업이라는 것입니까?(박수갈채가 쏟아짐)》

그러나 다수파는 그런 생각에 동의하지 않았다. 그들은 빅토르 바슈를 따랐다. 바슈는 알베르 바예의 영향으로 식민화 사업을 개선할 수 있으리라는 환상에 동조하게 된 인물이다. 소수파는 일체의 타협을 거부했으며, 펠리시앵 샬레가 내놓은 동의안은 총 투표 수의 약 3분의 1을 얻게 된다. 이 동의안은《제(諸) 민족의 자결권을 소위 유색인종들에게까지 확대하여 인정》할 것을 요구하는 것이었으며, 또한《이제부터 백인들의 권리와 같은 권리를 모든 인종들에게》 부여할 것을 요구하는 것이었다.

머지않아 프랑스의 대중여론에서와 마찬가지로 '인권연맹' 내에서도 유럽 내부의 문제에 대한 걱정이 다른 어떤 것보다 중요하게 된다. 1937년, 전쟁의 위험에 대처하는 문제에 있어서 '인권연맹' 내의《완강한 평화주의》를 고수하는 소수파에 속한 펠리시앵 샬레는 나치스 독일(샬레와 다른 6명의 회원은 나치스 독일이 1914년에 결성된 '신성연합'[45]의 재판(再版) 같은 것이라고 생각했다.)에 맞서《법적으로 타당한 전쟁》을 벌여야 한다는 관점을 두고, 그리고 모스크바 재판[46]을 격렬히 규탄하지 않으려는 태도를 두고 '인권연맹'의 지도부와 의견이 맞지 않자, 다른 6명의 회원과 함께 중앙위원직에서 물

45 '신성연합' : 본래는 1차대전을 맞아 프랑스의 좌우파가 정파를 초월하여 일치단결한 것을 의미한다. 여기에서는 모든 독일인들의 단결을 의미하는 것 같다. — 역주

46 모스크바 재판 : 1930년대 후반부터 스탈린이 정적들을 숙청하기 위해 벌인 재판. — 역주

러났다. 그는 나치즘의 참모습에 완전히 무지했다. 1933년에 그는 『히틀러와 대치하고 있을지라도 비무장 평화를 위하여』라는 제목의 소책자를 발표했던 것이다. 그런 무지 때문에 그는 독일 강점기 동안 「작업장」과 「씨 뿌리는 달」을 비롯하여 대독협력적인 색채를 띤 여러 잡지에 기고했으며, 그런 행위 때문에 1946년에 기소된다. 그러나 1931년 당시에 '인권연맹' 내에서 식민주의에 반대하는 소수파에 속한 회원들 모두가 샬레와 같은 길을 걸어간 것은 아니다. 예를 들면, 앙드레 필립을 비롯한 사람들은 독일 강점기에 진정한 레지스탕스 대원으로 활동했다.

1931년 초에 '인권연맹' 내의 소수파가 옹호한 관점만이 인권의 원리에 실제로 충실했던 관점, 즉 인종주의를 벗어던진 진정으로 보편주의적인 관점이었다는 것은 분명한 사실인 것 같다. 그들 소수파의 관점은 18세기에 루소와 디드로가 표명한 기본적인 논리에 입각한 성찰과 일치했으며, 초기 공화주의자들이 취했던 태도와도 일치했다. 그러나 당시에는 프랑스 공화국의 각종 기관들을 통해 반세기에 걸쳐 인종주의가 확산되어 있었기 때문에, 그 소수파는 일종의 극복할 수 없는 장애물을 마주쳤던 것이다.

제7장

'리프 전쟁' 또는 자체의 함정에 빠진 식민주의 담론

그로부터 몇 년 뒤, 1935년에 파시즘 체제의 이탈리아가 에티오피아를 점령한 사건을 통해 프랑스 공화국이 내뱉는 담론에 내포된 모순점이 드러나게 된다. 유럽의 여러 국가에게 아프리카의 다른 여러 나라를 마음대로 정복할 수 있는 권리를 인정해준 마당에 — 하지만 1885년에 페리가 사용한 표현에 따르면, 아프리카의 그 여러 나라들은 자신들의 땅을 식민지로 삼아달라고 요구하지 않았다.[1] —, 무솔리니가 통치하는 이탈리아에게는 다른 나라를 식민지로 삼을 수 있는 권리를 어찌 인정해주지 않을 수 있을 것인가? 이런 딜레마가 생기게 된 것은 윌슨 미국 대통령이 1918년 2월에 제시한 14개 조항[2]과 함께 국제법 개념이 1차대전 이후로 바뀌었기 때문이다. 윌슨은 특

1 쥘 페리는《우리가 여러 식민지에 진출한 것을 어떻게 정당화할 수 있겠습니까? 그 여러 식민지가 우리를 원하지 않는데도 말입니다!》라고 했다.(142쪽을 보라.) — 역주

2 윌슨의 14개 조항 : 우드로 윌슨(1856~1924년) 미국 대통령이 1918년 1월 8일에 미국 상하 양원 합동회의에 참석하여 한 연설에서 1차대전을 종결짓고 세계 평화를 수립하기 위해 제시한 14개 조항. 각 조항은 다음과 같다. 1. 강화조약의 공개와 비밀외교 폐지, 2. 공해(公海)상에서의 항해의 자유 보장, 3. 공정한 국제통상 확립, 4. 군비 축소, 5. 식민지 문제의 공평무사한 해결, 6. 외국 군대의 러시아로부터의 철수와 러시아 내정에 대한 불간섭과 원조 제공, 7. 벨기에의 주권 회복, 8. 알자스와 로렌의 프랑스로의 반환, 9. 이탈리아 국경의 재조정과 민족자결, 10. 오스트리아-헝가리 제국 내의 여러 민족의 자결, 11. 발칸 제국의 민족적 독립 보장, 12. 오토만 제국 내의 비(非)터키계 민족의 자치, 13. 폴란드 재건, 14. 국제연맹 창설. — 역주

히《식민지와 관련한 모든 요구를 자유로운 논의를 통해 해결할 것》과《수탈 식민지》를 포기할 것을 제안했다. 그는 유럽의 여러 식민지를 청산하는 문제를 넘어, 독일의 여러 식민지에 식민지의 위상이 아니라 '국제연맹'의 위임통치국의 위상을 부여함으로써, 프랑스와 영국이 그 식민지들을 고스란히 병합하지 못하게 하려고 특히 애를 썼다. 강화회담 때에 프랑스는 윌슨의 주장을 달게 받아들였다. 위임통치국의 위상을 부여하는 방법을 통해 제국의 영토를 시리아, 레바논, 카메룬, 토고로 확대하면서 말이다. 그러나 윌슨의 주장은 식민지인들에게 용기를 불어넣어 주었다. 예컨대 튀니지의 '데스투르 당'[3]은 보호령 제도 폐지와 튀니지의 헌법 제정을 요구하는 진정서를 윌슨에게 보냈다.

공산주의자들과 '리프 전쟁'

소련과 '공산주의 인터내셔널'이 등장하면서 정세에 변화가 일어나기도 했다. 1920년 12월에 투르에서 열린 전당대회에서 '프랑스 사회주의당' 내의 다수파는 '프랑스 공산당'을 결성하여 '공산주의 인터내셔널'에 가입했는데, 이를 통해 반식민주의 운동은 새로운 활력을 얻었다. 투르 전당 대회에서 승인된 것으로 '공산주의 인터내셔널'에 가입하기 위한 조건 중에서 제8조는 사실 다음과 같은 요구사항을 담고 있다.《압제에 신음하고 있는 여러 민족과 여러 식민지 문제에 있어서, 여러 나라 — 이 여러 나라의 부르주아지는 식민지를 소유하고 있거나 여러 민족을 억압하고 있다. —의 정당들은 특별히 분명하고 명확한 행동노선을 가져야 한다. '제3차 인터내셔널'에 속한 모

3 '데스투르 당' :《데스투르 *Destour*》는《헌법》을 의미하는 아랍어. 1919년에 튀니지의 민족주의자들이 결성한 운동조직. 프랑스에서 공부를 마친 하비브 부르기바가 귀국하여 참여하면서 분열되었다. 1934년에 부르기바는 '신(新)데스투르'를 결성하여 대중을 동원하는 등의 보다 급진적인 방법을 통해 튀니지의 독립을 쟁취하려고 했다. 1956년 4월에 튀니지가 독립하면서 부르기바는 초대 총리가 되었다. — 역주

든 정당은 "자국"의 제국주의자들이 식민지에서 벌이는 무모한 짓거리를 가차 없이 폭로하고, 식민지에서 일어나고 있는 모든 해방운동을 말이 아니라 행동으로 지원하고, 식민본국의 제국주의자들을 식민지에서 몰아낼 것을 요구하고, 압제에 신음하는 여러 민족과 식민지의 노동자 집단에 대한 진정으로 우정 어린 감정을 자국 노동자들의 마음에 심어주고, 식민지 민족들에 대한 일체의 압제에 맞서는 꾸준한 선동을 식민본국의 병사들 사이에 유지해야 할 의무가 있다.》

이 지침에 따라, '프랑스 공산당'은 1914년 이전의 프랑스 사회주의 운동 문화에서는 좀처럼 볼 수 없었던 강경한 반식민주의를 지향하게 되었다. 1922년 11월에 열린 제4차 대회에서 '공산주의 인터내셔널'은 다음과 같은 명령을 되풀이했다.《여러 식민본국의 공산당은 지금 자신들에게 제시되는 갖가지 기회를 이용하여, 자국의 제국주의 정부와 부르주아적이며 개량주의적인 정당들이 펴는 식민지배 정책에서 비롯된 강도짓을 폭로해야 한다.》[4] '프랑스 공산당'이 답습한 이런 종류의 담론은 식민지들이 독립할 때까지 존속될 반식민주의 세력이 형성되는 데에 중요한 기능을 하게 된다. 그러나 당시의 상황에서 이 노선을 준수하기란 쉽지 않았다. 이 노선은 당시의 주도적인 담론에 정면으로 충돌되는 것이었기 때문이다. '프랑스 공산당'의 하부조직에서는 주저하는 사람들이 많았다. 대부분이 유럽인들로 이루어진 식민지 지부에서만 그랬던 것은 아니다. 게다가 이런 사정으로 말미암아 '프랑스 공산당'의 정치적 고립이 촉진되었다. 반면,《인민전선》을 결성하기 위한 일체의 전략 때문에 '프랑스 공산당'은 이 문제와 관련하여 보다 덜 완강한 태도를 취하게 되었다. 그리고 또한 이런 사정으로 말미암아 일반인들은 이 노선을 공산당의 담론과 항상 결부시켜 생각하게 되었으며, 결과적으로 '노동자

4《오리엔트 문제에 대한 일반 테제》,『공산주의 인터내셔널의 초기 4차에 걸친 세계 대회의 선언, 테제, 결의 — 1919~1923년』, 공산주의 문고(Bibliothèque communiste), 노동 출판사(Librairie du travail), 파리, 1934년(1969년에 파리의 Maspero 출판사에서 영인본으로 재간행) 중에서.

인터내셔널 프랑스 지부' 내부에서는 반식민주의 세력(이 세력은 이미 약화된 상태였다.)과의 대결에서 쥘 페리 식의 이념이 강화되기에 이르렀다.

그렇긴 하지만, 1925년에 일어난 '리프 전쟁'[5]은 '프랑스 공산당'에게는 인터내셔널의 지침을 실행에 옮기는 기회가 되었다. 그해 2월에 하원에서 한 발언에서 '프랑스 공산당' 소속으로 파리 북쪽 교외에 있는 생-드니 *Saint-Denis* 지역구 소속의 하원의원인 자크 도리오[6]가 모로코에서 철군할 것을 강력히 요구했던 것이다. 그 내용은 다음과 같다. 《지금 압-델-크림은 평화를 위해 싸우고 있습니다. 그는 평화를 원합니다. 저는 본인이 소속된 당의 이름으로 천명하는 바입니다. 파리 노동자들에게 봉기를 일으킬 수 있는 권리를 인정해주고 있는 우리는 원주민들에게도 식민지배자들에게 맞서 일어설 수 있는 권리를 인정해준다고 말입니다.》[7] 같은 시기에 신문 「인류애」는 캠페인을 시작했다.[8] 캠페인에 사용된 구호를 통해 공격의 표적이 된 것은 자본주의라는 적(敵)이었으며, 식민지 민족들의 투쟁은 그 자체로 지지를 받았다기보다는 그 민족들이 프롤레타리아의 동맹세력으로 간주되었기 때문에 지지를

5 '리프 전쟁' : 모로코 북부의 리프 지방에서 프랑스-스페인 연합군과 그 지역의 원주민들인 베르베르족이 충돌한 사건. 1912년에 스페인은 '페스 조약'으로 모로코 북부의 산악지대를 차지했다. 모로코 남부는 명목상으로는 술탄이 지배하고 있었으나, 실제적으로는 스페인 고등판무관이 통치하고 있었다. 스페인군에 협력하던 압-델-크림이 이끄는 베르베르족이 1921년에 반란을 일으켜 스페인군을 격퇴하고 리프 공화국을 수립했으며, 1925년에는 다시 남부 국경에 배치된 스페인 수비대를 공격했다. 프랑스와 스페인이 연합하여 대처하기로 한 합의에 따라, 프랑스는 병력을 파견했다. 프랑스가 보기에, 리프 공화국은 프랑스의 보호를 받고 있는 모로코 전체에 위험 요인이었기 때문이다. 압-델-크림이 지휘하는 베르베르족은 험준한 지형을 이용하여 저항했으나, 1926년에 프랑스-스페인 연합군에게 격퇴되었다. — 역주

6 자크 도리오(1898~1945년) : 프랑스 정치인. 기계조립공 출신으로 1차대전에 참전했다. 1920년에 공산당에 입당하여 1923년에 공산당 청년회의 총서기가 되었다. 프랑스가 독일의 루르 지방을 점령하는 데에 반대하는 운동을 벌이다가 투옥되었으나, 1924년에 노동자들의 지지를 받아 파리 북쪽 교외에 있는 생-드니 지역구의 하원의원에 당선됨으로써 석방되었으며, 1931년에는 생-드니 시장에 당선되었다. 공산당이 사회주의자들 및 '노동총동맹'과 화해하는 정책을 펼 것을 역설하다가 1934년에 '프랑스 공산당'에서 제명되었다. 1936년에 파시즘적인 경향을 띤 '프랑스 인민당'을 창당했으며, '인민전선'에 반대했다. 2차대전 중에는 독일군에 가담해서 러시아 전선에서 싸웠다. 1944년에 독일로 피신했으나, 자동차를 타고 가다가 독일군의 것으로 추정되는 비행기의 기총소사를 받고 사망했다. — 역주

7 1925년 2월 4일의 하원 회의에서 한 발언.

8 「인류애」 1925년 2월 5일자에는 《다른 민족의 땅에 쳐들어가서 그곳을 식민지로 삼으려는 강도들에게 맞서, 도리오가 모로코에서 철수할 것을 요구하다.》, 5월 29일자에는 《강도 짓을 계속하기 위한 신성연합》, 6월 22일자에는 《모로코 전쟁에 맞서는 유일한 대책은 계급의 단결이다.》라는 제목의 기사가 실렸다.

받았다. 「인류애」의 기사 내용은 다음과 같다. 《제국주의자들은 아프리카와 아시아에서 자신들의 힘이 다할 날이 카운트다운에 들어갔다는 것을 완벽하게 알고 있다! 특히 그자들은 만일 자신들이 흔쾌히 그곳을 떠나려고 하지 않거나, 또는 이제 성숙한 단계에 이른 민족들과 함께 화합의 기틀 — 자신들의 자본주의에 불리하게 작용할 —을 모색하려고 하지 않는다면, 자신들은 머지않아 그 민족들에게 쫓겨나게 되리라는 것을 알고 있다.》[9]

이런 담론의 파급력은 크지 않았다. 프랑스에서 군인들이 단 한번 시위를 벌인 것이 고작이었던 것이다. 1925년 5월 21일, 600명의 신병들이 배를 타고 떠나기 직전에 부두에서 다음과 같이 외쳤다. 《모로코 전쟁을 집어치워라! 리프족 만세!》 그리고 모로코 해안의 먼 바다에 이른 선박 여러 척에서 불복종 행위가 일어났다. 그러나 '프랑스 공산당'의 노동자 하부조직은 여전히 당의 그런 입장에 전혀 공감하지 않았다. 앙리 바르뷔스[10]는 「인류애」 1925년 7월 2일자에 기고한 《지식 노동자들》에게 호소하는 글에서 다음과 같은 질문을 던졌다. 《여러분은 전쟁을 규탄하는가요, 규탄하지 않는가요?》 그리고 그는 《제(諸) 민족의 자결권, 즉 어떤 인종에 속하든 모든 민족의 자결권》을 천명했다. 이에 응답하는 글을 잡지 「광명」[11]에 발표한 사람들 중에서 샤를 빌드락[12]을 비롯한 여러 사람은 《모로코에서 모로코인들은 자기 나라의 주인이다.》라고 주장했지만, 다른 사람들은 보다 신중한 태도를 취했다. 예를 들면,

9 「인류애」, 1925년 6월 12일자.

10 앙리 바르뷔스(1873~1935년) : 프랑스 작가. 1차대전에 지원병으로 참전했다. 전선에서 병사들이 겪는 고통스러운 삶을 사실적으로 묘사한 『포화(砲火) — 어느 분대의 일기』를 썼으며, 열렬한 반전주의자가 되었다. 잡지 「광명」을 창간했으며, 러시아 혁명에 열광하고 공산주의를 수호하기 위해 투쟁했다. — 역주

11 「광명」, 제76호.

12 샤를 빌드락(1882~1971년) : 프랑스 시인, 극작가. 1906년에 죠르쥬 뒤아멜 등의 작가들과 함께 개인의 정서가 아니라 집단, 군중, 도시, 국민 등의 생활을 찬양하는 전일주의(全一主義, unanimisme)를 추구했다. 1930년대에는 '반(反)파시즘 지식인감시위원회'에 참여하여 평화주의 운동을 벌였으며, 이탈리아가 에티오피아를 침공한 것에 찬성하는 '유럽의 평화와 서구수호를 위한 프랑스 지식인들의 선언문'에 반대하는 '국제법 존중을 위한 선언문'에 서명했다. 독일 강점기에는 '전국작가위원회'의 설립에 간여하여 문학을 통해 레지스탕스 운동을 벌였다. — 역주

로제 마르탱 뒤 갸르[13]는 다음과 같은 의문을 제기했다. 즉, 모든 식민지 개척 사업을 규탄한다는 것은 결국에는 《세계사를, 그리고 문명이라고 부르기로 합의된 모든 것을 심판하는 것으로》 귀착되지 않는가라고. 반면, 빅토르 바슈는 압-델-크림의 신상에 대해서는 신중한 태도를 보였으나, 식민지에서 철수하라는 요구에 대해서는 반대의 목소리를 높였다. 한편, 알랭[14]은 바르뷔스가 말한 제(諸) 민족의 자결권에 대해 이의를 제기했다. 그가 보기에 민족이라는 개념은 공허했기 때문이다. 그는 다음과 같이 썼다. 《나는 어느 민족의 자결권이라는 것은 의기양양한 무정부주의자가 들먹이는, 형태가 없고 추상적인 권리만큼이나 괴상하고 무시무시하다고 생각한다.》[15]

여하튼 그런 갈등에 촉발되어 식민지 문제를 바라보는 상반되는 의견들이 첨예화되었다. 한편으로는 식민주의에 반대하는 선전전술의 형태를 띤 것들이 확산되었다. 예컨대 당시에 유행한 재치 넘치는 대중가요 『모로코의 태양 아래』의 곡조에 새 가사를 붙인 대중가요 『모로코는 모로코인들에게 돌려주라』는 '리프 전쟁'에서 죽어가는 어느 병사를 노래한 것이다. 이 노래의 제1절은 《그러나 해방을 원하는 모든 리프족은 / 제(諸) 민족의 중요한 권리에 대한 기억을 간직하고 있다네.》라는 가사로 끝나며, 후렴은 제목에 나타난 구호, 즉 《모로코는 모로코인들에게 돌려주라.》를 되풀이하는 것으로 끝난다. 다른 한편으로는 공산주의자가 흉측한 아랍인에게 슬그머니 칼을 건네는

---

13 로제 마르탱 뒤 갸르(1881~1958년) : 프랑스 소설가. 정치문제에 대해 일정 거리를 유지하면서 참여 지식인이기를 거부했으나, 평화주의적이며 자유주의적인 경향을 보이는 좌파에 가담하여 활동했다. 1930년대에는 빌드락과 마찬가지로 '반(反)파시즘 지식인감시위원회'에 참여하여 활동했으며, '국제법 존중을 위한 선언문'에 서명했다. 1958년에는 장-폴 사르트르, 앙드레 말로, 프랑스와 모리악 등과 함께, 알제리에서 자행되는 고문을 끝낼 것을 요구했다. 1937년에 노벨 문학상을 수상했다. — 역주

14 알랭(1868~1951년) : 에밀-오귀스트 샤르티에의 필명. 프랑스 철학자, 에세이 작가. 드레퓌스 사건 때에 드레퓌스를 옹호했다. 1889년부터 1933년까지 루앙을 비롯한 지방도시와 파리에서 고등학교 교사로 재직했다. 여러 신문에 '프로포 *propos*'(이런저런 주제에 대한 철학적 성찰을 담은 글)를 연재했다. 평화주의 신념 때문에 1차대전 이후로는 독일과 화해할 것을 역설했다. '반(反)파시즘 지식인감시위원회'를 주도하기도 했으나, 히틀러의 위협에 대해서는 무지했다. 자신의 고유한 철학체계를 구축하려고 하기보다는, 훌륭한 교육자가 되는 것으로 만족했다. — 역주

15 1925년 7월 5일자 프로포(알랭, 『프로포』, Gallimard 출판사, 《플레이아드》 총서, 파리, 1956년).

모습을 담은 포스터가 배포되기도 했으며, 대다수 언론에서 리프족은 잔인하고 무시무시한 적으로 지칭되었을 뿐만 아니라 격렬한 경멸의 대상이 되기도 했다. 당시는 애국심이 널리 고양되던 때였지만, 언론은 리프족을 애국자로 여기기는커녕 《강도》로 간주했던 것이다.

그리고 1911년에 프랑스가 모로코를 정복할 때에 군인들의 은어(隱語)에 등장한 용어, 즉 《비열한 놈들 *salopards*》이라는 용어가 리프족을 가리키는 데에 사용되기도 했다. 이 용어는 레이몽 아소가 써서 마리 뒤바 및 에디트 피아프에게 준 노래 『외인부대의 깃발』의 가사에 다시 등장한다. 《비열한 놈들이 들판을 점령하고 있다네.》라는 가사와 《비열한 놈들이 하이에나처럼 작은 보루(堡壘) 쪽으로 살그머니 들어왔다네.》라는 가사가 그렇다.[16] 《펠라가 *fellaghas*》[17]로 불리는 알제리 전사들이 독립전쟁을 벌일 때인 1954년부터 그들에게 적용될 이미지가 이 가사에 이미 나타나 있다.[18] 이 전쟁은 다른 열강이 탐욕을 부리고 있으며 외부 세력이 음모를 꾸미고 있다는 주장이 강화되는 계기가 되기도 했는데, 그런 주장은 대혁명 이후로 식민화 사업에 반대하는 사람들을 깎아내리기 위해 상투적으로 동원된 것이다.

'식민박람회'가 끝난 뒤로 1930년대에 식민주의에 반대하는 다른 종류의 태도들이 표명되기도 했다. 특히 앙드레 비욜리스[19](1879~1950년)의 책 『인

16 알랭 레 외, 『로베르 프랑스어 역사사전』의 제2권(Le Robert 출판사, 파리, 1992년). 알랭 뤼스시오, 『식민지 시절에 프랑스는 멋졌다네 — 식민지풍 및 이국취향의 프랑스 대중가요 선집』(앞의 책)에서 재인용.

17 펠라가 *fellaghas* : 《fellagas》로도 표기된다. 프랑스의 지배에 맞서 싸운 알제리와 튀니지의 무장 독립투사들을 가리키는 말. 《갑자기 나타나 길을 가로막는 자, 즉 강도》를 의미하는 아랍어 《fellag》에서 유래했다. 프랑스 측은 《반도(叛徒)》, 《테러리스트》, 《살인자》의 동의어로 사용했다. 처음에는 1차대전 때에 튀니지 남부에서 반란을 일으킨 사람들을 가리키기 위해 프랑스 군대가 사용했으나, 1952~1954년에는 튀니지 민족주의자들이 자국의 무장투사들을 가리키기 위해 사용했다. '알제리 전쟁' 때에는 1954년 11월부터 프랑스 군대가 알제리 북부의 산악지대인 오레스 *Aurès*에서 저항하는 무자헤딘 *moudjahidin*을 《fell》 또는 《fellouze》로 약칭했다. — 역주

18 알랭 뤼스시오의 앞의 책.

19 앙드레 비욜리스(1879~1950년) : 프랑스 언론인. 1차대전과 2차대전 사이에 영국 신문의 특파원과 프랑스 신문의 기자를 지내면서 르포르타주 기사를 많이 썼다. 1932년에 식민부 장관 폴 레노를 수행하면서 쓴 인도차이나 기행문 『인도차이나를 구하자』(1935년)에서 프랑스인들이 옌바이 봉기를 진압하는 과정에서 자행한 만행을 고발했다. — 역주

도차이나를 구하자』에서 그런 태도표명을 볼 수 있다. 이 책의 저자는 전쟁터를 누비고 다닌 적이 있는 여성 기자로, 이미 세계의 여러 격동 지역 — 인도, 아프가니스탄, 일본, 중국, 인도차이나, 마그레브 —에서 현지취재를 한 적이 있었다. 당시에 앙드레 말로와 가까운 사이였던 그녀는 '인권연맹', '식민지민족옹호 · 해방협회', '인도차이나인 사면위원회'에 소속된 맹렬 투사이기도 했다. 1935년에 앙드레 말로의 서문이 붙여져 갈리마르 출판사에서 간행된 『인도차이나를 구하자』는 식민지에서 벌어진 봉기진압을 다룬 것으로는 처음으로 널리 배포된 작품이다. 이 책은 식민화 사업에 대한 총체적인 성찰을 담고 있는 것이 아니라(저자는《나는 프랑스의 식민화 사업과 식민지배 행위 자체의 문제를 총체적으로 다루고 싶은 생각은 전혀 없다.》라고 썼다.), 1930년 9월 13일에 일어난 옌바이 봉기의 진압에 대한 일련의 생생한 증언들을 담고 있기 때문에 널리 읽혀질 수 있었다. 그 내용 중의 일부는 다음과 같다.

《우리는 진흙탕 들판을 달렸다. 그 지방의 행정관으로 승용차로 나와 동행한 사람은 나에게 지난해에 일어난 심각한 소요사태에 대해 좀 지나치다 싶을 정도로 막연하게 설명해주었다. (…) 그 사람은 하천가에 불룩하게 솟아 있는 몇 개의 커다란 무덤을 가리켰다. 그 사람이 내게 말했다.

- "저 무덤들은 지난해 9월 13일에 생긴 것입니다. 그날 아침, 갑자기 빈 *Vinh*으로 촘촘히 열을 지어 걸어가는 5000~6000명에 이르는 사람들의 큰 무리가 보였습니다."

- "그 사람들은 무장을 했던가요?"

- "잘 모르겠어요. 그 사람들은 자신들이 보기에 과다하다 싶은 세금에 대해 진정을 하러 총독 관저로 왔다고 하더군요. (…) 폭탄을 실은 비행기를 보내야 했어요. 100~120명가량[실제로는 157명]이 쓰러졌어요. 다른 사람들은 재빨리 도망쳤지요."》

이어서 앙드레 비욜리스는 나이든 혁명가 판보이쩌우[반패주 潘佩珠][20]가 들려준 이야기를 적어두었다. 그 사람은 진정을 하러온 시위대가 비무장 상태였다고 비욜리스에게 말했다.[21] 비욜리스의 책에 붙인 서문에서 앙드레 말로는 1925년에 식민부에 예속되지 않은 최고 재판소 — 파리에 소재하게 될 —를 설치하자는 자신의 주장이 인도차이나에 거주하는 식민지 이주민들의 분노를 촉발한 사실에 대해 언급했다. 그러나 그는 식민화 사업 전반에 대해서도, 심지어 비욜리스의 책에 담겨 있는 내용에 대해서도 그 책의 저자보다 더 많이 자신의 태도를 표명하지는 않았다.

'에티오피아 사태'

앙드레 비욜리스의 『인도차이나를 구하자』가 발표된 것과 같은 해인 1935년에 '에티오피아 사태'가 일어나면서 곧 식민지 문제가 자체의 갖가지 모순과 함께 등장했다. 1935년 10월 3일에 이탈리아 군대가 에티오피아를 침공하자, 프랑스의 여론은 소란스러운 논쟁에 빠져들었다. 그 논쟁을 지켜본 많은 사람들은 그 논쟁을 그로부터 30년 전에 드레퓌스 사건으로 촉발되었던 논쟁과 비교했다. 이탈리아인들의 주장은 한 세기 전부터 유럽 열강이 식민화 사업 전체를 정당화하기 위해 들먹여온 상투적인 주장에 속했다. 이탈리아인들은 에티오피아에는 국가가 없으며, 주민들은 여러 종족으로 나뉘어져 있으며, 그곳에서는 노예제도와 같은 야만적인 행위들이 이루어지고 있으므로, 《위대한 국가》인 이탈리아가 그곳을 정복해서 《문명화해야》 할 권리가 있다

20 판보이쩌우(1867~1940년) : 베트남 지식인, 민족주의 운동의 선구자. 호치민의 정신적 스승이었던 사람으로 평가된다. 1905년부터 일본, 시암, 중국에 망명해 있으면서, 프랑스의 식민지배에 맞서는 폭동과 테러를 여러 차례 주도했다. 중국에서는 쑨원(孫文)의 영향을 받아 '베트남 재건연맹'을 결성했다. 1913년에 궐석재판에서 사형을 언도받았으며, 1925년에 상하이에서 프랑스의 안전요원에 체포되어 인도차이나로 압송되었다. 반역죄로 재판을 받았으나, 베트남 총독으로부터 사면을 받았다. 이후로 안남(安南)의 후에 *Hué*에서 종신 가택연금 상태로 지냈으며, 프랑스에 협력하는 정책에 동조했다. — 역주

21 앙드레 비욜리스, 『인도차이나를 구하자』, Gallimard 출판사, 파리, 1935년.

고 주장했던 것이다. 그러나 에티오피아는 '국제연맹'의 회원국이었으며, '국제연맹'의 규약은 회원국들이 전쟁으로 문제를 해결하는 것을 금지했다. 무솔리니에게서 문제는, 《유럽이 수세기 전부터 유럽의 위대성을 이루고 있는 문명화의 사명을 전 세계에서 아직도 수행할 자격이 있는가를 알아보거나》, 아니면 '국제연맹'이 《세계의 미개인들, 후진 민족들, 흑인들이 인류를 혁신시키고 변화시킨 위대한 국가들을 상대로 소송을 제기하는 법정》이 될 수 있는가를 알아보는 것이었다.[22]

'국제연맹'이 취한 행동이라고는 이탈리아가 에티오피아를 침공한 것은 '국제연맹' 자체의 규약에 위배된다고 지적한 것이 고작이다. 그러나 아이티 대표는 《두 개의 진실이 있지는 않습니다. 한편으로는 아프리카에 합당한 진실, 그리고 다른 한편으로는 유럽에 합당한 진실 말입니다.》라고 하면서, 국제법의 규범을 들먹였다. 반면, 이탈리아 대표는, 수십 년 전부터 자신들이 아프리카 대륙의 다른 여러 나라에서 이미 행한 것을 할 수 있는 권리를 이탈리아에게는 인정해주지 않는 유럽 국가들의 위선을 맹렬히 비난했다. 이탈리아 대표는 유럽 국가들이 자신들의 정복행위를 정당화하기 위해 내세웠던 바로 그 주장을 동원했다. 정복 대상인 나라의 《무질서》, 《공권력의 난맥상》, 그리고 《자국 식민지와 자국 국민들을 대상으로 자행된 행위들》이 바로 유럽 국가들이 자신들의 정복행위를 정당화하기 위해 내세웠던 주장이다.

'국제연맹'의 다른 회원국들과 마찬가지로 프랑스 역시 이탈리아가 에티오피아를 침공한 것을 규탄해야 했으며, 이탈리아를 제재하는 안건에 찬성표를 던질 수밖에 없었다. 제재안은 가결되었지만 결코 집행되지는 않았다. 그러나 프랑스가 식민지에서 벌이는 문명화 사업을 찬양하는 데에 목소리를 높였던 프랑스의 여론은 무솔리니가 에티오피아를 점령한 것에 대해 트집을 잡기 어려웠다. 프랑스의 여론이 취한 그런 태도는 이탈리아 병력이 에티오피

22 「시대」 1935년 7월 22일자에 실린 인터뷰.

아로 진격한 직후에 앙리 마시스가 작성한 것으로 「시대」 1935년 10월 4일자에 실린 '유럽의 평화와 서구수호를 위한 프랑스 지식인들의 선언문'으로 표현되었다. 마르셀 에메, 죠르쥬 블롱, 피에르 드리외 라 로셸, 피에르 각소트, 티에리 모니에, 피에르 막 오를랑 같은 문단의 많은 저명인사들과 '아카데미 프랑세즈'의 회원 12명이 서명한 이 선언문은 무솔리니가 에티오피아를 침공한 것에 찬성하는 다음과 같은 내용을 담고 있다. 《열강은 로마가 오래전부터 명백한 권리를 확보한 아프리카의 여러 지역에서 정정당당하게 천명하고 공개적으로 준비해온 계획들을 추진하는 것을 노골적으로 금지하려 하고 있다. 그렇다면, 열강은 자신들이 계획하는 식민지 확장사업을 먼저 포기해야 하는 것이 아닐까?》

이 선언문에 서명한 사람들은《우월한 나라와 열등한 나라, 그리고 문명화된 나라와 야만의 나라를 동등하게 취급하는 법률상의 엉터리 보편주의》를 공격했다. 그들은《아프리카에서 미개부족들의 잡탕에 불과한 한 나라의 독립을 보호한다는 구실로 이탈리아를 죄인으로 다루기를 주저하지 않고, 세계에 그 나라를 죄인으로 지목하기를 주저하지 않는 움직임이 일어나고 있다.》라고 주장했다. 그러나 프랑스 제3공화국이 공식원리로 정립한 것, 즉 인류를《문명인들》과《미개인들》로 나누는 것은 1차대전 직후부터 순풍을 만난 돛단배처럼 유행했던《집단안보》, 달리 말해서 법과 협력을 통한 평화 모색 같은 다른 이상들과 모순되는 것이었다.

문단과 학계의 다른 저명인사들이 서명하고 「민중」 1935년 10월 5일자에 발표된 또 다른 선언문인 '국제법 존중을 위한 선언문'은 인류를《문명인들》과《미개인들》로 나누는 것에 대해 언급하면서 공격했다. 이 선언문에 서명한 사람들은《프랑스 문필가들이 인종들은 권리에 있어서 동등하지 않다고 주장하는 것을 보고는》 놀라움을 금치 못하며,《그런 생각은 우리의 전통에 너무나 어긋나는 것》이라고 했다. 이 선언문에 이어 가톨릭계 지식인들이 제3의 선언문으로 '정의와 평화를 위한 선언문'을 발표했다. 그들은 식민주의 이념을 문제 삼지는 않았으나, 인종주의에 대해서는 격렬히 반대했다. 한편 잡지 「정신」은 한 발짝 더 나아가, 1935년 12월 1일에 《식민화 사업, 그것의 미래, 그것의 청산》이라는 도발적인 제목을 단 특집호를 발행했다. 그 잡지의 《일러두기》는 다음과 같은 내용을 담고 있다. 《식민지배의 병폐는 아직 충분히, 충분히 깊이 있게 알려지지 않았다.》

그리고 폴 리베가 의장을 맡고 있었으며 랑쥬뱅과 알랭이 속해 있던 '반(反)파시즘 지식인감시위원회'는 유럽 내의 파시즘에 맞서 싸우기 위해 설립된 것이지만, 식민지 문제도 제기했다. 이 위원회는 1936년에 『식민지 문제에 직면한 프랑스』라는 제목의 소책자를 발표했다. 사이공 시장을 지낸 마르크 카자티가 작성하고 리베, 랑쥬뱅, 알랭이 서명한 이 책자는 식민지 침탈은 《욕심과 폭력이 낳은 산물》이라고 규탄했으며, 식민지배 시스템의 모순점을 고발했다. 하지만 이 책자를 공동으로 발표한 사람들은 식민지 영토를 즉각적으로 해방시키는 방안에 대해 생각해보려고 하지는 않았다. 그들의 주장에 따르면, 식민지 영토를 즉각적으로 해방시킨다면 그 영토가 무정부 상태에 처하게 될 뿐이었다. 그들은 《대대적이고, 심층적이며, 과감한》 개혁을 통한 준비단계를 거쳐 식민지 영토를 점진적으로 해방시킬 것을 권고했다.

그리하여 1936년에 발행된 어느 책의 저자는 다음과 같이 지적했다. 《드레퓌스 사건 때와 마찬가지로 지금 우리는 정의, 정치활동, 인류의 미래를 바라보는 두 가지 사고방식, 두 가지 정신의 충돌을 보고 있다.》[23] 「신 프랑스 평론」에 실린 다음과 같은 글에서도 동일한 지적을 볼 수 있다. 《지식인들이 10월에 발표한 세 개의 선언문은 여러 사람들에게 드레퓌스 사건이 벌어지던 때를 상기시켜 주었다.》[24]

23 이브 시몽, 『에티오피아 전투와 프랑스인들의 정치사상』, Desclée de Brouwer et Cie 출판사, 파리, 1936년.

24 「신 프랑스 평론」 1936년 1월호에 실린 알베르 티보데의 글.

반식민주의자들의 패배

드레퓌스 사건은 반드레퓌스 진영의 패배로 끝났지만, 당시에 새롭게 시작된 투쟁이 어떤 결과에 이를지는 드레퓌스 사건 때보다 불확실했다. 당시에 가장 심각했던 사건, 즉 파리 법과대학 교수이자 제네바에 소재한 '국제연맹' 본부에서 에티오피아 황제 하일레 셀라시에의 대리인으로 활동한 가스통 제즈를 겨냥한 반대운동을 보자면, 승리한 것은 오히려 《우등 민족들》에게는 다른 민족의 땅을 식민지로 삼을 수 있는 권리가 있다고 주장한 사람들이었다. 가스통 제즈가 1935년 11월에 '국제연맹'에서 이탈리아 측의 주장에 맞서 국제법을 거론하며 멋진 변론을 펼치자, 파리 법과대학에서는 대대적인 학생 시위가 여러 차례 일어났다. '프랑스 행동대'[25]를 비롯한 여러 민족주의 집단의 사주를 받은 그 시위로 제즈는 정상적으로 강의를 진행할 수 없었으며, 1936년 1월에 제즈가 강의를 다시 시작하려고 하자 법과대학은 휴교해야만 했다.

격렬한 파업과 시위가 잇따르자, 제즈는 법과대학에서 윌므 *Ulm* 로(路)에 있는 고등사범학교로 자리를 옮겨 비로소 강의를 다시 시작할 수 있게 된다. 당시에 장래가 촉망되는 젊은 법과 대학생이었던 프랑스와 미테랑은 1936년 3월에 라탱 구역에서 벌어진 시위에 친구와 함께 참여했다. 나중에 그 친구는 다음과 같이 말하게 된다. 《그렇습니다. 우리는 법과대학생 대부분과 마찬가지로 제즈에게 반대하는 시위를 벌였습니다. 당시에 식민지배 행위는 긍정적으로 평가되었다는 사실을, 그리고 무솔리니가 에티오피아를 차지하려

25 '프랑스 행동대': 1899년에 설립된 프랑스의 대표적인 극우 민족주의 행동 단체. 자체 신문으로 「프랑스 행동대」를 발행했으며, 이 신문의 가두판매 대원 조직으로 청년들로 이루어진 카믈로 뒤 르와 *Camelot du roi*를 두었다. 이 조직은 '프랑스 행동대'의 경호를 담당하기도 했으며, 이따금 폭력을 휘두르기도 했다. 이 단체는 1926년에 비오 11세로부터 파문당했으며, 「프랑스 행동대」는 교황청의 금서목록에 포함되었다. 파문은 1939년에 철회되었다. 이후로 이 단체는 비시 정부와 필립 페탱을 열렬히 지지했으며, 드골 장군에게 격렬히 반대했다. — 역주

는 것을 [다른 나라들이] 왜 저지하려고 했는지 우리가 알지 못했다는 사실을 상기해야 합니다.》[26]

1936년 5월 5일, 하일레 셀라시에는 영국 배를 타고 런던으로 망명을 떠났으며, 팔라조 베네치아 *Palazzo Venezia*[27]의 발코니에서 무솔리니는 이탈리아 군대가 에티오피아의 수도 아디스아바바를 점령한 소식을 발표하면서 다음과 같이 외쳤다. 《이탈리아는 마침내 제국(帝國)을 가졌습니다! (…) 에티오피아의 모든 주민들에게서 그것은 문명의 제국이자 인류애의 제국입니다.》 문명이라고? 1937년 2월 17일에 에티오피아 총독 *vice-roi* 그라지아니 원수(元帥)를 겨냥한 테러가 있고 나서 3일간 계속된 대대적인 진압작전으로 에티오피아인 3000~6000명이 사망했다. 특히 진압작전의 주된 표적이었던 암하라 *Amharas* 부족에서 사망자가 많이 나왔다. 그로부터 3개월 뒤인 1937년 5월 19일, 그라지아니의 휘하 병력이 다브라 리바노스 *Dabra Libanos* 수도원[28]에 들이닥쳤다. 수도원 측이 테러 주동자들과 공모했다는 것이 구실이었다. 공식보고서에서 말레티 장군은 그날부터 며칠 동안 452명을 처형했다고 했다. 처형된 사람들 중에는 300명의 수도사와 129명의 부사제(副司祭)가 포함되어 있었다. 말레티는 《특기할 만한 사항 없음》이라는 말로 보고서를 끝맺었다. 그 사이에 에티오피아인 수천 명이 강제수용소에 수감되었다. 다나네 *Danané* 수용소에 수감된 6000명 중에서 3175명이 물과 먹을거리가 부족해서 사망했다. 또 그러는 사이에 이탈리아 군대는 민간인들에게 《겨자가스》(이페리트 가스) 같은 독가스를 사용하기 시작했다. 가스는 양 떼, 수확물, 마을들을 보다 효과적으로 없애버리기 위해 비행기로 살포되었다. 이것

26 1936년 3월 5일에 찍은 어느 사진(로제 비올레 컬렉션)에는 프랑스와 미테랑이 베르나르 달과 함께 라탱 구역에서 가스통 제즈의 사임을 요구하는 시위를 벌이는 모습이 담겨 있다. 1994년 7월, 베르나르 달은 피에르 페앙에게 회고담을 털어놓았다(피에르 페앙, 『어느 프랑스인의 청년기 — 프랑스와 미테랑, 1934~1947년』, Fayard 출판사, 파리, 1994년).

27 팔라조 베네치아 : 로마 시내에 있는 궁전으로, 15세기에 건축되었다. 독재자 무솔리니의 사령부 및 관저로 사용되었다. — 역주

28 다브라 리바노스 수도원 : 아디스아바바 북서쪽에 있는, 에티오피아 정교회 수도원. — 역주

은 많은 목격자들, 특히 국제 적십자사에 소속된 사람들과 영국인들이 증언한 것이다.

에티오피아의 언어와 문화를 연구한 민족학 학자 마르셀 그리올은 에티오피아 측이 '국제연맹'에 제출할 반론자료를 작성하는 데에, 그리고 1936년에 하일레 셀라시에의 이름으로 출판된 『《문명》이라는 것이 거둔 승리 — 이탈리아-에티오피아 전쟁의 진실』이라는 제목의 소책자를 만드는 데에 조언자로 참여했다. 이 소책자는 이탈리아 군대가 구급차와 환자 수송기를, 그리고 무방비 상태의 도시에 사는 주민들을 폭격한 것에 대해 기술한 것이다. 마르셀 그리올은 에티오피아 황제가 1936년 6월 30일에 '국제연맹' 총회에서 비장한 연설을 할 수 있도록 돕기도 했는데, 그 총회에서는 유럽 열강의 수구주의와 수동성이 확인되었다. 나중에 그리올은 자신의 저서 『곰 가죽』에서 다음과 같이 말하게 된다. 《이탈리아 역시 권리 — 이탈리아는 자신들이 그 권리를 만들어낸 국가들 중의 하나라고 자부했다. —는 오직 어떤 부류의 인간들, 즉 이탈리아인들에게만 적용할 수 있는 것이라고 생각했다.》[29]

당시에 수동적인 태도를 취한 프랑스 제3공화국은 자체 담론의 모순에 옭매어 있었다. 제3공화국은 자체의 식민지배 이상(理想)의 논리를 따른다면 자신들이 이미 행한 것을 할 수 있는 권리를 무솔리니에게도 인정해야만 했으며, 인권의 논리를 따른다면 무솔리니에게 그 권리를 인정하지 않아야 했다. 피에르 코트 같은 몇몇 소수파 인물들만이 인권의 논리를 옹호했다. 1935년 12월 18일에 '급진당'의 집행위원회에서 한 발언에서 피에르 코트는 《한편으로는 아프리카에 합당한 진실과 다른 한편으로는 유럽에 합당한 진실이 있지는 않아야 합니다.》라고 주장했다. 그러나 인권의 논리를 따른다는 것은 또한 프랑스 제3공화국 자체가 벌이는 식민화 사업의 합당성을 암묵적으로 의심한다는 의미가 될 수도 있었다.

29 마르셀 그리올, 『곰 가죽』, Gallimard 출판사, 파리, 1936년.

레옹 블룸 내각 집권기에 '반(反)파시즘 지식인감시위원회'의 기관지 「감시」에는 국회 내에 해외영토 조사위원회를 설치하는 것과 관련하여 마리위스 무테 식민부 장관에게 질문하는 글이 여러 차례 실렸다. 조사위원회 설치는 '인민연합'[30]의 강령에 포함되어 있었지만 항상 연기되기만 했다. 레옹 블룸 내각은 프랑스 식민지의 민족주의자들을 탄압하는 편을 택하게 된다. 1937년 1월 27일에 메살리 하지가 이끄는 '북아프리카의 별'을 해산했으며, 이어서 다음 달에는 '인도차이나 의회'를 금지했으며, 7월 9일에는 인도차이나 지도자들을 체포했던 것이다. 메살리 하지가 창설한 새로운 정당 '알제리 인민당'의 지도자들은 그해 8월에 체포되었다. 이런 조처에 대응하기 위해, 알제리인들, 마다가스카르인들, 베트남인들, 카메룬인들, 서인도제도인들이 결성한 각종 반식민주의 조직들과 로맹 롤랑, 레옹 베르트, 르네 마랑, 앙드레 비올리스 같은 저명인사들이 힘을 합쳐 1937년 6월에 '식민연합'을 설립했다. 이 단체는 식민지의 민족주의자들을 탄압하는 정책에 맞서는 반식민주의자들의 저항을 예고하는 것이었다. 이후로 우리는 '알제리 전쟁' 중에 그 저항이 일어나는 것을 보게 될 것이다.

30 '인민연합' : '인민전선'의 첫 이름. 1935년 7월 13일에 인민연합 조직위원회가 발족하면서 탄생했다. — 역주

제3부

정의를 바로 세우고 진실을 밝혀달라는 요구

제1장

넘쳐나는 선전전술에서 식민지배에 대한 《기억 상실》로

1960년대가 되면서, 당시까지 공식적인 선언에서 뿐만 아니라 주요 언론 매체들과 학교교재에도 널리 확산되어 있던 식민주의 담론은 자취를 감추었다. 프랑스 공화국의 식민제국 시대는 그 역사, 성과, 유토피아 그리고 그 시대를 수놓았던 범죄들과 함께 일종의 블랙홀 속으로 사라졌다. 특히 학교교육에서 3세기에 걸쳐 특별한 위치를 차지했던 그 시대에 대한 언급은 흔적도 없이 자취를 감추었다. 제국이 종말을 고한 동시에 그 과거 역시 사라져야만 했던 것 같다.

한물간 정책인가, 아니면 절대로 받아들일 수 없는 정책인가?

베트남에서 미군이 전쟁을 벌이던 그 몇 해 동안 — 이 시기에 프랑스의 여론은 '인도차이나 전쟁'에 대해 적잖게 침묵을 지켜온 것을 벌충이라도 하려는 듯이 대대적으로 베트남인들을 두둔하고 나섰으며, 이제 베트남인들은 프랑스의 여론에 레지스탕스 운동가와 애국자로 비쳐졌다. —, 프랑스에서는 자체의 식민지배 시대에 대한 언급이 억제되기 시작했다. 제5공화국 초기까지 80년 동안 소속 정당을 가리지 않고 여러 대통령과 장관은 프랑스인들에게 다음과 같이 말했다. 식민지를 잃게 된다면 프랑스는 건재하지 못할 것이라고. 드골 장군 같은 사람이 그러했다. 1947년, 그는 다음과 같이 말했다. 《우리가 보기에, 현재 세계와 미래 세계에서 '프랑스 연방'을 잃는다는 것은 국력쇠퇴를 의미할지도 모르며, 그 쇠퇴는 우리가 홀로서기 *indépendance*를 할 때까지 우리에게 고통을 안겨주게 될지도 모릅니다. '프랑스 연방'을 지키고 그것을 존속시킨다는 것은 우리가 여전히 위대하며, 따라서 여전히 자유롭다는 것을 의미합니다.》[1] 총리대신 에드가 포르[2]도 그런 사람이었다. 1955년 9월 26일, 그는 다음과 같이 말했다. 《알제리를 잃게 되고 또 프랑스령 아프리카를 잃게 된다면, 우리나라는 어떻게 될까요? 경제가 심각한 타격을 입고 세계에 대한 영향력이 위태로워지게 되면, 우리나라는 옛 위대함의 잔광(殘光), 그것도 나날이 희미해져가는 잔광에 불과할지도 모릅니다.》 미셸 드브레[3]도 역시 그런 사람이었다. 같은 해, 그는 제4공화국이 프랑스 제국을 허겁지겁 청산함으로써 프랑스의 약화를 불러왔다고 비난했다.[4]

하지만 프랑스는 건재하고 있다. 지금, 프랑스는 이전보다 더 강건하기조차 하다. 이것은 프랑스와 마스페로[5]가 이미 지적한 것이다. 1945년, 레이몽

---

1 1947년 5월 15일에 보르도에서 한 발언.

2 에드가 포르(1908~1988년) : 프랑스 정치인. 당시에 프랑스에서 최연소(스물한 살) 변호사가 되었으며, '급진사회주의당'에 입당했다. 2차대전 때에 드골 장군 편에 가담했으며, 전후에 국민의회 의원을 지냈다. 이어서 장관을 여러 번 지냈으며, 총리대신을 두 번 지냈다. 두 번째 총리대신 때에는 튀니지와 모로코를 독립시킬 준비를 했다. 드골의 정계복귀를 지지했으며, 중국과 국교를 맺는 임무를 맡았다. 이후로도 장관을 여러 차례 지냈으며, 국민의회 의장을 한 차례 지냈다. 1978년에 '아카데미 프랑세즈'의 회원이 되었다. — 역주

3 미셸 드브레(1912~1996년) : 프랑스 정치인. 2차대전 중에 포로가 되었으나 탈출하여 레지스탕스 운동에 뛰어들어 드골과 인연을 맺었다. 이후로 상원의원, 법무장관, 총리, 재정경제부 장관, 외무부 장관, 국방부 장관을 지냈으며, 제5공화국 헌법을 작성하는 데에 참여했다. 알제리를 독립시키려는 드골의 결정에 반대했으며, '비밀군사조직'을 옹호했다. 《'프랑스령 알제리'를 위한 투쟁은 합법적 투쟁이며, '프랑스령 알제리'를 위한 봉기는 합법적 봉기이다.》라고 했다. 1963년에 레위니옹 섬이 알제리처럼 독립하는 것을 막기 위한 목적으로 그곳 지역구에 출마하여 국민의회 의원에 당선되어 그곳의 발전을 도모하는 정책을 폈다. 그곳 주민들에게서 그는 한편으로는 《드브레 아버지 *Papa Debré*》로, 다른 한편으로는 식민주의자로 평가된다. — 역주

4 미셸 드브레, 『우리를 다스리는 저 우두머리들』, Plon 출판사, 파리, 1957년.

5 프랑스와 마스페로(1932년~) : 프랑스 서점 · 출판업자, 작가. 2차대전 중에 동생은 레지스탕스 활동을 하다가 사망했으며, 아버지와 어머니는 나치스의 강제수용소로 끌려갔다. 1956년에 '프랑스 공산당'에 가

아롱[6]은 '프랑스령 알제리'를 보전하는 것이 절박하다고 했다. 그는 '프랑스령 알제리'가《없다면, 우리나라는 국가 서열 면에서 또다시 여러 단계 추락할지도 모른다.》라고 했다. 그러나 아롱과는 정반대로, 마스페로는 국가들 사이의 협력 면에서 프랑스의 위상 하락은《식민지를 잃는 데에서 비롯되는 것이 아니라 식민지를 유지하려는 의지에서》 비롯된다고 했다.[7] 예견되었던 재난들 중에서 어떤 것도 일어나지 않았다. 하지만 프랑스 공화국은 자체의 노선으로 삼았던, 그리고 사실을 통해 거짓임이 드러나게 된 그런 종류의 주장을 다시 꺼내지 않으려고 조심했다.

식민지들이 독립하는 사태에 직면한 공화국 당국은 이전에 끊임없이 되풀이해온 담론, 즉 식민화 사업을 정당화하는 담론을 돌연 포기했다. 그 담론에 대해 아무런 태도표명도 하지 않으면서, 그리고 또 그 담론이 결코 있지도 않았다는 듯한 시늉을 하면서 말이다. 게다가 공화국 당국은 그리하여 일부 여론이 보기에 포기로 비쳐지는 — 여론이 그렇게 여기는 것은 약간의 논리성이 없지 않았다. — 행위를 정당화하기 위해, 과거에 유효했던 것은 이제

입했으나 곧 탈당했다. 1959년에 파리의 라탱 구역에 그가 연《독서의 즐거움 *La Joie de lire*》이라는 간판을 단 서점은 반식민주의 사상과 제3세계를 옹호하는 사상이 전파되는 장소였다. 1959년부터 1983년까지 프란츠 파농, 카스트로, 체 게바라 등의 제3세계 운동가들이 쓴 책들과 식민주의에 반대하는 책들을 많이 출판했다. '알제리 전쟁' 때에는 '민족해방전선'의 조직원들을 돕는 비밀조직인 '트렁크 운반자들'을 지원했으며, 1961년 9월에 지식인들이 발표한 '121인의 선언문'(《알제리 전쟁에서의 불복종의 권리에 대한 선언》)에 서명했다. 잡지를 여럿 창간했으며, 소설과 자서전을 발표했다. 라틴 아메리카 작가들의 작품을 번역하기도 했다. — 역주

6 레이몽 아롱(1905~1983년) : 고등사범학교에서 장-폴 사르트르, 폴 니장, 시몬 드 보브와르 등과 교우했다.『대분열』(1948년)에서 동구권과 서구권의 두 적대 블록이 대치하는 냉전체제가 어떤 모습을 띠게 될 것인지를 예견하면서, 좌파 지식인들이 전체주의 국가에 불과한 소련과 그 하수인인 '프랑스 공산당'에 매혹된 것을 비판함으로써 사르트르와 멀어졌다.『지식인의 아편』(1955년)에서는 이상적 사회를 꿈꾸며 마르크시즘에 매료된 좌파 지식인들의 망상을 비판했으며,『알제리의 비극』(1957년)과『알제리와 공화국』(1958년)에서는 알제리의 독립은 필연적이라고 보았다. 1968년 5월 운동 때에 좌파 지식인들이 혁명에 열광하는 것을 비판했다. 1979년에는 사르트르와 잠시 화해하고 그와 함께 베트남의 '보트 피플'을 돕기 위한 운동을 벌였다. 소르본 대학교와 '콜레쥬 드 프랑스'의 교수를 지냈으며, 스스로를《참여한 구경꾼》으로 정의하면서 당대의 각종 사건을 냉철하고 객관적인 시각으로 바라보았던 프랑스 우파 지식인의 대표적인 존재였다. — 역주

7 이브 베노의 저서『식민지에서의 학살, 1944~1950년 — 제4공화국 그리고 프랑스 식민지의 순종』(La Découverte 출판사, 파리, 1994년)(2001년에 파리의 La Découverte 출판사에서 재간행)에 붙인 서문.

는 더 이상 유효하지 않다고 말하기도 했다. 공화국 당국은 프랑스인들에게 식민지를 청산해야 할 필요성에 대해 단 한 가지만 설명했는데, 그것은 이제 식민지 시대가 지나갔다는 것이었다. 이를테면 1957년에 프랑스와 미테랑은 《식민지를 보호 · 감독하는 것이 이제는 설자리를 잃어버린, 세계의 필연적인 변화》에 대해 언급하면서, 이제 식민지를 보호 · 감독하는 것은 《한물간 시스템》이라고 규정했다.[8]

그런데 제4공화국은 프랑스의 해외영토에 거주하는 모든 사람에게 프랑스 시민의 자격을 인정하는 1946년 5월 7일자의 소위 '라민 그예 법'은 아랑곳하지 않은 채, 식민지인들의 권리를 인정하는 것을 후일로 미루면서, 제3공화국의 식민지 개척사업을 이어받아 계속 추진하기로 결정했다. 1946년 10월에 채택된 헌법은 식민지인들과 관련하여 《특별법은 장차 이들이 시민권을 행사하는 조건을 규정할 것이다.》(제8절, 제80조)라는 내용을, 그리고 선거와 관련해서는 법령에 따라 두 개의 선거인단이 계속 유지된다는 내용을 담고 있다. 여전히 이것은 식민지인들이 《성숙하지》 않았다는 생각에 따른 것이다.

이런 생각은 1951년 6월에 아프리카인들이 독립의지를 표출하는 것을 억제하기 위해 수치스럽게도 부정을 저지른 국회의원 선거[9]가 끝나고, 해외 프랑스부 장관 프랑스와 미테랑이 그 작전이 성공한 것(《염려되는》 두 입후보자, 즉 세네갈 지역구에 출마한 레오폴드 세다르 생고르[10]와 코트디부아르 지

8 프랑스와 미테랑, 『프랑스의 진출과 포기』, Plon, 파리, 1957년.

9 부정선거 : 1951년 6월 17일에 치러진 국회의원 선거에서 식민지 행정기관은 식민지의 독립을 주장하는 입후보자들이 당선되지 못하도록 하기 위해 유권자들에게 갖가지 압력을 넣고 개표에서 부정행위를 일삼았다. — 역주

10 레오폴드 세다르 생고르(1906~2001년) : 세네갈 출신 시인, 정치인. 세네갈의 부유한 가톨릭 가정에서 태어나서 선교사들이 운영하는 학교에서 수학한 후 프랑스로 유학했다. 고등사범학교에서 에메 세제르를 만났으며, 이 만남에서 《흑인성 *négritude*》에 대한 의식을 가지게 되었다. 1935년에 아프리카인으로는 처음으로 프랑스 교수 자격시험에 합격했다. 1945년에 세네갈 지역구 입헌의회 의원에 선출되었으며, 에드가 포르 내각과 드골 내각에서 장관을 지냈다. 1960년에 독립 세네갈의 초대 대통령이 되었으며, 1983년에는 '아카데미 프랑세즈'의 회원이 되었다. — 역주

역구에 출마한 우푸에트-브와니가 당선되었지만)을 보고하러 왔을 때, 뱅상 오리올 대통령이 그를 맞이하면서 드러낸 것이기도 하다. 당시에 미테랑은 대통령의 입에서 정부의 공식적인 태도를 떠올리게 하는 다음과 같은 말이 흘러나오는 것을 듣게 된다.《보통선거는 안 되지요. 내 생각으로 그것은 시기상조 같기 때문입니다.》[11] 그리고 바로 그 미테랑도 1955년에 아프리카에서 진행되던 국가독립에 대해 언급하면서 다음과 같이 썼다.《그런 추세는 역사적으로 터무니없다. 아프리카에 국가적 실체가 있었다는 것을 보여주는 어떤 예도 과거 속에서 찾아볼 수 없다.》[12] 그로부터 2년 뒤에 드골주의자 미셸 드브레는 미테랑의 그 말에 호응하여 다음과 같이 말했다.《아프리카에서 국가라는 것은 공허하게 울리는 낱말이다.》[13]

1960년대 초, 그로부터 10년 미만 전에는 프랑스 시민권을 가지거나 독립을 하기에는《성숙하지》않은 것으로 여겨졌던 사람들이 이제는 갑작스럽게 성숙해졌을 것이라는 견해가 등장했는데, 이런 견해는 그저 우스꽝스럽다고 밖에 할 수 없다. 물론 식민지에서 일어나는 각종 분쟁을 종식시키기 위해, 갈피를 잡지 못하고 있던 프랑스의 여론이 식민지 독립으로 표현되는 역사적 전환점을 받아들이도록 할 수 있는 담론을 만들어낼 수 있었던 것은 드골 장군의 재주였다. 이를테면 1960년 9월에 드골 장군은 다음과 같이 말했다.《저는 서유럽, 특히 프랑스가 수행한 식민지배 행위를 조금이라도 부정하는 것은 물론 아닙니다. 그 어느 때보다 저는 그 행위가 멋지고 위대했으며, 또 풍요로운 결실을 거두었다고 생각합니다. (…) 그러나 만인에게 자결권을 인정해주어야 할 때가 되었습니다.》[14] 이제《식민화 사업은 한물간 시스템》[15]이

11 1951년 6월 29일에 한 발언. 뱅상 오리올,『7년 임기 중의 일기』제5권, Armand Colin, 파리, 1975년.

12 프랑스와 미테랑,《프랑스 연방의 역설과 약속》,「회중석(會衆席)」의 〈프랑스 연방은 어디로 가는가? 식민주의에서 협력으로〉 관련 특집호(Julliard 출판사, 파리, 1955년 6월호) 중에서.

13 미셸 드브레,『우리를 다스리는 저 우두머리들』, 앞의 책.

14 1960년 9월 5일에 대통령 관저에서 가진 기자회견에서 한 말.

15 1960년 12월 20일에 라디오와 텔레비전으로 중계된 연설에서 드골이 한 말.

라는 주장은 효과적인 정치논리였다. 그러나 우리는 드골보다 한 세기 전에 쟝-바티스트 세이가 《식민화 사업의 용도폐기》에 대해 언급했다는 사실을 알고 있다. 이런 사실을 고려하고 또 당시로부터 거리를 두고 생각해보면, 드골이 내놓았던 주장은 지금은 큰 무게를 가질 수 없다. 한편, 제3공화국, 제4공화국, 제5공화국이 내놓았던 주장, 즉 인류에 속하기 위해서나 그렇게 해서 인권을 행사하기 위해서는 《최소한의 문명》을 가져야 한다는 주장은 모든 군주체제 정부가 내놓았던 주장과 일치한다. 여러 군주체제 정부는 심지어 프랑스에서조차도 시민이 되기 위한 조건(수입, 거처 또는 문맹 탈출)을 제시함으로써, 각종 원리들에 제동을 걸었던 것이다. 사실, 1789년에 공표된 '인권선언문'에 담겨 있는 원리, 즉《모든 사람은 자유롭게 그리고 권리에 있어서 평등하게 태어나며 계속 그러하다.》라는 원리는 수용되기도 했고 거부되기도 했다. 그런데 프랑스 공화국이 4분의 3세기 동안《원주민들》에게 인정하기를 거부한 것이 바로 이 원리였다.

한편, 프랑스가 정복하려고 했던 민족들 내부에서 인권이 존중되지 않고 있다는 사실 — 노예제도가 행해지고 있다는 것이 한 예이다. —을 구실로 내세워 식민화 사업을 정당화하려고 했던 주장이 일관되지 않았다는 것 역시 명백하다. 이 주장은 여러 식민지가 독립한 직후에는 인권존중의 측면에서 아무런 문제가 없었다는 것을 의미하는 것인가? 옛 식민지 국가들의 인권 수호자들은 그 국가들이 독립한 직후에도 유감스럽게도 인권존중의 측면에서 문제가 없었던 것은 전혀 아니라는 것을 잘 알 수 있는 적절한 처지에 있다. 그들이 속한 '국제인권연합'도 마찬가지로 그러하다.

인정한다고 하지만 실제로는 인정하고 싶지 않은 원리를 적용하기를 뒤로 미루는 전략은 오래 전부터 구사되어온 것이다. 1791년 5월, 입헌의회에서 생-도맹그에 거주하는 해방노예들에게 시민권을 부여하는 문제에 대해 페티옹은 다음과 같이 답변한 적이 있다. 《여러분께서는 "단지 연기하는 것일 뿐이다. 우리는 자유 유색인들에게 권리가 있다는 것을 부정하지는 않지만, 그 적용을 미루고 있다."라는 말을 들으셨습니다. 그런데 자유문제도 언급된 적이 있습니다. 전제군주들은 그 원리들을 부정하지 않았습니다. 그러나 전제군주들은 그 원리들을 적용하는 문제와 관련해서는 지금 우리에게 제시되고 있는 것과 같은 말을 했습니다. 그 원리들을 적용하려고 하지 않으면서 그 원리들을 인정하는 것만큼 쉬운 일은 아무것도 없습니다.》[16]

그로부터 세월이 흘러, 몇몇 사람들이 식민화 사업은 이제《한물간 것》이 되었다고 말할 수 있게 된 이유는 사실은 식민화 사업을 거부한 사람들이 이미 그 사업의 역사과정 내내 표명해온 것이다. 식민지인들이 식민화 사업을 결단코 감내할 수 없는 때가 되자 프랑스 공화국은 그 사업을 포기해야만 했는데, 이때에 프랑스 공화국은 그런 태도돌변을 이제 식민화 사업은 한물간 것이라는 식의 논리로 위장했다. 그러나 식민화 사업은《용납할 수 있는》것이 결코 아니었다. 프랑스 공화국의 각종 기관이 역겨운 것들 — 강제노동이라는 새로운 형태의 노예제도, 다른 민족의 땅을 정복할 수 있는 권리라는 것, 인종주의 —을 공화국의 노선 속에 성공적으로 도입하기도 했으며, 또한 식민주의 이념이 문명화를 촉진하는 것이자 관대한 것이라는 전설 *légende*을 동원하여 그 이념을 중심으로 모든 이들의 공감을 여론 속에 성공적으로 만들어내기도 했는데, 이때조차도 식민화 사업은 용납할 수 있는 것이 결코 아니었다.

밝혀두어야 할 사실

프랑스인들이 식민주의 이념에 너무나 크게 공감했기 때문에, 1900년 무렵에 프랑스 공화국의 식민주의에 반대한 그다지 많지 않은 사람들은 다음과 같은 사람들로 여겨졌다. 즉, 당시에 널리 확산되어 있던 이념은 아랑곳하지

16 1791년 5월 13일의 회의에서 한 발언,『국회기록』.

않은 채 살아가는 사람들, 양식(良識)이 완전히 결여된 사람들, 초기 공화주의자들이 내세운 낡은 원리에 《집착하는》 별난 사람들, 반체제인사들로 여겨졌던 것이다. 이것은 이미 앞에서 본 바 있다. 동시대인들에게서 그들은 12년 동안이나 하원에서 식민화 사업을 줄기차게 비판해온 폴 비녜처럼 강박관념에 사로잡혀 있고 극단적인 사람들로 이따금 비쳐졌다. 또 1912년까지 귀스타브 에르베로 대표되었던 절대자유주의적이며 반애국적인 성향을 띤 세력처럼 순전히 기성질서를 비판하기만 하는 주변적인 세력에 속해 있는 것으로 여겨지거나, 또는 1920년대 '프랑스 공산당' 내의 상당히 과격한 계열에 속해 있는 것으로 여겨지기도 했다.

그러나 그로부터 10년 뒤에 공화체제 때의 프랑스인들이 식민주의 이념에 공감하는 것을 비판한 펠리시앵 샬레같은 다른 저명인사들이 이후로 걸어간 정치적 여정[17]과 마찬가지로 이런 부정할 수 없는 사실들은 그들이 제3공화국의 식민주의를 거부한 것을 평가절하하거나 또는 그 식민주의를 정당화하기에 충분한 이유가 되지는 않는다. 1차대전이 일어나기 직전에 사회주의자들도 역시 제3공화국의 식민주의를 가볍게 비판한 적이 있다. 당시는 모로코를 정복하고 오토만 제국을 분할하는 문제와 관련하여 죠레스가 지난 30년 동안이나 견지해오던 쥘 페리 식의 편견을 벗어던지기 시작하던 때였다. 그러나 사회주의자들은 1차대전 이후로는 식민주의를 개선하려고 — 개선은 애초부터 불가능했다. — 애쓰다가 오히려 그 이념에 다시 속박되고, 심지어 그 이념을 다듬는 처지가 되고 말았다.

사실이 바로 그러했다. 제3공화국과 뒤이은 제4공화국, 제5공화국은 다른 민족의 땅을 식민지로 삼을 수 있는 권리를, 그리고 그 권리의 토대로 작용한 것으로서 《열등 인종들》을 대상으로 하는 인종주의를 공화국의 유산에 포함시켰던 것이다. 지금, 프랑스의 각종 기관은 그 이념들이 이제는 통용되지 않

17 333쪽을 보라.

는다고 천명하는 것으로 만족할 수만은 없다. 프랑스의 각종 기관은 그 이념들이 계속 공화국의 유산의 일부를 이루고 있는 것은 당연하지 않은가라고 말해야 한다. 또는 공화국의 유산에서 그 이념들을 제거하는 방법에 대해 깊이 생각해보아야 한다.

프랑스의 각종 기관이 표방했던《문명화의 의무》라는 것은 속임수였다. 어느 나라가 독립할 수 있는 권리는 그 나라에 인권을 존중하는 민주주의 체제가 존재하는지 그 여부에 따라 결정될 수 없다. 그리고 오늘날, 민주주의 체제의 존재 여부에 따라 그 나라가 독립할 수 있는 권리가 결정되어야 한다고 주장하는 것은, 지구상의 반 이상에 이르는 국가들을 대상으로 하는 침략을 정당화하는 격이 될 수도 있다. 이런 기준에 부합하지 않는 국가들이 많이 있기 때문이다……. 인권이 침해당한 것에 저항하는 것은 해당 국가의 국민들이 해야 할 일이며, 이 문제와 관련하여 다른 나라들이 가질 수 있는 권리라고는 인권침해에 맹렬히 저항하는 사람들을 지원하고, 자신들이 관련되는 문제에 있어서 그 사람들에게 모범을 보이려고 애쓰는 것뿐이다.

이것은 로트 *Lot* 지역구 소속의 국민공회 의원이었던 블라벨이 1793년 6월에 말한 것이다. 그는 다음과 같이 말했다.《제(諸) 민족은 주권을 가지고 있기 때문에, 자신들의 마음에 드는 정부형태를 선택할 수 있는 권리는 오직 그들에게만 있습니다. (…) 프랑스가 다른 민족들에게 제공할 수 있는 멋진 방법, 유일하게 효과적인 방법, 유일하게 프랑스다운 방법은 그들에게 그들이 처한 굴종상태와 그들의 권리에 대해 알려주는 것입니다.》그는 만일 프랑스인들이《보편적 자유의 발원지》의 모습을 보여줄 수 있다면, 여러 민족이《서둘러 그들을 본받으려고 할 것이다.》라고 했다.[18] 그러나 어느 나라 — 비록 그 나라가 특정 시기에 자체의 국경 내에서 다른 나라보다 인권을 더 존중하고 있다 하더라도 말이다. —의 다른 나라에 대한 일체의 참견은 흔히 민

18 『국회기록』 제47권.

주주의의 전진보다는 후퇴를 촉진하는 애국적 반응을 불러일으킴으로써, 그 다른 나라에서 벌어지는 투쟁을 지연시키는 결과에 이를 뿐이다. 그렇게 어느 민족의 역사를 갑작스럽게 중단시킨다는 것은, 흔히 그 민족이 미래를 향하고 보편적 권리를 받아들이도록 유도하기보다는, 그 민족 자체의 과거 속에 틀어박히도록 유도하는 것이다.

그러므로 프랑스 공화국의 식민주의를 이처럼 비판적인 시각으로 바라보는 것은 시대착오에 해당하는 것도 아니며, 오늘의 가치를 기준으로 어제의 행위를 규탄하려는 회고적 심판에 해당하는 것도 아니다. 앞에서 우리는 쥘 페리보다 훨씬 전에 이미 몇몇 사람들이 식민주의는 한물갔다고 평가하는 것을 보았다. 사실, 식민지배 정책에 대한, 그리고 그 정책의 토대로 작용한 인종주의적 편견에 대한 최초의 반박은 16세기와 17세기에 생겨났다. 그리고 제3공화국이 벌인 세뇌작업이 성공을 거두었음에도 불구하고, 제3공화국이 추진하는 식민지 개척사업에 대한 비판은 결코 중단되지 않았다.

이제는 별로 영광스럽지 않은 것이 되어버린 과거의 증상들을 지워버리려는 노력은 새로운 것이 아니다. 과거의 증상들에 대한 망각 — 이것은 식민지배 행위에 대해 특별히 부과되는 침묵의 계율[19]의 일종의 반향인 것 같다. —은 침묵의 계율과 마찬가지로 모든 시대에 항상 있었던 것이기 때문이다. 예를 들어 노예제도에 사용되었던 물건들, 즉 사슬, 족쇄, 채찍, 스페쿨룸 오리스(입 벌리개) 그리고 기타 고문도구들은 노예제도가 폐지된 이후로 거의 완전히 자취를 감추었다. 이 물건들은 3세기 동안 프랑스의 여러 식민지와 노예무역 항구에서 수천 개씩 제작되었지만, 지금은 고작 몇 개만 남아 있을 뿐이다. 과거의 증상들에 대한 망각은 역사의 한 페이지를 넘겨야 할 때에는 필요했지만, 그로부터 여러 세대에 해당하는 시간이 흐른 지

19 침묵의 계율 : 범죄집단이 그 구성원들에게 부과하는 것으로, 자신들이 저지른 범죄에 대해 반드시 비밀을 지키라는 명령. — 역주

금은 그렇지 않다. 반대로, 노예제도의 유물인 갖가지 형태의 인종차별과 인종주의를 극복하기 위해서는 이 제도를 기억해야 할 필요성이 있다. 이런 관점에서 보자면, 노예제도를 근간으로 하는 식민지 시스템과 노예무역을 프랑스 군주주의 시대 역사의 한 부분을 이루는 것으로 간주하지 않는 것은 당연하지 않다.

지난 20세기 마지막 10년 동안 비로소 역사학자들의 작업을 통해 프랑스가 행한 노예무역의 규모가 알려지기 시작했으며, 예를 들어 노예들이 본격적으로 이송된 것은 18세기였다는 통념이 일소되었다. 사실 제정 시대, 왕정복고 시대, 7월 왕정 시대에 대서양 저 너머로 이송된 사람들의 수는 이전 세기에 이송된 사람들의 수보다 많았다. 반면, 18세기의 특징은 당시의 사람들이 노예들의 이송에 대해 경악스러워할 수 있었다는 점이다. 19세기 초, 군주제 정부는 생-도맹그의 흑인들을 제물로 삼는 시스템을 통해 벌어들이던 막대한 수입을 잃은 것을 아쉬워하면서, 《쟈코뱅파》가 노예의 인권을 선언함으로써 그 손해를 촉발했다고 비난하면서도, 범죄산업 — 하지만 당시에 범죄산업은 이전보다 규모가 더 커졌다. —에 대해서는 아무 말도 하지 않았다.

2001년 6월에 제정된 것으로, 노예제도와 노예무역을 《반인륜범죄》로 규정한 법에는 다음과 같은 규정이 명시되어 있다. 각급 학교의 교과서와 역사 교육 프로그램에서는 《그것에 합당한 적절한 자리》를 노예제도와 노예무역에 부여해야 한다는 규정이 그것이다. 따라서 이 법을 적용하려면, 먼저 군주제 정부가 심사숙고해서 구축한 끔찍한 경제 시스템에 대해 설명해야 한다. 그런데 교과서, 박물관, 기타 기억 매체들에서 이 역사의 한 페이지는 거의 언급되지 않고 있다. 콜베르, 나폴레옹 또는 루이-필립이 언급될 때, 그들이 옹호한 국가 주도의 노예제도 시스템은 드물게 언급되고 있다. 물론 그들의 활동이 이런 행위에 국한되는 것은 아니지만, 이런 행위는 그들이 만들어나간 역사의 일부이다. 마찬가지로 '인권선언문'에 고무되어 여러 식민지에서 정당한 저항이 일어난 것, 프랑스가 그 저항을 진압한 것, 그리고 프랑스와 식민지에서 노예제도가 동시에 폐지되지 않은 것도 크게 언급되지 않고 있다.

책임에 대한 혼동

과거에 대한 무지로 말미암아 사람들이 책임을 혼동하고 일체의 지표를 상실할 위험이 있을 정도로 혼란이 만연해 있기 때문에 우리의 임무는 더욱 더 불가피하다. 이를테면 반식민주의자들이 가졌던 굳센 의지에 대한 분석이 1990년대에 활기차게 이루어졌는데, 이 분석의 결론은 19세기에 식민화 사업을 정당화하려고 애쓴 사람들이 계몽주의 철학자들의 글과 대혁명을 다룬 작품에서 특정 부분만을 골라서 읽고 또 원전이 아니라 다른 이들의 글에 인용된 부분만을 읽음으로써 이르게 된 결과와 유사하다. 예를 들어 몽테스키외나 백과사전파처럼 노예제도를 규탄한 사람들을 노예제도 옹호자로 둔갑시킬 정도였으며, 또 노예들에게는 저항의 권리가 있다는 것을 인정하고 노예제도를 폐지하는 등으로 제1공화국이 이룩한 성과가 대단히 선구적인 면이 있었다는 것은 무시할 정도였다.

그 다음 세기, 즉 공화국의 식민화 사업이 활발하게 이루어진 시대에 계몽주의 철학자들은 순진하게도 《착한 미개인》이라는 것이 존재한다고 믿었다는 사실 때문에 조롱을 받은 반면, 식민지를 소유하는 것을 지지한 19세기 말의 사람들은 야만인들의 나라에서 모험을 감행하려면 무장해야 한다는 것을 이제는 깨달아야 한다고 주장했다. 같은 시기에 어떤 이들은 계몽주의 철학자들이 인간종(種)은 하나라고 생각했다 — 이런 생각 때문에 그들은 노예제도의 피해자가 되었던 아프리카인들과 자신들을 동일시하게 되었으며, 또한 노예제도에 저항할 수 있는 권리를 아프리카인들에게 인정해주게 되었다. — 는 사실, 그리고 또 그들이 식민지 정복을 비판했다는 사실도 은폐했다. 그들은 계몽주의 철학자들이 쓴 글 중에서 이런저런 문장을 토막 내어 읽기를 좋아했다. 그것은 예를 들어 베르나르댕 드 생-피에르를 식민화 사업의 지지자로, 라스 카사스를 흑인노예제도의 지지자로, 또는 뷔퐁[20]을 죠르쥬 바셰 드 라푸쥬(1854~1936년)가 주장한 인종주의 이론의 선구자로 둔갑시키기 위해서였다. 그러나 이들 중에서 어느 누구도 그런 사람이 아니었다. 한편, 후세 사람들이 마침내 자신들을 어떤 시선으로 바라볼 것인지를 항상 염두에 두었던 제1공화국 시대의 사람들은 그토록 부당한 평가를 받아 마땅하지 않았다.

식민지를 소유하는 것을 옹호한 사람들이 인권개념을 처음으로 생각해낸 사람들에게 가했던 중상모략은 어쨌든 상당히 논리적인 것 같지만, 후기 식민주의 시대에 들어와서 그들을 겨냥하여 쏟아진 비판은 오히려 기이하고 역설적인 것 같다. 노예제도, 식민화 사업, 그리고 그 두 가지의 바탕으로 작용한 인종주의적 표상들을 무슨 명분으로 비판할 수 있다는 말인가? 인권의 원리에 입각하여, 그리고 그 원리를 실천에 옮기려고 애쓴 사람들을 본받아 비판하지 않는다면 말이다. 인권의 원리 자체를 — 그리고 또한 단명한 제1공화국 때에 처음으로 인권의 원리가 실천에 옮겨졌다는 사실을 —, 이후로 진행된 그 원리에 대한 왜곡과 혼동하지 않아야 한다. 식민화 사업을 옹호한 사람들은 정책을 집행함에 있어서 인권을 알리바이로 삼음으로써 세상 사람들이 그 두 가지, 즉 인권의 원리 자체와 그 원리에 대한 왜곡을 혼동하도록 유도하려고 했는데, 우리는 이런 식의 혼동에 계속 속아 넘어가지 않아야 한다. 이와는 반대로, 식민화 사업을 비판하기 위해서는 인권의 원리를 준거로 삼아야 한다. 식민주의 이념은 공화체제의 이념이 아니다. 그것은 근본적으로 구체제의 이념이며, 역사상 구체제의 이념은 유감스럽게도 겉으로는 공화체제의 어법을 흉내 내고 인권을 표방했다.

---

20 뷔퐁(1707~1788년) : 프랑스 수학자, 식물학자, 박물학자. 볼테르를 비롯한 계몽사상가들과 교우하고 백과사전 편찬에 참여했다. 루이 15세와 루이 16세의 지원을 받아 왕립 정원과 식물원 *Jardin des Plantes*을 맡아 관리하며 저술에 전념했다. — 역주

식민사를 이해하기 위해서는 그것을 전체로 바라보아야 한다. 식민사는 수없이 되풀이되는 유사한 사건들로 가득 차 있다. 예를 들어 알제리의 경우에 1830년대에는 한편으로는 그곳을 완전히 점령할 것을 주장하는 사람들이 있었으며, 다른 한편으로는 부분적으로 점령할 것을 주장하는 사람들이 있었다. 7월 왕정 정부, '아프리카 정복부대' 그리고 알제리로 이주한 초기 정착민들은 그 두 주장 사이에서 갈팡질팡했다. 알제리를 부분적으로 점령할 것을 주장하는 측은 알제리의 해안지역을 따라 유럽인들을 이주시키려는 계획을 세웠는데, 이 계획은 '알제리 전쟁' 끝 무렵에 프랑스 정부와 1961~1962년에 '비밀군사조직'이 바로 그 해안지역에 대해 세운 계획, 즉 그곳을 프랑스 땅으로 장악하려던 계획과 유사하다. 보다 총체적으로 보자면, 18세기부터 19세기까지 식민지배 노선의 정당성을 둘러싸고 벌어진 모든 논쟁들은 서로 닮은 점이 있었으며, 또 서로 화답하는 것이었던 것 같다.

프랑스의 식민지배 시대 전체를 살펴보자면, 각 시기와 각 식민지 영토의 특수성에도 불구하고 다른 민족의 땅을 식민지로 삼으려는 방침은 정복의 권리에 대한 정당화로 요약될 수 있으며, 또한 개인들의 프랑스 시민권과 관련하여 프랑스가 다스리는 여러 식민지 영토에서는 프랑스 내에서 적용되는 것과는 근본적으로 다른 법률을 인정했다는 사실로 요약될 수 있다. 권리의 관점에서 볼 때, 식민지의 상황에서 중요한 점은 식민지 주민들의 신분이 프랑스 내 주민들의 신분과 달랐다는 점이다. 이런 모순, 즉 식민지의 주권을 프랑스에 병합했으면서도 식민지에 살고 있는 사람들의 신분과 프랑스 내에 살고 있는 사람들의 신분을 근본적으로 구분하는 모순은 민주주의의 원리와 인권의 원리를 인정하지 않고 전횡을 존립기반으로 삼았던 구체제와 19세기의 군주체제 정권이 범한 것이다.

논리상으로 볼 때, 구체제와 19세기의 군주체제 정권과는 반대되는 시각을 가졌던 제1공화국 정부는 이런 모순을 거부했다. 제1공화국 정부가 보기에는, 만일 어떤 영토가 공화국 정부의 권한에 속한다면, 그 영토는 오로지 동일한 헌법상의 원리에 의해서만 규제될 수 있을 뿐이었다. 이것은 그 영토의 주민들은 프랑스 시민이며, 프랑스 내의 주민들과 같은 기본권을 누린다는 의미를 내포했다. 제1공화국 정부가 보기에는, 헌법상의 근본원리, 특히 만인에게 시민권을 부여해야 한다는 원리는 식민지의 주민들에게도 적용되어야 한다는 것이 분명했다. 적어도 1798년까지는 그렇게 보였다. 식민지의 미래 문제, 즉 독립시킬 것인가 아니면 헌법이 공통적으로 적용되는 하나의 통합체 *un ensemble constitutionnel commun*의 일부로 프랑스에 묶어둘 것인가 하는 문제가 필연적으로 제기되었는데, 이 문제에 대해서는 여러 가지 방식으로 대응할 수 있었다. 그러나 식민지에서 권리의 평등을 확립한다는 것은 그것만으로도 식민지 자체를 청산하는 것에 맞먹는 것이었으며, 그리고 당시의 현안에 있어서는 노예무역과 노예제도에 바탕을 둔 식민지 경제를 청산하는 것에 맞먹는 것이었다. 그것은 국민공회 의원 대부분이 바라던 것이었으며, 인권의 보편성에서 직접적으로 연유하는 것이었다.

반면, 제3공화국은 제1공화국이 준수했던 것을 거부했다. 제3공화국은 식민지 주민들과 프랑스 내 주민들의 헌법상의 불평등을 공고히 했다. 그 두 곳의 주민들이 동일한 프랑스 공화국 당국의 관할하에 있었지만 말이다. 사실, 이런 점에서 제3공화국은 총재정부[21]하에서 어렴풋이 모습을 드러냈으며 특히 제2공화국 때에 계속된 어떤 동향을 계승했다고 할 수 있다. 식민지 영토는《특별법에 의해 본 헌법의 규정 아래에 놓이게 될 때까지는 개별법들로 규제된다.》라는 규정을 담은 우회적인 표현을 통해 제2공화국은 식민지에 개별법들을 적용함으로써, 헌법의 원리가 왜곡될 수 있는 길을 열었다. 프랑스 공화국은 식민지에서 4분의 3세기 동안 인권의 보편성을 무시하고 개인들의 헌법상의 불평등을 정당화했던 것이다.

21 과거에 노예였던 사람들의 시민권과 관련한 총재정부의 법령은 시민권을 무조건 부여하지는 않고, 1789년에 천명된 원리에 위배되는 조항들 — 이 조항들은 폭넓기까지 하다(《문화에 애착을 갖고 있다는》 사실, 군복무 사실, 직업활동을 하고 있다는 사실). —에 의거하여 시민권을 부여했다.

식민화 사업을 옹호하기 위해, 공식적인 담론은 그 용어의 애매성을 이용했으며, 그 용어의 다양한 의미를 뒤섞어놓으려고 애썼다. 앞에서 우리는 18세기의 철학자들이 사람이 살고 있는 땅을 식민지로 삼는 것과 사람이 살고 있지 않는 땅을 식민지로 삼는 것을 구분하는 것을 보았으며, 또한 사람이 살고 있는 땅인 경우에 유럽의 상인들이나 다른 이민자들은 그곳 주민들의 동의를 받아야만 그 땅에 정착할 수 있는 권리를 가지게 된다는 원리를 논리적으로 정립하는 것을 보았다. 제3공화국 정부는 식민화 사업을 벌이면서 이 구분을 의도적으로 무시했으며, 무력을 동원하여 정복하지 않으면서 상관(商館)을 설치하는 행위와 무력으로 정복하고 병합할 수 있는 권리를 혼동했다. 제3공화국은 무력으로 정복하고 병합할 수 있는 권리가 인정되도록 하기 위해, 《프랑스의 영향력 확산 *rayonnement de la France*》, 《프랑스의 위대성 *grandeur de la France*》 또는 《세계 도처로의 프랑스의 진출 *présence française partout dans le monde*》 같은 애매하기 짝이 없는 이념을 내세웠다. 반면, 아프리카식 옷차림을 한 브라자의 모습, 그리고 두건이 달려 있고 소매가 없는 하얀 겉옷 차림을 한 리요테[22]의 모습은 사실은 제복 차림을 한 군인들과 검은 옷차림을 한 식민지 이주민들이 지지하는 정책을 프랑스인들에게 《선전하는》 데에 사용되었다. 그리고 제3공화국은 1931년에 '식민박람회'가 열렸을 때에 리요테를 프랑스 식민제국을 상징하는 사람으로 만들어 프랑스의 대중여론에 보여주려고 했는데, 바로 그때에 제3공화국 정부는 리요테가 모로코에서 실시한 정책(원주민 사회와 각종 토착 기관을 보존하는 정책)을 포기

22 위베르 리요테(1854~1934년) : 프랑스 군인. 생-시르 군사학교를 졸업하고 기병대 장교로 임관되어 30년 넘게(1894~1925년) 통킹, 마다가스카르, 알제리, 모로코 등을 프랑스 식민지로 만드는 데에 기여했다. 1912년부터 1925년까지 모로코 총독으로 있으면서, 원주민들과 현지 문화를 존중하면서도 무질서하고 파탄의 위기에 이른 모로코를 번영된 통일 국가로 만들고 경제를 발전시켰다. 그 사이에(1916~1917년) 육군성 장관을 지냈으며, 1921년에 원수(元帥)가 되었다. 1931년에 열린 '식민박람회'를 조직하는 책임을 맡았다. 모로코 땅에 묻히기를 바랐으나, 프랑스 정부의 결정으로 앵발리드에 안장되었다. 식민지가 언젠가 독립하리라는 것을 예견했으며, 가장 대표적인 프랑스 식민제국 건설자였던 것으로 평가된다. — 역주

하고, 보다 직접적으로 무력개입을 하고 보다 직접적으로 식민화 사업을 추진하는 편을 택했다.

진정으로 사라지지 않은 식민지배 이데올로기

프랑스 공화국의 식민지배 행위에 대한 망각과 또 이와 관련한 정부의 침묵 때문에, 식민지배를 정당화하는 데에 사용되었던 갖가지 이념들이 프랑스 사회 속으로 확산되었다. 예를 하나 들자면, 1973년에 역사학자 쟈크 오쥬프는 공화체제하의 초등학교에 대해 쓴 자신의 저서에서 자신이 초등학교에 다닐 때의 추억을 다음과 같이 환기하면서, 당시에 식민지배 이데올로기가 프랑스 국민들, 특히 젊은 세대 속에 대대적으로 유포되어 있었다는 것을 보여주었다. 《아주 어렸을 때에 나는 「삽화를 곁들인 작은 신문」에 실려 있는 것으로, 아프리카의 어느 곳에 프랑스 국기가 게양되어 있는 그림을 감탄 어린 눈으로 보았다. 나의 삼촌 한 분은 브라자와 함께 콩고에 간 적이 있었다. 따라서 나는 제3공화국의 식민지배 정책에 찬성할 준비가 잘 되어 있었다. 나는 쥘 페리에게 반대하는 클레망소의 견해에 찬성하지 않았던 것 같다. 나는 반식민주의자들을 알고 있었지만, 그들과 생각이 같지는 않았다. 아마도 나는 순진했던 것 같다. 그러나 당시에 나는 장차 프랑스 제국의 일부가 될 그 식민지들이 프랑스의 위대성을 함께 나누고 있다고 믿었다. 나는 우리나라의 역사 교과서를 통해 널리 확산되어 있던 이념을 순순히 따랐던 것이다.》[23] 그리고 이어지는 다음과 같은 오쥬프의 성찰은 그가 식민화 사업이 가져다주는 혜택과 관련하여 그 자신에게 주입되었던 일체의 것을 떨쳐버리지 못했다는 사실을 보여준다. 《아마도 그들은 과장했을 것이며, 아마도 우리는 속았을 것이다……. 나는 반세기 동안 식민제국을 위해 일한 사람들을 비난하고

23 쟈크 오쥬프, 『학교 선생인 우리들 — 벨 에포크 교사들의 자서전』, Gallimard 출판사, 파리, 1973년.

싶지 않다. 그들은 우리에게서 감사를 받을 만하다. 그들은 그들의 사업을 망쳐놓은 악덕상인들과 모리배들의 행동에 대해 책임지지 않아도 된다. 가련한 쥘 페리…….》[24]

오쥬프의 말에 현혹되지 않아야 한다. 사실, 우리는 프랑스의 여러 식민지가 독립한 뒤로 20년 동안, 과거에 식민지배를 받았던 국가들을 가리키기 위해 사용되었던 표현들이 뚜렷이 바뀐 것을 보았지만, 그런 변화는 피상적이었을 뿐이기 때문이다. 물론, 과거에 프랑스 식민지였던 국가들을 가리키는 데에는 국제 외교용어가 사용되었으며, 그 국가들의 정부수반, 대사(大使), 경제에 대해 언급할 때에는 선진국에 대해 언급할 때에 사용되는 것과 같은 용어가 사용되었다. 그 국가들은 당연히 우리나라 사전의 컬러 도판에 자체 국기가 실릴 수 있으며, 또 우리나라 통계도감의 알파벳 순서에 따른 목록에 자리를 차지할 수 있다. 프랑스가 19세기 후반에 아프리카 여러 나라와 체결한 조약이 프랑스 외교부가 체결한 각종 조약을 모아놓은 자료집에서 어떤 방식으로 삭제되었는지를 생각해본다면, 식민지들이 독립한 뒤로 일어난 변화의 정도를 가늠할 수 있다. 그것은 그 민족들에게 씌워진 과거 이미지, 즉 그 민족들을 가장 나쁘게는 문명화된 인류와 동물 사이에 위치하는 민족으로 여기고, 가장 좋게는 어린아이 같은 민족으로 여기는 이미지와의 단절을 의미한다. 그러나 그런 변화는 매우 잘 억제된 수준의 표현들에서만 볼 수 있었던 것인 반면, 옛 표상들은《완전히 사라지지 않고 잠복되어 있는》듯이 보였다. 하지만 식민지들이 독립하면서 일어난 커다란 변화는 독립에 대한, 그리고 독립과 관련한 어법에 대한 진정한 의문제기로 이어지지는 않았다. 그렇게 되었어야 마땅했을 것이지만 말이다.

과거에 사용되었던 어휘와 상상적 표현은 사라지지 않고 비축되어 있으며, 언제라도 다시 사용할 수 있는 준비가 되어 있다. 선술집이나 학교 운동

24 위의 책.

장에서 오가는 말들처럼 그지없이 직설적인 수준의 표현들이 쌓여 있는 일종의《비축창고》속에, 그리고 옛 세대들의 심리 속에 생생히 간직된 채로 말이다. 그리고 식민지배에서 벗어나 독립한 여러 나라에서 일어난 식민지배 시대 이후의 위기 *crises postcoloniales* 때문에 사람들의 관심이 그 나라들 중에서 몇몇 나라가 직면한 난관과 파탄에 쏠리면서, 그리고 세계의 경제상황 때문에 에너지와 원자재를 생산하는 나라들이 이전보다 덜 긍정적으로 평가되면서, 식민지배 시대에 만들어진 상상적 표현이 고스란히 다시 등장하는 경향을 보였다. 비록 정치인들과 미디어 매체가 사용하는 어법처럼 보다 제도적인 수준의 어법이 동원된 것은 아니었지만, 적어도 국가의 정치적, 사회적 발전에 새롭게 부담으로 작용하면서 말이다.

식민지배와 관련한 상상적 표현이 비축 상태로 있던 시기 — '알제리 전쟁'이 끝난 이후 20여 년에 걸친 의혹의 시기 동안에만 비축 상태가 마지막으로 계속되었다. —가 지나고, 그 표현이 다시 활성화되는 시기가 왔다. 그 시기는 1983년에 치러진 유럽의회 선거 때부터 극우세력이 등장한 것과 일치하는데, 식민주의 담론에 대한 향수는 극우세력의 중요 구성요소이다. 우리는 이전의 다섯 세대에 걸친 프랑스인들이 동일한 담론 — 이것은 동일한 학교 독본들(네 인종을 묘사한 삽화가 실려 있고, 백인종이《지구상의 인종들 중에서 가장 완벽》하다는 설명이 붙어 있는『두 어린이의 프랑스 일주』같은 독본들)이 여러 번 판을 거듭하면서 계속 출판된 것으로, 그리고 또 그 독본들에서 식민지 정복이 동일하게 영광스럽게 묘사된 것으로 상징된다. —을 대했으며, 또한 식민지 정복을 영광스러운 것으로 묘사하는 동일한 담론을 대했다는 것을 알고 있다. 이와 비교해보면, 상상적 표현이 비축된 상태로 있던 한 세대에 해당하는 시기는 이렇다할만한 특징이 없다. 인종들의 우열 — 이것은 식민지배와 관련한 상상적 표현의 토대가 되었으며, 또 그 표현을 통해 전파되었다. — 같은 상상적 표현이 마치《제동장치 없는 바퀴》처럼 이전과 같은 추진력을 받지 않고도 계속 확산되었기 때문이다. 일종의 휴지기간

(1962년부터 1982년까지)에는 확산되지 않았지만 말이다.

식민지배 과거사를 은폐하는 행위는 단지 역사의 문제인 것만은 아니다. 외국인들이 프랑스로 이주하는 현상의 상당 부분과 프랑스인들의 출신지가 다양한 것은 식민지배 과거사의 결과이다. 그런데 1986년에 페르낭 브로델이 지적했듯이, 외국인들이 이주하면서 《일종의 식민지 문제》[25]가 프랑스에 제기된다. 프랑스의 옛 식민지였던 곳에서 온 수백만 명에 이르는 프랑스인들은 식민지배 시대에 있었던 것과 똑같은 종류에 해당하는 스테레오타입의 피해자이다.[26] 특히 프랑스와 알제리 사이의 심각한 분쟁 — 프랑스는 이 분쟁의 원인에 대해 계속 책임지려 하지 않고 있다. —은 프랑스에 살고 있는 알제리인들과 또한 알제리 출신 프랑스인들에게 파급되고 있으며, 한편으로는 프랑스령 해외 도에 살고 있는 프랑스인들과 프랑스의 옛 식민지에 살고 있는 아프리카인들 — 여러 가지 이유 때문에 옛 인도차이나 출신 사람들 이상으로 —도 역시 역사의 무게를 느끼고 있다. 망각 속에 잠겨 있는 듯이 보이기에 더욱 고통스러운 역사의 무게를 말이다.

사정이 이렇기 때문에, 프랑스 사회에서 볼 수 있는 차별현상을 해결할 수 있는 방법들 중의 하나는 어둠에 덮여 있는 식민지배 시대를 그 어둠에서 끌어내는 것이며, 그 시대를 흥분이 가신 차분하고 일관성 있는 시선으로 바라보는 것이다. 프랑스 공화국의 근본원리들과 잘 조화되고 또 옛 식민지인들의 기억을 포함한 여러 종류의 기억과도 잘 조화되는 시선으로 말이다.

25 페르낭 브로델, 『프랑스의 정체성』, 제2권, Flammarion 출판사, 파리, 1986년.
26 에릭 사바레즈, 『식민사와 이민』, Séguier 출판사, 파리 2000년.

제2장

알제리에서 자행된 고문을 둘러싼 논쟁을 어떻게 해결할 것인가?

'알제리 전쟁'이 끝나고 근 40년이 흐른 2000년부터 일련의 증언들 — 알제리 '민족해방전선'의 여전사였던 루이제트 이길라리즈의 이야기,[1] 오사레스 장군의 고백,[2] 그리고 프랑스 군대가 《알제 전투》[3] 기간에 문제의 그 방법(고문)을 동원한 것에 대해 마쉬 장군이 사망하기 얼마 전에 다시 표명한 견해[4]를 비롯한 증언들 —이 새롭게 쏟아져 나오면서, 프랑스 군대가 '알제리 전쟁' 중에 자행한 고문을 둘러싼 논쟁이 재개되었다. 정부 최고위 당국자들이 처음으로 반응을 보이지 않을 수 없을 정도로 논쟁은 격렬했다.

보편화된 고문 — 식민지배 과정에서 자행된 폭력의 증상

프랑스인들 — 사건이 벌어질 당시에 출생하지 않은 사람들을 포함한 —

1 루이제트 이길라리즈, 『알제리 여성 — 안느 니바가 채록한 말들』, Fayard/Calmann-Lévy 출판사, 파리, 2001년.

2 폴 오사레스, 『특수 임무, 알제리, 1955~1957년』, 앞의 책.

3 알제 전투 : 알제리 독립을 쟁취하려고 테러를 일삼는 '민족해방전선'의 조직원들을 소탕하기 위해, 쟈크 마쉬 장군이 이끄는 프랑스 제10공수여단이 1957년 1월 7일부터 그해 9월까지 알제에서 벌인 전투. — 역주

4 「르 몽드」, 2000년 11월 23일자.(《나는 고문을 하기로 결심했었다.》라는 제목의 인터뷰 기사. — 역주)

이 보기에, 알제리에서 당시의 정치 당국자들과 군 당국자들의 묵인하에 고문이 대규모로 행해졌다는 것은 어느 때보다 분명해 보였다. 그러나 이것은 고문이 《조직적》으로 행해졌다는 것을 의미하지는 않는다.(이 사실을 분명히 해야 할 필요가 있을까?) 《조직적》이라는 말이 도처에서 그리고 모든 사람들이 고문을 자행했다는 의미라면 말이다. 알제리에서 자행된 고문은 《조직적》이지 않았다. 오히려 정반대였다. 1954년부터 1962년 사이에 알제리에서 근무한 프랑스 군인들 대부분은 개인적으로 결코 고문을 목격하지 못했던 것 같다. 그러나 알제리 전역의 특수부대 내에서 고문은 보편화되어 있었다. 그리고 모든 전투부대가 분명히 전쟁범죄로 간주되는 포로살해 및 갖가지 가혹행위를 각기 다른 강도(强度)로 자행했으며, 반면에 거의 모든 군인들은 그 행위가 자행되고 있다는 것을 다소간 알고 있었다. 그들은 직접 그런 행위를 하지는 않았지만, 적어도 그런 행위가 자행되는 것을 목격했거나 또는 보다 흔하게는 다른 병사들이 전하는 이야기를 들어서 알고 있었다.

여기에서 우리는 우선 알제리에서 고문이 자행되었다는 것을 부정하는 주장이 점차로 줄어들고 있다는 사실을 지적해두는 바이다. 이것은 예를 들면 논쟁이 《프랑스 군대가 자행한 고문에만》 집중되고 있는데, 이것은 부당하다.(그리고 '민족해방전선'은 그런 행위를 하지 않았는가?)》[5]라고 투덜대는 어느 장군의 경우에서 확인할 수 있다. 비록 고문에 대해 언급하는 사람들만을 겨냥하여 그들이 《프랑스 군대의 명예를 더럽히고 있다.》라고 비난하면서, 고문 사례에 대한 정확한 정보와 관련해서는 답변을 하지 않으려는 태도 — 앞에서 우리는 이미 1885년에 이런 태도가 표명된 적이 있으며, 이런 태도는 공화국 정부가 벌인 식민화 사업만큼이나 오래된 것임을 보았다.[6] —가 사

5 '프랑스 군대지원협회'의 회장 베르나르 질리스 장군, 『알제리 주둔 프랑스 군대 백서』 중에서(이 책에는 《알제리에서 근무한 적이 있는 521명의 장성급 장교의 선언문》이 붙어 있다.), 앞의 책, 28쪽.

6 153쪽을 보라.

라지지 않고 있지만 말이다.[7]

이런 태도로부터 다음과 같은 두 가지 방식의 대응이 비롯되었다. 그 중에서 하나는 당시에 끊임없이 제기되었던 주장, 즉 민간인들에게 위해를 가할 수도 있을 시한폭탄이 설치된 장소를 알아내어 인명을 구해야 할 필요성이 있었다는 주장을 다시 내세워 고문행위를 정당화하는 것이다.[8] 이런 시나리오가 전쟁 기간 내내 알제리 전역으로 확산된 고문의 실상에 전혀 부합하지 않는다는 것은 말할 필요조차 없다. 고문에 희생된 수많은 알제리인들이 프랑스 군대가 저지해야만 했던 분명한 테러 행위에 연루되었다는 혐의로 실제로 고발당한 것은 결코 아니기 때문이다. 아마도 이런 주장은 다른 방식으로 해석해야 할 것이다. 즉, 이런 주장은 알제리 '민족해방전선'이 민간인들을 대상으로 테러를 자행했으므로 프랑스 군대는 그 조직을 알아내어 소탕하는 등의 활동을 하기 위해 혐의자들을 고문할 수 있는 권리가 있었다는 것으로 해석되어야 할 것이다. 두 가지 대응 방식 중에서 다른 하나는《그자들[알제리 '민족해방전선'에 속한 사람들]이 자행한 고문, 강간, 목을 베어 죽이기, 집단학살, 이름 없는 공포 그리고 조직적인 파괴 등의 범죄행위》때문에 프랑스 군대가 자행한 고문이 정당화된다는 주장이다.[9]

프랑스인들은 공화국 정부가 이런 주장들을 어떻게 생각하는지 알 권리가 있다. 공화국 정부는 이런 주장들을 고스란히 답습하고 있는가? 그렇다면, 그것은 만일 미래에 유사한 상황이 발생한다면 프랑스 군대는 같은 구실을 내세워 같은 방법을 사용할 수도 있다는 것을 의미할 것이다. 이런 점에서도 또한 군인들에게 모든 책임을 돌리지는 않으면서, 그러나 공화국 정부가 자체의 식민지배 정책의 결과로 범하게 된 과오의 연속선상에 '알제리 전쟁'을 위치시키면서, 지나간 식민지배 시대를 비판적인 시각으로 바라보아야만 과

7 『알제리 주둔 프랑스 군대 백서』, 앞의 책.
8 특히 1987년부터 1991년까지 군 참모장을 지낸 모리스 슈미트 장군이 한 말을 보라. 위의 책, 184쪽.
9 《알제리에서 근무한 적이 있는 521명의 장성급 장교의 선언문》, 앞의 인용문.

거에 전쟁범죄들이 자행되었다는 사실을 인식하고 설명할 수 있다. 지금, 공화국 정부가 그 원인을 제거하려고 애쓰고 있으며 또한 다시는 일어나지 않게 하려고 애쓰고 있는 전쟁범죄 말이다.

알제리에서 프랑스 군대가 자행한 고문에 대한 기억이 새롭게 되살아난 이후로 여러 사건에 대해 법정소송이 제기되었는데, 소송 사유는 각기 달랐다. '인권연맹'이 오사레스 장군을 상대로 벌인 소송 — 이 소송에서는 상징적인 유죄판결이 내려졌다. —에서는 오사레스가 일반범죄와 전쟁범죄를 옹호한 것이 소송 사유였으며, 프랑스 군대가 고문을 자행하고 포로를 없애버리거나 살해한 사건을 대상으로 한 다른 소송에서는 납치 또는 반인륜범죄가 소송 사유였다는 사실을 상기하자.[10] 이 소송들이 아무리 정당하다 할지라도, 언젠가 책임소재를 밝히는 올바른 재판으로 이어질 것인지는 의심스러울 수밖에 없다. 소송 대상이 된 행위들이 사면법의 보호를 받고 있기 때문이다. 그리고 특히 1954년부터 1962년 사이에 자행된 행위들 — 우리는 새롭게 쏟아지기 시작한 증언들, 책들, 방송 프로그램들, 영화들을 통해 그런 행위들을 알게 되었다. —만을 문제 삼게 되면, 그런 행위들이 그 시기에만 국한된 것도 아니며 또한 알제리에서만 자행된 것도 아니라는 사실을 밝히는 데에 도움이 되지 않는다. 그런 행위들은 모든 식민지에서 프랑스 군대와 경찰이 오랫동안 습관적으로 저지른 행위의 연장이었는데 말이다. 소송이 제기되고 이어서 재판이 가능하다는 것이 밝혀지긴 했지만, 그런 행위들이 실제로는 훨씬 더 근본적이고 훨씬 더 오래된 식민지배 과정의 폭력이 표면화된 것이라는 사실을 프랑스인들에게 이해시키는 계기가 되기는 쉽지 않을 것이다.

'알제리 전쟁'에서 프랑스 군대가 자행한 고문이나 범죄만을 부각시키면, 원인행위 *fait initial* — 이것에서 나머지 모든 것이 비롯되었다. —에 대한 총체적인 반성을 이끌어낼 수 없다. 원인행위에 대한 총체적인 반성은 꼭 필요

---

10 27쪽을 보라.

하다. 공화국이 식민지 침탈에 동의하고《열등 인종》이론으로 식민지 침탈을 정당화한 것이 바로 그 원인행위이다. 하지만 식민지배 과정에서 자행된 폭력의 증상인 '알제리 전쟁' 중에 자행된 고문을 두고 논쟁을 벌일 때에는 반드시 그 원인행위를 되짚어보아야 한다. 알제리에서 근무한 적이 있는 521명의 장성급 장교의 선언문이 앞머리에 실려 있는『알제리 주둔 프랑스 군대 백서』(2001년 말에 발행)에도 쥘 페리가 한 다음과 같은 말이 실려 있기 때문이다(53쪽).《알제리는 우등 인종이 맡아야 할 문명화의 사명을 떠맡은 프랑스의 연장(延長)이다.》그리고 이 백서 한 장(章)의 제목은《문명화 사업》이다. 그런데 관계자들 모두가 오래 전에 사라지고 없기 때문에, 프랑스 공화국이 벌인 식민화 사업 전체 — 다른 사건들은 보다 오래 전에 일어난 것이므로, 프랑스 군대가 '알제리 전쟁' 중에 자행한 행위들은 이 식민화 사업의 마지막 결과이다. —는 법정의 소관사항이 결코 될 수 없을 것이다. 이것은 분명하다.

진실을 밝혀달라는 요구

해야 할 일은 역사의 한 페이지를 검토하는 것이며, 이 작업은 결코 법정에서 이루어질 수 없다. 생-도맹그에서 자행된 학살의 책임을 묻기 위해 나폴레옹을 심판하는 것, 인권을 백인의 권리로 왜곡하고 공화국 학교의 교육과정에 인종주의를 도입한 것에 대해 쥘 페리를 심판하는 것, 아르장리외 제독[11]이 프랑스령 인도차이나를 복원하기 위해 무력을 사용하도록 내버려둔 것에 대해 드골 장군을 심판하는 것, 또는 '알제리 전쟁' 중에 공정치 못한 식

11 아르장리외 제독 : 티에리 다르장리외(1889~1964년). 프랑스 성직자, 해군장교. 1차대전 직후에 성직자가 되었으나, 2차대전 때에는 드골 편에서 군인신분으로 싸웠다. 1945년 8월에 인도차이나 주재 프랑스 고등판무관에 임명되었다. 인도차이나에서의 프랑스의 입지를 강화하기 위한 드골의 지침을 성실히 실행에 옮기기 위해, 호치민과 협상을 벌이는 것에 반대하면서 코친차이나를 인도차이나로부터 분리시키려고 했다. 자신의 정책이 실패하면서 본국으로 소환되었으며, 수도원으로 되돌아갔다. — 역주

민지 사법기관의 전횡과 고문이 만연하도록 내버려둔 것에 대해 기 몰레, 모리스 부르제스-모누리,[12] 프랑스와 미테랑 또는 미셸 드브레를 심판하는 것은 법정의 소관사항이 아니다.

프랑스가 식민지를 지배하던 시대에 요직에 있었던 프랑스 정치인들 거의 대부분은 이제 사라지고 없다. '알제리 전쟁'의 경우, 이제 어떤 책임자들을 대상으로 재판을 벌일 수 있으리라고 생각할 수 있겠는가? 군인들을 대상으로? 그들 역시 많이 사망한 상태이다. 그리고 이런저런 짓을 저지른 자들은, 그런 짓을 저지르지는 않았지만 그런 짓을 저지르도록 명령하고 그런 짓을 비호한 자들보다 죄가 더 큰가? 그렇게 여긴다는 것은 으뜸가는 책임, 즉 위정자들의 책임을 무시한다는 것을 의미하리라. 자신들이 결정한 정책을 실행에 옮기도록 군대를 보낸 자들은 바로 위정자들이다. 1956년 3월, 국회의 요청에 따라 국회로부터 전권을 부여받아, 징집병들을 알제리로 보내 공세를 강화하기로 결정한 자들은 바로 위정자들이다. 그러므로 위정자들은 고문이라는 방법이 사용된 것을 자신들은 알지 못한다고 주장할 수 없는 자리에 있었다. 고문은 치안 유지 임무 때문에 가능했는데, 그 임무는 위정자들이 부여한 것이다.

이런 문제에 덧붙여, '알제리 전쟁'이 끝나고 곧 이루어진 사면문제가 있다. 그토록 널리 사면을 해야만 했던가? 이미 법의 심판을 받은 행위뿐만 아니라 당시까지 법의 심판을 받지 않았던 행위들까지도 사면 대상으로 삼아야 했던가? 인격의 위엄을 유난히 심각하게 침해하는 범죄는 그것을 저지른 자가 누구든 그 적용범위에서 제외된다는 규정을 사면법에 담아두어야만 했던가? 앞으로도 오랫동안 우리는 이런 의문들만큼이나 많은 의문을 우리 스스로에게 제기해볼 수 있을 것이다. 그러나 그 사면법은 1962년 4월 13일에 치러진 국민투표를 통해 프랑스 국민들이 비준한 '에비앙 협약'에 명시되고 이

12 모리스 부르제스-모누리(1914~1993년): 프랑스 정치인. 2차대전 때에 드골 장군 편에 가담했으며, 제4공화정에서는 장관을 여러 차례 지냈다. 기 몰레의 뒤를 이어, 1957년 6월부터 11월까지 총리대신을 지냈다. — 역주

어서 여러 조처를 통해 보완된 역사적 사실이며, 지금 혹시라도 제기될 수 있는 기소를 가로막는 법률상의 그리고 헌법상의 가장 큰 걸림돌인 것 같다.

사면법은 역사적 사실이다. 드골 장군은 알제리 독립전쟁에서 생겨난 각종 분쟁을 매듭짓기 위해, 그리고 또 여론 — 당시에 프랑스의 여론은 공화국이 절대로 포기하지 않겠다고 이전에 다짐한 것을 포기하는 것을, 그리고 또 공화국이 스스로 4분의 3세기 전부터 확고한 노선으로 정립한 이념에 어긋나는 행위를 하는 것을 보았다. —의 격한 동요를 넘어서기 위해 사면법을 제정하는 정치적 선택을 했다. 당시의 상황에서 사면이 정당화되었는지를, 아니면 다른 방법이 가능하거나 바람직하지는 않았는지를 판단하는 것은 '역사'의 몫이다. 아무튼 그런 일이 있었다는 것은 분명하다. 그리고 이 때문에 지금으로부터 40년 훨씬 전으로 소급되는 행위를 대상으로 하는 소송이 이제는 성립될 수 없을 것 같다는 것도 역시 분명하다.

그렇다고 해서 진실을 밝혀달라는 피해자들이나 그 가족들의 요구에 대해 묵묵부답으로 일관해야 하는가? 모리스 오댕의 미망인이 군인들의 손에 죽임을 당한 남편의 사망경위에 대해 계속 알지 못하는 것이 용납할 만한 것인가? 공화국 정부가 그 경위를 밝힐 수 있는 방법을 완벽히 가지고 있는데도 말이다. 이것은 알제리의 피해자 가족들에게도 마찬가지이다. 전쟁이 끝나면서 어떻게 보자면 필요하기도 했던 과거사에 대한 망각 — 1848년에 제정된 '노예제도폐지법'이 사면 규정을 담고 있는 것[13]과 꼭 마찬가지로, '낭트 칙령'은 프랑스인들이 과거사를 잊어버리기를 바라는 규정을 담고 있다.[14] —이

13 '노예제도폐지법'과 사면 규정 : 1848년 4월 27일자 '노예제도폐지법' 제4조는 《자유인들의 탓이기에 체형(體刑)이나 체벌(體罰)을 절대로 초래하지 않아야 했을 행위들 때문에 그 형벌을 선고받은 옛 노예들은 사면된다. 행정 조처에 의해 [다른 곳으로] 이송되었던 개인들은 [원래의 장소로] 복귀된다.》라는 내용을 담고 있다. — 역주

14 '낭트 칙령'과 과거사에 대한 망각 규정 : 종교전쟁으로 분열된 프랑스 왕국의 신민(臣民)들을 통합하기 위해 1598년 4월에 앙리 4세가 반포한 '낭트 칙령'에는 다음과 같은 내용이 담겨 있다. 1585년 3월 이후로 일어난 《모든 과거사에 대한 기억》은 《마치 일어나지 않은 일인 듯이 진정되고 완화되어야 하며》, 《그 어떤 경우에도, 어떤 때에도, 검찰총장도, 그 어떤 공인이나 개인도, 그 일에 대해 언급하거나, 어떤 종류의 재판소와 법정에 소송이나 소추를 제기하는 것이 허용되거나 허락되지 않으며》(제1조), 프랑스

정신을 평안케 하기 위한 이런 유형의 작업에서 볼 수 있는 특유의 논리에 따라 미래 세대들에게서도 계속되는 것이 당연한가? 물론 진실을 밝히는 것은 역사가들이 맡아야 할 일이며, 역사가들은 그 일을 수행하고 있다. 그러나 역사가들이 반드시 수행해야 할 그런 일을 넘어서, 여러 관련자들 — 이들은 정부가 어떤 역할을 해주기를 요구하고 있다. —의 증언을 수집하는 데에 있어서, 또는 그들 중에서 몇몇 사람들이 느끼는 욕구, 즉 진실을 밝히고 싶은 욕구에 반응하는 데에 있어서 공화국 정부가 해야 할 역할이 없을까? 다시 말해서, 사법적인 차원이 아니라, 정의를 바로 세우고 진실을 밝혀달라는 요구를 충족시키기 위한 차원의 해결책을 제시하는 데에 있어서 공화국 정부가 해야 할 역할이 없을까?

이런 일은 남아프리카공화국에서 인종차별이 끝나고 설립된 '진실 · 화해위원회'가 담당했던 일과는 분명히 같지 않다. 남아프리카공화국의 경우에는 일괄사면법이 제정되지 않았기 때문에, 그곳에 설립된 '진실 · 화해위원회'의 목표는 인종차별에 관련되는 범죄를 저지른 자들이 그 사실을 인정하고, 진실을 밝히는 데에 협력하고, 피해자들에게 용서를 구하는 경우에는 어떤 형태로든 사법적으로 기소되는 것을 면할 수 있게 해주는 것이었다.[15] '알제리 전쟁'의 경우에는 이미 사면이 내려졌으며, 반면에 공식기관에 증언을 전달하고 싶은 욕구를 느끼거나 또는 특정사건에 대한 진실이 밝혀지기를 기다리는 당사자들이 많이 있다. 이미 사면이 이루어졌기 때문에 이제 사법기관이 이 문제를 다룰 수 없기는 하지만 — 그런데 우리는 이 문제를 다루는 것이 정말 사법기관이 맡아야 할 역할인지에 대해서는 의문을 가져볼 수 있다. —, 아마도 공화국 정부는 진실, 정의 그리고 기억의 화해 *réconciliation des mémoires*를 이룩하는 데에 기여할 수 있는 다른 방법들을 만들어내야만 할

왕국의 모든 신민들이 그 기억을 되살리거나 그 일들을 두고 논쟁을 벌이는 등으로 소란을 일으키지 못하도록 하고, 그들이《형제, 친구, 동포로 평화롭게 함께 살 수 있도록 하자.》(제2조) — 역주

15 소피 퐁스, 『인종차별 — 자백과 용서』, 데스몬드 투투의 발문, Bayard éditions 출판사, 파리, 2000년.

것이다. 프랑스 역사의 한 페이지를 차지하고 있는 '알제리 전쟁' 기간에 대해 사람들이 고대하는 어떤 공식적인 말을 하면서 말이다.

역사와 교육

식민지배 시대의 역사와 관련하여 다루어야 할 측면은 많이 남아 있다. 우리는 역사서술이 여전히 식민주의적인 시각에 물들어 있다는 사실을 너무나 자주 본다. 여러 예 중에서 하나를 보기로 하자. 19세기 말에 벌어진 아프리카 정복전쟁은 지금도 여전히 사실 그대로 인정되고 있지 않다는 것이 그 예이다. 흔히 그 정복전쟁이《전쟁》이라는 용어가 사용되지 않으면서 상기되고 있을 뿐만 아니라 역사의 관례대로 패배한 민족이나 왕국의 이름으로 수식되는 것이 아니라, 프랑스의 적이었던 왕의 이름으로 — 이것은 몇몇 오만한 인물들이나 잔혹한 악당들만이 프랑스의《문명화 사업》을 가로막는 적으로 간주되던 시대의 흔적이다. — 수식되고 있기 때문이다.

반면, '알제리 전쟁' 중에 프랑스 군대가 자행한 고문에 대해서는 총체적인 역사연구가 처음으로 진행되었는데, 이 연구를 통해 많은 사실들이 밝혀졌다.[16] 이 연구에 따르면, 이어진 프랑스의 여러 정부는 1956~1960년에 군인들 — 정부는 이들이 사용하는 방법을 잘 알고 있었다. —에게 백지위임을 했다. 문서를 통해 그렇게 한 것은 결코 아니지만 말이다. 예를 들면, 1955년에 제10관구(알제리 주둔) 사령관 셰리에르 장군이 알라르 장군에게 보낸 다음과 같은 통지문이 이 사실을 증명해준다.《정부가 보내는 문서 형태의 훈령은 없을 것입니다.》'알제리 전쟁' 중의 고문이 절정에 달한 것이 1957년이라는 통념 — 알제리에서 자행된 고문에 대해 가장 격렬한 항의가 쏟아진 것이 1957년이기 때문에 아마도 이런 통념이 생기게 되었을 것이다. —이 틀리

16 라파엘 브랑슈,『알제리 전쟁 중의 고문과 군대 — 1954~1962년』, 앞의 책.

지 않았다는 것을 생생히 증명해주는 이 통지문은 드골조차도 고문을 줄일 수 없었다는 사실을 보여주는 것이기도 하다. 제5공화국의 첫 두 해 동안, 라울 살랑 그리고 이어서 모리스 샬이 지휘하는 프랑스 군대는 미셸 드브레의 지원을 받은 육군성 장관 피에르 기요마의 전적인 동의하에 알제리 주민 전체를 겨냥한 전쟁을 계속했는데, 그 전쟁에서 고문은 가장 중요한 무기였다.

1958년 7월에 총리실 행정관 대행 앙드레 말로는《이제는 어떤 고문행위도 일어나지 않아야 한다.》라고 했지만, 기요마는 고문을 전문적으로 행하는 부대인 '방호작전대'를 확대 개편하는 것을《절대적으로 우선적인 사안》으로 삼았다. 알제리 주재 변리공사 로베르 라코스트의 지원으로 1957년 3월에 창설된 이 부대의 병력 수는 1958년 5월에는 1502명이었으나, 이후로 점차로 늘어나 1960년 4월에는 2000명 이상이 되었다. 이 부대의 목표는《용의자들을 심문하는 것》이었는데, 훈령에서 용의자들의 특성은 다음과 같이 규정되었다.《주민은 누구든 정치적, 행정적 또는 군사적 반역행위에 대한 정보를 실제적으로나 음성적으로 소지하고 있으면 용의자로 간주되어야 한다.》[17]

한편, 법무 장관 에드몽 미슐레는 그런 행위가 계속되는 것에 대해 항의하는 표시로 1961년 8월에 사임했다. 그리고 한 권의 책[18] — 이것 역시 중요한 책이다. —에서 다음과 같은 사실을 볼 수 있다. 새로 취임한 육군성 장관 피에르 메스메르는 그런 행위에 반대하려고 했으나, 군 고위층은 소극적인 태도를 보였다. 예를 들면, 군 고위층은 휴전을 몇 주 앞둔 시점까지 포로를 약식처형하는 행위를 중단할 것을 요구하는 1960년 7월 18일자 메스메르의 훈령을 따르지 않았던 것이다. 이런 사실들을 밝혀낸 역사가들의 노력은 앞에서 언급한『알제리 주둔 프랑스 군대 백서』의 저자들이 가하는 점잖지 못한 공격의 대상이 되었다.

---

17 위의 책.

18 실비 테노,『기이한 정의 — 알제리 전쟁 때의 사법관들』, 앞의 책.

식민사가 일보 전진하도록 하기 위해서는, 과거에 식민지배를 받았던 여러 나라의 사학자들의 시각에 도움을 청하는 것이 매우 바람직할 것이다. 이것은 알제리 전쟁사 및 현대 마그레브의 역사를 주제로 2001년에 열린 하계대학에서 바로 그 주제에 대해 교육부 장관 쟈크 랑이 지적한 것이기도 하다.[19] 게다가 다른 여러 나라의 사학자들이나 또는 학계 출신이 아닌 사학자들의 시각에 도움을 청하는 것도 매우 바람직할 것이다. 프랑스의 역사기술은 모든 면에서 여전히 식민주의 담론에 속박되어 있기 때문이다. 그리고 1961년 10월 17일에 파리에서 벌어진 시위의 진압 같은 몇몇 중요한 점들을 밝히는 데에 결정적으로 기여한 것은 대학기구가 아니라, 각종 협회나 독자적인 연구가들이 수행한 연구[20]였다는 점을 지적해두는 바이다.

식민사는 우리의 현재 속에 여전히 살아 있다. 매일, 행정기구와 경찰의 어떤 행동들은 주변 환경에 의해 더욱 강화되어, 《토박이 프랑스인들》과 《이민자들/옛 식민지 출신 원주민들》 사이의 차별을 조장하는 경향을 보이고 있다. 1789년에 공표된 '인권선언문'은 경찰서마다 게시되어 있지만, 여러 세대에 이르는 경찰은 '알제리 전쟁'과 관련하여 어떤 행동양식과 사고양식을 유산으로 물려받기도 했다. 이 행동양식과 사고양식은 '알제리 전쟁'이 《토박이 프랑스인들》, 《회교도 프랑스인들》, 《북아프리카인들》, 《마그레브인들》, 《뵈르들 *Beurs*》,[21] 《알제리계 프랑스인들 *Franco-Algériens*》 등의 사람들 중에서 누구와 관련되는 것인지에 따라 그 전쟁을 각기 다르게 받아들이는 방식

19 쟈크 랑은 다음과 같이 말했다. 《공유하는 이 과거를 비판적인 정신으로 함께 검토하려는 의지를 가지고 지중해 양안(兩岸)의 사학자들이 함께하는 작업은 역사적 진실을 탐구하고 프랑스와 알제리의 진정한 화해를 도모하는 유일한 방법입니다.》(『알제리 전쟁과 현대 마그레브에 대해 배우고 가르치기』, 2001년 8월 29일부터 31일까지 파리에서 열린 하계대학 기록, 베르사유 학구의 CRDP, 2002년)

20 장-뤽 에노디, 『1961년 10월 — 파리에서 벌어진 학살』, Fayard 출판사, 파리, 2001년. 다비드 아술린과 메디 랄라위의 지도로 편찬, 『1961년 10월에 대하여』, Au nom de la mémoire 출판사, Bezons, 2001년. 린다 아미리, 『10월 17일의 유령들』, 뱅쟈맹 스토라의 서문, Éditions Mémoire Génériques, 파리, 2001년. 올리비에 르 쿠르 그랑매종의 지도로 편찬, 『1961년 10월 17일, 파리에서 저질러진 국가 범죄』, La Dispute 출판사, 파리, 2001년.

21 뵈르 *Beur* : 프랑스에서 아랍계 이민자 후손들을 일컫는 은어. '아랍인 *Arabe*'의 철자 순서를 바꾸어 만든 것이다. A-ra-beu → Beu-ra-a → Beur로 바뀌었다. — 역주

이다. 매주 이런저런 경찰서에서는 《과실 사건》이 발생하는데, 그 피해자는 어김없이 옛 식민지 국가 사람들의 후손이다. 그런 과실 사건은 식민지 정복과 식민지 전쟁의 토대가 되었던 이데올로기가 프랑스인들의 정신 속에 여전히 남아 있다는 것을 보여주는 표지이다. 프랑스 공화국이 자체의 원리를 실천에 옮기기 위해 노력하는 것을 아직도 프랑스 공화국의 밑바탕에 있는 어떤 것이 가로막고 있다는 것을 보여주는 표지 말이다.

가장 비극적인 결과들 중에는 언론인 파우스토 지우디체가 《아랍인 살해 *arabicides*》라고 부른 인종주의적 범죄가 있다. 지우디체는 그 범죄에서 《세 가지 색깔의 실로 꼰 매듭 *nœud tricolore*》[22]을 식별해낸다. 지우디체는 다음과 같이 썼다. 《하얀 실이 (…) 이 역사 시대 전체를 가로지르고 있다. 푸른 실과 평행한 이 하얀 실은 붉은 실이 가로지르고, 가리키고, 드러내는 현실, 즉 '인종주의'로 분류되는 현실을 인정하기를 거부하는 것이다. 이 하얀 실은 역사부정주의 *négationnisme*[23]의 프랑스식 형태로서, 반인종주의에 맞서기 위해 바로 그 반인종주의의 뿌리에서 자양분을 취한다. 이 세 색깔의 실은 자주 얽혀서 매듭이 된다. 이 매듭은 풀기가 쉽지 않아서 때로는 자르는 것이 더 적절하다.》[24] 이를테면 1973년 12월 12일에 마르세유 주재 알제리 영사관 앞에서 테러[25]가 벌어져 4명이 사망하자, 부슈-뒤-론 *Bouches-du-Rhône*[26]의 경찰

22 세 가지 색깔의 실로 꼰 매듭 : 프랑스 국기에 들어 있는 세 가지 색, 즉 청색, 백색, 적색의 실을 꼬아 만든 매듭. 프랑스인들이 아랍인을 살해하기 위해 사용하는 밧줄 매듭의 은유이다. 백색은 부르봉 왕가의 색이었으며, 청색과 적색은 파리 시의 문장(紋章)에 사용된 색이었다. — 역주

23 역사부정주의 : 좁게는 나치스가 유태인들을 집단학살한 것을 부정하는 태도를 의미한다. — 역주

24 파우스토 지우디체, 『아랍인 살해 — 프랑스 연대기, 1970~1991년』, 앞의 책.

25 마르세유 주재 알제리 영사관 앞에서 벌어진 테러 : 1973년 여름부터 마르세유에서는 아랍계 이민자들을 공격하는 일이 자주 일어났다. 그해 8월 15일 대낮에 마르세유의 거리에서 아흐센이라는 열여덟 살의 알제리계 청년이 알지도 못하는 사람이 쏜 총알을 맞고 죽었다. 아흐센을 살해한 사람은 징역형 5년에 집행유예를 선고받는 것으로 그쳤다. 8월 25일에는 버스 운전사가 아랍계 이민자에게 살해되었으며, 프랑스 남부 지방에서는 아랍인을 겨냥한 살인사건과 폭력사건이 빈발했다. 12월 12일, 마르세유 주재 알제리 영사관 로비에 누군가가 설치해둔 폭탄이 터져 4명이 사망하고 30여 명이 부상했다. 폭탄을 설치한 사람의 신원은 끝내 확인되지 않았다. — 역주

26 부슈-뒤-론 : 프랑스 남부 해안에 있는 도(道). 마르세유가 도청 소재지이다. — 역주

청장은《이것은 인종주의적 테러가 아니다.》라고 했다.

자신의 저서(1992년에 이 책이 출판되었을 때, 언론은 이 책에 대해 아무런 보도도 하지 않았다.)에서 지우디체는 사람의 목숨을 앗아간 일련의 사건에 대해 다음과 같은 분석을 내놓았다.《경찰서장 A씨는 카림이라는 사람에게 가혹행위를 했던 자인데, 그 가혹행위는 1960~1962년에 비일비재하게 자행되었던 것이다. (…) 그자와 같은 세대에 속하는 사람들이 프랑스-알제리 전쟁 중에 저지른 중범죄와 경범죄에 대해서는 사면조처가 내려졌다. (…) 그런 사람들의 자녀들의 나이에 해당하는 세대가 저지른 범죄는 우리의 80년대와 90년대 초 연대기의 큰 부분을 이루고 있다.》[27]

한 세기 이상에 걸친 식민지배 과거사에 뿌리를 두고 있는《양식적(良識的) *de bon sens*》이며 보이지 않는 차별, 즉《토박이 프랑스인들》과《이민자들/옛 식민지 출신 원주민들》 사이의 차별을 어떻게 타파할 수 있겠는가? 이 나라의 여론과 각종 기관이 프랑스의 식민지배 시대를, 그리고 그 시대에 만들어진 각종 표상들을 되돌아보도록 유도하지 않으면서 말이다.

27 위의 책.

제3장

식민지배 과정에서 자행된 폭력은 《반인륜범죄》에 해당하는가?

반인륜범죄라는 개념은 2차대전 이후로 만인의 의식 속에 확고히 자리를 잡았다. 그리고 과거에 식민지배를 당한 나라들이 제기하는 것으로서, 이 개념을 원용하여, 유럽이 벌인 식민화 사업 과정에서 자행된 범죄에 대해 질타가 쏟아지고 있다. 반인륜범죄라는 개념은 쇼아 *Shoah*나 구(舊) 유고슬라비아에서 자행된 범죄처럼 유럽에서 일어난 역사사건들에만 적용될 수 있는가? 아니면 르완다에서 자행된 행위 — 어떤 유럽인도 이와 관련하여 직접적으로 기소 대상이 되지 않았다. —처럼 유럽이 아닌 다른 곳에서 자행된 행위에만 적용될 수 있는가? 살인범이 백인이고 피해자가 흑인이나 황인종일 경우에 반인륜범죄는 결코 성립될 수 없는 것인가? 이미 1950년에 에메 세제르[1]는 자신의 저서 『식민주의에 관한 담론』에서 다음과 같이 유럽을 질타했다. 《20세기의 대단히 인본주의적이며 기독교 신앙심이 대단히 독실한 부르주아가 (…) 사실

1 에메 세제르(1913~2008년) : 마르티니크 출신 시인, 극작가, 정치인. 마르티니크에서 태어나 프랑스로 유학했다. 고등사범학교에 재학하면서 레오폴드 세다르 생고르 등을 만나 1934년에 잡지 「흑인 대학생」을 창간했으며, 1938년에는 『귀향 수첩』을 발표했다. 교직에 종사하다가 마르티니크로 귀국해서 고향 포르-드-프랑스 *Fort-de-France*의 시장(1945~2001년)과 마르티니크 지역구의 국민의회 의원(1945~1993년)을 지냈다. 1958년에 '프랑스 공산당'을 탈당하여 '마르티니크 진보당'을 창당했다. 1950년에 발표한 『식민주의에 관한 담론』에서 제국주의의 폭력과 위선을 거세게 비판했으며, 흑인들이 자신들의 정체성을 깨달아야 한다고 역설했다. 다수의 시집과 극작품 등에서도 식민주의를 비판했다. — 역주

상 히틀러를 용서할 수 없는 요소는 그자가 범죄 그 자체, 즉 인간을 해치는 범죄를 저지른 것이 아니라, 인간 자체를 모독한 것이 아니라, 백인을 해치는 범죄를 저질렀으며, 백인을 모독했다는 것이며, 또한 지금까지 알제리의 아랍인들, 인도의 쿨리들 그리고 아프리카의 흑인들만을 대상으로 사용되어오던 식민주의적인 방법들을 유럽 내로 가져와서 사용했다는 사실이다.》[2]

공화체제의 프랑스에게 있어서 이런 질타는 지난 시절의 자체 정책에 수반되었던 선별적인 분노들 *indignations sélectives*에 대한 심층적인 재검토로 이어져야만 한다. 식민지배 시대 내내, 프랑스 식민지는 마땅히 식민화해야 할 곳으로 천명되었으며, 공화국의 현학적인 법학자들에 의해 무주지로 규정되었으며, 그곳 주민들은 호모 눌리우스 *homo nullius*, 즉 목숨이 무가치한 사람으로 간주되었다. 어떻게 보면, 호모 눌리우스는 열등인간 *sous-homme*으로 규정할 수 있는 지위이다. 이것을 나치스의 하급인간 *Untermensch*이라는 개념과 너무 성급하게 혼동하지 않도록 조심해야 하겠지만 말이다. 프랑스 식민제국의 전체 역사를 오직 학살로만 얼룩진 생지옥 같은 것으로 간주하지는 말아야 하며, 또 그 시기를 살았던 프랑스인들 모두가 파렴치한 짐승 같았을 것이라고 주장하지는 — 이렇게 주장하는 것은 터무니없을 것이다. — 말아야 하겠지만, 다음과 같은 사실은 반드시 인정해야 한다. 어떤 사람들을 인류의 범주에서 거의 완전하다시피 배제하는 것을 용인함으로써 온갖 잔혹행위에 대한 일종의 묵인이 가능해졌으며, 그 묵인은 많은 경우에 있어서 사실상의《살인허가》에 해당하는 것이었다는 사실을 말이다.

식민지배 과정에서 자행된 폭력은 나치즘의 뿌리인가?

이 점에 있어서 식민지배 과정에서 너무나 고통스럽게 표출된 폭력을 나

2 에메 세제르,『식민주의에 관한 담론』, Réclame 출판사, 파리, 1950년.

치스 점령군이 유럽에서 자행한 폭력과 비교하는 것이 적절치 않은 것은 아니다. 클로드 부르데[3]나 위베르 뵈브-메리[4]가 그렇게 한 것처럼 말이다. 부르데는 프랑스인들이 알제리에서 고문을 자행하는 것을 알고는 1951년에 다음과 같은 질문을 던졌다. 《알제리의 게슈타포가 있는가?》[5] 그리고 그로부터 3년 뒤에 그는 《알제리의 당신네 게슈타포》를 기고문의 제목으로 삼았다.[6] 뵈브-메리는 1957년에 「르 몽드」에 기고한 글에서 다음과 같이 썼다. 《이제부터 프랑스인들은 다음과 같은 사실을 알아야 한다. 이제 자신들에게는 오라두르 *Oradour*를 파괴한 자들[7]과 게슈타포의 고문 담당자들을 10년 전과 같은 표현을 사용하여 규탄할 수 있는 권리가 전혀 없다는 사실을 말이다.》[8] 제르멘 틸리옹[9]도 『악의 경험 — 쟝 라쿠튀르와 가진 대담』에서 같은 말을 했다. 그 내용은 다음과 같다. 《나치스 세력이 자행한 행위들이 1957년 당시에 알제리에서 자행되었다.》[10]

3 클로드 부르데(1909~1996년) : 프랑스 언론인, 정치인. 독일군 강점기에 '레지스탕스 전국평의회' 창설에 참여했으며, 1944년 3월~1945년 4월에 독일의 포로수용소에 억류됐다가 귀국해서 임시정부 국회에 해당하는 '자문의회'의 부의장 등을 지냈다. 1947년 6월에 「투쟁」의 주간이 되었으며, 중립주의와 반미주의로 기울었다. 1950년대에는 제3세계를 옹호하고 식민지 전쟁, '알제리 전쟁', 베트남 전쟁에 반대했다. — 역주

4 위베르 뵈브-메리(1902~1989년) : 프랑스 언론인. 가난한 어린 시절을 보내고 변변찮은 여러 직업을 전전하다가 언론계에 들어갔다. 2차대전 중에 무장 레지스탕스 운동에 가담했으며, 그 과정에서 「르 몽드」를 창간하여 주간이 되었다. '알제리 전쟁' 때에는 프랑스가 펴는 식민주의 정책을 비판하기도 했다. 드골 장군의 정계복귀를 지지했으나 곧 그와 멀어졌다. 1969년 12월에 「르 몽드」의 주간에서 물러났다. — 역주

5 「관찰자」, 1951년 12월 6일자.

6 「관찰자」, 1955년 1월 13일자.

7 오라두르 사건 : 1944년 6월 10일, 그 며칠 전에 무장 레지스탕스 대원들의 공격을 받은 독일군 친위대가 프랑스 중서부에 있는 마을 오라두르-쉬르-글란 *Oradour-sur-Glane*의 주민 642명을 학살하고 시신을 불태웠으며, 마을에 방화했다. 프랑스인들에게서 이 사건은 2차대전 중에 독일군이 프랑스에서 저지른 만행의 대표적인 예로 여겨지고 있다. — 역주

8 「르 몽드」, 1957년 3월 13일자.

9 제르멘 틸리옹(1907~2008년) : 프랑스 민족학 학자. 1934년부터 1940년까지 학술연구차 알제리를 여행하면서 베르베르족에 대한 많은 자료를 모았다. 2차대전 중에 레지스탕스 운동을 하다가 1942년에 체포되어 이듬해에 라벤스브뤼크 *Ravensbrück* 강제노동수용소로 끌려갔다. 1945년에 귀국해서 강제노동수용소의 실상을 고발하는 작업에 몰두했다. 1954년부터 다시 알제리 문제에 관심을 기울였으며, 젊은 알제리인들을 교육하기 위한 시설을 마련하기 위해 애썼다. 『1957년의 알제리』에서는 알제리 내의 적대적인 세력들 간의 화해의 필요성을 역설했으며, 『상호보완적인 적들』에서는 알제리에서 자행되는 폭력과 고문을 고발했다. — 역주

10 제르멘 틸리옹, 『악의 경험 — 쟝 라쿠튀르와 가진 대담』, Arléa 출판사, 파리, 1997년.

그런데 1918년 이후로《식민지를 상실한》독일은 해외에서 시험한 적이 있으며 또 식민지에서 자행하는 것이 허용되는 것으로 간주되었던 다양한 형태의 만행을 유럽 내로 들여와서 사용한 것은 아닐까? 어떤 면에서는 말이다. 현재의 나미비아에 해당하는 아프리카 남서부의 독일 식민지에서 20세기 최초의 민족말살로 간주되는 행위가 일어났다. 1900년 무렵에 주민 수가 약 8만 명이었던 헤레로족은 식민국가 독일과 여러 차례 조약을 맺으면서 매번 조상 전래의 땅을 조금씩 더 양보했지만, 독일은 그들의 땅 전체를 빼앗아 알제리나 이웃한 남아프리카 같은 입식(入植) 식민지로 만들고자 했다. 1904년 8월 11일에 벌어진 하마카리-바테르베르크 *Hamakari-Waterberg* 전투에서 로타르 폰 트로타 장군이 지휘하는 독일 군대는 5000~6000명에 이르는 아프리카 전사뿐만 아니라 2만~3만 명에 이르는 민간인도 몰살했다. 1904년 10월 2일자《몰살명령》(*Vernichtungsbefehl*)에서 폰 토로타 장군은 다음과 같이 지시했다. 《무장을 했든 하지 않았든 간에, 가축을 가지고 있든 가지고 있지 않든 간에, 독일 영토의 경계 내에서 발견되는 헤레로족은 모두 죽일 것. 나는 어떤 여성도, 어떤 아이도 봐주지 않는다. 그들 모두는 다른 곳으로 떠나야 하며, 그렇지 않으면 죽어야 한다. 이것이 헤레로족에 대해 내리는 나의 결정이다.》[11]

약 3만 명의 헤레로족 사람들이 사막에서 목숨을 잃었으며, 1만여 명은 이웃한 여러 영국 식민지로 피신하거나 덤불숲 지대로 간신히 피신할 수 있었다. 독일 내의 사회-민주주의자 계층과 기독교인 계층이 그 민족말살 정책에 항의했으며, 그렇게 해서 베른하르트 폰 뷜로우 수상과 빌헬름 2세 황제는 그 정책을 중단했다. 살아남은 헤레로족 사람들은 강제노동수용소에 수용되었으며(수상실에서 보내는 1905년 1월 4일자 전보에 집단수용소

11 사뮤엘 토튼, 윌리엄 파슨스, 이스라엘 차니가 편찬한『민족말살의 세기 — 목격담과 비판적 시선』(Garland Publishing Inc., 뉴욕-런던, 1997년) 중에서 죤 브리지맨, 레슬리 J. 워를리가 함께 쓴《헤레로족 민족말살》(죠엘 코텍, 피에르 리굴로,『수용소의 세기』, J.-C. Lattès, 파리, 2000년에서 재인용).

*Konzentrationslagern*라는 말이 처음으로 등장했다.),[12] 그곳에서 끔찍한 조건에서 강제노동을 해야만 했다. 나중에 요제프 멩겔레의 스승이 되는 두 학자, 즉 테오도르 몰리손과 오이겐 피셔[13]는 그곳에서 《인종위생학 *hygiène raciale*》 이론이라는 것을 정립하기 위한 관찰을 했다. 그런 만행을 저지하기 위해 사회-민주주의자들이 벌인 운동은 큰 성과를 거두지 못했다. 독일에서 《호텐토트 선거 *élections hottentottes*》[14]라고 불렸던 1907년의 선거에서 사회-민주주의자들이 많이 낙선했기 때문이다.

남서아프리카 — 그곳의 초대 총독은 헤르만 괴링[15]의 아버지인 하인리히 괴링이었다. —에서 독일이 실시한 그 실험을 지켜본 몇몇 사람들은 그 방법을 유럽 내에서 다시 사용해보는 것이 어떻겠는가하는 생각을 하게 되었다. 1906년 5월 2일자 「독일령 남서아프리카 신문」에 실린 다음과 같은 기고문이 그 예이다. 《우리가 이 원리[강자의 권리]를 식민정책에만 적용하는 것이

---

12 안-바르트 게발트, 『헤레로족의 영웅들』(James Currey, Oxford ; David Philip, Cape Town ; Ohio University Press, Athens, 1999년)(죠엘 코텍, 피에르 리굴로 공저, 『수용소의 세기』, 앞의 책에서 재인용).

13 요제프 멩겔레(1911~1979년), 테오도르 몰리손(1874~1952년), 오이겐 피셔(1874~1967년) : 멩겔레는 젊은 시절에 나치스의 이념에 심취하여 각종 나치스 조직과 나치스 친위대에 가입했다. 동부 전선에서 부상한 뒤로 아우슈비츠 수용소에서 의무관으로 일하면서, 가스실로 보낼 유태인과 강제노역에 동원할 유태인들을 선별하는 작업을 하는 한편, 수용자들을 대상으로 유전에 대한 연구를 계속했다. 이 때문에 《죽음의 천사》라는 별명을 얻었다. 전후에 가명으로 독일, 아르헨티나, 브라질에서 숨어 지내다가 심장병으로 사망했다. 몰리손은 1935년에 멩겔레가 뮌헨 대학에서 박사학위 논문을 쓸 때에 지도했던 인물이다. 피셔는 베를린 대학교의 학장으로 있던 1934년에 나치스 친위대 의사들을 대상으로 강의했는데, 이때 멩겔레가 그의 조수로 일했다. — 역주

14 호텐토트 선거 : 1907년 1월 25일에 치러진 독일 제국의회 의원 선거. 독일 정부가 현재의 나미비아에 해당하는 독일 식민지 남서아프리카에서 벌이는 식민지 전쟁에 사용할 추가 예산안을 '사회민주당'과 '가톨릭 중도당'이 거부했기 때문에 베른하르트 폰 뷜로우 총리가 의회를 해산하고 실시한 조기총선이었다. 남서아프리카의 호텐토트족을 대상으로 하는 독일의 식민지 정책이 주요 쟁점이었기 때문에 이런 이름이 붙었다. 이 선거에서 '사회민주당'은 의석의 반을 잃었다. — 역주

15 헤르만 괴링(1893~1946년) : 독일 나치스와 제3제국의 군인, 정치인. 공군 장교로 1차대전에 참전하여 철십자 훈장을 비롯한 많은 무공 훈장을 받았으며, 1921년에 히틀러를 만나 그의 측근이 되었다. 제국의회 의원, 의장, 프로이센 주(州)의 내무부 장관, 독일 공군의 최고 사령관을 지냈다. 1936년의 스페인 내전 때에는 독일 공군의 최고 사령관으로서 콘돌 군단 *Légion Condor*을 보내 프랑코 장군을 도왔다. 4개년 계획을 수립하여 독일을 재무장하고 유태인들의 자산을 국유화했으며, 게슈타포와 강제노동수용소를 설립했다. 1939년에 히틀러의 후계자로 지명되었으며, 유태인들을 체포해서 제거하라는 명령을 내렸다. 점령국에서 약탈한 미술작품에 둘러싸여 호화생활을 즐겼다. 히틀러의 총애를 잃고 지내다가, 히틀러가 자살하자 미군에 항복했다. 뉘른베르크 전범 재판에서 사형을 선고받고 복역 중에 자살했다. — 역주

아니라, 정책 전반에 적용하지 못하도록 가로막는 것이 무엇인가? 저항력이 없는 흑인들을 희생시키기보다 우리보다 열등한 백인들을 희생시켜서 우리의 영토를 확장하고 개발하는 것이 더 나쁜가? 독일은 인구가 너무 많다. 대체 무슨 까닭으로 독일의 깃발이 러시아 중 · 남부의 인구가 많지는 않지만 매우 비옥한 스텝 농장에서 나부끼면 안 되고, 앙그라 페케나 *Angra Pequena* 와 스바코프문트 *Swakopmund*[16]의 모래가 많은 연안에서 나부껴야 한다는 말인가?》[17] 나치즘과 관련한 역사기술에서 독일 식민지 나미비아에서 벌어진 이 사건은 자주 언급되지 않는다. 『전체주의의 기원』[18]에서 한나 아렌트가 이 사건을 다루었지만 말이다.

이 사건은 프랑스 식민화 사업의 역사와 관련이 있는 것이 아니라, 독일 역사와 관련이 있다. 그러나 1885년에 체결된 '베를린 조약'에 천명되어 있는 것으로서, 권리를 빼앗긴 아프리카의 여러 민족을 상대로 한 식민 열강의 탄탄한 연대는 단 한순간도 문젯거리가 되지 않았다. 히틀러가 권좌에 오르고 얼마 되지 않은 1933년 3월 6일, 프랑스 식민부 장관 알베르 사로는 '국제연맹'의 연단에서 다음과 같은 제안을 했다. 즉, 《거대한 아프리카를 개발함에》 있어서 잃어버린 자리를 독일에 되돌려줌으로써, 《독일로부터 모든 식민지를 빼앗은 '베르사유 조약'의 그다지 사려 깊지 않은 가혹한 조처를 바로잡자.》라고 했던 것이다. 사로는 이후로도 여러 해에 걸쳐 같은 주장을 여러 번 되풀이했다.[19] 그가 보기에는 아프리카에서 나치스 역시 《야만인들》에게 《문명》을 가져다주리라는 것은 의심의 여지가 없었다.

---

16 앙그라 페케나, 스바코프문트 : 앙그라 페케나는 나미비아 남부의 대서양 연안에 있는 도시로 1883년에 독일의 상인 아돌프 뤼데리츠가 토지를 구입하여 정착했으며, 현재는 그의 이름을 따서 뤼데리츠로 불린다. 스바코프문트는 나미비아 서부의 대서양 연안에 있는 항구로, 1892년에 독일이 항만시설을 건설했다. — 역주

17 헬무트 블라이, 『독일 지배하의 남서아프리카』, Heinemann, 런던, 1971년.

18 한나 아렌트, 『전체주의의 기원』, 제2부 《제국주의》, Fayard 출판사, 파리, 1982년(1997년에 파리의 Seuil 출판사에서 《에세이 논점 *Points essais*》 총서의 하나로 재간행됨).

19 샤를-로베르 아쥬롱, 『식민국가 프랑스 또는 식민당?』, 앞의 책.

이 사건은 극단적인 경우였던 것 같다. 하지만 프랑스 식민지와 다른 여러 나라 식민지에서 맹위를 떨쳤던 전횡과 폭력에 고무되어, 식민지에 국한된 것만은 아닌 다른 짓들이 자행되었다. 한편, 세제르는 식민주의를 《유럽의 혈관 속에 주입된 독(毒)》에 비유하면서, 그 독은 《대륙[유럽]의 느리기는 하지만 분명한 야만화 *ensauvagement*의 과정》을 촉진하고 있다고 했다.[20]

법적 규정을 넘어서

위의 사실은 쇼아 직후에 국제법에 등장한[21] 《반인륜범죄》라는 용어가 식민화 사업에 적용되어야 한다는 것을 의미하는가? 식민지를 정복하고 식민지인들의 저항을 진압하는 과정에서 무수한 전쟁범죄와 대규모 학살이 자행되었으며, 독일인들이 헤레로족을 학살한 것과 같은 몇몇 명백한 사건들은 당연히 민족말살에 해당한다고 할 수 있다. 프랑스가 벌인 식민화 사업은 이론의 여지없이 전쟁범죄로 점철되었으며, 심지어 민족말살로 점철되기도 했다. 나폴레옹 집권기에 반란을 일으킨 자들을 지지할 가능성이 있으리라고 여겨지는 아이티의 카프 시(市)에 사는 흑인들을 바다에 빠트려 죽인 것, 루이-필립 집권기에 알제리에서 여성과 아이들을 포함하여 반도(叛徒)로 간주되는 부족들을 학살한 것 — 뷔죠는 그들을 연기로 질식사시켜 없앨 것을 명령했다. —, 또는 제3공화국 때에 프랑스가 마다가스카르를 정복하는 데에 반대할 것으로 우려되는 호바족 주민들을 학살한 것, 카빌리에서부터 차드에 이르는 곳에서 프랑스 군대의 전진에 장애물로 간주되는 민족들 또는 부족들을 학살한 것 등이 그러하다.

제4공화국도 역시 대규모 학살을 자행했다. 1945년 5~6월에 알제리 동부

20 에메 세제르, 『식민주의에 관한 담론』, 앞의 책.
21 1945년 8월 8일자의 '런던 협약'을 통해 그렇게 되었다.

지방에서 실시한 반란진압,[22] 1947년에 마다가스카르에서 자행한 학살,[23] 또는 1950년에 코트디부아르 북부에서 자행한 학살[24]이 그러하다. 그리고 제4공화국은 여러 민족을 대상으로 전쟁을 벌였으며, 제5공화국이 그 전쟁을 이어받았다. 전쟁은 알제리에서 — 알제리에서 벌어진 전쟁에서는 7년 사이에 30만 명 이상의 민간인이 사망했다. — 뿐만 아니라 카메룬에서도 벌어졌다. 카메룬에서는 1948년부터 1960년까지 '카메룬 국민연합'이 이끄는 운동과 격렬한 무력충돌이 벌어졌는데, 이 사건은 프랑스 역사에서 완전히 삭제되었

22 1945년 5~6월에 알제리 동부 지방에서 실시한 반란진압 : 1945년 초, 메살리 하지와 그의 추종자들은 아프리카에 주둔한 프랑스 병력 대부분이 본국에서 독일군과 싸우기 위해 알제리를 떠나 있기 때문에 봉기를 일으키기에 적합한 시점이라고 여겼다. 그해 5월 1일, 알제와 오랑에서 시위가 일어났으며, 프랑스가 독일을 물리치고 2차대전에서 승리한 1945년 5월 8일 바로 그날에는 알제리의 콩스탕틴 지방에 있는 세티프 *Sétif*와 겔마 *Guélma*에서 수천 명의 알제리인들이 체포된 메살리 하지의 석방과 알제리 독립을 요구하며 시위를 벌였다. 시위는 이웃 지방들로 확산되었으며, 급기야 폭동으로 비화되어 약탈, 살인, 건물 파괴 등으로 이어졌으며, 그 과정에서 100여 명의 유럽인들이 살해되었다. 프랑스 공군과 해군이 투입된 폭동진압 작전이 벌어져 5월 말에 봉기는 진압되었다. 이 과정에서 5000~5만 명에 이르는 알제리인들이 살해된 것으로 추산된다. — 역주

23 1947년에 마다가스카르에서 자행한 학살 : 당시에 마다가스카르에서는 독립운동 단체들이 급신장하고 있었으며, 주민들이 가혹한 노동징발과 노역에 시달리고 있었으며, 기근이 덮치고 있었으며, 2차대전에 참전한 병사들이 귀국하면서 프랑스에 대한 적개심이 드높아가고 있었다. 이런 상황에서 1947년 3월 29일에서 30일로 넘어가는 밤에 '마다가스카르 쇄신민주운동'이라는 단체와 여러 비밀조직이 중심이 된 마다가스카르인들이 행정관서, 헌병대, 주둔군 부대를 급습하면서 봉기가 시작되어 이웃 지방으로 확산되었다. 4월 초부터 200명가량의 공수부대 증원군이 투입되어 진압작전이 벌어지기 시작했으며, 7월 초부터는 외인부대, 세네갈과 북아프리카 원주민 출신 보병들이 도착하면서 대대적인《평정》작전이 전개되었다. 봉기는 10월에 대부분 진압되었다. 봉기 과정과 진압 과정에서 농작물, 주택, 산업 · 상업 시설, 행정관서, 사유재산, 예술품 등이 파괴되었을 뿐만 아니라, 엄청난 인명이 희생되기도 했다. 봉기 과정에서 550명의 유럽인들과 1950명의 원주민들이 살해되었으며, 진압 과정에서 희생된 마다가스카르인들은 1만여 명으로 추산된다. — 역주

24 코트디부아르 북부에서 자행한 학살 : 1946년 10월 18일에 '프랑스령 서부 아프리카'에서 '아프리카 민주연합'이 결성되고 코트디부아르 출신의 프랑스 국민의회 의원인 펠릭스 우푸에트-브와니가 의장이 되었다. 1949년 1월 2일부터 6일까지 아비장 *Abidjan*의 트레쉬빌 *Treichville*에서 열린 '아프리카 민주연합'의 대회에서 그는《식민지배의 압제》에 맞서 단결할 것을 호소했다. 프랑스 당국에게서 '아프리카 민주연합'과 우푸에트-브와니는 위험스러운 요소였다. 그리하여 코트디부아르 총독 로랑 페슈는 '아프리카 민주연합'을 분열시키기 위한 공작에 착수하여, 그 정당을 이탈한 자들이 독자 정당을 창당하도록 도왔다. 그 정당을 지지하는 사람들과 새로운 정당들을 지지하는 사람들 사이에 충돌이 잦자, 이를 빌미로 식민지 행정당국은 '아프리카 민주연합'의 지도자들을 체포하고 구금했다. 분노한 '코트디부아르 민주당'은 수입품 구매 거부 운동을 벌이고, 커피와 카카오를 생산하는 아프리카인들에게 지급되는 적법한 가격을 수호하는 투쟁을 벌였다. 식민지 행정당국이 부른 군대가 봉기한 군중을 향해 발포했으며, 유럽인 민간인들도 발포에 가담했다. 그리하여 1950년 1월 21일에 부아플레 *Bouaflé*에서 3명, 30일에 딤보크로 *Dimbokro*에서 14명, 2월 2일에 세겔라 *Séguéla*에서 3명이 사망했다. — 역주

다. 몇몇 저자들에 따르면, 그 무력충돌 과정에서 특히 1955년에 일어난 대규모 폭동 — 이 폭동으로 '카메룬 국민연합'의 활동이 금지되었다. — 때부터 10만 명 이상이 사망했다. 제국 시대 내내 식민지배를 당한 민족들 중에서 민간인들이 겪은 그러한 참담한 비극의 규모를 복원하는 것은 역사가들이 해야 할 일이다. 1944년부터 1950년까지 제4공화국이 자행한 비극을 생생히 밝혀낸 이브 베노[25]처럼 말이다.

위에서 언급한 여러 반란을 진압하는 과정에서 프랑스가 자행한 행위 중에는 분명히 반인륜범죄에 해당하는 행위가 포함되어 있었던 것 같다. 국제법[26]이나 프랑스 법[27]에 규정되어 있는 명확한 사법적 의미에서의 반인륜범죄는 아니지만 말이다. 국제법이나 프랑스 법에서는 대체로 2차대전이나 구(舊) 유고슬라비아와 르완다에서 일어난 특정 분쟁과 관련하여 반인륜범죄라는 개념이 사용된다. 그러나 이 두 종류의 법에 담겨 있는 정신과 '국제형사재판소' — 이 재판소는 2002년 7월부터 민족말살 범죄 및《기타 반인륜범죄들》을 재판하는 권한을 가지고 있다. —의 규약을 정한 1998년 7월의 '로마 협정'에 담겨 있는 정신을 따른다면, 반란을 진압하는 과정에서 프랑스가 자행한 범죄는 반인륜범죄에 해당한다고 할 수 있다.

위에서 언급한 여러 종류의 문건을 식민주의에서 비롯된 범죄들에 사법적으로 적용하기란 거의 불가능하다. 예를 들면, '로마 협정'은 다른 법과 마찬가지로 소급 적용되지 않는다. 그렇기 때문에, 이 협정이 발표되기 전에 일어난 행위를 기소하기 위해 이 협정에 호소할 수는 없다. 그리고 위에서 언급한

---

25 이브 베노, 『식민지에서의 학살, 1944~1950년 — 제4공화국 그리고 프랑스 식민지의 순종』, 앞의 책.

26 1946년 2월 13일자 및 같은 해 12월 11일자 유엔 결의, 1948년 12월 9일자 '민족말살 범죄 예방 및 억제를 위한 유엔 협정', 1968년 11월 26일자 '전쟁범죄 및 반인륜범죄의 시효 비소멸 관련 유엔 협정', 1974년 1월 25일자 '반인륜범죄의 시효 비소멸 관련 유럽 협정', '구(舊) 유고슬라비아 전범재판소' 설치 관련 1993년 2월 22일자 및 5월 25일자 유엔 결의, 그리고 '르완다 전범재판소' 설치 관련 1994년 11월 8일자 유엔 결의.

27 1964년 12월 26일자 법, '바르비 재판'을 앞두고 내려진 1985년 12월 20일자 파기원의 판결, 그리고 1994년의 형법.

여러 종류의 문건이나 1994년에 프랑스에서 시행된 형법[28]을 적용한다 하더라도, 식민지에서 자행된 이런저런 학살, 이런저런 강제노동 행위 또는 이런저런 고문행위를 법률상으로 《민족말살》이나 《반인륜범죄》로 규정하는 것이 적합한지에 대해서는 끝없이 논쟁을 벌일 수 있다. 그 해결책이 법적인 것이 아닌 바에야 법률가들의 논쟁이 무슨 소용이 있겠는가? 반면, 위에서 언급한 여러 종류의 문건에 담겨 있는 정신이 여러 종류의 범죄 중에서 식민지배 시대에 프랑스 정부의 비호하에 자행된 범죄를 포함한 상당수의 범죄와 분명히 관련이 있다는 것을 우리들 각자는 이해할 수 있을 것이다.

지금, 문제는 그 행위들을 재판에 회부하는 것이 아니다. 그것이 어떤 종류의 재판이든 말이다. 그렇다 하더라도, 프랑스 공화국은 식민지배 과정에서 자행된 그 행위들이 분명히 반인륜범죄에 해당한다는 것을 인정해야만 한다. 여러 나라가 공동으로 채택한 문건 중에서 반인륜범죄라는 용어가 처음으로 사용된 문건, 즉 오토만 제국에서 아르메니아 민간인들을 대상으로 자행된 학살에 대해 프랑스 정부, 영국 정부, 러시아 정부가 1915년 5월 24일에 발표한 선언문 — 이 선언문에서는 《반인륜 · 반문명》 범죄라는 말이 사용되었다. —에서 사용된 의미에서의 반인륜범죄, 또는 1946년 12월 11일자 유엔결의 — 민족말살은 《인간의 양심을 어지럽힌다.》라는 구절이 이 결의문에 들어 있다. —에서 사용된 의미에서의 반인륜범죄 말이다.

어쨌든, 식민지배 과정에서 자행된 그 행위들을 《반인륜범죄》라는 용어로 지칭한다는 것은 그 행위들이 우리를 격분시킨다는 것을, 우리는 그 행위들을 단호히 규탄한다는 것을, 그리고 앞으로 우리는 그 행위의 바탕으로 작용하였던 것으로 유색인 《미개인들》과 백인 《문명인들》을 인종적으로 구분하는 행위와 유사해 보일 수 있는 모든 행위를 거부한다는 것을 드러내는 일종의 방식이다. 그것은 인간종(種)의 단일성에 대해 계몽주의 철학자들이 가

28 1801년에 제정된 형법전을 대체하여 1994년 3월 1일에 발효된 새로운 형법전. — 역주

졌던 확고한 신념에 공감한다는 의미일 것이다. 또한 그것은 식민지 이주민들을 대표한 의원들이 시민권을 부여하기를 거부한 해방노예들과 관련하여 1791년에 입헌의회에서 《그들은 인간입니까?》[29]라고 질문한 라 파예트 같은 사람이 드러냈던 분노에 공감한다는 의미일 것이다. 또는 그 다음 세기에 네덜란드 사람으로 『막스 하벨라르 또는 네덜란드 국영회사의 커피 시장』의 저자인 물타툴리가 라 파예트의 그 말에 화답하면서 부르짖은 말, 즉 《쟈바인은 우리와 같은 사람입니다.》[30]라는 말에 공감한다는 의미일 것이다. 그렇다. 백인들, 공화체제하의 프랑스인들은 반인륜범죄를 저질렀다.

이런 의미에서 볼 때, 2001년에 프랑스 국회가 노예제도를 《반인륜범죄》로 규정한 것은 당연한 일이다. 그렇게 규정되었다고 해서 노예제도에 대해 법적 기소를 고려하거나 피해보상을 모색해야 한다는 것은 아니지만 말이다. 그리고 또한 2001년 8월에 열린 '더반 국제회담'에서 채택된 문건을 포함한 여러 문건에서 유엔이 식민주의를 반인륜범죄로 규정한 것[31] — 이전에 유엔은 인종차별 범죄 *crime d' apartheid*도 반인륜범죄로 규정했다.[32] — 역시 당연한 일이다.

그러나 이런 행위들은 이미 오래 전에 일어난 것이고 또한 '알제리 전쟁'의 경우에서 볼 수 있는 것과 같은 법적 장애물들이 있기 때문에 법적 대응이 아닌 다른 방식의 대응을 통해서, 정의를 바로 세워달라는 피해자들과 그 후손들의 요구와 진실을 밝히는 작업에 이바지해야 한다. 그 범죄들이 반인륜범죄의 법적 규정에 속하든 그렇지 않든, 식민화 사업을 엄숙히 단죄해야 한다. 그 사업을 범죄, 반인륜범죄, 반문명 범죄, 반인권 범죄로 규정하여, 그

29 1791년 5월 11일의 회의에서 한 발언, 『국회기록』.

30 1791년 5월 11일의 회의에서 한 발언, 『국회기록』.

31 여기서 우리는 시오니즘을 《인종주의》로 터무니없이 단죄하는 것(이스라엘 정부가 펴는 몇몇 정책에 대해서는 단죄할 필요가 있을지 모르지만)에 대해서는 언급하지 않겠다. 시오니즘이 《인종주의》로 단죄된 것은 '더반 국제회담'의 탓으로 돌려야 할 것이 아니다.

32 1973년 11월 30일자 '인종차별 범죄 철폐 및 억제 관련 유엔 협정'에서 인종차별은 반인륜범죄로 규정되었다.

사업에 대해 역사적, 정치적 심판을 가함으로써 말이다. 왜냐하면 프랑스 공화국의 여러 식민지에서 자행된 몇몇 범죄는 반인륜범죄일 뿐만 아니라 나아가 반인권 범죄이기 때문이며, 또한 인권이라는 보편적 개념이 표명되는 데에 결정적인 기여를 했다고 뽐내는 한 나라의 당국자들이 그 행위에 대해 책임이 있을 수 있다는 사실은 가중정상(加重情狀)이기 때문이다. 이런 이유로 프랑스에 있어서 식민화 사업은 반인륜범죄일 뿐만 아니라 프랑스의 자체 역사에 반하는 범죄이기도 하다.

이런 사실로부터 재판에 호소해야 할 뿐만 아니라 피해보상을 요구해야 한다는 결론을 이끌어내기란 거의 불가능하다. 다른 모든 범죄의 피해자들과 마찬가지로, 전쟁범죄, 민족말살 그리고 다른 형태의 반인륜범죄의 피해자들은 피해보상을 요구할 권리가 있지만, 그 권리는 피해자 자신들 또는 그 자녀들에게 있다. 노예제도의 경우를 보자. 예를 들어 노예제도 피해자들의 후손들 — 그들이 현재 처해 있는 상태는 다른 많은 여건의 결과이다. —이 관련된 경우, 독립전쟁 때까지 미국에서 맹위를 떨쳤던 노예제도에 대해 콜린 파월, O. J. 심슨 또는 콘돌리자 라이스에게 보상을 해주는 것을 어찌 상상할 수 있는가? 노예제도와 식민화 사업 과정에서 생겨난 범죄들은 지금으로부터 한 세기 이상 소급되는데, 이 때문에 피해자와 가해자를 가려내기란 몹시 불확실하다(모리타니아에서부터 사우디아라비아에 이르는 곳에서 지금도 맹위를 떨치고 있는 노예제도처럼 최근에 일어난 다른 범죄행위들의 피해자와 가해자의 경우와는 반대로).

프랑스와즈 베르제스는 프랑스의 여러 해외 도(道)에서 시행된 노예제도의 후유증에 대해 다음과 같이 지적했다. 《피해보상은 오로지 정신적인 차원이나 상징적인 차원이 아니라 정치적인 차원에서 고려되어야 한다. 피해보상은 노예제도에 종속되었던 땅과 프랑스 사이의 정치적 관계를 결정지은 속박의 성격과 유래에 대해 깊이 생각해보도록 하는 것이 되어야 한다.》[33] 식민화 사업의 경우에도 역시 고려해야 할 것은 금전적 보상 — 보다 최근에 일어난 분쟁의 경우를 제외하면, 누가 금전적 보상의 수혜자가 될 수 있을지 잘 알 수 없다. —이라기보다는, 더 근본적으로는 역사적, 정치적 노력이다. 베르제스가 썼듯이, 그 이유는 다음과 같다. 《과거를 올바로 인식한다는 것이 곧 한풀이 정책 *politique du ressentiment*이 정당화된다는 의미는 아닐 것이다. 한 개인의 정체성은 피해자로서의 입장만을 바탕으로 삼을 수 없다.》[34]

옛 식민지들의 독립은 이미 수십 년 전에 완결된 일이며, 그들 나라의 운명은 적어도 그들 나라의 역사유산에 좌우되기도 하며, 세계의 경제주체들에 좌우되기도 하며, 그들 나라 정부의 결정에 좌우되기도 한다. 식민주의가 명확히 규정되어야 한다면, 그리고 그 범죄들에 대한 진실이 밝혀져야 한다면, 시급히 해야 할 일은 피해보상이라는 개념을 제시하기보다는, 부분적으로 식민화 사업의 유산이기도 한 세계의 불균형을 시정하고 또 위정자들에게 책임을 묻는 것이다. 과거에 식민지배를 당한 남반부 국가들에게 보다 적절한 발전 가능성을 제공하기 위해서 말이다.

문명과 야만

우리는 프랑스가 식민정책을 펼침에 있어서 자체의 이익을 위해 문명과 야만이라는 낱말을 왜곡해서 사용했다는 사실 때문에, 이 두 낱말에 내포되어 있는 개념을 배척하지는 말아야 한다. 19세기와 20세기에 아시아 또는 아프리카의 이런저런 문명권에서 아직도 벌어지고 있는 몇몇 행위는 분명히 야만적인 것으로 규정될 수 있기 때문이다. 오늘날 인권 수호자들은 그 무엇을

33 프랑스와즈 베르제스, 『노예제도 폐지 : 식민 유토피아 — 인도주의 정책의 모호성』, 앞의 책.
34 위의 책.

기준으로 내세워서, 아시아나 아프리카의 이런저런 나라를 포함한 어떤 나라(그것이 어떤 나라이든)에서 동원된 이런저런 고문 방식이나 사형집행 방식을 야만적인 것이라고 규정할 수 있을 것인가? 만일 우리가 과거에 유럽에서 동원된 유사한 방식들을 야만적인 것으로 규정하기를 거부한다면 말이다.

그러나 어떤 문명권을 가리키기 위해 그것을 싸잡아《야만적인 *barbare*》것으로 규정하는 것은 잘못이며 사실을 왜곡하는 것이다. 이것은 반대 추론에 따라 *a contrario*, 유럽인들의 모든 행위 — 이 행위는 언제나 문명화된 행위로 가정될 수도 있다. —를 가리키기 위해 그 행위를《문명화된 *civilisé*》것으로 규정하는 것이 잘못이자 사실왜곡인 것과 꼭 마찬가지이다. 물론, 이런 규정을 내릴 때에 정반대로《야만성 *barbarie*》(아프리카의 야만성 또는 아시아의 야만성)을 타파함으로써《문명》(유럽의 문명)을 전파한다고 주장했던 식민주의적인 관점을 따르지는 않더라도 말이다. 이런 태도는 1970년대를 풍미했던 제3세계 지지운동에 대한 일시적인 반작용에서 생겨난 오류이며, 이 오류는 이미 오래 전부터 비판을 받아왔다. 비뚤어진 이성적 사유 *raisonnement biaisé*를 기준으로 삼아 백인들의 만행이 정당화되었지만, 여러 사실을 보면 백인들만이 이성적 사유를 하는 것은 아님을 알 수 있다. 그리고 유럽의 식민지배 과거사에서 볼 수 있는 모든 부정적인 측면 때문에, 유럽에 건설된 민주주의의 공간이 여러 면에서 다른 많은 나라에 유익한 본보기가 되었다는 사실을 간과하지 말아야 한다.

인권개념을 만들어내고 광견병 예방 백신을 만들어낸 문명권에 속하는 사람이라면 누구나 어떤 행위를 하든 문명인이며, 반대로 주민들이 맨발로 걸어 다니고 문자를 모르는 문명권에 속하는 사람은 능력이 어떠하든 야만인일 것이라고 믿도록 만드는 것이 바로 식민지배와 관련한 속임수였다. 이런 속임수는 각종 글과 그림을 통해 사람들의 정신 속에 은밀하게 주입되어 일종의 무의식적인 확신이 될 정도였다. 원주민들은 문화가 없다는 확신이 그것이다. 어느 대중가요의 가사에는《그들은 말을 할 줄도 모른다네.》라는 구절이 있었으며, 어느 초등학생용 교과서에 실린 회교도 알제리인들에 대해 언급한 글에는《그들은 종교가 없다.》라는 구절이 있었다. 그래서 원주민들은 흔히 자기 성(姓)도 없는 것으로 여겨졌다. 알베르 카뮈 같은 대작가의 작품 속에서조차도 이름과 정체성을 가지고 있는 유럽인들과, 어떤 능력을 가지고 있든 익명에 불과한 아랍인들이 정신적인 면에서 뚜렷이 구분되게 그려져 있으며,《인권 표백 *blanchissement des droits de l'homme*》의 희미한 흔적이 남아 있다. 그러나 카뮈는 이《인권 표백》을 깨달았다는 점에서 훌륭하다.

식민지배 시대가 끝나고 40년 이상이 흐른 지금, 아직도 식민주의의 어두운 역사가 기록된 책을 공식적으로 펼칠 때가 되지 않은 것일까? 프랑스는 자체의 식민지배 과거사를 외면하고, 망각하고, 모순에 빠져 허우적거리고 있다. 프랑스의 각종 기관은 논리적이며 일관성 있는 담론을 가지지 못하고 있다. 유엔이 창설되고, '세계인권선언문'이 제정되고, 국제사법이라는 개념이 출현한 이후로 제(諸) 민족의 자결권이라는 원리는 정당성을 인정받았다. 그런데 프랑스 공화국이 오랫동안 최고위 당국자들의 입을 통해 천명하고 학교에서 가르친 신조, 즉 프랑스 공화국은《야만 민족들》과《열등 인종들》을 정복하고 그들을 프랑스의 힘에 굴복시켜야 할 권리가 있다는 신조에 대해서는 어찌 생각해야 하는가?

공화체제하에서 프랑스의 명시적이며 공식적인 노선이었던 그 신조는 이제는 과거처럼 되풀이되지 않고 있긴 하지만, 현재의 공화국 정부는 그 신조가 엉터리였다고 말하지 않았다. 그 신조를 깨부수려고 했던 소수의 공화주의자들은 옳았던 것일까? 탈식민화가 이성과 정의에 부합하는 방향으로 진전되었지만 — 이것은 모두가 인정하는 바이다. —, 그 반대, 즉 공화국의 각종 기관이 항상 문명화 사업이자 진보를 이루기 위한 사업이라고 떠벌렸던 식민화 사업 — 그런데, 우리의 동시대인들 중에서 제법 많은 사람들은 여전히 식민화 사업이 문명화 사업이자 진보를 이루기 위한 사업이었다고 확신하고 있다. —에 대해서는 어떻게 생각해야 하는가? 프랑스 공화국은 우리가 제기하는 이 질문들을 듣지 않은 채, 여전히 애매한 태도를 취하는 편을 택하고 있다. 프랑스 공화국이 학교교육에서 새 세대들에게 무엇을 말해야 할지를 너무나 모르고 있다는 것은 놀랄 일이 아니다.

이 문제는 현재진행형이며, 미래 세대에 관련되는 것이다. 악(惡)은 정신 속에 있으며, 세상에서 바꾸기 가장 어려운 것은 사람의 정신이기 때문이다. 마르티니크 출신으로 그곳에서 중학교 교사로 근무하던 어느 사람이 겪은 다음과 같은 일은 끔찍하다. 그 교사는 열두 살 가량의 학생들 — 그들은 모두 흑인이었다. —에게 그림 하나를 보여주면서 설명을 해보라고 하자, 학생들은《사람 두 명과 흑인 두 명》이 그려져 있다고 답했다……. 교사는 사람 네 명이 그려져 있다고 설명했지만, 아이들은 얼른 납득하지 못했다. 이 이야기는 얼마 전에 프랑스의 한 도(道)에서 있었던 일이다.

프랑스의 식민지배 시대를 연구하는 점점 더 많은 역사가들은 사실을 인정하는가? 마르크 페로처럼 말이다. 그는 다음과 같이 썼다.《인도차이나에서, 아프리카에서, [프랑스] 공화국은 자체의 가치를 배반했다.》[35] 지금, 신뢰를 얻을 수 있는 기회를 가지기 위해서라면, 프랑스는 이제는 사실을 인정해야 하지 않을까? 알랭 그레슈가 지적했듯이 말이다. 그는 다음과 같이 썼다.《오랫동안 프랑스는 비시 정부의 혼란스러웠던 사건에 대해 언급하는 것을 억제해왔다. 기만의 시대를 벗어나기 위해서는 수십 년에 걸친 노력, 연구, 논란이 필요했었다. 이제 식민사 전체에 대해서도 같은 작업이 필요하다. "식민사에 대한 건망증" 역시 우회적으로 프랑스의 운명에 영향을 끼치고 있기 때문에 더더욱 그 작업이 필요하다.》[36]

사실, 공화국을 준거로 삼아 — 이렇게 하는 것이 능사로 여겨지고 있다.

---

35 마르크 페로,《공화국은 자체의 가치를 배반했다》(〈식민지배 시대〉,「역사」총서 제11호, 2001년 4월호 중에서).

36 알랭 그레슈,《공통의 기억을 만들어내자》,「르 몽드 디플로마티크」가 발행한 〈보는 방식 *Manières de voir*〉 제58호 — 〈식민사 논쟁〉 특집(2001년 7~8월호).

— 식민지배 시대에서 볼 수 있었던 것과 같은 유형의 상황이 프랑스 내에 지속될 위험이 있기 때문에 더더욱 이 문제는 현재진행형이다. 프랑스 공화국이 벌였던 식민지 개척사업의 역작용으로 이민자들 — 이들은 대체로 옛 식민지 출신이다. —이 프랑스로 이주하면서, 예전에 제3공화국이 목표로 삼았던 《보다 위대한 프랑스 *la plus grande France*》를 이루었던 《인종들》의 다양성은 프랑스 내로 옮겨지게 되었다. 프랑스 사회는 자체 역사의 한 부분을 이루는 식민사에 대한 건망증을 떨쳐버려야만, 다른 곳에서 이주해온 프랑스 시민들에게 《식민지배자의 버릇》을 다시 드러내지 않을 수 있다.

정신의 탈식민화

사람들이 이토록 많은 어리석은 짓에 대해
부끄러워하는 때가 올 것이다.

장-바티스트 세이, 1803년

프랑스가 4분의 3세기 동안 견지해온 공식적 인종주의 노선은 프랑스인들의 판단력에 지속적으로 영향을 미쳤다. 극우파를 제외한 그 어떤 정치세력도 식민지 정복 · 지배에 대한 향수를 고스란히 되새기지는 않는 지금 — 하지만 공화국 정부는 식민지 정복 · 지배 사업이 벌어졌던 시기를 일관성 있는 시각으로 바라보고 있지 않다.[1] —, 다름 아닌 인종주의적인 냄새를 풍기는 극우파가 바로 그 향수를 이용하고 있다는 사실은 놀랄 일이 아닐 것이다. 사정이 이렇기 때문에, 또한 정신을 탈식민화하려고 *décoloniser les mentalités* 애쓰지 않는다면, 정신의 《르 펜 화(化) *lepénisation*》[2]라고 적절히 일컬어지는 것을 비난하는 것은 헛될 것이다. 그런데, 식민화 사업이 프랑스 공화국의 각종 기관의 비호하에서 프랑스의 여론에 깊이 입힌 폐해를 깨닫기 시작해야만 비로소 정신의 탈식민화를 이룰 수 있다. 식민지들이 독립한 이후로 프랑스 공화국 당국자가 최소한의 비판적인 검토의 대상으로 결코 삼지 않았던 정신의 식민화 *colonisation des mentalités*가 바로 그 폐해이다.

1 공산주의자들과 극좌파는 예외이다. 그러나 이들도 완전히 그런 것이 아니라, 어느 정도만 일관성 있는 시각으로 바라보고 있다.

2 르 펜 화(化) *lepénisation* : 프랑스의 대표적 극우 정당인 '국민전선'의 지도자 장-마리 르 펜 *Jean-Marie Le Pen*을 정신적으로 닮아가는 것. — 역주

오늘날의 인종주의적 차별

하지만 프랑스의 공화주의 노선은 제3공화국의 공식적 인종주의 때문에 변질되었다. 1880년대부터 프랑스에서 지속적인 정립과정을 거쳐 마침내 확립된 그 노선은 다음과 같은 근본적인 모순을 내포하고 있다. 한편으로는 대혁명 때부터 그때까지 크게 논란의 대상이 되었던 인권의 원리가 그 노선에 의해 마침내 확고한 위상을 가지게 되었지만, 그와 동시에 다른 한편으로는 그 노선에 의해 인권이 백인의 권리로 축소됨으로써 그 원리가 기형적인 것이 되고 왜곡되기에 이르렀던 것이다. 인권 왜곡은 '알제리 전쟁' 말기까지 계속되었다. '알제리 전쟁'이 끝나리라는 것은, 어찌 보자면 1958년에 정계에 복귀하면서 드골 장군이 이전에 제4공화국이 행할 수 없었던 것, 즉 두 개의 선거인단 제도를 폐지하고 알제리에 거주하는 모든 사람에게 프랑스 시민권을 부여한다고 선언한 때에 예상되었던 것이다. 드골 자신이 《프랑스령 알제리》라는 표현을 사용했음에도 불구하고, 또 식민화 사업을 계속 추진하는 것에 가장 호의적이었던 세력들의 거추장스러운 지지 — 드골은 정계에 복귀하기 위해서는 그들의 지지를 받아들일 수밖에 없었다. —에도 불구하고, 그리고 또 그의 재임기에 고문행위가 확산되어갈 뿐이라는 사실에도 불구하고, 드골 장군은 정치적 평등권을 프랑스의 모든 시민에게로 확대함으로써 식민화 사업이 끝나게 될 것임을 보여주었으며, 식민화 사업에 종지부를 찍겠다고 했다. 그리고 그는 이후로 여러 해에 걸쳐 무수한 주저를 거치면서 매우 느리게 그 일을 실천에 옮기게 된다.

따라서 우리는 프랑스 공화국 역사의 한 페이지에서 다른 곳으로 시선을 돌리기를 멈추어야 한다. 식민지배 과거사를 이미 지나간 시대의 것으로만 간주할 것이 아니라, 지금 프랑스 공화국이 자체의 가치들을 어떻게 받아들이고 있는지 살펴보아야 한다. 프랑스 공화국의 식민지배 과거사를 비판적인 시각으로 바라보는 일은 절대적으로 필요하다. 그 비판적인 시각을 통해 우리는 다음과 같은 사실을 깨달을 수 있기 때문이다. 모든《공화주의적》담론은, 만일 그것이 제3공화국이 행한 인권《표백》이라는 왜곡 행위를 규탄하는 것이 아니라면, 근본적인 모순을 내포하고 있는 것으로 간주될 수밖에 없다 — 이것은 그 담론이 가능한 한 제3공화국이 행한 왜곡 행위를 고스란히 따르려고 하는 것 같다는 의심이 들기 때문이다. —는 사실을 말이다.

이런 의문을 제기하면서, 우리는 일체의《참회 *repentance*》라는 개념과는 아주 멀리 있다. 도덕적인 양심성찰을 하자는 것이 아니다. 과거에 인권을 백인의 권리로 왜곡한 행위를 근거로 삼아 인권을 준거로 삼기를 주저하거나, 또는 18세기에서부터 대혁명에 이르기까지 인권개념이 형성되는 데에 있어서 프랑스가 맡았던 역할을 과소평가하자는 것은 더욱 아니다. 정반대로, 인권개념이 형성되어온 중요한 역사적 단계들에 대해, 즉 제1공화국 체제와 그 체제를 예비한 계몽주의 운동에 대해 가해질 수 있었던 부당한 비판에 반박을 가하는 행위를 포함하여 인권이라는 보편적인 준거가 보다 신뢰할 만한 것이 되게 함으로써, 그 준거에 기대야 할 필요성을 강화하자는 것이다.

따라서 프랑스 공화국의 식민사는 우리의 집단무의식의 맹점으로 남아 있지 않아야 한다. 그 역사는 오랜 기간에 걸쳐 복잡하게 전개되어왔다. 그 역사가 오로지 인권에 대한 부정만으로 이루어진 것은 아니다. 전혀 그렇지 않다. 왜냐하면 공식적인 담론에 속아 넘어가고 또 그것을 진정으로 믿었던 많은 프랑스인들의 의지, 즉 인권개념을 [식민지에] 전해주려는 엄청난 의지가 그 역사를 수놓고 있기도 하기 때문이다. 그러나 그런 신념에 고무되어, 불평등과 불의를 바탕으로 삼은 세계 속에서 인권개념을 실천에 옮기려고 했던 사람들은 본의 아니게 역사의 함정에 빠져버렸다. 식민화 사업의 첫 번째 조건은 인류를 문명화된 유럽인들과 식민지 원주민들로 나누는 것이었는데, 이 때문에 그 사람들의 노력은 허사가 되었으며, 온갖 범죄와 온갖 악행이 자행될 수 있는 길이 열렸기 때문이다.

식민화 사업으로 말미암아 프랑스 영토로 선언된 알제리 땅을 포함하여 그 사업이 시행된 모든 곳에서는 대혁명 초기에 생-도맹그의 식민지 이주민들이 고수했던 상황이 되풀이되었다. 식민지 이주민들은 유색 해방노예들이 시민신분이라는 것을 받아들였지만, 그들에게 시민으로서의 정치적 권리를 인정해주지는 않았던 것이다. 그러한 식민주의적 관점에 상응하는 것으로서, 21세기 초의 프랑스 땅에서 비(非)유럽계 외국인 거주자들이 처해 있는 상황도 유색 해방노예들이 처했던 상황과 비슷하다.

콩도르세는 삼부회 의원들에게 다음과 같이 말한 적이 있다. 《지금부터 세기 말까지 여러분이 노예제도를 폐지하지 않는다면, 후세 사람들은 이성과 인류애를 구현하려는 생각을 하는 사람들에 대해 경멸만을 가지게 될 것입니다.》 삼부회 의원들은 콩도르세의 말을 즉각 따르지는 않았다. 하지만 제1공화국을 수립한 사람들은 1794년의 법령[3]을 제정함으로써, 콩도르세가 그들에게 위협으로 제시한 준엄한 심판을 모면했다. 오늘날, 노예제도의 공포를 되돌아보면서 그것이 불러일으키는 정당한 분노에 격앙되어 있지만, 노예제도가 폐지되기에 이른 상황에 대해서는 잘 알지 못하면서, 군주체제 정부의 몫인 치욕을 초기 공화주의자들에게 전가한 사람들은 사실을 착각했다. 노예제도 폐지와 관련하여 계몽주의 철학자들은 대혁명기에 활동한 국민공회 의원들과 마찬가지로 비판보다는 존경을 더 많이 받아 마땅하다.

1880년대 하원의원들의 경우는 그렇지 않다. 그들은 《우등》 인종들에 대해 언급하는 쥘 페리의 연설을 듣고는, 《나는 우리 모두가 한마음으로 이 자리에서 벌떡 일어서서 당신의 말에 격렬히 항의하지 않은 것을 이해할 수 없습니다!》라고 외치면서 클레망소가 드러냈던 분노를 함께 느끼지 않았다. 그들은 수많은 비극과 고통을 미래 세대들에게 물려주었다. 이후로 이어진 식민지 전쟁 때문에 생긴 비극과 고통 말이다. 1946년에 프랑스 군대의 포격으

3 1794년의 법령 : 1794년 2월 4일에 국민공회가 만장일치로 가결한 노예제도 폐지 관련 법을 가리킨다. —역주

로 수천 명에 이르는 하이퐁의 민간인들이 겪은 고통,[4] 1954년에 디엔 비엔 푸의 밀림에서 포로가 된 프랑스 병사들이 겪은 고통, 1957년의《알제 전투》 때에 고문당하거나 살해당한 알제리인들이 겪은 고통, 1962년에 갑자기 알제리를 떠나야만 했던 피에-느와르들 *pieds-noirs*[5]이 겪은 고통이 그것이다. 그리고 그 하원의원들은 일종의《완충장치》를 프랑스인들의 정신 속에 심어 놓았다. 견고한 공화주의적 구실 — 이것은 2002년에 치러진 대통령 선거 때에 전 세계를 놀라게 하고 프랑스의 치욕이 된 결과[6]로 드러나기도 했다. — 로 포장되고 확고하게 정착된 인종주의 이념이 주는 충격을 흡수하는 장치 말이다.

후세 사람들은 그 자신들이 쥘 페리에 대해 품는 존경심 — 이것은 페리가 프랑스 전국의 어린아이들 대부분을 초등학교에 다닐 수 있게 해주었기 때문

4 하이퐁 포격 : 프랑스는 1946년 3월의 협상에서 '베트남 민주공화국' 정부(호치민이 1945년 9월 2일에 베트남의 독립을 선언하고 수립한 정부)를 인정하고 5년에 걸친 군대 철수에 동의하여 평화적인 매듭을 짓는 듯했다. 그러나 근본적으로 프랑스는 1946년 6월에 코친차이나를 자치 공화국으로 만들어 다시 지배하려고 했으며, 베트남은 완전한 독립을 바라고 있었다. 1946년 11월 20일 아침에 하이퐁 앞바다에서 프랑스 해군 선박이 밀수한 휘발유를 실은 중국 국적 정크선을 검문하자, 부두에서 베트민 민병대가 총격을 가했다. 프랑스 측이 응사했으며, 하이퐁 시내에서는 소요가 일어나자 프랑스 기갑부대와 해병대가 개입했다. 21일에 다시 베트민과 프랑스 군대 사이에 충돌이 일어났으며, 23일에 아르장리외 제독의 권유로 피에르-루이 드베스 대령이 이끄는 세 척의 전함이 하이퐁을 포격하기 시작했다. 27일까지 계속된 포격으로 베트남인 6000여 명이 사망했다. 이 사건에 이어서 1946년 12월 19일에 하노이에서 전면적인 충돌이 일어나면서, 이후로 8년 동안 계속될 '인도차이나 전쟁'이 시작되었다. — 역주

5 피에-느와르들 : 1956년부터 사용되기 시작한 것으로, 처음에는 프랑스 식민지였던 알제리에서 출생하고 성장한 프랑스인들을 가리키는 말이었다. 프랑스 식민지배 시대에 프랑스 각지에서 이주한 프랑스인들과 역시 같은 기간에 이주한 유태인들(이들 중에는 알제리가 프랑스 식민지가 되기 전부터 그곳에 살고 있던 사람들도 있었다.), 그리고 몰타, 스페인, 이탈리아, 독일 등에서 건너온 사람들로 이루어져 있었으며, 알제리가 독립할 무렵에 약 100만 명에 이르렀다. 당시에 알제리인들은 약 900만 명이었다. 이 용어는 곧 모로코나 튀니지에서 출생하고 성장한 프랑스인들과 식민지 시대나 그 직후에 프랑스로 이주한 알제리인들을 가리키는 것으로 확장되었다. '검은 발'이라는 뜻을 가지고 있다. 배에서 석탄 연료를 담당하던 사람(주로 알제리인)을 가리키는 말에서, 또는 알제리에 이주한 프랑스인들의 신발 색깔에서, 또는 철새 이름에서, 또는 유전지대에 사는 인디언 부족 'Blackfeet'에서 유래했다는 설이 있지만, 정확한 기원은 분명치 않다. '알제리 전쟁'이 끝나면서, 1962년 봄부터 그해 9월까지 90만 명에 이르는 피에-느와르들은 삶의 터전이었던 알제리를 떠나 서둘러 귀국해야 했으나, 프랑스 본국 사람들은 그들을 달갑게 여기지 않았다. 이후로 귀국한 사람들을 포함하면 100만 명에 이른다. — 역주

6 2002년의 대통령 선거와 프랑스의 치욕 : 21쪽에서 2002년 3~4월에 치러진 프랑스 대통령 선거의 결과와 관련한 역주에서 밝힌 바 있듯이, 프랑스 극우파 정당 '국민전선'의 후보 장-마리 르 펜이 대통령 선거 결선 투표에 진출한 것을 말한다. 당시에 일부 프랑스인들은 프랑스인이라는 것이 수치스럽다고 하면서, 결선 투표에서 르 펜 낙선운동을 벌이기도 했다. — 역주

이다. —을 단호히 완화시켜야 한다. 쥘 페리가 추진한 식민지 개척사업을 모든 공화주의적 가치에 어긋나는 것으로 간주하고, 또 그 뒤로 일어나게 될 무수한 비극을 예고했던 것으로 간주하여, 그것을 분명하고 명확하게 거부함으로써 말이다. 오늘날 프랑스가 처한 몇몇 난국의 원인에 해당하는 가짜 가치들이 지속되는 상황에 휘말리는 곤경에 처할지도 모르지만, 21세기의 프랑스인들은 쥘 페리가 추진한 일 중에서 오로지 반만을 훌륭한 업적으로 간주해야 할 의무가 있으며, 그가 추진한 일 중에서 식민주의적인 측면은 단호히 거부해야 할 것이다.

왜냐하면 기억들 *mémoires*을 멀리하고 '역사 *Histoire*'에 가까이 다가가야 하기 때문이다. 식민지의 존재이유 및 성과와 관련하여 식민지배 시대에 표명되었던 관점을 고스란히 되풀이하고 있는 듯이 보이는 책들이 많이 출판되었다. 이 경우, 우리는 그 책들 속에 역사적 시각이 펼쳐지는 것이 아니라, 전설 *légende* — 이것은 오랫동안 되풀이되었다는 사실 때문에 명백한 진실로서의 위상을 가지게 되는 것 같다. —이 고스란히 지속되고 있다는 것을 알 수 있다.

식민주의와 관련하여 어떤 사람들은 한때 공산주의 국가들이 이룩한 성과를 결산하는 데에 사용되었던 평가, 즉 《전체적으로 볼 때에 긍정적 *globalement positif*》이라는 평가를 다시 사용하기도 한다.[7] 하지만 소련 역사의 경우에 한편으로는 사회주의 이상과, 다른 한편으로는 자유를 억누르고 많은 사람들을 제물로 삼은 그 체제의 《실제 사회주의》가 명확히 분리되어 검토되었듯이, 식민주의의 경우에도 마찬가지 방식으로 검토해보아야 한다.

---

7 이를테면, 《흑인촌락》을 다룬 어느 저서에는 다음과 같은 내용이 있다. 《해외 점령지들에 대한 프랑스와 다른 유럽 국가들의 이론의 여지없는 지배는 (…) 다소간 다행스럽고 다소간 균형을 잃은 접촉 *contacts*(169쪽에 붙인 23번 각주 속의 역주를 보라. — 역주)을 낳은 것으로서, 여하튼 상당히 빠른 속도로 진전되었으며, 따라서 전체적으로 볼 때에 긍정적이었으며, 결국에는 1950~1960년대에 거의 모든 곳에서 아프리카와 아시아 국가들의 독립으로 이어졌다.》(장-미셸 베르구니우, 레미 클리녜, 필립 다비드 공저, 『프랑스와 유럽에서의 《흑인촌락》과 아프리카 및 마다가스카르에서 온 사람들(1870~1940년)』, 앞의 책).

공화국이 자체의 정책이 받아들여지도록 하기 위해 구축한 전설과 《실제 식민 공화국 *République coloniale réelle*》을 구분함으로써 말이다. 소련의 《실제 사회주의》가 그 바탕이 되었던 이상과 거리가 멀었던 것만큼이나, 《실제 식민 공화국》의 정책은 실제 시행에 있어서 그 바탕이 되었던 이상과 거리가 멀었다.

식민지배 과거사에 대한 진실한 성찰을 위하여

프랑스인들은 이런 논리적인 문제제기를 정신적으로 받아들일 준비가 되어 있지 않다. 예를 하나 들자면, 이제는 잊어야만 할 《한물간》 식민주의를 바라보는 공식적인 관점보다 한 걸음 더 나아가야 할 필요성을 느끼는 사람들 — 일종의 완강한 드골주의 지지자들 중에서 일부 사람들과 좌파 측 사람들 —은 '비밀군사조직'의 지지자들에게 내려진 완전한 사면과 복권[8]에 대해 비판을 가했다. 물론 '비밀군사조직'이 테러로 저지른 범죄는 유난히 끔찍했으며, 그 범죄에 대해 내려진 사면이 사람들에게 충격을 준 것은 적지 않게 당연하다고 할 수 있다. 그러나 이런 문제를 강조하게 되면, 식민화 사업의 숲은 보지 못하고 나무만 보는 격이 될 수 있다.

1961년과 1962년에 '비밀군사조직'이 저지른 범죄를 계기로, 알제리에서 스스로 프랑스 사회임을 천명한 사회 *société qui se proclamait française*가 인권의 가장 기본적인 원리를 부정하고 있다는 것을 프랑스의 여론이 갑자기 깨달았기 때문에 그 범죄는 더욱 심각한 것이라고 할 수 있을까? 단지 그 조직의 책임자들을 보다 엄중히 처벌할 것만을 요구한다는 것은 다음과 같은 사실에 대해서는 침묵하는 결과에 이른다. 즉, 그 조직의 책임자들은 《제국

8 '비밀군사조직'의 지지자들에게 내려진 완전한 사면과 복권 : 27쪽에 붙인 '알제리 전쟁' 관련 사면법에 대한 역주를 보라. — 역주

(帝國)을 포기하지》 않으려고 했으며, 또한 식민지에서 《문명화 사업》을 끝내지 않으려고 했는데, 그것은 바로 프랑스 공화국이 그들에게 공식적으로 가르쳐준 것이었다는 사실 말이다. 우리는 마침내 다음과 같은 사실을 깨닫게 된다. 이런 관점에서 보자면, 프랑스 공화국이 공화국 자체의 너무나 훌륭한 제자 같은 존재라고 할 수 있는 그 범죄자들을 기소하기를 포기했다는 사실을 말이다. 우리가 고작 할 수 있는 일이라고는, 이 사건을 통해 프랑스 공화국이 스스로를 더 많이 되돌아보게 되지는 않았다는 사실을 아쉬워하는 것뿐이다.

'알제리 전쟁' 기간에 자행된 고문 문제도 마찬가지이다. 바로 그 문제로 야기된 소란은 한 세대가 식민화 사업을 이전과는 다른 시각으로 바라보도록 유도함으로써, 그 세대 전체의 의식을 일깨우는 데에 중요한 기능을 했다. 반식민주의 진영은 '알제리 전쟁' 초기까지만 하더라도 주변적인 소수세력에 불과했으나, 프랑스 군대가 자행한 고문이 드러나면서 그것에 촉발되어 여러 계층에서 본격적인 반식민주의 운동이 시작되었다.(이것은 1913년에 모로코에서 프랑스 군대가 자행한 잔혹행위들이 드러나면서 그것에 촉발되어, 장 죠레스가 젊은 시절에 식민주의에 대해 가졌던 신념이 결정적으로 흔들리게 된 것과 비슷하다.)

그러나 '알제리 전쟁' 중에 몇몇 프랑스 군인들이 대대적으로 자행한 포로 살해와 고문은 빙산의 일각에 불과하다. 식민지 정복 초기에서부터 식민지들이 독립하기 직전에 벌어진 충돌에 이르기까지의 기간에 식민지에서 자행된 폭력이 바로 그 빙산의 겉으로 드러나지 않은 보다 큰 부분이다. 따라서 포로를 살해하고 고문한 행위는 예외적인 현상으로 간주되어야 할 것이 아니라, 보다 큰 문제, 즉 식민지 정복 · 지배 문제를 보여주는 것으로 간주되어야 한다.

프랑스 공화국이 천명한 가치와 프랑스 공화국이 해외에서 스스로 허용한 행위 사이의 모순에 대해, 그리고 프랑스 공화국의 담론과 프랑스 공화국이 자행하거나 또는 자행되도록 방관한 범죄 사이의 간격에 대해 진실한 성찰을 하는 것은 진정으로 중요한 문제다. 이런 비난받아 마땅한 간격에 대해 태도를 표명하는 것은 프랑스 공화국의 각종 기관이 해야 할 일이다. 만일 프랑스 공화국의 각종 기관이 동일한 중범죄가 다른 형태로 계속되지 않기를 바란다면, 그리고 또 프랑스 공화국이 표방하는 가치들이 세계 속에서 더 신뢰받기를 바란다면 말이다. 식민지배 과거사를 비판적인 시각으로 바라보는 것도 프랑스 공화국이 해야 할 일이며, 그 어두운 페이지가 프랑스 역사의 일부가 아닌 듯이 여기는 것을 그만두어야 하는 것도 프랑스 공화국이 해야 할 일이다. 피에르 비달-나케가 건의한 바 있듯이, 언젠가는 식민화 사업과 관련한 박물관이 필요할 것이다. 그러나 그 박물관을 마련하려면, 우리가 위에서 지적한 문제들에 대해 먼저 토론하기를 피할 수 없다.

문젯거리가 되는 것은 프랑스가 준거로 삼는 가치들이 세계에서 신뢰를 받고 있는가, 인권이 신뢰를 받고 있는가하는 것이기도 하다. 19세기에 죠르쥬 상드[9]는 프랑스 노동자들이 《자국의 프롤레타리아를 죽이기 시작하는 공화국》을 별로 신뢰하지 않는 경향이 있다고 지적했다. 우리가 확인할 수 있는 것이라고는, 과거에 프랑스 식민지였던 여러 나라의 사람들이 인권을 신뢰할 만큼 올바른 자극을 받지 못했다는 사실뿐이다. 이것은 그들에게 인권에 대해 처음으로 말해준 자들이 곧 그들을 학살한 자들이었기 때문이다. 하지만 이런저런 사람들의 관심은 식민지를 해방시키려는 방침과, 그 방침이 범죄를 자행하는 데에 사용될 수 있었다는 사실을 서로 떼어놓고 생각해보아야 한다는 것이다. 그러나 과거의 정책을 고수하지 않으면서, 과거에 프랑스 식민지였던 여러 나라 사람들이 위의 두 가지를 서로 떼어놓고 생각할 수 있도록 도움을 주어야 하는 것 역시 프랑스 공화국이 해야 할 일이다.

오늘날 프랑스의 정체성을 새롭게 만들기 위해서는 국민통합을 도모할

9 죠르쥬 상드(1804~1876년) : 프랑스 여성 소설가. 초기에는 사회적 인습이나 편견이 사랑의 열정과 충돌하는, 자전적 요소가 가미된 낭만주의적 소설을 썼으며, 점차로 사회를 비판적으로 바라보는 작품을 썼다. 말년에는 다시 낭만주의적인 경향으로 되돌아갔다. — 역주

수 있는 어떤 《공통의 기억 *mémoire commune*》을 만들어내는 과정을 거쳐야 한다. 이 《공통의 기억》에 따라, 우리는 식민화 사업의 어두운 페이지들을 포함하여 그 사업의 바른 위치를 프랑스 역사 속에 설정할 수 있을 것이다. 상상적 표현들은 우리가 허물어버리지 않는 한 자체적으로 지속되기 때문에, 여전히 표상들 — 식민지배 시대에 프랑스 공화국은 이 표상들이 뿌리내리는 데에 기여했다. —에 사로잡혀 있는 프랑스 공화국은 이 상상적 표현들을 인식하고 그것을 뿌리치기 위한 결연한 노력을 해야만 비로소 그 표상들이 발휘하는 효과를 떨쳐버릴 수 있을 것이다. 공화주의의 원리들 *principes républicains*을 택할 것인가, 아니면 식민지에서 《식민 공화국 *République coloniale*》이 내뱉던 속임수 담론을 택할 것인가? 인권을 택할 것인가, 아니면 《백인의 인종주의적 권리》를 택할 것인가? 둘 중에서 어느 한 쪽을 선택해야만 한다.

프랑스 공화국과 식민지 관련 주요 사건(1792~1962년)

*표는 프랑스 국내 사건

1792년 : *프랑스 제1공화국 수립 선포.

1793년 : 국민공회의 대표자 레제-펠리시테 송토낙스와 에티엔 폴브렐이 프랑스의 주요 식민지 생-도맹그에서 노예제도 폐지를 선포하다. 그곳에서는 프랑스 대혁명이 일어났다는 소식에 고무된 노예들이 봉기해서 그곳 땅의 일부에서 노예제도를 폐지해줄 것을 요구한 상태였다.

1794년 : 국민공회가 프랑스의 모든 식민지에서 노예제도를 폐지하다(2월 4일/혁명력 2년 비의 달[雨月] 16일).

1802년 : 나폴레옹 보나파르트가 《1789년 이전의 법과 규정에 따라》 프랑스 식민지에서 노예제도를 복원하다.

1803년 : 생-도맹그의 베르티예르 *Vertières*에서 그곳을 다시 장악하려던 프랑스 원정대가 처음으로 패배하다(11월).

1804년 : 아이티 공화국 독립 선포(1월 1일). *제1제정 선포(5월 18일). 나폴레옹 보나파르트가 과들루프에서 노예제도를 복원하고, 그 제도를 다른 식민지들에 확대하다.

1815년 : *군주제가 복원되어 루이 18세가 등극하다(7월 8일).

1830년 : 6월, 샤를 10세가 몰락하기(7월 31일) 몇 주 전에 알제 점령을 시도하다(6월 14일~7월 5일). *7월 왕정이 수립되고, 루이-필립이 등극하다.

1830~1847년 : 루이-필립과 7월 왕정 정부가 알제리 정복을 계속하고 압-델-카데르가 통치하는 왕국에서 전쟁을 벌이다(압-델-카데르는 1847년 12월 23일에 항복). 역사학자들에 따르면, 프랑스인들이 공격할 당시에 300만 명에 이르는 알제리 주민들 중에서 약 70만 명이 흔치 않게 야만적이었던 그 정복전쟁으로 목숨을 잃은 것으로 추산된다.

1833년 : 식민지(마르티니크, 과들루프, 부르봉 섬, 기얀)의 위상을 규정한 법이 제정되다(4월 24일).

1841년 : 코모로 군도의 마이요트와 마다가스카르의 노시-베 *Nossi-Bé*가 프랑스에 병합되다.

1842년 : 마르키즈 제도 *Marquises*, 왈리스 *Wallis*, 감비에 *Gambier*가 프랑스에 점령되다. 타히티가 프랑스 보호령이 되다. 코트디부아르에 프랑스의 요새화된 상관(商館)이 건설되다. *샤를 10세가 등극하다(9월 16일).

1848년 : *루이-필립이 물러나고, 프랑스 제2공화국 수립이 선포되다(2월 24일). 프랑스 식민지에서 노예제도가 폐지되고(4월 27일), 노예 소유주들에게 보상금이 지불되다. 알제리가 프랑스의 일부로 선언되고, 《특별법》으로 규제되는 3개의 프랑스령 도(道)로 구성되다. *루이-나폴레옹 보나파르트가 프랑스 공화국 대통령에 선출되다(12월 10일).

1849~1852년 : 알제리의 여러 지역(오레스, 지방 *Ziban*, 카빌리, 라구아트 *Laghouat*)에서 일어난 저항운동이 잔혹하게 진압되고 모든 마을 주민들이 학살되다.

1851년 : *12월 2일, 루이-나폴레옹 보나파르트가 쿠데타를 일으켜 종신 대통령이 되다.

1852년 : *제2제정이 수립되고(12월 2일), 루이-나폴레옹 보나파르트가 황제로 선포되어 나폴레옹 3세가 되다.

1853년 : 프랑스가 누벨-칼레도니를 점령하다(12월 24일).

1854년 : 12월, 루이 페데르브 소령이 세네갈 총독에 임명되다. 이후로 그는 건강상의 문제로 그곳을 잠시 떠나 있다가(1961~1963년), 1865년까지 그곳 총독을 다시 지내게 된다.

1856년 : 프랑스 군대가 사이공에 상륙하다.

1857년 : 루이 페데르브가 세네갈 원주민 출신 보병대를 창설하다. 프랑스가 투쿨뢰르족 왕국과 전쟁을 시작하다. 투쿨뢰르족은 1864년까지는 엘-하지 오마르 탈이 이끌게 되며, 이후로는 그의 아들 아흐마두 탈이 이끌게 된다. 알제리에서는 수년에 걸친 전투 끝에 쟈크 루이 랑동 원수(元帥)가 이끄는 프랑스 원정대의 공격을 받고 마침내 카빌리 지방이 항복하다(5~7월). 프랑스-영국 합동 원정대가 광둥성[廣東省]을 점령하여, 청나라에게 조약을 준수하도록 압박하다(12월).

1858년 : 알제리 · 식민부 *ministère de l'Algérie et des Colonies*가 설립되다(6월 24일). 프랑스가 청나라와 '톈진 조약'을 체결했으나(6월 26~27일), 이 조약은 준수되지 않다.

1859년 : 프랑스 군대가 안남 제국의 수도 후에 *Hué*의 요새를 점령하다. 2월 17일, 프랑스 군대가 코친차이나의 사이공을 점령하다.

1860년 : 코친차이나를 장악하기 위한 '프랑스-베트남 전쟁'이 시작되다. 이 전쟁은 1862년까지 계속된다. 마론 기독교인들 *chrétiens maronites*(동양적 의식을 따르는, 시리아와 레바논의 가톨릭교도)을 보호하기 위해 프랑스 군대가 레바논 원정을 감행하여 드루즈족

*Druzes*과 맞서다(7월). 프랑스-영국 합동 원정대가 청나라로 쳐들어가서 싸우다(9~10월). 팔리교(八里橋)에서 청나라 군대를 무찌르고 승리하고(9월 21일), 여름 별궁인 원명원(圓明園)과 이화원(頤和園)을 약탈하고 방화한 다음 베이징을 점령하다(10월 13일). 제2차 '톈진 조약'이 체결되어 프랑스와 영국 측에 새 항구들이 개방되다(10월 25일).

1861년 : 미국에 맞서 가톨릭 제국을 건설하려는 목표로, 프랑스-영국 측에 진 채권 빚을 갚도록 멕시코에 압력을 가하려고 한다는 것을 구실로 삼아, 프랑스-영국-스페인 합동 원정대를 보내기 위한 '런던 협정'이 체결되다(10월 31일).

1862년 : 스페인과 영국은 멕시코와 벌이는 전쟁에서 손을 뗐으나, 프랑스는 전쟁을 계속하다(4월 9일). '후에 조약'에서 프랑스가 코친차이나의 동부 지역을 획득하다(6월 6일). '프랑스-마다가스카르 조약'에서 라다마 2세가 마다가스카르 국왕으로 인정되고, 프랑스 측은 많은 이득을 얻게 되다(9월 12일).

1863년 : 캄보디아가 프랑스 보호령이 되다(4월 11일). 멕시코에서 카마론 *Camarón* 전투가 벌어지다(4월 30일). 이 전투에서 2000여 명에 이르는 멕시코 군대의 공격에 맞서 저항하다가 부대원 60명 전원이 전사한 프랑스 외인부대의 명성이 드높아지다. 프랑스 군대가 푸에블라 *Puebla*를 점령하고(5월 17일), 멕시코에 입성하다(6월 10일).

1864년 : 오스트리아의 대공(大公) 막시밀리안이 나폴레옹 3세의 뜻에 따라 멕시코의 황제로 선포되다(6월 12일).

1865년 : 나폴레옹 3세가 알제리의 원주민 신분을 규정하는 원로원 결의를 포고하다(7월 14일).

1866년 : 미국의 압력에 밀려, 나폴레옹 3세가 프랑스 군대를 멕시코에서 철수하도록 명령하다(1월 14일).

1867년 : 프랑스 군대가 멕시코에서 철수하다(2월). 케레타로 *Querétaro*에서 막시밀리안이 처형되다(6월 19일). 프랑스가 코친차이나 서부 지역을 병합하다.

1870년 : *'프로이센-프랑스 전쟁'에서 프랑스가 스당 *Sedan*에서 패배하면서 제2제정이 붕괴되고 제3공화국이 선포되다(9월 4일). '크레미외 법령'으로 알제리에 거주하는 모든 유태인들이 프랑스 국적을 얻게 되다(10월 24일).

1871년 : *'파리 콤뮌'이 구성되어 수도 파리를 방어하다(3월 28일). '프랑크푸르트 조약' — 이 조약으로 프랑스는 알자스와 로렌을 프러시아에 양도했다. —이 체결되고(5월 10일), 《유혈의 주간》(5월 21~28일)에 '파리 콤뮌'이 왕실 군대에 의해 난폭하게 진압되다. 프랑스 출신의 무기 밀매상인 장 뒤피가 하노이에 정착하여 프랑스 국기를 게양하다. 알제리의 카빌리에서 일어난 대규모 봉기가 진압되다(3~9월).

1873년 : 프랑시스 갸르니에 중위가 하노이 요새를 점령하고 통킹 삼각주를 정복하는 데에 착수하다(12월).

1874년 : 안남 황제와 '사이공 조약'을 체결하여(3월 15일) 프랑스는 통킹 정복을 포기하고, 쟝 뒤피는 하노이에서 철수하다. 이 대가로 안남은 라 그랑디에르 제독이 1867년에 점령한 코친차이나의 세 지역에서 프랑스의 완전한 주권을 인정하고, 세 항구(하노이, 하이퐁, 퀴논 *Qui Non*)를 프랑스와의 통상에 개방하다.

1875년 : *프랑스 국회 표결로 공화국 수립이 확증되다(앙리 발롱이 제출한 수정안, 1월 30일).

1876년 : 세네갈의 4개 콤뮌에서 보통선거가 실시되다. '브뤼셀 지리회담'에서 5대 식민 열강(독일, 오스트리아-헝가리, 프랑스, 이탈리아, 러시아)이 지리 정보를 교환하다(9월).

1878년 : 식민지 관련 '베를린 회의'가 열리다(6월 13일~7월 13일).

1879년 : 죠제프 갈리에니 소령이 수단(현재의 말리)을 점령하는 데에 착수하다.

1880년 : *쥘 페리 제1기 내각이 구성되다(9월 23일). 페리는 1885년까지 정부수반을 지내게 된다. 갈리에니가 말리를 프랑스 보호령으로 삼다. 타히티가 프랑스 식민지가 되다(6월 29일).

1881년 : 튀니지가 프랑스 보호령이 되다(5월 12일의 '바르도 조약'). 세네갈에서 라트-디오르 디오프가 이끄는 봉기가 시작되다. 이 봉기는 1885년까지 계속된다. 코트디부아르에서 바울레족의 봉기가 시작되다. 이 봉기는 1902년까지 계속된다. 기니의 푸타-쟐롱 *Fouta-Djalon*이 프랑스 보호령이 되다. 식민지 담당 부차관직 *sous-secrétariat d' État aux Colonies*이 신설되다. 회교도 알제리인들에게 적용할 『원주민 법전』이 제정되다. 안남을 장악하기 위한 프랑스와 청나라 사이의 전쟁이 시작되다(9월).

1882년 : 총독 르 미르 드 빌레르스가 코친차이나에 아편 공사(公社)를 설립하다. 르 미르 드 빌레르스가 하노이에 프랑스 군대의 작은 주둔지를 만들기로 결정하고, 하노이를 점령한 앙리 리비에르 소령이 그 주둔지를 지휘하게 되다(4월).

1883년 : 마다가스카르 왕국의 대표단이 프랑스를 방문하다. 마다가스카르 섬의 남위 16도선 북부 지역을 프랑스에 양도할 것을 요구하고 또 그곳에서의 프랑스인들의 소유권을 존중할 것을 요구하는 프랑스 측의 최후통첩을 마다가스카르 정부가 거부하자, 프랑스가 타마타브, 디에고 쉬아레즈 *Diego Suarez*, 보헤마르 *Vohémar*를 포격하고 점령하다. 사보르냥 드 브라자가 적도 아프리카를 세 번째로 탐험하다. 토고가 프랑스 보호령이 되다. 말리에서 프랑스 군대와 사모리 투레 사이에 전쟁이 시작되다. 하노이에서 앙리 리비에르 소령이 청나라 군대에 사살되고, 쥘 페리가 안남과 통킹에 원정군을 보내기로 결정하다. '후에 조약'(8월 25일)으로 안남 황제가 안남이 프랑스 보호령임을 인정하다. '식민지 고등심의회'(식민지의 하원의원들과 상원의원들, 식민지에서 선출된 대표자들, 지명된 위원들, 행정관들로 구성되며, 식민지 문제에 대해, 또는 법안이나 법령안에 대해 주무 장관이나 정부에 의견을 제시하는 기관)가 신설되다.

1884년 : '톈진 조약'(5월 11일과 6월 9일)을 통해 청나라는 '후에 조약'을 인정하고 통킹에서 완전히 철수하게 되다. 청나라와 적대관계가 다시 시작되면서 프랑스 군대가 박레 *Bac Lê*에서 퇴각하고, 8월에 프랑스 해군이 푸저우[福州]의 병기창을 포격하고 포르모자(타이완)를 봉쇄하기 시작하다. 유럽 식민열강이 콩고를 식민화하기 위한 '베를린 회의'가 개막되다(11월 15일). 이 회의는 열강이 사하라 사막 이남의 아프리카를 나누어 갖기 위한 규칙을 설정하면서 1885년 2월 26일에 폐막된다.

1885년 : 통킹에서 프랑스 원정군이 청나라와 통킹 사이의 국경에 있는 랑선 *Lan-Son*을 점령했으나, 청나라 군대에 밀려 퇴각하다(2월). *프랑스 군대가 랑선 전투에서 참패했다는 소식이 전해지면서 페리 내각이 붕괴되다(3월 30일). 프랑스와 청나라가 체결한 제2차 '톈진 강화 조약'(4월)에서 청나라는 안남과 통킹이 프랑스 보호령임을 인정하고 또한 청나라 남부에서의 프랑스의 통상의 자유를 인정하고, 프랑스는 포르모자(타이완)와 펑후 제도[澎湖諸島]를 청나라에 되돌려주다. 안남의 섭정이 프랑스에 할양한 후에를 공격했으나 성과를 얻지 못하고, 젊은 안남 황제 함응이[함의제 咸宜帝]와 함께 당국의 추적을 따돌리고 도망치다(7월 5일). *프랑스 하원에서 식민지 정책과 관련하여 소란스러운 논쟁이 벌어지다(7월과 12월). 프랑스와 마다가스카르 사이에 '타마타브 조약'이 체결되어(12월 17일) 마다가스카르가 프랑스 보호령이 되고, 디에고 쉬아레즈(그리고 생트-마리 *Sainte-Marie*의 노시-베 *Nossi-Bé* 제도)가 프랑스 땅이 되고, 마다가스카르 전역에 대한 라나발로나 3세의 권한이 인정되다.

1886년 : 안남의 왕좌에 다른 왕자를 앉히다. 폴 베르가 안남과 통킹 총독에 임명되다.

1887년 : 안남, 통킹, 코친차이나 그리고 캄보디아를 식민부에 종속된 총독의 관할에 두는 '인도차이나 연방'이 성립되다(10월). 통킹의 홍가이 *Hongay* 노천탄광 개발이 시작되다. 누벨-칼레도니에 원주민 신분규정이 적용되다.

1888년 : 패배한 안남의 전 황제 함응이가 알제리로 유배되다.

1889년 : 프랑스가 코트디부아르를 보호령으로 삼다(1월 10일). 아편 공사 체제가 프랑스 보호령 인도차이나 전체로 확대되다. 알제리에서 태어난 유럽인들에게 프랑스 국적을 부여하는 국적법이 제정되다.

1890년 : 식민주의 이념을 촉진하기 위한 오찬(午餐) 또는 만찬(晩餐) 토론회, 대중 강연회, 탐사단에 재정을 지원하는 '프랑스령 아프리카 위원회'가 설립되다. 영국이 니제르 남부와 잔지바르 *Zanzibar*를 영국 보호령으로 삼는 대신에, 마다가스카르에 대한 프랑스의 권리를 인정하다(8월 5일).

1891년 : 쟝-루이 드 란느상이 인도차이나 총독에 임명되다(1894년까지 재임).

1892년 : 프랑스가 다호메 원정을 감행하다. '카메룬 관련 프랑스-영국 협정'이 체결되다. 하원 내에 식민 집단 *groupe colonial*이 결성되다.

1893년 : 코트디부아르, 기니, 다호메가 프랑스 식민지가 되다. 《식민지에 관심을 가진 프랑스 상사(商社)들》을 결속하여 식민지배 정책을 옹호하는 선전활동을 벌이는 '식민연맹'이 설립되다. 극동에서의 영국과 프랑스의 영향권 경계를 설정하기 위한 '방콕 회담'(10월 3일)이 열리다.(프랑스는 메콩강 동부 지역에 대한 권리를 인정받다.)

1894년 : 식민부 *ministère des Colonies*가 신설되다(5월 30일). 프랑스 군대가 톰북투(현재의 말리)를 완전히 점령하다.

1895년 : 코트디부아르, 기니, 세네갈, 수단(현재의 말리)을 결속한 '프랑스령 서부 아프리카'의 총독부 신설 관련 법령이 제정되다(6월 16일). 마다가스카르 원정 — 프랑스 군대가 타나나리브를 점령하고 마다가스카르 왕국에게 보호령 조약에 서명하도록 강압하다(9월 30일).

1896년 : '시암 관련 프랑스-영국 협약'에 따라 프랑스가 인도차이나를 지배하기 시작하다(1월 15일). 하원에서 찬성 329표, 반대 82표로 법이 제정되어, 마다가스카르가 프랑스 식민지로 선언되다(8월 6일). 죠제프 갈리에니 장군이 마다가스카르 총독에 임명되고(1905년까지 재임), 라나발로나 3세 여왕이 레위니옹으로, 이어서 알제로 유배되다. 이탈리아가 튀니지를 프랑스 보호령으로 인정하다(9월 30일).

1897년 : 인도차이나에 파라고무나무가 도입되다. 폴 두메르가 인도차이나 총독에 임명되다(1902년까지 재임).

1898년 : 수단(현재의 말리)에서 구로 대위에 체포된 사모리 투레가 가봉으로 압송되다(9월 29일). 나일강 상류 지역에서 마르샹 대위가 이끄는 프랑스 탐험대와 키치너 원수가 이끄는 영국 탐험대가 충돌한 '파쇼다 사건'이 발생하다. 마르샹은 파쇼다 요새를 키치너에게 넘겨주어야 했다(11월 7일). 안남 황제 타인타이[성태제 成泰帝]가 실질적인 권한을 모두 박탈당하다.

1899년 : 불레-샤느완 탐험대가 차드로 진격하면서, 지나는 곳마다 많은 인명을 살상하다. 프랑스 군대가 사하라 사막에 있는 도시 인 살라 *In Salah*를 점령하다.

1900년 : 라바 조베이르가 이끌던 차드 왕국이 종말을 고하다. '파리 국제식민회의'가 열리다.

1905년 : 마다가스카르 정복에 저항하는 마지막 봉기가 진압되다. 빅토르 오가뇌르가 마다가스카르 총독에 임명되다(1910년까지 재임). 인도차이나에서 고무가 처음으로 수확되다.(이후로 수확량이 비약적으로 늘어난다.)

1906년 : '알헤시라스 회담'이 열려 모로코가 여러 나라(프랑스, 영국, 독일, 이탈리아)의 공동관리를 받게 되지만, 프랑스의 우선권이 인정되다(1월 16일~4월 7일).

1907년 : 프랑스 군대가 모로코의 우즈다 *Oujda*를 점령하고(3월 29일), 이어서 카사블랑카를 점령하다(8월). 안남 황제 타인타이가 폐위되어 레위니옹으로 유배되다(9월).

1908년 : 통킹 전역에서 반란의 움직임이 일다.

1910년 : 코트디부아르에서 저항이 일어나다. 가봉, 콩고, 우방기-샤리(현재의 중앙아프리카), 차드를 결속한 '프랑스령 적도 아프리카 연합'의 총독부가 신설되다.

1911년 : 알베르 사로가 인도차이나 총독에 임명되다(1914년까지 재임). 회교도 알제리인들의 군복무 의무를 규정한 법령이 반포되다.

1912년 : '페스 조약'으로 모로코가 프랑스 보호령이 되다(3월 30일). 위베르 리요테 장군이 모로코 총독에 임명되다.

1914년 : 프랑스-영국 연합군이 토고를 점령하다. 세네갈과 마다가스카르의 원주민 출신 보병들과 알제리인들이 참전하다. 콩고와 대서양 해안을 잇는 철도 부설공사가 시작되다.(1934년에 완공되며, 그 과정에서 강제노동에 동원된 12만 5000명의 아프리카인들 중에서 2만 5000명이 현장에서 목숨을 잃게 된다.)

1916년 : 1907년에 즉위한 안남 황제 주이뗀[유신제 維新帝]이 폐위되어 레위니옹으로 유배되다. 프랑스-영국 연합군이 카메룬을 정복하다.

1919년 : 1차대전이 끝나고 패전한 독일과 '베르사유 조약'이 체결되면서 알자스와 로렌이 다시 프랑스에 병합되고, 프랑스는 새로운 땅도 얻게 되다.(프랑스가 레바논과 시리아를 위임통치하고, 영국과 프랑스가 토고와 카메룬을 나누어 갖다.)

1920년 : 오트-볼타가 프랑스 식민지가 되다. 근동의 석유 및 위임통치 권한과 관련하여 프랑스-영국 사이에 '산레모 협약'이 체결되다(4월 24~25일). 이로써 프랑스 군대가 다마스쿠스에 입성하고(7월 25일), 구로 장군이 《대(大) 레바논》의 독립을 선언하다(9월 1일). 알제리에 대기근이 발생하다(10월).

1922년 : 프랑스 식민지 니제르가 프랑스령 수단으로부터 분리되고, 또한 프랑스 식민지 차드가 우방기-샤리로부터 분리되다.

1924년 : '프랑스령 서부 아프리카'에 『원주민 법전』 관련 법령이 공포되다.

1925년 : 모로코에서 압-델-크림이 이끄는 《리프 공화국》 군대와 프랑스-스페인 연합군 사이에 일어난 '리프 전쟁'에 페탱 원수가 이끄는 프랑스 병력이 대규모로(40만 명) 참전하다(4월). 이 《전면전》은 결국 1926년 5월 27일에 압-델-크림이 패배하면서 끝나게 된다. 시리아에서 드루즈족이 봉기하다(7월 18일).

1926년 : 메살리 하지가 이끄는 알제리인들의 민족주의 운동 조직인 '북아프리카의 별'이 파리에서 창설되어(6월 21일) 《북아프리카의 독립》을 요구하다. 이 조직은 1929년에 해산되었다가 1933년에 재건되며, 여전히 메살리 하지가 이끌게 된다.

1927년 : 하노이에서 '베트남 국민당'이 창당되다.

1930년 : 2월, 인도차이나의 홍하(紅河 *Song Koi*) 상류 저지대에 있는 옌바이의 프랑스 군대 주둔지에서 봉기가 일어나고, 호치민이 '인도차이나 공산당'을 창당하다. 프랑스의 알제리 점령 100주년 기념식이 열리다(7월).

1931년 : 파리에서 열린 '식민박람회'가 5월 6일에 개막되어 11월 15일까지 800만 명의 구경꾼들이 몰려들다. '알제리 개혁주의회교법학자협회'가 설립되다(5월).

1937년 : '인민전선'이 '북아프리카의 별'을 해산하고(1월), 알제리 독립을 지지하는 '알제리 인민당'이 창당되다(3월).

1940년 : *프랑스가 독일에 패전하면서 국민의회가 제3공화국 체제의 종식을 가결하고, 프랑스 공화국이 《프랑스 국가 *État français*》로 이름이 바뀌다(7월 10일). 페탱 원수가 《프랑스 국가》를 이끌게 되다. 비시 정부가 1870년에 포고된 '크레미외 법령'을 폐기하다(10월). 그렇게 해서 알제리에 거주하는 유태인들에게 부여되었던 프랑스 국적이 철회되다.

1941년 : 베트남 북부에서 무장저항을 주도하는 베트민 *Viêt-Minh*이 결성되다(7월).

1943년 : 알제에서 페라트 아바스의 주도로 《알제리 인민의 선언》이 발표되다(3월).

1944년 : 드골 장군이 결성한 레지스탕스 조직인 '자유 프랑스'의 이름으로 브라자빌에서 개최된 '프랑스령 아프리카 회담'에서 드골 장군이 식민지 국가들의 독립 문제에 대해 처음으로 언급하다(1월 30일). *프랑스 공화국 임시정부가 수립되다(6월 3일).

1945년 : 나치스 독일이 항복한 것을 기념하는 의식에 즈음하여 알제리의 북(北)콩스탕틴 지방에서 알제리 민족주의자들이 벌인 시위가 폭동으로 비화하다(5월 8일). 진압 과정에서 세티프와 겔마 지방에서 수천 명의 알제리인들이 목숨을 잃다. 호치민이 베트남 독립을 선언하다(9월 2일).

1946년 : 4개의 프랑스령 해외 도(과들루프, 마르티니크, 기얀, 레위니옹)가 신설되다(3월 19일). 2월 11일에 마다가스카르 지식인들이 창당한 정당 '마다가스카르 쇄신민주운동'의 대표자들이 마다가스카르가 '프랑스 연방' 내에서 자유국가의 위상을 가질 수 있게 해줄 것을 요구하다(3월 21일). *국민투표에서 프랑스 제4공화국 헌법이 채택되다(10월 13일). 프랑스령 해외 도와 모든 프랑스 식민지를 결속한 '프랑스 연방'이 결성되다(10월 27일). 알제리에서 메살리 하지가 이끄는 정당 '민주자유승리운동'이 결성되다(10월). 아르장리외 제독의 권유로 피에르-루이 드베스가 하이퐁 항을 포격하여 최소 6000명의 주민들이 목숨을 잃고, 베트민의 공격이 촉발되다. 이로써 '인도차이나 전쟁'이 시작되다(11월).

1947년 : 마다가스카르에서 독립운동가들의 봉기가 일어나서(3월), 마다가스카르 동부해안 지역의 6분의 1을 장악하는 데에 성공하다. 봉기는 프랑스 군대에 의해 잔혹하게 진압되며, 이 과정에서 마다가스카르인 수만 명이 사망하게 된다.

1954년 : 프랑스 군대가 디엔 비엔 푸에서 베트민에게 패배하다(5월 7일). '제네바 협약'에서 프랑스가 베트남의 독립을 인정하다(7월 21일). 알제리 독립을 쟁취하기 위한 '민족해방전선'의 투쟁이 시작되다(11월 1일).

1956년 : 모로코(3월 2일)와 튀니지(3월 20일)가 독립하다.

1958년 : *프랑스 제5공화국이 수립되다(10월 4일). 기니가 독립하다(10월 2일). 타나나리브에서 마다가스카르 공화국 수립이 선포되다(10월 14일).

1960년 : 카메룬이 독립하고(1월 1일), '프랑스령 서부 아프리카'와 '프랑스령 적도 아프리카'에 속한 나라들이 독립하다.

1962년 : 프랑스와 알제리 공화국 임시정부 사이에 '에비앙 협약'이 체결되면서(3월 18일), 알제리 전쟁이 종결되다. 알제리가 독립하다(7월 5일).

색인

인명

작품

신문 및 잡지 외

사건 및 단체 외